일본어 능력 시험 N2

탄탄 내공 훈련

강성광 저

본책 문제 유형 파악,
탄탄 내공 쌓기,
공략법 제시

사람in
saram
in.com

머리말

이 책은 매년 7월과 12월에 시행되는 신 일본어능력시험 수험 대비서로, 출제경향을 한눈에 파악하고 실전에 적응할 수 있도록 유형별로 공략법과 그에따라 꼭 알아둘 내용과 예상문제를 한권으로 구성하였다.

신 시험에서는 지금까지와는 달리 전년에 실시한 시험 문제를 공개하지 않는다. 다만 새로운 일본어능력시험 문제 예집을 통해 출제 경향을 소개하고 있다. 실제 시험 문제가 전혀 공개되지 않아 수험생 입장에서는 출제 경향을 파악하는 데 어려움을 겪을 수 있다. 이 책은 이 일본어능력시험 문제 예집과 지금까지 시행된 신 일본어능력시험을 면밀히 분석하여 학습자들이 헤매지 않고 단시간에 집중적으로 공부하여 한번에 합격할 수 있도록 하였다.

또한 실제 시험의 흐름을 수험생에게 생생하게 알려주고자 필자가 시험을 통해서 본 신 시험 출제 경향은 다음과 같다.
문자 어휘와 문법은 내용면에 있어 기존 것과 크게 다른 것이 없고 새로운 유형도 평소에 꾸준히 일본어를 공부한 학습자라면 별 어려움 없이 풀 수 있는 것이었다. 독해 지문유형이 길어지고 다양해져서 정석적인 독해력 향상을 위한 공부가 필요하다. 청해 역시 전체적으로 쉬워졌지만 실전문제 풀이에서는 순발력이 요구된다. 즉, 직청직해 능력이 필요하다.

신 일본어능력시험은 전반적으로 단시간에 단어와 출제 기준에 있는 문법문형만을 암기하던 예전 시험 공부 방법으로는 통하지 않는다. 문자어휘와 문법은 기본적인 실력을 밑거름으로 기초 실력을 쌓기 위해 꾸준히 공부해 두자. 또한, 독해는 글을 읽고 이해하는 능력을 기를 필요가 있다. 일본 원서나 신문, 잡지 등을 얼마나 꾸준하게 읽고 있는지를 점검해 봐야 한다. 청해 역시 드라마나 뉴스를 통해서 듣기 실력을 꾸준히 키워가야 한다.

시험 합격을 목표로 하는 수험자라면 끝까지 자기 관리를 해야 할 것이다. 마라톤 경주처럼 시험 대비도 같은 자세가 필요하다. 처음의 마음가짐과 열정도 중요하지만, 자신의 페이스를 유지하는 꾸준한 노력이 요구된다. 즉 시험에서는 반짝하는 단 시간의 노력보다는 완주가 중요하다.

마지막을 잘 장식한 사람에게는 다음과 같은 약속의 말씀이 있다.

"네가 자기 사업에 근실한 사람을 보았느냐, 이러한 사람은 왕 앞에 설 것이요, 천한 자 앞에 서지 아니하리라."(잠언22:29)

영광스러운 합격증을 손에 쥐고 끝까지 노력한 보람을 만끽하게 될 것이다.
저자 **강성광**

일본어능력시험 개요

1 일본어능력시험에 대해

세계 각지에서 일본어(日本語)를 배우는 학습자 수가 급속히 증가하고 있고 더욱이 해외에 있는 일본어 학습자가 그 어학력을 실제로 활용할 수 있는 기회가 점점 늘어나고 있다. 또한 습득한 일본어능력(日本語能力)을 객관적으로 측정하여 공식적으로 인정받는 제도를 요청하는 목소리가 일본어 학습자들 사이에 높아져 왔다. 국제교류기금(國際交流基金) 및 일본국제교육지원협회(日本國際敎育支援協會)는 이러한 요망에 부응하기 위하여 1984부터 일본 국내 및 해외에서 일본어를 모국어로 하지 않는 사람을 대상으로 일본어능력을 측정하고 인정함을 목적으로 하는 일본어능력시험을 실시하고 있다. 다양화된 수험자와 수험목적의 변화에 발맞춰 2005년 '일본어능력시험 개선에 관한 검토회'를 설치하고 많은 전문가의 협력을 얻어 2010년 새로운 〈일본어능력시험〉을 실시하게 되었다.

실시횟수: 매년 7월 첫 번째 일요일과 12월 첫 번째 일요일 2회 실시한다.

2 개정 포인트

(1) 과제 수행을 위한 언어 소통 능력을 측정한다.

일본어에 관한 지식과 함께 실제 운용 가능한 일본어 능력을 중시한다. 따라서 문자 · 어휘 · 문법 등의 언어지식과 그 언어지식을 이용한 소통상의 과제를 수행하는 능력을 측정한다.
※해답은 현행 시험과 마찬가지로 선택지에 의한 마크시트 방식으로 이루어진다. 또한 말하기, 쓰기 능력을 직접 측정하는 시험 과목은 없다.

(2) 레벨을 4단계에서 5단계로 늘렸다.

N1	구 시험 1급보다 다소 높은 레벨까지 측정한다. 합격선은 현행 시험과 거의 같다.
N2	구 시험 2급과 거의 같은 레벨이다.
N3	구 시험 2급과 3급 사이에 해당하는 레벨이다. (신설)
N4	구 시험 3급과 거의 같은 레벨이다.
N5	구 시험 4급과 거의 같은 레벨이다.

(3) 득점을 상대평가 방식으로 변경하였다

서로 다른 시기에 실시되는 시험에서는 출제되는 문제가 다르므로 아무리 신중하게 출제를 해도 매회 시험의 난이도가 다소 변동할 수밖에 없다. 따라서 새로운 시험에서는 '등화(等化)' 라는 상대평가를 통해 시험 득점이 난이도의 영향을 받는 일이 없도록 형평성을 유지할 수 있게 한다.

(4) '일본어능력시험 Can-do 리스트' (가칭)를 제공한다.

각 레벨의 합격자가 일본어를 사용하여 실제로 어떠한 일이 가능하다고 생각하는지를 조사한 '일본어능력시험 Can-do 리스트'(가칭)를 제공하는데 현재 작성 중이다.
예) 듣기 – 학교나 직장 공공장소에서 안내방송을 듣고 대략의 내용을 이해할 수 있다.

3 인정 기준

레벨	인정 기준
N1	**폭넓은 장면에서 사용되는 일본어를 이해할 수 있다.** **[읽기]** • 폭넓은 화제에 대해 쓰인 신문 논설, 평론 등, 논리적으로 다소 복잡한 문장과 추상도 높은 문장 등을 읽고 문장 구성과 내용을 이해할 수 있다. • 다양한 화제 내용에 깊이 있는 글을 읽고 이야기 흐름과 상세한 의도를 이해할 수 있다. **[듣기]** • 폭넓은 장면에서 자연스러운 속도의 체계적 내용의 회화, 뉴스, 강의를 듣고 이야기 흐름과 등장인물의 관계, 내용의 논리구성 등을 상세하게 이해하고 요지를 파악할 수 있다.
N2	**일상적인 장면에서 사용되는 일본어 이해와 더불어 보다 폭넓은 장면에서 사용되는 일본어를 어느 정도 이해할 수 있다.** **[읽기]** • 폭넓은 화제에 대해 쓰인 신문이나 잡지 기사·해설, 평이한 평론 등, 논지가 명쾌한 문장을 읽고 문장 내용을 이해할 수 있다. • 일반적인 화제에 관한 글을 읽고 이야기 흐름과 표현의도를 이해할 수 있다. **[듣기]** • 일상적인 장면과 더불어 폭넓은 장면에서 자연스러운 속도의 체계적 내용의 회화, 뉴스를 듣고 이야기 흐름과 등장인물의 관계를 이해하고 요지를 파악할 수 있다.
N3	**일상적인 장면에서 사용되는 일본어를 어느 정도 이해할 수 있다.** **[읽기]** • 일상적인 화제에 대해 쓰인 구체적인 내용을 나타낸 문장을 읽고 이해할 수 있다. • 신문 기사 제목 등을 통해 정보의 개요를 파악할 수 있다. • 일상적인 장면에서 접하는 범위의 난이도가 다소 높은 문장은 유의 표현이 제시되면 요지를 이해할 수 있다. **[듣기]** • 일상적인 장면에서 다소 자연스러운 속도에 가까운 체계적 내용의 회화를 듣고 이야기의 구체적인 내용을 등장 인물의 관계 등과 더불어 거의 이해할 수 있다.
N4	**기본적인 일본어를 이해할 수 있다.** **[읽기]** • 기본적인 어휘나 한자로 쓰인 일상생활 속에서도 가까운 화제에 대한 글을 읽고 이해할 수 있다. **[듣기]** • 일상적인 장면에서 조금 느린 속도의 회화라면 내용을 거의 이해할 수 있다.
N5	**기본적인 일본어를 어느 정도 이해할 수 있다.** **[읽기]** • 히라가나, 가타카나, 일상생활에서 사용되는 기본적인 한자로 쓰인 정형적인 어구, 문장, 글을 읽고 이해할 수 있다. **[듣기]** • 교실이나 주변 등 일상생활 속에서도 자주 접하는 장면에서 느리고 짧은 회화로 부터 필요한 정보를 얻어낼 수 있다.

4 시험 결과

(1) 시험 결과의 표시

레벨	득점 구분	득점 범위
N1	언어지식(문자・어휘・문법)	0~60
	독해	0~60
	청해	0~60
	종합 득점	0~180
N2	**언어지식(문자・어휘・문법)**	**0~60**
	독해	**0~60**
	청해	**0~60**
	종합 득점	**0~180**
N3	언어지식(문자・어휘・문법)	0~60
	독해	0~60
	청해	0~60
	종합 득점	0~180
N4	언어지식(문자・어휘・문법)・독해	0~120
	청해	0~60
	종합 득점	0~180
N5	언어지식(문자・어휘・문법)・독해	0~120
	청해	0~60
	종합 득점	0~180

(2) 합격/불합격 판정

종합 득점과 각 득점 구분의 기준점, 이 두 가지로 합격/불합격 판정을 내린다. 기준점이란 각 득점 구분에서 '적어도 이 이상은 필요한' 득점을 말한다. 득점 구분의 득점이 하나라도 기준점에 달하지 못한 경우는 종합 득점이 아무리 높아도 불합격으로 처리된다. 각 득점 구분에 기준점을 설정한 것은 학습자의 일본어능력을 종합적으로 평가하기 위해서이다.

(3) 시험 결과의 통지

다음 예와 같이 ①'득점 구분별 득점'과 득점 구분별 득점을 합계한 ②'종합 득점', 앞으로의 일본어 학습을 위한 ③'참고 정보'를 통지한다. ③'참고 정보'는 합격/불합격 판정 대상이 아니다.

예: N2을 수험한 Y씨의 '합격/불합격 통지서'의 일부 (실제 서식은 변경될 수 있다.)

	①득점 구분별 점수			②종합 득점
언어지식(문자・어휘・문법)	독해	청해		
50/60	**30**/60	**40**/60		**120**/180

③참고 정보※	
문자 어휘	문법
A	C

A 매우 잘했음 (정답률 67% 이상)
B 잘했음 (정답률 34%이상 67% 미만)
C 그다지 잘하지 못했음 (정답률 34% 미만)

* '언어지식(문자・어휘・문법)에 대한 참고 정보를 살펴 보면 '문자・어휘'는 A(정답률 67% 이상)이므로 '매우 잘했음', '문법'은 C로(정답률 34% 미만)으로 '그다지 잘하지 못했음'임을 알 수 있다.

N2의 출제경향과 대처법

문자 · 어휘

신 일본어능력시험에서 문자 · 어휘 출제 문항 수는 구 시험에 비해 대폭 축소되었다. 문항 수는 줄어들었지만 출제 비중을 떠나 독해나 청해를 학습하는 데 기본 바탕이 되는 것이 어휘이므로 기본적으로 반드시 공부해 두어야 하는 파트이다.

문제 유형은 단어의 기본적인 의미를 아는 것은 물론, 문장 내용에 따른 뉘앙스 구별이 필요한 까다로운 문제가 다수 출제된다. 그래서 이 책에서는 필요한 경우 반대말, 유의어 등의 관련 어휘를 제시하였고 특히 예문을 통해 단어의 정확한 뉘앙스를 보여주었다.

어휘 하나만 무턱대고 암기할 것이 아니라, 관련된 어휘를 포괄하여 함께 공부하는 것이 어휘력의 폭을 넓혀주고 나아가서는 독해력을 강화시키는 학습 방법이다.

문법

신 시험에서는 '출제 기준' 즉, '문법 항목 리스트'를 별도로 규정하여 제시하지 않았다.
그 이유에 대해 주관 기관이 밝힌 내용은 다음과 같다.

일본어 학습의 최종 목표는 문법 항목의 암기가 아니고, 그것들을 커뮤니케이션의 수단으로서 실제로 이용할 수 있게 하기 위한 것이라는 인식 하에, 신 시험에서는 '문자 · 어휘 · 문법이라는 언어 지식'과 함께, '그 언어지식을 이용하고, 커뮤니케이션상의 과제를 수행하는 능력'을 측정하는 수단으로 문법을 보기 때문에 어휘나 한자, 문법 항목의 리스트가 게재된 출제 기준은 적절하지 않다.

이것은 N2의 문법 출제 범위의 폭이 넓어진 것을 의미한다. 하지만 신(新)시험 N2는 구 시험 2급과 유사한 레벨로, 구 시험 문제나 출제 기준도 단서가 된다고 하였으므로 자주 출제된 내용을 중심으로 정리해 두면 변화에 빨리 적응할 수 있을 것이다.

독해

신 시험은 단순한 문법 지식이나, 문어체의 난해한 독해 지문에서 탈피하여 실생활에 유용한 어휘와 실용적인 문장을 출제하는 방향으로 바뀌었다. 또 주어진 문장을 통해 필요한 정보를 구성하거나 내용 파악 유무를 묻는 문제가 주로 출제된다.

이는 곧 글의 전개 순서대로 하던 나열식 독해 즉, 번역 연습 수준이나 우리말 대입식의 공부가 더 이상 통용되지 않는다. 이제는 시험에 대비하여 실제적인 독해 실력을 쌓아야 한다는 것이다. 즉, 문장에 대한 이해 능력을 중시하는 뜻으로, 신 일본어능력시험 출제경향의 변화에서 가장 두드러진 부분이다.

청해

새로운 능력시험은 커뮤니케이션 능력의 극대화를 목표로 출제될 것이다. 현장감이 느껴지는 상황별 배경음이 깔린 상태에서 이루어지는 대화는 기존의 밋밋한 대화나 아나운서 방식과는 사뭇 다르게 전개될 수 있다. 실전에 대비하여 다음 사항 정도는 유념하고 시작하는 것이 좋다.

1) 역시 문제를 들려주는 방식에서는 듣고 무엇을 골라야 할 것인가에 대한 질문은 본문 전후로 2번 들려주는 형식을 취하므로 여유를 가지고 실전에 임한다.

2) 기존의 그림을 제시하는 형식의 문제는 출제 문항이 아예 없거나 대폭 줄고 대신 문자로 제시되는 문제의 비중이 커졌다. 그만큼 청해에 있어서도 속청 능력이 요구됨을 의미한다. 선택지가 문자로 제시된 문제의 정답 도출 방식은 거의 JPT 회화문 출제의 경우와 유사하다. 질문에서 요구하는 대화의 주체를 염두에 두고, 그의 생각과, 행동 순서, 그리고 본문에서 말한 내용과 의미가 같은 다른 표현으로 이루어진 선택지를 연계하여 빨리 답을 찾아내는 것 등은 문제풀이의 순발력 훈련을 필요로 한다.

3) 유형 설명에서 무엇을 중점에 두고 공부해야 하나?
새 일본어능력시험 가이드북 해석은 폭넓게 하여 출제 경향에 근접한 문제를 집중 연습해야 한다. 모든 일본어 시험에서 보편적으로 다뤄지는 질문의 방식을 기본으로 하여 형식적인 면 즉 다양한 문제 형태를 검토하여 만든 문제이므로 유형설명의 기본문제와 어구에 충실하도록 한다.

4) 실전 예상 문제를 통해 합격 도달 가능성을 알 수 있다.
본서의 각 분야별로 사용된 어휘는 기존 2급 시험에서 제시한 출제기준을 근간으로 삼아 각각 상향 조정하여 수록하였다. 앞으로는 과거 시험보다 한 단계 높은 상위레벨의 파생 단어도 얼마든지 출제 범위에 들어 있는 만큼 이를 소홀히 하지 말아야 한다. 그런 차원에서 파트별로 공부한 내용을 응용한 문제를 제시하여 반복 연습이 되도록 하였다. 현재 학습 정도를 가늠해 볼 수 있는 예상 문제를 풀어 봄으로 해서 실전능력이 배가되도록 배려하였다.

N2 출제 유형 한눈에 보기

시험 과목 (시험 시간)			문제의 구성			
			큰 항목	변형 정도	문항 수	목표
언어 지식 · 독해 (105분)	문자 · 어휘	1	한자 읽기	◇	5	한자로 쓰인 어휘의 읽는 법을 고르는 문제
		2	한자 표기	◇	5	히라가나로 쓰인 어휘를 한자로 표기하는 문제
		3	어형식	◇	5	파생어나 복합어를 알고 단어를 완성하는 문제
		4	문맥 규정	○	7	문장의 문맥에 맞게 빈칸에 들어갈 가장 알맞은 어휘를 고르는 문제
		5	유의어(대체)	○	5	출제된 말이나 표현과 의미상 가까운 말이나 표현을 고르는 문제
		6	용법	○	5	제시된 어휘가 문장에서 가장 알맞게 쓰인 문장을 찾는 문제
	문법	7	문법 형식의 판단	○	12	괄호 안에 들어갈 가장 알맞은 문법 기능어를 찾아 문장을 완성하는 문제
		8	문의 완성	◆	5	보기 4개를 나열하여 문장을 완성하고 ★에 들어갈 표현을 찾는 문제
		9	문장의 문법	◆	5	장문의 지문에서 공란에 들어갈 어구를 보기에서 고르는 문제
	독해	10	내용 이해(단문)	○	5	생활, 일 등 여러 화제를 포함한 설명문이나 지시문을 읽고 내용을 이해했는가를 묻는 문제
		11	내용 이해(중문)	○	9	평론, 해설, 에세이 등을 읽고, 인과관계나 이유, 개요, 필자의 생각을 묻는 문제
		12	종합 이해	◆	2	주장하는 복수의 글을 서로 비교하여 읽고 비교나 종합적인 이해를 묻는 문제
		13	주장 이해(장문)	◇	3	평론이나 시사성 있는 지문을 읽고, 저자가 의도하는 내용이나 주장, 의견 등을 파악하는 문제
		14	정보 검색	◆	2	광고, 팸플릿, 정보지, 비즈니스 문서 등의 글에서 필요한 정보를 찾아내는 문제
청해 (50분)		1	과제 이해	◇	5	구체적인 과제 해결에 필요한 정보를 듣고 내용을 이해했는가를 묻는 문제
		2	포인트 이해	◇	6	내용을 듣고 포인트를 파악하는 문제
		3	개요 이해	◇	5	내용을 듣고 전체적인 화자의 의도나 주장 등을 이해하는가를 묻는 문제
		4	즉시 응답	◆	12	질문 등의 짧은 발화를 듣고 적절한 응답을 선택할 수 있는가를 묻는 문제
		5	종합 이해	◇	14	장문의 내용을 듣고 복수의 정보를 비교 · 종합하여 이해하는가를 묻는 문제

◆: 구 시험에서는 출제되지 않았던 새로운 문제 형식
◇: 구 시험의 문제 형식을 유지하나 형식에서 부분적으로 변경됨
○: 구 시험에서도 출제된 문제 형식
※시험 시간은 변경될 수도 있다. 또한 '청해'는 시험 문제의 녹음 시간 길이에 따라 시험 시간이 다소 변경된다.

만점을 위한 준비

1. 시험 일주일 전 체크할 것들

그동안 공부했던 기출문제 및 예상 문제를 복습하며 틀렸던 문제를 다시 체크하고 가능하면 전년도 기출문제를 실제 시험과 동일하게 시간을 정해 놓고 문제를 풀어 시간 배분에 대한 점검을 한다.

2. 정답 기입 연습

언어지식과 독해의 정답 마킹은 ①②③④ 중에서 맞는 번호 하나에만 칠한다.
새로운 일본어 능력시험에서는 종래의 시험과 달리 청해도 언어지식과 독해처럼 정답에만 마킹을 하는 방식이다. 방법이 간단해졌지만 시간 내에 정확히 마킹할 수 있어야 한다. 청해는 시험지에서 충분히 답을 도출한 다음 바로 마킹하고 다음 문제를 기다리는 방법으로 풀이해 간다.

3. 시험 준비물 챙기기

1. 수험표/ HB연필 3-4개/ 지우개/ 신분증/ 시계
2. 평소대로 일찍 자고…
3. 아침 6시에 일어나 정비하고 여유 있게 출발!!
기타, 시험장 위치 및 시험장까지의 소요 시간 파악하는 일과, 여유 있는 출발, 그리고 중간 쉬는 시간에 필요할지도 모르는 물이나, 음료수 등이다.

4. 오답노트처럼 시험후기를 써보자!

바둑의 고수가 대국을 한 뒤 자기가 놓은 의미 있는 한수, 한수를 되짚어 보기를 하듯, 시험 본 뒤에 시험을 본 소감을 구체적 내용을 담아 꼭 되새김질 해두는 습관을 들이자. 대범하지 못하게 지나간 것에 대해 생각하는 것이 부질없는 짓이라거나, 이제 와서 틀린 문제를 생각한들 마음만 괴롭다는 것은 지속적 공부와 다음 시험을 위한 도약을 포기하는 어리석은 행위다. 진정한 고수는 자신을 직시할 줄 아는 사람이다. 대충의 감이나 느낌이 아니라 시험 후기를 통해 나의 약점이 무엇이고 앞으로 더 힘써야 할 부분이 무엇인지를 똑바로 봐야 한다.

이 책의 구성과 특징

이 책은 새로운 능력시험에 쉽고 빠르게 적응하도록 각 파트별 유형 설명과 구체적인 공략 방법을 상세히 소개하였다. 또한 실전과 같은 환경에서 문제풀이 적응력을 기르도록 모의고사를 3회 수록하였다.

문제 유형 파악

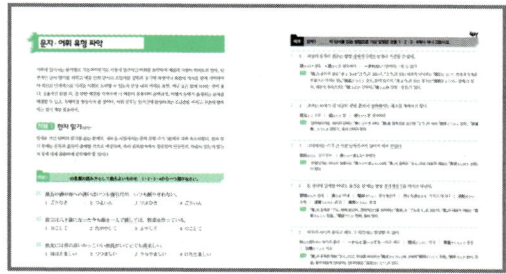

문제 유형별로 예제를 수록하였다. 실전 모의고사를 풀기 전 어떤 유형의 문제가 나오는지, 워밍업 정도로 생각하고 가벼운 마음으로 문제를 풀어보자

탄탄 내공 쌓기

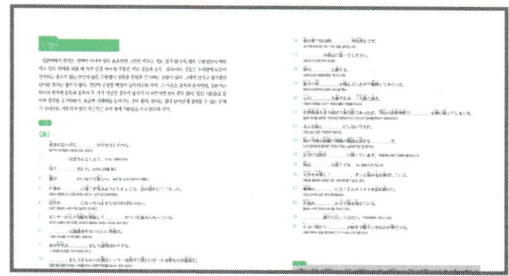

시험에 대비하여 많은 문제를 풀어보는 것도 중요하지만, 문제를 풀기 위한 토대가 되는 기초를 쌓는 것이 중요하다. 꼭 알아둘 문자어휘를 품사별로 정리했고, 자주 출제되는 문형문법은 내용에 따라 나누어 정리했다.

공략법 제시

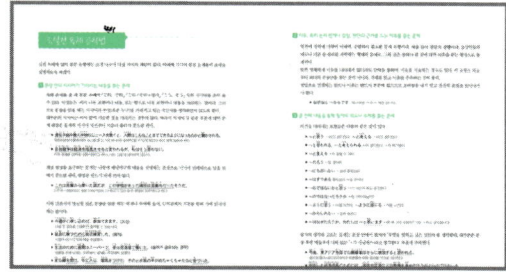

청해나 독해는 특히 시험에서 차지하는 비중이 커진만큼 철저히 준비할 필요가 있기에, 시험 내용이 어떻게 달라졌는지,또 그에 대비한 전략이나 공략법은 무엇인지를 꼼꼼하게 설명하였다.

실전 모의고사

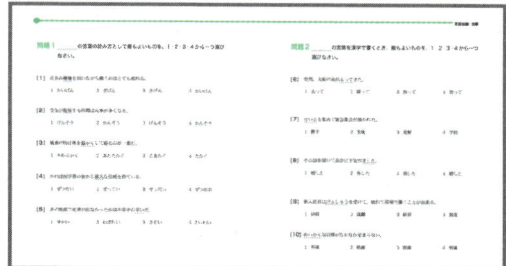

실전과 똑같은 유형의 문제를 3회 수록하였다. 실전처럼 시간을 재면서 문제를 풀어보자.

상세한 해설

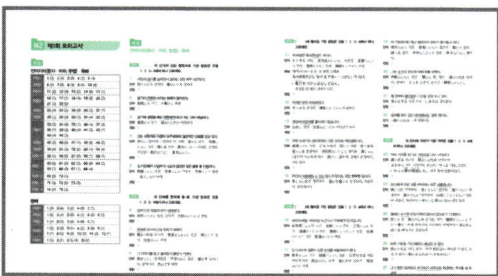

정답이 될 수 없는 이유를 상세히 설명하고, 본책에서 다루지 않았지만, 같이 알아두면 도움이 되는 학습 내용을 추가하여 혼자서 공부하는 학습자를 배려하였다.

차례

일본어능력시험 개요   6

N2의 출제경향과 대처법   9

N2 출제 유형 한눈에 보기   11

만점을 위한 준비   12

이 책의 구성과 특징   13

Part1 1교시 언어지식 유형별 공략법

1. 문자 · 어휘 유형 파악

問題1 한자 읽기   18

問題2 한자 표기   20

問題3 어형식   22

問題4 문맥 규정   24

問題5 유의어   26

問題6 용법   28

[탄탄 내공 쌓기1. 꼭 알아둘 문자 · 어휘]

1. 명사   34

2. 동사   68

3. い형용사   80

4. な형용사   86

2. 문법 유형 파악

問題7 문법 형식의 판단   97

問題8 문의 완성   101

問題9 글의 문법   104

[탄탄 내공 쌓기2. 자주 출제되는 문형 · 문법]

1. 때(경우 · 상황)   110

2. 원인 · 이유 · 결과   113

3. 주제 · 발탁   117

4. 강조   119

5. 역접   125

6. 조건   129

7. 대상   137

8. 병렬   138

9. 결정 요인   140

10. 양자(두 가지)의 관계   141

11. 판단 · 평가   144

12. 대체 설명 146

13. 전문 148

14. 문어적 표현 148

15. 문말(文末) 표현 155

16. 강조 163

17. 복합어 · 접미어 166

18. 경어 170

Part2 1교시 독해 유형별 공략법

[독해 만점을 위한 학습요령과 실전대책]

1. NEW 독해 무엇이 달라졌나? 175

2. 독해 만점 전략 176

3. 실전 독해 공략법 184

[독해 유형 파악]

問題10 내용 이해(단문) 188

問題11 내용 이해(중문) 196

問題12 종합 이해 207

問題13 주장 이해 212

問題14 정보 검색 217

Part3 2교시 청해 유형별 공략법

[청해 만점을 위한 학습요령과 실전대책]

1. NEW 청해 무엇이 달라졌나? 223

2. 청해 만점 전략 224

3. 실전 청해 공략법 237

4. 청해 유형 파악 241

問題1 242

問題2 251

問題3 264

問題4 273

問題5 280

[청해 를 위한 부사]

.... 288

N2

Part 1
1교시 언어지식 유형별 공략법

시험 과목&시간	
1교시	2교시
언어지식(문자 · 어휘, 문법) 독해 (105분)	청해 (50분)

문자·어휘 유형 파악

어휘에 있어서는 품사별로 기본적이면서도 시험에 필수적인 어휘를 요약하여 예문과 더불어 익히도록 한다. 단편적인 단어 암기를 피하고 예문 안의 단어의 쓰임새를 살핌과 동시에 파생어나 복합어 지식을 함께 기억하여야 하므로 단계적으로 어려운 어휘로 도약할 수 있도록 문장 내의 어려운 표현, 어구 등은 함께 익히는 것이 좋다. 실용적인 문장 즉, 쓸 만한 예문을 익혀두면 이 예문이 응용되어 문맥규정, 어형식 등에서 출제되는 문제를 해결할 수 있고, 독해력을 향상시켜 줄 것이다. 어휘 공부는 단기간에 완성하려는 조급증을 버리고 꾸준히 반복하는 것이 제일 중요하다.

問題 1 한자 읽기(5문항)

한자로 쓰인 단어의 읽기를 묻는 문제로, 새로운 시험에서는 출제 문항 수가 5문제로 대폭 축소되었다. 한자 읽기 문제는 음독과 훈독이 출제될 것으로 예상되며, 특히 음독한자에서 장음인지 단음인지, 탁음이 있는지 없는지 등에 대해 꼼꼼하게 공부해야 할 것이다.

問題1 ＿＿＿＿の言葉の読み方として最もよいものを、1・2・3・4から一つ選びなさい。

01 課長の酒の席への誘いはいつも強引だが、いつも断りきれない。
　　1 ごうひき　　　　2 つよいん　　　　3 つよひき　　　　4 ごういん

02 祖父は八十歳になった今も畑を一人で耕しては、野菜を作っている。
　　1 おこして　　　　2 たがやして　　　　3 ふやして　　　　4 のこして

03 彼女には背の高いかっこいい彼氏がいてとても羨ましい。
　　1 ほほえましい　　2 つつましい　　　　3 うらやましい　　4 けたたましい

04 お金の管理に厳しい妻は、買い物の時はいつも電卓を持ち歩いている。
　　1 でんたく　　　　2 きせい　　　　　　3 さつえい　　　　4 うんちん

05 いくら仲がいいからと言っても、その意見には賛成出来ないな。
　　1 ちりょう　　　　2 さんせい　　　　　3 しょうせい　　　4 そんちょう

1　4　과장의 술자리 권유는 항상 강제적이지만 언제나 거절할 수 없다.

誘さそい 권유　＊誘さそう 권유하다　｜　～きれない (끝까지) ～할 수 없다

> **Tip**　「強」은 음독의 경우「きょう」나「ごう」로 읽는다.「ごう」로 읽는 대표적 단어로는「強引ごういん 반대나 장애를 무릅쓰고 억지로 함」,「強盗ごうとう 강도」 등이 있으며,「きょう」로 읽는 경우는「強制きょうせい 강제」가 있다. 대표적 훈독으로는「強つよい 강하다」「強つよみ 강점·장점」가 있다.

2　2　조부는 80세가 된 지금도 밭을 혼자서 경작해서는 채소를 재배하고 있다.

祖父そふ 조부　｜　畑はたけ 밭　｜　耕たがやす 경작하다

> **Tip**　'경작하다'라는 의미의 단어는「耕たがやす」이다.「耕」를 음독으로 읽으면「こう」가 되며「耕作こうさく 경작」,「耕運機こううんき 경운기」 등의 단어가 있다.

3　3　그녀에게는 키가 큰 멋진 남자친구가 있어서 매우 부럽다.

彼氏かれし 남자친구　｜　羨うらやましい 부럽다

> **Tip**　'부럽다'라는 의미의 형용사는「羨うらやましい」이며,「羨」의 음독은「せん」으로 대표적 예로는「羨望せんぼう 선망」이 있다.

4　1　돈 관리에 엄격한 아내는 물건을 살 때는 항상 전자계산기를 가지고 다닌다.

管理かんり 관리　｜　妻つま 아내　｜　電卓でんたく 전자계산기　｜　持もち歩あるく 가지고 다니다　｜　規制きせい 규제　｜　運賃うんちん 운임　｜　撮影さつえい 촬영

> **Tip**　「電」의 음독은「でん」밖에 없으며, 전자계산기를 의미하는「電卓」는「でんたく」로 읽는다.「電」의 대표적 예로는「電車でんしゃ 전철」,「電話でんわ 전화」 등이 있다.

5　2　아무리 사이가 좋다고 해도 그 의견에는 찬성할 수 없어.

仲なかがいい 사이가 좋다　｜　～からと言いっても ～라고 해도　｜　賛成さんせい 찬성　｜　尊重そんちょう 존중　｜　治療ちりょう 치료

> **Tip**　「賛」의 음독은 항상「さん」이고, 찬성을 의미하는「賛成さんせい」와 그밖에「賛同さんどう 찬동」「賛美さんび 찬미, 찬송」 등이 대표적 단어이다. 반대어로는「反対はんたい」가 있다.

한자 표기(5문항)

'히라가나'로 쓰인 단어의 한자 표기를 묻는 문제로, 한 문장당 한 문제씩 출제된다. 정확한 한자의 모양을 찾는 문제도 출제되지만 그 한자가 지니는 뜻에 중점을 둔 문제들이 자주 출제된다.

問題2 ＿＿＿＿＿＿ の言葉を漢字で書くとき、最もよいものを、１・２・３・４から一つ選びなさい。

06 お年寄りが立っているのを見て、席を<u>ゆずって</u>あげた。
  1 誘って   2 譲って   3 叶って   4 装って

07 だんだん期末試験の時期が<u>せまって</u>きた。
  1 詰って   2 泊って   3 迫って   4 蹴って

08 行ったときには既に図書館は<u>へいかん</u>の時間を過ぎていた。
  1 閉館   2 方針   3 平舘   4 回復

09 そうじをしてもすぐに散らかしてしまう。
  1 総除   2 掃除   3 開催   4 層時

10 彼女は<u>りゅうこう</u>に敏感で、いつもおしゃれだ。
  1 流行   2 反映   3 流効   4 範囲

6   2   노인이 서 있는 것을 보고 자리를 <u>양보</u>해 주었다.

お年寄としより 노인 | 譲ゆずる 양보하다 | 叶かなう (소원이) 이루어지다 *敵かなう 필적하다, 대적하다 *適かなう 들어맞다, 적합하다

Tip 「ゆずる」는 '양보하다'라는 의미이고, 한자로는 2번의 「譲ゆずる」를 쓴다. 나머지 「誘さそう」는 '유혹하다', 「殴なぐる」는 '때리다', 「装よそおう」는 '치장하다'는 뜻으로 쓰이는 동사이다.

7   3   점점 기말시험 시기가 <u>다가</u>왔다.

期末試験きまつしけん 기말시험 | 時期じき 시기 | 迫せまる 다가오다 | 詰つまる 막히다

Tip '어떤 시각이 다가오다'라는 의미의 동사 「せまる」의 한자 표기는 3번 「迫せまる」를 쓴다. 그 밖의 「持もつ」는 '들다, 가지다', 「泊とまる」는 '숙박하다', 「蹴ける」는 '(발로) 차다'라는 뜻으로 쓰이는 동사이다.

8   1   갔을 때는 이미 도서관은 <u>폐관</u> 시간을 지나 있었다.

既すでに 이미, 벌써 | 閉館へいかん 폐관 | 回復かいふく 회복 | 方針ほうしん 방침

Tip 「へいかん」의 한자로는 「閉館 폐관」, 「閉刊 폐간」 등이 있으나, 도서관의 경우는 '폐관'에 해당되므로 1번의 「閉館へいかん」이 정답이 된다.

9   2   <u>청소</u>를 해도 금세 어질러 버린다.

掃除そうじ 청소 | 散ちらかす 어지르다 | 開催かいさい 개최

Tip '청소'를 의미하는 한자 표기는 2번의 「掃除そうじ」이며, 나머지는 모두 아무런 의미를 갖고 있지 않다.

10   1   그녀는 <u>유행</u>에 민감해서 항상 멋을 부린다.

流行りゅうこう 유행 | 敏感びんかん 민감 | おしゃれ 멋부림, 치장 | 反映はんえい 반영 | 範囲はんい 범위

Tip 「りゅうこう」는 유행을 의미하며, 한자 표기는 1번의 「流行」이고, 동사의 경우는 같은 한자를 쓰면서도 읽기는 달라지는 형태를 취하여 「流行はやる」라고 읽는다. 유사어로 「ブーム 붐, 유행」가 있다.

파생어나 복합어의 지식을 묻는 문제로, 복합어에서는 복합 동사가 주로 출제되고 파생어에서는 접두어나 접미어 문제가 자주 출제된다.

問題3 （　　　）に入れるのに最もよいものを、1・2・3・4から一つ選びなさい。

11 約束の時間まではまだまだだが、彼が来るのがとても待ち（　　　　）。
　　1 苦しい　　　　　2 長しい　　　　　3 遠しい　　　　　4 優しい

12 彼は顔が細（　　　　）、身長も高くて非常にハンサムだ。
　　1 狭く　　　　　2 痛く　　　　　3 長く　　　　　4 鈍く

13 この仕事を（　　　　）受けたのは良かったが、想像以上に大変だ。
　　1 引き　　　　　2 立ち　　　　　3 寄り　　　　　4 焼き

14 順調に進んでいたが、思いもよらぬ難問が目の前に（　　　　）塞がった。
　　1 朽ち　　　　　2 のし　　　　　3 凝り　　　　　4 立ち

15 ここの弁当は近くの会社員たちに人気で、すぐに売り（　　　　）しまう。
　　1 損ねて　　　　　2 切れて　　　　　3 ちぢんで　　　　　4 はぐれて

11　3　약속 시간까지는 아직이지만, 그가 오는 것이 매우 <u>기다려진다</u>.

> Tip　'몹시 기다려지다'는 뜻의 복합형용사로 「待ちまち遠どぉしい」가 있으며, 유사어로는 「待ちまち兼かねる 더 이상 참고 기다릴 수 없게 되다」가 있다.

12　3　그는 얼굴이 가늘고 길며, 키도 크고 상당히 미남이다.

細長ほそながい 가늘고 길다　｜　身長しんちょう 신장, 키　*慎重しんちょう 신중함

> Tip　'가늘고 길다'라는 뜻의 복합형용사로 「細長ほそながい」가 있다.

13　1　이 일을 <u>맡은</u> 것은 좋았지만, 상상 이상으로 힘들다.

引ひき受うける 맡다, 담당하다　｜　想像そうぞう 상상

> Tip　'맡다, 담당하다'라는 의미의 동사 「引ひき受うける」가 정답이며, 나머지 예들은 모두 「受うける」와는 짝을 이루지 못한다.

14　4　순조롭게 진행되었지만, 생각지도 못한 어려운 문제가 눈앞을 <u>가로막았다</u>.

順調じゅんちょうに 순조롭게　｜　思おもいもよらぬ 생각지도 못한, 뜻밖의　｜　難問なんもん 난문　｜　立たち塞ふさがる 앞을 가로막다

> Tip　'가로막다, 막아서다'라는 의미의 단어에는 「立たち塞ふさがる」가 해당된다. 「朽くち」는 명사와 연결되어 '썩은~' 혹은 '늙은~'의 꼴로 쓰이며, 「伸のす」는 '뻗어나다'의 뜻으로 「伸のし上あがる(지위 등에) 빨리 오르다」 「伸のし掛かかる 짓누르다」 등의 단어가 있다.

15　2　여기 도시락은 근처 회사원들에게 인기여서 금세 <u>다 팔려</u> 버린다.

売うり切きれる 다 팔리다　｜　縮ちぢむ 줄어들다　｜　損そこねる 상하게 하다, 해치다　｜　はぐれる 일행과 떨어지다, 일행을 놓치다

> Tip　「売うる」와 관련된 단어에는 「売うれる 팔리다」, 「売うり切きれる 다 팔리다, 매진되다」 등이 있다.

전후 문맥을 통해 공란에 들어갈 가장 알맞은 어휘를 고르는 문제로, 명사 · 동사 · 형용사 · 형용사 · 부사 등의
주요 품사와 외래어 · 접미어 · 접두어 · 관용 표현 등이 폭넓게 출제된다.

問題4 （　　　　）に入れるのに最もよいものを、1・2・3・4から一つ選びなさい。

16 何かわからないことがございましたら、お（　　　　　）にお問い合わせください。
　　1 気軽　　　　　　2 気楽　　　　　　3 気持　　　　　　4 気分

17 10月に入った途端（　　　　　）に寒くなった。
　　1 急患　　　　　　2 救急　　　　　　3 急遽　　　　　　4 急激

18 彼は何があっても（　　　　　）な顔をしている。
　　1 平視　　　　　　2 平叙　　　　　　3 平気　　　　　　4 平静

19 彼女はいつも（　　　　　）高そうなバッグを持っている。
　　1 いい加減　　　　2 いかにも　　　　3 いきなり　　　　4 あらかじめ

20 君のことだから（　　　　　）知っているかと思ったよ。
　　1 とっくに　　　　2 とっさに　　　　3 どうやら　　　　4 とにかく

21 （　　　　　）こんな事態に発展するなんて思いもしなかった。
　　1 ますます　　　　2 ほとんど　　　　3 はたして　　　　4 まさか

22 小学校の同級生に駅で（　　　　　）出くわした。
　　1 のんびり　　　　2 ぶらぶら　　　　3 ばったり　　　　4 おっとり

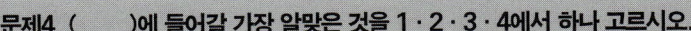

16　1　뭔가 모르는 것이 있으시면 편하게 문의해 주세요.

問とい合ぁわせる 물어서 확인하다, 조회하다, 문의하다

Tip 「気軽きがる」는 '마음 가벼움, 마음 편함(일에 대해 구애받거나 귀찮아 하지 않고 선뜻 일처리를 함)', 「気楽きらく」는 '마음 편함, 홀가분함(걱정이나 수고 없이 느긋한 상태)'를 가리킨다.

17　4　10월에 접어들자마자 급격하게 추워졌다.

〜途端とたん 〜하자마자(동사 た형+途端 〜하자마자) │ **急患きゅうかん** 급한 환자 │ **救急きゅうきゅう** 구급 │ **急遽きゅうきょ** 급히, 서둘러

Tip 「急激きゅうげき」 '갑자기, 급격하게'라는 의미이다.

18　3　그는 무슨 일이 있어도 아무렇지도 않은 얼굴을 하고 있다.

顔かおをする 얼굴을 하다, 표정을 짓다 │ **平静へいせい** 평정, 태도나 마음이 침착함

Tip 「平気へいき 아무렇지도 않음, 태연함(신경 쓰지 않고, 걱정하지 않는 것)」을 뜻한다.

19　2　그녀는 항상 제법 비싸 보이는 가방을 들고 있다.

いい加減かげん 알맞음, 적당함 │ **いきなり** 갑자기 │ **あらかじめ** 미리, 사전에

Tip 「いかにも」는 '아무래도(아무리 봐도), 제법, 정말이지'의 부사이다.

20　1　자네니까 벌써 알고 있으리라 생각했네.

とっさに 순간적으로, 즉시 │ **どうやら** 그럭저럭 │ **とにかく** 어쨌든

Tip '당연히, 이미 알고 있다'라는 의미를 내포하고 있기 때문에 정답은 1번의 「とっくに 훨씬 전에, 벌써」가 된다.

21　4　설마 이런 사태로 발전하다니 생각지도 못했다.

事態じたい 사태 │ **発展はってん** 발전 │ **〜なんて** 〜하다니 │ **はたして** 과연, 역시

Tip 「まさか」는 흔히 부정과 반어의 표현을 동반하여 부정추측을 강조하거나 불가능함을 표현하려고 할 때 쓰인다.

22　3　초등학교 동급생을 역에서 우연히 만났다.

同級生どうきゅうせい 동급생 │ **出でくわす** 우연히 만나다 │ **のんびり** 유유히, 한가로이 │ **ぶらぶら** 어슬렁어슬렁, 빈둥빈둥 │ **おっとり** 태연하게

Tip 「ばったり」는 '뜻밖의 장소에서의 우연한 만남을 표현하거나 푹 쓰러지는 모양을 나타낸다.

같은 의미의 다른 표현, 즉 유의어를 고르는 문제에서는 제시된 어휘나 표현과 의미상 가장 가까운 표현이 무엇인지를 묻는다. 모든 품사에서 골고루 출제되겠지만 특히 유의어와 동사, 형용사가 많이 나올 것으로 예상된다. 평소 공부할 때는 모르는 어휘가 나오면 그 어휘뿐만 아니라 비슷한 의미의 어휘도 함께 공부하는 것이 좋다.

問題5 _____ の言葉に意味が最も近いものを、1・2・3・4から一つ選びなさい。

23 あまりのおもしろさに笑いをこらえることが出来なかった。

    1 たよる　　　　　2 我慢する　　　　　3 従う　　　　　4 叫ぶ

24 段差に気づかず、顔から派手にこけてしまった。

    1 離れる　　　　　2 痩せる　　　　　3 倒れる　　　　　4 しびれる

25 長引いていた契約交渉もやっと話がついた。

    1 あきらめた　　　2 まとまった　　　3 残った　　　　4 広がった

26 やっかいなことになりそうだから、その問題にはさわらずにおこう。

    1 ふれず　　　　　2 うたがわず　　　3 とかず　　　　4 かかわらず

27 雨が降っている日は外に出るのがおっくうだ。

    1 おもしろい　　　2 せつない　　　　3 さみしい　　　4 めんどうくさい

23 **2** 너무 재미있어서 웃음을 <u>참지</u> 못했다.

あまりの~ 너무~ | 笑わらい 웃음 | こらえる (고통을) 견디다 | 頼たよる 의지하다, 의뢰하다 | 我慢がまんする 참다 | 従したがう 따르다 | 叫さけぶ 외치다

Tip 「こらえる」는 고통 등을 견디거나, 감정 등을 억제할 때 쓰이며, 동의어로 「我慢がまんする」가 있다.

24 **3** 높이 차를 알아채지 못해 얼굴부터 심하게 <u>넘어져</u> 버렸다.

段差だんさ 차도와 보도의 높이 차 | 派手はでに (정도가) 심하게, 야단스럽게 | こける 넘어지다 | 痩やせる 마르다 | しびれる 마비되다

Tip 「こける」의 유사어로는 「倒たおれる」「転ころぶ」 등이 있다.

25 **2** 길게 끌었던 계약교섭도 드디어 이야기가 <u>끝났다</u>.

長引ながびく 지연되다, 길어지다 | 契約けいやく 계약 | 交渉こうしょう 교섭

Tip 「つく」는 '결정되다, 매듭짓다, 처리되다'의 뜻을 갖고 있어서 「話はなしがつく」는 '이야기가 매듭지어지다,' 「決きまりがつく」는 '결말이 나다'라는 뜻이 된다.

26 **4** 귀찮아질 것 같으니까 그 문제에는 <u>관여하지</u> 말자.

やっかい 귀찮음, 성가심 | かかわる 관여하다 | 触ふれる 접촉하다 ＊異文化いぶんかに触ふれる 이문화에 접하다

Tip 「さわる」는 '가볍게 만지다'는 뜻 외에 '관계를 갖다'의 의미가 있다.

27 **4** 비가 내리는 날은 밖에 나가는 것이 <u>귀찮다</u>.

Tip 「おっくうだ」에는 '귀찮다'라는 뜻이 있다. 의미를 모르더라도 비오는 날 밖에 나가는 것은 재밌지도, 안타깝지도, 쓸쓸하지도 않기 때문에 「めんどうくさい 귀찮다」가 된다는 것을 알 수 있다.

용법에 관한 문제는 단어가 문장 안에서 어떤 식으로 사용되는지를 묻는데, 구체적으로는 품사별 의미 차이, 어떤 단어는 어떤 말과 잘 어울리는 것인가와 같은 호응관계 등을 묻는다.

問題6 次の言葉の使い方として最もよいものを、１・２・３・４から一つ選びなさい。

28 緊急

1 緊急で悪いのだが、話したいことがあるからすぐに社員を集めてくれ。

2 タクシー代であれば会社に緊急することが出来ると聞きましたよ。

3 犯人側の緊急に警察は応じる準備があるようだが、今後の展開は誰にもわからない。

4 野球の試合で相手チームの投手は、目にもとまらぬ速さの緊急を投げた。

29 費用

1 パーティーの費用は全部出来たので、あとはお客様が来られるのを待つばかりです。

2 この商品の費用が良くわからなかったので、店員に細かく説明してもらった。

3 このパーティーでかかった費用はあとで各々徴収させていただきます。

4 試験はこれで終了致しますので、答案費用を回収させていただきます。

30 恐れ

1 この容疑者には前科があるので、再犯の恐れが十分に考えられます。

2 私たち姉妹は幼いころは恐れの服ばかり着させられた。

3 追突事故が発生したせいでダイヤが恐れ、会社に遅刻してしまった。

4 父は愛犬と恐れているときが一番幸せそうな顔をしている。

31 信頼

1 人からうけた信頼は絶対に忘れてはいけません。

2 こちらは私が長年信頼をおいてお付き合いしている方です。

3 いまさら謝ったって許してくれる信頼がないよ。

4 今日の信頼は終わったので、また明日来てください。

32 それとも

1 時間があったらあなたも私たちと一緒にそれとも行きますか。

2 身分証明書、それとも保険証が必要ですが今お持ちですか。

3 休学して留学しようか、それともこのまま進級しようかで悩んでいる。

4 それともよろしければ年齢をお聞かせていただいてよろしいですか。

28   1   긴급

1 서둘러서 미안하지만, 이야기하고 싶은 것이 있으니까 바로 사원을 모아주게.
2 택시비라면 회사에 긴급할 수 있다고 들었습니다.
3 범인 측의 긴급에 경찰은 응할 준비가 있는 것 같지만, 앞으로의 전개는 아무도 모른다.
4 야구 시합에서 상대팀 투수는 눈에 보이지도 않는 빠르기의 긴급을 던졌다.

犯人側はんにんがわ 범인 측 | 警察けいさつ 경찰 | 展開てんかい 전개 | 試合しあい 시합 | 投手とうしゅ 투수 | 投なげる 던지다

Tip 「緊急きんきゅう 긴급」은 '일이 중대하여 대응이나 조치를 서둘러야 함'이라는 뜻으로 1번이 가장 적절하게 쓰였다.

29   3   비용

1 파티 비용은 전부 되었으니까, 남은 것은 손님이 오시는 것을 기다릴 뿐입니다.
2 이 상품의 비용을 잘 몰랐기 때문에, 점원에게 상세히 설명을 들었다.
3 이 파티에 든 비용은 나중에 각각 징수하겠습니다.
4 시험은 이것으로 종료되므로 답안비용을 회수하겠습니다.

~ばかりだ ~뿐이다 | 細こまかく 상세히 | 徴収ちょうしゅう 징수 | 終了しゅうりょう 종료 | 回収かいしゅう 회수

Tip 「費用ひよう 비용」의 표현은 '파티 비용이 얼마 들었다'로 쓰인 3번이 적당하다.

30   1   우려

1 이 용의자에게는 전과가 있기 때문에 재범의 우려를 충분히 생각할 수 있습니다.
2 우리들 자매는 어릴 때는 우려의 옷만 입었다.
3 추돌사고가 발생한 탓으로, 열차 운행 계획이 우려되어, 회사에 지각하고 말았다.
4 아버지는 애견과 두려워하는 때가 가장 행복한 듯한 얼굴을 하고 있다.

容疑者ようぎしゃ 용의자 | 前科ぜんか 전과 | 再犯さいはん 재범 | 恐おそれ 우려 | 姉妹しまい 자매 | 幼おさない 어리다 | 追突ついとつ 추돌 | 発生はっせい 발생 | 愛犬あいけん 애견 | 幸しあわせだ 행복하다

Tip 「恐れ」는 '우려'라는 뜻으로 1번이 정답이고, 3번은 「ダイヤが乱みだれる 열차 운행 계획이 틀어지다」라는 표현을 쓴다. 나머지 2번과 4번은 문맥상 적절하지 않다.

31 **2** **신뢰**

1 다른 사람에게서 받은 신뢰는 절대로 잊어서는 안 됩니다.

2 이분은 제가 오랜 세월 신뢰를 두고 사귀어온 분입니다.

3 이제 와서 사과해봤자 용서해줄 신뢰가 없어.

4 오늘의 신뢰는 끝났기 때문에 내일 다시 와 주세요.

長年ながねん 오랜 세월 │ **お付**つき**合**あい 교제, 사귐 │ **いまさら** 이제 와서, 새삼스럽게 │ **謝**あやま**る** 사과
하다 │ **許**ゆる**す** 용서하다

> `Tip` 「信頼しんらい」는 '믿고 의지하는 것, 신용하여 맡기는 것, 혹은 그런 느낌'을 말한다. 1번 · 3번 · 4번은 신뢰라는 단어
> 가 어울리지 않는다.

32 **3** **그렇지 않으면**

1 시간이 있으면 당신도 우리들과 함께 그렇지 않으면 가겠습니까?

2 신분증명서 그렇지 않으면 보험증이 필요합니다만 지금 가지고 계십니까?

3 휴학하고 유학을 할까 그렇지 않으면 이대로 진급할까로 고민하고 있어.

4 그렇지 않으면 괜찮으시다면 연령을 물어봐도 되겠습니까?

身分証明書みぶんしょうめいしょ 신분증명서 │ **保険証**ほけんしょう 보험증 │ **休学**きゅうがく 휴학 │ **進級**しん
きゅう 진급(학년이 올라감) │ **悩**なや**む** 고민하다

> `Tip` 「それとも」는 앞 뒤 문장이 대비적 의미로 연결되며, '그렇지 않으면, 혹은'이라는 뜻으로 3번과 어울린다. 2번의 경우
> 는 어느 쪽을 선택할 것인지에 대한 '또는, 혹은'을 의미하는 「又または」「或あるいは」를 사용해야 한다.

탄탄 내공 쌓기1
꼭 알아둘 문자 · 어휘

신 시험에서는 현행 시험과 같은 어휘나 한자 항목의 출제기준은 공개하지 않는다. 그 이유에 대해 주관처는 '일본어 학습의 최종 목표는 어휘나 한자 항목의 암기가 아니고, 커뮤니케이션의 수단으로 어휘나 한자를 실제로 이용할 수 있게 하기 위한 것'이라고 밝히고 있다.

그러나 수험자의 입장에서는 커뮤니케이션상의 과제를 수행하는 능력을 키우기 위해 '문자 · 어휘 · 문법이라는 언어지식' 중에서 어떤 언어지식을 우선 순위로 효과적으로 이용해야 하는지가 궁금해진다. 주관처에서는 신 시험의 레벨은 구 시험의 급에 대응되어 구 시험의 문제나 출제기준도 단서가 된다고 했으므로 이를 근거로 점차 문자, 어휘력을 확대 · 발전시켜 나가면 될 것이다.

1. 명사

　일본어에서 한자는 선택이 아니라 필수 요소인데 그만큼 외우는 것도 쉽지 않아서, 많은 수험생들이 애를 먹고 있다. 한자를 외울 때 특히 신경 써야 할 부분은 바로 장음과 음독·훈독이다. 장음은 우리말에 모음이 연속되는 경우가 없는 탓인지 많은 수험생이 장음을 은연중 무시하는 경향이 있다. 그래서 안다고 생각했던 단어를 틀리는 경우가 많다. 장단의 구별을 확실히 습득하도록 하자. 그 다음은 음독과 훈독인데, 일본어는 하나의 한자에 음독과 훈독이 두 가지 이상인 경우가 많아서 다 외우자면 한도 끝도 없다. 일단 기본음을 잘 익혀 감각을 유지하면서, 조금씩 어휘력을 늘려가는 것이 좋다. 한자는 절대 단기간에 정복할 수 있는 문제가 아니므로, 서두르지 말고 차근차근 소리 내며 기본음을 쓰고 읽도록 하자.

1일

[あ]

1　恵まれない子に＿＿＿＿＿の手をさしのべる。
불우한 아이에게 사랑의 손을 내밀다.

2　＿＿＿＿＿はきちんとしよう。 인사는 정확히 하자.

3　目で＿＿＿＿＿をした。 눈으로 신호를 했다.

4　遊び＿＿＿＿＿がいなくて寂しい。 놀아 줄 상대가 없어서 외롭다.

5　仕事の＿＿＿＿＿に遠くを見るようにしたところ、目が疲れにくくなった。
일하는 짬짬이 먼 곳을 보려고 했더니, 눈이 덜 피곤해졌다.

6　信号が＿＿＿＿＿になったら止まらなければならない。
신호가 빨강이 되면 서지 않으면 안 된다.

7　センサーが人の気配を察知して＿＿＿＿＿がつく仕組みになっている。
센서가 사람의 움직임을 감지하여 불빛이 켜지는 구조로 되어 있다.

8　＿＿＿＿＿は読書をするのにいい季節だ。
가을은 독서를 하기에 좋은 계절이다.

9　あの学生は＿＿＿＿＿をして遅刻ばかりする。
그 학생은 늦잠을 자서 지각만 한다.

10　＿＿＿＿＿をたくさんかいた後はシャワーを浴びて冷たいビールを飲むのが最高だ。
땀을 많이 흘린 뒤에는 샤워를 하고 시원한 맥주를 마시는 것이 최고다.

11　彼の発言は注目に＿＿＿＿＿しない。 그의 발언은 주목할 만한 가치가 없다.

12　生産コストを＿＿＿＿＿する。 생산 비용을 작게 하다.

13　＿＿＿＿＿の中を航海した。 폭풍 속을 항해했다.

14　＿＿＿＿＿の進歩は目覚しい。 의학의 진보는 눈부시다.

15　他人の＿＿＿＿＿を聞く耳を持とう。 타인의 의견을 들을 귀를 가지자.

16 私の寮では10時＿＿＿＿＿＿外出禁止です。

내 기숙사에서는 10시 이후 외출 금지입니다.

17 ＿＿＿＿＿＿の指示に従ってください。

의사의 지시에 따라 주세요.

18 姑の＿＿＿＿＿＿に耐える。

시어머니의 심술궂음을 견디어 내다.

19 廊下の床＿＿＿＿＿＿が傷んでいたので補修してもらった。

복도의 마루판이 상해서 보수를 했다.

20 心の＿＿＿＿＿＿を癒すため、一人旅に出た。

마음의 아픔을 고치기 위해서 홀로 여행을 떠났다.

21 出世街道を走り続けて来た彼であったが、今回の詐欺事件で＿＿＿＿＿＿を棒に振ってしまった。

출세 가도를 달려온 그였지만, 이번의 사기 사건으로 일생을 헛되게 되어 버렸다.

22 あんな奴と＿＿＿＿＿＿にしないでくれ。

저런 놈과 같은 취급하지 말아줘.

23 彼の今後の活躍に周囲の期待は高まる＿＿＿＿＿＿だ。

그의 앞으로의 활약에 주위의 기대는 높아지기만 할 뿐이다.

24 正月には毎年＿＿＿＿＿＿に帰っています。 정월에는 매년 시골에 돌아갑니다.

25 彼は＿＿＿＿＿＿の恩人です。 그는 생명의 은인입니다.

26 大学を卒業して＿＿＿＿＿＿、ずっと髪の毛を伸ばしている。

대학을 졸업한 이후로 계속 머리카락을 기르고 있다.

27 劇場の＿＿＿＿＿＿にたくさんのファンが詰め掛けた。

극장 입구에 많은 팬이 몰려들었다.

28 水鳥が＿＿＿＿＿＿の上で羽を休めている。

물새가 바위 위에서 휴식을 취하고 있다.

29 ＿＿＿＿＿＿旅行に行ってみたい。 우주여행에 가보고 싶다.

30 小さい頃から＿＿＿＿＿＿が好きで騎手になるのが夢だった。

어릴 적부터 말을 좋아해서 기수가 되는 것이 꿈이었다.

---

31 変更の_____にかかわらずご連絡お願いします。
변경의 유무에 관계없이 연락 부탁드립니다.

32 テストが終わったら、答案用紙を_____にして帰ってよろしい。
테스트가 끝나면 답안 용지를 뒤집은 후 돌아가도 좋다.

33 _____時間は何時から何時までですか。
영업 시간은 몇 시부터 몇 시까지입니까?

34 _____は何年勉強してもうまくならない。
영어는 몇 년 공부해도 능숙해지지 않는다.

35 飛び切りの_____で挨拶した。
최고로 웃는 얼굴로 인사했다.

36 出演者の一人が急に降板してしまったので、上演が_____された。
연출자 한 사람이 급히 강판되어 버려서 상연이 연기되었다.

37 中学校の時、_____部に所属していました。
중학교 때에 연극부에 소속되어 있었습니다.

38 学生の身分で親からの_____なしに生活するのは難しい。
학생 신분으로 부모로부터의 원조 없이 생활하는 것은 어렵다.

39 明日、ピアノの_____会があります。
내일 피아노 연주회가 있습니다.

40 最近は_____よりシャーペンをよく使う。
최근에는 연필보다 샤프펜슬을 자주 사용한다.

41 どうぞ、ご_____なく。
자, 사양치 마시고 받으세요(드세요).

42 子供の日に_____と姪が遊びに来た。
어린이의 날에 남자 조카와 여자 조카가 놀러 왔다.

43 _____を渡る時は右と左を確認してから渡りましょう。
횡단보도를 건널 때는 왼쪽과 오른쪽 확인하고 나서 건넙시다.

44 _____文化の影響を受ける。
구미 문화의 영향을 받다.

45 _____で花見にくりだした。
많은 사람들이 꽃을 보러 떼 지어 나갔다.

46 _____者と非難されても絶対にバンジージャンプなんかしたくない。
겁쟁이라고 비난받더라도 절대로 번지점프 따위는 하고 싶지 않다.

47 日本では_____をもらったら、すぐお返しをする習慣がある。
일본에서는 선물을 받으면 곧 답례하는 습관이 있다.

48 授業中、_____をするなんて以ての外だ。
수업 중에 수다를 떨다니 당치도 않은 일이다.

49 大雨の＿＿＿＿＿＿がある。
おおあめ

호우의 우려가 있다.

＿＿＿＿＿＿を知らぬ者たち。
し　もの

두려움을 모르는 사람들.

50 景気が回復し、経済が＿＿＿＿＿＿を取り戻した。
けいき　かいふく　けいざい　と　もど

경기가 회복하여 경제가 안정을 되찾았다.

51 ＿＿＿＿＿＿を拾ったら、近くの交番に届けましょう。
ひろ　ちか　こうばん　とど

분실물을 주우면 근처 파출소에 신고합시다.

52 仕事の＿＿＿＿＿＿が悪かったせいで首になってしまった。
しごと　わる　くび

일에 대한 이해가 나쁜 탓에 해고되었다.

53 彼は大学を卒業しても＿＿＿＿＿＿の臑をかじっている。
かれ　だいがく　そつぎょう　すね

그는 대학을 졸업해서도 부모에게 원조를 받고 있다.

54 犯人の＿＿＿＿＿＿の見当はついているが、証拠がつかめない。
はんにん　けんとう　しょうこ

범인이 대충 짐작되지만, 증거가 잡히지 않는다.

[か]

55 大学の教務＿＿＿＿＿＿に行って履修登録をする。
だいがく　きょうむ　い　りしゅうとうろく

대학 교무과에 가서 이수 등록을 하다.

56 では、＿＿＿＿＿＿の言葉を述べさせていただきます。
ことば　の

그럼 개회 선언을 하겠습니다.

57 ＿＿＿＿＿＿旅行に行ったことがありますか。
りょこう　い

해외여행을 간 적이 있습니까?

58 夕日の沈む＿＿＿＿＿＿を二人きりで歩く。
ゆうひ　しず　ふたり　ある

석양이 지는 해안을 단둘이서 걷다.

59 彼女の言動に＿＿＿＿＿＿心が募るようになった。
かのじょ　げんどう　しん　つの

그녀의 언동에 회의심이 심해지게 되었다.

60 軍隊でやっと＿＿＿＿＿＿が上がった。
ぐんたい　あ

군대에서 겨우 계급이 올랐다.

61 その問題は円満に＿＿＿＿＿＿することができた。
もんだい えんまん
그 문제는 원만히 해결할 수 있었다.

62 人を＿＿＿＿＿で判断するのはよくないことだ。
ひと はんだん
사람을 겉보기로 판단하는 것은 좋지 않은 일이다.

63 定期的に＿＿＿＿＿を開いています。
ていきてき ひら
정기적으로 회합을 열고 있습니다.

64 ＿＿＿＿＿のところで3時に待ち合わせましょう。
じ ま あ
개찰구가 있는 곳에서 3시에 만납시다.

65 現地集合現地＿＿＿＿＿とします。
げんち しゅうごうげんち
현지 집합, 현지 해산이라고 합니다.

66 ＿＿＿＿＿の合図とともに選手たちは一斉に走り出した。
あいず せんしゅ いっせい はし だ
개시의 신호와 함께 선수들은 일제히 뛰기 시작했습니다.

67 ＿＿＿＿＿を買った方が得ですよ。
か ほう とく
회수권을 사는 쪽이 이득이지요.

68 一刻も早い法律の＿＿＿＿＿が望まれる。
いっこく はや ほうりつ のぞ
한시라도 빨리 법률 개정이 요망된다.

69 この参考書の＿＿＿＿＿は分かりやすい。
さんこうしょ わ
이 참고서의 해설은 이해하기 쉽다.

70 ＿＿＿＿＿で突然インタビューされた。
とつぜん
길거리에서 갑자기 인터뷰하게 되었다.

71 昨日、母と＿＿＿＿＿に行った。
きのう はは い
어제 어머니와 쇼핑하러 갔다.

72 大きな鯨が＿＿＿＿＿に浮上した。
おお くじら ふじょう
커다란 고래가 해면에 부상했다.

73 どんなに＿＿＿＿＿技術が進んだとしても、台風の進路を変えることはできない。
ぎじゅつ すす たいふう しんろ か
아무리 과학기술이 진보되었다고 해도 태풍의 진로를 바꾸진 못 한다.

74 危険は＿＿＿＿＿の上だ。
きけん うえ
위험은 각오한 바다.

75 大学生の＿＿＿＿＿時間が年々減ってきている。
だいがくせい じかん ねんねん へ
대학생의 학습 시간이 해마다 줄어들고 있다.

76 事業の＿＿＿＿＿を図る。
じぎょう はか
사업 확대를 도모하다.

77 ＿＿＿＿＿を見ずにバイオリンを弾いた。
み ひ
악보를 보지 않고 바이올린을 연주했다.

78 ＿＿＿＿＿の撲滅に全力を尽くす。
ぼくめつ ぜんりょく つ
핵무기 박멸에 전력을 다하다.

79 今日の降水＿＿＿＿＿は40パーセントだって天気予報で言ってたよ。
오늘의 강수 확률은 40퍼센트라고 일기 예보에서 말했어.

80 最近、大学生の＿＿＿＿＿の低下が懸念されている。
최근 대학생의 학력 저하가 염려되고 있다.

81 その時猫の＿＿＿＿＿が障子に映った。
그 때 고양이의 그림자가 미닫이문에 비쳤다.

82 向こうから嫌いな人が来たので電柱の＿＿＿＿＿に隠れた。
맞은편에서 싫어하는 사람이 왔기 때문에 전신주 뒤에 숨었다.

83 最近、成績が＿＿＿＿＿する一方だ。
최근 성적이 떨어지기만 한다.

84 ＿＿＿＿＿報知機が誤作動して消防車が来てしまった。
화재경보기가 오작동해서 소방차가 왔다.

85 専業主婦になって＿＿＿＿＿に専念するつもりです。
전업 주부가 되어 가사에 전념할 생각입니다.

86 10歳を＿＿＿＿＿に3人の子供がいます。
10살인 맏이로부터 3명의 아이가 있습니다.

87 子供の＿＿＿＿＿は減少する一方だ。
아이의 수는 감소하고만 있다.

88 ＿＿＿＿＿がかかって前の車がよく見えない。
안개가 끼어서 앞의 차가 잘 보이지 않는다.

89 ＿＿＿＿＿に乗じて一気に敵の本拠に迫った。
승리의 여세를 몰아 한번에 적의 본거지에 다가섰다.

90 そこは＿＿＿＿＿に満ちた魚市場だった。
그곳은 활기에 넘치는 어시장이었다.

91 最近の彼は昔とは違って目を見張る＿＿＿＿＿＿ぶりだ。
최근의 그는 옛날과는 달리 놀랄 만한 활약을 하는 모습이다.

92 おいしい物をたくさん食べて＿＿＿＿＿＿を付ける。
맛있는 것을 많이 먹고 활력을 얻었다.

93 教職＿＿＿＿＿＿を修了する。
교직 과정을 수료하다.

94 子供の頃の夢は＿＿＿＿＿＿になることだった。
어렸을 때 꿈은 부자가 되는 것이었다.

95 研究が＿＿＿＿＿＿にぶつかった。
연구가 벽에 부딪혔다.

96 好きな＿＿＿＿＿＿は何ですか。
좋아하는 과목은 무엇입니까?

97 どう見ても彼は社長の＿＿＿＿＿＿ではない。
아무리 보아도 그는 사장의 신분은 아니야.

98 公園で＿＿＿＿＿＿がごみをあさっている。
공원에서 까마귀가 쓰레기를 찾아다니고 있다.

99 ＿＿＿＿＿＿のグラスがテーブルに二つ置いてある。
텅 빈 글라스가 테이블에 두 잔 놓여 있다.

100 友達同士でもお金の貸し＿＿＿＿＿＿をしない方がいい。
친구끼리라도 돈을 빌리고 갚는 것은 안 하는 것이 좋다.

101 今は＿＿＿＿＿＿の住まいに住んでいる。
지금은 임시 거주지에 살고 있다.

102 あの人は＿＿＿＿＿＿が鋭い。
그 사람은 감이 예리하다.

103 空き＿＿＿＿＿＿をポイ捨てしてはいけません。
빈 캔을 마구 버려서는 안 됩니다.

104 川に工場廃水を流すのは＿＿＿＿＿＿破壊につながる。
강에 공장 폐수를 흘려버리는 것은 환경 파괴로 이어진다.

105 ＿＿＿＿＿＿の余り泣いてしまった。
감격한 나머지 울어 버렸다.

106 カンニングをするのは＿＿＿＿＿＿できない。
커닝을 하는 건 좋지 않아.

107 空気が＿＿＿＿＿＿すると風邪を引きやすくなる。
공기가 건조하면 감기에 걸리기 쉬워진다.

108 私は桃の＿＿＿＿＿＿が大好物です。
나는 복숭아 통조림을 아주 좋아합니다.

109 彼の言葉に深い＿＿＿＿＿を覚えた。
　　그의 말에 깊은 감동을 느꼈다.

110 好きな映画＿＿＿＿＿は誰ですか。
　　좋아하는 영화감독은 누구입니까?

111 二人の結婚を祝して＿＿＿＿＿！
　　둘의 결혼을 축하하며 건배!

112 彼女は結婚相手の条件について強い＿＿＿＿＿がある。
　　그녀는 결혼 상대 조건에 대해 강한 소망이 있다.

113 朝と夜の＿＿＿＿＿の差が激しい。
　　아침과 저녁의 기온 차가 심하다.

114 絶好の＿＿＿＿＿に恵まれて彼と会うことができた。
　　절호의 기회를 얻어서 그와 만날 수 있었다.

115 彼とは長年の友達のように＿＿＿＿＿なく話せる。
　　그와는 오랜 세월 친구였던 것처럼 눈치를 살필 것 없이 말할 수 있다.

116 大学を卒業したら大＿＿＿＿＿に就職したい。
　　대학을 졸업하면 대기업에 취직하고 싶다.

117 その点を＿＿＿＿＿していた。
　　그 점을 염려하고 있었다.

　　若者の活字離れが進むと＿＿＿＿＿されている。
　　젊은이들이 활자를 점점 멀리한다고 우려하고 있다.

118 ＿＿＿＿＿前に作られた土器とは思えないほどすばらしい。
　　기원전에 만들어진 토기라는 생각할 수 없을 정도로 훌륭하다.

119 日本の夏はじめじめした＿＿＿＿＿で過ごしにくい。
　　일본의 여름은 눅눅한 기후여서 지내기 힘들다.

120 国の行政＿＿＿＿＿についてどのくらい知っていますか。
　　나라의 행정 기구에 대해서 어느 정도 알고 있습니까?

121 この化学＿＿＿＿＿＿はどんな意味ですか。
이 화학 기호는 어떤 의미입니까?

122 ＿＿＿＿＿＿が知れない人と旅行に行くのは考えものだ。
속마음을 알 수 없는 사람과 여행하러 가는 것은 생각해 볼 일이다.

123 新聞＿＿＿＿＿を切り抜く。
신문 기사를 오려 내다.

124 採点の＿＿＿＿＿を教えてください。
채점 기준을 가르쳐 주세요.

125 早寝早起きして毎日＿＿＿＿＿的な生活を送るのがよい。
일찍 자고 일찍 일어나 매일 규칙적인 생활을 하는 것이 좋다.

126 友人に薦められ、映画を見に行ったが＿＿＿＿＿はずれだった。
친구에게 추천 받아 영화를 보러 갔지만 기대에 어긋났다.

127 昨日は＿＿＿＿＿するやいなやソファーで寝てしまった。
어제는 집에 돌아가기가 무섭게 소파에서 잠들어 버렸다.

128 ＿＿＿＿＿は必ず自分で保管してください。
귀중품은 반드시 스스로 보관해 주십시오.

129 友人に写真をほめられたのが＿＿＿＿＿で、本格的な勉強を始めた。
친구에게 사진을 칭찬받은 것이 계기가 되어, 본격적인 공부를 시작했다.

130 旅行の＿＿＿＿＿に写真でも撮りましょう。
여행 기념으로 사진이라도 찍읍시다.

131 恵まれない子供のために＿＿＿＿＿金を集める。
불우한 아이를 위해서 기부금을 모으다.

132 あそこの店員は＿＿＿＿＿が来ても挨拶をしない。
거기 점원은 손님이 와도 인사하지 않는다.

133 間違って＿＿＿＿＿の方向に車を走らせてしまった。
실수해서 반대 방향으로 차를 달려 버렸다.

134 有給＿＿＿＿＿を消化する。
유급 휴가를 남김없이 쓰다.

135 なかなか＿＿＿＿＿がアップしない。
좀처럼 월급이 오르지 않는다.

136 私の母は典型的な＿＿＿＿＿ママです。
내 어머니는 전형적으로 교육열이 높은 어머니이다.

137 学校に＿＿＿＿＿を置き忘れて、宿題ができなかった。
학교에 교과서를 잊어버리고 두고 와서 숙제를 할 수 없었다.

138 ＿＿＿＿＿たる者がそんな行動をとっていいのか。
교사인 자가 그런 행동을 취해서 되는 것인가.

139 ＿＿＿＿＿＿心を捨てて何でもトライしてみよう。
공포심을 버리고 무엇이라도 해보자.

140 ＿＿＿＿＿＿のため電車が運休してしまった。
강풍으로 인해 전철이 운행을 쉬게 되어 버렸다.

141 皆様のご＿＿＿＿＿＿をお願い致します。
모두의 협력을 부탁드립니다.

142 ＿＿＿＿＿＿なしにここに立ち入ることはできません。
허가 없이는 이곳에 들어갈 수 없습니다.

143 世界＿＿＿＿＿＿を塗り替えるのは並大抵のことではない。
세계 기록을 경신하는 것은 보통 일이 아니다.

144 ＿＿＿＿＿＿は平行線をたどった。
논쟁은 평행선을 걸었다.

145 オリンピックで＿＿＿＿＿＿メダルを獲得した。
올림픽에서 은메달을 획득했다.

146 健康のために＿＿＿＿＿＿することにしました。
건강을 위해서 금연하기로 했습니다.

147 あまりの高い＿＿＿＿＿＿に目が飛び出た。
대단히 높은 금액에 눈이 튀어나왔다.

148 ＿＿＿＿＿＿時に備える。
긴급 시에 대비하다.

＿＿＿＿＿＿時はこのボタンを押してください。
긴급 시에는 이 버튼을 누르십시오.

149 ＿＿＿＿＿＿すると声が震えてどもってしまう。
긴장하면 목소리가 떨리고 더듬거리고 만다.

150 年を取って足が悪くなったのでしゃがむことさえ＿＿＿＿＿＿です。
나이가 들어 다리가 안 좋아져서 쭈그리고 앉는 것조차 고통스럽습니다.

151　借金で＿＿＿＿＿が回らない。
빚 때문에 옴짝달싹 못하다.

152　両親にはたくさん＿＿＿＿＿をかけたので、これからは親孝行をするつもりだ。
부모님에게 무척 고생을 시켜 드려서 이제부터는 효도할 생각이다.

　　彼は子供の頃、家が貧しくて＿＿＿＿＿した。
그는 어릴 적에 집이 가난해서 고생했다.

153　佐藤＿＿＿＿＿はいつも先生に叱られてばかりいる。
사토 군은 언제나 선생님에게 혼나기만 한다.

154　これだけ＿＿＿＿＿が悪いのに、税金を上げようとするのは、わたしたち国民には理解しがたい。
이렇게 경기가 안 좋은데 세금을 올리려고 하는 것은 우리 국민에게는 이해하기 어렵다.

155　失恋を＿＿＿＿＿に会社をやめて旅に出た。
실연을 계기로 회사를 그만두고 여행을 떠났다.

　　株価の暴落を＿＿＿＿＿として恐慌が起る。
주가 폭락을 계기로 해서 공황이 일어나다.

156　物価は上昇の＿＿＿＿＿にあります。
물가는 상승 경향에 있습니다.

157　＿＿＿＿＿だけの質疑応答に終わってしまった。
형식뿐인 질의응답으로 끝나고 말았다.

158　ビルの＿＿＿＿＿員のおじさんに鍵を借りた。
빌딩의 경비원 아저씨에게 열쇠를 빌렸다.

159　昨日、学校の授業で＿＿＿＿＿を鑑賞しました。
어제 학교 수업에서 연극을 감상했습니다.

160　きれいな＿＿＿＿＿に思わず見とれてしまった。
아름다운 경치에 무의식중에 넋을 잃고 보고 말았다.

161　8月の＿＿＿＿＿に日本に行く予定です。
8월 하순에 일본에 갈 예정입니다.

162　今日は初めてのデートなので念入りに＿＿＿＿＿をした。
오늘은 첫 데이트여서 정성껏 화장을 했다.

163　＿＿＿＿＿型は何型ですか。
혈액형은 무슨 형입니까?

164　物事は＿＿＿＿＿も大事だが過程も大事だ。
일은 결과도 중요하지만 과정도 중요하다.

165　この辺で＿＿＿＿＿です。ここから一人で行けます。
이쯤에서 괜찮습니다. 이제부터 혼자서 갈 수 있습니다.

166　ご＿＿＿＿＿、おめでとうございます。
결혼 축하합니다.

167 ライバルに＿＿＿＿＿＿をつかれ、ショックを隠_{かく}せない。

라이벌에게 결점을 잡혀서 충격을 감출 수 없다.

168 煙草_{たばこ}の＿＿＿＿＿＿を吸_すってむせてしまった。

담배 연기를 삼켜서 숨이 막혀 버렸다.

169 ＿＿＿＿＿＿不明_{ふめい}の病気_{びょうき}になってしまった。

원인 불명의 병이 생겨 버렸다.

170 明日_{あした}、もう一度病院_{いちどびょういん}で＿＿＿＿＿＿を受_うけて下_{くだ}さい。

내일 다시 한번 병원에서 검사를 받으십시오

171 住民_{じゅうみん}はビルの＿＿＿＿＿＿に反対_{はんたい}した。

주민은 빌딩 건설에 반대했다.

172 ＿＿＿＿＿＿人_{じん}は成人病_{せいじんびょう}にかかりやすい。

현대인은 성인병에 걸리기 쉽다.

173 彼_{かれ}がどんな人_{ひと}なのか全_{まった}く＿＿＿＿＿＿がつかない。

그가 어떤 사람일지 전혀 짐작이 되지 않는다.

174 5月3日_{がつみっか}は＿＿＿＿＿＿記念日_{きねんび}です。

5월 3일은 헌법 기념일입니다.

175 彼_{かれ}の元_{もと}にも漸_{ようや}く＿＿＿＿＿＿が訪_{おとず}れた。

그에게도 점차 행운이 찾아왔다.

176 頭_{あたま}から子供_{こども}に勉強_{べんきょう}しろと言_いうと逆_{ぎゃく}＿＿＿＿＿＿になってしまう。

덮어놓고 아이에게 공부하라고 말하면 역효과가 나고 만다.

177 都会_{とかい}のど真_まん中_{なか}ではなく、都会_{とかい}からちょっと離_{はな}れた静_{しず}かな＿＿＿＿＿＿にマイホームを持_もつのが夢_{ゆめ}だ。

도시 한복판이 아닌, 도시로부터 조금 떨어진 조용한 교외에 내 집을 갖는 것이 꿈이다.

178 浪人_{ろうにん}の末_{すえ}、やっとの思_{おも}いで大学_{だいがく}に＿＿＿＿＿＿した。

재수 끝에 가까스로 대학에 합격했다.

179 ＿＿＿＿＿＿料理_{りょうり}には縁_{えん}がありません。

고급 요리에는 인연(관계)이 없습니다.

180 こんな＿＿＿＿＿＿は生_うまれて初_{はじ}めて見_みた。

이런 광경은 태어나서 처음 봤다.

---

181 大統領が日本を＿＿＿＿＿に訪問することになった。
대통령이 일본을 공식적으로 방문하게 되었다.

182 ＿＿＿＿＿は事故が起きやすいので細心の注意を払わなければならない。
사거리는 사고가 일어나기 쉬워서 세심한 주의를 기울이지 않으면 안 된다.

183 大雨のため＿＿＿＿＿が滞っている。
호우로 인해 공사가 정체되어 있다.

184 ＿＿＿＿＿のアルバイトを探しています。
고수입을 올릴 수 있는 아르바이트를 찾고 있습니다.

185 文明の進歩が自然の＿＿＿＿＿を浴びる機会を遠ざけています。
문명의 진보가 자연 광선을 쬘 기회를 멀어지게 하고 있습니다.

186 この家は＿＿＿＿＿に建てられているので、眺めがいい。
이 집은 고지대에 지어져 있기 때문에 전망이 좋다.

187 人間は＿＿＿＿＿動物である。
인간은 고등 동물이다.

188 ＿＿＿＿＿は普通高校と言います。
고등학교는 보통학교라고 부릅니다.

189 彼は＿＿＿＿＿たちに人気がある。
그는 후배들에게 인기가 있다.

190 実名を＿＿＿＿＿しても構わないですか。
실명을 공표해도 상관없습니까?

191 この土地は多くの＿＿＿＿＿が採れる。
이 땅은 많은 광물이 채취된다.

192 ますます日韓の＿＿＿＿＿が盛んになることを願って止みません。
더욱더 한일 교류가 풍성해지기를 바라 마지않습니다.

193 ジュースに＿＿＿＿＿を入れて飲む。
주스에 얼음을 넣어서 마신다.

194 来春、日本に＿＿＿＿＿研修に行くつもりです。
오는 봄에 일본에 어학연수를 갈 예정입니다.

195 日本はまだまだ＿＿＿＿＿化社会とは言えない。
일본은 아직 국제화 사회라고는 말할 수 없다.

196 帰化して韓国の＿＿＿＿＿を取得しました。
귀화해서 한국 국적을 취득했습니다.

197 もっと＿＿＿＿＿の意見を尊重するべきだ。
더욱 개인의 의견을 존중해야 한다.

198 僅か4日間の会期で臨時＿＿＿＿＿が開かれた。
불과 4일간의 회기로 임시국회가 열렸다.

199 _____は勉強すればするほど奥が深くなる。

고전은 공부하면 할수록 깊이가 깊어진다.

200 今の気持ちは_____ではとても言い尽くせない。

지금 기분은 말로는 도저히 다 할 수 없다.

201 川の近くにある掘建て_____が撤去された。

강 가까이에 있는 판자집이 철거되었다.

202 彼は小さい時から_____に打ち勝ってきた。

그는 어릴 때부터 곤란을 극복해 내며 왔다.

[さ]

203 非常の_____はこの赤いベルを押してください。

비상시에는 이 빨간 벨을 누르세요.

204 _____の状況でもベストを尽くしてがんばろう。

최악의 상황일지라도 최선을 다해 노력하자.

205 _____まで試合を見届けた。

마지막까지 시합을 지켜봤다.

206 みんなから祝福され_____の気分です。

모두로부터 축복을 받아서 기분 최고입니다.

207 出版社の人から原稿を_____された。

출판사 관계자로부터 원고를 재촉받았다.

208 試験の_____にお腹が痛くなってしまった。

한창 시험을 보고 있던 중에 배가 아파졌다.

209 _____は控え目にしています。

설탕은 좀 적게 넣어 주세요.

210 さっき道路でけんか_____があったようだ。

조금 전에 도로에서 싸움 소동이 있었던 모양이다.

정답

181 公式(こうしき) 공식　182 交差点(こうさてん) 사거리　183 工事(こうじ) 공사　184 高収入(こうしゅうにゅう) 고수입　185 光線(こうせん) 광선　186 高地(こうち) 고지대　187 高等(こうとう) 고등　188 高等学校(こうとうがっこう) 고등학교　189 後輩(こうはい) 후배　190 公表(こうひょう) 공표　191 鉱物(こうぶつ) 광물　192 交流(こうりゅう) 교류　193 氷(こおり) 얼음　194 語学(ごがく) 어학　195 国際(こくさい) 국제　196 国籍(こくせき) 국적　197 個人(こじん) 개인　198 国会(こっかい) 국회　199 古典(こてん) 고전　200 言葉(ことば) 말　201 小屋(こや) 오두막　202 困難(こんなん) 곤란함　203 際(さい) 시기, 때, 경우　204 最悪(さいあく) 최악　205 最後(さいご) 마지막　206 最高(さいこう) 최고　207 催促(さいそく) 재촉　208 最中(さいちゅう) 한창 ~하고 있는 중　209 砂糖(さとう) 설탕　210 騒(さわ)ぎ 소란, 소동

211 第一次_____とは農業、林業、水産業などを言う。
제1차 산업이란 농업, 임업, 수산업 등을 말한다.

212 お手本を_____にして下さい。
보기를 참고해 주십시오.

213 _____と反対に分かれて意見をぶつけ合う。
찬성과 반대로 나눠서 의견을 서로 맞부딪치다.

214 _____は2対2の引き分けに終わった。
시합은 2대2 무승부로 끝났다.

215 京都でいろいろな_____を見て回った。
교토에서 여러 사원을 보며 다녔다.

216 結婚式の_____に抜擢された。
결혼식 사회로 발탁되었다.

217 丸、三角、_____の中でどの形が一番好きですか。
동그라미, 삼각, 사각 중에 어떤 모양을 가장 좋아합니까?

218 社会人としての_____を持って行動すべきだ。
사회인으로서의 자각을 갖고 행동해야 한다.

219 _____尚早の感がある。
시기상조인 감이 있다.

220 _____は言ってみれば賭け事のようなものだ。
시험은 말하자면 도박과 같은 것이다.

221 _____の目撃者を探し出す。
사건의 목격자를 찾아내다.

222 日本は_____の乏しい国だ。
일본은 자원이 부족한 나라이다.

223 もっと_____を持ちなさい。
좀더 자신을 가지시오

224 _____の自由は日本国憲法の第19条で保障されている。
사상의 자유는 일본 헌법 제19조에 보장되어 있다.

225 もうその考えは_____遅れだ。
이제 그 생각은 시대에 뒤떨어졌어.

226 _____ができ次第、出発しましょう。
준비가 되는 대로 바로 출발합시다.

227 会社が倒産して_____してしまった。
회사가 파산하여 직장을 잃어버렸다.

228 代表に選ばれたと言うがまだ_____がわかない。
대표로 선발되었다고 하지만 아직까지 실감이 나지 않는다.

229 その話は＿＿＿＿＿は違う。
그 이야기는 실제와는 다르다.

230 彼は計画通り＿＿＿＿＿した例がない。
그는 계획대로 실시한 예가 없다.

231 肩書きは変わったが＿＿＿＿＿は前と変わりない。
직함은 바뀌었지만 실질은 전과 다름없다.

232 ＿＿＿＿＿は成功の元。
실패는 성공의 어머니.

233 毎年、合格者の80%が＿＿＿＿＿経験者ということからすると未経験者の私がこの試験に合格するのは簡単ではないだろう。
매년 합격자의 80%가 실무경험자라는 것으로 볼 때 미경험자인 내가 합격하는 것은 간단한 일은 아닐 것이다.

234 ご＿＿＿＿＿ご鞭撻のほどよろしくお願いします。
지도 편달 부탁드립니다.

235 小学校の校庭で＿＿＿＿＿たちが遊んでいる。
초등학교 교정에서 아이들이 놀고 있다.

236 ＿＿＿＿＿の上を歩かないで下さい。
잔디 위를 걷지 마세요.

237 家のローンの＿＿＿＿＿が済んでいません。
주택 대부금의 지불이 끝나지 않았습니다.

238 ＿＿＿＿＿でしたことは自分で責任を取るのが筋だ。
자신이 한 일은 스스로 책임을 지는 것이 도리다.

239 誰もいない＿＿＿＿＿に行ってみたい。
아무도 없는 섬에 가보고 싶다.

240 私は＿＿＿＿＿の仕事に向いていません。
나는 사무 일에 적합하지 않습니다.

241　今朝は＿＿＿＿＿が降りるほど冷え込んでいた。
오늘 아침에는 서리가 내릴 정도로 기온이 몹시 내려갔다.

242　どうぞ、ご＿＿＿＿＿にお持ち帰りください。
자, 자유롭게 가지고 돌아가십시오.

243　健康のためにも早寝早起きの＿＿＿＿＿をつけた方がいい。
건강을 위해서도 일찍 자고 일찍 일어나는 습관을 들이는 게 좋다.

244　この先３キロの＿＿＿＿＿だそうだ。
이 앞 3km는 정체라고 한다.

245　手抜き工事による欠陥＿＿＿＿＿が増えている。
부실 공사에 의한 결함 주택이 늘고 있다.

246　＿＿＿＿＿だけで言うのは困る。
주관만으로 말하는 것은 곤란하다.

247　週に１、２回＿＿＿＿＿を開いています。
일주일에 1, 2번 집회를 열고 있습니다.

248　数え切れないほどの新興＿＿＿＿＿がある。
셀 수 없을 정도의 신흥종교가 있다.

249　日本語を活かせる日系企業に＿＿＿＿＿したいです。
일본어를 살릴 수 있는 일본계 기업에 취직하고 싶습니다.

250　＿＿＿＿＿力を養うためにはどうしたらいいですか。
집중력을 기르기 위해서는 어떻게 하면 좋을까요?

251　＿＿＿＿＿の多い仕事がしたい。
수입이 많은 일을 하고 싶다.

252　大学の＿＿＿＿＿には安い食べ物屋がたくさんあります。
대학 주변에는 저렴한 음식점이 많이 있습니다.

253　もう作業を＿＿＿＿＿して帰ってよろしい。
이제 작업을 종료하고 돌아가도 좋다.

254　日本語の会話の＿＿＿＿＿を受けている。
일본어 회화 수업을 듣고 있다.

255　来年の１月に大学＿＿＿＿＿を控えている息子がいます。
내년 1월에 대학 수험을 준비하고 있는 아들이 있습니다.

　　　試験会場には1000人からの＿＿＿＿＿者が集まった。
시험장에는 1000명 이상 되는 수험자가 모였다.

256　汚職問題を関係者から＿＿＿＿＿した。
부정 문제를 관계자를 통해 취재했다.

257　一国の＿＿＿＿＿たる者がそんな失言をするとは。
한 나라의 수상인 사람이 그런 망언을 하다니.

258 犬は＿＿＿＿＿に忠実である。
개는 주인에게 충실하다.

259 彼は苦労を重ねて、社長にまで＿＿＿＿＿した。
그는 고생을 거듭하며 사장으로까지 출세했다.

260 では、＿＿＿＿＿を取ります。
그럼 출석을 부르겠습니다.

261 医療技術の進歩と生活の向上により日本人の平均＿＿＿＿＿は延びた。
의료 기술의 진보와 생활 향상으로 인해 일본인의 평균수명은 연장되었다.

262 今日の講演のテーマは、教育の＿＿＿＿＿問題についてです。
오늘 강연 테마는 교육의 제 문제에 대해서입니다.

263 上の子がこの春＿＿＿＿＿に上がりました。
첫아이가 이번 봄에 초등학교에 들어갔습니다.

264 友達の＿＿＿＿＿で今のアルバイトをしています。
친구 소개로 지금의 아르바이트를 하고 있습니다.

265 いつも並ばかりで＿＿＿＿＿の鰻重など食べたことがない。
언제나 보통 도시락만 먹었지, 최고급 장어 도시락 따위 먹은 적이 없어.

266 車掌は＿＿＿＿＿に切符の提示を求めた。
차장은 승객에게 표 제시를 요구했다.

267 スターになることを夢見て裸一貫で＿＿＿＿＿した。
스타가 되는 것을 꿈꾸고 알몸으로 상경했다.

268 ＿＿＿＿＿のよい結婚相手を見つけるのはなかなか至難の技だ。
조건이 좋은 결혼 상대를 발견하는 건 상당히 어려운 일이다.

269 日本家屋に＿＿＿＿＿と畳は欠かせない。
일본 가옥에 미닫이와 다다미는 빠뜨릴 수 없다.

270 ＿＿＿＿＿は良くなるどころか悪くなる一方だ。
증상은 좋아지기는커녕 나빠지고만 있다.

---

271 結婚式の＿＿＿＿＿状が届いた。
결혼식 초대장이 도착했다.

272 ＿＿＿＿＿は休み休み言え。
농담은 작작 해라.

273 ＿＿＿＿＿しました。
잘 알았습니다.

274 会長の＿＿＿＿＿が必要です。
회장의 승인이 필요합니다.

275 脱サラして＿＿＿＿＿でも始めようかな。
월급쟁이에서 벗어나 장사라도 시작해 볼까?

276 ＿＿＿＿＿を棚に陳列する。
상품을 선반에 진열하다.

277 新聞は＿＿＿＿＿の宝庫だ。
신문은 정보의 보고다.

278 失業して＿＿＿＿＿安定所に通っている。
직장을 잃어서 직업소개소를 다니고 있다.

279 非常時に備えて＿＿＿＿＿を買い込んだ。
비상시에 대비하여 식료품을 사들였다.

280 深刻な＿＿＿＿＿難で飢え死にする者も出た。
심각한 식량난으로 굶어 죽는 사람도 나왔다.

281 問題をすばやく＿＿＿＿＿する。
문제를 재빠르게 처리하다.

282 会議の＿＿＿＿＿の準備に追われる。
회의 자료 준비에 쫓기다.

283 年に一回必ず健康＿＿＿＿＿を受けなければならない。
1년에 한번 반드시 건강 진단을 받아야 한다.

284 ＿＿＿＿＿しないで下さい。
걱정하지 마세요.

285 友人の＿＿＿＿＿を裏切るようなことをしてはならない。
친구의 신뢰를 배반하는 짓을 해서는 안 된다.

286 カナダに住んでいる＿＿＿＿＿を頼りに留学を決意した。
캐나다에 살고 있는 친척을 연고로 유학을 결심했다.

287 学力が＿＿＿＿＿に達しないいわゆる落ちこぼれが増えている。
학력이 수준에 미치지 못하는, 소위 학력미달자가 늘고 있다.

288 私は＿＿＿＿＿アレルギーです。
나는 숫자 알레르기가 있습니다.

289 彼は夜になるといつも＿＿＿＿＿をくらます。

かれ　よる

그는 밤이 되면 항상 자취를 감춘다.

290 この世に生を享けた以上＿＿＿＿＿を全うすべきだ。

よ　せい　う　いじょう　まっと

이 세상에 태어난 이상, 생을 완수해야 한다.

291 仕事上、夫の＿＿＿＿＿を名乗らない妻もいる。

しごとじょう　おっと　なの　つま

직업상 남편의 성을 따르지 않는 아내도 있다.

292 彼女とは＿＿＿＿＿が合わない。

かのじょ　あ

그녀와는 성격이 맞질 않는다.

293 21＿＿＿＿＿に入ってから世界はどのように変化しただろうか。

はい　せかい　へんか

21세기에 들어와서 세계는 어떻게 변화한 것일까?

294 タクシー代は会社に＿＿＿＿＿できます。

だい　かいしゃ

택시 요금은 회사에 청구 가능합니다.

295 ＿＿＿＿＿の秘訣は何ですか。

ひけつ　なん

성공의 비결은 무엇입니까?

296 高校に入ってから＿＿＿＿＿が下がる一方だ。

こうこう　はい　さ　いっぽう

고등학교에 들어가서부터 성적이 떨어지기만 한다.

297 親は子供の＿＿＿＿＿が楽しみである。

おや　こども　たの

부모님은 아이의 성장이 낙이다.

298 日本＿＿＿＿＿の態度に諸外国から非難の声が上がった。

にほん　たいど　しょがいこく　ひなん　こえ　あ

일본 정부의 태도에 외국 여러 나라로부터 비난의 소리가 높았다.

299 不祥事の＿＿＿＿＿を取って会長を辞任した。

ふしょうじ　と　かいちょう　じにん

불상사의 책임을 지고 회장을 사임했다.

300 これについては諸＿＿＿＿＿がある。

しょ

이에 대해서는 여러 설이 있다.

301 _____書を読んでからご使用下さい。

설명서를 읽은 후 사용하십시오.

302 年を取って_____が丸まってきた。

나이를 먹어서 등이 굽어졌다.

303 いつも主人がお_____になっております。

언제나 남편이 신세지고 있습니다.

304 _____とは関係のない仕事をしています。

전공과는 관계없는 일을 하고 있습니다.

305 将来はサッカー_____になりたい。

장래에는 축구 선수가 되고 싶다.

306 なかなか_____はなくならない。

좀처럼 전쟁은 없어지지 않는다.

307 _____順に席に着いてください。

선착순으로 자리에 앉아 주십시오.

308 _____の言うことは確かだろう。

전문가가 말한 것은 확실할 것이다.

309 彼はその話を断るに_____ない。

그는 그 이야기를 거절할 것임에 틀림없다.

310 _____の理解を深める。

상호 이해를 깊게 하다.

311 トイレ_____をすると美人になるって本当ですか。

화장실 청소를 하면 미인이 된다던데 정말입니까?

312 彼は_____力が豊かだ。

그는 상상력이 풍부하다.

313 就職のことで教授のところに_____に行った。

취직 일로 교수님이 계신 곳에 상담하러 갔다.

314 宇宙旅行の未来_____を描いた。

우주여행의 미래상을 그렸다.

315 暑さのせいで気分が悪くなる人が_____した。

더위 탓에 몸이 안 좋아지는 사람이 속출했다.

316 出席日数が足りなくて_____できなかった。

출석 일수가 부족해서 졸업할 수 없었다.

317 _____が長すぎるので少し詰めてもらえませんか。

소매가 너무 긴 데 조금 줄여 주시겠습니까?

318 _____欲しい物を選んでください。

각자 갖고 싶은 물건을 고르십시오.

319 子供は掛け替えのない＿＿＿＿＿です。

자식은 더없이 소중한 존재입니다.

320 先生はクラスのみんなの意見を＿＿＿＿＿した。

선생님은 학급 모두의 의견을 존중했다.

[た]

321 今回の事件は＿＿＿＿＿に例がない程奇怪な事件だ。

이번 사건은 다른 것에는 선례가 없을 정도로 기괴한 사건이다.

322 彼が来ない可能性が＿＿＿＿＿だ。

그가 오지 않을 가능성이 크다.

323 商品が手元に届いてから＿＿＿＿＿を払う。

상품이 집에 도착하고 나서 대금을 지불할 것이다.

324 台風による被害を少なくするための＿＿＿＿＿を練る。

태풍에 의한 피해를 적게 하기 위한 대책을 생각해 내다.

325 ＿＿＿＿＿であろうがなかろうが、国民である以上税金を納めなければならない。

장관이건 아니건 간에 국민인 이상 세금을 납부하지 않으면 안 된다.

326 経験は浅いが堂々たる＿＿＿＿＿で演技をした。

경험은 적지만 당당한 태도로 연기했다.

327 マンションではなく一戸＿＿＿＿＿に住みたい。

맨션이 아닌 개인 주택에서 살고 싶다.

328 ＿＿＿＿＿から牡丹餅

선반에서 떨어진 떡 = 호박이 넝쿨째 굴러 들어오다.

329 彼は自分より＿＿＿＿＿の幸福を願う優しい人だ。

그는 자신보다 타인의 행복을 바라는 착한 사람이다.

330 今から日本に行くのが＿＿＿＿＿です。

앞으로 일본에 갈 것이 너무나 기다려집니다.

331 そんな＿＿＿＿＿＿＿＿な方法ではすぐに見破られてしまいますよ。

그런 단순한 방법으로는 바로 간파당하고 맙니다.

332 最近は＿＿＿＿＿＿＿でも美容整形をする。

요즘은 남성이라도 미용 성형을 한다.

333 踏切事故のため電車が遅れ、会社に＿＿＿＿＿＿＿してしまった。

건널목 사고로 인해 전철이 늦어져 회사에 지각하고 말았다.

334 彼は多方面に渡る＿＿＿＿＿＿＿と経験を兼ね備えている。

그는 다방면에 걸친 지식과 경험을 겸비하고 있다.

335 幼い時に＿＿＿＿＿＿を亡くし、女手一つで育てられた。

어릴 적에 부친을 여의고 여자 혼자 손으로 키워졌다.

336 空気のきれいな＿＿＿＿＿＿＿に移り住みたい。

공기가 깨끗한 지방으로 이사해 살고 싶다.

337 路上駐車はやめて＿＿＿＿＿＿に車を止めましょう。

노상 주차는 그만두고 주차장에 차를 세웁시다.

338 話題の＿＿＿＿＿＿＿はやっぱり異性の話だった。

화제의 중심은 역시 이성에 대한 이야기였다.

339 成人式の最中に火災報知機が鳴らされ、式が数分間＿＿＿＿＿＿された。

성인식 중에 화재경보기가 울려서 식이 몇 분간 중단되었다.

340 彼女の美貌はいつも＿＿＿＿＿＿＿の的だ。

그녀의 미모는 언제나 주목의 대상이다.

341 後程＿＿＿＿＿＿の結果をご報告します。

나중에 조사 결과를 보고하겠습니다.

342 ＿＿＿＿＿＿は積極的なところで短所は忍耐力に欠けるところです。

장점은 적극적인 점이며, 단점은 인내력이 부족한 점입니다.

343 こういう場合は＿＿＿＿＿＿的な閃きに頼るしかない。

이러한 경우는 직관적인 재치에 의지할 수밖에 없다.

344 ＿＿＿＿＿＿時間はどれくらいかかりますか。

통근 시간은 어느 정도 걸립니까?

345 この道は＿＿＿＿＿＿禁止です。

이 길은 통행금지입니다.

346 仕事をする傍ら、＿＿＿＿＿＿の勉強もしている。

일을 하는 한편 통역 공부도 하고 있다.

347 そんな言い訳が社会で＿＿＿＿＿＿する訳がない。

그런 변명이 사회에서 통용될 리가 없다.

348 若葉が＿＿＿＿＿＿に濡れて瑞々しい。

새잎이 이슬에 젖어 싱싱하다.

349 今年は＿＿＿＿＿＿に入るのが早かった。

올해는 장마에 들어가는 것이 빨랐다.

350 会社に改善＿＿＿＿＿＿を提出した。

회사에 개선 제안을 제출했다.

351 お申し込みは＿＿＿＿＿＿に達し次第締め切ります。

신청은 정원에 달하는 즉시 마감합니다.

352 レポートの＿＿＿＿＿＿は郵送にてお願いします。

리포트 제출은 우편 발송으로 부탁합니다.

353 ＿＿＿＿＿＿中に泥棒に入られた。

정전 중에 도둑이 들어왔다.

354 彼とはある＿＿＿＿＿＿の距離をおいた方がよい。

그와는 어느 정도 거리를 두는 편이 좋아.

355 この間撮った写真の＿＿＿＿＿＿を待っている。

지난번 찍은 사진의 완성을 기다리고 있습니다.

356 帰化するにはいろいろな＿＿＿＿＿＿を踏まなければならない。

귀화하는 데는 여러 절차를 밟아야 한다.

357 ごみの分別を＿＿＿＿＿＿させるにはどうしたらいいでしょうか。

쓰레기 분리를 철저히 시키려면 어떻게 하면 좋습니까?

358 私は京都の古いお＿＿＿＿＿＿を巡るのが好きです。

나는 교토의 오래된 절을 둘러보는 것을 좋아합니다.

359 テストで最悪の＿＿＿＿＿＿を取ってしまった。

시험에서 최악의 점수를 받고 말았다.

360 彼は＿＿＿＿＿＿を重んじる厳しい人だ。

그는 전통을 소중히 여기는 엄격한 사람이다.

361 結婚式に参列できなくなったので＿＿＿＿＿を打つことにした。
결혼식에 참가할 수 없게 되었기에 전보를 치기로 했다.

362 ＿＿＿＿＿の電話が殺到した。
문의 전화가 쇄도했다.

363 前日の天気とは打って変わって＿＿＿＿＿は晴天になった。
어제 날씨와는 너무나 다르게 당일은 맑은 날씨였다.

364 コンピューターが＿＿＿＿＿してから我々の生活は便利になった。
컴퓨터가 등장하고 나서 우리들의 생활은 편리해졌다.

365 日本では夫婦＿＿＿＿＿が原則である。
일본에서는 부부 동성(결혼 후 남편의 성을 따라가는 것)이 원칙이다.

366 明日の午後3時に成田空港に＿＿＿＿＿する予定です。
내일 오후 3시에 나리타공항에 도착할 예정입니다.

367 ＿＿＿＿＿や置き引きには十分気を付けて下さい。
도난이나 바꿔치기에는 충분히 주의하여 주십시오.

368 誰に＿＿＿＿＿しようか迷っている。
누구를 투표할까 망설이고 있다.

369 彼にその話を聞かされた時は、＿＿＿＿＿を隠せなかった。
그에게 그 이야기를 들었을 때에는 동요를 숨길 수 없었다.

370 交換で＿＿＿＿＿をする。 교환하여 이득을 보다.

損して＿＿＿＿＿取れ。 손해보고 이득을 취해라.

害になっても＿＿＿＿＿にはならない。 해로울지언정 이롭지는 않다.

＿＿＿＿＿な地位。 이로운 지위.

＿＿＿＿＿な性分。 덕 보는 성품.

覚えただけ＿＿＿＿＿だ。 배운 만큼 득이다.

買った方が＿＿＿＿＿だ。 사는 쪽이 이득이 있다.

371 ＿＿＿＿＿の生活に慣れてしまい田舎に帰りたくない。
도시 생활에 익숙해져 버려서 시골에 돌아가고 싶지 않다.

372 会社は＿＿＿＿＿にあるのでいろいろな所にアクセスしやすい。
회사는 도심에 있기 때문에 여러 곳에 접근하기 쉽다.

373 学校に来る＿＿＿＿＿で財布を忘れたのに気づいた。
학교에 오는 도중에 지갑을 두고 온 것을 알았다.

374 試験に合格できたのは毎日こつこつと勉強した＿＿＿＿＿の賜だ。
시험에 합격할 수 있었던 것은 매일 꾸준히 공부한 노력의 덕분이다.

[な]

375 ＿＿＿＿＿付き合ってきた彼と昨日別れた。
여러 해 사귀어 온 그와 어제 헤어졌다.

376 きちんと説明したら先方は＿＿＿＿＿してくれた。
정확히 설명했더니 상대방은 납득해 주었다.

377 同窓会の＿＿＿＿＿を教えてください。 동창회 날짜를 가르쳐 주세요.

378 出席した＿＿＿＿＿を数える。 출석한 날수를 세다.

379 今までに彼みたいなおもしろい＿＿＿＿＿に会ったことがない。
지금까지 그와 같은 재미있는 사람을 만난 적이 없다.

380 ＿＿＿＿＿を捕まえるために試行錯誤を重ねる。
쥐를 잡기 위해 시행착오를 거듭하다.

381 ＿＿＿＿＿が安ければ買うことにします。
가격이 저렴하면 사겠습니다.

382 彼はハリウッドで＿＿＿＿＿し、アカデミー賞を受賞した。
그는 할리우드에서 열연하여 아카데미상을 수상했다.

383 この魚は＿＿＿＿＿に生息する光る熱帯魚だ。
이 물고기는 열대에 서식하는 빛이 나는 열대어다.

384 仕事もしないで＿＿＿＿＿遊んでばかりいる。 일도 하지 않고 항상 놀기만 하다.

385 彼女の＿＿＿＿＿を聞いてびっくりした。 그녀의 나이를 듣고 깜짝 놀랐다.

386 この辺は肥沃な土地のため＿＿＿＿＿がよく育つ。
이 부근은 비옥한 토지이기 때문에 농산물이 잘 자란다.

387 ＿＿＿＿＿は下駄箱に入れてください。 신발은 신발장에 넣으세요.

[は]

388 観客の＿＿＿＿＿はなかなか鳴り止まなかった。 관객의 박수는 좀처럼 멈추지 않았다.

389 ＿＿＿＿＿寸前に逃げ出すことができた。 폭발하기 직전에 달아나는 것이 가능했다.

390 あの子はいつも教室の＿＿＿＿＿に座っている。 그 아이는 언제나 교실 끝에 앉아 있다.

정답

361 電報(でんぽう) 전보 **362** 問(と)い合(あ)わせ 문의 **363** 当日(とうじつ) 당일 **364** 登場(とうじょう) 등장 **365** 同姓(どうせい) 동성 **366** 到着(とうちゃく) 도착 **367** 盗難(とうなん) 도난 **368** 投票(とうひょう) 투표 **369** 動揺(どうよう) 동요 **370** 得(とく) 이익, 이득, 유리함 **371** 都市(とし) 도시 **372** 都心(としん) 도심 **373** 途中(とちゅう) 도중 **374** 努力(どりょく) 노력 **375** 長年(ながねん) 긴 세월, 여러 해 **376** 納得(なっとく) 납득 **377** 日時(にちじ) 일시 **378** 日数(にっすう) 일수, 날수 **379** 人間(にんげん) 인간, 사람 **380** 鼠(ねずみ) 쥐 **381** 値段(ねだん) 가격 **382** 熱演(ねつえん) 열연 **383** 熱帯(ねったい) 열대 **384** 年中(ねんじゅう) 연중, 언제나 **385** 年齢(ねんれい) 연령, 나이 **386** 農産物(のうさんぶつ) 농산물 **387** 履物(はきもの) 신발 **388** 拍手(はくしゅ) 박수 **389** 爆発(ばくはつ) 폭발 **390** 端(はし) 끝, 가장자리

391 _____を耕して苗を植える。
밭을 갈고 모종을 심다.

392 練習の成果が_____できれば、きっと優勝できるだろう。
연습 성과가 발휘되면, 틀림없이 우승할 수 있을 것이다.

393 会社の_____のために力を尽くしてまいりました。
회사의 발전을 위해 힘을 다해 왔습니다.

394 ガラスの_____が飛び散っていて危ないので裸足で歩かないように。
유리 파편이 튀어서 위험하기 때문에 맨발로 걷지 않도록 (하세요).

395 回転寿司を10皿食べて_____になった。
회전 초밥을 10접시 먹어서 배가 가득 찼다.

396 期末試験の_____はどこからどこまでですか。
기말 시험 범위는 어디부터 어디까지입니까?

397 駅前の_____で、買い物をしました。
역 앞 번화가에서 쇼핑을 했습니다.

398 緻密な計画を立てて_____に及んだ。
치밀한 계획을 세워서 범행에 이르렀다.

399 一方ではクレジットカードによる_____も増えている。
한편으로는 신용카드에 의한 범죄도 늘고 있다.

400 両親に結婚を_____されて困っている。
부모님께서 결혼을 반대하셔서 어려움에 처해 있다.

401 猫をかぶっているので彼女がどんな人か_____がつかない。
내숭을 떨고 있어서 그녀가 어떤 사람인지 판단하기 어렵다.

402 _____はまだ捕まっておらず、現在逃走中。
범인은 아직 붙잡히지 않고 현재 도주 중이다.

403 海外の先進諸国に比べ、タバコの_____価格は安いほうです。
해외의 여러 선진국에 비해 담배의 판매가격은 싼 편입니다.

404 ここは_____がいいので植物がよく育つ。
여기는 햇볕이 좋기 때문에 식물이 잘 자란다.

405 火災による_____は想像をはるかに越えるむごたらしいものだった。
화재에 의한 피해는 상상을 훨씬 뛰어넘는 비참한 것이었다.

406 _____まで友達を迎えに行った。
비행장까지 친구를 맞이하러 갔다.

407 _____が強いので日傘を差した方がいいですよ。
햇살이 강하기 때문에 양산을 쓰는 것이 좋습니다.

408 _____の時はこの出口から逃げてください。
비상시에는 이 출구로 빠져 나가십시오.

409 　　　　　　をご覧下さい。東京タワーが見えます。
らんくだ　　　　とうきょう　　　　み

왼쪽을 보세요. 도쿄 타워가 보입니다.

410 　　　　　　用具をうっかり忘れてしまった。
ようぐ　　　　　わす

필기 용구를 깜빡하고 잊어버렸다.

411 　　　　　　の言いたいことが分かるまで時間がかかった。
い　　　　　　　わ　　　　　じかん

필자가 말하고 싶은 것을 이해할 때까지 시간이 걸렸다.

412 いくら悪口を言われても彼の言っていることは正しいので　　　　　　できない。
わるぐち　い　　　　かれ　い　　　　　　　　ただ

아무리 험담을 듣더라도 그가 말하고 있는 것은 옳기 때문에 부정할 수 없다.

413 今の気持ちは　　　　　　では言い表せません。
いま　きも　　　　　　　　　　い　あらわ

지금 기분은 한마디로 말할 수 없습니다.

414 他人の行動ばかり　　　　　　して自分の行動を省みない。
たにん　こうどう　　　　　　　　じぶん　こうどう　かえり

타인의 행동만 비판하고 자신의 행동을 반성하지 않다.

415 出展された映画を審査員が　　　　　　する。
しゅってん　　　えいが　しんさいん

출전된 영화를 심사원이 비평하다.

416 この話は　　　　　　にしておいてくれ。
はなし

이 이야기는 비밀로 해 줘.

417 結婚式にかかる　　　　　　はピンからキリまでだ。
けっこんしき

결혼식에 드는 비용은 최고급에서 최하급까지이다.

418 　　　　　　にならないように常に健康管理に気を配りましょう。
つね　けんこうかんり　き　くば

병이 들지 않도록 항상 건강 검진에 신경을 씁시다.

419 使い過ぎて辞書の　　　　　　がぼろぼろになってしまった。
つか　す　　じしょ

너무 많이 사용해서 사전의 표지가 너덜너덜해져 버렸다.

420 道路　　　　　　に従って安全な運転をして下さい。
どうろ　　　　　　したが　あんぜん　うんてん　くだ

도로표지를 따라서 안전한 운전을 해 주세요.

421 彼は自分の＿＿＿＿＿＿ばかりを気にしている。
그는 자신의 평판만을 걱정하고 있다.

あの店はサービスがいいと＿＿＿＿＿＿だ。
그 가게는 서비스가 좋다고 소문이 자자하다.

422 用事があって＿＿＿＿＿＿までに家に帰らなければなりません。
용건이 있어서 낮까지는 집에 돌아가야 합니다.

423 夜勤の日は＿＿＿＿＿＿に寝て夕方出社します。
야근 날은 낮 동안에 자고 저녁에 회사에 출근합니다.

424 あの＿＿＿＿＿＿はおしどり夫婦だ。
저 부부는 원앙 부부다.

425 私にこの＿＿＿＿＿＿は似合わないようです。
내게 이 옷은 어울리지 않는 것 같아요.

426 将来は＿＿＿＿＿＿関係の仕事に就きたいと考えています。
나중에는 복지 관계 일에 취업하고 싶다고 생각하고 있습니다.

427 来週の会議には、社長と＿＿＿＿＿＿も出席する予定だ。
다음 주 회의에는 사장과 부사장도 출석할 예정이다.

428 ＿＿＿＿＿＿感を拭え切れない。
불공평한 느낌을 지울 수가 없다.

429 地球上には食糧が＿＿＿＿＿＿している国がたくさんある。
지구 상에는 식량이 부족한 나라가 많다.

430 ゴミ箱の＿＿＿＿＿＿をしっかり閉めてください。
휴지통 뚜껑을 확실히 닫아 주십시오.

431 ＿＿＿＿＿＿の上に立つと緊張するが演技をしている時は楽しい。
무대 위에 서면 긴장하지만 연기를 하고 있을 때는 즐겁다.

432 気楽にやってもらって構わないですからあまり＿＿＿＿＿＿に感じないで下さい。
편하게 해도 상관없으니까 그다지 부담을 느끼지 말고 하세요.

433 彼の＿＿＿＿＿＿のせいでひどい目に遭った。
그가 부주의한 탓에 혼났다.

私の＿＿＿＿＿＿でご迷惑をお掛けしてすみません。
제 부주의로 폐를 끼쳐 죄송합니다.

434 彼は両親に＿＿＿＿＿＿ばかり言っている。
그는 부모님께 불평만 늘어놓고 있다.

435 とうとう彼女の＿＿＿＿＿＿が爆発して、家出をしてしまった。
드디어 그녀의 불만이 폭발해서 가출을 해 버렸다.

436 今週から大学生は＿＿＿＿＿＿に入った。
이번 주부터 대학생은 겨울방학에 들어갔다.

437 _____ 思考(しこう)で物事(ものごと)を考(かんが)えるようにしている。

긍정적인 생각으로 매사를 생각하려고 하고 있다.

438 いちゃついているカップルがいたら見(み)て見(み)ぬ_____をするのが普通(ふつう)だ。

새롱거리고 있는 커플이 있으면 보고도 못 본 척을 하는 것이 보통이다.

439 大学時代海外(だいがくじだいかいがい)のあらゆる_____作品(さくひん)に親(した)しんだ。

대학 시절 해외의 온갖 문학작품을 가까이 했다.

440 日本語(にほんご)で書(か)かれた_____を韓国語(かんこくご)に翻訳(ほんやく)した。

일본어로 써 있는 글을 한국어로 번역했다.

441 今(いま)の状況(じょうきょう)を細(こま)かく_____した結果(けっか)を知(し)らせてください。

지금 상황을 상세히 분석한 결과를 알려 주십시오.

442 彼(かれ)は_____を終(お)え、この春除隊(はるじょたい)した。

그는 병역을 마치고 이번 봄에 제대했다.

443 会議(かいぎ)は11時(じ)に_____する予定(よてい)です。

회의는 11시에 폐회할 예정입니다.

444 _____に会計(かいけい)を済(す)ます。

따로따로 계산을 마치다.

445 気温(きおん)の_____が激(はげ)しいので体(からだ)に気(き)を付(つ)けて下(くだ)さい。

기온 변화가 심하니까 몸조심하세요.

446 雨(あめ)のため予定(よてい)を_____して水族館(すいぞくかん)に行(い)った。

비로 인해 예정을 변경하고 수족관에 갔다.

447 彼(かれ)は小(ちい)さな_____会社(がいしゃ)を営(いとな)んでいる。

그는 작은 무역 회사를 운영하고 있다.

448 _____書(しょ)をまとめて明日(あす)までに提出(ていしゅつ)してください。

보고서를 정리하여 내일까지는 제출해 주십시오.

449 午後(ごご)から_____訓練(くんれん)が行(おこな)われる。

오후부터 방재훈련이 이루어진다.

450 いい_____が見(み)つからない。

좋은 방법이 떠오르질 않는다.

451 ＿＿＿＿＿で定められたことは守らなければならない。
법률로 정해진 것은 지켜지지 않으면 안 된다.

452 この色じゃなくて＿＿＿＿＿の色を使った方がよい。
이 색이 아니라 다른 색을 쓰는 게 낫다.

453 夜空一面に＿＿＿＿＿が輝いている。
밤하늘 가득 별이 빛나고 있다.

454 ＿＿＿＿＿に車を乗り入れてはいけません。
보도에 차를 탄 채 들어가서는 안 됩니다.

455 その家は瞬く間に激しい＿＿＿＿＿に包まれた。
그 집은 순식간에 심한 불길에 휩싸였다.

456 おもちゃのピストルだと思っていたら、実は＿＿＿＿＿だった。
장난감 총이라고 생각했지만 실은 진짜였다.

[ま]

457 ＿＿＿＿＿で作業を進めていくことにした。
자신에게 맞는 방법으로 작업을 진행해 가기로 했다.

458 両親は＿＿＿＿＿の顔を見るのを楽しみにしている。
부모님은 손자 얼굴을 보는 것을 낙으로 삼고 있다.

459 今の生活に＿＿＿＿＿していない。
지금 생활에 만족하지 못하고 있다.

460 あの店はサービス＿＿＿＿＿で言うことない。
그 가게는 서비스 만점이라고 말할 것 없다.

461 入学祝におばから＿＿＿＿＿をもらった。
입학 축하로 숙모에게 만년필을 받았다.

462 彼女は＿＿＿＿＿は若いが実は結構年を取っている。
그녀는 외모는 젊지만 실은 꽤 나이를 먹었다.

463 ＿＿＿＿＿の周りをサイクリングした。
호수 주변을 자전거를 타고 돌았다.

464 ＿＿＿＿＿の付近にたくさんの鴎が餌を求めて飛んでいる。
항구 부근에 많은 갈매기가 먹이를 찾아 날고 있다.

465 子供の日はテレビで子供＿＿＿＿＿の番組ばかりやっている。
어린이날은 TV에서 어린이를 대상으로 하는 프로그램만 하고 있다.

466 鈴木さんの＿＿＿＿＿に座っている人が木村さんです。
스즈키 씨 건너편에 앉아 있는 사람이 기무라 씨입니다.

467 ＿＿＿＿＿の人は何事にも我慢強かった。
옛날 사람은 어떤 일에도 참을성이 많았다.

468　下の＿＿＿＿＿＿が結婚することになりました。
した　　　　　　けっこん

작은 딸이 결혼하게 되었습니다.

469　仕事の＿＿＿＿＿＿を省いてもっと効率的になった。
しごと　　　　　　はぶ　　　　こうりつてき

일의 낭비를 없애서 좀 더 효율적이 되었다.

470　あの子は＿＿＿＿＿＿一番の腕白だ。
こ　　　　　　いちばん　わんぱく

그 아이는 마을에서 최고 개구쟁이다.

471　＿＿＿＿＿＿の人の前では礼儀正しくするものだ。
ひと　まえ　れいぎただ

윗사람 앞에서는 예의 바르게 하는 법이다.

472　昨日、家に＿＿＿＿＿＿っ子が遊びに来てお小遣いをせびられた。
きのう　うち　　　　　こ　あそ　き　こづか

어제 집에 조카딸이 놀러 와서 용돈을 달라고 졸라댔다.

473　＿＿＿＿＿＿官の前で緊張して何度もどもってしまった。
かん　まえ　きんちょう　なんど

면접관 앞에서 긴장해서 몇 번이나 말을 더듬고 말았다.

474　赤ちゃんの＿＿＿＿＿＿を見るのは手がかかる。
あか　　　　　　み　て

아기를 돌보는 것은 손이 많이 간다.

475　昨日「世にも奇妙な＿＿＿＿＿＿」という映画を見た。
きのう　よ　きみょう　　　　　えいが　み

어제 '세상에서도 기묘한 이야기'라는 영화를 봤다.

476　田中さんはいつも人のやることに＿＿＿＿＿＿を言うばかりで自分では何もしない。
たなか　　　　　　ひと　　　　　　　　　　い　じぶん　なに

다나카 씨는 항상 남의 일에 불평만 할 뿐이고 스스로는 아무 것도 하지 않는다.

[や]

477　＿＿＿＿＿＿の解決に全力を尽くすのみだ。
かいけつ　ぜんりょく　つ

문제 해결에 전력을 다할 뿐이다.

478　テストで日本語＿＿＿＿＿＿を間違えてしまった。
にほんご　　　　　　まちが

테스트에서 일본어 번역을 틀리고 말았다.

479　思いの外＿＿＿＿＿＿の人に親切に対応してもらえて良かった。
おも　ほか　　　　　　ひと　しんせつ　たいおう　　　　よ

뜻밖에 관공서 사람이 친절히 대해 주어 다행이었다.

480　会社における自分の＿＿＿＿＿＿を考える。
かいしゃ　　　　　じぶん　　　　　　かんが

회사에 있어서 자신의 역할을 생각하다.

451 法律(ほうりつ) 법률　452 他(ほか)・外(ほか) 외, 다른, 그 밖　453 星(ほし) 별　454 歩道(ほどう) 보도　455 炎(ほのお) 불꽃, 불길　456 本物(ほんもの) 진짜　457 マイペース 마이페이스(일을 자신에 맞는 속도나 방법으로 하는 진행하는 것)　458 孫(まご) 손자　459 満足(まんぞく) 만족　460 満点(まんてん) 만점　461 万年筆(まんねんひつ) 만년필　462 見(み)かけ 외관, 겉보기　463 湖(みずうみ) 호수　464 港(みなと) 항구　465 向(む)け [★〜向(む)けの 〜을 위한, 〜에 적합한]　466 むかい 건너편　467 昔(むかし) 옛날　468 娘(むすめ) 딸, 아가씨　469 無駄(むだ) 쓸데없음, 효과나 효력이 없음, 헛됨　470 村(むら) 마을　471 目上(めうえ) 손위, 윗사람　472 姪(めい) 조카딸　473 面接(めんせつ) 면접　474 面倒(めんどう) 보살핌, 돌봄　475 物語(ものがたり) 이야기　476 文句(もんく) 불평, 불만　477 問題(もんだい) 문제　478 訳(やく) 번역　479 役所(やくしょ) 관청, 관공서　480 役割(やくわり) 역할

481 親切な＿＿＿＿＿＿だからいろいろと相談しやすい。
친절한 집주인이어서 여러 가지를 상담하기 쉽다.

[ゆ]

482 どんなことでも＿＿＿＿＿＿を持って果敢に立ち向かうべきだ。
어떤 일이라도 용기를 갖고 과감히 맞서야 한다.

483 昨日、久しぶりに海外に住む＿＿＿＿＿＿と国際電話で話をした。
어제 오랜만에 해외에 살고 있는 친구와 국제 전화로 이야기를 했다.

484 会議の目的は新商品のアイディアを自由に出し合うことのあったはずだが、結局、上司の意見に＿＿＿＿＿＿されて終わった。
회의의 목적은 신상품의 아이디어를 자유롭게 서로 내놓는 것에 있었다고 생각했는데, 결국 상사의 의견이 우선되고 끝났다.

485 この会社は＿＿＿＿＿＿な人の集まりです。
이 회사는 유능한 사람이 모여 있습니다.

486 果物や野菜はほとんど外国からの＿＿＿＿＿＿に頼っている。
과일이나 채소는 거의 다 외국으로부터의 수입에 의존하고 있다.

[よ]

487 急に＿＿＿＿＿＿を思い出したのでお先に失礼します。
갑자기 용무가 떠올라서 먼저 실례하겠습니다.

488 ＿＿＿＿＿＿の頃は引っ込み思案な女の子だった。
유치원 때에는 소극적인 여자 아이였다.

489 ＿＿＿＿＿＿せぬ事態に人々は緊張の表情を隠せなかった。
예기치 않은 사태에 사람들은 긴장한 표정을 숨길 수 없었다.

490 このレストランは客の＿＿＿＿＿＿に応じていくつかのコースを用意してくれる。
이 레스토랑에서는 손님의 예산에 맞춰 몇 개의 코스를 마련해 준다.

491 昨日の夜、＿＿＿＿＿＿に絡まれて大変だった。
어젯밤 술에 취한 사람이 시비를 걸어서 힘들었다.

492 最近のニュースなどを聞くと＿＿＿＿＿＿が物騒になってきたと思う。
최근 뉴스 등을 보면 세상이 뒤숭숭해졌다고 생각한다.

493 買い物に行けばいつも＿＿＿＿＿＿な物をつい買ってしまう。
쇼핑을 가면 항상 남은 물건을 무심코 사고 만다.

494 ＿＿＿＿＿＿では午後から雨になるということです。
예보에서는 오후부터 비가 올 것이라고 합니다.

[ら]

495 女に＿＿＿＿＿＿を働く男は最低だ。
여자에게 폭력을 휘두르는 남자는 최악이다.

496 今日の_____の授業は実験が中心だった。
きょう　　　　　　　　　　　じゅぎょう　じっけん　ちゅうしん
오늘의 이과 수업은 실험이 중심이었다.

497 彼の言ってることや行動を_____するのは困難だ。
かれ　い　　　　　　　こうどう　　　　　　　　　こんなん
그가 말하는 것이나 행동을 이해하는 건 어렵다.

498 何であんなひどいことを言ったのか_____を聞かせなさい。
なん　　　　　　　　　　　　い　　　　　　　き
왜 그런 심한 말을 했는지 이유를 들려주시오

499 日本で４年_____した経験があります。
にほん　ねん　　　　　　　けいけん
일본에서 4년 유학했던 경험이 있습니다.

500 若い女の子たちの間でミニスカートが_____している。
わか　おんな　こ　　　あいだ
젊은 여자들 사이에서 미니스커트가 유행하고 있다.

501 _____は門限だの何だのいろいろと規則が煩わしい。
もんげん　　なん　　　　　　きそく　わずら
기숙사는 폐문 시간이니 뭐니 이것저것 규칙이 까다롭다.

502 ゴールデンウィークを利用してイタリアに_____にいくつもりです。
りよう
황금연휴를 이용하여 이탈리아에 여행갈 생각입니다.

503 _____の平和を願って、握手を交わした。
へいわ　ねが　　　あくしゅ　か
양국의 평화를 바라며 악수를 나눴다.

504 クレジットカードは駄目で現金でしか_____できません。
だめ　げんきん
신용카드는 사용할 수 없으며 현금밖에 받지 않습니다.

505 私の彼女は_____が得意です。제 여자 친구는 요리를 잘합니다.
わたし　かのじょ　　　　　とくい

506 一_____をしてその場を立ち去った。예를 갖추고 그 곳을 떠났다.
いち　　　　　　　　　ば　た　さ

507 彼はとても_____正しいです。그는 매우 예의 바릅니다.
かれ　　　　　　　　ただ

508 彼は独特の_____観を持っている。그는 독특한 역사관을 갖고 있다.
かれ　どくとく　　　　かん　も

509 韓国に来たら必ず_____頂戴ね。한국에 오면 꼭 연락 줘.
かんこく　き　　かなら　　　　ちょうだい

510 ヘミングウェーの「_____と海」という小説を読んだことがありますか。
うみ　　　　しょうせつ　よ
헤밍웨이의 '노인과 바다'라는 소설을 읽은 적이 있습니까?

정답

481 家主(やぬし) 집주인　482 勇気(ゆうき) 용기　483 友人(ゆうじん) 친구　484 優先(ゆうせん) 우선　485 有能(ゆうのう) 유능
486 輸入(ゆにゅう) 수입 [↔ 輸出(ゆしゅつ) 수출]　487 用事(ようじ) 용무　488 幼稚園(ようちえん) 유치원　489 予期(よき) 예기, 예측, 예상　490 予算(よさん) 예산　491 酔(よ)っ払(ばら)い 술에 취함, 술 취한 사람　492 世(よ)の中(なか) 세상, 인간 사회　493 余分(よぶん) 여분　494 予報(よほう) 예보　495 乱暴(らんぼう) 난폭　496 理科(りか) 이과　497 理解(りかい) 이해　498 理由(りゆう) 이유　499 留学(りゅうがく) 유학　500 流行(りゅうこう) 유행　501 寮(りょう) 기숙사　502 旅行(りょこう) 여행　503 両国(りょうこく) 양국　504 領収(りょうしゅう) 영수, 받음　505 料理(りょうり) 요리　506 礼(れい) 예의, 예절　507 礼儀(れいぎ) 예의
508 歴史(れきし) 역사　509 連絡(れんらく) 연락　510 老人(ろうじん) 노인

2. 동사

[あ]

1 兄とは性格が＿＿＿＿ないのでよくけんかをする。
형과는 성격이 맞질 않아서 걸핏하면 싸움을 한다.

2 先生の言うことを聞かないとひどい目に＿＿＿＿よ。
선생님이 말씀하신 것을 듣지 않으면 혼쭐난다.

3 一度デートに誘って断られたぐらいで＿＿＿＿はいけない。
한번 데이트를 권해 거절당한 정도로 포기해선 안 된다.

4 私が何度も同じ質問をしたので先生は＿＿＿＿顔をした。
내가 몇 번이나 똑같은 질문을 해서 선생님은 질린 표정을 지었다.

5 ＿＿＿＿いる席に鞄を置くのはやめて下さい。
비어 있는 자리에 가방을 두지 마세요.

6 夜が＿＿＿＿朝になる。 날이 새고 아침이 되다.

7 国旗を＿＿＿＿。 국기를 게양하다.

天ぷらを＿＿＿＿。 튀김을 튀기다.

8 小学校の頃、担任の先生に＿＿＿＿いた。
초등학교 적에 담임 선생님을 동경했다.

9 そんなに＿＿＿＿なくても大丈夫ですよ。
그렇게 조바심을 내지 않아도 괜찮습니다.

10 タバコの自動販売機が町中に＿＿＿＿いる。
담배 자동판매기가 온 마을에 넘쳐나고 있다.

11 巧みにハンドルを＿＿＿＿。 능숙하게 핸들을 조작했다.

12 土下座をして＿＿＿＿のに許してもらえなかった。
땅에 엎드려 사과했음에도 불구하고 용서해 주지 않았다.

13 寝不足をして肌が＿＿＿＿しまった。 잠이 부족해서 피부가 거칠어졌다.

14 人も物を盗んでは＿＿＿＿ません。 사람도 물건을 훔쳐서는 안 됩니다.

15 男の子は好きな女の子を＿＿＿＿傾向がある。
남자아이는 좋아하는 여자아이를 괴롭히는 경향이 있다.

16 彼と付き合ってから現在に＿＿＿＿まで一度もけんかしたことがない。
그와 사귀고 나서 지금껏 한 번도 싸운 적이 없다.

17 母のうれしそうな顔が目に＿＿＿＿。 엄마가 기뻐하는 얼굴이 눈에 떠오른다.

18 ここから＿＿＿＿はいけません。 이제부터 움직이면 안 됩니다.

19 人を自由自在に_____ことは難しい。

다른 사람을 자유자재로 움직이는 것은 어렵다.

20 母の大事にしている花瓶を割ったのは私ではないかと家族に_____いる。

어머니가 소중히 여기는 화병을 깬 건 내가 아닌가 가족들에게 의심받고 있다.

21 最近は不当に解雇されたとして会社を_____ケースが増えている。

최근에는 부당하게 해고됐다고 해서 회사를 고소하는 경우가 늘고 있다.

22 コンサートの前売りのチケットが販売開始と共に_____しまった。

콘서트 예매 티켓이 판매 개시와 함께 매진되어 버렸다.

23 誰でも最初は幸せな結婚生活を_____ものだ。

누구라도 처음에는 행복한 결혼 생활을 그리는 법이다.

24 明日急に現れることもあり_____。

내일 갑자기 나타날 수도 있다.

宝くじで一等に当たるなんてあり_____。

복권에서 일등에 당첨된다니 있을 수 없다.

25 恥ずかしさの余り両手で顔を_____。

부끄러운 나머지 양손으로 얼굴을 가렸다.

26 法を_____。 법을 어기다.

罪を_____。 죄를 범하다.

27 この交差点でよく事故が_____。 이 교차점에서 자주 사고가 발생한다.

28 会費を5000円以内に_____。 회비를 5000엔 이내로 하다.

29 間違いを_____ないでがんばりましょう。

틀릴 것을 두려워 말고 최선을 다합시다.

30 お巡りさんに道を_____が、すぐに忘れてしまった。

경찰에게 길을 배웠지만 금방 잊어버렸다.

31 私はクラス全員の顔と名前を＿＿＿＿＿。

나는 반 전원의 얼굴과 이름을 기억했다.

32 この写真を見るとあの頃の楽しかったことが＿＿＿＿＿。

이 사진을 보면 그 때의 즐거웠던 일들이 생각난다.

[か]

33 あの先生は問題児を＿＿＿＿＿さぞかし大変だろう。

그 선생님은 문제아를 떠맡아서 틀림없이 힘들 거야.

34 命に＿＿＿＿＿病気ではないのでご心配なく。

목숨에 관련된 병은 아니기 때문에 걱정 마십시오.

35 ちゃんと予習をした時に＿＿＿＿＿先生に当てられない。

확실히 예습을 한 때만은 선생님에게 지명되지 않는다.

36 本日に＿＿＿＿＿全商品4割引きです。

오늘에 한해 전 상품을 40% 할인합니다.

37 年齢を＿＿＿＿＿につれ経験も増える。

나이가 들어감에 따라 경험도 늘어난다.

38 あの雑誌はゴシップばかりで信憑性に＿＿＿＿＿。

그 잡지는 뜬소문뿐이어서 신빙성이 부족하다.

39 宿題を＿＿＿＿＿から遊びに行きなさい。

숙제를 해결하고 나서 놀러 가세요.

40 景気の悪化で国の財政が＿＿＿＿＿きた。

경기 악화로 나라의 재정이 기울어 왔다.

41 明日のサッカーの試合に絶対＿＿＿＿＿みせる。

내일 축구 시합에서 반드시 이겨 보이리라.

42 夏場のどが＿＿＿＿＿時はビールに限る。

여름철 목이 마를 때에는 맥주가 최고다.

43 猛暑でクーラーが全然＿＿＿＿＿ない。

심한 더위 때문에 에어컨이 전혀 효과가 없다.

44 顔には苦労の跡が＿＿＿＿＿いる。

얼굴에는 고생의 흔적이 새겨져 있다.

45 田中先生は鈴木さんのことをとても＿＿＿＿＿いるようだ。

다나카 선생님은 스즈키 씨를 무척 마음에 들어 하는 것 같다.

46 我がままばかり言うとみんなから＿＿＿＿＿しまいますよ。

제멋대로만 말하면 모두에게 미움을 사고 말아요.

47 館内で撮影することを＿＿＿＿＿。

관내에서 촬영하는 것을 금하다.

48 階段を降りている時バランスを＿＿＿＿＿＿転んでしまった。
계단을 내려가고 있을 때 균형을 잃고 구르고 말았다.

49 天気予報によると、午前中は晴れるが午後からだんだん天気が＿＿＿＿＿＿くるそうだ。
기상 예보에 의하면 오전 중에는 맑지만 오후부터 점점 날씨가 나빠진다고 한다.

50 国民の意を＿＿＿＿＿＿政治体制が必要だ。
국민의 뜻을 헤아리는 정치체제가 필요하다.

51 今さら＿＿＿＿＿＿もう遅い。
이제 와서 후회해도 이미 늦었다.

52 大学に入学してから、一人で＿＿＿＿＿＿います。
대학에 입학하고 나서, 혼자서 살고 있습니다.

53 私は兄に＿＿＿＿＿＿と背が低くて頭も悪い。
나는 형에 비하면 키도 작고 머리도 나쁘다.

54 生活のリズムが＿＿＿＿＿＿と体だけでなく精神にもよくない。
생활 리듬이 깨지면 몸뿐만 아니라 정신에도 좋지 않다.

55 第二志望の大学を＿＿＿＿＿＿、第一志望の大学に入った。
2지망한 대학을 거절하고 1지망한 대학에 들어갔다.

56 会場には５千人を＿＿＿＿＿＿人が詰め掛けた。
회장에는 5천명을 넘는 사람들이 몰려들었다.

57 あなたのために腕に縒りをかけて夕飯を＿＿＿＿＿＿ました。
당신을 위해 최대한 솜씨를 발휘하여 저녁밥을 만들었습니다.

58 心が＿＿＿＿＿＿プレゼントなら何をもらってもうれしい。
정성을 들인 선물이라면 무엇을 받아도 기쁘다.

59 真心を＿＿＿＿＿＿贈り物。 정성어린 선물.

60 怒りを＿＿＿＿＿＿きれず殴ってしまった。 화를 참지 못하고 세게 때려 버렸다.

정답

31 覚(おぼ)えた → 覚(おぼ)える 기억하다, 배우다, 익히다　32 思(おも)い出(だ)される → 思(おも)い出(だ)す 생각해 내다
33 抱(かか)えて → 抱(かか)える 떠맡다, 책임지다, 부둥켜안다　34 係(かか)わる → 係(かか)わる 관계되다, 상관하다　35 限(かぎ)って → 限(かぎ)る 제한하다, 한정하다[★～に 限(かぎ)って ～만은 특히]　36 限(かぎ)り → 限(かぎ)る 한정하다「～に限(かぎ)り」의 꼴로 '~에 한하여'　37 重(かさ)ねる → 重(かさ)ねる 포개다, 겹치다　38 欠(か)ける → 欠(か)ける 부족하다　39 片(かた)づけて → 片(かた)づく 정리하다, 해결하다　40 傾(かたむ)いて → 傾(かたむ)く 기울다　41 勝(か)って → 勝(か)つ 이기다, 승리하다　42 渇(かわ)いた → 渇(かわ)く 목이 마르다　43 効(き)か → 効(き)く 효력이 있다, 듣다　44 刻(きざ)まれて → 刻(きざ)む 새기다　45 気(き)に入(い)って → 気(き)に入(い)る 마음에 들다　46 嫌(きら)われて → 嫌(きら)う 미워하다, 싫어하다　47 禁(きん)ずる → 禁(きん)ずる・禁(きん)じる 금하다　48 崩(くず)し → 崩(くず)す (정돈된 상태나 자세를) 흩뜨리다, 무너뜨리다　49 崩(くず)れて → 崩(くず)れる 무너지다, 붕괴하다　50 汲(く)む → 汲(く)む 푸다, 퍼올리다　51 悔(く)やんでも → 悔(く)やむ 후회하다　52 暮(く)らして → 暮(く)らす 살다, 살아가다, 지내다　53 比(くら)べる → 比(くら)べる・較(くら)べる 비교하다, 대조하다　54 狂(くる)う → 狂(くる)う 고장 나다, 미치다　55 蹴(け)って → 蹴(け)る 발로 차다　56 越(こ)える → 越(こ)える 넘다　57 拵(こしら)え → 拵(こしら)える 만들다, 제조하다　58 込(こ)められた → 込(こ)める (정성을) 들이다, 담다　59 込(こ)めた → 込(こ)める (정성을) 들이다, 담다, 포함하다, 집중하다　60 堪(こら)え → 堪(こら)える 참다, 견디다, (감정을) 억누르다

61 駅の階段で＿＿＿＿＿＿足首を捻挫してしまった。
역 계단에서 넘어져 발목을 삐고 말았다.

62 残業が続いて体を＿＿＿＿＿＿ときに、自分の人生はこのままでいいのだろうかと思って、転職を決めた。
잔업이 계속되어 건강을 해쳤을 때, 자신의 인생은 이대로 괜찮은 것일까라고 생각하여 전직을 결정했다.

63 時計が＿＿＿＿＿＿ので修理に出した。 시계가 망가져서 수리를 맡겼다.

[さ]

64 一日中＿＿＿＿＿＿が、結局結婚指輪は見つからなかった。
하루 종일 찾았지만 결국 결혼반지는 찾지 못했다.

65 外から女の人の＿＿＿＿＿＿声が聞こえた。
밖에서 여자가 외치는 소리가 들렸다.

66 彼は愛してると耳元で＿＿＿＿＿＿。 그는 사랑한다고 귓가에 속삭였다.

67 ＿＿＿＿＿＿なければ年齢を教えてください。
지장이 없으시면 나이를 가르쳐 주십시오.

68 杯を＿＿＿＿＿＿たら飲まないわけにはいかない。
술잔을 권하면 마시지 않을 수가 없다.

69 土曜日は友達を＿＿＿＿＿＿映画を見に行きました。
토요일은 친구를 불러서 영화를 보러 갔습니다.

70 眠気を＿＿＿＿＿＿ためにコーヒーを飲みます。
졸음을 깨기 위해서 커피를 마십니다.

71 夜中の２時に目が＿＿＿＿＿＿。 새벽 2시에 눈이 떠졌다.

72 このベンチはペンキが塗りたてなので＿＿＿＿＿＿はいけません。
이 벤치는 방금 페인트를 칠해서 만지면 안 됩니다.

73 子供が道徳から外れた行いをしたら＿＿＿＿＿＿のが当然だ。
아이가 도덕에서 벗어난 행동을 하면 꾸짖는 것이 당연하다.

74 他の国に行ったらその国の習慣に＿＿＿＿＿＿べきだ。
다른 나라에 가면 그 나라의 관습을 따라야 한다.

75 辛い物を食べたので舌が＿＿＿＿＿＿しまった。
매운 것을 먹어서 혀가 저리다.

76 顔は見たことがあるが、名前は＿＿＿＿＿＿ない。
얼굴은 본 적이 있지만, 이름은 모른다.

77 午後６時を＿＿＿＿＿＿たら一切食事を取らないことにしている。
오후 6시를 넘으면 일체 식사를 하지 않기로 하고 있다.

78 人の命を＿＿＿＿＿＿ことの尊さに目覚める。
사람의 생명을 구하는 소중함에 눈을 뜨다.

79 彼は語学力に＿＿＿＿＿＿ている。 그는 어학 능력이 뛰어나다.

80 皆さんと＿＿＿＿＿日々を決して忘れません。
모두와 보낸 나날들을 결코 잊지 못할 겁니다.

81 家のローンはまだ＿＿＿＿＿でいない。
집의 대부금(반환)은 아직 끝나지 않았다.

82 私が悪いとみんなから＿＿＿＿＿。
내가 나쁘다고 모두에게 공격받았다.

83 趣が＿＿＿＿＿。 멋이 더해지다.

付き＿＿＿＿＿。 곁에 따르다, 시중들다.

両親の希望に＿＿＿＿＿。 부모의 희망에 부응하다.

84 目的に＿＿＿＿＿ない。 목적에 부합되지 않다.

85 川に＿＿＿＿＿て下る。 강을 따라서 내려가다.

方針に＿＿＿＿＿て交渉する。 방침에 따라서 교섭하다.

86 湖に＿＿＿＿＿村。 호숫가의 마을

87 彼は家庭を顧みず自分の作品を作ることだけに力を＿＿＿＿＿。
그는 가정을 돌보지 않고 자신의 작품을 만드는 것에만 힘을 쏟았다.

88 万が一の場合に＿＿＿＿＿残しておいた。
만일의 경우에 대비하여 남겨 두었다.

89 クラスのみんなが＿＿＿＿＿から出発しよう。
반 전원이 모이고 나서 출발하자.

[た]

90 晴耕雨読とは晴れた日には田畑を＿＿＿＿＿、雨の日には家で読書するという意味である。
청경우독이란 맑은 날에는 밭을 갈고 비가 오는 날에는 집에서 독서한다는 의미다.

정답

61 転(ころ)んで → 転(ころ)ぶ 넘어지다, 쓰러지다 62 壊(こわ)した → 壊(こわ)す ① 고장 내다, 탈을 내다 ② 파괴하다, 부수다 63 壊(こわ)れた → 壊(こわ)れる 부서지다, 망가지다 64 探(さが)した → 捜(さが)す・探(さが)す 찾다 65 叫(さけ)ぶ → 叫(さけ)ぶ 외치다 66 ささやいた → ささやく 속삭이다 67 差(さ)し支(つか)え → 差(さ)し支(つか)える 지장이 있다, 지장을 주다 68 差(さ)され → 差(さ)す 권하다 69 誘(さそ)って → 誘(さそ)う 권하다, 꾀다 70 覚(さ)ます → 覚(さ)ます 깨우다, 깨다 71 覚(さ)めた → 覚(さ)める 깨다 72 触(さわ)って → 触(さわ)る 만지다 73 叱(しか)る → 叱(しか)る 꾸짖다, 야단치다 74 従(したが)う → 従(したが)う (명령・의견에) 따르다, 추종하다 75 しびれて → しびれる 저리다 76 知(し)ら → 知(し)る 알다 77 過(す)ぎ → 過(す)ぎる 지나가다 78 救(すく)う → 救(すく)う 구하다, 구원하다 79 優(すぐ)れ → 優(すぐ)れる 뛰어나다, 우수하다 80 過(す)ごした → 過(す)ごす 시간을 보내다, 지내다 81 済(す)ん → 済(す)む 끝나다, 해결되다 82 攻(せ)められた → 攻(せ)める 공격하다, 도전하다 83 添(そ)う → 添(そ)う 84 添(そ)わ → 添(そ)う 더하다, 첨가하다, 곁에 떨어지지 않다, 부합되다 85 沿(そ)っ → 沿(そ)う 86 沿(そ)う → 沿(そ)う 따르다, 어떤 물건의 주위에 있다 87 注(そそ)いだ → 注(そそ)ぐ 쏟다, 집중하다 88 備(そな)えて → 備(そな)える ① 대비하다 ② 갖추다, 구비하다 89 揃(そろ)って → 揃(そろ)う (조건이) 갖춰지다 90 耕(たがや)し → 耕(たがや)す 경작하다

91　川で溺れている人を＿＿＿＿＿あげた。

강에 빠진 사람을 구해 주었다.

92　妹に宿題を見てくれと＿＿＿＿＿た。

여동생에게 숙제를 봐 달라고 부탁 받았다.

93　＿＿＿＿＿と思ってこれを食べてごらん。

속았다고 생각하고 이걸 먹어 봐.

94　お金は貯まらず借金が＿＿＿＿＿一方だ。

돈은 모이지 않고 빚이 쌓이고만 있다.

95　彼女は＿＿＿＿＿ず本当のことを教えてくれた。

그녀는 주저하지 않고 진실을 가르쳐 주었다.

96　人にばかり＿＿＿＿＿ないで自分でやりなさい。

타인에게만 의지하지 말고 스스로 하시오

97　昔は兄ととるに＿＿＿＿＿ないことでけんかばかりしていた。

옛날에는 형과 하찮은 일로 싸움기만 했었다.

98　暗闇でナイフで脅かされ、命が＿＿＿＿＿思いがした。

어두운 곳에서 칼로 협박을 당해 목숨이 위태로운 생각이 들었다.

99　もっと頭を＿＿＿＿＿なさい。

좀 더 머리를 쓰시오

100　彼女は玉の輿に乗って、幸福を＿＿＿＿＿かのように見えた。

그녀는 자신보다 유복한 집에 시집을 가서 행복을 잡은 것처럼 보였다.

101　私は若い頃から＿＿＿＿＿やすい。

나는 젊을 때부터 쉬 피로를 느낀다.

102　彼女とは久しぶりに会ったので、何時間話しても話が＿＿＿＿＿ない。

그녀와는 오랜만에 만났기 때문에 몇 시간 이야기해도 이야기가 끝나지 않는다.

103　彼は念願だった社長の座に＿＿＿＿＿ことができた。

그는 염원이었던 사장 자리에 앉을 수 있었다.

104　村上さんは山本さんに＿＿＿＿＿人気ぶりだ。

무라카미 씨는 야마모토 씨에 버금가는 인기가 있다.

105　コーヒーカップにコーヒーを＿＿＿＿＿いる時、手が滑ってコーヒーをこぼしてしまった。

커피 컵에 커피를 따를 때, 손이 미끄러져 커피를 쏟고 말았다.

106　クロスワードパズルは頭も使うし、暇を＿＿＿＿＿のにちょうどいい。

크로스 단어 퍼즐은 머리도 사용하고 시간을 때우기에 딱 좋다.

107　出勤途中、階段で＿＿＿＿＿しまった。

출근 도중에 계단에서 발이 걸려 넘어져 버렸다.

108　彼女は厳しい訓練を＿＿＿＿＿立派なゴルファーになった。

그녀는 엄격한 훈련을 쌓아서 훌륭한 골퍼가 되었다.

109　奥さんとは初めどこで＿＿＿＿＿んですか。

부인과는 처음 어디에서 만났던가요?

110 ケーキは日(ひ)に＿＿＿＿＿と悪(わる)くなるので冷蔵庫(れいぞうこ)に早(はや)く入(い)れてください。

케이크는 햇빛을 받으면 상하기 때문에 냉장고에 빨리 넣어 주세요.

111 この服(ふく)は性別(せいべつ)を＿＿＿＿＿ず着(き)られる。

이 옷은 성별과는 상관없이 입을 수 있다.

性別(せいべつ)を＿＿＿＿＿ない。　성별을 문제 삼지 않다.

年齢(ねんれい)を＿＿＿＿＿ず出願(しゅつがん)できる。　나이에 관계없이 출원 가능하다.

112 安否(あんぴ)を＿＿＿＿＿。　안부를 묻다.

責任(せきにん)を＿＿＿＿＿。　책임을 문제 삼다.

113 乗(の)ろうとしていたバスが＿＿＿＿＿しまった。

타려고 했던 버스가 지나가 버렸다.

114 その刑事(けいじ)は事件(じけん)の謎(なぞ)を見(み)る見(み)る＿＿＿＿＿いった。

그 형사는 사건의 수수께끼를 순식간에 풀어 갔다.

昨日(きのう)の授業(じゅぎょう)は読解(どっかい)の練習問題(れんしゅうもんだい)を＿＿＿＿＿ところまでで終(お)わった。

어제 수업은 독해 연습문제를 푼 데까지 하고 끝났다.

115 彼(かれ)のやさしい一言(ひとこと)で緊張(きんちょう)が＿＿＿＿＿た。

그의 자상한 한마디로 긴장이 풀렸다.

116 道路(どうろ)に子供(こども)が＿＿＿＿＿てきて危(あや)うく轢(ひ)いてしまうところだった。

도로에 아이가 뛰쳐나와서 하마터면 받을 뻔했다.

117 世(よ)の進歩(しんぽ)に＿＿＿＿＿。　세상의 진보에 따라.

118 この仕事(しごと)には危険(きけん)が＿＿＿＿＿。　이 일에는 위험이 따른다.

119 収入(しゅうにゅう)に＿＿＿＿＿ない生活(せいかつ)。　수입에 어울리지 않는 생활.

120 早(はや)く風邪(かぜ)が＿＿＿＿＿といいですね。　빨리 감기가 나았으면 좋겠군요.

91 助(たす)けて → 助(たす)ける 돕다　92 頼(たの)まれ → 頼(たの)む 부탁하다　93 だまされた → だます 속이다　94 溜(た)まる → 溜(た)まる 쌓이다, 밀리다　95 ためらわ → ためらう 주저하다　96 頼(たよ)ら → 頼(たよ)る 의지하다　97 足(た)ら → 足(た)る 충분하다, ~할 만하다　98 縮(ちぢ)む → 縮(ちぢ)む (두려워서) 움츠러지다, 위축되다　99 使(つか)い → 使(つか)う 쓰다, 사용하다　100 掴(つか)んだ → 掴(つか)む 잡다, 손으로 붙잡다　101 疲(つか)れ → 疲(つか)れる 지치다, 피로해지다　102 尽(つ)き → 尽(つ)きる 다하다, 떨어지다, 끝나다　103 就(つ)く → 就(つ)く (~자리에) 앉다, 종사하다　104 次(つ)ぐ → 次(つ)ぐ (「~に次(つ)ぐ」의 꼴로) ~다음 가다, ~버금가다　105 注(つ)いで → 注(つ)ぐ 액체를 용기에 붓다　106 つぶす → つぶす (틈, 시간 등을) 메우다, 때우다　107 つまずいて → つまずく 좌절하다, 실패하다, 발이 걸려 넘어지다　108 積(つ)んで → 積(つ)む (경험 등을) 쌓다　109 出会(であ)った → 出会(であ)う・出合(であ)う 만나다　110 照(て)らす → 照(て)らす (빛을 비추어) 밝게 하다　111 問(と)わ → 問(と)う 묻다, 밝혀 따지다, 문제삼다[★~を問(と)わず ~을 불문하고]　112 問(と)う・問(と)う → 問(と)う　113 通(とお)りすぎて → 通(とお)りすぎる 지나쳐 가다, 통과하다　114 解(と)いて, 解(と)いた → 解(と)く 풀다, 해결하다　115 解(と)け → 解(と)ける 해결되다, 풀리다　116 飛(と)び出(だ)し → 飛(と)び出(だ)す 뛰쳐나가다　117 伴(ともな)って → 伴(ともな)う 함께 가다, 동반하다, 따르다, 수반하다, 어울리다　118 伴(ともな)わ → 伴(ともな)う 함께 가다, 동반하다, 따르다, 수반하다, 어울리다　119 伴(ともな)う → 伴(ともな)う　120 治(なお)る → 治(なお)る (병이) 낫다

121 あの子はいつもいたずらばかりして母親を＿＿＿＿＿いる。
저 아이는 항상 장난만 쳐서 엄마를 괴롭히고 있다.

122 就職のことでいろいろと＿＿＿＿＿頭が痛い。
취업 일로 여러 가지를 고민해서 머리가 아프다.

123 母に＿＿＿＿＿早寝早起きを実践することにした。
어머니를 따라 일찍 자고 일찍 일어나기를 실천하기로 했다.

124 新しい職場はもう＿＿＿＿＿ましたか。
새로운 직장은 이제 익숙해졌습니까?

125 あいつを憎んでも＿＿＿＿＿きれない。
저 녀석을 미워하려 해도 미워할 수가 없다.

126 煮物は＿＿＿＿＿ば＿＿＿＿＿ほどおいしくなります。
조림 요리는 조리면 조릴수록 맛있어집니다.

127 どんなにつらい人生でもがんばって潜り＿＿＿＿＿よう。
아무리 괴로운 인생일지라도 힘내어 끝까지 헤어나자.

128 汗ですっかり＿＿＿＿＿しまったTシャツをもう一度着る気になれない。
땀으로 몽땅 젖은 티셔츠를 한 번 더 입고 싶은 마음이 들지 않는다.

129 またとないチャンスを＿＿＿＿＿しまった。
다시없는 찬스를 놓치고 말았다.

130 まだ仕事が＿＿＿＿＿いるので帰れない。
아직 일이 남아 있어서 돌아갈 수 없다.

131 ダンボールの中を＿＿＿＿＿みるとかわいらしい子犬が寝ていた。
골판지 안을 들여다보니 귀여운 강아지가 자고 있었다.

132 私は子供が健康に育つことだけを＿＿＿＿＿います。
저는 아이가 건강히 자라는 것만을 바라고 있습니다.

133 では、私の意見を＿＿＿＿＿させていただきます。
그럼 제 의견을 말씀드리겠습니다.

[は]

134 とんとん拍子に話が＿＿＿＿＿5月に結婚することになりました。
이야기가 척척 진행되어 5월에 결혼하게 되었습니다.

135 孤独のつらさから魔が差して麻薬に＿＿＿＿＿しまった。
고독의 고통으로 인해 나쁜 마음이 생겨 마약에 빠져 버렸다.

136 前大会に続いて、今大会でも優勝を＿＿＿＿＿。
전 대회에 이어, 이번 대회에서도 우승을 이루었다.

137 この件に関してはよく＿＿＿＿＿から決めましょう。
이 건에 관해서는 잘 의논해서 결정합시다.

138 会社から100メートル＿＿＿＿＿＿ところに自宅があります。
회사에서 100미터 떨어진 곳에 자택이 있습니다.

139 ここは私が＿＿＿＿＿＿ますから、次は奢ってください。
여기는 제가 지불할 테니까 다음은 (그쪽이) 내주십시오.

140 こんなに星が出ているんだから明日はきっと＿＿＿＿＿＿でしょう。
이렇게 별이 떠 있으니 내일은 틀림없이 맑겠지요.

141 予期に＿＿＿＿＿＿。 예기에 반해서.

142 規則に＿＿＿＿＿＿。 규칙에 위배되다.

親に＿＿＿＿＿＿。 부모를 거역하다.

143 ダイエットをしているので甘い物と脂っこい物は＿＿＿＿＿＿います。
다이어트를 하고 있어서 단 것과 기름진 것은 자제하고 있습니다.

144 一度＿＿＿＿＿＿以上、最後まで責任を持ってやります。
한번 맡은 이상 마지막까지 책임을 지고 하겠습니다.

145 テニスをしていたら手首を＿＿＿＿＿＿しまった。
테니스를 쳤더니 손목이 뒤틀려 버리고 말았다.

146 うわさは瞬く間に＿＿＿＿＿＿。
소문은 눈 깜짝할 사이에 퍼졌다.

147 窓を湿らせた新聞紙で＿＿＿＿＿＿とぴかぴかになるそうです。
창문을 젖은 신문지로 닦으면 반짝반짝하게 된다고 합니다.

148 私たちは夜が＿＿＿＿＿＿まで夢中で話し続けた。
우리들은 밤이 깊어질 때까지 정신없이 계속 이야기했다.

149 かなり深くまで切ってしまったのでなかなか傷口が＿＿＿＿＿＿ない。
꽤 깊은 데까지 베었기 때문에 상처가 좀처럼 아물지 않는다.

150 売り物の花瓶に鞄を＿＿＿＿＿＿落っことして割ってしまった。
판매하는 꽃병에 가방을 부딪쳐 떨어뜨려서 깨 버렸다.

정답

121 悩(なや)まして → 悩(なや)ます 괴롭히다, 시달리게 하다 122 悩(なや)んで → 悩(なや)む 고민하다 123 ならって → ならう 따르다 124 慣(な)れ → 慣(な)れる、馴(な)れる 적응하다, 익숙해지다 125 憎(にく)み → 憎(にく)む 미워하다 126 煮(に)れ / 煮(に)る → 煮(に)る 삶다, 조리다 127 抜(ぬ)け → 抜(ぬ)く 뽑다[★동사 ます형+抜(ぬ)く 완전히(끝까지) ~해내다] 128 濡(ぬ)れて → 濡(ぬ)れる 젖다 129 逃(のが)して → 逃(のが)す 놓치다 130 残(のこ)って → 残(のこ)る 남다 131 覗(のぞ)いて → 覗(のぞ)く (안을) 들여다 보다 132 望(のぞ)んで → 望(のぞ)む 바라다, 소망하다 133 述(の)べ → 述(の)べる 말하다 134 運(はこ)んで → 運(はこ)ぶ (자동사로) 진행되다, 진척되다 135 走(はし)って → 走(はし)る 달리다, (어떤 생각이나 행동이 어떤 방향으로) 기울다, 치우다 136 果(はた)した → 果(はた)す 완수하다, 다하다, 달성하다 137 話(はな)し合(あ)って → 話(はな)し合(あ)う 서로 이야기하다, 대화하다 138 離(はな)れた → 離(はな)れる 사이가 벌어지다, 떨어지다 139 払(はら)い → 払(はら)う (돈을) 지불하다, (주의나 마음을) 기울이다 140 晴(は)れる → 晴(は)れる 맑다, 개다 141 反(はん)して → 反(はん)する 반하다, 위반되다, 거스르다 142 反(はん)する → 反(はん)する 143 控(ひか)えて → 控(ひか)える 억제하다, 자제하다 144 引(ひ)き受(う)けた → 引(ひ)き受(う)ける 떠맡다, 책임지고 맡다 145 捻(ひね)って → 捻(ひね)る 비틀다, 뒤틀다 146 広(ひろ)がった → 広(ひろ)がる 퍼지다, 번지다 147 拭(ふ)く → 拭(ふ)く 닦다 148 更(ふ)ける → 更(ふ)ける 밤이 깊다 149 塞(ふさ)がら → 塞(ふさ)がる 닫히다, 막히다 150 ぶつけて → ぶつける 부딪치다

151 寝る前にそんなに食べると＿＿＿＿＿ますよ。
자기 전에 그렇게 먹으면 뚱뚱해집니다.

152 寒さで唇が小刻みに＿＿＿＿＿。
추위로 입술이 조금씩 떨렸다.

153 ピアノの重さで床が少し＿＿＿＿＿見える。
피아노 무게로 마루가 조금 들어가 보인다.

154 毎日の水泳のおかげで体重が5キロ＿＿＿＿＿。
매일 수영한 덕에 체중이 5kg 줄었다.

155 頼むから＿＿＿＿＿おいてくれ。一人になりたいんだ。
부탁이니까 내버려 둬. 혼자 있고 싶어.

[ま]

156 急いでいたので高速に乗ったのに、渋滞で車がなかなか進まず＿＿＿＿＿ました。
바빠서 고속버스를 탔지만 정체로 차가 좀처럼 나가지 않아 곤란했습니다.

157 ライバルに＿＿＿＿＿たまるか。
라이벌에게 지고 참을 수 있을까?

158 寝坊してしまったが、なんとか試験開始の時刻に＿＿＿＿＿。
늦잠을 잤지만 간신히 시험 개시 시간에 늦지 않고 갈 수 있었다.

159 このような素敵な結婚式にお＿＿＿＿＿いただいて光栄です。
이렇게 멋진 결혼식에 초대받아서 영광입니다.

160 地球の環境を＿＿＿＿＿のは我々の義務である。
지구 환경을 지키는 것은 우리들의 의무이다.

161 今の状況から言って、着工を少し＿＿＿＿＿方がよさそうだ。
지금 상황에서 말하면, 착공은 조금 미루는 편이 좋을 것 같다.

162 彼は一言も言わず彼女をじっと＿＿＿＿＿ばかりだった。
그는 한 마디도 없이 그녀를 가만히 응시하기만 했다.

163 聞くつもりはなかったが彼についての変なうわさを＿＿＿＿＿しまった。
들을 생각은 없었지만 그에 대한 이상한 소문을 들어 버렸다.

164 大統領は聴衆に＿＿＿＿＿大きく手を振った。
대통령은 청중을 향해 크게 손을 흔들었다.

165 一流大学を＿＿＿＿＿がんばって勉強している。
일류 대학을 목표로 하여 분발하여 공부하고 있다.

166 彼は背も高いしハンサムだしクラスの中で一番＿＿＿＿＿いる。
그는 키도 크고 잘 생겨서 학급에서 가장 눈에 뜨인다.

167 いい物を買うと長く＿＿＿＿＿ので安物を買うより得だ。
좋은 물건을 사면 오래 갖고 있기 때문에 싼 것을 사는 것보다 득이다.

168 彼女は事実に＿＿＿＿＿話をするので信頼できる。

그녀는 사실에 근거한 이야기를 하기 때문에 신뢰할 수 있다.

[や]

169 空襲で家が全て＿＿＿＿＿しまった。

공습으로 집이 모두 불타 버렸다.

170 学校の規則を＿＿＿＿＿謹慎処分を受けた。

학교 규칙을 어겨서 근신 처분을 받았다.

171 発展して＿＿＿＿＿ない医療技術のおかげで人間の寿命は延びてきている。

너무나 발전한 의료 기술 덕분에 인간의 수명은 늘고 있다.

172 同僚といざこざを起こして会社を＿＿＿＿＿。

동료와 다툼을 일으켜서 회사를 그만두었다.

173 スーパーのレジで順番を＿＿＿＿＿もらった。

슈퍼의 계산대에서 순서를 양보 받았다.

174 ほんの出来心でしたことなので＿＿＿＿＿ください。

정말 우발적인 생각으로 한 것이니 용서해 주십시오.

175 連絡も＿＿＿＿＿ないでどこをほっつき歩いていたんだ。

연락도 주지 않고 어디를 싸다니고 있었던 거야.

176 三日目に＿＿＿＿＿。 사흘 만에 되살아나다.

雨で草木が＿＿＿＿＿。 비로 초목이 되살아나다.

記憶が＿＿＿＿＿。 기억이 되살아나다.

177 たまたま近くを通ったので＿＿＿＿＿みました。

우연히 근처를 지나서 들러 봤습니다.

178 踏切事故のために、2時間に＿＿＿＿＿、電車がストップしました。

건널목 사고 때문에 2시간에 걸쳐 전철이 정지되었습니다.

정답

151 太(ふと)り → 太(ふと)る 살찌다 152 震(ふる)えた → 震(ふる)える 흔들리다, 진동하다, 몸이 떨리다 153 凹(へこ)んで → 凹(へこ)む 쪽 들어가다, 움푹 패다 154 減(へ)った → 減(へ)る 줄다 155 放(ほう)って → 放(ほう)る 멀리 내던지다, 포기하다[★放(ほう)っておく 내버려두다, 방치하다] 156 参(まい)り → 参(まい)る 곤란하다, (몸이나 마음이) 지치다 157 負(ま)けて → 負(ま)ける 지다, 패배하다 = 破(やぶ)れる 패배하다 158 間(ま)に合(あ)った → 間(ま)に合(あ)う 시간에 늦지 않게 가다 159 招(まね)き → 招(まね)く 초대하다 160 守(まも)る → 守(まも)る (규칙, 약속을) 지키다 161 見送(みおく)った → 見送(みおく)る (다음 기회를 기다려) 보류하다, 미루다 162 見(み)つめる → 見(み)つめる 응시하다, 주시하다 163 耳(みみ)にして → 耳(みみ)にする 듣다 164 向(む)けて → 向(む)ける 향하다 165 目指(めざ)して → 目指(めざ)す 목표로 하다 166 目立(めだ)って → 目立(めだ)つ 눈에 띄다, 두드러지다 167 持(も)つ → 持(も)つ (자동사로) 지탱하다, 견디어 나가다 168 基(もと)づいた → 基(もと)づく 기초를 두다, 기인하다, 근거하다 169 焼(や)けて → 焼(や)ける 불타다 170 破(やぶ)って → 破(やぶ)る 깨다, 어기다 171 止(や)ま → 止(や)む 멈추다, 그만두다[★~てやまない 너무나 ~하다] 172 辞(や)めた → 辞(や)める (일이나 직장을) 그만두다, 물러나다 173 譲(ゆず)って → 譲(ゆず)る 양보하다 174 許(ゆる)して → 許(ゆる)す 용서하다 175 よこさ → よこす 보내 주다 176 蘇(よみがえ)る → 蘇(よみがえ)る 되살아나다 177 寄(よ)って → 寄(よ)る 들르다 178 わたり → わたる ① ~동안 계속되다 ② ~까지 미치다(이르다)

3. い형용사

[あ]

1 どうしたの。そんな＿＿＿＿＿顔をして。 웬일이야? 그렇게 창백한 얼굴을 하고

2 夜の一人歩きは＿＿＿＿＿のでやめましょう。
밤에 혼자 다니는 것은 위험하므로 그만둡시다.

3 ＿＿＿＿＿人が家の周りをうろうろしていた。
수상한 사람이 집 주변을 어슬렁어슬렁 거리고 있었다.

4 彼は性格は大人しいが運転は＿＿＿＿＿。 그는 성격은 온순하지만 운전은 거칠다.

5 彼は＿＿＿＿＿見えるが根は優しい。 그는 난폭하게 보이지만 마음 속은 곱다.

6 では、＿＿＿＿＿頂戴いたします。 그럼 고맙게 받겠습니다(먹겠습니다).

7 仕事と勉強の両立で＿＿＿＿＿毎日を送っています。
일과 공부를 양립으로, 분주한 매일을 보내고 있습니다.

8 誰でも＿＿＿＿＿身分にはなりたくないだろう。
누구라도 천한 신분은 되고 싶지 않겠지.

9 あいつは上司にごまばかり擦っている＿＿＿＿＿奴だ。
그 녀석은 상사에게 아부만 하는 기분 나쁜 놈이다.

10 ＿＿＿＿＿なってきたので、そろそろ帰りましょう。
어둑어둑해졌으니 슬슬 돌아갑시다.

11 彼が本当に結婚できるかどうか＿＿＿＿＿。
그가 정말로 결혼할 수 있을지 없을지 의심스럽다.

12 夫婦の仲が良くて＿＿＿＿＿です。 부부 사이가 좋아서 부럽습니다.

13 田舎に帰るたびに両親から結婚はまだかと＿＿＿＿＿聞かれる。
시골에 돌아갈 때마다 부모님께서 결혼은 아직이냐고 자꾸만 물으신다.

14 お会いできて＿＿＿＿＿です。 만나서 반갑습니다.

15 意外と＿＿＿＿＿考えをするもんだな。 의외로 유치한 생각을 하는 사람이구나.

16 命が＿＿＿＿＿なら金を出せ。 목숨이 아깝다면 돈을 내놔라.

17 ホラー映画の＿＿＿＿＿シーンを見て思わず悲鳴を上げてしまった。
호러영화의 무서운 장면을 보고 무심결에 비명을 지르고 말았다.

18 普段は＿＿＿＿＿が酒を飲むと豹変する。 보통은 얌전하지만 술을 마시면 싹 바뀐다.

19 道を歩いていたら＿＿＿＿＿人に出会った。 길을 걷고 있는데 뜻밖의 사람을 만났다.

＿＿＿＿＿社長の有り難い言葉にとても感動した。 뜻밖의 사장님의 고마운 말에 매우 감동했다.

20 ＿＿＿＿＿＿鞄を持ったので肩が痛い。

　　無거운 가방을 들어서 어깨가 아프다.

21 子供の頃、御転婆だった彼女がこんなに＿＿＿＿＿＿なるなんて。

　　어릴 적에 말괄량이였던 그녀가 이렇게 여성스러워지다니.

[か]

22 あの子は母親の言うこともよく聞く＿＿＿＿＿子だ。

　　그 아이는 엄마의 말도 잘 듣는 영리한 아이다.

23 この料理は＿＿＿＿＿食べられない。

　　이 요리는 매워서 먹을 수 없다.

　　いい線まで行くと思ったが審査員の評価は＿＿＿＿＿た。

　　괜찮은 선까지 가리라고 생각했지만 심사원의 평가는 엄격했다.

24 ＿＿＿＿＿子犬がじゃれてきた。

　　귀여운 강아지가 재롱부리며 왔다.

25 気持ちは分かるがその話は納得し＿＿＿＿＿。

　　기분은 알겠지만 그 이야기는 납득하기 어렵다.

26 彼女は顔は美しいが性格は＿＿＿＿＿。

　　그녀는 얼굴은 아름답지만 성격은 억세다.

27 ＿＿＿＿＿寒さの中でも逞しく生活している。

　　혹독한 추위 속에서도 씩씩하게 생활하고 있다.

28 わきの下を擽られても＿＿＿＿＿ない人がいる。

　　겨드랑이를 간지럽게 해도 간지럼을 타지 않은 사람이 있다.

29 最近、＿＿＿＿＿テレビ番組が増えた気がする。

　　최근 시시한 TV프로그램이 늘어난 느낌이 든다.

30 あいつに負けたなんて＿＿＿＿＿てたまらない。

　　그 녀석에게 지다니 억울해서 견딜 수가 없다.

정답 ●

1 青白(あおじろ)い → 青白(あおじろ)い 창백하다, 파르스름하다　2 危(あぶ)ない → 危(あぶ)ない 위험하다 = あやうい　3 怪(あや)しい → 怪(あや)しい 수상하다　4 荒(あら)い → 荒(あら)い 난폭하다　5 荒(あら)っぽく → 荒(あら)っぽい 난폭하다　6 有難(ありがた)く → 有難(ありがた)い 고맙다　7 慌(あわ)ただしい → 慌(あわ)ただしい 분주하다, 어수선하다　8 卑(いや)しい → 卑(いや)しい 천하다, 비루하다　9 いやらしい → いやらしい 불쾌한 느낌이 들다, 기분 나쁘다　10 薄暗(うすぐ)らく → 薄暗(うすぐ)らい 어스레하다, 침침하다　11 疑(うたが)わしい → 疑(うたが)わしい 의심스럽다　12 羨(うらや)ましい → 羨(うらや)ましい 부럽다　13 うるさく → 煩(うるさ)い 잔소리가 심하다, 자꾸만 성가시게 굴다　14 嬉(うれ)しい → 嬉(うれ)しい 기쁘다　15 幼(おさな)い → 幼(おさな)い 어리다, 유치하다　16 惜(お)しい → 惜(お)しい 아깝다　17 恐(おそ)ろしい → 恐(おそ)ろしい 무섭다　18 大人(おとな)しい → 大人(おとな)しい 온순하다, 얌전하다　19 思(おも)いがけない → 思(おも)いがけない 뜻밖이다, 예상 밖이다　20 重(おも)たい → 重(おも)たい 무겁다, 묵직하다　21 女(おんな)らしく → 女(おんな)らしい 여자답다　22 賢(かしこ)い → 賢(かしこ)い ① 현명하다, 영리하다 = 頭(あたま)がいい ② 요령이 좋다, 약다　23 辛(から)くて・辛(から)かっ → 辛(から)い ① 맵다, 얼얼하다, 얼큰하다 ② 가혹하다, 엄하다 = 厳格(げんかく) 엄격함　24 可愛(かわい)らしい → 可愛(かわい)らしい 귀엽다, 사랑스럽다　25 ~難(がた)い → [동사 ます형+~難(がた)い ~하기 어렵다]　26 きつい → きつい 엄하다, 엄격하다　27 厳(きび)しい → 厳(きび)しい 심하다, 혹독하다　28 擽(くすぐ)ったく → 擽(くすぐ)ったい 간지럽다, 겸연쩍다　29 くだらない → くだらない 하찮다, 시시하다　30 悔(くや)しく → 悔(くや)しい 억울하다

31 経済的には_____が精神的には幸せである。　경제적으로는 어렵지만 정신적으로는 행복하다.

32 人生には時に_____道もあるでしょう。　인생에는 때때로 험난한 길도 있지요.

[さ]

33 人の声が_____て勉強に集中できない。

다른 사람 소리가 시끄러워서 공부에 집중할 수 없다.

34 _____と女の人から嫌われますよ。

집요하면 여자가 싫어해요.

35 自分の欠点をつかれると誰でも_____顔をするものだ。

자신의 결점을 지적당하면 누구든지 떨떠름한 얼굴을 하기 마련이다.

36 雨の日は電車の中が_____て気持ち悪い。

비 오는 날은 전철 안이 눅눅해서 기분 나쁘다.

37 あんなにみんなに迷惑を掛けたのに平気でいられるとは_____奴だ。

저렇게 모두에게 폐를 끼쳤는데도 태연하게 있다니 뻔뻔스러운 놈이다.

38 久しぶりに美術館に行って_____絵を鑑賞できた。

오랜만에 미술관에 가서 훌륭한 그림을 감상할 수 있었다.

39 彼は見かけによらず行動が_____。

그는 겉보기와는 달리 행동이 민첩하다.

40 _____男に騙されないようにしなさい。

교활한 남자에게 속지 않도록 하십시오.

41 あいつは人を踏み台にして出世する_____奴だ。

저놈은 타인을 발판으로 삼아 출세하려는 약아빠진 놈이다.

42 彼女は鈍感そうに見えるが実は_____。　그녀는 둔감한 것 같이 보이지만 실은 예리하다.

43 事故で野次馬が集まって_____。　사고로 떠들썩한 구경꾼들이 모여 어수선하다.

44 母の_____性格が私に移ってしまった。　어머니의 경솔한 성격이 나에게 옮아 버렸다.

[た]

45 長男として家族から_____思われている。

장남으로서 가족들로부터 믿음직스럽게 생각되고 있다.

46 彼女のことを好きで好きで_____。　그녀가 너무 좋아서 참을 수 없다.

47 _____格好はやめなさい。　칠칠치 못한 성격은 버리십시오.

48 昨日から一睡もしていないので_____。　어제부터 한숨도 자지 못해서 나른하다.

49 あんなに一生懸命勉強しているのだから試験に合格するに_____。

이렇게 열심히 공부하고 있으니까 시험에 합격할 것이 틀림없다.

50 先生から＿＿＿＿＿励ましの言葉を頂きました。
선생님으로부터 힘찬 격려의 말을 들었습니다.

51 変な物音がしたので＿＿＿＿＿辺りを見回したが誰もいなかった。
이상한 소리가 나서 조심스럽게 주위를 둘러보았지만 아무도 없었다.

52 どんなに＿＿＿＿＿ても最後まで弱音を吐いてはいけない。
아무리 괴로워도 끝까지 약한 소리는 해서는 안 된다.

53 外国で暮らした2年間は自分の人生の中で＿＿＿＿＿経験になった。
외국에서 살았던 2년간은 자신의 인생 속에서 귀중한 경험이 되었다.

54 日本は資源が＿＿＿＿＿国なので輸入に頼るしかない。
일본은 자원이 부족한 나라여서 수입에 의존할 수밖에 없다.

55 彼はよく＿＿＿＿＿ことを言って周りの人を驚かす。
그는 걸핏하면 터무니없는 말을 해서 주위 사람들을 놀라게 한다.

[な]

56 あんなにいい年なのに親からお小遣いをもらっているなんて＿＿＿＿＿。
그렇게 좋은 나이임에도 불구하고 부모로부터 용돈을 받고 있다니 한심하다.

57 小学校の時の同窓会で久しぶりにみんなに会って＿＿＿＿＿。
초등학교 때의 동창회에서 오랜만에 모두와 만나서 반가웠다.

58 豚肉を触って手が＿＿＿＿＿なったので手をきれいに石鹸で洗った。
돼지고기를 만져 손이 비릿해져서 손을 깨끗하게 비누로 씻었다.

59 失恋で＿＿＿＿＿思いをしたのでしばらく一人でいたい。
실연으로 씁쓸한 경험을 했기 때문에 얼마 동안 혼자 있고 싶다.

60 優秀でみんなからちやほやされる兄が＿＿＿＿＿。
우수해서 모두에게 귀여움을 독차지하는 형이 미웠다.

정답

31 苦(くる)しい → 苦(くる)しい 괴롭다　32 険(けわ)しい → 険(けわ)しい 험하다　33 騒(さわ)がしく → 騒(さわ)がしい 시끄럽다, 소란스럽다　34 しつこい → しつこい 끈질기다　35 渋(しぶ)い → 渋(しぶ)い 떫다, 수수하다　376 湿(しめ)っぽく → 湿(しめ)っぽい 눅눅하다　37 図々(ずうずう)しい → 図々(ずうずう)しい 뻔뻔스럽다　38 素晴(すば)らしい → 素晴(すば)らしい 멋있다, 훌륭하다　39 素早(すばや)い → 素早(すばや)い 재빠르다, 민첩하다　40 狡(ずる)い → 狡(ずる)い 교활하다　41 狡賢(ずるがしこ)い → 狡賢(ずるがしこ)い (나쁜 일에) 약아빠지다　42 鋭(するど)い → 鋭(するど)い 예리하다　43 騒々(そうぞう)しい → 騒々(そうぞう)しい 시끄럽다　44 そそっかしい → そそっかしい 경솔하고 조심성 없다, 덜렁대다　45 頼(たの)もしく → 頼(たの)もしい 믿음직하다　46 堪(たま)らない → 堪(たま)らない 참을 수 없다　47 だらしない → だらしない 칠칠치 못하다　48 だるい → だるい 나른하다　49 違(ちが)いない → 違(ちが)いない 틀림없다, 확실하다　50 力強(ちからづよ)い → 力強(ちからづよ)い 힘차다　51 注意深(ちゅういぶか)く → 注意深(ちゅういぶか)い 조심성 많다, 신중하다　52 辛(つら)く → 辛(つら)い 괴롭다　53 尊(とうと)い → 尊(とうと)い, 貴(とうと)い 귀중하다, 고귀하다　54 乏(とぼ)しい → 乏(とぼ)しい 부족하다, (생활이) 궁핍하다　55 とんでもない → とんでもない 터무니없다, 당치도 않다　56 情(なさ)けない → 情(なさ)けない 한심하다, 무정하다　57 なつかしかった → 懐(なつ)かしい 그립다　58 生臭(なまぐさ)く → 生臭(なまぐさ)い 비린내 나다　59 苦(にが)い → 苦(にが)い 쓰다　60 憎(にく)かった → 憎(にく)い 밉다, (반어적으로)알미울 정도로 훌륭하다

61 　あの子は大人に向かって＿＿＿＿＿口をたたく。
　　그 아이는 어른을 향해 밉살스러운 말을 한다.

62 　彼は＿＿＿＿＿から仕事がなかなか覚えられない。
　　그는 둔해서 일을 잘 기억하지 못한다.

63 　昨日夜更かしをしたので＿＿＿＿＿。
　　어제 밤을 새서 졸리다.

64 　三度の食事をきちんと取って朝早く起きることが＿＿＿＿＿。
　　세 번의 식사를 정확히 먹고 아침 일찍 일어나는 것이 바람직하다.

65 　彼女は足が＿＿＿＿＿のでみんなに置いて行かれてしまう。
　　그녀는 걸음이 느려서 모두 두고 가 버린다.

[は]

66 　そんな話＿＿＿＿＿て聞いていられない。　그런 이야기는 너무 바보 같아서 듣고 있을 수가 없다.

67 　そんな＿＿＿＿＿話、誰が信じるか。　그런 어처구니없는 이야기 누가 믿을까?

68 　彼女は＿＿＿＿＿知識を武器にがんばっている。　그녀는 폭넓은 지식을 무기로 최선을 다하고 있다.

69 　事故で＿＿＿＿＿重症を負ってしまった。　사고로 엄청난 중상을 입고 말았다.

70 　背丈の＿＿＿＿＿人と行進する。　키가 같은 사람과 행진하다.

71 　でこぼこした道を＿＿＿＿＿する。　울퉁불퉁한 길을 평평하게 하다.

72 　彼女はお葬式に＿＿＿＿＿ない派手な格好で現れた。
　　그녀는 장례식에 어울리지 않는 화려한 모습으로 나타났다.

73 　彼は顔が＿＿＿＿＿て目鼻立ちがいい。
　　그는 얼굴이 갸름하고 이목구비가 좋다.

[ま]

74 　おいしそうに見えたが食べたらすごく＿＿＿＿＿。
　　맛있어 보였지만 먹어 보니 너무나 맛이 없었다.

75 　あの店は＿＿＿＿＿割に多少値が張っている。
　　그 가게는 맛없는 것에 비해 다소 가격이 비싸다.

76 　＿＿＿＿＿生活はもうこりごりだ。　가난한 생활은 이제 지긋지긋하다.

77 　入学式が＿＿＿＿＿。　입학식을 학수고대하고 있다.

78 　笑顔の＿＿＿＿＿女性に弱い。　웃는 얼굴이 눈부신 여성에게 약하다.

79 　「＿＿＿＿＿アヒルの子」という童話を読んだことがありますか。
　　「미운오리 새끼」라는 동화를 읽은 적이 있습니까?

80 東京の夏は＿＿＿＿＿＿。

　　とうきょう　なつ

도쿄의 여름은 무덥다.

81 今日は＿＿＿＿＿＿早く来ましたね。

　　きょう　　　　　　　　はや　き

오늘은 드물게 빨리 오셨군요.

82 あの二人は＿＿＿＿＿＿結婚することになりました。

　　　ふたり　　　　　　　けっこん

저 둘은 경사스럽게 결혼하게 되었습니다.

83 何をするのも＿＿＿＿＿＿。

　　なに

무엇을 하는 것도 매우 귀찮다.

84 ＿＿＿＿＿＿ありませんが、用がございますのでお先に失礼致します。

　　　　　　　　　　　　　よう　　　　　　　　さき　しつれいいた

미안하지만, 용건이 있어 먼저 실례하겠습니다.

85 ＿＿＿＿＿＿から残さず食べなさい。

　　　　　　　　　のこ　　た

아까우므로 남기지 말고 드세요.

86 ＿＿＿＿＿＿速さで向こうから車が走ってくる。

　　　　　　　　はや　　む　　　　　くるま　はし

굉장한 속도로 맞은편에서 차가 달려온다.

87 彼は一見きつそうだが情に＿＿＿＿＿＿。

　　かれ　いっけん　　　　　　じょう

그는 언뜻 보기에 강해 보이지만 정에 약하다.

[や]

88 子供の遊び声が＿＿＿＿＿＿てゆっくりテレビも見られない。

　　こども　あそ　ごえ　　　　　　　　　　　　　み

아이의 노는 소리가 시끄러워서 느긋이 TV도 보지 못한다.

89 彼はいつも＿＿＿＿＿＿服ばかり着ている。

　　かれ　　　　　　　　　ふく　き

그는 언제나 싸구려 같은 옷만 입는다.

90 彼女は物腰が＿＿＿＿＿＿てみんなから好かれている。

　　かのじょ　ものごし　　　　　　　　　　　　す

그녀는 사근사근해서 모두가 좋아한다.

정답

61 憎(にく)らしい → 憎(にく)らしい 밉살스럽다, 얄밉다　62 鈍(にぶ)い → 鈍(にぶ)い 둔하다, 희미하다　63 眠(ねむ)たい → 眠(ねむ)たい 졸리다　64 望(のぞ)ましい → 望(のぞ)ましい 바람직하다　65 鈍(のろ)い → 鈍(のろ)い 느리다, 둔하다　66 ばかばかしく → ばかばかしい 매우 어리석다, 엄청나다　67 ばからしい → ばからしい 어리석다, 어처구니없다　68 幅広(はばひろ)い → 幅広(はばひろ)い 폭넓다　69 ひどい → ひどい 엄청나다, 심하다　70 等(ひと)しい → 等(ひと)しい 같다, 동등하다　71 平(ひら)たく → 平(ひら)たい 평평하다, 넓적하다　72 相応(ふさわ)しく → 相応(ふさわ)しい 어울리다　73 細長(ほそなが)く → 細長(ほそなが)い 가늘고 길다　74 まずかった → 不味(まず)い 맛없다　75 まずい → 不味(まず)い 맛없다　76 貧(まず)しい → 貧(まず)しい 가난하다　77 待(ま)ち遠(どお)しい → 待(ま)ち遠(どお)しい 오래 기다려지다, 학수고대하다　78 眩(まぶ)しい → 眩(まぶ)しい 눈부시다　79 醜(みにく)い → 醜(みにく)い 못생기다, 추하다　80 蒸(む)し暑(あつ)い → 蒸(む)し暑(あつ)い 무덥다　81 珍(めずら)しく → 珍(めずら)しい 희귀하다, 진귀하다　82 めでたく → 目出度(めでた)い 경사스럽다＝祝(いわ)う 축하하다　83 面倒(めんどう)くさい → 面倒臭(めんどう)くさい 매우 귀찮다, 성가시다　84 申(もう)し訳(わけ) → 申(もう)し訳(わけ)ない 미안하다, 변명할 여지가 없다　85 もったいない → もったいない 아깝다, 과분하다　86 物凄(ものすご)い → 物凄(ものすご)い 무섭다, 굉장하다　87 もろい → 脆(もろ)い 무르다, 약하다　88 やかましく → 喧(やかま)しい 시끄럽다, 떠들썩하다　89 安(やす)っぽい → 安(やす)っぽい 값싸다, 싸구려 같다　90 やわらかく → 軟(やわ)らかい・柔(やわ)らかい(추상적 의미로) 부드럽다, 순순하다, 유순하다

4. な형용사

[あ]

1　日本人は_____言葉をよく言うので本音が分からない。
일본인은 애매한 말을 곧잘 해서 본심을 알 수 없다.

2　彼女が日本人であることは_____だ。
그녀가 일본인인 것은 분명하다.

3　最近、_____犯罪が増えている。
최근 악질 범죄가 늘고 있다.

4　庭に赤、白、黄色の_____色のチューリップが咲いている。
정원에 빨강, 하양, 노랑의 선명한 색의 튤립이 피어 있다.

5　_____家庭に育ったので人にも優しい。
따뜻한 가정에서 자랐기 때문에 다른 이에게도 상냥하다.

6　老いた両親の面倒を見るのは_____のことだ。
연로한 부모님을 돌보는 것은 당연한 일이다.

7　_____気持ちでまたがんばります。
새로운 기분으로 다시 노력하겠습니다.

8　これくらいのことをしたぐらいで晩御飯抜きだなんて_____だ。
이 정도의 일을 한 것쯤으로 저녁밥이 없다니 지나치다.

9　知りもしないくせに_____ことを言うな。
알지도 못하는 주제에 무책임한 말하지 마라.

10　箱は大きかったが開けてみると_____と中身は小さかった。
상자는 컸지만 열어 보니 의외로 알맹이는 작았다.

11　船の_____事態に気が付いた時にはもう遅かった。
배의 이상한 사태를 알아차렸을 때에는 이미 늦었다.

12　大きくなったら_____人になりたい。　크면 위대한 사람이 되고 싶다.

13　明日から試験が始まる。_____だな。　내일부터 시험이 시작된다. 싫어.

14　あなたの御恩は_____に忘れません。　당신의 은혜는 영원히 잊을 수 없습니다.

15　二人の愛は_____に変わらなかった。　둘의 사랑은 영구히 변하지 않았다.

16　赤ちゃんには_____環境が望ましい。　아기에게는 위생적인 환경이 바람직하다.

17　_____でご飯の支度をした。　몹시 서둘러서 식사 준비를 했다.

18　彼の話は_____だからあまり信用しない方がいいよ。
그의 이야기는 과장됐기 때문에 그다지 믿지 않는 것이 좋아.

19 そんなに大_{たい}したプレゼントじゃないのに彼女_{かのじょ}は_____に喜_{よろこ}んでくれた。

そ렇게 대단한 선물은 아니었지만 그녀는 굉장히 기뻐해 주었다.

20 事業_{じぎょう}の_____見直_{みなお}しを迫_{せま}られる。

사업이 대폭적인 재평가를 필요로 하고 있다.

21 彼女_{かのじょ}は人_{ひと}から何_{なに}を言_いわれようと誰_{だれ}にでも_____態度_{たいど}で接_{せっ}している。

그녀는 다른 이에게 무슨 말을 듣더라도 온화한 태도로 대한다.

22 風邪_{かぜ}で体_{からだ}がだるくてご飯_{はん}を食_たべるのも_____だ。

감기로 몸이 나른해서 밥을 먹는 것도 귀찮다.

23 今日_{きょう}の_____トピックは何_{なん}でしょう。

오늘의 주된 화제는 무엇이죠?

24 この店_{みせ}の客_{きゃく}は_____に学生_{がくせい}だ。

이 가게의 손님은 주로 학생이다.

25 _____土地_{とち}で育_{そだ}った人_{ひと}はどことなくのんびりして見_みえる。

온난한 토지에서 자란 사람은 어딘지 모르게 태평스러워 보인다.

[か]

26 雲_{くも}ひとつない_____に恵_{めぐ}まれ、運動会_{うんどうかい}は無事_{ぶじ}終了_{しゅうりょう}した。

구름 한 점 없는 쾌청한 날씨 덕분에 운동회는 무사히 끝이 났다.

27 _____ことはまだよく分_わかりません。

확실한 것은 아직 잘 알지 못합니다.

28 少女_{しょうじょ}の唇_{くちびる}が_____に震_{ふる}えたのが分_わかった。

소녀의 입술이 희미하게 떨리는 것을 알 수 있었다.

29 若_{わか}い頃_{ころ}の無理_{むり}が祟_{たた}って今_{いま}は体_{からだ}が_____だ。

젊었을 때에 무리한 것이 탈이 되어 지금은 몸이 엉망이다.

30 きれいな女性_{じょせい}の前_{まえ}だと_____になってしまう。

예쁜 여성 앞에 서면 얼어 버린다.

정답

1 あいまいな → 曖昧(あいまい) 애매함, 모호함, 막연함 2 明(あき)らか → 明(あき)らか 분명함, 명백함 3 悪質(あくしつ)な → 悪質(あくしつ) 악질 4 鮮(あざ)やかな → 鮮(あざ)やか 선명하고 아름다움 5 あたたかな → 暖(あたた)か・温(あたた)か 따뜻함, 훈훈함 6 当(あ)たり前(まえ) → 当(あ)たり前(まえ) 당연함 7 新(あら)たな → 新(あら)た 새로움 8 あんまり → あんまり 과도함, 지나침 9 いい加減(かげん)な → いい加減(かげん) 무책임함, 엉터리 10 意外(いがい) → 意外(いがい) 의외 11 異常(いじょう)な → 異常(いじょう) 이상 12 偉大(いだい)な → 偉大(いだい) 위대함 13 嫌(いや) → 嫌(いや) 싫음, 받아들일 수 없음 14 永遠(えいえん) → 永遠(えいえん) 영원함 15 永久(えいきゅう) → 永久(えいきゅう) 영구함 16 衛生的(えいせいてき)な → 衛生的(えいせいてき) 위생적 17 大急(おおいそ)ぎ → 大急(おおいそ)ぎ 아주 서두름, 몹시 서두름, 아주 급함 18 大(おお)げさ → 大(おお)げさ 과장됨, 과대함, 허풍을 떪 ＝ オーバーだ 19 オーバー → オーバー 초과, 과장됨, 지나침 20 大幅(おおはば)な → 大幅(おおはば) (수량 등의) 변동이 큼 21 穏(おだ)やかな → 穏(おだ)やか 평온함, 온화함 22 おっくう → 億劫(おっくう) 귀찮음, 마음이 내키지 않음 23 主(おも)な → 主(おも) 주됨, 중심이 됨 24 主(おも) → 主(おも) 주됨 25 温暖(おんだん)な → 温暖(おんだん) 온난 26 快晴(かいせい) → 快晴(かいせい) 쾌청 27 確実(かくじつ)な → 確実(かくじつ) 확실함 28 微(かす)か → 微(かす)か 희미함, 미약함 29 がたがた → がたがた 엉성하여 망가져 가는 모양 30 かちかち → かちかち 아주 딱딱함, 매우 완고함

31 ＿＿＿＿＿こと言_いわないでよ。
제멋대로 말하지 마라.

32 ＿＿＿＿＿議論_{ぎろん}が繰_くり広_{ひろ}げられた。
활발한 논의가 펼쳐졌다.

33 ＿＿＿＿＿限_{かぎ}りいて下_{くだ}さい。
가능한 한 있어 주십시오.

34 私_{わたし}は父親譲_{ちちおやゆず}りの＿＿＿＿＿性格_{せいかく}です。
나는 아버지를 닮은 완고한 성격입니다.

35 この金庫_{きんこ}はちょっとやそっとでは壊_{こわ}れないように＿＿＿＿＿にできている。
이 금고는 여간해서는 부서지지 않도록 튼튼하게 만들어져 있다.

36 いつも＿＿＿＿＿ところであがってしまって失敗_{しっぱい}してしまう。
항상 중요한 부분에서 흥분하여 실패하고 만다.

37 ＿＿＿＿＿に力_{ちから}を使_{つか}い果_はたしてしまった。
완전히 힘을 다 써 버렸다.

38 ＿＿＿＿＿にお問_とい合_あわせください。
마음 편히 물어 보세요.

39 彼_{かれ}には＿＿＿＿＿ことをしたと思_{おも}っています。
그에게는 미안하게 되었습니다.

40 ＿＿＿＿＿に自分_{じぶん}を見_みつめることも必要_{ひつよう}だ。
객관적으로 자신을 주시하는 것도 필요하다.

41 最近_{さいきん}、欲_ほしい物_{もの}も買_かえず＿＿＿＿＿暮_くらしを強_しいられている。
최근 갖고 싶은 물건도 사지 못하고 궁핍한 생활을 강요당하고 있다.

42 ＿＿＿＿＿に寒_{さむ}くなったので風邪_{かぜ}を引_ひきやすい。
급격히 추워졌기 때문에 감기에 걸리기 쉽다.

43 ライフスタイルの変化_{へんか}に伴_{ともな}って、クレジットカードは＿＿＿＿＿普及_{ふきゅう}した。
생활방식의 변화와 더불어 신용카드는 급속하게 보급되었다.

44 ＿＿＿＿＿に事態_{じたい}は収拾_{しゅうしゅう}に向_むかい、さほど大_{おお}きな混乱_{こんらん}もなかった。
급속히 사태는 수습되어서 그다지 커다란 혼란도 없었다.

45 手先_{てさき}が＿＿＿＿＿ので細_{こま}かい作業_{さぎょう}に向_むいている。
손재주가 있어서 세심한 작업에 잘 맞는다.

46 ＿＿＿＿＿助_{すけ}っ人_とがいるので安心_{あんしん}だ。
강력한 조력자들이 있기 때문에 안심이다.

47 体育_{たいいく}の先生_{せんせい}に＿＿＿＿＿パンチを食_くらった。
체육 선생님에게 강렬한 펀치를 맞았다.

48 ＿＿＿＿＿意見_{いけん}を言_いっていつもみんなを驚_{おどろ}かせる。
극단적인 의견을 말해 항상 모두를 놀라게 한다.

49 _____建物が立ち並んでいる。

거대한 건물이 늘어서 있다.

50 堅苦しく考えないでもっと_____に考えてください。

어렵게 생각하지 말고 좀 더 홀가분하게 생각하세요.

51 _____学生を見ると気分がいい。

근면한 학생을 보면 기분이 좋다.

52 _____ことはまだよく分からない。

구체적인 것은 아직 잘 모른다.

53 彼女は_____雰囲気の店が好きだ。

그녀는 고전적인 분위기의 상점을 좋아한다.

54 _____音楽に合わせてダンスをする。

경쾌한 음악에 맞춰 춤을 추다.

55 _____理由で大学をやめざるを得ない。

경제적인 이유로 대학을 그만 둘 수밖에 없다.

56 _____付き合いは意味がない。

형식적인 교제는 의미가 없다.

57 親の前であんなひどいことを言うなんて_____でした。

부모님 앞에서 그런 심한 말을 하다니 경솔했습니다.

58 彼は見掛けは気前がいいが、実際は正真正銘の_____だ。

그는 겉보기엔 돈 씀씀이가 좋아 보이지만 실제로는 정말 구두쇠다.

59 _____行いをしてみんなから白い目で見られた。

품위가 없는 행동을 해서 모두에게 차가운 눈초리를 받았다.

60 あいつはお金を手にすると態度がころっと変わる_____奴だ。

그 녀석은 돈을 손에 넣으면 태도가 갑자기 변하는 타산적인 놈이다.

---

61 壊れ物なので＿＿＿＿＿に梱包して下さい。

깨지기 쉬운 물건이므로 엄중히 포장해 주세요.

62 ＿＿＿＿＿肉体を維持するため毎日運動をしている。

건전한 육체를 유지하기 위해 매일 운동을 하고 있다.

63 彼の＿＿＿＿＿誘いを断ることができなかった。

그의 강제적인 권유를 거절하는 것이 불가능했다.

64 誕生日に＿＿＿＿＿レストランで食事をした。

생일에 호화로운 레스토랑에서 식사를 했다.

65 試験の勉強は＿＿＿＿＿に進んでいます。

시험 공부는 순조로이 진행되고 있습니다.

66 情報通信技術は＿＿＿＿＿に発展している。

정보 통신 기술은 고도로 발전하고 있다.

67 ＿＿＿＿＿裁判をしなければならない。

공평한 재판을 해야 한다.

68 割り勘は＿＿＿＿＿方法と言える。

각자 부담은 합리적인 방법이라고 말할 수 있다.

69 彼女は＿＿＿＿＿に有名な歌手である。

그녀는 국제적으로 유명한 가수이다.

70 夫に先立たれ＿＿＿＿＿生活を強いられている。

남편을 여의고 고독한 생활을 강요당하고 있다.

71 人それぞれが持っている＿＿＿＿＿特徴を大事にするべきである。

각자가 갖고 있는 고유한 특징을 소중히 여겨야 한다.

[さ]

72 彼は彼女に＿＿＿＿＿人物だ。

그는 그녀에게 최적인 사람이다.

73 事故に遭った電車に乗り遅れたことは不幸中の＿＿＿＿＿だった。

사고를 당한 전철을 타지 못한 건 불행 중 다행이었다.

74 この単語は＿＿＿＿＿に読んでみるとおもしろい。

이 단어는 거꾸로 읽어 보면 재미있다.

75 照る照る坊主が＿＿＿＿＿につるしてあった。

추녀 끝에 종이 인형이 거꾸로 매달려 있었다. ★ 照る照る坊主 일본에서 맑은 날씨를 기원하며 추녀 끝에 달아매는 종이인형

76 水泳は新陳代謝を＿＿＿＿＿にする。

수영은 신진대사를 왕성하게 한다.

77 食生活や生活スタイルの変化とともに＿＿＿＿＿問題が生じてきた。

식생활이나 생활 스타일의 변화와 더불어 여러 가지 문제가 생겨났다.

78 　結婚式に参列できず＿＿＿＿＿です。　결혼식에 참석하지 못해 유감입니다.

79 　末長くお＿＿＿＿＿に。　오래도록 행복하십시오

80 　試合は＿＿＿＿＿滑り出しだったが後半逆転されてしまった。
시합의 시작은 순조로웠지만 후반에 역전되고 말았다.

81 　そのことについて彼にいくら相談しても＿＿＿＿＿に取り合ってくれない。
그 일에 대해 그에게 아무리 상담해도 진지하게 상대해 주질 않는다.

82 　彼は＿＿＿＿＿な悩みをかかえているようだ。
그는 심각한 고민을 안고 있는 것 같다.

83 　早合点しないようにもっと＿＿＿＿＿に考えた方がよい。
지레짐작하지 않도록 더욱 신중하게 생각해 보는 편이 좋아.

84 　日本政府は＿＿＿＿＿決断を求められている。
일본 정부는 신속한 결단을 요구받고 있다.

85 　この時計は＿＿＿＿＿ではない。　이 시계는 정확하지 않다.

86 　＿＿＿＿＿暮らしになれてしまうとそれ以下の生活レベルに落としにくい。
사치스러운 생활에 익숙해져 버리면 그 이하의 생활수준으로 내려가기 어렵다.

[た]

87 　彼女と別れて＿＿＿＿＿日々を送っている。
그녀와 헤어져서 지루한 나날을 보내고 있다.

88 　日本の＿＿＿＿＿スポーツと言ったら相撲、柔道、空手でしょう。
일본의 대표적인 스포츠라고 하면 스모, 유도, 가라테입니다.

89 　＿＿＿＿＿元で彼女に交際を申し込んでみるつもりだ。
소용없더라도 그녀에게 교제를 제의해 볼 생각이다.

90 　人間の脳に関する研究で明らかになったことはまだほんの一部にすぎないとはいえ、その研究は
＿＿＿＿＿進んできた。
인간의 뇌에 관한 연구에서 밝혀진 것은 아직 불과 일부에 지나지 않는다고는 하나, 그 연구는 착실하게 진행되어 왔다.

정답

61 厳重(げんじゅう) → 厳重(げんぜん) 엄중　**62** 健全(けんぜん)な → 健全(けんぜん) 건전　**63** 強引(ごういん)な → 強引(ごういん) 억지로 함, 강제적임　**64** 豪華(ごうか)な → 豪華(ごうか) 호화로움　**65** 好調(こうちょう) → 好調(こうちょう) 호조, 순조로움　**66** 高度(こうど) → 高度(こうど) 고도, 정도가 높음　**67** 公平(こうへい)な → 公平(こうへい) 공평함　**68** 合理的(ごうりてき)な → 合理的(ごうりてき) 합리적　**69** 国際的(こくさいてき) → 国際的(こくさいてき) 국제적　**70** 孤独(こどく)な → 孤独(こどく) 고독　**71** 固有(こゆう)な → 固有(こゆう) 고유, 특유　**72** 最適(さいてき)な → 最適(さいてき) 최적, 최고　**73** 幸(さいわ)い → 幸(さいわ)い 다행, 행복　**74** 逆(さか)さ → 逆(さか)さ 역, 거꾸로 됨　**75** 逆(さか)さま → 逆様(さかさま) 거꾸로(반대로) 됨　**76** 盛(さか)ん → 盛(さか)ん 맹렬함, 번성함　**77** さまざまな → さまざま 여러 가지, 가지각색　**78** 残念(ざんねん) → 残念(ざんねん) 유감스러움, 섭섭함　**79** 幸(しあわ)せ → 幸(しあわ)せ 행복함　**80** 順調(じゅんちょう)な → 順調(じゅんちょう) 순조로움　**81** 真剣(しんけん) → 真剣(しんけん) 진지함　**82** 深刻(しんこく) → 深刻(しんこく) 심각함　**83** 慎重(しんちょう) → 慎重(しんちょう) 신중　**84** 速(すみ)やかな → 速(すみ)やか 신속함　**85** 正確(せいかく) → 正確(せいかく) 정확　**86** 贅沢(ぜいたく)な → 贅沢(ぜいたく) 사치스러움　**87** 退屈(たいくつ)な → 退屈(たいくつ) 지루함, 따분함　**88** 代表的(だいひょうてき)な → 代表的(だいひょうてき) 대표적임　**89** 駄目(だめ) → 駄目(だめ) 해도 소용없음, 도저히 안 됨　**90** 着実(ちゃくじつ)に → 着実(ちゃくじつ) 착실함, 꾸준함 = 地道(じみち)

91 この商品は_____価格だし便利なので消費者の心を掴んで放さない。
이 상품은 적당한 가격인데다 편리해서 소비자의 마음을 붙잡고 놓질 않는다.

[な]

92 _____ことを言ってしまってごめんなさい。
건방진 말을 해서 죄송합니다.

93 料理が_____ので来月から料理教室に通うつもりです。
요리가 서툴러서 다음 달부터 요리 교실에 다닐 예정입니다.

部長は私の_____タイプなんです。 부장은 내가 싫어하는 타입입니다.

[は]

94 彼女はいつも_____格好で会社に来ている。
그녀는 언제나 화려한 차림새로 회사에 온다.

95 私が反論すると彼は_____笑いを浮かべた。
내가 반론하자 그는 빈정대는 웃음을 띠었다.

96 この着物は_____色合いが美しい。
이 기모노는 미묘한 색 배합이 아름답다.

97 _____生活はもううんざりだ。
가난한 생활은 이제 진저리가 난다.

98 _____ことに、誰もいないはずの部屋から物音がする。
이상하게도 아무도 없어야 할 방에서 무슨 소리가 난다.

99 体が_____人に席をお譲りください。
몸이 불편한 사람에게 자리를 양보해 주세요.

100 銀行の窓口で_____応対をされて頭にきた。
은행 창구에서 불친절한 대접을 받아서 화가 났다.

101 海賊版のCDを_____に販売する。
해적판 CD를 불법으로 판매하다.

102 「竹取物語」は有名な話だが作者は_____です。
「타케토리 이야기」는 유명한 이야기이지만 작자는 밝혀지지 않았습니다.

103 食べ過ぎて消化_____になってしまった。 과식해서 소화불량에 걸렸다.

104 歌は_____のでカラオケはご遠慮します。 노래는 서툴러서 노래방은 사양합니다.

105 _____に人生を送りたいものだ。 명랑하게 인생을 보내고 싶은 법이다.

106 彼女の親切な態度がかえって_____に感じた。
그녀의 친절한 태도가 오히려 부자연스럽게 느껴졌다.

107 あれぐらいの謝罪ではまだ_____だ。 저 정도의 사죄로는 아직 불충분하다.

108 _____情報に惑わされてはいけない。 불확실한 정보에 속아서는 안 된다.

109 最近、＿＿＿＿＿事件が頻発しています。 최근 뒤숭숭한 사건이 빈발하고 있습니다.

110 ＿＿＿＿＿科目を克服するため塾に通っています。
자신 없는 과목을 극복하기 위해 학원에 다니고 있습니다.

111 バーゲンだとつい＿＿＿＿＿物まで買ってしまった。
바겐세일이라고 무심코 불필요한 물건까지 사고 말았다.

112 彼だけ特別な待遇を受けるなんて＿＿＿＿＿だ。
그 사람만 특별한 대우를 받을 수 있다니 불평등하다.

113 ＿＿＿＿＿うわさを耳にしてしまった。
불쾌한 소문을 듣고 말았다.

114 引越しの時は＿＿＿＿＿物をできるだけ処分した方がいい。
이사할 때는 불필요한 물건을 가능한 한 처분하는 편이 낫다.

115 交渉で＿＿＿＿＿立場に立たされてしまい結局相手の要求をのむことになった。
교섭에서 불리한 입장에 서게 되어 결국 상대의 요구를 들어주게 되었다.

116 年を取っても健康で＿＿＿＿＿暮らしをしたい。
나이를 먹더라도 건강하고 문화적인 생활을 하고 싶다.

117 彼女は意地悪をされても＿＿＿＿＿顔をしている。
그녀는 짓궂은 일을 당해도 태연한 얼굴을 하고 있다.

118 ＿＿＿＿＿日々に嫌気が差してきた。
평범한 매일에 싫증이 났다.

119 最近、太り気味なので＿＿＿＿＿に何かスポーツでも始めようかと思っています。
요즘 살이 찌는 것 같아서 본격적으로 뭔가 스포츠라도 시작할까 생각하고 있습니다.

120 彼の話を＿＿＿＿＿にしてはいけないよ。
그의 이야기를 진심으로 받아들이면 안 돼.

정답

91 手(て)ごろな → 手頃(てごろ) (자기 능력・조건에) 걸맞음, 적당함 **92** 生意気(なまいき)な → 生意気(なまいき) 건방짐 **93** 苦手(にがて)な → 苦手(にがて) 서투름, 잘 하지 못함 **94** 派手(はで)な → 派手(はで) ① 화려함 ② 정도가 심함, 야단스러움 **95** 皮肉(ひにく)な → 皮肉(ひにく) 빈정댐 **96** 微妙(びみょう)な → 微妙(びみょう) 미묘함 **97** 貧乏(びんぼう)な → 貧乏(びんぼう) 빈꿈, 가난함 **98** 不思議(ふしぎ)な → 不思議(ふしぎ) 불가사의함, 이상함 **99** 不自由(ふじゆう)な → 不自由(ふじゆう) 부자유스러움, 불편함 **100** 不親切(ふしんせつ)な → 不親切(ふしんせつ) 불친절 **101** 不正(ふせい) → 不正(ふせい) 부정 **102** 不明(ふめい) → 不明(ふめい) 불명, 불명료 **103** 不良(ふりょう) → 不良(ふりょう) 불량, 불량자 **104** 下手(へた)な → 下手(へた) 서투름, 잘 못함 ↔ 上手(じょうず) 잘함, 능숙함 **105** 朗(ほが)らか → 朗(ほが)らか ① 명랑한 모양 ② 날씨가 쾌청한 모양 **106** 不自然(ふしぜん) → 不自然(ふしぜん) 부자연스러움 **107** 不十分(ふじゅうぶん) → 不十分(ふじゅうぶん)・不充分(ふじゅうぶん) 불충분함 **108** 不確(ふたし)かな → 不確(ふたし)か 불확실함, 애매함 **109** 物騒(ぶっそう)な → 物騒(ぶっそう) 세상이 뒤숭숭하고 위험한 상태 **110** 不得意(ふとくい)な → 不得意(ふとくい) 서투름, 자신 없음 **111** 不必要(ふひつよう)な → 不必要(ふひつよう) 불필요함 **112** 不平等(ふびょうどう) → 不平等(ふびょうどう) 불평등함 **113** 不愉快(ふゆかい)な → 不愉快(ふゆかい) 불쾌 **114** 不要(ふよう)な → 不要(ふよう) 불요, 불필요 **115** 不利(ふり)な → 不利(ふり) 불리함, 불이익 **116** 文化的(ぶんかてき)な → 文化的(ぶんかてき) 문화적 **117** 平気(へいき)な → 平気(へいき) 태연함, 아무렇지도 않음 **118** 平凡(へいぼん)な → 平凡(へいぼん) 평범함 **119** 本格的(ほんかくてき) → 本格的(ほんかくてき) 본격적 **120** 本気(ほんき) → 本気(ほんき) 본마음, 진심 = 真剣(しんけん)

[ま]

121 社長は賃上げについて＿＿＿＿＿に検討すると言ってくれた。
사장님은 임금 인상에 대해 적극적으로 검토하겠다고 말해 주었다.

122 彼にこれをあげるくらいなら捨てた方が＿＿＿＿＿だ。
그에게 이것을 주는 정도라면 버리는 편이 더 낫다.

123 受験生は試験を＿＿＿＿＿に控えてぴりぴりしている。
수험생들은 시험이 얼마 남지 않아서 신경이 예민해져 있다.

124 完璧な彼女でもごく＿＿＿＿＿にミスすることもある。
완벽한 그녀라도 극히 아주 드물게 실수 할 때도 있다.

125 彼女は＿＿＿＿＿の顔をしている。
그녀는 얼굴이 아주 동그랗다.

126 父の盆栽は大変＿＿＿＿＿である。
아버지의 분재는 매우 훌륭하다.

127 一人で食事をするのは＿＿＿＿＿感じがして嫌だ。
혼자서 식사를 하는 것은 비참한 느낌이 들어서 싫다.

128 彼は私にとって＿＿＿＿＿存在です。
그는 나에게 있어서 친근한 존재입니다.

129 父は素面だと＿＿＿＿＿だが酔うと口数が多くなる。
아버지는 술에 취하지 않았을 때는 과묵하지만 취하면 말수가 많아진다.

130 ＿＿＿＿＿資源などないので大切にしなければならない。
무한한 자원 같은 건 없기 때문에 소중히 하지 않으면 안 된다.

131 公園で子供が＿＿＿＿＿に遊んでいる。
공원에서 아이가 천진난만하게 놀고 있다.

132 病み上がりの体なんですから＿＿＿＿＿にしないで下さい。
병석에서 갓 일어났으므로 무턱대고 행동하지 마십시오.

133 彼は彼女に＿＿＿＿＿で他のことは手につかない。
그는 그녀에게 빠져 있어서 다른 일은 손에 잡히지 않는다.

134 目標を＿＿＿＿＿にしてから留学した方がいい。
목표를 명확히 하고 나서 유학하는 편이 낫다.

135 あの子が万引きをしたのは＿＿＿＿＿事実です。
저 아이가 좀도둑질을 한 건 명백한 사실입니다.

136 体は重症を負ったが意識は＿＿＿＿＿だ。
몸은 중상을 입었지만 의식은 명료하다.

137 彼の無分別な行いで会議が＿＿＿＿＿になってしまった。
그의 무분별한 행동 때문에 회의가 엉망진창이 되어 버렸다.

138 ＿＿＿＿＿ことはしたくない。 귀찮은 일은 하고 싶지 않다.

139 バスの停留所（ていりゅうじょ）の前（まえ）に車（くるま）を止（と）めるなんて＿＿＿＿＿＿だ。
버스 정류장 앞에 차를 주차시키다니 어처구니가 없다.

140 彼女（かのじょ）はいかにも＿＿＿＿＿＿ことを言（い）うが実際（じっさい）はそうではない。
그녀는 자못 그럴듯한 말을 하지만 실제는 그렇지 않다.

[ゆ]

141 ＿＿＿＿＿＿時間（じかん）を過（す）ごせてよかったです。유익한 시간을 보낼 수 있어서 좋았습니다.

142 この食品（しょくひん）には＿＿＿＿＿＿物質（ぶっしつ）が入（はい）っている。이 식품에는 유해한 물질이 들어 있다.

143 この切符（きっぷ）は、明日（あした）まで＿＿＿＿＿＿です。이 표는 내일까지 유효합니다.

144 彼（かれ）の＿＿＿＿＿＿態度（たいど）に心（こころ）を打（う）たれた。그의 용감한 태도에 감동 받았다.

145 彼（かれ）のような＿＿＿＿＿＿人材（じんざい）を失（うしな）ってしまって残念（ざんねん）だ。
그와 같은 우수한 인재를 잃어버려서 안타깝다.

146 ＿＿＿＿＿＿平地（へいち）を目（め）の前（まえ）にすると心（こころ）も大（おお）きくなる感（かん）じがする。
웅대한 평지를 눈앞에 두면 마음도 커지는 느낌이 든다.

147 彼（かれ）は＿＿＿＿＿＿医師（いし）だから彼（かれ）に任（まか）せればきっと助（たす）かるはずだ。
그는 유능한 의사이기 때문에 그에게 맡기면 반드시 살아날 것이다.

148 彼（かれ）は将来（しょうらい）＿＿＿＿＿＿新入社員（しんにゅうしゃいん）だ。
그는 장래 유망한 신입사원이다.

149 あの人（ひと）のバックには＿＿＿＿＿＿財閥（ざいばつ）がついている。
저 사람의 뒤에는 유력한 재벌이 자리 잡고 있다.

150 ＿＿＿＿＿＿に笑（わら）って暮（く）らすのが体（からだ）にとってもいいそうだ。
유쾌히 웃으며 지내는 것이 몸에 있어서도 좋다고 한다.

정답

121 前向（まえむ）き → 前向（まえむ）き (사고방식이) 발전적이고 적극적임 122 増（ま）し → 増（ま）し 더 나음, 그 편이 더 좋음 123 間近（まぢか） → 間近（まぢか） (시간이나 거리가) 아주 가까움 124 稀（まれ） → 稀（まれ） 드묾, 희소함 125 真（ま）ん丸（まる） → 真（ま）ん丸（まる） 아주 동글동글함 126 見事（みごと） → 見事（みごと） 훌륭함, 멋짐, 뛰어남 127 惨（みじ）めな → 惨（みじ）め 비참함 128 身近（みぢか）な → 身近（みぢか） 자신에게 관계가 깊은 모양(친근함), 신변 129 無口（むくち） → 無口（むくち） 과묵함, 말수가 적음 130 無限（むげん）な → 無限（むげん） 무한함[↔ 有限（ゆうげん） 유한함] 131 無邪気（むじゃき） → 無邪気（むじゃき） 천진함, 순수함 132 無茶（むちゃ） → 無茶（むちゃ） 터무니없음, 무턱대고 행동함, 사리에 맞지 않는 엉뚱함 133 夢中（むちゅう） → 夢中（むちゅう） 열중함, 몰두함 134 明確（めいかく） → 明確（めいかく） 명확 135 明白（めいはく）な → 明白（めいはく） 명백 136 明瞭（めいりょう） → 明瞭（めいりょう） 명료 137 滅茶苦茶（めちゃくちゃ） → 滅茶苦茶（めちゃくちゃ） 엉망진창임, 엉터리임 138 面倒（めんどう）な → 面倒（めんどう） 귀찮음, 성가심, 폐 139 以（もっ）ての外（ほか） 말도 안 됨, 용서할 수 없음, 언어도단임, 당치 않음 140 もっともな → 尤（もっと）も 그럴듯함, 지당함, 당연함 141 有益（ゆうえき）な → 有益（ゆうえき） 유익 142 有害（ゆうがい）な → 有害（ゆうがい） 유해 143 有効（ゆうこう） → 有効（ゆうこう） 유효함, 유익함 144 勇敢（ゆうかん）な → 勇敢（ゆうかん） 용감함 145 優秀（ゆうしゅう）な → 優秀（ゆうしゅう） 우수함 146 雄大（ゆうだい）な → 雄大（ゆうだい） 웅대함 147 有能（ゆうのう）な → 有能（ゆうのう） 유능함 148 有望（ゆうぼう）な → 有望（ゆうぼう） 유망함 149 有力（ゆうりょく）な → 有力（ゆうりょく） 유력함 150 愉快（ゆかい） → 愉快（ゆかい） 유쾌함

151 彼女は感受性が＿＿＿＿＿で傷つきやすい。

그녀는 감수성이 풍부해서 상처받기 쉽다.

152 険しくない＿＿＿＿＿山道を登ったので全然疲れなかった。

가파르지 않은 완만한 산길을 올랐기 때문에 전혀 피곤하지 않았다.

153 昔と違って海外旅行に＿＿＿＿＿に行ける時代になった。

옛날과 달리 해외여행을 쉽게 갈 수 있는 시대가 되었다.

154 彼は見かけと違って＿＿＿＿＿考え方をする。

그는 겉보기와는 달리 유치한 사고방식을 갖고 있다.

155 ＿＿＿＿＿人は嫌われるよ。

욕심을 부리는 사람은 미움을 산다.

156 私に忠告するなんて＿＿＿＿＿お世話だ。

나에게 충고 따위를 하다니 쓸데없이 참견이야.

157 他の人より＿＿＿＿＿に働いても給料は同じだ。

다른 사람보다 많이 일해도 급료는 똑같다.

[ら]

158 ＿＿＿＿＿にお金を稼ぐ方法なんてありません。

쉽게 돈을 모으는 방법 따위는 없습니다.

159 彼は車に乗ると性格が変わり、＿＿＿＿＿な運転をする。

그는 차에 타면 성격이 변해서 난폭한 운전을 한다.

160 ばかなことばかりしてないで少しは＿＿＿＿＿になりなさい。

어리석은 짓만 하지 말고 조금은 영리해져라.

정답

151 豊(ゆた)か → 豊(ゆた)か 풍부함, 풍족함 152 緩(ゆる)やかな → 緩(ゆる)やか 완만함, 가파르지 않음 153 容易(ようい) → 容易(ようい) 용이함, 쉬움 154 幼稚(ようち)な → 幼稚(ようち) 유치함, 미숙함 155 欲張(よくばり)な → 欲張(よくばり) 욕심쟁이, 욕심을 부림 156 余計(よけい)な → 余計(よけい) 쓸데없음, 불필요함 157 余分(よぶん) → 余分(よぶん) 덤, 초과, 많음 = 余計(よけい) 158 楽(らく) → 楽(らく) 편함, 수월함 159 乱暴(らんぼう) → 乱暴(らんぼう) 난폭함, 조잡함 160 利口(りこう) → 利口(りこう) 영리함, 야무짐, 약음

96

문법 유형 파악

新 일본어 능력시험의 '언어지식(문법)'에서는 문법 지식을 크게 둘로 나눠 문법 형식과 그 의미용법에 관한 지식, 문장을 완성하는 연결 고리 역할로서의 문법 지식이라는 두 가지 점을 중시한다. 문제에 자주 나오는 어구 및 문형을 요약정리하고 출제되는 문법 문제 유형을 분석하여 공통적으로 자주 출제되는 핵심 사항을 체계적으로 학습해야 하며, 최소 1개월 전에는 핵심 문법을 완전히 마스터해야 한다.

問題7 문법 형식의 판단(12문항)

문법 형식과 그 의미 용법에 관한 지식은 단어와 단어를 연결하여 의미가 통하는 문장으로 만들기 위해 어떻게 하면 좋을지를 묻는 문제이다. 이는 '문장 내용에 일치하는 문법 형식인가를 판단하는 능력'을 묻는 문제로, 전후 문맥을 보고 가장 적절한 의미나 문법적 연결이 타당한 것을 고르는 공란 메우기 형식을 취하고 있다.

問題7　次の文の（　　　　　）に入れるのに最もよいものを、1・2・3・4から一つ選びなさい。

33　彼は頑張った（　　　　　　）報われないと初めからあきらめている。
　　　1 かと言えば　　　　2 ので　　　　　　3 ようで　　　　4 ところで

34　会場を（　　　　　　）幾度となく検討が重ねられた。
　　　1 まわって　　　　　2 さそって　　　　3 めぐって　　　　4 さわって

35　何でも慣れてくると手を抜いてしまい（　　　　　　）なる。
　　　1 たびに　　　　　　2 がちに　　　　　3 すえに　　　　　4 もとに

36　買い物の（　　　　　　）車にガソリンを入れて帰ってきた。
　　　1 ついでに　　　　　2 ところ　　　　　3 せいか　　　　　4 にしろ

37 この件に（　　　　　）私にすべて責任がある。
　　1 例えると　　　　　2 おいては　　　　　3 先立ち　　　　　4 反して

38 バスケットボールの選手（　　　　　）身長が低いような気がする。
　　1 にしては　　　　　2 だから　　　　　3 ばかりか　　　　　4 なので

39 父は私の彼氏のことを母を（　　　　　）知っていた。
　　1 ぬきで　　　　　2 わたって　　　　　3 とおして　　　　　4 もとづいて

40 突然のスターの登場に感（　　　　　）泣き出すファンもいた。
　　1 かくまって　　　　　2 せまって　　　　　3 うわまって　　　　　4 きわまって

41 赤ん坊が2時間（　　　　　）起きるので、母親は寝不足気味だ。
　　1 ほどに　　　　　2 おきに　　　　　3 たびに　　　　　4 うちに

42 祖父は海外旅行は（　　　　　）国内旅行すら行きたがらない。
　　1 もとより　　　　　2 もとから　　　　　3 もともと　　　　　4 ものの

43 運動不足の（　　　　　）少し走っただけで息が切れる。
　　1 せいなら　　　　　2 せいも　　　　　3 せいか　　　　　4 せいだとして

44 父は日の出と（　　　　　）仕事に出かけていく。
　　1 それとも　　　　　2 または　　　　　3 ともに　　　　　4 ぬきに

---

33 4 그는 노력해 봤자 보람이 없다고 처음부터 포기하고 있다.

報むくう 보답하다 ｜ 初はじめ 처음 ｜ あきらめる 포기하다

Tip 「～たところで」는 '～해 봤자 소용없다'라는 뜻이다.

---

34 3 회장을 둘러싸고 몇 번이나 검토가 거듭되었다.

幾度いくど 여러 번, 몇 번 ｜ 検討けんとう 검토 ｜ 重かさねる 겹치다, 거듭하다

Tip 「～をめぐって」는 '～을 둘러싸고'라는 뜻이다.

---

35 2 뭐든 익숙해지면 대충해 버리는 경향이 많아진다.

慣なれる 익숙해지다 ｜ 手てを抜ぬく 대충하다, 겉날리다

Tip 「동사 ます형＋がちだ」는 '～의 경향이 짙다, ～가 많다'라는 뜻이다.

---

36 1 쇼핑하는 김에 자동차에 기름을 넣고 돌아왔다.

Tip 「～ついでに」는 '～하는 김에'라는 뜻이다.

---

37 2 이 건에 있어서는 나에게 모두 책임이 있다.

件けん 건 ｜ 責任せきにん 책임

Tip 「～においては」는 '～에 있어서는'이라는 뜻이다.

---

38 1 농구 선수치고는 키가 작은 것 같은 느낌이 든다.

身長しんちょう 신장, 키 ｜ 気きがする 기분(느낌)이 든다

Tip 「～にしては」는 '～치고는'이라는 뜻이다.

---

39 3 아버지는 내 남자 친구를 어머니를 통해서 알고 있었다.

彼氏かれし 남자 친구

Tip 「～を通とおして」는 '～을 통해서'라는 뜻이다.

40　4　갑작스런 스타의 등장에 너무 감격해서 울음을 터뜨리는 팬도 있었다.

突然とつぜん 돌연, 갑자기　┃　**登場**とうじょう 등장

Tip 「感かん極きわまる」는 '매우 감격하다'라는 뜻이다.

41　2　아기가 두 시간 간격으로 깨기 때문에 엄마는 잠이 부족한 기색이다.

赤あかん**坊**ぼう 아기　┃　**寝不足**ねぶそく 수면부족　┃　**気味**ぎみ 기미, 기색

Tip 「～おきに」는 '～간격으로'라는 뜻이다.

42　1　조부는 해외여행은 물론 국내여행조차 가고 싶어 하지 않는다.

Tip 「～はもとより」는 '～는 물론(말할 것도 없이)'라는 뜻을 갖고 있다.

43　3　운동부족 탓인지 조금 달리기만 해도 숨이 찬다.

運動不足うんどうぶそく 운동부족　┃　**～だけで** ～만해도, ～만으로　┃　**息**いき**が切**き**れる** 숨이 차다

Tip 「～せいか」는 '～때문인지, ～탓인지'라는 뜻이다.

44　3　아버지는 해가 뜨자마자 일하러 나간다.

日ひ**の出**で 해가 뜸, 일출　┃　**出**で**かける** 나가다, 외출하다

Tip 「～とともに」는 '～와 함께, ～하자마자'라는 뜻이다.

問題8 문의 완성(5문항)

단어와 단어를 연결하여 의미가 통하는 문장을 만들기 위해서는 문법형식을 알고 있을 뿐만 아니라, 문맥을 통틀어 바르고 의미가 통하는 문장을 만들 수 있어야 한다. 즉, 문제8은 제시된 단어를 바르게 나열하여 의미가 통하도록 구성하고 ★에 해당하는 단어를 찾으면 된다.

問題8 次の文の___★___に入る最もよいものを、１・２・３・４から一つ選びなさい。

(問題例)

彼女の _____ _____ ___★___ _____ にはいられなかった。

1 聞いたとき   2 悲しい   3 泣かず   4 話を

(解答の仕方)

1. 正しい文はこうです。

彼女の _____ _____ ___★___ _____ にはいられなかった。
2 悲しい   4 話を   1 聞いたとき   3 泣かず

2. ___★___ に入る番号を解答用紙にマークします。

(解答用紙)　　| (例) | ● ② ③ ④ |

45 なかなか運に恵まれなかった彼だが、＿＿＿＿＿ ★ ＿＿＿＿＿ ＿＿＿＿＿
と必死だ。

1 やっと 　　　　 2 ものにしよう 　　 3 めぐってきた 　　 4 チャンスを

46 最近仕事量が増え＿＿＿＿＿ ＿＿＿＿＿ ★ ＿＿＿＿＿ 目の調子が悪い。

1 多いせいか 　　　 2 目を 　　　　 3 ことが 　　　　 4 酷使する

47 父は子供に無関心な人なのにこの頃よく＿＿＿＿＿ ＿＿＿＿＿ ★ ＿＿＿＿＿
でもあったのだろうか。

1 何か 　　　　　　　　　　　 2 見ると

3 話しかけてくる所を 　　　　 4 心境の変化

48 手先が器用な＿＿＿＿＿ ＿＿＿＿＿ ★ ＿＿＿＿＿ 何でも作り上げてしま
う。

1 私たちが 　　　　　　　　　 2 あっという間に

3 彼は 　　　　　　　　　　　 4 欲しいものを

49 何か＿＿＿＿＿ ★ ＿＿＿＿＿ ＿＿＿＿＿ お問い合わせください。

1 お気軽に 　　　　　　　　　 2 ございましたら

3 顧客センターに 　　　　　　 4 御不明な点が

45　**3**　좀처럼 운이 없었던 그이지만 드디어 찾아온 찬스를 잡으려고 필사적이다.

恵めぐまれる 혜택받다　|　ものにする 자기 것으로 만들다　|　必死ひっしだ 필사적이다

Tip　「めぐってきた」는 '찾아온'이라는 뜻이다. 바른 순서는 「やっと めぐってきた チャンスを ものにしようと」이다.
　　　　　　　　　　　　　　　1　　　　3　　　　　　4　　　　　2

46　**3**　최근 업무량이 늘어 눈을 혹사하는 일이 많은 탓인지 눈의 상태가 안 좋다.

調子ちょうし 상태, 컨디션　|　酷使こくしする 혹사하다　|　～せいか ～탓인지

Tip　바른 순서는 「目を 酷使する ことが 多いせいか」이다.
　　　　　　　　2　　4　　　　3　　　1

47　**1**　아버지는 자식에게 무관심한 사람인데, 요즘 자주 말을 걸어오는 것을 보면 뭔가 심경의 변화라도 있었던 것일까.

無関心むかんしん 무관심　|　心境しんきょう 심경

Tip　바른 순서는 「話しかけてくる所を 見ると 何か 心境の変化」이다.
　　　　　　　　　　　3　　　　　　2　　　1　　　4

48　**1**　손재주가 있는 그는 금세 우리들이 원하는 것을 뭐든지 만들어 버린다.

手先てさき 손재주　|　器用きよう 솜씨가 좋음

Tip　바른 순서는 「彼は あっという間に 私たちが 欲しいものを」이다.
　　　　　　　　3　　　2　　　　　1　　　　4

49　**2**　뭔가 불명확한 점이 있으시다면 편하게 고객센터로 문의해 주십시오.

気軽きがる 가볍게　|　顧客こきゃく 고객　|　不明ふめい 불명

Tip　바른 순서는 「御不明な点が ございましたら お気軽に 顧客センターに」이다.
　　　　　　　　4　　　　　2　　　　　1　　　3

글과 글을 연결하여 하나의 완성된 글을 얻기 위해 '글의 흐름에 적합한지 여부를 판단하는 능력'을 묻는 문제로, 기존 시험에서는 한 번도 출제된 적이 없다. '글의 완성을 위한 문법 적용' 문제라고 할 수 있다.

問題9 次の文章を読んで、 50 から 54 の中に入る最もよいものを、１・２・３・４から一つ選びなさい。

新型インフルエンザには、突然高熱が出るほかにも、こんな症状があります。頭痛やのどの痛み、せき、それから、からだの節々が痛くなったり、だるくなったりします。こうした症状は、これまでのインフルエンザと変わらないのですが、新型の特徴として、下痢を起こす場合が多いと 50 。

ほとんどの人は完治しますが、例えば肺や心臓、腎臓などの病気、それに糖尿病など、元々、病気を持っている人はインフルエンザの症状が重くなったり、その病気が悪くなったりすることがあります。

また、妊娠しているお母さん、赤ちゃんや幼い子ども、それにお年寄りも 51 、気を付ける必要があります。特に幼い子どもはインフルエンザ脳症という重い病気にかかるおそれがあります。

インフルエンザ脳症 52 、脳がはれてしまう病気で、特に５歳以下の幼児に多くみられます。毎年流行するインフルエンザでも、多いときには３００人くらいの患者が出ています。最近、 53 、今でも８％の人が亡くなり、２５％の人は手足が不自由になるなどの後遺症が現れていると言われています。

インフルエンザ脳症は、ウイルスが脳に入って引き起こされるわけではありません。原因はウイルスから私たちの体を守ってくれる「免疫」の構造にあると言われています。インフルエンザ脳症は、熱が上がり始めると、すぐに症状が現れることが多いと言われています。

また、解熱剤を飲むと、症状が悪化してしまうことがあります。 54 、このような症状が出たらすぐに、専門医に相談することが必要ですね。

50

1 言われるでしょう   2 言わされています

3 言われています   4 言われていました

51

1 症状が重くなることがあるので

2 症状が重くなったら

3 症状が重いだろうと思ったので

4 症状が重かったので

52

1 を   2 が   3 で   4 は

53

1 治療法が出てきたことで

2 治療法が出てきつつあるので

3 治療法が出てきましたが

4 治療法が出てきてはいませんが

54

1 それでも   2 だから   3 つまり   4 しかし

신종 인플루엔자에는 갑자기 고열이 나는 것 외에도 이런 증상이 있습니다. 두통이나 목의 통증, 기침, 그리고 몸의 마디마디가 아프거나 노곤해지거나 합니다. 이런 증상은 지금까지의 인플루엔자와 차이가 없습니다만, 신종의 특징으로 설사를 일으키는 경우가 많다 50 고들 합니다.

대부분의 사람은 완치되지만, 예를 들면 폐나 심장, 신장 등의 질병, 더욱이 당뇨병 등 원래 병이 있는 사람은 인플루엔자의 증상이 심해지거나 원래의 질병이 악화되거나 하는 경우가 있습니다.

또한 임신한 산모, 아기나 어린 아이, 그리고 노인도 51 증상이 심해지는 경우가 있기 때문에, 주의를 할 필요가 있습니다. 특히 어린 아이는 인플루엔자뇌증이라고 하는 심각한 병에 걸릴 우려가 있습니다.

인플루엔자뇌증 52 은 뇌가 붓게 되는 병으로, 특히 5세 이하의 유아에게 많이 나타납니다. 매년 유행하는 인플루엔자라도 많을 때는 300명 정도의 환자가 나옵니다. 최근 53 치료법이 나왔지만, 지금도 8%의 사람이 사망하고 25%의 사람은 손발이 부자유스러워지는 등의 후유증이 나타나고 있다고 합니다.

인플루엔자뇌증은 바이러스가 뇌에 들어가서 발생되는 것은 아닙니다. 원인은 바이러스로부터 우리들의 몸을 지켜줄 '면역'의 구조에 있다고 합니다. 인플루엔자뇌증은 열이 오르기 시작하면 바로 증상이 나타나는 경우가 많다고 합니다.

또한 해열제를 먹으면 증상이 악화되어 버리는 경우가 있습니다. 54 그러니까, 이러한 증상이 나타나면 바로 전문의에게 상담하는 것이 필요합니다.

新型しんがた 신형 | 症状しょうじょう 증상 | 節々ふしぶし 마디마디 | 特徴とくちょう 특징 | 下痢げり 설사 | 肺はい 폐 | 心臓しんぞう 심장 | 腎臓じんぞう 신장 | 糖尿病とうにょうびょう 당뇨병 | ～おそれがある ～우려가 있다 | 脳症のうしょう 뇌증(고열로 의식 장애가 일어나는 증세) | 患者かんじゃ 환자 | 手足てあし 손발 | 後遺症こういしょう 후유증 | 引ひき起おこす 일으키다 | 免疫めんえき 면역 | 構造こうぞう 구조 | 解熱剤げねつざい 해열제

50　**3**

1 라고들 하겠지요
2 말하고 있습니다
3 라고들 합니다
4 라고들 했습니다

Tip 다른 사람에게 듣는 이야기이므로「言いわれています(～라고들 합니다)」가 정답이다.

51 1

1 증상이 심해지는 경우가 있기 때문에

2 증상이 심해지면

3 증상이 심해질거라고 생각했기 때문에

4 증상이 심했기 때문에

> **Tip** 뒤에 객관적인 근거로 조심할 필요가 있다고 했으므로 앞에는 '증상이 심해지는 경우가 있기 때문에'가 와야 한다.

---

52 4

1 을/를

2 이/가

3 로/으로

4 은/는

> **Tip** 인플루엔자를 설명하는 문장이므로 「~は」가 와야 한다.

---

53 3

1 치료법이 나와서

2 치료법이 계속 나오고 있기 때문에

3 치료법이 나왔지만

4 치료법이 나와 있지는 않지만

> **Tip** 앞에는 300명 정도의 인플루환자가 나온다고 했지만 최근 [53] 에도 불구하고 8%가 죽고 25%는 손발에 장애가 오는 후유증이 나타나고 있다는 내용이므로 정답은 3번이다. 1번은 치료법이 나와서 더 좋아졌다는 내용이 와야 하므로 정답이 아니고, 2번은 치료법이 계속 나오고 있어서 점차 좋아질 거라는 식의 단계적인 이야기가 나와야 하므로 정답이 아니다. 4번은 치료법이 나와 있지 않음에도 불구하고 뒤에 긍정적인 내용이 와야 하므로 정답이 아니다.

---

54 2

1 그렇더라도

2 그러니까, 따라서

3 즉

4 그러나

> **Tip** '해열제를 먹으면 증상이 악화되는 경우가 있으므 의사에게 상담을 받는 것이 필요하다'는 내용이므로 때문에 적절하다.

탄탄 내공 쌓기2
자주 출제되는 문형 · 문법

N2 문법에서 요구하는 것은 문장의 올바른 사용과 이해이다.
N2 문법에서는 내용에 적합한 문법 형식인지 구성이 바르게 되어 있는지 문장의 흐름에 적합한 문법인지를 묻는 문제들이 출제되고, 주로 문형이나 조사, 활용형 등이 올바른지 묻는다. 문형 관련 문제에서는 밑줄친 부분이나 공란의 전후파악이 중요하기 때문에 의미를 이해하는 것이 중요하다. 혹은 의미가 비슷하더라도 문장에 적합한 조사인지, 올바른 활용형인지를 주의해야 한다. 즉 단순한 문법 지식을 묻는다기보다는 의미 파악과 그에 따른 품사와 활용형을 종합적으로 요구한다.
결국 학습자들에게 요구되는 것은 문형 및 문법의 빈틈없는 공부이다. 이 책에 수록한 기본문형과 문법을 빈틈없이 익히고 실전 문제를 반복적으로 푸는 연습을 한다면 문법 문제를 풀어나가는 데 큰 어려움은 없을 것이다.

[1] 때 · 경우 · 상황

1) ～하자마자, ～하자 곧

① ～(た)とたんに

· 立ち上がったとたんに頭をぶつけた。 일어선 순간 머리를 부딪쳤다.

② ～(た)かと思うと / ～かと思ったら / ～と思うと / ～と思ったら

· 帰って来たかと思うとまた出かける。
돌아왔는가 싶으면 곧 또 나간다.

③ ～や / ～や否や

· 起きるや否や飛び出した。 일어나자마자 뛰어나갔다.

④ ～が早いか

· 聞くが早いか、飛び出した。 듣기가 바쁘게 뛰어나갔다.

⑤ ～か～ないかのうちに

· 試合が始まるか始まらないかのうちに雨が降り出した。
시합이 시작되자마자 비가 내리기 시작했다.

⑥ ～なり

· 私の料理を一口食べるなり、父は変な顔をして席をたってしまった。
내 요리를 한입 먹자마자, 아버지는 이상한 얼굴을 하고 자리를 뜨고 말았다.

⑦ ～そばから

· かたづけるそばから子供がおもちゃを散らかすので、いやになってしまう。
정리하자마자 아이가 장난감을 어지르기 때문에, 짜증이 나고 만다.

같이 알아둬!

접속 ① 동사た+とたんに ② 동사た+かと思うと ③ 동사た+や否や ④ 동사 기본형+が早いが
　　⑤ 동사 기본형+か+동사ない형+ないかのうちに ⑥ 동사 기본형+なりに ⑦ 동사 기본형+そばから

해설 ⑦은 「AそばからB」로 A, B 행위주체가 다른 경우에 사용한다.

---

2) ～한 끝에 / ～에 이르러서는

① ～あげく(に)

· さんざん言い合ったあげくけんかをしてしまった。
격심한 말다툼 끝에 싸움을 해 버렸다.

· ああした方がいい、こうした方がいいと大騒ぎしたあげく、この始末だ。
그렇게 하는 편이 낫다, 이렇게 하는 편이 낫다고 대소동을 벌인 끝에 이 모양이다.

② 〜の末に / 〜た末に / 〜た末の

・議論の末　논의한 결과

・さんざん考えた末に　머리를 짜고 짠 끝에, 생각하다 못해

・よく考えた末の決定　잘 생각한 끝의 결정

・何もおっしゃらないでください。私なりによく考えた末に出した結論なのです。
아무 말씀도 하지 말아 주세요. 제 나름대로 충분히 생각한 끝에 낸 결론입니다.

③ 〜に至って(は/も)

・ことここに至っては、家庭裁判所に仲裁を頼むしかないのではないだろうか。
일이 이쯤에 이르러서는 가정 재판소에 중재를 부탁할 수밖에 없지 않겠는가.

・大学を卒業するに至っても、まだ自分の将来の目的があやふやな若者が大勢いる。
대학을 졸업할 때에 이르러서도 아직 자신의 장래 목적이 분명하지 않은 젊은이가 많이 있다.

같이 알아둬!

접속　① 동사た+あげく　② 명사+の末に / 동사た+た末に、末の

　　　③ 동사 기본형・명사+に至って(は/も)

해설　①은 나쁜 결과의 경우에 많이 쓰인다.

---

3) 〜하는 김에, 〜겸 / 〜하면서(한편으로)

① 〜ついで(に)

・買い物に出たついでに郵便局に寄る。
장보러 나온 김에 우체국에 들르다.

② 〜がてら

・散歩がてら、山田さんをたずねた。
산책도 할 겸 야마다 씨를 방문했다.

③ 〜かたがた

・お礼かたがた、おうかがいします。
인사도 드릴 겸 찾아뵙겠습니다.

・先日お世話になったお礼かたがた、部長のお宅にお寄りました。
요전에 신세졌던 답례 겸, 부장님 댁에 들렀습니다.

④ 〜かたわら

・仕事のかたわら、勉強する。　일하는 한편 공부한다.

4) ~에 즈음하여 / ~에 앞서서

① ~にあたって / ~にあたり

・出発にあたって、いくつか注意しておくことがある。
출발에 앞서 몇 가지 주의해 둘 것이 있다.

② ~に際して / ~に際しての / ~に際し

・ワールドカップに際して、新しい競技場が建設された。
월드컵에 즈음하여, 새로운 경기장이 건설되었다.

・会長選出に際し不正が行われたとのうわさがある。
회장 선출할 때에 부정이 행해졌다는 소문이 있다.

5) ~하고 있다 / ~하면서 / ~을 시작으로 (일의 계속) / ~하고 나서

① ~つつある

・世界は食料品の不足になやみつつある。 세계는 식료품 부족으로 고민하고 있다.

② ~つ ~つ

・差しつ差されつ酒を飲む。 주거니 받거니 하며 술을 마신다.

・事実を言おうか言うまいかと、廊下を行きつ戻りつ考えた。
사실을 말할까 말하지 말까를, 복도를 왔다 갔다 하며 생각했다.

③ ~てからというもの

・彼は、その人に出会ってからというもの、人が変わったようにまじめになった。
그는 그 사람을 만나면서(계기로) 사람이 달라진 듯 성실해졌다.

・将棋のおもしろさを知ってからというもの、彼は暇さえあれば将棋の本ばかり読んでいる。
장기의 즐거움을 알고 나서, 그는 틈만 있으면 장기 책만 읽고 있다.

④ 〜を皮切りに / 〜を皮切りにして / 〜を皮切りとして

・太鼓の合図を皮切りに、祭りの行列が繰り出された。
　북의 신호를 시작으로 축제 행렬이 계속 나왔다.

・来月市民ホールが完成する。3日の記念講演を皮切りに、コンサートや発表会などが連日予定されている。
　다음 달 시민회관이 완성된다. 3일의 기념공연을 시작으로, 콘서트나 발표회 등이 연일 예정되어 있다.

・彼女は、店長としての成功を皮切りにして、どんどん事業を広げ、大実業家になった。
　그녀는 점장으로서의 성공을 시작으로 점점 사업을 넓혀 대 실업가가 되었다.

같이 알아둬!

접속 ① 동사ます형+つつある　② 동사ます형+つ+동사ます형+つ　③ 동사て형+てからというもの
　　④ 명사+を皮切りに、を皮切りとして

해설 「〜つつある」는 「〜ている(하고 있다)」의 뜻이고, 「〜つ〜つ」는 「〜たり〜たり(〜하거나 〜하거나)」의 의미로 쓰이는 문어체적 표현이다.
　　「〜てからというもの」는 '〜을 계기로, 〜하면서'의 뜻이고, 「〜を皮切りに」는 '〜을 시작으로(시초로)'의 뜻이다.

[2] 원인 · 이유 · 결과

1) 〜한 이상에는, 〜이니까 당연히

① 〜からには / 〜からは

・やるからには、りっぱにやれ。
　하는 이상 멋있게 해라.

・こうなったからには、私がやるよりほかない。
　이렇게 된 바에는 내가 하는 수밖에 없다.

② 〜以上は

・絶対にできると言ってしまった以上、どんな失敗も許されない。
　절대로 할 수 있다고 말해 버린 이상, 어떤 실패도 용납되지 않는다.

같이 알아둬!

접속 ① 동사 기본형+からには、からは　② 동사 기본형+以上

해설 「からには」는 '어느 상황이 된 이상'이라는 뜻이며, 마지막까지 관철하겠다는 표현이 이어진다. 의뢰 · 명령 · 의지 · 당연성 등에 쓰인다.
　　「〜以上」는 뭔가 책임이나 각오를 동반하는 행위에 쓰이며, 결의 · 권고 · 의무 등의 표현이 이어진다.

2) ～이기 때문에, ～이어서

① ～とあって

- めったに聞けない彼の生演奏とあって、狭いクラブは満員になった。
  좀처럼 들을 수 없는 그의 라이브 연주이어서, 좁은 클럽은 만원이 되었다.

- 今日から三連休とあって、全国の行楽地は家族連れの観光客で賑わいました。
  오늘부터 사흘 연휴인 관계로, 전국의 행락지는 가족을 동반한 관광객으로 붐볐습니다.

- 無料で映画が見られるとあって、入り口の前には1時間も前から行列ができた。
  무료로 영화를 볼 수 있다고 해서, 출입구 앞에는 1시간이나 전부터 행렬이 생겼다.

같이 알아둬!

접속 동사·명사·い형용사·な형용사의 기본형+とあって

해설 「～という状況なので(～라는 상황이어서, 그런 이유로)」의 뜻이다. 앞의 상황으로 당연히 일어날 일이나 해야 할 행동을 나타내는 문어체 표현이며, 뉴스 등에서 쓰인다.

---

3) ～이므로, ～인 까닭에 (이유, 근거)

① ～こととて

- 慣れぬこととてよろしくお願いします。 익숙하지 못하므로 잘 부탁합니다.

- なにぶんにも年寄りのこととて、そそうがあったらお許しください。
  부디 노인이니까, 실수가 있었다면 용서해 주세요.

② ～として

- 問題が多いとして退けられた。 문제가 많다고 하여 퇴짜를 맞았다.

- A社の元社員が11日、突然の解雇を不当として、解雇取り消しを同社に求める訴えを起こした。
  A사 전직사원이 11일, 갑작스런 해고를 부당하다고 하여, 해고 취소를 해당회사에 요구하는 소송을 제기했다.

같이 알아둬!

접속 ① 동사ない형+こととて / 명사の+こととて   ② 활용어 종지형+として

해설 「～こととて」는 「Aなので B(A이기 때문에 B)」혹은 「Aという事情があってB(A라는 사정이 있어서 B)」의 뜻으로, A에는 사죄나 이유를 설명하고, B에는 사죄나 용서를 구하는 말을 동반한다. 다소 딱딱하고 고어체적이지만, 자주 쓰이는 표현이다. 「～として」는 '～라는 이유로, ～라는 명목으로'의 뜻으로, 주로 「AをBとして」의 형태로 자격·입장·명목 등을 나타낸다.

③ ～ことだから

・山田さんはもともと世話好きで、だれに対しても親切だ。そんな彼女のことだから、困っている
友達をほうっておけなかったのだろう。
야마다 씨는 원래 남을 돌봐주길 좋아해서 누구를 대하더라도 친절하다. 그런 그녀니까, 곤란한 친구를 내버려 둘 수 없었을 것이
다.

④ ～だけに / ～だけあって

・普段健康なだけに、入院が必要だと言われたときはショックだった。
평소 건강했던 만큼 입원이 필요하다는 말을 들었을 때는 충격이었다.

・このレストランは主人が魚屋も経営するだけあって魚料理がおいしいと評判だ。
이 레스토랑은 주인이 생선가게도 경영하는 만큼 생선요리가 맛있다고 소문이 자자하다.

・期待されていただけあって目覚ましい活躍を見せた。
기대되었던 만큼 눈부신 활약을 보였다.

・生き字引と言うだけあって何でも知っている。
살아 있는 사전이라 불리는 만큼 무엇이든 알고 있다.

같이 알아둬!

접속 ③ 명사의+ことだから ④ 동사 기본형 / い형용사 · な형용사 연체형+だけに、だけあって

해설 「～ことだから」는 '다름 아닌 ～이니까(이니 만큼), ～이기 때문에'라는 뜻으로, 서로 알고 있는 것이라
판단하여 추측한 것을 말한다. 앞 문장에서는 말하는 사람의 판단의 근거가 제시되고, 이어지는 뒤 문장
에서는 추측한 것을 말하는 형식이다.
「AだけにB」는 'A에서 사실을 제시하고 B에서는 그 사실을 바탕으로 하여 발생할 수 있는 결과'가 이어
진다. 「AだけあってB」는 'B에서 사실을 밝히고, 그 사실이 당연히 발생할 수 있는 이유가 A에 올 경우'
에 사용한다. 이 말은 'A이기 때문에 역시(당연히) 그에 걸맞는 B가 와야 한다고 생각했는데 역시 그와
같은 결과로 나타났다'는 의미이다. 보통 A에는 긍정적인 사항이 오고 그로 인해 예측할 수 있는 내용이
올 경우에 쓴다.

---

⑤ ～故に

・急なこと故にたいした準備もできず、申しわけないことをしてしまった。
급한 까닭에 별다른 준비도 못해서 죄송하게 되어 버렸다.

・貧しいが故に十分な教育を受けられない人々がいる。
가난하기 때문에 충분한 교육을 받지 못하는 사람들이 있다.

⑥ ～ばかりに

・経験がないばかりに苦労した。 경험이 없기 때문에 고생했다.

・あの魚を食べたばかりにひどい目にあった。 그 생선을 먹은 탓에 아주 혼났다.

・注意を怠ったばかりに、とんでもないことになった。 주의를 태만히 한 탓에 엉뚱한 사태가 되었다.

・知らせたばかりに余計に心配をかけた。 알린 탓에 오히려 걱정을 끼쳤다.

- 申し訳ない。僕がミスをしたばかりに君まで残業してもらうことになってしまって。
  미안하다. 내가 실수를 해서 너까지 잔업을 하게 되어 버려서.

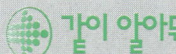

4) ～에 미치다, 달하다 (결과)

① ～に至る

・やがて大蔵大臣になるに至った。 드디어 재무부 장관이 되기에 이르렀다.

② ～に至って

・卒業するに至って、やっと大学に入った目的が少し見えてきたような気がする。
졸업할 때가 되어 겨우 대학에 들어 온 목적이 조금씩 보이는 듯한 기분이 든다.

③ ～に至っては

・ことここに至っては、素人にはどうすることもできない。
이러한 상황이 되어서는 아마추어에게는 어떻게 할 수도 없다.

5) ～하지 않고 말았다 (결과)

～ずじまい

・有名な観光地の近くまで行ったのに、忙しくてどこへも寄らずじまいだった。
유명한 관광지의 근처까지 갔었는데도, 바빠서 어디에도 들르지 않고 말았다.

6) 〜인 것이다 (추정에 따른 당연한 결과)

① 〜はず

- 今日(きょう)は月曜日(げつようび)だから、銀行(ぎんこう)は開(あ)いているはずだよ。
  오늘은 월요일이니까, 은행은 열려 있을 거야.

- 隣(となり)のうちの娘(むすめ)さんはおととし高校(こうこう)を卒業(そつぎょう)したから、今年(ことし)20歳(はたち)のはずです。
  옆집 딸은 재작년 고등학교를 졸업했기 때문에 금년 20살일 겁니다.

- イギリスで育(そだ)ったのか。どうりで英語(えいご)がうまいはずだ。
  영국에서 자랐는가? 그러면 그렇지 영어를 잘할 수밖에.

② 〜わけ

- これでどうやら一段落(いちだんらく)というわけです。 이것으로 그럭저럭 일단락 지은 셈입니다.

- ポケットにあながあいていたから落(おと)したわけだ。 주머니에 구멍이 뚫려 있으니까 잃어버릴 만하다.

[3] 주제 · 발탁

1) 〜란, 〜라면 (그것에 관해서는)

① 〜といったらありはしない

- この年(とし)になってから一人暮(ひとりぐら)しを始(はじ)める心細(こころぼそ)さといったらありはしない。
  이 나이가 되어 독신 생활을 시작하는 쓸쓸함이란 말할 수 없을 정도이다.

② 〜ときたら

- あそこの家(いえ)の中(なか)ときたら、散(ち)らかし放題(ほうだい)で足(あし)の踏(ふ)み場(ば)もない。
  저 집 안은 잔뜩 어질러져 있어서 발 디딜 틈도 없다.

접속 ① 명사·형용사 기본형+といったらありはしない
　　 ② 명사+ときたら

해설 ①은 '~란 말할 수 없을 정도이다·~는 말로 다 할 수 없다'의 뜻으로 쓰인다. 비슷한 의미로 마이너스적 평가에 사용하는 문어체적 표현인「~といったらない」가 있다.
　　 ②는 어느 인물이나 사건에 대해서 화자(話者)가 강하게 느낀 감정을 평가할 때 사용되며, 이어지는 표현은 비난이나 불만 등의 기분을 나타낸다.

2) ~이라면

① ～というと

・スペインというと、すぐフラメンコが心に浮かぶ。 스페인하면 바로 플라멩코가 떠오른다.

・NGOというと、民間の援助団体のことですか。 NGO라면 민간 원조 단체를 말합니까?

② ～といえば

・川口さんといえば、どこへ行ったのか、姿が見えませんね。
가와구치 씨라면 어디에 갔는지 모습이 보이지 않네요.

접속 ① 명사+というと ② 명사+といえば

해설 둘 다 같은 뜻으로, 어느 화제를 받아서 거기에서 연상되는 것에 대해 말하고 설명하는 표현이다. 문장 첫머리에도 올 수 있으며, 구어체로는「～っていうと」라고도 한다.

3) ～(로서)는, ～(로서)도

① ～にしたら / ～にすれば

・私にしたら親切のつもりだったのですが、言い方がきつかったのか彼はすっかり怒ってしまいました。 나로서는 친절하게 할 셈이었는데 말투가 과격했었는지 그는 아주 화가 나고 말았습니다.

② ～にしても

・彼にしても、こんな騒ぎになるとは思ってもいなかったでしょう。
그로서도 이런 소동이 되리라고는 생각지도 못했을 거예요.

③ ～にしたって

・社長にしたって成功の見通しがあって言っていることではない。
사장님으로서도 성공 전망이 있어서 말하는 것은 아니다.

・結婚式にしたってあんなに派手にやる必要はなかったんだ。
결혼식이라고 해도 그렇게 화려하게 할 필요는 없었다.

4) ~라도 되면

① ~ともなると

- いつもは早起きの息子だが、日曜日ともなると、昼頃まで寝ている。
  평상시에는 일찍 일어나는 아들이지만, 일요일(만큼)은 낮까지 잔다.

② ~ともなれば

- 主婦ともなれば朝寝坊してはいられない。
  주부는 아침 늦잠을 자고 있을 수 없다.

[4] 강조

(A) 한정에 의한 강조

1) ~만의, ~가 아니고서는 할 수 없는

① ~ならではの

- 親友ならではの細かい心遣いがうれしかった。 친구만의 세심한 배려가 기뻤다.

- アルバイト先の仲間はみんなが年が近いこともあって、同世代ならではの話でいつも盛り上がっています。
  아르바이트하는 곳의 동료는 모두가 나이가 가까운 것도 있어서, 같은 세대에서만 할 수 있는 이야기로 늘 분위기가 고조되어 있습니다.

- この間の会議で田中さんは独創的な企画を出した。ベテラン技師ならではの素晴らしいアイディアである。
  지난번 회의에서 다나카 씨는 독창적인 계획을 내놓았다. 베테랑 기사가 아니고서는 할 수 없는 멋진 아이디어다.

② ～ならでは

・あの役者^{やくしゃ}ならでは演^{えん}じられないすばらしい演技^{えんぎ}だった。

저 배우가 아니고는 연기할 수 없는 훌륭한 연기였다.

 같이 알아둬!

접속 ① 명사+ならではの+명사 ② 명사+ならでは～ない

해설 인물이나 조직 등의 명사에 쓰이며, '～이니까 이 정도로 훌륭하다, ～이외에는 할 수 없다, ～가 아니면 있을 수 없다'라는 의미를 갖는다. 주어에 대한 높은 평가를 나타내며, 가게나 회사 등의 광고 · 선전에서 잘 쓰인다.

2) ～에 한하여

～に限^{かぎ}って / ～に限^{かぎ}り

・その日^ひに限^{かぎ}って早^{はや}く来^きた。 그날따라 빨리 왔다.

・うちの子^こに限^{かぎ}り、うそはつかないと思^{おも}う。

우리 아이만큼은 거짓말은 하지 않는다고 생각한다.

 같이 알아둬!

접속 명사+に限^{かぎ}って、に限^{かぎ}り

해설 '～만은, ～에 한해서, ～에 따라'라는 의미를 갖는다.

3) ～로써, ～에

～にして

・１日^{いちにち}にしてはできない。 하루로는 할 수 없다.

 같이 알아둬!

접속 명사+にして

해설 「～にして」는 명사 접속으로 한정을 나타내지만 그밖에도 다른 의미로 쓰이고 있다.

※ ～이 되어서 / ～에 이르러 (단계)

・この歳^{とし}にして初^{はじ}めて人生^{じんせい}のなんたるかがわかった。

이 나이가 되어서야 비로소 인생이 뭔지를 알았다.

※ ～이기에, ～이라도

・この問題^{もんだい}を解^とくのに、優秀^{ゆうしゅう}な高橋君^{たかはしくん}にして３時間^{じかん}もかかった。

이 문제를 푸는 데 우수한 다카하시 군조차 3시간이나 걸렸다.

※ ～이고(병립)

・彼^{かれ}は科学者^{かがくしゃ}にして優秀^{ゆうしゅう}な政治家^{せいじか}でもある。 그는 과학자이며 우수한 정치가이기도 하다.

4) ~이외에, ~를 제외하고

～をおいて

・彼をおいて適任者はいない。 그를 제외하고 적임자는 없다.

・もし万一母が倒れたら、何をおいてもすぐに病院にかけつけなければならない。
만일 엄마가 쓰러진다면, 무엇보다도 바로 병원으로 급히 달려가지 않으면 안 된다.

> **같이 알아둬!**
>
> 접속　명사+をおいて
> 해설　「～を別にして / ～を除いて」라는 뜻으로, 문말에는 항상「ない」가 온다.
> 　　　※「何をおいても」는 관용구로, 「どんな状況でも(어떤 상황이더라도)」의 뜻으로 쓰인다.

5) ~이(가) 있기 때문에

～あっての

・私を見捨てないでください。あなたあっての私なんですから。
나를 버리지 마세요. 당신이 있기 때문에 나도 있는 것이니까요

・学生あっての大学だ。学生が来なければ、いくらカリキュラムが素晴らしくても意味がない。
학생이 있기 때문에 대학이다. 학생이 오지 않으면 아무리 커리큘럼이 훌륭해도 의미가 없다.

> **같이 알아둬!**
>
> 접속　A+あっての+B
> 해설　'A가 있기 때문에 B도 이루어진다'는 의미로 쓰인다. 즉, 「～がある(あった)からこそ(~이 있기 때문이
> 　　　야말로)」의 뜻이다.

6) ~때문에, ~로 인하여 / ~을 비롯하여, ~부터가

～からして

・あの態度からして、彼女は引き下がる気はまったくないようだ。
저 태도로 봐서 그녀는 물러날 기색은 전혀 없는 것 같다.

・君の言い方からして、外国人に対する偏見が感じられる。
자네의 말투에서 외국인에 대한 편견이 느껴진다.

・リーダーからしてやる気がないのだから、ほかの人たちがやるはずがない。
리더조차 의욕이 없는데, 다른 사람들이 할 리가 없다.

・そもそもこの情報が責任者である彼に伝わっていないことからしておかしいと思う。
애당초 이 정보가 책임자인 그에게 전달되지 않은 것부터가 이상하다고 생각한다.

(B) 문장의 강조

1) ～란, ～라는 것은, ～라고는

～とは

・私にとって家族とは一体何なのだろうか。
　나에게 있어서 가족이란 대체 무엇인가?

・21世紀の日本で求められる福祉の形態とはどのようなものだろうか。
　21세기의 일본에서 추구되는 복지 형태란 어떠한 것일까?

・部下からそんなことを言われるとは、さぞ不愉快だっただろう。
　부하로부터 그런 말을 듣는 것은, 틀림없이 불쾌했을 것이다.

(C) 소량의 강조

1) ～이라도, 비록 ～일지라도

～たりとも

・猫の子一匹たりとも、ここを通らせないぞ。
　고양이 새끼 한 마리일지라도, 여길 통과시킬 수 없어.

・一刻たりとも油断ができない。　잠시라도 방심할 수 없다.

・試験まであと一ヶ月しかない。一日たりとも無駄にはできない。
　시험까지 앞으로 한 달 밖에 없다. 하루라도 헛되게 할 수 없다.

・どんな相手でも、試合が終わるまでは一瞬たりとも油断はできない。
　어떤 상대라도 시합이 끝날 때까지는 한순간이라도 방심할 수 없다.

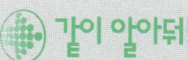

접속 주로 「一」가 붙는 명사(一円、一分、一瞬 등)가 와야 함.

해설 '최소의 수, 양도 허용하지 않는다'는 의미로, 회의나 연설 등에 쓰이며, 문어체이다.

(D) 2자 이상의 제시에 의한 강조

1) ~은커녕, ~은 고사하고, ~은 물론

~はおろか

・人はおろか、ねずみ一匹もいない。
사람은커녕 쥐 한 마리도 없다.

・海外旅行はおろか国内旅行さえ、ほとんど行ったことがない。
해외여행은커녕 국내 여행조차 거의 간 적이 없다.

・もうすぐ海外旅行に行くというのに切符の手配はおろか、パスポートも用意していない。
머지않아 해외여행을 간다고 하는데도 표 준비는커녕, 여권도 준비하지 않고 있다.

접속 명사+はおろか

해설 「~はもちろん~も、 ~さえ~ない(~은 물론 ~도, ~조차 ~않다)」의 뜻으로 쓰인다. 회화체에서는 「~どころか」를 사용한다.

2) ~은 물론, ~은 말할 것도 없고

~はもとより

・出席はもとよりの事だ。 출석해야 함은 물론이다.

・ワープロはもとより、タイプライターすら使ったことがない。
워드프로세서는 물론 타자기조차 사용한 적이 없다.

・結果はもとよりその過程も大切だ。 결과는 물론 그 과정도 중요하다.

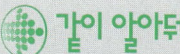

접속 명사+はもとより

해설 당연하다고 생각되는 것을 들어서 '그것뿐 아니라 더 ~한 것'이라는 뜻으로 쓰인다.

3) ~는커녕

~どころか

・① 病気どころか、ぴんぴんしている。 아프기는커녕 팔팔하다.

· 彼女は靜かなどころか、すごいおしゃべりだ。

그녀는 조용하기는커녕 굉장한 수다쟁이다.

· ②彼女の家まで行ったが、話をするどころか姿も見せてくれなかった。

그녀의 집까지 갔었는데 이야기를 하기는커녕 모습도 보여주지 않았다.

같이 알아둬!

접속　명사/동사 · 형용사의 연체형 / な형용사 어간 +どころか　*な형용사의 경우「な」 생략 가능

해설　①은 앞 내용과 정반대인 사실이나 예상, 기대의 내용이 뒤의 문장에 이어지고, ②는 뒤의 문장에「～さえ · ～も · ～だって～ない」와 같은 부정 표현이 오게 된다. 단, 과거형에는 사용하지 않는다.

4) ～에 비하면

～にひきかえ

· 努力家の姉にひきかえ、弟は怠け者だ。

노력파인 언니에 비해 남동생은 게으름뱅이다.

· 昨日の晴天にひきかえ、今日は大雨だ。

어제의 맑게 갠 날씨와는 반대로 오늘은 호우다.

· 彼の給料は一カ月40万円だ。それにひきかえ私の給料はなんと安いことか。

그의 월급은 한 달에 40만 엔이다. 거기에 반해서 내 월급은 어쩌면 이렇게 낮은 것인가.

같이 알아둬!

접속　명사+にひきかえ

해설　'～에 반하여'라는 뜻으로, 대조적인 두 개의 것을 비교할 때 사용하며, 회화체에서는「～に比べて」를 쓴다.

5) ～에 한하지 않고

～に限らず

· だれに限らず、収入は多い方がいい。 누구를 막론하고 수입은 많은 게 좋다.

같이 알아둬!

접속　명사+に限らず

해설　「～だけでなく～も(～뿐만 아니라～도)」의 의미로 쓰인다.

[5] 역접

(A) けれど、しかし의 의미

1) ～하면서, ～에도 불구하고

～つつ

- その言い訳はうそと知りつつ、わたしは彼にお金を貸した。
  그 변명은 거짓임을 알면서도, 나는 그에게 돈을 빌려주었다.

- 早くたばこをやめなければいけないと思いつつ、いまだに禁煙に成功していない。
  빨리 담배를 끊지 않으면 안 된다고 생각하고 있었지만, 아직도 금연에 성공하지 못했다.

- 彼は、歯痛に悩まされつつも、走り続けた。 그는 치통에 시달리면서도, 계속 달렸다.

같이 알아둬!

접속 동사ます형+つつ

해설 역접을 나타내는 「Aのに(ながら)B(A인데[이면서] B)」의 뜻과 동작의 동시진행을 나타내는 「～ながら」의 뜻이 있다.

- その選手はけがした足をかばいつつ、最後まで完走した。
  그 선수는 다친 다리를 감싸면서 끝까지 완주했다.

2) ～하면서, ～하면서도

～ながら / ～ながらも(に)

- このバイクは小型ながら馬力がある。 이 오토바이는 소형이지만 마력이 있다.

- 残念ながら、結婚式に出席できません。 유감스럽지만, 결혼식에 참석할 수 없습니다.

- 何もかも知っていながら教えてくれない。 모든 것을 알고 있으면서도 가르쳐 주지 않는다.

- 狭いながらもようやく自分の持ち家を手に入れることができた。
  좁지만, 간신히 자기 집을 손에 넣을 수 있었다.

- 国は早く対策をたててほしいと、被害者たちは涙ながらに訴えた。
  나라는 빨리 대책을 세우기 바란다고, 피해자들은 눈물을 흘리며 호소했다.

같이 알아둬!

접속 명사 · い형용사 기본형 · な형용사 어간 · 동사 ます형 · 부사+ながら、ながらも(に)

해설 「～이지만, ～인데」라는 역접을 나타낸다.

※ 그밖에 「ながら」

① 동시 진행

- その辺でお茶でも飲みながら話しましょう。
  그 근처에서 차라도 마시면서 이야기하지요.

② 양태의 「ながら」인 표현

　관용적으로 쓰이는 경우가 많다.

・生(う)まれながらのすぐれた才能(さいのう)に恵(めぐ)まれている。
　태어날 때부터 뛰어난 재능을 타고났다.

3) ~하기는 하였지만, 그렇지만, 그래도

~ものの

・やってみたものの、さっぱりおもしろくない。
　해보기는 했으나 통 재미가 없다.

・今日中(きょうじゅう)にこの仕事(しごと)をやりますと言(い)ったものの、とてもできそうにない。
　오늘 중으로 이 일을 하겠다고 말했지만, 도저히 할 수 있을 것 같지 않다.

・新(あたら)しい登山靴(とざんぐつ)を買(か)ったものの、忙(いそが)しくてまだ一度(いちど)も山(やま)へ行(い)っていない。
　새 등산화를 샀지만, 바빠서 아직 한 번도 산에 가지 못했다.

 같이 알아둬!

접속 활용어의 연체형+ものの

해설 과거의 일과 현재 상황을 비교하여, '그렇지만'이라는 「しかし」의 문장을 만들어 내게 된다. 흔히 뒤에는 마이너스 평가가 이어진다.

4) ~라 생각했더니 뜻밖에도, ~하려는 순간(찰나)

~と思(おも)いきや

・今年(ことし)の夏(なつ)は猛暑(もうしょ)が続(つづ)くと思(おも)いきや、連日(れんじつ)の雨(あめ)で冷害(れいがい)の心配(しんぱい)さえでてきた。
　금년 여름은 혹서가 계속되는가 했는데, 연일 비가 내려 냉해 걱정까지 생겼다.

・もうとても追(お)いつけないだろうと思(おも)いきや、驚(おどろ)くほどの速(はや)さで彼(かれ)は一気(いっき)に先頭(せんとう)に走(はし)り出(で)た。
　이제 도저히 따라잡을 수 없겠다는 순간, 놀랄 정도의 속도로 그는 단번에 선두로 달리기 시작했다.

・海辺(うみべ)の町(まち)で育(そだ)ったと聞(き)いていたので、さぞかし泳(およ)ぎがうまいだろうと思(おも)いきや水(みず)に浮(う)くこともできないらしい。
　해변의 마을에서 자랐다고 들었기 때문에, 틀림없이 수영을 잘 할 것이라 생각했으나 뜻밖에도 물에 뜨는 것도 못하는 것 같다.

 같이 알아둬!

접속 명사/동사・형용사 기본형+と思(おも)いきや (단, な형용사는 「だ」를 생략해도 가능)

해설 '~라고 생각했으나 뜻밖에도'라는 뜻으로, 예상외의 결과가 나타났음을 표현한다.

5) ～했더니

～たところ(が)

· 教室に行ってみたところ、学生は一人も来ていなかった。
  교실에 가 보았더니, 학생은 한 사람도 와 있지 않았다.

· 高いお金を出して買ったところが、すぐ壊れてしまった。
  비싼 돈을 내고 샀더니, 금방 고장 나 버렸다.

같이 알아둬!

접속 동사 た형+たところ(が)

해설 기대와 다른 결과를 나타낸다.

※ 순접의 의미로 쓰일 때도 있는데, 이 경우 뒤에 계속되는 일의 성립이나 발견의 계기를 나타낸다.

· 先生にお願いしたところ、早速承諾のお返事をいただいた。
  선생님에게 부탁드렸더니, 즉시 승낙의 답을 받았다.

(B) のに의 의미

1) ～이면서도, ～인 주제에

～くせに / ～くせして

· 女のくせに料理も出来ないのか。 여자이면서 요리도 못 한단 말야?

· 何もわからないくせに、いつも知ったふりをする。
  아무것도 모르는 주제에 언제나 아는 체 한다.

· 彼は、自分ではできないくせに、いつも人のやり方にもんくを言う。
  그는 스스로는 할 수 없는 주제에 언제나 남이 하는 방법에 불평을 한다.

· 好きなくせに、嫌いだと言いはっている。 좋아하는 주제에 싫다고 우겨대고 있다.

· 子供のくせしておとなびたものの言い方をする子だな。
  어린아이이면서 어른스러운 말투를 하는 아이네.

같이 알아둬!

접속 모든 품사+くせに、くせして

해설 '그런데도, ～이면서도, ～인 주제에, ～임에도 불구하고'의 뜻으로, 흔히 뒤의 문장에는 비난의 의미를 포함한다.

※ 전후 문장의 주어가 다른 경우에는 「くせ」를 쓸 수 없다.

· 犬は散歩に行きたがっているくせに、彼はつれて行ってやらなかった。(x)
  개는 산책 가고 싶어 하고 있는데 그는 데려가 주지 않았다.

2) ~(인) 것을, ~인데

~ものを

・一言謝ればいいものを意地を張っている。
ひとことあやま　　　　　　　　　　　　いじ　は
한 마디 사과하면 좋을 것을 고집을 피우고 있다.

・黙っていればわからないものを、彼はつい白状してしまった。
だま　　　　　　　　　　　　　かれ　　　はくじょう
침묵하고 있으면 모를 것을, 그는 그만 자백해 버렸다.

・有給休暇をとればよかったものを。
ゆうきゅうきゅうか　か
유급 휴가를 얻었으면 좋았을 것을(얻지 못해서 유감이다).

 같이 알아둬!

접속　동사 기본형·동사 た·형용사 기본형+ものを

해설　「~ばよかったものを(~하면 좋았을 것을 [그렇지 못해 유감이다])」라는 뜻으로, 「~のに」와 거의 같은 의미이지만, 좋지 않은 결과가 생겨난 것에 대해 불만의 뜻으로 쓰이는 경우가 많다. 종조사로서의 「~もの」는 불평, 불만의 뜻을 담아 '~한걸'이라는 반박이나 호소의 뜻으로 쓰인다.

3) ~인데도 불구하고

~にもかかわらず

・あれだけ努力したにもかかわらず、すべて失敗に終わってしまった。
どりょく　　　　　　　　　　　　しっぱい　お
그만큼 노력했는데도 불구하고, 모두 실패로 끝나 버렸다.

・悪条件にもかかわらず、無事登頂に成功した。
あくじょうけん　　　　　　　　ぶじとうちょう　せいこう
악조건에도 불구하고 무사히 등정에 성공했다.

・参議院選挙は、自民党が大勝したにもかかわらず、株価は次の日大きく下げた。
さんぎいんせんきょ　　じみんとう　たいしょう　　　　　　　　　　かぶか　つぎ　ひおお　さ
참의원 선거에서 자민당이 대승했음에도 불구하고, 주가는 다음 날 크게 떨어졌다.

같이 알아둬!

접속　모든 품사+にもかかわらず

해설　'그러한 사태인데도'라는 의미를 나타낸다.

※ 접속사적으로도 쓰인다.

・雨があがった。にもかかわらず彼は傘をさしている。
あめ　　　　　　　　　　　　　かれ　かさ
비가 그쳤다. 그런데도 그는 우산을 쓰고 있다.

(C) ~ても의 의미

4) ~라고 해도

~からといって

・いくらおふくろだからといって、僕の日記を読むなんて許せない。
ぼく　にっき　よ　　　　　ゆる
아무리 어머니라 해도, 내 일기를 읽다니 용서할 수 없다.

・手紙がしばらく来ないからといって、病気だとは限らないよ。
편지가 한동안 오지 않는다고 해서 병이 났다고는 할 수 없다.

・日本人だからといって、日本文化についてよく知っているとは限りません。
일본인이라고 해서 일본 문화에 대해서 잘 알고 있다고는 할 수 없습니다.

같이 알아둬!

접속 모든 품사+からといって

해설 '단지 그것뿐인 이유로', 즉「Aだけの理由で、Bという結論を出すことはできない(A만의 이유로 B라는 결론을 낼 수는 없다)」라는 뜻으로, 뒤에는 부제적 표현을 동반하다.

관용표현으로「〜からといって 〜とは限らない(〜라고 해서 〜인 것은 아니다)」도 있다.

※ 그밖에 다른 사람이 말한 이유를 인용하는데도 쓰인다.

・用事があるからといって、彼女は途中で帰った。
용무가 있다고 해서 그녀는 도중에 돌아갔다.

---

[6] 조건

(A) 순접조건

1) ~라고 (가정)하면

~としたら / ~とすれば

・いらっしゃるとしたら何時ごろになりますか。오신다면 몇 시경이 되겠습니까?

・責任があるとしたら、私ではなくあなたの方です。책임이 있다고 하면, 내가 아니고 당신 쪽입니다.

・台風は上陸するとすれば、明日の夜になるでしょう。태풍이 상륙한다면, 내일 밤이 되겠지요.

같이 알아둬!

접속 동사 기본형+としたら、とすれば

해설 '그것이 사실이라고 생각할 경우', '실현 혹은 존재한다고 생각할 경우', '이와 같은 사실·현상을 고려할 때'와 같은 의미를 갖는다.

---

2) ~한 후가 아니면, ~한 다음이 아니면

~てからでないと / ~てからでなければ / ~てからでなかったら

・① わが社では、社長の許可をもらってからでなければ何もできない。
우리 회사에서는 사장님의 허가를 받은 후가 아니면 아무것도 할 수 없다.

ボタンを押してからでなければ、レバーは動きません。
단추를 누른 후가 아니면 레버는 움직이지 않습니다.

・② きちんと確かめてからでないと失敗するよ。 빈틈없이 확인한 후가 아니면, 실패할 것이다.

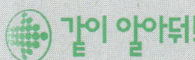 **같이 알아둬!**

접속　동사 て형+てからでないと、てからでなければ、てからでなかったら

해설　①은「～てからでないと、동사+ない」의 꼴로, 뭔가를 실현하는데 반드시 채워져야만 할 조건을 나타낸다. 즉 '어떤 일을 한 후가 아니면 다른 일을 할 수 없다'는 뜻이다.

　②는「～てからでないと、동사+る」의 꼴로, '어떤 일을 하지 않는 경우에는 다른 사태가 된다'는 뜻으로 쓰인다. 뒷문장은 주로 그다지 바람직하지 않은 경우의 일이 온다.

3) ～이라면, ～하다면

～とあれば

・この病気(びょうき)が治(なお)る**とあれば**なんでもやってみようと思(おも)います。
　이 병이 낫는다면 무엇이든지 해 보려고 합니다.

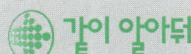 **같이 알아둬!**

해설　그것이 사실인지 아닌지, 혹은 실현 여부에 대해서는 알 수 없으나, '만일 그것이 사실이라고 생각할 경우', 또는 '그것이 실현·존재하는 경우에는'이라는 뜻이다.

4) ～없이는

～なくしては / ～なくして

・① 親(おや)の援助(えんじょ)**なくしては**、とても一人(ひとり)で生活(せいかつ)できない。
　부모님의 원조 없이는 도저히 혼자서 생활할 수 없다.

・② 愛(あい)**なくして**何(なん)の人生(じんせい)か。
　사랑 없이 인생에 무슨 의미가 있느냐.

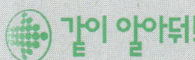 **같이 알아둬!**

접속　명사+なくしては、なくして

해설　①은「AしないでB、AがなければB」로, 'A가 없다면 B가 어려울 것이다'라는 의미로 쓰인다. 회화체에서는「명사+がなかったら」의 꼴로 쓰인다.

　②는 관용구로,「愛(あい)がなかったら人生(じんせい)に何(なん)の意味(いみ)があるというのか。(사랑이 없다면 인생에 무슨 의미가 있다고 할 것인가?)」라는 뜻이다.

5) 일단 ~했다 하면, ~하는 것을 마지막으로

~が最後

・学校内でタバコを吸っているのを見つかったが最後、停学は免れないだろう。
교내에서 담배 피는 것을 한번 들키기만 하면, 정학은 면하지 못할 것이다.

・ここで会ったが最後、謝ってもらうまでは逃がしはしない。
여기서 만난 이상 사과할 때까지는 놓아주지 않겠다.

・それを言ったが最後、君たち二人の友情は完全にこわれてしまうよ。
그걸 말했다가는 너희들 둘의 우정은 완전히 깨지고 말 거야.

> **같이 알아둬!**
>
> **접속** 동사 た(だ) + が最後
>
> **해설** '(일단) ~하기만 하면', '어떤 일이 생기면 반드시'라는 뜻으로, 뒷문장에는 말하는 사람의 의지나 필연
> 적 상황이 온다.

6) ~할 경우에는, ~하는 날에는 / ~할 바에는

① ~ものなら

・あの人に発言させようものなら、一人で何時間でもしゃべっているだろう。
저 사람에게 발언시키는 경우에는 혼자서 몇 시간이나 말할 것이다.

・末っ子の弟は甘やかされて育ったから、兄弟の中で一番わがままだ。気に入らないことをちょっ
とでもされようものなら、すぐに大声で泣き叫ぶ。
막내 동생은 응석받이로 자랐기 때문에, 형제들 중에서 가장 버릇이 없다. 마음에 들지 않는 일을 조금이라도 하게 될 것 같으면
바로 대성통곡을 한다.

② ~くらい(ぐらい)なら

・あんな大学に行くくらいなら就職する方がよほどいい。
그런 대학에 갈 정도라면 취직하는 편이 훨씬 났다.

> **같이 알아둬!**
>
> **접속** ① 동사 의지형(う、よう)+ものなら ② 동사 기본형+くらい(ぐらい)なら
>
> **해설** ①은 '만약에 ~하면(하게 되면), 불이익이나 부정적 상황이 초래될 것'이란 어감을 나타내는 표현이다.
> ②는 「~くらいなら~のほうがいい、~くらいなら(いっそ)~のほうがましだ(~할 정도라면 차
> 라리 ~하는 게 낫다)」는 의미로, 「~くらい(ぐらい)」 앞의 내용에 대해 싫어하고 기피하는 기분을 나
> 타내는 말이다.

(B) 역접 조건(~ても、でも)

1) 설령 ~해도

たとえ(たとい) ~ても(でも)

・たとえ子どもでも、やったことの責任はとらなくてはいけない。
설령 아이라도 한 일의 책임은 지지 않으면 안 된다.

・たとえどんなところに住もうとも、家族がいればいい。
설령 어떤 곳에 살더라도 가족이 있으면 된다.

같이 알아둬!

접속　모든 품사+ても(でも)

해설　「もし~としても」의 의미로, 「たとえ」 뒤에는 「~ても、~とも、~たところで、~としても」 등의 표현이 오게 된다.

2) ~해도, ~이라도

~た(だ)ところで

・① 到着がすこしぐらい遅れたところで、問題はない。
도착이 조금 늦더라도 문제는 없다.

　いくら頼んだところで、あの人は引き受けてはくれないだろう。
아무리 부탁해도, 저 사람은 맡아 주지 않을 것이다.

・② 経済大国日本にしたところで、援助できることは限られている。
경제 대국 일본이라도 원조할 수 있는 데에는 한계가 있다.

같이 알아둬!

접속　동사 た형+た(だ)ところで

해설　①은 기대할 만한 결과를 얻을 수 없음을 나타내는 용법으로, 「ない、無駄だ、無意味だ」와 같은 부정적 표현을 동반한다.

②는 앞의 일이 발생해도 뒤의 사태에 영향을 미치지 않는다는 긍정적 용법이다.

※ 그 밖에 다음에 이어지는 사항의 동기나 계기 등, 일이 매듭지어지는 상황을 나타낸다.

・論文の最後の一行を書いたところで、突然気を失った。
논문의 마지막 한 줄을 쓰고 나서, 갑자기 정신을 잃었다.

3) ~라고, ~라 해도

① **~としても**

・留学するとしても、来年以降です。
유학 간다고 해도, 내년 이후입니다.

· 渋滞でバスが遅れたとしても、電話ぐらいしてくるはずだ。
정체로 버스가 늦어졌다고 해도, 전화 정도는 해 줄 것이다.

· 今からタクシーに乗ったとしても、時間には間に合いそうもない。
지금부터 택시를 탔다고 해도, 시간에는 맞추지 못할 것 같다.

② ～にしても

· 今度の事件で山田氏の政治的影響力は完全に失われることはないにしても弱まることは間違いないだろう。
이번 사건으로 야마다 씨의 정치적 영향력은 완전히 잃어버리는 일은 없다고 하더라도, 약화되는 것은 틀림없을 것이다.

같이 알아둬!

접속 ① 모든 품사+としても ② 체언·な형용사 어간·동사, い형용사의 기본형+にしても
해설 ①은 '만일 ～라 해도 ～하지 않는다', ②는 '가령 그렇다 하더라도'의 뜻이다.

---

4) 비록 ～했다 하더라도

～とて

· たとえ病気だとて試合は休むわけにはいくまい。
비록 병이 났다고 해도 시합은 쉴 수는 없을 것이다.

· 負けたとて悲しむに値しない。
비록 졌다고 하더라도 슬퍼할 만한 일이 아니다.

· 泣いたとて同情はされない。
운다고 해서 동정은 받지 못한다.

같이 알아둬!

접속 동사 た(だ)+とて
해설 「～ても、～としても、～としたって、～たところで」 등의 문어체 표현이며, 「いくら、どんなに、たとえ」 등을 동반하는 경우가 많다.
※ 명사 접속의 경우에는 '～도 역시, ～라도'의 뜻으로 쓰인다.
· この事故に関しては、部下の彼とて責任はまぬかれない。
이 사고에 관해서는 비록 부하인 그라도 책임은 면하지 못한다.

---

5) ～하든 / ～해도 하지 않아도

① ～ようと(も)

· 何をしようと私の自由でしょう。 무엇을 하든 내 자유지요.

・どれほど人々に批判されようとも彼は意見を変えなかった。
아무리 사람들에게 비난받든 그는 의견을 바꾸지 않았다.

・どんな困難に直面しようとも必ず夢を実現するつもりだ。
어떤 곤란에 직면하든 반드시 꿈을 실현할 생각이다.

② ～ようと～まいと

・行こうと行くまいとあなたの自由だ。
가든 안 가든 당신의 자유다.

③ ～ようが

・どこでなにをしようが私の勝手でしょう。
어디에서 무엇을 하든 내 마음 대로지요.

④ ～ようが～まいが

・勉強をやろうがやるまいが私の勝手でしょう。
공부를 하든 하지 않든 내 마음입니다.

> **같이 알아둬!**
>
> 접속　① 동사 의지형+ようと　② 동사 의지형+ようと+동사 기본형+まいと　③ 동사 의지형+ようが
> 　　　④ 동사 의지형+ようが+동사 기본형+まいが
> 해설　①③은 앞 내용에 구속되지 않고 결과가 이루어짐을 나타내며, 후반부에「勝手だ、自由だ、関係ない」
> 　　　등의 표현이 온다. ②④는「してもしなくても(해도 하지 않아도)」의 뜻이다.

6) ～한다 해도, 하든 말든

～にしろ / ～にせよ

・どちらの案を採用するにしろ、メンバーには十分な説明をする必要がある。
어느 쪽 안을 채용하든, 멤버에게는 충분한 설명을 할 필요가 있다.

・いずれにせよもう一度検査をしなければならない。
어떻든 다시 한 번 검사를 해야 한다.

> **같이 알아둬!**
>
> 접속　명사·동사 기본형·동사 た형+にしろ、にせよ
> 해설　「～にしても」의 문어체 표현으로, 예외로써 그것만을 들 이유가 없음을 나타낸다. 참고로「～にしろ～
> 　　　にしろ」는「～でも～でも」의 뜻으로 쓰인다.
>
> ・妻にしろ子供たちにしろ、彼の気持ちを理解しようとするものはいなかった。
> 아내든 아이들이든 그의 기분을 이해하려고 하는 사람은 없었다.
>
> ・来るにせよ来ないにせよ、連絡ぐらいはしてほしい。
> 오든 안 오든 연락 정도는 해주었으면 한다.

7) 비록 ~일지라도 / ~라 해도 / ~(이)든, ~이건

~であれ / ~であれ~であれ

・予習であれ、復習であれ、一度もやったことがない。
비록 아이라 해도 자신이 한 일은 자신이 책임을 지지 않으면 안 된다.

・貧乏であれ、金持ちであれ、彼に対する気持ちは変わらない。
가난하든 부자이든 그 사람에 대한 마음은 변하지 않는다.

・アジアであれ、ヨーロッパであれ、戦争を憎む気持ちは同じはずだ。
아시아든 유럽이든 전쟁을 미워하는 마음은 같을 것이다.

> ### 🔵 같이 알아둬!
>
> **접속** 명사+であれ、~であれ~であれ
> **해설** '어느 쪽의 경우라도'라는 뜻으로,「~であろう~であろう」혹은「~であっても」로 바꿔 쓸 수 있다.
> 형용사의 경우에는「暑かれ寒かれ(덥든 춥든)」처럼「~かれ~かれ」의 형태가 된다.

8) ~라고 하지만, 그렇다 하더라도, 그렇지만

~とはいえ

・仕事が山のようにあって、日曜日とはいえ、出社しなければならない。
일이 산더미처럼 있어서, 일요일이라고는 해도 출근하지 않으면 안 된다.

・国際化が進んだとはいえ、やはり日本社会には外国人を特別視するという態度が残っている。
국제화가 진행되었다고는 하나, 역시 일본사회에는 외국인을 특별시하는 태도가 남아 있다.

・A社とB社は合併することになったらしい。C社に対抗するためとはいえ、思い切った決断をしたものである。
A사와 B사는 합병하기로 한 것 같다. C사에 대항하기 위해서라고 하지만, 과감한 결단을 한 것이다.

> ### 🔵 같이 알아둬!
>
> **접속** 모든 품사+とはいえ
> **해설** '그건 그렇지만, 그러나'라는 뜻이며, 결과가 기대와 다를 때 사용한다.「~だけれども」의 의미로, 접속사로도 쓰인다.
>
> ・病状は危険な状態を脱して、回復に向かっている。とはいえ、まだ完全に安心するわけにはいかない。
> 병세는 위험한 상태를 벗어나 회복되고 있다. 하지만 아직 완전히 안심할 수 있는 것은 아니다.

9) ~라 할지라도, ~라 하더라도 / ~일망정

~といえども

- 冬山はベテランの登山家といえども、遭難する危険がある。
  겨울 산은 베테랑 등산가라 할지라도 조난될 위험이 있다.

- 親は子供がまんがを読むのを快く思わない。 しかし、まんがといえども立派な文化の産物である。
  부모는 아이가 만화를 읽는 것을 달갑게 생각하지 않는다. 그러나 만화라 하더라도 훌륭한 문화의 산물이다.

- スポーツマンの家田さんといえども、風邪には勝てなかったらしい。
  스포츠맨인 이에다 씨라 해도, 감기에는 이길 수 없었던 것 같다.

같이 알아둬!

접속 명사＋といえども

해설 자격이나 능력으로 당연히 할 수 있으리라는 예상에 반대되는 결과의 성립을 표현한다. 「でも」로 바꿔 쓸 수 있다.

---

10) ~라 해도, ~하는가 하면, ~인가 하지만

① ~と言っても

- 風邪を引いたと言っても、そんなに熱はない。
  감기에 걸렸다 해도, 그렇게 열은 없다.

- 山登りが趣味だと言っても、そんなに経験があるわけではありません。
  등산이 취미라고는 해도, 그렇게 경험이 있는 것은 아닙니다.

- 料理ができると言っても、たまごやきぐらいです。
  요리를 할 수 있다고 해도 달걀부침 정도입니다.

② ~かというと / ~かといえば

- おばさんはしょっちゅう具合が悪いとこぼしるが、病気なのかというとそうでもないらしい。
  숙모는 늘 몸 상태가 안 좋다고 푸념하는데 병인가 하면 그렇지도 않은 것 같다.

- 「3歳までの育児は母親がすべきだ」と言う人がいるが、子育てするのが母親でなくてはならないかというと、必ずしもそうではないと思う。
  '3살까지의 육아는 엄마가 해야 한다'고 말하는 사람이 있으나, 아이를 키우는 것이 엄마가 아니면 안 되는가 하면, 반드시 그렇지 만은 않다고 생각한다.

- 犬は好きだが、飼いたいかといえばそうでもない。
  개는 좋아하지만 키우고 싶은가 하면 그렇지도 않다.

접속 ①모든 품사+といっても   ②모든 품사+かというと、かといえば

해설 ①은 「だが、しかし」의 뜻으로, 앞의 내용이 실제로는 그 정도로 비중 있는 것은 아님을 나타낼 때 사용된다.

②는 '～하는가 하면, ～인가 하지만'의 뜻으로, 상대의 발언을 받아 다음 내용을 재촉하거나, 거기서 추정되는 내용을 서술할 때 사용한다.

[7] 대상

(A) ～에 대하여(관하여)

1) ～에 관하여, ～에 관해서는, ～에 관해서도, ～에 관한

～に関して(は、も) / ～に関する

・その事件に関して学校から報告があった。
그 사건에 관해 학교에서 보고가 있었다.

・地震災害に関しては、わが国は多くの経験と知識を持っている。
지진 재해에 관해서는 우리나라는 많은 경험과 지식을 갖고 있다.

・コンピューターに関する彼の知識は相当なものだ
컴퓨터에 관한 그의 지식은 상당한 것이다.

같이 알아둬!

접속 명사+に関して(は、も)

해설 「それに関係して(그것에 관계해서)」「それについて(그것에 대해서)」의 뜻이며, 「명사+に関しての+명사」의 꼴로도 쓰인다.

2) ～을 둘러싸고, ～을 둘러싼

～をめぐって / ～をめぐる

・彼の自殺をめぐって様々なうわさや憶測が乱れとんだ。
그의 자살을 둘러싸고 온갖 소문이나 억측이 난무했다.

・人事をめぐって、社内は険悪な雰囲気となった。
인사를 둘러싸고 사내는 험악한 분위기가 되었다.

・政治献金をめぐる疑惑がマスコミに大きくとりあげられている。
정치헌금을 둘러싼 의혹이 매스컴에 크게 문제되고 있다.

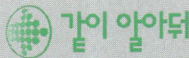

접속 명사+をめぐって、をめぐる

해설 문제가 되고 있는 점을 드는 표현으로, 뒤에 오는 동사는 「議論する(의논하다)」, 議論を戦わす(논쟁을 벌이다)」, 「うわさが流れる(소문이 퍼지다)」, 「紛糾する(시끄럽게 되다)」 등으로 한정된다.

3) ~에 관하여, ~에 있어서

~にかけて(は)

・話術にかけては彼の右に出る者はいない。
　　화술에 관해서는 그를 따를 사람이 없다.

・忍耐力にかけては人より優れているという自信がある。
　　인내력에 있어서는 남보다 뛰어나다는 자신이 있다.

접속 명사+にかけて

해설 '그 일에 관해서는'이라는 뜻으로, 후문에는 기술이나 능력에 대한 평가의 표현이 이어진다. 명사를 수식할 때는 「명사+にかけての+명사」가 된다.

　※ 그밖에 다른 표현
　・面子にかけても約束は守る。
　　　체면을 걸고라도 약속은 지킨다.
　・今月から来月にかけて休暇をとるつもりだ。
　　　이달부터 다음 달에 걸쳐 휴가를 얻을 생각이다.

[8] 병렬

(A) ~나 ~나

1) ~나 ~나 (~에 관련하여, ~이 있으면 그것과 함께)

~につけ / ~につけて / ~につけても

・① いいにつけ悪いにつけ、あの人達の協力を仰ぐしかない。
　　좋든 싫든 저 사람들에게 협력을 청할 수밖에 없다.

・② 何事につけ我慢が肝心だ。
　　어떤 경우든 참고 견디는 것이 중요하다.

・③ 彼はなにかにつけ私のことを目のかたきにする。
　　그는 무엇이든 내 일에 대해서는 눈엣가시로 여긴다.

・④ その曲を聞くにつけ、苦しかったあの時代のことが思い出される。
　그 곡을 들을 때면 힘들었던 그 시절의 일이 떠오른다.

 **같이 알아둬!**

접속　명사・형용사 기본형・동사 기본형+につけ、につけて、につけても
해설　「Aに関連して、AでもBでも(A에 관련해서, A라도 B라도)」의 뜻이다. 관용적으로 고정된 표현으로,
　　　①은 두 개의 대비적인 내용을 나타내어 「よくても悪くても(좋든 싫든 어느 쪽의 경우라도)」의 뜻이
　　　고, ②는 「どんな場合でも(어떤 경우라도)」, ③은 「何にでも(뭔가 기회가 있을 때마다)」라는 뜻이다.
　　　④는 뒤의 문장에 추억이나 후회 등의 감정과 사고에 관한 내용이 이어진다.

2) ~이든 ~이든

~といい~といい

・娘といい、息子といい、遊んでばかりで、全然勉強しようとしない。
　딸이든 아들이든 놀기만 하고 전혀 공부하려고 하지 않는다.

・玄関の絵といい、この部屋の絵といい、時価一千万を越えるものばかりだ。
　현관의 그림이나, 이 방의 그림이나 시가 천만을 넘는 것뿐이다.

같이 알아둬!

접속　명사+といい+명사+といい
해설　「AもBも(A도 B도)」의 뜻으로, 두 개의 것을 예로 들면서 다른 것도 그렇다는 의미를 포함하게 된다.

3) ~니 어쩌니, 이러쿵저러쿵

~のなんの

・まずいのなんのと文句を言う。　맛있느니 어쩌니 불평을 한다.

・テレビに出るのなんのと騒いでいる。　텔레비전에 나오느니 안 나오느니 떠들고 있다.

・彼は足は痛いのなんのと理由をつけては、サッカーの練習をさぼっている。
　그는 발이 아프다니 어쩌니 이유를 들어서, 축구 연습을 농땡이 부리고 있다.

같이 알아둬!

접속　동사 기본형・형용사 기본형+のなんの
해설　비슷한 내용의 표현이 이후에도 여러 가지 나오는 경우나 잔소리처럼 이어지는 느낌을 나타낸다. 비슷
　　　한 표현으로 「~のなんぞ(と)」가 있다.

4) ~도 ~하고, ~도

~も~ば、~も / ~も~なら、~も

・<ruby>車<rt>くるま</rt></ruby>に<ruby>乗<rt>の</rt></ruby>っていると、<ruby>便利<rt>べんり</rt></ruby>な<ruby>時<rt>とき</rt></ruby>も あれば、<ruby>不便<rt>ふべん</rt></ruby>な<ruby>時<rt>とき</rt></ruby>も ある。
차를 타고 있으면 편리할 때도 있는가 하면 불편할 때도 있다.

・<ruby>彼<rt>かれ</rt></ruby>は<ruby>器用<rt>きよう</rt></ruby>な<ruby>男<rt>おとこ</rt></ruby>で<ruby>料理<rt>りょうり</rt></ruby>も できれば<ruby>裁縫<rt>さいほう</rt></ruby>も できる。
그는 재주가 있는 남자로 요리도 할 수 있는가 하면 재봉도 잘한다.

・<ruby>勲章<rt>くんしょう</rt></ruby>なんかもらっても、うれしくも なければ、<ruby>名誉<rt>めいよ</rt></ruby>だとも<ruby>思<rt>おも</rt></ruby>わない。
훈장 따위 받아도 기쁘지도 않거니와, 명예라고도 생각하지 않는다.

> ### 같이 알아둬!
> 접속 명사+も+동사·い형용사 가정형(ば)+명사+も / 명사+も+な형용사 가정형(なら)+명사+も
> 해설 「AもBも<ruby>両方<rt>りょうほう</rt></ruby>とも(A도 B도 양쪽 모두)」의 의미로, 유사한 표현을 병렬적으로 나열하여 강조할 때, 혹은 대조적인 것을 나열할 때 사용한다.

[9] 결정 요인

(A) ~에 의해서 (결정되다)

1) ~에 의해, ~나름

~<ruby>次第<rt>しだい</rt></ruby>で(は)

・<ruby>世<rt>よ</rt></ruby>の<ruby>中<rt>なか</rt></ruby>は<ruby>金<rt>かね</rt></ruby><ruby>次第<rt>しだい</rt></ruby>でどうにでもなる。 세상은 돈에 의해 어떻게든 된다.

・<ruby>結婚<rt>けっこん</rt></ruby>した<ruby>相手<rt>あいて</rt></ruby><ruby>次第<rt>しだい</rt></ruby>で<ruby>人生<rt>じんせい</rt></ruby>が<ruby>決<rt>きま</rt></ruby>ってしまうこともある。
결혼한 상대에 따라 인생이 결정되어 버리는 경우도 있다.

・するかしないかは、あなた<ruby>次第<rt>しだい</rt></ruby>だ。 할지 안 할지는 당신이 결정할 일이다.

> ### 같이 알아둬!
> 접속 명사+<ruby>次第<rt>しだい</rt></ruby>で(は)
> 해설 'A가 어떠한가에 의해 B가 결정된다'는 뜻으로, 명사에 의해 여러 가지로 바뀌거나 좌우됨을 의미한다.

2) ~에 따라

~いかんだ / ~いかんで / ~いかんによっては

・これは<ruby>成功<rt>せいこう</rt></ruby>するかどうかはみんなの<ruby>努力<rt>どりょく</rt></ruby>いかんだ。
이것이 성공할지 어떨지는 모두의 노력 여하에 달렸다.

・あの<ruby>人<rt>ひと</rt></ruby>いかんで<ruby>予算<rt>よさん</rt></ruby>は<ruby>何<rt>なん</rt></ruby>とでもなる。
그 사람 생각 여하에 따라 예산은 좌우된다.

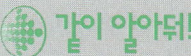

같이 알아둬!

접속 명사+いかんだ、いかんで、いかんによっては

해설 그 내용이나 상태에 따라 일이 실현될지 어떨지를 나타내는 표현이다. 「次第で」의 의미이다.

3) ～여부에 관계하지 않고, ～여하에 관계 없이

① ～いかんによらず

- 出席欠席のいかんによらず、同封した葉書にてお返事くださるようお願いいたします。
  출결석 여하에 관계 없이, 동봉한 엽서에 답장해 주시기 바랍니다.

- 成り行きいかんによらず連絡をすべきだ。
  결과에 관계 없이 연락을 해야 한다.

② ～いかんにかかわらず

- 理由のいかんにかかわらず例外は認めない。
  이유 여하에 관계 없이 예외는 인정하지 않는다.

같이 알아둬!

접속 ① 명사(の)+いかんによらず ② 명사(の)+いかんにかかわらず

해설 「～に関係なく(～에 관계없이)」의 의미다.

[10] 양자(두 가지)의 관계

(A) 관계 없음

1) ～에 관계하지 않고(관계 없이)

～にかかわらず / ～にかかわりなく / ～にはかかわりなく

- 試合は晴雨にかかわらず決行する。
  시합은 날씨에 관계하지 않고 결행한다.

- 性別にかかわらず優れた人材を確保したい。
  성별에 관계 없이 뛰어난 인재를 확보하고 싶다.

같이 알아둬!

접속 명사+にかかわらず、にかかわりなく、にはかかわりなく

해설 '그 차이에 관계 없이, 혹은 그 차이를 문제 삼지 않고' 라는 뜻이다.

2) ~을 무시하고(신경 쓰지 않고)

~をよそに

・弟は親の心配をよそに毎晩遅くまで遊んでいる。
　남동생은 부모님의 걱정은 안중에도 없이 매일 밤늦게까지 놀고 있다.

・密室政治という悪評をよそにまた密室での決定がなされた。
　밀실정치라는 악평에 관계없이 또 다시 밀실에서의 결정이 이루어졌다.

・住民の反対運動が盛り上がるのをよそに、高層ホテルの建設工事はどんどん進められた。
　주민의 반대운동이 고조되는 것과는 관계없이, 고층 호텔의 건설공사는 척척 진행되었다.

> **같이 알아둬!**
>
> 접속　명사+をよそに
> 해설　'~와는 관계없이, ~을 상관하지 않고' 라는 뜻으로, 걱정·소문·비난·비판·기대 등의 감정이나 평가를 나타내는 명사를 사용하여 그것을 무시하고 신경 쓰지 않는다는 의미다.

3) ~은 빼고, ~은 제외하고

~抜きで / ~抜きに / ~抜きの / ~は抜きにして

・この集まりでは、形式張ったこと抜きで気楽にやりましょう。
　이 모임에서는 격식을 차리는 것은 빼고 마음 편히 합시다.

・前置きは抜きで、さっそく本論に入りましょう。
　서론은 빼고 즉시 본론으로 들어갑시다.

・わさび抜きの寿司はおいしくない。
　고추냉이가 없는 초밥은 맛이 없다.

・冗談は抜きにして、内容の討議に入りましょう。
　농담은 빼고 내용 검토로 들어갑시다.

> **같이 알아둬!**
>
> 접속　명사+抜きで、抜きに、抜きの、は抜きにして
> 해설　「~なしで、~を除いて」의 뜻이다.

(B) 관계 있음

1) ~빼고서는(제외하고서는)

~抜きでは / ~抜きに(は)

・この企画は、彼の協力抜きには考えられない。
　이 기획은 그의 협력 없이는 생각할 수 없다.

- 資金援助抜きに研究を続けることは不可能だ。
  자금 원조 없이 연구를 계속하는 일은 불가능하다.

接続　명사+抜きでは、抜きに(は)
해설　'～없이는 ～할 수 없다'는 의미로, 문말은 부정의 형태로 끝난다.

2) ～에 관련되다, ～에 관련된, ～에 연관된

～に関わる

- 人の命に関わる仕事をするには、それなりの覚悟が要る。
  사람의 생명에 관련된 일을 하려면 그 나름대로의 각오가 필요하다.

- 命に関わる病気ではないので心配いりません。
  생명에 관련된 병은 아니기 때문에 걱정할 필요는 없습니다.

- こんなひどい商品を売ったら店の評判に関わる。
  이런 형편없는 상품을 팔면 가게의 평판에 영향을 미친다.

접속　명사+に関わる
해설　'～에 관계되다(영향이 있다)'라는 뜻으로, 주로 중대한 사항에 대해 다룰 때 사용된다.

3) ～와 더불어, 함께

～と相まって

- 彼の現代的な建築は背景のすばらしい自然と相まって、シンプルでやすらぎのある空間を生み出している。
  그의 현대적인 건축은 훌륭한 자연 배경과 더불어 심플하고 평온함이 있는 공간을 창출해내고 있다.

- 好天気と相まってこの日曜は人出が多かった。
  좋은 날씨와 더불어 이번 일요일은 인파가 많았다.

접속　명사+と相まって
해설　'A와 B 두 가지 일이 겹쳐서 C라는 좋은 결과가 되다'라는 뜻이다.

[11] 판단 · 평가

(A) 판단 기준을 나타냄

1) ~에 비해서는, 비교적

~割に(は)

- あのレストランは値段の割においしい料理を出す。
  저 레스토랑은 가격에 비해 맛있는 요리를 내놓는다.

- 心配した割にはいい結果が出た。
  걱정한 것에 비해서는 좋은 결과가 나왔다.

- このいすは値段が高い割には、すわりにくい。
  이 의자는 가격이 비싼 것에 비하면, 앉기 불편하다.

- ほかの従業員の倍の仕事をさせられている割には、給料が低い。
  다른 종업원의 배를 일하는 것에 비해서는, 월급이 적다.

- あまり勉強しなかった割にはこの前のテストの成績はまあまあだった。
  그다지 공부하지 않은 것에 비해서는 지난 테스트 성적은 보통이었다.

같이 알아둬!

접속 동사 기본형 · 동사 た · 동사 ない · い형용사 기본형 · な형용사 어간 · 명사の+割に(は)

해설 '~에 비해서는'의 의미로, 상식적으로 예상되는 기준과 비교했을 때 기준대로가 아닐 경우에 사용한다.

---

2) ~치고는, ~라는 것을 고려한다면

~にしては

- 子供にしてはむずかしい言葉をよく知っている。
  어린아이치고는 어려운 말을 잘 알고 있다.

- このアパートは都心にしては家賃が安い。
  이 아파트는 도심치고는 집세가 싸다.

- 貧乏人にしてはずいぶん立派なところに住んでいる。
  가난한 사람치고는 상당히 멋진 곳에 살고 있다.

같이 알아둬!

접속 명사 · 동사 기본형 · 동사 た · な형용사 어간+にしては

해설 「わりには」,「その割に」의 뜻이며, 예상과는 반대되는 현상을 표현한다.

(B) 판단 재료를 나타냄

3) ~로 보아, ~로 판단했을 때

~からすると / ~からすれば / ~からしたら

・あの言い方からすると、私はあの人にきらわれているようだ。
  그 말투로 보아, 나는 저 사람에게 미움 받고 있는 것 같다.

・あの人の性格からすると、そんなことで納得するはずがない。
  그 사람의 성격으로 보아, 그런 일로 납득할 리가 없다.

・あの口ぶりからすると、彼はもうその話を知っているようだな。
  그 말투로 보아 그는 벌써 그 이야기를 알고 있는 것 같은데.

・新校舎の完成は大幅に遅れているらしい。現状からするとあと1か月はかかりそうだ。
  신교사의 완성은 대폭으로 늦어지고 있는 것 같다. 현재 상황으로 보아 앞으로 한 달은 걸릴 것 같다.

 같이 알아둬!

접속 　명사+からすると、からすれば、からしたら

해설 　'~에서 생각하면, ~에서 판단해 볼 때'의 뜻으로, 판단의 근거를 나타낸다. 「~からして、~からみて、~からいって」등으로도 표현한다.

(C) 정도의 높이를 판단함

4) ~까지는 아니어도

~ないまでも

・毎日とは言わないまでも、週に2、3度は掃除をしようと思う。
  매일까지는 아니지만 일주일에 2, 3번은 청소를 하려고 한다.

・予習はしないまでも、せめて授業には出て来なさい。
  예습까지는 하지 않아도, 적어도 수업에는 나오세요.

・絶対とは言えないまでも、成功する確率はかなり高いと思います。
  절대라고까지는 말할 수 없어도, 성공할 확률은 꽤 높다고 생각합니다.

같이 알아둬!

접속 　동사 ない형+ないまでも

해설 　앞 문장은 중요도가 높은데 비해, 뒤의 문장은 그것보다 낮은 정도를 표현한다. 「そこまでの程度でなくても、せめてこのぐらいは(그 정도까지는 아니어도, 적어도 이 정도는)」의 의미로 쓰인다.

[12] 대체 설명

(A) 상황을 자세히 설명함

1) ~에 맞추어, ~에 따라, ~에 응하여

~に応じて / ~に応じ / ~に応じた

· 物価の変動に応じて給料を上げる。 물가 변동에 맞추어 급료를 올리다.

· 状況に応じて戦法を変える。 상황에 따라 전법을 바꾸다.

· 状況に応じた戦法をとる。 상황에 따른 전법을 쓰다.

🔵 같이 알아둬!

접속 명사+に応じて、に応じ、に応じた

해설 '그 상황의 변화나 다양성에 맞추어서'라는 뜻으로, 명사가 이어질 때는 「명사+に応じた+명사」의 꼴로 쓰인다.

---

2) ~에 의거하여, ~에 입각하여, ~을 근거로

① ~に即して / ~に即した

· 町の再開発をいっきょに進めるのには無理がある。実状に即して計画を練らなければならない。
시내의 재개발을 단숨에 진행하는 데는 무리가 있다. 실정에 입각하여 계획을 다듬지 않으면 안 된다.

· 事実に即して想像をまじえないで事件について話してください。
사실에 입각하여 상상을 끼워 넣지 말고 사건에 대해 말해 주세요.

· この問題は私的な感情ではなく、法に即して解釈しなければならない。
이 문제는 사적인 감정이 아니라, 법에 입각하여 해석하지 않으면 안 된다.

② ~を踏まえて

· 今年度の反省を踏まえて来年度の計画を立てなければならない。
금년도의 반성을 발판으로 내년도의 계획을 세우지 않으면 안 된다.

🔵 같이 알아둬!

접속 명사+に即して、に即した、を踏まえて

해설 사실·체험·규범 등의 명사에 접속되어 「それにそって、それに従って(그것에 따라)」,「それを基準として(그것을 기준으로 하여)」의 뜻을 나타낸다. 기준에 따르는 의미의 경우에는 「則」를 사용한다.

· 規定に則しても、君のほうが間違っている。
규정에 따라도 자네가 틀렸다.

---

3) 〜로써, 〜으로, 〜을 써서

〜をもって

- このレポートをもって、結果報告とする。 이 리포트로 결과보고 한다.

- この書類をもって、証明書とみなす。 이 서류로써 증명서로 간주한다.

- これをもって、挨拶とさせていただきます。 이것으로써 인사하겠습니다.

- 書面をもって返事します。 서면으로 답변하겠습니다.

- 結果をもって良しとする。 결과를 토대로 좋다고 판단하다.

- 山下博士が画期的な理論を打ち立てたと新聞に出ていた。博士の頭脳と実力をもってすれば、それは意外なことではない。
  야마시타 박사가 획기적인 이론을 세웠다고 신문에 실려 있다. 박사의 두뇌와 실력으로 생각한다면, 그것은 의외의 일이 아니다.

같이 알아둬!

접속 명사+をもって

해설 「〜をもって」는 문장체에서 조사와 같은 역할을 하며, 도구나 수단·기한 ·근거 ·판정이나 인정의 대상을 나타낸다.
①〜⑤는 「〜によって、〜で」의 뜻으로, 기일(期日)·수단·상태나 의회 등의 공식 석상에서 쓰인다.
⑥은 「〜をもってすれば(〜으로 간주하면)」라는 형태로 「〜があれば、困難なことが表現できる」라는 것을 나타내는 경우도 있다.

- 彼の誠実さをもってすれば、わかってもらえるだろう。
  그의 성실함을 생각해보면 이해해 줄 수 있을 것이다.

---

4) 〜을 마지막으로, 끝으로

〜を限りに

- 今日を限りに今までのことはきれいさっぱり忘れよう。
  오늘을 마지막으로 이제까지의 일은 깨끗이 잊겠다.

- 明日の大晦日を限りにこの店は閉店する。
  내일 섣달 그믐날을 마지막으로 이 가게는 폐점한다.

- みんなは声を限りに叫んだが、何の返事も返ってこなかった。
  모두는 가능한 한 큰소리를 내서 외쳤지만 아무런 대답도 돌아오지 않았다.

같이 알아둬!

접속 명사+を限りに

해설 「今日、今回」등 때를 나타내는 말에 붙어, '그 때를 마지막으로 하여'라는 의미로 쓰인다. 「声をかぎりに」는 관용 표현으로 '가능한 한 큰 소리를 내서' 라는 뜻이다.

5) 우연히(무심코) ~하다, ~랄 것도 없이

～ともなく / ～ともなしに

・どこを眺める<ruby>眺<rt>なが</rt></ruby>めるともなく、ぼんやり<ruby>遠<rt>とお</rt></ruby>くを<ruby>見<rt>み</rt></ruby>つめている。
특별히 어디를 바라보는 것도 아니고, 멍하니 먼 곳을 응시하고 있다.

・<ruby>老人<rt>ろうじん</rt></ruby>は<ruby>誰<rt>だれ</rt></ruby>に<ruby>言<rt>い</rt></ruby>うともなく「もう<ruby>秋<rt>あき</rt></ruby>か」とつぶやいた。
노인은 혼잣말처럼 '벌써 가을인가'라며 중얼거렸다.

 같이 알아둬!

접속 동사 기본형+ともなく、ともなしに
해설 「<ruby>見<rt>み</rt></ruby>る、<ruby>話<rt>はな</rt></ruby>す、<ruby>言<rt>い</rt></ruby>う、<ruby>考<rt>かんが</rt></ruby>える」 등과 같은 의지적인 행위의 동사를 받아서, 그 동작이 분명한 의도나 목적 없이 이루어지고 있는 모습을 나타낸다. 의문사를 흔히 동반하여 '어느 부분인지는 꼭 집을 수 없지만'이라는 뜻으로 쓰인다. 비슷한 표현으로 「なにげなく(무심코, 아무런 생각 없이)」가 있다.

[13] 전문

(A) 들은 것을 전함

1) ～라던가, ～라는

～とか(いう)

・<ruby>山田<rt>やまだ</rt></ruby>さんとかいう<ruby>人<rt>ひと</rt></ruby>が<ruby>訪<rt>たず</rt></ruby>ねてきていますよ。
야마다 씨라고 하는 사람이 찾아 왔어요.

・<ruby>田中<rt>たなか</rt></ruby>さんは<ruby>今日<rt>きょう</rt></ruby>は<ruby>風邪<rt>かぜ</rt></ruby>で<ruby>休<rt>やす</rt></ruby>むとか。
다나카 씨는 오늘은 감기로 쉰다고 한다.

・<ruby>天気予報<rt>てんきよほう</rt></ruby>によると<ruby>台風<rt>たいふう</rt></ruby>が<ruby>近<rt>ちか</rt></ruby>づいているとかいう<ruby>話<rt>はなし</rt></ruby>です。
일기예보에 의하면 태풍이 다가오고 있다고 합니다.

 같이 알아둬!

접속 명사·인용절+とか
해설 들은 내용을 타인에게 전할 경우에 사용된다. 문말에 올 때는 「<ruby>言<rt>い</rt></ruby>っている、<ruby>言<rt>い</rt></ruby>った」가 생략되기도 하며, 내용이 불확실함을 나타낸다.

[14] 문어적 표현

1) ～뿐

ただ～のみ

・<ruby>部下<rt>ぶか</rt></ruby>はただ<ruby>命令<rt>めいれい</rt></ruby>に<ruby>従<rt>したが</rt></ruby>うのみだ。
부하는 단지 명령에 따를 뿐이다.

・<ruby>金持<rt>かねも</rt></ruby>ちのみが<ruby>得<rt>とく</rt></ruby>をする<ruby>世<rt>よ</rt></ruby>の<ruby>中<rt>なか</rt></ruby>だ。
부자만이 이득을 얻는 세상이다.

 **같이 알아둬!**

접속 ただ+모든 품사+のみ
해설 「～のみ」는 「～だけ(～만, ～뿐)」의 문어체 표현이다.

2) ～뿐 아니라

(ただ)～のみならず

・若い人のみならず老人や子供達にも人気がある。
젊은 사람뿐 아니라 노인이나 아이들에게도 인기가 있다.

・戦火で家を焼かれたのみならず、家族も失った。
전화로 집이 타 버렸을 뿐 아니라 가족도 잃었다.

・彼の鮮やかなプレーには、だれもが目をうばわれた。そして、味方の応援団からのみならず
相手チームの人々からも拍手がわいた。
그의 멋진 플레이에는 누구나가 넋을 잃었다. 그리고 우리 편 응원단뿐만 아니라 상대팀 사람들로부터도 박수가 들끓었다.

 같이 알아둬!

접속 모든 품사+のみならず
해설 「～のみならず」는 「～だけでなく(～뿐 아니라)」의 문어체 표현이다.
※「だけならず」라는 말은 사용하지 않는다.

3) ～해서는 안 된다

① ～べからず

・落書きするべからず。 낙서하지 말 것.

・芝生に入るべからず。 잔디에 들어가지 말 것.

② ～べからざる

・川端康成は日本の文学史上、欠くべからざる作家だ。
가와바타 야스나리는 일본 문학사상, 빠트릴 수 없는 작가다.

 같이 알아둬!

접속 ① 동사 기본형+べからず   ② 동사 기본형+べからざる
해설 「べし」는 문어(文語) 조동사로, '상대방에게 응당 그렇게 해야 함, 당연함, 응당 그렇게 해야 할 것'을 나
타내는 것으로, '～하는 것이 마땅하다, ～임에 틀림없다' 등의 뜻을 갖고 있다.
①의 「べからず」는 「べし」의 부정형으로, 「～てはいけない(～해서는 안 된다)」라는 강한 금지의 뜻이다.
②의 「べからざる」는 뒤에 명사가 오며, 「～ことができない(～할 수 없다) / ～てはいけない(～해
서는 안 된다)」라는 뜻을 가진다.

4) ～하도록, ～위해서

～べく / ～べき

- 大学_{だいがく}に進_{すす}む**べく**上京_{じょうきょう}した。 대학에 진학하기 위해 상경했다.

- 速_{すみ}やかに解決_{かいけつ}す**べく**努力_{どりょく}いたします。 신속히 해결할 수 있도록 노력하겠습니다.

- 学生_{がくせい}は勉強_{べんきょう}す**べき**だ。 학생은 공부해야 한다.

- エイズは恐_{おそ}る**べき**速_{はや}さで世界中_{せかいじゅう}に広_{ひろ}がっている。
  에이즈는 가공할 만한 속도로 전 세계에 번지고 있다.

같이 알아둬!

접속 동사 기본형+べし（き）、べき

해설 ①「べく」는「べし」의 연용형으로,「～ために(을 하기 위해)」,「～ように(할 수 있도록)」의 의미를 갖는다.「する」의 경우에는 주로「すべく」라고 한다.
② 「べき」는「べし」의 연체형으로, '당연하다, ～해야 한다'라는 뜻이다.「べき」의 부정형은「べきではない」이며, '～해서는 안 된다, ～하는 것은 좋지 않다'라는 뜻이다.

- 優勝_{ゆうしょう}は望_{のぞ}む**べく**もない。 우승은 기대할 수도 없다.
  = 望_{のぞ}むことはできない。 바랄 수가 없다

---

5) ～하지 않을 것이다(부정추측)

① ～まい

- 酒_{さけ}はもう二度_{にど}と飲_のむ**まい**。 술은 이제 두 번 다시 마시지 않겠다.

- 二度_{にど}と同_{おな}じ間違_{まちが}いはする**まい**。 두 번 다시 같은 실수는 하지 않겠다.

- この嬉_{うれ}しさは他人_{たにん}にはわかる**まい**。 이 기쁨은 다른 사람은 모를 것이다.

같이 알아둬!

접속 5단 동사 기본형+まい / 1단 동사・くる・する 기본형 및 ない형+まい
단, する는「するまい、しまい、すまい」, くる는「くるまい、こまい」의 형태로 접속

해설 부정 의지・부정 추측의 조동사로,「二度_{にど}と～まい」는 '두 번 다시 ~지 않겠다(부정의지)'라는 의미를 나타낸다.
① 의지 :「동사 ない/동사+ないようにしよう/동사+ないつもりだ」의「～しないと心を決める」의 뜻과 같이 쓰인다.
② 추측 :「～ないだろう」와 같은 의미. 실제로도「まい」보다는「ないだろう」가 자주 쓰인다.
※ 부정추측의 부정
  ・동사+ない → あるまい
  ・명사・な형용사+ではない → ではあるまい
  ・い형용사+くない → くあるまい

② 〜でもあるまいし

- 役者でもあるまいし、こんなに腹を立てているのにニコニコなんかしていられるものですか。
  배우도 아니고 말이야, 이렇게 화를 내고 있는데도 싱글벙글 하고 있을 수 있는 것입니까?

- 学生でもあるまいし、アルバイトはやめて、きちんと勤めなさい。
  학생도 아니고, 아르바이트는 그만두고 제대로 취직하세요.

- 子供でもあるまいし、自分のことは自分でしなさい。
  어린애도 아니고, 자신의 일은 스스로 하세요.

- お客さんにきちんとあいさつするくらい、子供じゃあるまいし、言われなくてもやりなさい。
  손님에게 제대로 인사하는 것 정도, 어린애도 아니고 말하지 않아도 해라.

③ 〜ではあるまい

- 帰国したのではあるまいか。 귀국하지 않을 것인가?

- 分別ある大人が知らなかったではあるまい。 분별 있는 어른이 몰랐다고는 하지 않을 것이다.

④ 〜ではあるまいか

- 私がビジネスでこれまでに訪れたことのある国は、すでに50をこえているのではあるまいか。
  내가 비즈니스로 지금까지 방문해 온 나라는 벌써 50을 넘고 있는 게 아닌가.

🔵 같이 알아둬!

접속 명사·동사 기본형/동사 た + の/ん + ではあるまいし、ではあるまい、ではあるまいか

해설 ②의 「명사+でもあるまいし」는 「〜+ではないのだから(ではないはずだから)〜しなさい(しては
いけない)(〜은 아닐 테니까 〜하세요[〜해서는 안 된다])」의 의미로 쓰인다.
③의 「〜ではあるまい(〜하지 않을 것이다)」는 문말에 사용하여 '부적당하다'는 의미를 나타낸다.
④의 「〜ではあるまいか(〜한 게 아닌가)」는 「〜では(でも)あるまい」의 꼴로 문말에서 보통 '앞의 일
이 부적당하다'는 의미를 나타낸다. 비난이나 멸시의 기분이 담겨 있는 표현이다.

---

6) 〜같은, 〜처럼

〜ごとき / 〜のごとし / 〜ごとく

- 山田ごときに負けるものか。 야마다처럼 패배할 리가 있겠느냐.

- 光陰矢のごとし。 광음은 화살 같다(세월은 화살같이 빠르다).

- 時間というものは、矢のごとく速くすぎさっていくものだ。
  시간이란 것은 화살처럼 빨리 지나가는 것이다.

- 彼は、事件には関係していないかのごとく、知らぬふりをしていた。
  그는 사건에는 관계하고 있지 않다는 것처럼, 모르는 척을 하고 있었다.

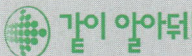
접속 명사+ごとき → 명사+のような (예시로서 멸시의 느낌을 포함한다)

　　명사+の+ごとし → ような(양태와 예시)

　　명사・동사 た형+の+ごとく → ように(양태와 예시)

7) ~인(된)

~たる

・警官たる者、そのような犯罪にかかわってはいけない。

　경찰관인 사람, 그런 범죄에 걸려들어서는 안 된다.

・国家の指導者たる者は緊急の際にすばやい判断ができなければならない。

　국가의 지도자인 사람은 긴급할 때에 민첩한 판단을 할 수 있어야 한다.

・国会議員たる者は身辺潔白でなければならないはずである。

　국회의원인 사람은 신변이 결백하지 않으면 안 될 것이다.

접속 명사+たる+명사

해설 '~인, ~된'이라는 자격을 나타내는 말이다. 「~たる者(~인 사람)」의 꼴로 장중한 인상과 과장된 어조로 연설이나 형식적인 말에 쓰인다.

8) ~(상황, 경우)에서

~にあって

・異国の地にあって、仕事を探すこともままならない。

　이국 땅에서 일을 찾는 것도 뜻대로 안 된다.

・大臣という職にあって、不正を働いていたとは許せない。

　대신(장관)이라는 자리에서 부정을 저지르고 있었다니 용서할 수 없다.

・母は病床にあって、なおも子供達のことを気にかけている。

　엄마는 병상에서 더욱더 아이들 일을 염려하고 있다.

접속 명사+にあって

해설 '(그 상황 하)에서'라는 의미이다. ① '그 상황에 있으면서' ② '~에 있음에도 불구하고' 라는 두 가지 의미로 쓰인다.

9) ~할 만할, ~하기에 합당한

~に足る

・相手を十分納得させるに足るデータを示す必要がある。
상대를 충분히 납득시킬 만한 데이터를 보일 필요가 있다.

・一生のうちに語るに足る冒険などそうあるものではない。
일생동안 말할 만한 모험 등이 그렇게 있는 것은 아니다.

・学校で子供たちが信頼するに足る教師に出会えるかどうかが問題だ。
학교에서 아이들이 신뢰할 만할 교사를 만날 수 있을지 어떨지가 문제다.

> **같이 알아둬!**
>
> 접속　동사 기본형+に足る
> 해설　「尊敬する・信頼する」등의 단어와 같이 쓰여서 '그렇게 할 가치가 충분히 있다, 그렇게 하기에 합당하다, 충분히 ~할 수 있다'라는 뜻으로 쓰이는 문어체 표현이다.

10) 상당히 ~하다

~の至り

・このような後援会を開いてくださいまして、感激の至りです。
이러한 후원회를 열어주셔서 정말로 감격스럽습니다.

・お二人の晴れやかな門出をお祝いできて、ご同慶の至りです。
두 사람의 밝은 출발을 축하할 수 있어서 경하스럽기 한량없습니다.

> **같이 알아둬!**
>
> 접속　명사+の至り
> 해설　최고의 상태라는 뜻으로, '상당히 ~하다', 즉 「とても、非常に」라는 의미의 문어체 표현이다.

11) ~할 것이 아니다, ~해서는 안 된다 (부정적 당연함)

~まじき

・酒を飲んで車を運転するなど警察官にあるまじき行為だ。
술을 마시고 운전하는 일은 경찰관에게 있어서는 안 될 행위다.

・患者のプライバシーをほかの人に漏らすなんて、医者としてあるまじきことだ。
환자의 프라이버시를 다른 사람에게 누설하다니, 의사로서 해서는 안 되는 일이다.

> **같이 알아둬!**
>
> 접속　동사 기본형+まじき
> 해설　「まじき」는 「まじ」의 연체형으로, '~해서는 안 된다' 및 부정 추측의 의미로 쓰인다. 구어체로는 「~にあってはならないものである(~에 있어서는 안 될 일이다)」를 쓴다.

12) ~을 아랑곳하지 않고, ~을 문제 삼지 않고

～をものともせずに

・嵐をものともせずに、荒波を渡り切った。
　폭풍을 아랑곳하지 않고 거친 파도를 건너갔다.

・周囲の反対をものともせず、兄はいつも自分の意志を通してきた。
　주위의 반대를 개의치 않고, 형은 항상 자신의 의지를 끝까지 밀고 나갔다.

 같이 알아둬!

접속　명사+をものともせずに
해설　'~을 개의치 않고, 혹독한 조건을 염려하지 않고 헤쳐 나가서'라는 의미의 문어체 표현이다.

13) ~을 위해, ~을 목적으로 해서

～んがため(に) / ～んがための

・生きんがための仕事。
　살기 위한 일

・子供を救わんがため命を落とした。
　아이를 구하기 위해 목숨을 버렸다.

・真実を明らかにせんがため、あらゆる手を尽くす。
　진실을 밝히기 위해 온갖 수단을 다하다.

같이 알아둬!

접속　동사 ない형+んがため(に)、んがための
해설　「～ん」은 「동사 ない」의 「ない」를 「ん」으로 바꾼 것이다. 단, 「する」는 「せんがため」의 꼴이 된다.

14) ~도 말할 것 없지만, ~도 물론이거니와, ~도 무시할 수 없지만

～もさることながら

・両親は、息子に病院の跡を継いで医者になってほしいと思っているようだ。だが、親の希望もさることながら、やはり本人の気持ちが第一だろう。
　부모는 아들에게 병원의 대를 이어 의사가 되길 바라고 있는 것 같다. 그러나 부모의 희망도 무시할 수 없지만, 결국 본인의 마음이 제일일 것이다.

・雪で一週間山小屋に閉じ込められた。空腹や寒さもさることながら、話せる相手のいないことが最もつらいことだった。
　눈 때문에 일주일간 산 속 오두막에 갇혔다. 공복이랑 추위는 물론이고, 말할 수 있는 상대가 없는 것이 가장 괴로운 일이었다.

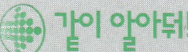
접속 　명사＋もさることながら
해설 　「～も無視できないが」라는 의미로, '～도 무시할 수 없지만, 뒤의 내용이 더 비중이 크다'는 의도로 말할 때 사용한다.

15) ～하면 좋겠구나, ～하고 싶구나

～(ず)もがな

・あんまり腹が立ったので、つい言わずもがなのことを言ってしまった。
　너무 화가 났기 때문에, 무심코 말하지 않으면 좋겠구나 라는 것을 말하고 말았다.

접속 　동사 ない형＋ずもがな
해설 　「がな」는 문어체 종조사로 「～もがな」의 형태로 많이 사용된다. 「～といいなあ(～하면 좋겠구나)」의 의미로, 감정을 드러내는 바람이나 희망의 뜻을 나타내며 현대어에서는 「言わずもがな」와 같은 관용 표현으로 쓰인다.

[15] 문말(文末) 표현

1) ～한 경향이 있다

～きらいがある

・彼はなんでもおおげさに言うきらいがある。
　그는 뭐든지 과장되게 말하는 경향이 있다.

접속 　동사 기본형＋きらいがある
해설 　'좋지 않은 경향이 있다'는 의미이다

2) ～할 우려(염려)가 있다

～恐れがある

・津波の恐れがあるので、厳重に注意してください。
　해일의 우려가 있으니까, 엄중히 주의해 주세요.

같이 알아둬!

접속 　동사 기본형+恐れがある / 명사+の+恐れがある

해설 　바람직하지 않은 일이 발생할 가능성이 있음을 나타낸다. 「危険がある(위험이 있다)」, 「不安がある(불안이 있다)」 등의 문어체 표현이다.

(A) 강제, 자발

3) ~하지 않을 수 없다

~ざるを得ない

・先生に言われたことだからせざるを得ない。
　선생님이 말씀하신 일이라서 하지 않을 수 없다.

・あんな話を信じてしまうとは、我ながらうかつだったと言わざるを得ない。
　그런 이야기를 믿어버리다니, 나 스스로도 명청했었다고 말하지 않을 수 없다.

같이 알아둬!

접속 　동사 ない형+ざるを得ない(する는 せざるを得ない)

해설 　「~+するほかない(~할 수밖에 없다)」의 문어체 표현이다.

---

4) ~하지 않을 수 없다

~ずには済まない / ~ないでは済まない

・あいつはこの頃怠けてばかりだ。一言言わずには済まない。
　저 녀석은 요즘 게으름만 피운다. 한마디 말하지 않을 수 없다.

・こんなひどいことをしたんでは、お母さんにしかられないでは済まないよ。
　이런 심한 짓을 했으니, 어머니에게 야단맞지 않을 수 없다.

・あの社員は客の金を使ったのだから処罰されずには済まないだろう。
　저 사원은 손님의 돈을 사용했기 때문에 처벌받지 않을 수 없을 것이다.

같이 알아둬!

접속 　동사 ない형(する는 せず)+ずには済まない、ないでは済まない

해설 　'~하지 않을 수 없다, ~하지 않으면 일이 해결되지 않는다'의 뜻으로 쓰인다.

---

5) 할 수 없이 ~하다

~を余儀なくされる / ~を余儀なくさせる

・火事で住まいが焼けたため、家探しを余儀なくされた。
　화재로 거주지가 타 버렸기 때문에, 어쩔 수 없이 집 찾는 일을 하게 되었다.

・台風の襲来が登山計画の変更を余儀なくさせた。
태풍의 내습으로 부득이하게 등산계획을 변경했다.

> **같이 알아둬!**
>
> 접속 명사+を余儀なくされる、を余儀なくさせる
>
> 해설 「余儀ない」는 '어쩔 수 없다, 부득이하다'라는 뜻의 い형용사다. '어쩔수 없이, 그렇게 하지 않으면 안 되는 상황이 되다', 「余儀なくさせる」는 '그렇게 하지 않을 수 없는 상황이 되다'의 뜻으로, 둘 다 '할 수 없이 ～하다'의 의미로 해석된다.

6) ～하지 않고는 못 배기다

① ～ずにはいられない / ～ないではいられない

・この本を読むと、だれでも感動せずにはいられないだろう。
이 책을 읽으면 누구라도 감동하지 않을 수 없다.

・子供のことでは、日々悩まされないではいられない。
아이의 일로 날마다 시달리지 않을 수 없다.

・電車にお年寄りが乗ってきたら、席を譲らないではいられない。
전철에 노인이 타면 자리를 양보하지 않고는 못 배긴다.

・とても嬉しくて、この喜びをだれかに話さずにはいられなかった。
너무 기뻐서, 이 기쁨을 누군가에게 말하지 않을 수 없었다.

> **같이 알아둬!**
>
> 접속 동사 ない형(する는 せず)+ずにはいられない
>
> 해설 '의지적으로 할 수 있는 것이 아니라 자연히 그렇게 되어 버리다'라는 뜻이며, 「泣く、思う、感動する」등 행위나 감정의 움직임을 나타내는 동사에 주로 쓰인다.

② ～ずにはおかない / ～ないではおかない

・彼の言動は皆を怒らせずにはおかない。 그의 언동은 모두를 화나게 만든다.

・彼女とのこと、白状させないではおかないぞ。
그녀와의 일을 자백하지 않고는 못 넘어갈 줄 알아.

・新企画の中止が決まろうとしているが、担当した者たちは反対せずにはおかないだろう。
신 기획의 중지가 결정되려고 하고 있지만, 담당했던 사람들은 반대하지 않고서는 있을 수 없다.

> **같이 알아둬!**
>
> 접속 타동사 ない형・자동사의 사역 부정형(する는 せず)+ずにはおかない、ないではおかない
>
> 해설 '본인의 의지와 상관없이 그러한 상태나 행동이 야기되다, 발생되다'라는 의미다.

7) ~을 금할 길이(누를 길이) 없다

~を禁じ得ない

- この不公平な判決には怒りを禁じ得ない。
  이 불공평한 판결에는 분노를 금하지 않을 수 없다.

- 彼の仕事ぶりには失望の念を禁じ得ない。
  그의 일하는 모습에는 실망의 마음을 금할 수 없다.

- 思いがけない事故で家族を失った方々には同情を禁じ得ません。
  뜻하지 않는 사고로 가족을 잃은 분들에게는 동정을 금할 길이 없습니다.

같이 알아둬!

접속 감정을 나타내는 명사+を禁じ得ない
해설 「怒り、驚き」등을 받아 '분노나 동정 등의 감정을 느끼지 않을 수 없다'는 뜻을 나타낸다.

(B) 당연히 ~ 하지 않다

8) ~할 것까지는 없다 / ~할 필요는 없다

~にはあたらない

- 弁解するにはあたらない。변명할 것까지는 없다.

- 悪いのは相手なんだから、こちらが謝るにはあたらない。
  나쁜 것은 상대이니까, 이쪽이 사과할 필요는 없다.

- 一人だけ仲間を置いて下山したからといって、非難するにはあたらない。
  혼자만 동료를 놓고 하산했다고 해서 비난할 것까지는 없다.

같이 알아둬!

접속 동사 기본형+にはあたらない
해설 「驚く、非難する」등의 동사와 같이 쓰여 '그렇게 하는 것은 적당하지 않다'라는 의미로 쓰인다. 비슷한 표현으로 「~に及ばない(~할 필요가 없다, ~할 것까지는 없다)」가 있다.
　　　・そんなに悩むには及ばない。그렇게 고민할 것까지는 없다.

9) ~할 것까지도 없다

~までもない / ~までもなく

- その程度の用事ならわざわざ出向くまでもない。電話で十分だ。
  그 정도의 용무라면 일부러 나갈 것까지도 없다. 전화로 충분하다.

- 田中先生はご専門の物理学は言うまでもなく、平和運動の推進者としてたいへん有名であります。
  다나카 선생님은 전문인 물리학은 말할 것도 없이 평화운동 추진자로서 대단히 유명합니다.

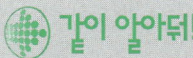

10) ～할 수 밖에 없다

① ～しかない

- 高すぎて買えないから借りるしかないでしょう。
  너무 비싸서 살 수 없기 때문에 빌릴 수밖에 없겠지요.

- そんなに学校がいやならやめるしかない。
  그렇게 학교가 싫다면 그만둘 수밖에 없다.

② ～ほか(は)ない / ～よりほか(は)ない / ～ほかしかたがない

- 気は進まないが、上司の命令であるので従うほかはない。
  마음은 내키지 않지만, 상사의 명령이기 때문에 따를 수밖에 없다.

- 入学試験も目前にせまった。ここまでくれば、がんばるよりほかはない。
  입학시험도 목전에 다가왔다. 여기까지 오면 분발할 수밖에 없다.

- 体力も気力も限界だ。この勝負はあきらめるほかしかたがない。
  체력도 기력도 한계다. 이 승부는 포기할 수밖에 방법이 없다.

11) ～임에 틀림없다, 바로 ～이기 때문이다

① ～にほかならない

・今回の優勝は彼の努力のたまものにほかならない。
이번 우승은 그의 노력의 결과임에 틀림없다.

② ～から/ためにほかならない

・よっぱらい運転は殺人行爲にほかならない。
음주운전은 살인행위임에 틀림없다.

・父が肺癌になったのは、あの工場で長年働いたためにほかならない。
아버지가 폐암에 걸린 것은 저 공장에서 오랫동안 일을 했기 때문임에 틀림없다.

 같이 알아둬!

접속 ①명사+にほかならない ②～から・～ため+にほかならない
해설 ①은 '그 이외에는 없다, 사실은 ～다'라는 의미이고, ②는 '이유나 원인이 틀림없이 그 때문이다'라는 의미이다.

12) ～(하)면 그것으로 끝이다

～ばそれまでだ

・人間、死んでしまえばそれまでだ。
인간은 죽어 버리면 그것으로 끝이다.

・チョコレートなんか食べてしまえばそれまでだ。なにか記念に残るものがいい。
초콜릿 따위는 먹어버리면 끝이다. 뭔가 기념으로 남을 것이 좋다.

같이 알아둬!

접속 동사 가정형(ば)+ばそれまでだ
해설 '～면 의미가 없어진다, 이제 그 이상은 없다'라는 뜻이다.

13) ～할 따름(뿐)이다

～までだ / ～までのことだ

・父があくまで反対するなら、家を出るまでのことだ。
아버지가 끝까지 반대한다면, 집을 나올 일 뿐이다.

・試験に失敗しても、私はあきらめない。もう一年がんばるまでのことだ。
시험에 실패해도 나는 포기하지 않는다. 일년 더 열심히 할 뿐이다.

접속 　동사 기본형+までだ、までのことだ

해설 　다른 방법을 취한다는 강한 결의를 나타낸다.

　　　※「동사 た+までだ」는「だけ」의 의미로 쓰인다.

　　　・そんなに怒ることはない。本当のことを言ったまでだ。

　　　　그렇게 화낼 것은 없다. 진실을 말했을 뿐이다.

14) ～이다(～이 아니고 무엇이랴)

～でなくてなんだろう

・彼女のためなら死んでもいいとまで思う。これが愛でなくてなんだろう。

　그녀를 위해서라면 죽어도 좋다고까지 생각한다. 이것이 바로 사랑인 것이다.

접속 　명사+でなくてなんだろう

해설 　'～이다'라는 뜻으로,「だ、である」의 의미를 강조하고 있다. 주로「愛・宿命・運命・真実」등의 단어

　　　에 접속한다.

15) ～임에 틀림없다

～に相違ない

・犯人はあの男に相違ない。

　범인은 저 남자임에 틀림없다.

・これを知ったら、彼はきっと烈火のごとく怒り出すに相違ない。

　이것을 안다면, 그는 필시 열화와 같이 화를 낼 것임에 틀림없다.

접속 　모든 품사+に相違ない

해설 　「～にちがいない、きっと～だろう、間違いなくそうである」의 의미로, '～임에 틀림없다, 꼭 그

　　　럴 것이다'라는 말하는 사람의 강한 확신을 나타낸다.

16) ～할 리가 없다

～っこない

・いくら彼に聞いても、本当のことなんか言いっこないよ。

　아무리 그에게 물어도 사실을 말할 리가 없다.

・山口さんなんか、頼んだってやってくれっこないよ。

　야마구치 씨 같은 사람이 부탁한다고 해 줄 리가 없다.

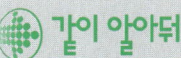

접속 　동사 ます형+っこない

해설 　「ぜったい〜しない、〜するはずがない、〜するわけがない」의 의미로, 어떤 일이 일어날 가능성 을 단정적으로 강하게 부정하는 표현이다.

17) ① 〜할까 보냐　② 〜인걸

① 〜ものか / 〜もんか

- そんなことがある**ものか**。그런 일이 있을 리가 있나?

- もうあんなやつと口をきく**ものか**。이제 그런 녀석하고 얘기를 하나 봐라.

- あんなことを信じる**もんですか**。그런 것을 믿을 수 있습니까?

- あんな店には二度と行く**もんか**。그런 가게에는 두 번 다시 가지 않을 거야!

- もう二度と恋などする**ものかと**固く心に誓ったはずだったが、知らず知らずのうちに彼女のこと が好きになっていた。
  이제 두 번 다시 사랑을 할까 보냐고 마음속으로 단단히 맹세했지만, 자신도 모르는 사이에 그녀를 좋아하고 있었다.

② 〜もの / 〜もん

- だって、ぼくは何にも知らなかったんだ**もの**。하지만 나는 아무것도 모르고 있었는걸.

- もうダイエットは止めたんだ**もん**。이제 다이어트는 그만뒀는걸.

접속 　① 동사 기본형+ものか　② 동사・い형용사 기본형+もの / 명사・な형용사 어간+もの

해설 　①은 부정이나 의문 표현을 동반하여 강한 부정이나 반문을 나타내고, ②는 감탄이나 「〜から」, 「〜の 로」보다 더 확실히 이유를 강조해서 나타내는 표현이다. 둘 다 회화체에서는 「〜もん」이라고도 한다.

(C) 설명, 결과

18) 〜하는 즉시, 〜하는 대로

〜次第

- 手紙が着き次第すぐ来てくれ。편지가 도착하는 대로 곧 와 다오.

- 落し物が見つかり次第、お知らせします。분실물을 찾는 대로 알려드리겠습니다.

- 資料が手に入り次第、すぐに公表するつもりだ。자료가 입수되는 대로 바로 공표할 생각이다.

19) 〜인 지경이다, 〜인 형편이다

　〜しまつだ

・彼女（かのじょ）は夫（おっと）の欠点（けってん）を延々（えんえん）と並（なら）べ上（あ）げ、あげくの果（は）てには離婚（りこん）すると言（い）って泣（な）き出（だ）すしまつだった。

　그녀는 남편의 결점을 끝없이 늘어놓기만 한 끝에, 결국은 이혼하겠다고 말하며 울기 시작해 버렸다.

[16] 강조

1) 정말로 〜라 하지 않을 수 없다

　〜といったらない / 〜といったらありはしない / 〜といったらありゃしない

・① 彼（かれ）は会議中（かいぎちゅう）にまじめな顔（かお）をして冗談（じょうだん）を言（い）うんだから、おかしいといったらないよ。

　그는 회의 중에 엄숙한 표정을 짓고 농담을 하기 때문에 정말로 우스꽝스럽다.

・② この年（とし）になってから一人暮（ひとりぐ）らしを始（はじ）める心細（こころぼそ）さといったらありはしない。

　이 나이가 되어서 혼자 생활을 시작하는 불안함은 말로 할 수 없을 정도다.

・③ このごろあちこちで地震（じしん）があるでしょ？おそろしいといったらありゃしない。

　요즘 여기저기에서 지진이 있지요? 정말로 무서운 일이다.

2) 극히 ~하다, ~하기 짝이 없다

~極まる / ~極まりない / ~の極み

- その探検旅行は危険極まるものと言えた。그 탐험여행은 지극히 위험한 것이라 말할 수 있었다.

- あの人の言うことは不愉快極まりない。저 사람이 하는 말은 불쾌하기 짝이 없다.

- たばこを吸ったり酒を飲んだり、不健康極まりな生活だ。
  담배를 피우고 술을 마시며 몹시 건강하지 못한 생활이다.

- 間違い電話をかけてきて謝りもしないとは、失礼極まりない。
  전화를 잘못 걸어놓고 사과도 안하는 것은 대단히 실례되는 일이다.

- 資産家の一人息子として、贅沢の極みを尽くしていた。
  자본가의 외아들로서 극도의 사치를 다하고 있었다.

같이 알아둬!

접속 な형용사 어간 · 명사+極まる、極まりない、の極み

해설 '그 이상은 없을 정도의 지점까지 달했다'라는 극단적인 상태를 나타낸다.

---

3) ~해서 못 견디겠다, 참을 수 없다

~てしようがない / ~てたまらない / ~てならない

- 赤ちゃんが朝から泣いてしようがない。아기가 아침부터 울어서 못 견디겠다.

- 今日は暑くてたまらない。오늘은 더워서 못 견디겠다.

- 卒業できるかどうか、心配でならない。졸업할 수 있을지 어떨지 걱정이 되어 못 견디겠다.

같이 알아둬!

접속 동사 て형 · い형용사 て형 · な형용사 어간+てしようがない、てたまりない、てならない
※「たまらない」는 동사 접속은 안 된다.

해설 억제할 수 없는 상태를 나타내며, 감정이나 감각 혹은 욕구를 나타내는 단어에 쓰인다. 「~てしようがない」는 직접적인 감정이나 감각이 아니더라도 화자 자신이 억제할 수 없는 상태 등에 사용할 수 있지만,「~てならない」는 자연스럽게 우러나는 감정이나 감각 외에는 쓰지 않는다.「~てたまらない」는 정도가 격렬한 표현이다.

---

4) ~해 마지않다, 너무나 ~하다

~てやまない

- 結婚する二人の今後の幸せを願ってやまない。
  결혼하는 둘의 앞으로의 행복을 바라 마지않는다.

- 愛してやまないアルプスの山々は今日もきれいだ。
  너무나 사랑하는 알프스의 산들은 오늘도 아름답다.

- 今井さんは一生そのことを後悔してやまなかった。
  이마이 씨는 일생 그 일을 후회해 마지 않았다.

- 田中君は就職も決まり、もうすぐ卒業だ。今後の活躍を心より願ってやまない。
  다나카 군은 취직도 결정되고, 곧 졸업이다. 금후의 활약을 진심으로 바라 마지 않는다.

같이 알아둬!

접속 동사 て형+てやまない

해설 '～해 마지 않는다, 어디까지나 ～하다'라는 강한 감정의 표현으로, 부정적인 감정에도 쓰인다.

5) ～하기에 어렵지 않다

～にかたくない

- 計画の失敗は想像にかたくない。 계획의 실패는 상상하기 어렵지 않다.

- なぜ彼があのような行動に走ったのか、事件の前後の事情をよく聞いてみれば理解にかたくない。
  왜 그 사람이 그와 같은 행동에 달려들었는지, 사건의 전후 사정을 잘 들어 보면 이해하기 어렵지 않다.

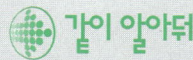

같이 알아둬!

접속 명사 · 동사 기본형+にかたくない

해설 추측을 나타내는 명사(동사)를 받아, '간단히 미루어 짐작할 수 있다'는 의미를 나타낸다.

6) ～해 마지않다, 차마 ～할 수 없다

～にたえない

- 幼い子供が朝から晩まで通りで物乞いをしている姿は見るにたえない。
  어린 아이가 아침부터 밤까지 거리에서 구걸을 하고 있는 모습은 차마 볼 수 없다.

- このようなお言葉をいただき、感謝の念にたえません。
  이러한 말씀을 듣고 감사해 마지않는 마음이다.

같이 알아둬!

접속 동사 기본형 · 명사 · な형용사 어간+にたえない

해설 동사 접속의 경우 '～할 수 없을 정도로 심하다'는 의미로, 너무나 심한 상태에서 보고 듣는 것이 괴롭다는 뜻을 나타낸다. 「見る、読む、正視する」 등의 제한된 단어에 쓰인다.

명사 · な형용사 접속의 경우 '매우 ～하다'라는 의미로, 감사 · 감격 등의 제한된 단어에 쓰여, 의미를 강조한다.

[17] 복합어, 접미어

(A) 가능, 가능성

1) ~할 수 있다

～得る = ～得る

・未来には人が月で生活することもあり得るかもしれない。
미래에는 사람이 달에서 생활하는 일도 있을 수 있을지도 모른다.

> 🌐 **같이 알아둬!**
>
> 접속 동사 ます형+得る
> 해설 기본형은 「得る、得る」 두 가지를 다 취할 수 있으나, 부정은 반드시 「～得ない」, 과거형은 반드시 「得
> た」의 꼴이 된다. 가능의 의미로 쓰이는 문어체 표현이지만, 「あり得ない(있을 수 없다)」는 보통 회화에
> 서 쓰이고 있다.

2) ~할지도 모른다, ~않는다고 말할 수 없다

～かねない

・風邪だからといってほうっておくと、大きい病気になりかねない。
감기라고 해서 방치해 두면 큰 병이 될지도 모른다.

・あいつならやりかねないと思う。 그 녀석이라면 할지도 모른다고 생각한다.

> 🌐 **같이 알아둬!**
>
> 접속 동사 ます형+かねない
> 해설 '～할 가능성, 위험성이 있다'는 의미로, 마이너스 평가를 주는 것에만 사용된다.
>   비슷한 표현으로 「～かもしれない、～ないとは言えない」 등이 있다.

3) ~하기 어렵다

～かねる

・そのご意見には賛成しかねます。 그 의견에는 찬성하기 어렵습니다.

・残念ながら、そのご提案はお受けいたしかねます。 유감이지만, 그 제안은 받아들이기 어렵습니다.

> 🌐 **같이 알아둬!**
>
> 접속 동사 ます형+かねる
> 해설 '～하는 것이 곤란하다, 불가능하다'라는 뜻이며, 관용표현으로 「決めるに決めかねる(차마 결정하기
>   어렵다)」, 「見るに見かねて(차마 볼 수 없어서)」가 있다.

4) ~하기 어렵다

　~がたい

・信_{しん}じがたいことだが本当_{ほんとう}なのだ。
　믿을 수 없는 일이지만, 사실인 것이다

・あいつの言_いうことは何_{なん}の根拠_{こんきょ}もないし、常識_{じょうしき}はずれで、とうてい理解_{りかい}しがたい。
　그 녀석이 하는 말은 아무런 근거도 없고 상식을 벗어나서, 도저히 이해할 수 없다.

> **같이 알아둬!**
>
> 접속　동사 ます형+がたい
> 해설　'~하기 어렵다, ~할 수 없다'라는 뜻이며, 관용표현으로 「動_{うご}かしがたい事実_{じじつ}(움직일 수 없는 사실)」
> 　　　등이 있다.

(B) 완료

5) 완전히(끝까지) ~해내다

　~ぬく

・苦_{くる}しかったが最後_{さいご}まで走_{はし}り抜_ぬいた。 괴로웠었지만 마지막까지 완주했다.

・一度始_{いちどはじ}めたからには、あきらめずに最後_{さいご}までやりぬこう。
　한번 시작한 이상에는 포기하지 말고 마지막까지 해내자.

> **같이 알아둬!**
>
> 접속　동사 ます형+ぬく
> 해설　'끝까지 ~해내다'라는 뜻으로, '고통을 이겨내고 이루어내다'라는 의미가 강하다.

6) 끝까지 ~하다, 끝내다

　~きる / ~きれる / ~きれない

・お金_{かね}を使_{つか}いきってしまった。 돈을 다 써 버렸다.

・山道_{やまみち}を登_{のぼ}りきったところに小屋_{こや}があった。 산길을 다 오른 지점에 오두막이 있었다.

・それはいくら悔_くやんでも悔_くやみきれないことだった。 그것은 아무리 후회해도 소용없는 일이었다.

> **같이 알아둬!**
>
> 접속　동사 ます형+きる、きれる、きれない
> 해설　「きる」는 '마지막까지 ~하다(끝내다)'라는 뜻이고, 「きれない」는 '완전히(충분히) ~할 수 없다'라는 뜻이
> 　　　다.

(C) 미완료

7) ~하다 말다

~かけた / ~かけの / ~かける

・仕事をやりかけたままにしておく。 일을 하다 만 채로 두다.

・やりかけの仕事が残っていたので、会社に戻った。
하다 만 일이 남아있었기 때문에 회사로 돌아갔다.

・彼女の部屋には編みかけのセーターが置いてあった。
그녀의 방에는 뜨개질하다 만 스웨터가 놓여 있었다.

 같이 알아둬!

접속　동사 ます형+かけた、かけの、かける

해설　'~하다말다, 도중까지 ~하다'라는 뜻으로, 동작의 일시 중단 상태를 나타낸다.

(D) 많은 양의 강조

8) ~투성이

~まみれ

・子供たちは汗まみれになっても気にせずに遊んでいる。
어린아이들은 땀투성이가 되어도 신경 쓰지 않고 놀고 있다.

・犯行現場には血まみれのナイフが残されていた。
범행 현장에는 피투성이의 나이프가 남겨져 있었다.

 같이 알아둬!

접속　명사+まみれ

해설　더러운 것이 붙어 있는 상태를 표현하며, 「汗、ほこり、血、泥」 등의 제한된 단어에 주로 쓰인다. 비슷한 뜻으로 「~だらけ」가 있다.

9) ~뿐, ~투성이

~ずくめ

・彼女はいつも黒ずくめの格好をしている。
그녀는 언제나 검정 일색의 옷차림을 하고 있다.

・この頃なぜかいいことずくめだ。 요즘 왠지 좋은 일뿐이다.

・毎日毎日残業ずくめだ。 매일매일 잔업뿐이다.

접속 　명사+ずくめ

해설 　온통 그것뿐임을 나타내며, 비슷한 뜻으로 「～ばかり」가 있다.

　　　관용 표현으로 「黒ずくめ(검정 일색)」, 「いいことずくめ(좋은 일뿐)」, 「ごちそうずくめ(온통 맛있는 음식)」 등이 있으며, 「赤ずくめ」, 「本ずくめ」 등의 표현은 쓰이지 않는다.

(E) 모양

10) ～다워지다

～めく

- 少しずつ春めいてきた。 조금씩 봄다워지고 있다.

- 彼は、皮肉めいた言い方をする。 그는 비아냥거리는 말투를 한다.

- どことなく謎めいた女性がホールの入り口に立っていた。
　어딘지 모르게 수수께끼 같은 여성이 홀 입구에 서 있었다.

접속 　명사+めく

해설 　'～다워지다, ～경향을 띠다'라는 뜻으로, 명사에 연결되어 5단 동사를 만든다. 명사 수식은 「명사+めいた+명사」의 형태가 된다.

11) ～한 듯함

～げ

- その人は退屈げに雑誌のページをめくっていた。
　그 사람은 지루한 듯이 잡지의 페이지를 넘기고 있었다.

- 彼女の笑顔にはどこか寂しげなところがあった。
　그녀의 웃는 얼굴에는 어딘가 쓸쓸해 보이는 곳이 있었다.

접속 　형용사 어간 · 동사 ます형+げ

해설 　형용사 · 동사와 결합해 な형용사화되어 '그러한 모양, 있는 모습'을 나타내며, 양태의 「そうだ」와 바꿔 쓸 수 있다. 관용표현으로 「ありげな様子(있음직한 모습)」가 있다.

12) 기운, 기색 / ~같은 경향이 있다

～気味

・風邪気味なので、早退させてください。 감기 기운이니 조퇴하게 해 주세요.

・疲れ気味で、体中がだるい。 피곤한 기색으로 온몸이 나른하다.

・なんだか最近太り気味なのよ。エアロビクスでも始めようかしら。
왠지 최근에 살이 찌는 것 같다. 에어로빅이라도 시작할까?

 같이 알아둬!

접속　명사 · 동사 ます형+気味
해설　「～のような傾向がある(～같은 경향이 있다)」의 의미다.

[18] 경어

1) 존경표현

・お預けになる荷物はありますか。 맡기실 짐은 있습니까?

・お宅でお使いになりますか。 댁에서 사용하실 겁니까?

・あの喫茶店ならゆっくりお話しになれますよ。
저 커피숍이라면 느긋하게 대화할 수 있습니다.

・今日の会議に社長はご欠席になります。
오늘 회의에 사장님은 결석하십니다.

・ご試着になりますか。 입어 보시겠습니까?

・お名前を忘れずにお書きください。
성함을 잊지 말고 써 주십시오.

・コピー機はあちらにございますので、お使いください。
복사기는 저쪽에 있으니, 사용하십시오.

・ご指導ください。 지도해 주십시오.

・自由にご覧ください。 자유롭게 보십시오.

・よいお年をお迎えください。 좋은 한 해 맞으세요.

・何番におかけですか。 몇 번에 거셨습니까?

・今、どちらにお勤めですか。 지금 어디에 근무하십니까?

・先生は最近どんな問題をご研究ですか。
선생님은 최근 어떤 문제를 연구하십니까?

해설 경의를 나타내기 위해 상대방이 하는 행동을 높여서 말하는 것으로, 말하는 사람이 화제의 인물이나 그 사람에 관계되는 동작 등을 존경해서 표현하는 말이다.

① お/ご+동사의 ます형+になる ～하시다

② お/ご+동사의 ます형+ください ～하십시오

③ お/ご+동사의 ます형+です(か) ～하십니다(까)

2) 겸양표현

· 航空券とパスポートをお願いします。 항공권과 여권을 부탁드립니다.

· 創立記念パーティーにお招きします。 창립 기념 파티에 초대합니다.

· 明日お届けできます。 내일 보내드릴 수 있습니다.

· 近いうちに、改めてご連絡いたします。 가까운 시일 내에 다시 연락드리겠습니다.

· お願い申し上げます。 부탁드리겠습니다.

· ご報告申し上げます。 보고 드리겠습니다.

· お招きいただく。 초대받다.

· ご説明いただく。 설명해 주시다.

· ご利用いただく。 이용해 주시다.

· お調べ願いたいのですが。 조사를 부탁드리고 싶습니다만.

· ご検討願えませんか。 검토를 부탁드릴 수 없겠습니까?

해설 경의를 표시할 사람에 대하여 나 혹은 내 쪽의 사람이 하는 것을 낮춤으로서 상대방에 대한 경의를 나타낸다. 즉, 동작하는 사람의 입장을 낮추어 그 동작이 향하는 사람에게 존경을 표현하는 말이다.

① お/ご+동사의 ます형 + する/いたす ～(해) 드리다

② お/ご+동사의 ます형 + もうしあげる ～(해) 드리다

③ お/ご+동사의 ます형 + いただく ～(해) 주시다

④ お/ご+동사의 ます형 + 願う ～를 부탁드리다

part 2
1교시 독해 유형별 공략법

시험 과목&시간	
1교시	2교시
언어지식(문자어휘,문법) 독해 (105분)	청해 (50분)

독해
만점을
위한
학습요령과
실전대책

독해란, 문장을 읽는 목적이나 과제에 맞춰 언어지식이나 줄거리 내용에 관한 지식과 그것들을 이용하는 능력을 함께 사용하여, 텍스트에 쓰인 정보를 처리하고 이해해가는 과정이다. 즉 독해 능력은 어휘력, 문장이해능력, 배경지식, 글 이해능력 등이 상호작용하여 향상된다. 따라서 독해 방법을 설명해 놓은 이론서를 공부했다고 어느 날 갑자기 독해력이 향상되지 않는다는 것을 알아야 한다. 평소 다양한 화제와 내용에 깊이가 있는 읽을 거리를 읽고, 이야기의 흐름이나 상세한 표현 의도를 이해할 수 있어야 한다.

N2 독해에 출제되는 지문은 광범위하다. 독해력을 향상시키기 위해서는 폭넓은 화제를 기록한 신문의 논설, 평론 등, 논리적으로 약간 복잡한 문장이나 추상도가 높은 문장 등을 꾸준히 그리고 많이 읽어야 한다. 왜냐하면 독해력 측정 문제는 궁극적으로 문장의 구성이나 내용을 이해할 수 있는 수준이 되었는지를 묻기 때문이다.

I. NEW 독해 무엇이 달라졌나?

새로운 일본어능력시험은…

일본어능력시험의 급수 취득 시 인정되는 사항을 살펴보면 '여러 방면에서 사용되는 일본어를 이해하고 사용할 수 있다'고 되어 있다. '여러 방면'이 의미하는 것이 무엇일까? 한마디로 우리 일상생활 전반에서 일어날 수 있는 모든 상황과 관련된 내용이 출제될 수 있다는 것이다. 신 일본어능력시험은 실질적인 일본어 사용능력의 유무를 측정하는 시험으로 완전히 확 바뀌었다.

언어지식과 독해풀이에는 N2는 105분의 시간이 주어진다. 문제를 너무 꼼꼼하게 읽다 보면 시간이 부족할 수도 있다. 먼저 무엇을 묻는 문제인지 파악한 후에 어느 부분에 주의해서 읽어야 할지를 생각해 두는 것이 시간을 절약할 수 있는 방법이다.

유형별 문제풀이 시간

출제 유형별 문제풀이 시간은 문자·어휘 10분/ 문법 15분/ 독해 60분 정도의 스피드로 문제를 풀고 나머지 20~25분 정도는 문제를 재검하는 데 할애하는 여유를 가져야 한다. 중요한 것은 실전에서는 문제 풀이 과정에서 복잡한 변수가 많아 정신을 집중하지 않으면 의외로 어떤 문제에서 많은 시간을 잡아먹는 결과를 초래할 수 있다. 집중력을 유지하며 단숨에 문제를 해결하는 훈련이 필요하다.

언어지식은 독해의 밑거름

언어지식과 문법은 과거의 능시에 비해 비중도 줄었고, 문제 유형 면에서도 그렇게 어렵지는 않다. 모든 외국어 공부가 그렇듯이 단어로 시작하여 단어로 끝나는 것이 어학 공부이므로 시험에서의 비중이 높고 낮음에 상관없이 언어지식은 피할 수 없는 길이다.

또한 평소에 한자, 어휘 공부를 밥 먹듯이 매일 꾸준히 하고 이를 토대로 어휘를 정확하게 나열하는 방법인 문법에 맞게 말을 만들어 보고 글을 써보자. 문제를 풀어보고 자신의 오류를 확인하는 과정도 필요하다. 또한 의미, 뉘앙스 문제는 흔히 쓰이는 어휘라고 지나치지 말고 미묘한 차이점을 예문을 통해 정확히 익혀둘 필요가 있다.

2. 독해만점 전략

 **평소에 글을 집중해 한 번만 읽고 답하는 연습을 하도록 한다.**

독해문은 속독 속해의 능력이 관건이다. 즉 독해 문제를 푸는 데 중요한 것은 얼마나 빨리, 정확하게 글의 내용을 파악할 수 있느냐인 것이다. N2의 경우 105분이라는 시간에 언어지식, 문법 외에 꽤 많은 양의 독해 문제를 해결해야 한다. 출제 문제는 대체로 긴 문장이어서 여러 번 읽을 시간적 여유가 없다. 평소에 문장을 집중해 한 번만 읽고 답하는 연습을 하도록 한다.

 **질문의 의도에 맞는 답을 찾도록 단계적으로 문맥으로 내용을 판단할 수 있는 훈련을 하여야 한다.**

출제되는 대부분의 지문은 수필, 신문, 잡지 기사와 같은 일상생활에서 접할 수 있는 내용들이다. 일본어 실력에 더하여 독해력 증진을 위한 이해력, 순발력이 필요하다. 그러므로 다양한 장르의 글을 평소에 읽으면서 문맥을 이해하는 힘을 길러두자. 단순히 일본어 문장을 해석하는 선에서 나아가 글에 대한 이해와 정리가 되어야 한다.

 **본격 독해 문법의 필요성이 대두되었다.**

독해를 통해 내용 이해와 더불어 일본어의 기본적인 구조에 깊게 관련되는 문법 항목들, 예를 들어 '자동사, 타동사, 경어, 조건 표현, 시간 표현, 지시사, 문말 표현, 조사' 등에 대해서 단계적으로 짚고 넘어가야 한다. 초급 단계에서 정리했더라도 자기만의 독해노트를 작성해 지속적으로 학습해 나가야 한다.

 **전략4** 전후의 문장을 잘 읽고, 그 관계를 이해하는 것이 중요하다.

긴 문장의 경우에도 접속사를 통해 앞뒤 문장의 관계를 파악할 수 있다. 즉 뒷 문장이 앞 문장의 이유를 말하고 있는지, 반대 내용을 말하고 있는지, 비슷한 것을 부연 설명하고 있는지 접속사로 유추할 수 있으므로 역할 그룹별로 나누어 정리해 두면 독해 실력이 훨씬 향상될 것이다.

1) 역접

앞말에 이어서 뒷말이 반대가 되는 관계로 앞 문장과 반대 내용을 말하는 경우

- **～ても** ～해도
  このところ不景気で就職難だ。大学を出ても就職口がない。
  최근 불경기로 취직난이다. 대학을 나와도 취직자리가 없다.

- **～のに** ～인데
  大変な事態なのによく酒なんか飲んでいられるね。
  심각한 사태인데 잘도 술 같은 걸 마시고 있을 수 있구나.

- **～たって・～だって** ～해도
  どんなに急いだって間に合わなかっただろう。
  아무리 서둘러도 제 시간에 못 갔을 것이다.

- **～が** ～(하)지만
  確かにわたしの国にも消費税はあるが日本ほど高くない。
  분명히 우리나라에도 소비세는 있으나 일본만큼 비싸지 않다.

- **～にしても・～としても** ～라 해도
  いくら彼の口には合わないにしても一口ぐらいは食べてほしかった。
  아무리 그의 입에는 맞지 않는다 하더라도 한입 정도는 먹어주길 바랐다.
  事前に面接の内容をわかっていたとしても合格は難しい。
  사전에 면접 내용을 알고 있었다 하더라도 합격은 어렵다.

- **～は(なら)ともかく** ～은 어쨌든, ～은 차치하고
  説得の効果はともかく、こちらの考えは示しておきましょう。
  설득의 효과는 차치하고, 이쪽의 생각은 나타내둡시다.

- **しかし** 그러나 = しかしながら
  お腹がすいた。しかしお金がない。
  배가 고프다. 그러나 돈이 없다.

- **けれど(も)** 그러나
  彼と約束をした。けれども行けなかった。
  그와 약속을 했다. 그러나 가지 못했다.

- **でも** 그렇지만

　あの人に何度も手紙を出した。**でも**一度も返事はなかった。

　그 사람에게 몇 번이나 편지를 보냈다. 그렇지만 한 번도 답장은 없었다.

- **ところが** 그렇지만, 그런데, 하지만 = 予想に反して

　예상 밖이라는 의미로 대화 당사자의 예상과 관계없는 사항이 전개될 경우에도 사용할 수 있는 말이다.

　きのうデパートへ行きました。**ところが**、休みでした。

　어제 백화점에 갔었습니다. 하지만 백화점은 휴일이었습니다.

　手紙で合否を知らせるということだった。**ところが**、一向に通知が来ない。

　편지로 합격 여부를 알려준다고 하였다. 그러나 전혀 통지가 안 온다.

　大多数が日米同盟関係の重要さを言うが、同時に、経済的にも政治的にも安定した中国との関係を考えなければならないという意識も広がっている。**ところが**、文面からはそんな生き生きした感覚が伝わらない。

　대다수가 일미동맹관계의 중요함을 말하나, 동시에 경제적으로도 정치적으로도 안정된 중국과의 관계를 생각하지 않으면 안 된다는 의식도 퍼지고 있다. 그러나, 문장에서는 그런 생생한 감각이 전해지지 않는다.

- **が・だが** 그러나

　あの人は頭はいい。**だが**利己的な人だ。

　저 사람은 머리는 좋다. 그러나 이기적인 사람이다.

　「文化と社会」をお求めになりたい由ですが、ただ今在庫が一冊もありませんので、少しまっていただけますでしょうか。

　'문화와 사회'를 구입하시고 싶어 하신다고 들었습니다만, 지금 재고가 한권도 없으므로, 좀 더 기다려주실 수 있겠습니까?

- **それなのに** 그런데, 그럼에도 불구하고 = ～にもかかわらず

　앞에서 말한 사항에도 불구하고 그에 반하는 결과가 발생하는 등 내용상의 모순, 비난이나 놀라움을 나타내는 문장이 뒤에 이어진다.

　一生懸命勉強した。**それなのに**成績が落ちた。

　열심히 공부했다. 그런데도 성적이 떨어졌다.

　半年も勉強すれば少しは日本語が話せるようになると思っていた。**それなのに**さっぱり上達しない。

　반년이나 공부하면 조금은 일본어를 말할 수 있게 될 거라고 생각했었다. 그런데 도무지 향상되지 않는다.

- **それにしても** 그건 그렇고, 그건 그렇다 하더라도

　今年は猛暑だということだけど、**それにしても**今日は暑いね。

　올해는 지독한 더위라고 하지만, 그렇다고 해도 오늘은 덥군.

　彼は時々遅れて来ることがある。**それにしても**今日は遅すぎる。

　그는 때때로 늦게 오는 경우가 있다. 그렇다 하더라도 오늘은 너무 늦는다.

- **それにしては** 그에 비해서는, 그런 것치고는

　アメリカに３年いたそうだが、**それにしては**英語が下手だ。

　미국에 3년 있었다던데, 그에 비해서는 영어가 서툴다.

　準備期間があまりなかったと聞いていますが、**それにしては**よくできていると思います。

　준비 기간이 별로 없었다고 들었습니다만, 그런 것치고는 잘 되었다고 생각합니다.

- **それとはいえ** 그렇다고는 하나

  雪で電車が遅れているのは分かりますが、**それとはいえ**彼は遅すぎます。

  눈으로 전철이 늦는 것은 이해가 되지만, 그렇다고 해도 그는 너무 늦습니다.

2) 첨가

앞말의 내용에 뒷말의 내용을 더하거나 앞 문장과 비슷한 내용을 말하는 경우

- **なお** 게다가, 또한

  弁当と**なお**間食も持っていく。

  도시락과 게다가 간식도 가지고 간다.

  ９時出発の予定です。**なお**、雨天の場合は翌翌日に延期となります。

  9시에 출발할 예정입니다. 또한 비가 올 때에는 다음 다음날로 연기됩니다.

- **おまけに** 게다가

  勉強もできるし、**おまけに**運動もできる。

  공부도 잘하고 게다가 운동도 잘한다.

  売上は伸びず、**おまけに**社長まで倒れてしまい、経営は完全に行き詰まってしまいました。

  매출은 늘지 않고 게다가 사장까지 쓰러져버려, 경영은 완전히 벽에 부딪쳐 버렸습니다.

- **それから** 그리고 나서

  デパートで買い物をし、**それから**映画を見て家へ帰った。

  백화점에서 쇼핑하고, 그리고 나서 영화를 보고 집에 돌아왔다.

- **そして** 그리고

  日本語に英語、**そして**韓国語まで読める。

  일본어에 영어, 그리고 한국어까지 읽을 수 있다.

- **そのうえ** 게다가, 그밖에도

  あの人は頭もいいし、心も親切だ。**そのうえ**顔も美しい。

  그 사람은 머리도 좋고 마음씨도 친절하다. 게다가 얼굴도 아름답다.

- **しかも** 게다가

  彼は金持ちだ。**しかも**若い。

  그는 부자다. 게다가 젊다.

  雨が降り、**しかも**雷も鳴りはじめた。

  비가 오고, 게다가 천둥까지 치기 시작했다.

- **それに** 게다가, 더욱이

  頭も痛いし、**それに**かぜ気味だ。

  머리도 아프고, 게다가 감기 기운도 있다.

  このノートパソコンは軽いです。**それに**値段も安いです。

  이 노트북은 가볍습니다. 게다가 가격도 쌉니다.

- **かつ** 또한

  このマンションは便利でかつ静かな所にあるので、人気が高いです。

  이 맨션은 편리하고 또한 조용한 곳에 있어서 인기가 높습니다.

- **ちなみに** 덧붙여서 말하면, 그와 관련하여 = **ついでに言えば**

  「ちなみに言えば～ (덧붙여서 말하면)」「ちなみに申し上げますと～ (덧붙여서 말씀드리면)」

  ちなみに、二人は高校の同級生だった。

  덧붙여서 말하면 두 사람은 고등학교 동창생이었다.

  ちなみに今回の合格はこれまでの受験者の中で最年少に当たる。

  덧붙여서 말하면 이번 합격은 지금까지의 수험자 중에서 최연소에 해당한다.

- **それどころか** 그렇기는커녕

  昇給は難しいでしょう。それどころか首だって危ないかもしれません。

  급료가 오르기는 어려울 겁니다. 그렇기는커녕 해고될지도 모릅니다.

3) 병렬

문절끼리 대등한 관계로 이어지게 하는 역할을 한다. 앞말의 내용에 이어 뒷말의 내용을 낱낱이 들거나 앞 문장과 비슷한 내용을 말하는 경우

- **および** 또한, 및

  自転車および自動車の通行を禁止します。

  자전거 및 자동차의 통행을 금지합니다.

- **ならびに** 및, 더불어

  名前、職業、並びに生年月日を書きなさい。

  이름, 직업 및 생년월일을 쓰시오.

- **また** 또

  あの人は医者であり、また大学の先生でもある。

  저 사람은 의사이고, 또 대학교 선생님이기도 하다.

4) 전환

화제를 바꾸거나 앞 문장과 반대 내용을 말하는 경우

- **さて** 그런데, 자, 한편, 다름이 아니오라

  さて今日は何を話しましょうか。

  자, 오늘은 무엇을 이야기할까요?

  さて、早速でございますが、…。

  다름이 아니오라 바로 용건을 말씀드리면, ….

- **では** 그러면 = **じゃ**

  では、始めましょう。

  그럼 시작합시다.

- 次いで 뒤이어, 계속하여 = 引き続いて

  開会式が終わった。次いで競技に移る。

  개회식이 끝났다. 뒤이어 경기로 이어진다.

- ところで 그런데, 그건 그렇고

  ところで、お父さんはお元気ですか。

  그런데 아버님은 건강하세요?

  ところでこの間はお国のめずらしいお土産をわざわざ持ってきてくださってありがとうございました。

  그건 그렇고 요전에는 고향의 귀한 특산물을 특별히 가져와 주서서 감사했습니다.

5) 순접

앞말의 내용에 이어 뒷말의 내용이 순리적으로 이어지게 하며, 앞에 이유를 말하고 뒤에 결과를 말하는 경우

- ～と・～ば・～たら・～なら・～くて

  トンネル内で事故が起こると、人は先へ避けようとする。

  터널 안에서 사고가 발생하면, 사람은 앞쪽으로 피하려고 한다.

  寒ければ、ストーブをつけてください。

  추우면 스토브를 켜세요.

  夫が帰って来たら、相談してみます。

  남편이 돌아오면 의논해 보겠습니다.

  あなたは嘘の吐けない人ですね。そういうあなたなら信用します。

  당신은 거짓말을 못하는 사람이군요. 그런 당신이라면 신용하겠습니다.

  今はだいぶよくなりましたが、まだ鼻水が止まらなくて苦労しています。

  지금은 많이 좋아졌지만, 아직 콧물이 안 멎어서 고생하고 있어요.

- そこで 그래서

  앞 문장에 이어지는 자연스러운 흐름을 받는 말로 그에 상응하는 행동을 기대할 때 쓰는 말이다.

  雨が晴れ出した。そこで出発することにした。

  비가 개기 시작했다. 그래서 출발하기로 했다.

  バスがない。そこで歩いて行くことにした。

  버스가 없다. 그래서 걸어가기로 했다.

- それで 그래서, 그러므로

  お金がない。それで旅行に行けない。

  돈이 없다. 그래서 여행을 못 간다.

- だから 그래서 = ですから

  頭がいたい。だから欠席する。

  머리가 아프다. 그래서 결석한다.

- **ゆえに** 그러므로

  夏_{なつ}はあつい。ゆえに汗_{あせ}が出_でる。

  여름은 덥다. 그러므로 땀이 난다.

- **すると** 그러니까, 그러면 = そうすると

  上_{うえ}の子_こが泣_なきました。すると下_{した}の子_こも泣_なき出_だしました。

  큰 아이가 울었습니다. 그러자 작은 아이도 울기 시작했습니다.

- **したがって** 따라서

  これはいい品物_{しなもの}だ。したがって高_{たか}い。

  이것은 좋은 물건이다. 따라서 비싸다.

- **つきましては** 그런고로

  つきましては、お言葉_{ことば}に甘_{あま}え、ぜひ貴社_{きしゃ}へのご紹介_{しょうかい}をお願_{ねが}いさせてください。

  그런고로 염치 불구하고 꼭 귀사에 소개를 부탁드리겠습니다.

6) 선택

- **もしくは** 혹은, 아니면 ㊤ 어쩌면, 혹시 = もしかする

  月曜日_{げつようび}、もしくは火曜日_{かようび}にそちらにうかがおうと思_{おも}います。

  월요일, 혹은 화요일에 그곳에 가려고 합니다.

- **あるいは** 혹은, 또는

  宅配_{たくはい}で送_{おく}るか、あるいはバイク便_{びん}で送_{おく}ってもいいかもしれませんね。

  택배로 보낼지, 혹은 오토바이 편으로 보내도 좋을지도 모르겠네요.

- **ないしは** 내지는(의문문에는 어울리지 않는다)

  両親_{りょうしん}ないしは保証人_{ほしょうにん}の許_{ゆる}しが必要_{ひつよう}です。

  부모 내지는 보증인의 허가가 필요합니다.

7) 단서, 조건

- **ただ・ただし** 단, 그러나

  道具_{どうぐ}はこちらでお貸_かしします。ただしその場合_{ばあい}はデポジットで1000円_{えん}をお預_{あず}かりします。

  도구는 여기서 빌려 드립니다. 다만 그 경우에는 보증금으로 1000엔을 받습니다.

8) 설명

앞말의 내용에 대해 자세히 설명하거나, 앞 문장을 반복해 말하는 경우

- **すなわち** 즉
- **たとえば** 예를 들면
- **つまり** 즉
- **なぜなら** 왜냐하면

※참고

품사상 접속사는 아니지만 접속사 기능을 하는 말들은 다음과 같다.

- そういうわけで 그러한 까닭으로
- そうはいっても 그렇게 말은 해도
- 要^{よう}するに 요컨대
- 言^いいかえれば 바꾸어 말하면
- 〜というのは 〜라고 하는 것은

- それだから 그러기에
- それにもかかわらず 그럼에도 불구하고
- そういえば 그러면
- そうだとすると 그렇다면

3. 실전 독해 공략법

실전 독해에 있어 질문 유형에는 크게 나누어 다섯 가지의 패턴이 있다. 아래에 각각의 실전 문제풀이 요령을 설명하도록 하겠다.

1 문장 안의 지시어가 가리키는 내용을 묻는 문제

독해 문제를 풀 때 본문 속에서 「これ、それ」「この / その + 명사」「こう、そう」 등의 지시어를 흔히 볼 수 있다. 이것들은 '이미 나온 표현이나 내용, 또는 앞으로 나올 표현이나 내용을 가리키는' 말이다. 그러므로 문장을 읽을 때는 지시어가 무엇(혹은 누구)을 가리키고 있는 것인지를 생각하면서 읽도록 한다.

대부분의 지시어는 이미 앞서 서술한 것을 가리키는 경우가 많다. 따라서 지시어 및 밑줄 부분에 대한 문제 해결은 문제의 지시어 직전부터 거슬러 올라가 찾으면 된다.

▶ 遺伝子組み換え作物のニュースを聞くと、人間はこんなことまでできるようになったのかと驚かされる。
유전자변형작물에 대한 뉴스를 듣고, 인간은 이런 일까지 할 수 있게 되었나 하고 깜짝 놀라게 된다.

▶ 自由競争は経済を成長させると言われるが、私はそう思わない。
자유 경쟁은 경제를 성장시킨다고 하나, 나는 그렇게 생각하지 않는다.

개념 설명을 요구하는 문제는 나중에 해당어구의 내용을 설명하는 문장으로 이어서 전개되므로 답을 뒤에서 찾으면 된다. 설명은 반드시 뒤에 쓰여 있다.

▶ これは先輩から聞いた話だが、この学校があった場所は昔墓地だったそうだ。
이것은 선배로부터 들은 이야기인데, 이 학교가 있던 곳은 옛날에 묘지였다고 한다.

이와 연관지어 명심할 것은 문장을 읽을 때는 언제나 주어와 술어, 수식관계의 기본을 살펴 가며 읽어야 하는 점이다.

▶ 今週中に申し込めば、参加できます。〈조건〉
이번 주 중으로 신청하면 참가할 수 있습니다.

▶ 試合に勝つために毎日練習した。〈목적〉
시합에 이기기 위해 매일 연습했다.

▶ 生活のために昼間はスーパーで、夜は居酒屋で働いた。〈술어가 공유되는 경우〉
생활을 위해 낮에는 슈퍼에서, 밤에는 주점에서 일했다.

▶ 家の鍵を開け、中に入り、電気をつけた。そのとき家の中がめちゃくちゃなのに気づいた。
〈연속하는 동작이나 사건의 나열〉
집 열쇠를 열고 안에 들어가, 불을 켰다. 그때 집안이 엉망진창인 것을 알았다.

나름 목적하는 의도 아래 쓰인 문장은 예외 없이 어떤 주제에 대해 같은 의미의 말이 반복되기도 하고 강한 말투로 명확하게 내용을 요약하는 경우도 있다. 지시어와 관련해서 실전 시험에서 정답을 고를 때는 밑줄 친 부분에 선택한 문항의 답을 대입하여 보고, 의미가 통하는지 확인해 보는 것도 요령이다.

2 이유, 특히 논리 전개나 감정, 판단의 근거를 드는 이유를 묻는 문제

일본어 실력에 더하여 이해력, 순발력이 필요한 문제 유형이다. 예를 들어 장면의 상황이나, 등장인물의 태도나 기분 등 심리를 파악하는 형태의 문제로, 그와 같은 상태가 된 것에 대한 이유를 묻는 형식으로 출제된다.

또한 명확하게 이유를 나타내지 않더라도 단락을 통하여, 이유를 서술하는 경우도 있다. 이 유형은 처음부터 하나의 문장만을 찾는 것이 아니라, 전체를 읽고 이유를 추측하는 것이 좋다.

정답으로 연결되는 힌트나 이유는 반드시 본문에 있으므로 조바심을 내지 말고 찬찬히 문장을 읽어나가야 한다.

▶ なぜなら ～からです 왜냐하면 ～이기 때문입니다.

3 글 전체 내용을 통해 필자의 의도나 주제를 묻는 문제

의견을 나타내는 표현들은 다음과 같은 것이 있다.

▶ ～と思う   ～라고 생각한다, ～と考える ～라고 생각한다

▶ ～と思われる, ～と考えられる ～라 생각된다, ～라 여겨진다

▶ ～と言える ～라 말할 수 있다

▶ ～だろう ～일 것이다

▶ ～にちがいない ～임에 틀림없다

▶ ～はずである 틀림없이 ～일 것이다

▶ ～のではないかと思う ～가 아닌가 하고 생각한다

▶ ～のではないだろうか ～인 것이 아닐까?

▶ ～ように思う ～처럼 여기다, ～ように感じる ～처럼 느낀다

▶ ～かもしれない ～일지 모른다

▶ ～はなぜだろうか。わたしは ～と思います ～은 왜 그런 것일까? 나는 ～라고 생각합니다

필자의 생각을 고르는 문제는 문장 안에서 필자가 '무엇을 말하고 싶은 것인가'를 생각한다. 대부분은 문장 후반 매듭부에 나와 있는 '～가 아닐까/~라고 생각한다' 부분에 주목한다.

▶ 今後、東アジア各国での離婚率はさらに増加すると思われる。
　앞으로 동아시아 각국에서의 이혼율은 더욱 증가할 것으로 여겨진다.

▶ 安定した経済成長のためには、道路や空港などの整備を進めたほうがよいのではないか。
　안정된 경제성장을 위해서는 도로나 공항 등의 정비를 추진하는 것이 좋지 않겠는가?

단, 문장 말미의 표현에 따라 처음과는 달리 의미가 변하는 경우가 있으므로 주의해야 한다.

▶ 彼女は周りの友人を傷つけつづけた。しかし、実は、友人を傷つけることで、自分自身をも傷つけていたのだ。
　그녀는 주위 친구를 계속 상처 주었다. 하지만, 실은 친구에게 상처를 입힌 일로 자기 자신도 상처를 받고 있었던 것이다.

또한 글속에는 글의 내용, 또는 필자의 의견이 명확하게 쓰여 있는 '핵심 문장'이 몇 개 정도는 존재하기 마련이므로, 그것들을 찾아내고 대입해보고 음미하는 일도 평소 독해 훈련에서는 적극 권장한다. 다만, 논리전개나 이야기의 흐름에 주의해야 하는 문제로 사실과 필자의 의견을 구별하도록 한다.

① 적극적 의견, 주관성이 강하다.

▶ わたしは政府の増税政策はまちがっていると思う。
나는 정부의 증세 정책이 잘못되었다고 생각한다.

② 논리에 근거하여 나온 의견임을 부각시키는 경우, 객관성이 강하다

▶ 運転手の呼気からアルコールが検出されている。事故の原因は、運転手の飲酒にあると思われる。
운전수의 내쉬는 숨에서 알코올이 검출되었다. 사고의 원인은 운전수의 음주에 있다고 여겨진다.

③ '자연스럽게 그런 생각이 든다'는 어감이 강한 말로 개인적 느낌을 말할 때 사용한다.

▶ 今の仕事は忙しくて大変だが、やりがいがあるので、前の仕事よりもよいと思える。
지금 일은 바쁘고 힘들지만, 보람이 있기 때문에 전의 일보다도 좋다고 생각된다.

논리전개의 흔한 방법에는 전제를 내세우고 그것을 인정할 수밖에 없는 경우를 예로 드는 방법이 있는가 하면, 구체적 사례를 열거하고 보편적 결론을 이끌어내는 방법이 있다. 이때 개별적인 단어에 얽매이거나 주눅이 들지 않도록 하자. 특별히 어려운 단어는 주석을 달아 내용 이해를 돕고 있으므로 본문을 제대로 파악하면 본문 내에 답이 노출되어 있는 경우가 많다.

4 주어를 찾아라.

주어는 멀리 떨어져 있는 문말의 술어에 연결된다.

▶ 日本は・日本人が思っているほど・狭い国ではない。
일본은 일본인이 생각하는 만큼 좁은 나라가 아니다.

주어를 찾았다면 그 주어에 대해 서술된 이후 문장의 끝을 한 눈에 파악하는 것이 문장을 요약할 수 있는 방법이다. 이따금 문장에 주어가 나타나 있지 않는 경우도 있다.

▶ ～点は ～ことだ　～인 점은 ～(인) 것이다

문장 내용과 일치하는 문항을 고르는 문제는 문장 전후 관계를 잘 비교하여 생각한다. 대부분 주장을 뒷받침하는 내용을 사례별로 열거하거나 또는 비유로 들거나 대비되는 내용을 제시하는 경우가 대부분이다.

[의문에 대한 대답을 서술하는 경우]

▶ なぜ～だろうか　왜 ～인 것일까?
▶ ～とは何だろうか　～란 무엇일까?

〔무엇에 대해 이어 서술하는 경우〕

▶ ~について考えてみたい ~에 대해 생각해보려 한다

▶ 以下、~について述べる 이하 ~에 대하여 말한다

〔이어지는 내용이 여러 개 있는 경우〕

▶ 問題点は以下の3点にまとめられる。まず~、次に~、さらに~
문제점은 이하 3가지로 정리할 수 있다. 우선~, 다음으로~, 나아가~

5 안내문과 같은 실용문은 특징을 잡아라!

안내문, 전단지를 보고 답하는 문제는 큰 제목과 그에 따른 구체적인 설명을 대조하여 읽고 답을 고르는 문제가 출제된다. 이런 유형의 독해는 처음부터 너무 세부적인 내용 파악에 매달리지 말고, 눈에 띄는 큰 제목을 통해 글을 쓴 대강의 목적 및 의도를 파악하는 것이 중요하다. 이것은 내용을 한마디로 압축해 놓은 것으로 이후 전개되는 개별 내용에 대한 파악이 쉽고 문장의 흐름이 보여 해당 질문의 답을 찾아낼 수 있는 경우가 대부분이므로 문장의 도입 부분에 유의한다.

내용 이해[단문] (5문항)

① 문(文)에 쓰인 사실 관계를 이해할 수 있는가, 이유와 원인을 파악할 수 있는가, 그 문맥에서는 어떤 의미인가 등을 이해하고 있는지 묻는다.

② 글의 내용을 정확하게 이해하고 있는지를 묻는 문제이다. 독해 시 글 안의 세세한 내용을 이해하는데, 글의 전체적인 내용 즉, 무엇이 쓰여 있는가를 모르는 경우가 자주 있다. 따라서 글의 전체를 정확하게 파악하거나 주제를 찾아내어 어떠한 논리로 전개되는가를 알아내는 것도 독해 능력 향상의 필수 학습 방향이다. 이처럼 '전체를 신속하게 · 주의 깊게 읽기'를 요구하는 문제가 N1, N2에서 '내용 이해'로 출제된다.

問題10 次の(1)から(5)の文章を読んで、後の問いに対する答えとして最もよいものを、1・2・3・4から 一つ選びなさい。

（1）

　　輝かしい大成功を収め、「あんなに幸せな人はいない」と人々の羨望(注1)を浴びていた人が、いつの間にか没落を遂げていく近年、そのようなことに出くわすことが多多あります。私は、その都度心を痛めると同時に、「なぜ、いったん成功を手にしながら、それが続かないのか」ということを考えることがよくあります。

　　人は往々にして、多くの人々の支援を得て成功を手にしたにもかかわらず、その理由を自分に能力があるからだと考え、順を追ってその成果もすべて独り占めしたいと思うようになります。このように、自分でも気づかぬうちに、少しずつ傲慢(注2)になっていくことで、徐々に周囲の協力が得られなくなります。

　（注1）羨望：うらやましく思うこと
　（注2）傲慢：見下して礼を欠くこと

55 近年著者が数多く接することとは何か。

1 人々の羨望を浴びていた人が、没落を遂げていく姿

2 大成功を収めて、輝きに満ち溢れた人の姿

3 なかなか成功の機に恵まれず悩んでいる人の姿

4 お金に困らず裕福で傲慢な人間の姿

（2）

> まだ未画定だった宮崎県椎葉村と熊本県水上村の県境が、廃藩置県(1871年にそれまでの藩を廃止して県や府を置いた明治政府の政策)から138年ぶりに画定する見通しとなった。両村長らが話し合い、湯山峠付近のなだらかな山林地域の約1.7キロの県境などについて合意した。
>
> 県境が画定されていなかった理由は、椎葉村側の話では「今となっては不明」ということだが、村長同士が「われわれの代で折り合いを付けよう」と取り組んだのである。
>
> 国土地理院によると、まだ画定されていない県境は、このほかに東京都葛飾区と埼玉県三郷市など2009年4月時点で全国に14か所存在する。

56 宮崎県椎葉村と熊本県水上村の県境が決まったのはなぜか。

1 椎葉村の村長が県境を決めることに積極的に取り組んだから

2 村長同士が自分たちの代で県境について折り合いをつけるべく取り組んだから

3 現時点で県境が画定されていないのは日本でここだけになっていたから

4 国土地理院が画定されていない県境を決めるため取り組んだから

（3）

一般的にカビは温度が5度〜35度、湿度が80％以上、栄養(食べ物、ほこりなど)の条件がそろうと発生する。じめじめとした梅雨の時期などに比べて乾燥しがちな冬はカビが発生しにくいイメージがあるが、冬でもカビは発生する。特に注意したいのが、窓やかべなどの結露(部屋の外と中の温度差で発生する水滴)している場所だ。結露のなかの水分やよごれが栄養になってカビが増えるのだ。放っておくと拭き取ってもとれなくなるので、「カーテンがぬれている」など結露しやすい場所を調べて、毎日、ぞうきんでふきとり、よく換気することが大切である。また、浴室、洗面台、台所など水がたまりやすい場所もこまめに拭き取ることが大切だ。

57 冬にカビの発生に特に注意したい場所はどういったところか。

1 食べ物やほこりなどカビの栄養分になるものが落ちているところ

2 乾燥していて水分やカビの栄養となるものが一見無いように思われるところ

3 掃除をする際に使用した雑巾など、雑菌がいると思われるところ

4 室内と室外の気温差によって窓や壁などが結露しているところ

（4）

> 新型インフルエンザのワクチンの中には、新型インフルエンザのウイルスを薬で処理し、無害にしたものが入っている。ワクチンを打っても病気にならないよう、必要な成分だけを取り出して使用している。ワクチンを打って、体にウイルスの特徴を覚えさせる。すると、次にウイルスが体に入ってきたときに、「免疫」というウイルスを殺す力が働く。日本では「有精卵」という受精したニワトリの卵の中でウイルスを増やして作っている。有精卵は一度に大量に準備出来ないため、全員分はないことから、必要な人から先に打つスケジュールを立てた。

58 ワクチンを打つことによって、体内ではどんな力が働くか。

1 新型インフルエンザに一生かかることのない抗体を作る力が働く。
2 新型インフルエンザに感染してもウイルスを無害にする力が働く。
3 ウイルスが体内に入ってきた場合、「免疫」というウイルスを殺す力が働く。
4 体にインフルエンザのウイルスの特徴を覚えさせないようにする力が働く。

（5）

虫だけでなく、自然の中では、鳥やけもの、魚、植物、顕微鏡でないと見えないような微生物も多く存在する。様々な生き物たちが、食べたり食べられたり、競り合ったり助け合ったりしながら暮らしている。そういう生き物たちの個性やつながりの豊かさを「生物多様性」という。森や里山、干潟（注1）やサンゴ礁など、生き物たちが暮らす環境の豊かさも、生物多様性の大切な要素だ。

しかしその生物多様性は、残念ながら守られてはいない。地球の生き物たちは今、急なペースで絶滅している。絶滅が心配される生き物を掲載している「レッドリスト」によると、哺乳類の四種に1種、鳥類の8種に1種、両生類の3種に1種が、絶滅の危機に瀕して（注2）いるとされている。

（注1）干潟：遠浅の海岸で、潮が引いて現れたところ
（注2）瀕する：ある重大な事態がせまること

59 「生物多様性」とはどういうことであるか。

1 自然界に存在する生き物たちの個性や弱肉強食によるつながりの豊かさのこと
2 自然界には目に見える動物や魚以外にも、肉眼では見えないような微生物も存在していること
3 生き物たちの暮らす環境には自分たちに合った様々な場所が存在するということ
4 絶滅の恐れのある様々な生き物が「レッドリスト」に掲載されていること

문제10 다음 (1)에서 (5)의 글을 읽고, 뒤의 문제에 대한 대답으로 가장 알맞은 것을 1 · 2 · 3 · 4에서 하나 고르시오.

（1）

　　빛나는 대성공을 거두고 '저렇게 행복한 사람은 없어'라고 사람들의 선망을 받았던 사람이 어느샌가 몰락해가는 요즘, 그러한 일을 당하는 일이 많이 있습니다. 나는 그 때마다 마음이 아픔과 동시에 '어째서 일단 성공을 손에 넣으면서 그것이 지속되지 않을까'라는 것을 생각하는 일이 자주 있습니다.

　　사람은 때때로 많은 사람들의 지원을 받아서 성공을 거두었음에도 불구하고 그 이유를 자신에게 능력이 있기 때문이라고 생각해서, 점차 그 성과도 모두 독점하고 싶다고 생각하게 됩니다. 이처럼 스스로도 깨닫지 못하는 사이에 조금씩 거만해져서 서서히 주위의 협력을 얻을 수 없게 됩니다.

　　(주 1) 羨望 : 부럽게 생각하는 것

　　(주 2) 傲慢 : 깔보고 예의를 갖추지 않는 것

55　최근 저자가 많이 접하는 일이란 무엇인가?

　1 사람들의 선망을 받았던 사람이 몰락해가는 모습
　2 대성공을 거두고 빛으로 가득차 넘치는 사람의 모습
　3 좀처럼 성공의 기회가 오지 않아 고민하고 있는 사람의 모습
　4 돈에 궁하지 않고 유복하여 거만한 인간의 모습

輝かがやかしい 빛나다　|　羨望せんぼう 선망　|　没落ぼつらく 몰락　|　遂とげる 달성하다, 해내다, 이루다　|　出でくわす 맞닥뜨리다　|　その都度つど 그 때마다　|　続つづく 계속되다　|　往々おうおうにして 때때로　|　支援しえん 지원　|　順じゅんを追おう 순서를 따르다　|　独ひとり占じめ 독점　|　傲慢ごうまん 거만　|　徐々じょじょ 서서히　|　協力きょうりょく 협력

Tip　「そのようなことに出くわすことが多多あります」에서 「そのような」가 가리키는 문장인 「人々の～近年」의 문장이 정답이다.

정답　1

（2）

　　아직 명확히 구분되지 않은 미야자키현 시이바 마을과 구마모토현 미즈카미 마을 사이의 현의 경계가 폐번치현(1871년에 여태까지의 번을 폐지하고 현(県)이나 부(府)를 두었던 메이지 정부의 정책)으로부터 138년 만에 구분이 지어질 전망이다. 양쪽 촌장들이 이야기해서 유야마 고개 부근의 완만한 산림 지역 약 1.7킬로인 현의 경계 등에 대해서 합의했다.

　　현의 경계가 명확히 구분되지 않았던 이유는 시이바 마을 쪽의 말로는 '이제 와서는 모르겠다'라는 것이지만, 촌장끼리 '우리들의 대에서 해결하자'고 임했던 것이다.

　　국토지리원에 의하면 아직 정해지지 않은 현의 경계는 이 외에 도쿄도 가츠시카구와 사이타마현 미사토시 등 2009년 4월 시점에서 전국에 14곳이 존재한다.

56 미야자키현 시이바촌과 구마모토현 미즈카미촌의 현의 경계가 정해진 것은 왜인가?

1 시이바촌의 촌장이 현의 경계를 정하는 것에 적극적으로 임했기 때문에
2 촌장끼리 자신들의 대에서 현의 경계에 대해 해결하기 위해 임했기 때문에
3 현시점에서 현의 경계가 정해지지 않은 것은 일본에서 이곳 뿐이었기 때문에
4 국토지리원이 정해지지 않은 현의 경계를 정하기 위해 임했기 때문에

未画定みかくてい 미확정 | 県境けんきょう 현의 경계 | 潘はん 에도시대 다이묘의 영지 | 廃止はいし 폐지 | 見通みとおし 전망, 예측 | 峠とうげ 고개 | 付近ふきん 부근 | なだらかだ 경사가 완만한 모양, 온화한 모양, 원활한 모양 | 取とり組くむ 서로 맞붙다, 몰두하다, ~과 씨름하다 | 合意ごうい 합의 | 折おり合あいを付つける 타협을 하다 | 時点じてん 시점

Tip 본문의 밑에서 세 번째 줄에 「村長同士がわれわれの代で折り合いを付けよう(촌장끼리 우리 대에서 해결하자)」라는 문장에 정답이 나와 있다.

정답 2

(3)

　일반적으로 곰팡이는 온도가 5도~35도, 습도가 80% 이상, 영양(음식, 먼지 등)의 조건이 갖춰지면 생긴다. 축축한 장마 시기 등에 비해 건조하기 쉬운 겨울은 곰팡이가 발생하기 어려운 이미지가 있지만, 겨울이라도 곰팡이는 생긴다. 특히 주의해야 하는 것이 창문이나 벽 등의 결로(방의 밖과 안의 온도차로 발생하는 물방울)한 장소이다. 결로 안의 수분이나 더러움이 영양이 되어 곰팡이가 증가하는 것이다. 방치해 두면 닦아도 닦이지 않게 되기 때문에, '커튼이 젖어 있는' 등 결로하기 쉬운 장소를 조사해서 매일 걸레로 닦아 내고 환기를 잘하는 것이 중요하다. 또 욕실, 세면대, 부엌 등 물이 고이기 쉬운 장소도 꼼꼼하게 닦아 내는 것이 중요하다.

57 겨울에 곰팡이 발생에 특히 주의를 하고 싶은 장소는 어떠한 장소인가?

1 음식이나 먼지 등 곰팡이의 영양분이 되는 것이 떨어져 있는 곳
2 건조해서 수분이나 곰팡이의 영양이 되는 것이 얼핏 없는 것처럼 생각되는 곳
3 청소를 할 때 사용한 걸레 등 잡균이 있다고 생각되는 곳
4 실내와 실외의 기온 차에 의해서 창문이나 벽 등이 결로한 곳

一般的いっぱんてき 일반적 | カビ 곰팡이 | 温度おんど 온도 | 湿度しつど 습도 | 栄養えいよう 영양 | ほこり 먼지 | 条件じょうけん 조건 | そろう 갖추다 | 発生はっせい 발생 | じめじめ 습기가 축축하게 차고 눅눅한 모양 | 結露けつろ 결로(차가운 물체 표면에 작은 물방울이 서려 붙음) | 放ほうる 방치하다 | ぞうきん 걸레 | 拭ふき取とる 닦아 내다 | 換気かんき 환기 | 浴室よくしつ 욕실 | 洗面台せんめんだい 세면대 | 台所だいどころ 부엌 | 掃除そうじ 청소 | 雑菌ざっきん 잡균 | 気温差きおんさ 기온 차 | 室内しつない 실내 | 室外しつがい 실외

Tip 위에서 세 번째 줄에 「特に注意したいのが(특히 주의하고 싶은 것)」 이하의 문장을 읽으면 정답이 나와 있다.

정답 4

(4)

　신종인플루엔자의 백신 중에는 신종 인플루엔자의 바이러스를 약으로 처리하여 무해하게 한 것이 들어 있다. 백신을 맞아도 병에 안 걸리도록 필요한 성분만을 빼서 사용하고 있다. 백신을 맞고 몸에 바이러스의 특징을 기억하게 한다. 그러면 다음에 바이러스가 몸 안에 들어 왔을 때 '면역'이라는 바이러스를 죽이는 힘이 작용한다. 일본에서는 '유정란'이라는 수정한 닭의 달걀 안에 바이러스를 늘려서 만들고 있다. 유정란은 한 번에 대량으로 준비할 수 없다는 점에서 필요한 사람부터 먼저 맞는 스케줄을 세웠다.

58 백신을 맞는 것으로 체내에서는 어떠한 힘이 작용하는가?

1 신종인플루엔자에 일생 걸리지 않는 항체를 만드는 힘이 작용한다.
2 신종인플루엔자에 감염되어도 바이러스를 무해하게 하는 힘이 작용한다.
3 바이러스가 체내에 들어온 경우 '면역'이라는 바이러스를 죽이는 힘이 작용한다.
4 몸에 인플루엔자 바이러스의 특징을 기억하게 하지 않도록 하는 힘이 작용한다.

新型しんがたインフルエンザ 신종 인플루엔자 │ ワクチン 병원균으로 만든 전염병 예방제, 백신 │ 無害むがい 무해 │ 成分せいぶん 성분 │ 取とり出だす 꺼내다, 골라내다 │ 免疫めんえき 면역 │ 受精じゅせい 수정 │ 働はたらく 작용을 하다 │ 抗体こうたい 항체 │ 感染かんせん 감염 │ 特徴とくちょう 특징

> **Tip** 넷째 줄의 '다음으로'부터 잘 읽어 보면 정답이 보인다. '다음으로 바이러스가 몸에 들어왔을 때 '면역'이라는 바이러스를 죽이는 힘이 작용한다.'까지의 문장이 정답이다.

> **정답** 3

（5）

> 벌레뿐만 아니라 자연 속에서는 새나 짐승, 물고기, 식물, 현미경이 아니면 보이지 않을 듯한 미생물도 많이 존재한다. 다양한 생물들이 먹거나 먹히거나, 서로 경쟁하거나 서로 돕거나 하면서 살고 있다. 그러한 생물들의 개성이나 먹이사슬의 풍족함을 '생물다양성'이라고 한다. 숲이나 뒷산, 간석이나 산호초 등, 생물들이 사는 풍부한 환경도 생물다양성의 중요한 요소이다.
> 하지만 그 생물다양성은 아쉽지만 지켜지지는 않는다. 지구의 생물들은 지금 빠른 속도로 멸종되고 있다. 멸종이 걱정되는 생물을 게재된 '레드 리스트'에 의하면 포유류 4종에 1종, 조류 8종에 1종, 양서류 3종에 1종이 멸종 위기에 임박해 있다고 한다.
>
> (주1) 干潟 : 물가에서 멀리까지 물이 얕은 해안으로 해수가 빠져서 생긴 것
> (주2) 瀕する : 어떤 중대한 사태가 닥쳐오는 것

59 '생물다양성'이라는 것은 어떠한 것인가?

1 자연계에 존재하는 생물들의 개성이나 약육강식에 의한 먹이사슬이 풍부한 것
2 자연계에는 눈에 보이는 동물이나 물고기 이외에도, 육안으로는 보이지 않는 듯한 미생물도 존재하고 있는 것
3 생물들이 사는 환경에는 자신들에게 맞는 다양한 장소가 존재한다는 것
4 멸종의 우려가 있는 다양한 생물이 '레드 리스트'에 게재되어 있는 것

植物しょくぶつ 식물 │ 顕微鏡けんびきょう 현미경 │ 微生物びせいぶつ 미생물 │ 存在そんざい 존재 │ 競せり合あう 선두를 다투다, 경쟁하다 │ 里山さとやま 마을에서 가깝고 생활과 가장 밀접한 낮은 산 │ 干潟ひがた 썰물 때 드러나는 갯벌 │ 絶滅ぜつめつ 절멸, 멸종 │ 掲載けいさい 게재 │ 哺乳類ほにゅうるい 포유류 │ 鳥類ちょうるい 조류 │ 両生類りょうせいるい 양서류 │ 危機きき 위기 │ 瀕ひんする 절박한 사태에 이르다, 직면하다 │ 弱肉強食じゃくにくきょうしょく 약육강식 │ 動物どうぶつ 동물 │ 肉眼にくがん 육안 │ 環境かんきょう 환경

> **Tip** 위에서 두 번째 줄 「様々な生き物たちが、〜生き物多様性という」까지의 문장 안에 정답이 있다.

> **정답** 1

내용 이해[중문] (9문항)

문장의 내용을 정확하게 이해하는지를 묻는 문제로, 언어지식을 이용하여 제시문의 세세한 부분을 주의 깊게 읽고 정확하게 이해할 수 있는가 여부를 중시하는 유형이다. 읽기에 있어서는 '부분을 주의 깊게 읽는' 훈련을 필요로 하며 독해의 모든 레벨에서 공통적으로 출제된다.

> **問題11** 次の(1)から(3)文章を読んで、後の問いに対する答えとして、最もよいものを1・2・3・4から一つ選びなさい。

（1）

　　　トロイ遺跡を発見したシュリーマンは幕末の日本旅行記に、家族が食事中に正座している姿を興味深く①書き残している。ベストセラー『「縮み」志向の日本人』の著者である李御寧氏は、正座を、精神を集中させ安静を得る「どの民族も模倣(注1)しがたい姿勢」と位置づけている。私たちにとってごく普通の正座は、外国人から見ると極めて特異な日本独特の文化のようだ。

　　②本書は、医学博士であり、茶道にも精通(注2)した著者が、正座の歴史、文化、医学的意味などを入念に調査したものだ。かつては立てひざやあぐらが正式な座法であり、あの千利休でさえ正座をしていなかった。正座が一般化されたのは明治以降で、明治政府が近代日本人を形成しようと、己を律する(注3)武士道の象徴としての正座を広めた教育の成果だ。その結果、正座の習わしがない朝鮮や中国を蔑視(注4)するようになったのは不幸なことだという著者の観点は新しい。

　　正座は脳血流を改善し、認知症やメタボリック症候群を防止する効果があると、健康面も懇切(注5)に解説している。正座という日常習慣は日本文化の象徴だったのだと、目からうろこが落ちる。

（注1）模倣：自分で創り出すのではなく、すでにあるものをまねならうこと
（注2）精通：くわしくよくしっていること
（注3）律する：一定の基準によって物事を取りはからい、きまりをつけること
（注4）蔑視：さげすむこと、見下げること
（注5）懇切：親切なこと

60 シュリーマンは自らの著書に何を①書き残しているのか。

1 日本人が料理を作っている姿

2 日本人が茶道をする姿

3 日本人の家族が食事中に正座をしている姿

4 日本人が医学について学ぶ姿

61 ②本書はどのようなものだと書いてあるか。

1 認知症について医学博士の立場から分かりやすく書いたもの

2 著者が正座の歴史にのみ焦点を当てて書いたもの

3 日本の文化を外国人にもわかりやすく書いたもの

4 著者が正座の歴史、文化、医学的意味などを丹念に調べたもの

62 正座にはどのような効果があると書いてあるか。

1 足腰を鍛える効果がある。

2 風邪を予防する効果がある。

3 日本人としての意識を高める効果がある。

4 認知症やメタボリック症候群を防止する効果がある。

（2）

　　10年前には遥か遠い未来の問題だと考えられていた世界的気候変動が、予想以上にいち早くやって来たようだ。この10年で、特に南極の氷床の融解と北極の氷河の後退が予測を超えた速度で急激に進んでおり、危険な兆候(注1)だと①環境の専門家は警告している。

　　2007年夏、北極海の氷は観測史上、最小レベルに達した。今後10年で、夏期の北極の氷は溶解するという見方もある。調査によれば、北極の氷の溶解によって引き起こされる問題は北極海域の時化(注2)だけではない。北半球全体の気象パターンにも大きく影響する。氷に頼って猟や子育てをするホッキョクグマも絶滅の危機に直面している。だが一方で、海運や資源開発といった事業には寄与(注3)している部分もある。

　　気候変動は、この10年で確実にその影響力を現しつつあるのだ。氷の融解や日照り、春の早期到来、さらにホッキョクグマの減少やカエルの絶滅は、地球に対し、世界的な温暖化が既に影響力を及ぼしつつあることを示している。

　　ワシントン D.C. を拠点とする国際的な非営利環境保護団体のＰ慈善財団で責任者を務めるＬ氏は次のように話す。「近年、兆候は世界中で認識され始めている。多くの人々が、気候変動の起因は人間であるという事実を受け止めている。温室効果ガス(注4)の排出を抑えなければ、自然だけでなく人間にとっても絶望的な未来が待ち受けていると考え始めたのだ」。

（注1）兆候：何かが起こると思わせる前触れ
（注2）時化：暴風雨が続き、海が荒れること
（注3）寄与：物事に対して役に立つことを行うこと
（注4）温室効果ガス：大気中に水蒸気や二酸化炭素などの赤外線を吸収する物質が存在することによっ
　　　　　　　　　　て、気温が上昇する原因となる気体のこと

63 ①環境の専門家は警告しているとあるが、何を警告しているのか。

1 世界的気候変動について10年前より人々の関心が薄れてきていること

2 南極の氷床の融解と北極の氷河の後退が予測を超えた速度で急激に進行していること

3 ホッキョクグマも絶滅の危機に直面しているという事実が一般的にほとんど知られていないこと

4 海運や資源開発といった事業も世界的気候変動によって悪影響を受けているということ

64 北極海の氷は今後どうなっていくと見られているか。

1 夏期の北極の氷は溶解してしまうと見られている。

2 今後10年は北極海の氷の量は変わらないと見られている。

3 北極海の氷河が予測を超えたスピードで増加すると見られている。

4 北極海の氷の溶解がどのような影響を及ぼすかは予測不能と見られている。

65 国際的な非営利環境保護団体のP慈善財団で責任者を務めるL氏が述べていることとして正しいものはどれか。

1 世界的な気候変動の兆候が世界中で認識されるようになるにはまだまだ時間がかかる。

2 一部の人たちだけが、気候変動の原因が人間にあるという事実を受け止めている。

3 多くの人々が、自然界だけでなく人間にとっても絶望的な未来が待ち受けていると考え始めた。

4 ホッキョクグマの減少やカエルの絶滅が起きているが、その原因についてはいまだ明らかにされていない。

（3）

　　長引く不況で冷え込む消費者の購買意欲。その影響をまともに受けると予想されるのが、百貨店など流通業界の年末商戦だ。①そんなご時世にもかかわらず、「お歳暮商戦」に異変が起きていることをご存知だろうか？

　　個人の購買意欲の減退に加え、企業におけるコスト圧縮の荒波を受けて大口ニーズの激減が予想される流通業界の危機感は強い。各社は、お歳暮商戦開始の時期を早める、低価格商品に力を注ぐなどの対策を講じており、悪戦苦闘（注1）中だ。なかでも「苦肉の策（注2）」と言えるのが、②「自宅用のお歳暮」という、何とも風変わりな作戦だ。

　　（中略）

　　こうした傾向は、食事にしても娯楽にしても、消費全般が「外」に向かうのではなく、「内」で完結する「自己完結型消費」「自己完結型ニーズ」の強まりを反映したものと言える。

　　お中元・お歳暮といった贈答品は、本来はお世話になった人に感謝の気持ちを込めて贈るという「外向け」のものであり、ある意味儀礼的な意味合いを持つ。こうしたサービスの領域でさえ、業者が内向けの「自己完結型ニーズ」に注目せざるを得なくなっているという現状は、何とも興味深い。「自宅向けお歳暮」の隆盛（注3）は、不況が長引き、個人・企業共に財布のひもがきつく（注4）なっている現在、「儀礼の省略が社会的な了承を得つつある」ということの裏返しではないか。

　　（注1）悪戦苦闘：困難に打ち勝つために懸命に努力すること
　　（注2）苦肉の策：考えても物事がうまくいかず、どうするべきか分からなくなりながらも、苦労した末に出た策のこと
　　（注3）隆盛：勢いのさかんなこと
　　（注4）財布のひもがきつい：むだな金は一切使わない態度であること

66　①そんなご時世とあるが、どのような時代のことをさしているか。

1　百貨店など流通業界の年末商戦の規模が縮小していく時代
2　「お歳暮商戦」に異変が起きていることに無関心な人が多い時代
3　消費者の購買意欲が長引く不況によって冷え込んでいる時代
4　お歳暮商戦では低価格商品しか売れない時代

67　②「自宅用のお歳暮」という、何とも風変わりな作戦はどういったことを反映して行われたものか。

1　消費全般が「内」で完結する「自己完結型消費」「自己完結型ニーズ」の強まり
2　企業におけるコスト圧縮の荒波を受けて大口ニーズの激減が予想されていること
3　食事にしても娯楽にしても、消費全般が「外」に向かっている現状
4　お中元・お歳暮といった贈答品の本来の意味合いを知らない人が増加したこと

68　筆者はサービスの領域でさえ、業者が内向けの「自己完結型ニーズ」に注目せざるを得ない現状についてどのように考えているか。

1　ある意味儀礼的な意味合いを持つお中元・お歳暮といった贈答は、もはや時代遅れだと考える人が増えてきているということ
2　「自己完結型ニーズ」に着目することで目新しさで個人・企業共にサイフのひもが緩くなる。
3　感謝の気持ちを込めて贈るという「外向け」のものにはもはや関心を示す人がいないということ
4　不況によって消費が落ち込む中、儀礼の省略が社会的な了承を得つつあるということの裏返しである。

문제11 다음의 (1)부터 (3)의 글을 읽고, 뒤의 문제에 대한 대답으로 가장 알맞은 것을 1·2·3·4에서 하나 고르시오.

(1)

트로이 유적을 발견한 슐리만은 막부 말기의 일본여행기에 가족이 식사 중에 정좌를 하고 있는 모습을 흥미롭게 ①글로 남기고 있다. 베스트셀러『축소 지향의 일본인』의 저자인 이어령은 정좌를 정신을 집중시켜 안정을 얻는 '어떤 민족도 모방하기 어려운 자세'라고 평가하고 있다. 우리들에게 당연한 정좌는 외국인의 입장에서 보면 매우 특이한 일본의 독특한 문화인 것 같다.

②본서는 의학박사이면서 다도에도 정통한 저자가 정좌의 역사, 문화, 의학적 의미 등을 정성들여 조사한 것이다. 일찍이 한쪽 무릎을 세우고 앉거나 책상다리가 정식적인 앉는 방법으로, 그 유명한 센노리큐조차 정좌를 하지 않았다. 정좌가 일반화된 것은 메이지 이후로, 메이지 정부가 근대 일본인을 형성하고자 자신을 통제하는 무사도의 상징으로서 정좌를 보급시킨 교육의 성과이다. 그 결과 정좌의 풍습이 없는 조선이나 중국을 멸시하게 된 것은 불행한 일이라는 저자의 관점은 새롭다.

정좌는 뇌혈류를 개선하고 인지증이나 대사증후군을 방지하는 효과가 있다며 건강면에서도 친절하게 해설하고 있다. 정좌라고 하는 일상습관은 일본문화의 상징이었구나 하고 깨닫는다.

(주1) 模倣 : 스스로 만들어내는 것이 아니라 기존의 것을 흉내 내어 배우는 것

(주2) 精通 : 자세하게 잘 알고 있는 것

(주3) 律する : 일정한 기준에 따라서 처리하거나 매듭을 짓는 일

(주4) 蔑視 : 업신여기는 것, 깔보는 것

(주5) 懇切 : 친절한 것

遺跡いせき 유적 | 発見はっけん 발견 | 幕末ばくまつ 막부 말기 | 正座せいざ 정좌 | 興味深きょうみぶかい 흥미 깊다 | 書かき残のこす 써서 남기다 | 縮ちぢみ 축소 | 志向しこう 지향 | 精神せいしん 정신 | 集中しゅうちゅう 집중 | 安静あんせい 안정 | 模倣もほう 모방 | 位置いちづける 평가하다 | 独特どくとく 독특함 | 本書ほんしょ 본서 | 博士はかせ 박사 | 茶道ちゃどう 다도 | 精通せいつう 정통 | 入念にゅうねん 정성을 들임 | 立たてひざ 한쪽 무릎을 세우고 앉음 | あぐら 책상다리 | 正式せいしき 정식 | 一般化いっぱんか 일반화 | 形成けいせい 형성 | 律りっする 다루다, 통제하다 | 武士道ぶしどう 무사도 | 象徴しょうちょう 상징 | 習ならわし 풍습 | 蔑視べっし 멸시 | 不幸ふこう 불행 | 観点かんてん 관점 | 脳血流のうけつりゅう 뇌혈류 | 改善かいぜん 개선 | 認知症にんちしょう 치매 | メタボリック症候群しょうこうぐん 메타볼릭증후군(대사증후군) | 懇切こんせつに 친절하고 자상하게 | 目めからうろこが落おちる 지금까지 몰랐던 일을 갑자기 깨닫다

60 슐리만은 자신의 저서에 무슨 ①글을 남기고 있는가?

1 일본인이 요리를 만들고 있는 모습
2 일본인이 다도를 하는 모습
3 일본인 가족이 식사 중에 정좌를 하고 있는 모습
4 일본인이 의학에 대해서 배우는 모습

 Tip ①번 밑줄 앞에 「家族が食事中に正座している姿を興味深く(가족이 식사 중에 정좌를 하고 있는 모습을 흥미롭게)」에 나와 있다.

정답 3

61   ②본서는 어떠한 것이라고 쓰여 있는가?

　　 1 치매에 대해서 의학박사의 입장에서 알기 쉽게 쓴 것
　　 2 저자가 정좌의 역사에만 초점을 맞추어 쓴 것
　　 3 일본 문화를 외국인도 이해하기 쉽게 쓴 것
　　 4 저자가 정좌의 역사, 문화, 의학적 의미 등을 정성 들여 조사한 것

　　 Tip　「本書」(본서는)는 다음에 바로 정답이 나와 있다.

　　 정답　4

62   정좌에는 어떤 효과가 있다고 쓰여 있는가?

　　 1 하반신을 단련하는 효과가 있다.
　　 2 감기를 예방하는 효과가 있다.
　　 3 일본인으로서의 의식을 높이는 효과가 있다.
　　 4 치매나 대사증후군을 방지하는 효과가 있다.

　　 Tip　밑에서 세 번째 줄에 '正座は'부터 시작하여 '解説している'까지의 문장에 나와 있다.

　　 정답　4

（2）

　　10년 전에는 아득히 먼 미래의 문제라고 생각되었던 세계적 기후변동이 예상이상으로 빨리 도래한 것 같다. 이 10년 동안에 특히 남극의 빙상(氷床 대륙빙하)의 융해와 북극의 빙하(氷河)의 후퇴가 예측을 넘어선 속도로 급격하게 진행되고 있어, 위험한 징후라고 ①환경 전문가는 경고하고 있다.

　　2007년 여름, 북극해의 얼음은 관측 사상 최소레벨에 달했다. 앞으로 10년에 하기(夏期) 북극의 얼음은 용해된다는 견해도 있다. 조사에 의하면 북극 얼음의 용해로 인해 일어나는 문제는 북극 해역의 거칠어진 바다만이 아니다. 북반구 전체의 기상패턴에도 크게 영향을 끼친다. 얼음에 의존하여 사냥이나 새끼를 키우는 북극곰도 멸종 위기에 직면해 있다. 하지만 한편으로는 해운이나 자원개발이라고 하는 사업에는 기여하고 있는 부분도 있다.

　　기후변동은 이 10년 사이에 확실히 그 영향력을 나타내고 있는 것이다. 얼음의 융해나 한발(가뭄), 봄의 조기 도래, 게다가 북극곰의 감소나 개구리의 멸종은 지구에 대해 세계적인 온난화가 이미 영향력을 미치고 있다는 것을 나타내고 있다.

　　워싱턴 D.C를 거점으로 하는 국제적 비영리 환경보호단체인 P자선재단에서 책임자를 맡고 있는 L씨는 다음과 같이 말한다. '근년, 징후는 전세계적으로 인식되기 시작했다. 많은 사람들이 기후변동의 원인은 인간이라는 사실을 받아들이고 있다. 온실효과가스의 배출을 억제하지 않으면 자연뿐만 아니라 인간에게도 절망적인 미래가 기다리고 있다고 생각하기 시작한 것이다'.

　　(주1) 兆候 : 무언가가 일어날 거라고 생각되는 조짐
　　(주2) 時化 : 폭풍우가 계속되고 바다가 거칠어지는 것
　　(주3) 寄与 : 어떤 일에 대해서 도움이 되는 것을 하는 일
　　(주4) 温室効果ガス : 대기 중에 수증기나 이산화탄소 등의 적외선을 흡수하는 물질이 존재하는 것에 의해 기온이 상승하는 원인이 되는 기체

気候変動きこうへんどう 기후변동 ｜ 氷床ひょうしょう 대륙빙하 ｜ 融解ゆうかい 용해 ｜ 後退こうたい 후퇴 ｜ 速度そくど 속도 ｜ 急激きゅうげき 급격 ｜ 夏期かき 하기 ｜ 見方みかた 물건을 보는 방법, 견해 ｜ 調査ちょうさ 조사 ｜ 時化しけ 폭풍우 때문에 바다가 거칠어짐 ｜ 気象きしょう 기상 ｜ 影響えいきょう 영향 ｜ 猟かり 사냥 ｜ 寄与きよ 기여 ｜ 日照ひでり 한발(가뭄) ｜ 減少げんしょう 감소 ｜ 慈善じぜん 자선 ｜ 認識にんしき 인

식 | 温室効果おんしつこうか 온실효과 | 排出はいしゅつ 배출 | 抑おさえる 억제하다 | 絶望的ぜつぼうてき 절망적 | 関心かんしん 관심 | 進行しんこう 진행 | 悪影響あくえいきょう 악영향 | 量りょう 양 | 増加ぞうか 증가 | 予測不能よそくふのう 예측 불능 | 引ひき起おこす 일으키다 | 事実じじつ 사실 | 明あきらかにする 분명히 하다, 밝히다

63 ①환경 전문가는 경고하고 있다고 하는데 무엇을 경고하고 있는가?
1 세계적 기후변동에 대해서 10년 전보다 사람들의 관심이 옅어졌다는 것
2 남극 빙상의 융해와 북극 빙하의 후퇴가 예상을 넘어선 속도로 급격하게 진행되고 있는 것
3 북극곰도 멸종 위기에 직면해 있다는 사실이 일반적으로 거의 알려지지 않은 것
4 해운이나 자원개발이라는 사업도 세계적 기후변동에 의해서 악영향을 받고 있다는 것

> **Tip** 위에서 두 번째 줄에 「特に」부터 「危険な兆候だ」까지의 문장에 정답이 나와 있다.

> **정답** 2

64 북극해의 얼음은 앞으로 어떻게 되어 간다고 보여지는가?
1 여름철의 북극 얼음은 용해되어 버린다고 보인다.
2 앞으로 10년은 북극해의 얼음의 양은 변하지 않는다고 보인다.
3 북극해의 빙하가 예측을 넘어선 속도로 증가한다고 보인다.
4 북극해의 얼음의 용해가 어떠한 영향을 미칠지는 예측 불능이라고 보인다.

> **Tip** 위에서 다섯 번째 줄 「今後10年～見方もある」에 정답이 나와 있다.

> **정답** 1

65 국제적인 비영리 환경보호단체인 P자선재단에서 책임자를 맡고 있는 L씨가 말하고 있는 것으로서 바른 것은 어느 것인가?
1 세계적인 기후 변동의 징후가 전세계적으로 인식되기에는 아직도 시간이 걸린다.
2 일부 사람들만이 기후 변동의 원인이 사람에게 있다는 사실을 받아들이고 있다.
3 많은 사람들이 자연계뿐만 아니라 인간에게도 절망적인 미래가 기다리고 있다고 생각하기 시작했다.
4 북극곰의 감소나 개구리의 멸종이 일어나고 있지만, 그 원인에 대해서는 아직도 밝혀지지 않고 있다.

> **Tip** 1번은 '기후변동에 대해 사람들이 인식하기에 시간이 걸린다'가 잘못되었다. 전세계적으로 인식되기 시작하고 있다. 2번은 본문 마지막 부분 밑에서 넷째 줄 '일부의 사람들'이 아닌 '많은 사람들'이 되어야 한다. 3번은 마지막 문장에 있어서 정답이 된다. 4번은 '원인이 확실하게 밝혀지지 않았다'고 되어 있지만, 세 번째 단락에 '세계적인 온난화가 이미 영향력을 계속 행사하고 있다는 것을 나타내고 있다' 라고 되어 있으므로 원인은 밝혀져 있음을 알 수 있다.

> **정답** 3

(3)

> 장기불황으로 식어가는 소비자의 구매의욕. 그 영향을 정면으로 받을 것이라 예상되는 것이 백화점 등 유통업계의 연말 판매전이다. ①그런 시대임에도 불구하고 '연말 판매전'에 이변이 일어나고 있는 것을 알고 계시는지?
>
> 개인의 구매의욕 감퇴에 더하여 기업에서의 비용절감의 혹독한 영향으로 많은 수요의 급격한 감소가 예상되는 유통업계의 위기감은 강하다. 각 회사는 연말 판매전 개시시기를 서두르고, 저가상품에 힘을 쏟는 등의 대책을 강구하거나 해서 악전고투중이다. 그중에서도 '고육지책'이라고 말할 수 있는 것이 ②자택용 연말 선물이라는 참으로 특이한 작전이다.
>
> (중략)
>
> 이러한 경향은 식사를 하건 오락을 하건, 소비 전반이 '외부(外)'로 향하는 것이 아니라 '내부(内)'에서 완결하는 '자기 완결형 소비' '자기 완결형 요구'의 강화를 반영한 것이라고 할 수 있다.
>
> 오추겐(お中元)·오세이보(お歳暮) 같은 선물을 주고받는 것은 본래 신세진 사람에게 감사의 마음을 담아서 보내는 '외부 지향'의 것이며, 어떤 의미로는 의례적인 의미를 갖는다. 이러한 서비스의 영역조차 업자가 내부 지향의 '자기 완결형 요구'에 주목할 수밖에 없게 되었다는 현 상황은 참으로 흥미롭다. '자택용 연말 선물'의 성행은 불황이 장기화되고 개인·기업 모두에게 지갑 끈이 단단히 조여 있는 현재, '의례의 생략이 사회적인 양해를 얻고 있다'라는 말의 반증이 아닐까?
>
> (주1) 悪戦苦闘: 곤란을 극복하기 위해 열심히 노력하는 것
> (주2) 苦肉の策: 생각해도 일이 잘 되지 않고 어떻게 해야 할지 모르게 되었지만 고뇌 끝에 내놓은 대책
> (주3) 隆盛: 세력이 왕성한 것
> (주4) 財布のひもがきつい: 쓸데없는 돈은 일절 쓰지 않는 태도

長引ながびく 길어지다 | 不況ふきょう 불황 | 購買意欲こうばいいよく 구매의욕 | まとも 정면 | 流通業界りゅうつうぎょうかい 유통업계 | 時世じせい 시대=時代じだい | お歳暮せいぼ 연말 선물 | 商戦しょうせん 상업상의 경쟁 판매전 | 低価格商品ていかかくしょうひん 저가 상품 | 異変いへん 이변 | 減退げんたい 감퇴 | 荒波あらなみ 거센 파도, 풍파 | 大口おおくち 거액, 많음 | ニーズ 필요, 요구, 수요 = 要求ようきゅう 요구 | 講こうじる 강의하다, 강구하다, 수단을 쓰다 | 悪戦苦闘あくせんくとう 악전고투 | 苦肉くにくの策さく 고육지책 | 風変ふうがわり 모습이나 행동이 색다름(특이함, 유별남), 그런 사람 | 強つよまり 점점 강해짐, 강화 | 娯楽ごらく 오락 | 完結かんけつ 완결 | 贈答ぞうとう 선물을 주거나 답례를 하는 일 | 儀礼的ぎれいてき 의례적 | 意味合いみあい 동기나 이유로서 배후에 있는 사정 | 隆盛りゅうせい 융성, 대단히 번성함 | 領域りょういき 영역 | ～ざるを得えない ～하지 않을 수 없다 | 現状げんじょう 현 상황 | 裏返うらがえし 반증, 뒤집어 보여줌 | 規模きぼ 규모 | 縮小しゅくしょう 축소 | 無関心むかんしん 무관심 | 着目ちゃくもく 주목, 착안 | 目新めあたらしい 새롭다, 신기하다, 진기하다

66 ①그런 시대라고 했는데, 어떤 시대를 가리키고 있는가?

1 백화점 등 유통업계의 연말 판매전 규모가 축소되어 가는 시대
2 '연말 상품 판매전'에 이변이 일어나고 있는 것에 무관심한 사람이 많은 시대
3 소비자의 구매의욕이 장기불황에 의해서 식어버린 시대
4 연말 상품 판매전에는 저가 상품밖에 팔리지 않는 시대

Tip ①번 밑줄 앞 「長引く~購買意欲」에 정답이 나와 있다. '장기불황으로 식은 소비자의 구매의욕'으로 문장 처음에 정답이 나와 있다.

정답 3

67 ②'자택용 연말 선물'이라는 참으로 특이한 작전은 어떠한 것을 반영해서 행해진 것인가?

  1 소비전반이 '내부(內)'으로 완결되는 '자기 완결형 소비' '자기 완결형 요구'의 강화
  2 기업에서의 비용절감의 혹독한 영향으로 많은 수요의 급격한 감소가 예상되는 것
  3 식사를 하건 오락을 하건 소비 전반이 '외부(外)'로 향해 있는 현 상황
  4 오추겐 · 오세이보와 같이 선물을 주고받는 원래의 의미를 모르는 사람이 증가한 것

  Tip 밑줄에 대한 설명은 다음 단락에 자세히 나와 있다. 「こうした傾向は~ものだと言える」에 '내부(內)에서 완결되는 자
        기 종결성 소비, 자기 완결형 요구가 강해진 것을 반영한 것'이라고 나와 있다.

  정답 1

68 필자는 서비스의 영역조차 업자가 내부지향적인 '자기 완결형 요구'에 주목할 수밖에 없는 현 상황에 대해 어떻게
    생각하고 있는가?

  1 어떤 의미로 의례적인 의미를 가진 오세이보 · 오추겐과 같은 선물을 주고받는 것은 벌써 시대에 뒤떨어
      진 것이라고 생각하는 사람이 늘고 있다는 것
  2 '자기 완결형 수요'에 주목하여 신기하게도 개인 · 기업 모두에게 지갑 끈이 느슨해진다.
  3 감사의 마음을 담아서 보낸다는 '외부 지향적'인 것에는 이제 관심을 보이는 사람이 없다는 것
  4 불황에 의해 소비가 침체되는 와중에 의례의 생략이 사회적인 양해를 계속 얻고 있다는 것의 반증이다.

  Tip 밑에서 세 번째 줄에 「現状は(현상은)」 다음에 '자택용 선물'의 성행은 불황이 장기화되고 개인, 기업 모두에게 지갑 끈
        이 단단히 조여 있는 현재, 의례의 생략이 사회적인 양해를 계속 얻고 있다는 것을 뒷받침하는 반증이 아닐까?라고 되
        어 있다.

  정답 4

서로 관련이 있는 여러 개의 글을 비교하거나 종합하는 문제 형태로, 구 시험에서는 한 번도 출제된 적이 없는 유형이다. 여러 개의 글을 종합해서 이해하는 능력을 키우는 것을 목적으로 하여, 질문의 핵심은 같은 화제(話題)에 대하여 서로 다른 입장에서 쓴 두 글에 대해, 공통점과 차이점을 파악하는 것이다.

> **問題12** 次の文章は、「相談者」からの相談と、それに対するAとBからの回答である。三つの文章を読んで、後の問いに対する答えとして、最もよいものを1・2・3・4から一つ選びなさい。

相談者

　私には小学1年生の息子がいます。息子の友だちの多くが習い事をしており、息子は今現在何もしていないのですが、友だちの多くが何かしらの習い事をしているのが羨ましくなったのか、最近になってよく習い事の話を私にしてきます。親である私や主人が子供の頃、ほとんど習い事をせずに育ったせいか、子供に幼いころから習い事をさせるということにいささか違和感があるのです。しかしテレビや雑誌などでは、何においても吸収の早い幼いころからさせる方がいい、と耳にすることも多く悩んでいます。そう言われると、①タイミングは今ではないか、とも思ったりするのです。

　習い事を始めさせると、その習い事に来る親御さんたちとも親しくなれることから、人付き合いの輪が広がると聞いたこともあります。最近、近所にテニススクールが開校したと聞き、そこに通わせてみるのもいいかなと考えたりもしています。しかし、親が勝手に決めた習い事に通わせるのも子供にとってストレスになってしまってはかわいそうだなという思いもあります。みなさん、子供の習い事についてどのようにお考えですか。

回答者A

　私には５才になる娘がいるのですが、私も娘が３才になる辺りで習い事については色々と悩みました。うちの場合、近所に娘と同年齢の子供たちが多くいたので習い事に行かせなくても、遊び友達に困ることはありませんでしたし、むしろ習い事に行かせるよりも近所の子供たちと遊ばせる方が学ぶことは多いのではないか、と考えることもありました。しかし自分が幼いころから水泳を習っていたのもあり、子供には幼いうちから何かしらスポーツに慣れ親しんでおいて欲しいという思いが強かったので、近くのテニススクールに通わせることにしました。今は週２回のペースで通っています。スクールでは技術の他にも挨拶や礼儀と言った日常生活における大切なことも教えてもらえるので、親の私としてはとても助かっています。うちの場合は習い事に行かせることでプラスになることが多かったので、是非おすすめします。

回答者B

　私にも小学生の息子がいますが、特に何も習い事はさせていません。周りには早いうちから習い事をさせている親御さんも多いみたいですが、うちは本人が何か習いたいと主体的に言ってくるまでは何もさせないつもりです。私たち親が始めさせて後々好きになっていくという形でもいいと思うのですが、結局それは、親の敷いたレールに子供が乗ったということになるのではないかと思うのです。確かに幼いうちは覚えも早いですし、技術面においても吸収がいいですものね。でも結局はその習い事を本人がどれぐらい好きかが、その習い事の成長、習得の原動力になると思っているので、やはり私の考えとしては子供側からまだ何か習いたいというアプローチがないのなら、今はまだ習い事を始めさせるには早いのではないかと思います。

69 ①タイミングは今ではないかとあるが、何のタイミングのことか。

1 夫と子供の教育について話すタイミング

2 子供に習い事を始めさせるタイミング

3 習い事に子供を連れてくる他の親と仲良くなるタイミング

4 テニススクールに子供を通わせるタイミング

70 「相談者」の相談に対するAとBの回答について、正しいのはどれか。

1 Aは自分の経験の失敗をふまえて、子供の習い事には反対し、Bは習い事を始めさせるのは今の年齢がいいと言って相談者に子供の習い事をすすめている。

2 AもBも自分の経験をふまえた上で、子供には早いうちから習い事をさせた方がいいと言っている。

3 Aは自分の経験もふまえて、子供に習い事をさせた方がいいとし、Bは子供がしたいというまでは習い事はさせるべきではないと言っている。

4 AもBも相談者の考えに賛同しつつも、習い事をさせるには今の年齢は早すぎると言っている。

상담자

제게는 초등학교 1학년인 아들이 있습니다. 아들의 친구 대부분이 학원을 다니고 있고, 아들은 지금 현재 아무것도 하지 않고 있습니다만, 친구 대부분이 뭔가 배우는 것이 부러워졌는지, 요즘 들어서 자주 학원에 대한 이야기로 저에게 해 옵니다. 부모인 저나 남편이 어릴 적에는 거의 학원을 다니지 않고 자란 탓인지, 아이에게 어릴 적부터 학원을 다니게 한다는 것에 조금 위화감이 있는 것입니다. 하지만 TV나 잡지 등에서는 뭐든지 흡수가 빠른 어릴 적부터 시키는 편이 좋다는 말도 많이 들어서 고민하고 있습니다. 그런 말을 들으니 ①타이밍은 지금이 아닐까 라고 생각하거나 합니다.

학원을 다니게 되면, 그 학원에 오는 다른 부모들과도 친해질 수 있는 점에서 다른 사람과의 사귐의 폭이 넓어진다고 들은 적도 있습니다. 최근 근처의 테니스 스쿨이 개교했다고 듣고, 거기에 다니게 해 보는 것도 좋겠지 라고 생각하기도 했습니다. 하지만, 부모가 맘대로 정한 곳에 다니게 하는 것도 아이에게 스트레스가 되어 버리면 가엽다는 생각도 있습니다. 여러분, 아이의 학원에 대해 어떻게 생각하십니까?

회답자 A

제게는 5살이 된 딸이 있습니다만, 저도 딸이 3살이 될 쯤에 학원을 다니게 하는 것에 대해서 여러 가지로 고민했습니다. 우리 집의 경우, 근처에 딸과 같은 나이의 아이들이 많았기 때문에 학습하러 보내지 않아도 놀 친구에 고민하는 경우는 없었고, 오히려 학원에 보내기보다도 이웃 아이들과 놀게 하는 편이 배우는 것은 많지 않을까 하고 생각하는 경우도 있었습니다. 그러나 제가 어릴 때부터 수영을 배웠던 것도 있고, 아이에게 어릴 때부터 뭔가 스포츠에 익숙해지길 바라는 생각이 강해서 근처 테니스 스쿨에 다니게 하기로 했습니다. 지금은 주 2회를 기본으로 다니고 있습니다. 스쿨에서는 기술 이외에도 인사나 예절과 같은 일상생활에서의 중요한 것도 배울 수 있어서, 부모인 저로서는 매우 도움을 받고 있습니다. 우리의 경우는 학원에 가게 함으로써 플러스가 되는 일이 많았기 때문에 꼭 추천합니다.

회답자 B

저에게도 초등학생 아들이 있습니다만, 특별히 아무것도 가르치고 있지 않습니다. 주변에는 일찍부터 학원을 다니게 하는 부모님들도 많은 것 같습니다만, 우리는 본인이 뭔가 배우고 싶다고 주체적으로 말하기 전에는 아무것도 시키지 않을 생각입니다. 우리들 부모가 시작하게 해서 훗날 좋아하게 되는 형태도 좋다고 생각합니다만, 결국 그것은 부모가 깐 레일에 아이가 타게 되는 것이 아닌가 생각합니다. 분명 어릴 때에는 익히는 것도 빠르고, 기술면에서도 흡수가 좋지요. 그러나 결국 배우는 것을 본인이 어느 정도 좋아하느냐 하는 것이 그 배우는 것의 성장, 습득의 원동력이 된다고 생각하므로, 역시 제 생각으로는 아이 쪽에서 아직 뭔가 배우고 싶다는 접근이 없다면 지금은 아직 학습을 시작하게 하기에는 이르지 않나 생각합니다.

習ならい事ごと 예능이나 기술 등을 배우는 일, 배우는 것 | 羨うらやましい 부럽다 | ～せいか ～탓인지 | いささか 조금, 약간 | 違和感いわかん 위화감 | 吸収きゅうしゅう 흡수 | 親御おやご 부모님 | ～における ～에서의 | 主体的しゅたいてき 주체적 | 技術面ぎじゅつめん 기술면 | 後々あとあと 먼 뒷날, 훗날 | 敷しく 깔다 | ～においても ～에서도 | 原動力げんどうりょく 원동력 | ～をふまえて ～에 입각하여 | 賛同さんどう 찬성 | ～つつも ～하면서도

69　①타이밍은 지금이 아닐까라고 되어 있는데, 어떤 타이밍을 말하는 것인가?

1　남편과 아이의 교육에 대해서 이야기할 타이밍
2　아이에게 학원 다니는 것을 시작하게 할 타이밍
3　학교에 아이를 데려오는 다른 부모와 사이가 좋아질 타이밍
4　테니스 스쿨에 아이를 다니게 할 타이밍

Tip 위에서 다섯 번째 줄에 「テレビや雑誌～と耳にすることも多く悩んでいます(TV나 잡지 등에서는 뭐든지 흡수가 빠른 어릴 적부터 시키는 편이 좋다는 말도 많이 들어서 고민하고 있습니다)」라는 데에서 지금이 배우게 할 타이밍이 아닌지 고민하고 있는 것이다.

정답 2

70　'상담자'의 상담에 대한 A와 B의 회답에 대해서 바른 것은 어느 것인가?

1　A는 자신의 경험의 실패에 입각하여 아이의 학원을 다니게 하는 것에는 반대하고, B는 학원을 다니기 시작하는 것은 지금 나이가 좋다고 말하고 상담자에게 아이의 학원을 다니게 하는 것을 권하고 있다.
2　A도 B도 자신의 경험에 입각하여 아이에게는 일찍부터 학원을 다니게 하는 것은 좋다고 하고 있다.
3　A는 자신의 경험도 근거로 삼아 아이에게 학습을 시키는 편이 좋다고 하고, B는 아이가 하고 싶다고 할 때까지는 학원을 다니게 해서는 안 된다고 하고 있다.
4　A도 B도 상담자 생각에 찬성하면서도 학원을 다니게 하는 것에는 지금 나이는 너무 이르다고 하고 있다.

Tip A는 실패가 아닌 성공 케이스를 이야기했으므로 1번은 정답이 아니다. 2번은 A는 하라고 했지만 B는 시키지 말라고 했으므로 정답이 아니고, 4번은 A는 찬성하지만 B는 반대하고 있으므로 정답이 아니다. 3번은 A는 배우게 하라고 했고 B는 배우고 싶다고 할 때까지 시키지 말라고 했으므로 정답이다.

정답 3

서론, 본론, 결론으로 이루어진 논설문 등에서는 필자가 무엇을 전하기 위해 이 글을 썼는지 필자의 집필 의도를 이해하는 것이 가장 핵심이다.

장문의 형식을 취하더라도 'A는 B이다'라는 논리전개의 형태를 띠므로, 요지 파악에 대해 묻는 문제로 당연히 비중 있게 출제될 것이다. N1과 N2에서는 '주장 이해'라는 이름으로 글 전체에 걸쳐 일관되게 전달되는 주장이나 의견이 무엇인지를 묻는다. 먼저 무엇에 대한 이야기인지를 파악하고, 전체를 읽고 난 후에는 대강의 줄거리를 요약할 수 있어야 하며, 세부적으로는 논리전개에 사용된 사실과 이유, 혹은 필자의 의견 부분을 이해하고 마지막으로 문말(文末) 표현에 주의해야 한다. 특히 앞서 전개한 내용을 바꿔 말한 부분이 있는지를 주의깊게 봐야 한다. 왜냐하면 앞의 문장은 단편적인 내용을 전하는 하나의 문장으로 끝나는 것이 아니라 상대를 설득하기 위한 수단, 즉 뒤의 주장이나 근거를 이끄는 단서라고 볼 수 있기 때문이다. 넓은 시야를 가지고 문맥의 흐름을 살펴야 한다.

問題13 次の文章を読んで、後の問いに対する答えとして、最もよいものを1・2・3・4から一つ選びなさい。

百貨店が、核心事業の衣料品部門で、商品政策と収益構造の抜本的見直しを進めている。最近の消費者の価格志向に合わせて低価格ブランドの導入を進め、アパレルメーカーの出店条件を引き下げる動きを強めているのだ。

一般的に、百貨店はメーカーが出店する場合、売り上げの30〜35％を賃料として徴収する。それに対し、駅ビル(注1)など台頭(注2)するショッピングセンターでは、歩率(マージン)は百貨店の半分程度。その分、同等の品質の商品を割安で販売することができ、①消費者の支持を集めている。

この状況を見て「百貨店は高価格に重点を置き過ぎた」とし、売り場の改革を大きく打ち出してきたのがK社の社長だ。閉店した本店の建物を、新館として11月から営業を開始するある百貨店には、価格の幅を広げるため、低価格帯の駅ビルブランドなども一部導入する。

実は、こうした動きを取るのはK社だけではない。

大手アパレルメーカーのワールドでは今年の春夏商品などで順次歩率の引き下げを遂行して、いまや「そういう(取引条件の緩和(注3)をのむ)動きがない百貨店のほう

が少ないくらい」だと話す。

　そして、秋以降の商品では、②この動きは一層拡大される見通しだ。百貨店の現場の部長クラスでは、たとえ歩率を引き下げて利益率を減らしても、格安ブランドを導入し、売り上げ点数増加と新規顧客開拓で利益を確保していきたいというのが共通認識となっている。複数の大手百貨店から、5〜10％歩率を下げた条件を提示されるメーカーの数は増加している。

　ただし、売り上げ低迷とコスト高で苦しむ百貨店が、すべてのメーカーに対し歩率を引き下げるわけではない。「歩率の折衝(注4)だけでは、百貨店との綱引きになってしまう。③歩率引き下げを実現するには、それを納得させる商品をまず製造し、価格とともに提示する必要がある」という人もいる。そのためには、メーカー自体が“安かろう、悪かろう”の意識から脱皮し、在庫圧縮などで新規投資の原資(注5)を作り出す努力が必要だ。

　メーカーは、百貨店の戦略転換を商機(注6)と見て、これに見合う商品を開発・提案していけるか。百貨店の復調は、メーカーの変化のスピードにも大きく依存している。

　　（注1）駅ビル：一部の階は駅に、その他を商店街などに利用しているビル。
　　（注2）台頭：勢力を得てくること
　　（注3）緩和：厳しい状態がやわらぐこと
　　（注4）折衝：交渉での談判または、かけひきのこと
　　（注5）原資：資金源のこと
　　（注6）商機：商業上の良い機会

71　どうしてショッピングセンターは①消費者の支持を集めているのか。

　1　百貨店並みの丁寧な接客を受けられるようになったから

　2　百貨店と同等の品質の商品を割安で販売することが出来るから

　3　百貨店と変わらぬ品揃えで商品が充実しているから

　4　百貨店と同じような高級感あふれる雰囲気の作りになっているから

72 ②<u>この動き</u>とあるがどういった動きをさしているか。

   1 百貨店側がメーカーとの取引条件の緩和をのむ動き

   2 百貨店側がメーカーとの取引条件をより厳しいものにする動き

   3 百貨店側がメーカーとの取引条件の緩和に反対する動き

   4 百貨店側がメーカーとの取引条件をきつくすることを受け入れる動き

73 ③<u>歩率引き下げ</u>を実現するにはメーカーはどのような努力をする必要があるか。

   1 顧客が何を望んでいるのかという点を徹底的に追求し、改善していく努力

   2 とにかく低価格で商品を提供できることだけを考えて商品を作っていく努力

   3 百貨店側を納得させるような巧みな話術を身につける努力

   4 安かろう、悪かろうの意識から脱皮し、在庫圧縮などで新規投資の原資を作り出す努力

백화점이 핵심사업인 의류품 부문에서 상품정책과 수익구조의 발본적 재검토를 진행하고 있다. 요즘 소비자의 가격지향에 맞추어 저가 브랜드 도입을 추진해 의류 브랜드의 출점 조건을 완화하는 움직임을 강화하는 것이다.

일반적으로 백화점은 브랜드가 출점하는 경우, 매상의 30~35%를 임대료로 징수한다. 그에 비해 역 빌딩 등 대두하는 쇼핑센터에서는 마진은 백화점의 절반 정도. 그만큼 같은 품질의 상품을 상대적으로 싼 가격으로 판매할 수 있어 ①소비자의 지지를 모으고 있다.

이 상황을 보고 '백화점은 고가에 지나치게 치중했다'고 하여, 매장의 개혁을 크게 주장해 온 것이 K사의 사장이다. 폐점한 본점의 건물을 신관으로 11월부터 영업을 시작하는 어느 백화점에는 가격의 폭을 넓히기 위해 낮은 가격대의 역 빌딩 브랜드 등도 일부 도입한다.

실은 이러한 움직임을 취한 것은 K사만이 아니다.

대기업 의류 브랜드 세계에서는 올해 봄여름 상품 등에서 순차적으로 마진의 인하를 이루고, 지금은 '그러한 (거래 조건의 완화를 수용하는) 움직임이 없는 백화점이 적을 정도'라고 말한다.

그리고 가을 이후의 상품에서는 ②이 움직임은 더욱 확대될 전망이다. 백화점의 현장 부장급에서는 설령 마진을 낮추어 이익률을 줄이더라도 저렴한 브랜드를 도입하여, 매상 점수 증가와 신규 고객 개척으로 이익을 확보해 나가고 싶은 것이 공통 인식으로 되어 있다. 복수의 대형 백화점에서 5~10% 마진을 내린 조건을 제시받은 브랜드의 수는 늘고 있다.

단, 매상 침체와 고비용으로 힘든 백화점이 모든 브랜드에 대해 마진을 낮추는 것은 아니다. '마진의 절충만으로는 백화점과의 줄다리기가 되어 버린다. ③마진 인하를 실현하려면 그것을 납득시킬 상품을 먼저 만들고 가격과 함께 제시할 필요가 있다'고 말하는 사람도 있다. 그러기 위해서는 메이커 자체가 '저렴할 것이다, 나쁠 것이다'의 의식에서 탈피하여 재고 긴축 등으로 신규 투자의 자금원을 만들어 낼 노력이 필요하다.

브랜드는 백화점의 전략 전환을 상거래상의 좋은 기회로 보고 이것에 상응하는 상품을 개발·제안해 나갈 수 있을까? 백화점의 정상 복귀는 브랜드의 변화 속도에도 크게 의존하고 있다.

(주)1 駅ビル : 일부 층은 역으로, 다른 층을 상점가 등으로 이용하고 있는 빌딩

(주)2 台頭 : 세력을 얻어가는 것

(주)3 緩和 : 엄격한 상태가 누그러지는 것

(주)4 折衷 : 교섭에서 담판 또는 흥정하는 것

(주)5 原資 : 자금원

(주)6 商機 : 상업상의 좋은 기회

百貨店ひゃっかてん 백화점 ┃ 核心かくしん 핵심 ┃ 衣料品いりょうひん 의류품 ┃ 政策せいさく 정책 ┃ 収益しゅうえき 수익 ┃ 抜本的ばっぽんてき 발본적 ┃ 見直みなおし 재고, 재검토 ┃ 消費者しょうひしゃ 소비자 ┃ 導入どうにゅう 도입 ┃ 緩和かんわする 완화하다 ┃ 売うり上あげ 매상 ┃ 賃料ちんりょう 임대료 ┃ 徴収ちょうしゅう 징수 ┃ 台頭たいとう 대두 ┃ 割安わりやす 품질·분량 등에 비해서 값이 쌈 ┃ 改革かいかく 개혁 ┃ 閉店へいてん 폐점 ┃ 本店ほんてん 본점 ┃ 新館しんかん 신관 ┃ 営業えいぎょう 영업 ┃ 開始かいし 개시 ┃ 幅はば 폭 ┃ 大手おおて 대형, 대기업 ┃ 春夏しゅんか 봄과 여름 ┃ 順次じゅんじに 순차적으로 ┃ 取引とりひき 거래 ┃ 引ひき下さげる 인하하다 ┃ 拡大かくだい 확대 ┃ 見通みとおし 전망 ┃ 格安かくやす (품질에 비해서) 값이 쌈, 보통보다 특별히 쌈 ┃ 開拓かいたく 개척 ┃ 確保かくほ 확보 ┃ 低迷ていめい 침체 ┃ 折衝せっしょう 절충 ┃ 綱引つなひき 줄다리기 ┃ 納得なっとく 납득 ┃ 自体じたい 자체 ┃ 脱皮だっぴ 탈피 ┃ 在庫ざいこ 재고 ┃ 圧縮あっしゅく 압축, 긴축 ┃ 投資とうし 투자 ┃ 原資げんし 자금원 ┃ 戦略転換せんりゃくてんかん 전략 전환 ┃ 商機しょうき 상거래상의 좋은 기회 ┃ 見合みあう 걸맞다 ┃ 復調ふくちょう 정상으로 돌아감 ┃ 依

存いぞん 의존 | 充実じゅうじつ 충실 | 高級感こうきゅうかん 고급스러움 | 溢あふれる 넘치다 | 受うけ入いれる 수용하다 | 徹底的てっていてきに 철저하게 | 追求ついきゅう 추구 | 提供ていきょう 제공 | 巧たくみ 능란함 | 話術わじゅつ 화술 | 生うみ出だす 만들어내다

71 왜 쇼핑센터는 ①소비자의 지지를 모으고 있는 것인가?
   1 백화점 수준의 정중한 접객을 받을 수 있게 되었기 때문에
   2 백화점과 같은 품질의 상품을 비교적 싼 가격으로 판매할 수 있기 때문에
   3 백화점과 다르지 않은 제품을 갖추어 상품이 충실하기 때문에
   4 백화점과 같은 고급스러움이 넘치는 분위기를 만들고 있기 때문에

   Tip 밑줄 앞에 「その分、同等の品質の商品を割安で販売することができ(그만큼 같은 품질의 상품을 상대적으로 싼 가격에 판매할 수 있어)」라는 문장에 정답이 나와 있다.

   정답 2

72 ②이 움직임이라고 있는데 어떤 움직임을 가리키고 있는가?
   1 백화점 측이 메이커와의 거래조건의 완화를 수용하는 움직임
   2 백화점 측이 메이커와의 거래조건을 보다 엄격하게 하기로 한 움직임
   3 백화점 측이 메이커와의 거래조건 완화에 반대하는 움직임
   4 백화점 측이 메이커와의 거래조건을 까다롭게 하는 것을 받아들이는 움직임

   Tip 「この」라는 지시어에 해당하는 내용은 바로 앞의 문장이다. 「動き(움직임)」이라는 단어에 주목하자. 그러한 움직임, 즉 '거래조건의 완화를 수용하는 움직임이 없는 백화점이 적을 정도'라고 되어 있으므로, 이 내용을 요약한 1번이 정답이다.

   정답 1

73 ③마진 인하를 실현하려면 메이커는 어떤 노력을 할 필요가 있는가?
   1 고객이 무엇을 바라고 있는지에 대한 점을 철저하게 추구하고 개선해 가는 노력
   2 아무튼 낮은 가격으로 상품을 제공할 수 있는 것만을 생각해서 상품을 만들어 나가는 노력
   3 백화점 측을 납득시킬 만한 능란한 화술을 익히는 노력
   4 저렴하겠지, 나쁘겠지 라는 의식에서 탈피하여 재고긴축 등으로 신규투자의 자금원을 만들어내는 노력

   Tip 목적이나 가벼운 조건을 제시하는 「には」의 설명은 뒷 문장에 이어진다. 즉, '마진 인하를 실현하려면 그것을 납득시킬 상품을 먼저 만들고 가격과 같이 제시할 필요가 있다고 의견을 낸 사람이 있다. 그러기 위해서는 메이커 자체가 저렴하겠지 나쁘겠지 식의 의식에서 탈피하여 재고 긴축 등으로 신규투자의 자금원을 만들어내는 노력이 필요하다' 이다

   정답 4

독해에서 처음 출제되는 새로운 형태의 문제이다. 안내, 팸플릿 등으로부터 필요한 정보를 검색하는 문제로 전체 내용을 정확하게 이해하는 것보다는 목적이나 과제에 맞춘 필요한 정보를 찾아내는 것에 중점을 둔다. 예를 들면 아르바이트의 모집 광고를 보고 조건 등의 필요한 정보를 찾아내거나, 자신의 형편에 비추어 관계가 있는 부분을 찾아내거나, 자신의 조건과 비교하거나 할 수 있는지의 여부를 판단하는 식의 질문을 생각해 볼 수 있다.

정보검색에 관한 문장은 '전체와 부분을 신속하게 읽는 독해력이 필요한 문제 형태로, 모든 레벨에 걸쳐 출제될 정도로 레벨을 불문하고 필요한 실용독해 능력이라 여겨지고 있다.

> **問題14** 右のページは「日帰りバスツアー」のパンフレットである。下の問いに対する答えとして、最もよいものを1・2・3・4から一つ選びなさい。

74 1泊2日のプランにしたい場合はどうすれば良いか。

1 旅行代理店に問い合わせればよい。

2 バス事業協同組合に問い合わせればよい。

3 温泉旅館に問い合わせればよい。

4 各バス会社に問い合わせればよい。

75 出発日によって何が異なるとあるか。

1 出発日によって利用施設が異なる。

2 出発日によって食事内容が異なる。

3 出発日によって集合時間が異なる。

4 出発日によって旅行代金が異なる。

あなたの街から日帰りバスツアー

[内容]　　　謝恩ツアー

[日付]　　　12月15日

[旅行代金]　お一人様　4000円

　　　　　　日帰り入浴とお部屋で会席料理

[場所]　　　別府温泉又は別荘温泉 - 100%掛け流しの液

[お知らせ]

・ 今回のツアーはバス会社が厳選した別府又は別荘温泉の２種類の料理をご用意しました。

・ 出発日により利用施設が異なります。

・ ホテルにより、若干料理内容、器が変わる場合がございます。ご了承下さい。

・ １泊２日のプランもご用意してあります。若しくは各バス会社にお問い合わせください。

・ 25名以上のグループは貸切りバスで運行致します。

・ ご希望地までお迎えにあがります。

[日帰り昼食]

・ おにホテルの地獄蒸しの会席又は泉ホテルの豊後の鯛食べ放題

・ 自慢の会席料理をお部屋でお楽しみ下さい。

・ 別府の温泉とお料理を日帰りで楽しめます。

・ お部屋をご用意いたします。

　　- お部屋のご利用は11:30〜14:30までとさせて頂いております。

・ 全客室に最新型のマッサージチェ-アーを完備。

・ 会席ご昼食をお部屋食にてのご用意とさせて頂いております。

・ チェックイン11:30〜13:00チェックアウト14:30(うち、最大3時間利用可)

해제 **문제14** 오른쪽 페이지는 '당일치기 버스투어' 팸플릿이다. 아래 질문에 대한 답으로 가장 알맞은 것을 1·2·3·4에서 하나 고르시오.

당신의 마을에서 당일치기 버스투어

[내용]   사은투어
[날짜]   12월 15일
[비용]   1인 4,000엔 / 당일 목욕과 객실에서의 정식요리
[장소]   벳부온천 또는 별장온천 – 원천 100% 용출수

[알림]
- 이번 투어는 버스회사가 엄선한 벳부 또는 벳소온천의 두 종류의 요리를 준비했습니다.
- 출발날짜에 따라 이용시설이 다릅니다.
- 호텔에 따라, 약간의 요리 내용, 그릇이 바뀌는 경우가 있습니다. 양해 부탁드립니다.
- 1박 2일의 플랜도 준비되어 있습니다. 상세한 것은 각 버스회사에 문의해 주세요.
- 25명 이상의 그룹은 대절버스로 운행합니다.
- 희망 지역까지 모시러 갑니다.

[당일 중식]
- 오니호텔의 지옥온천 증기찜요리 또는 이즈미호텔의 자유롭게 먹을 수 있는 분고 도미
- 호텔이 자랑하는 정식코스요리를 방에서 여유있게 즐기세요.
- 벳부 온천과 요리를 당일로 즐길 수 있습니다.
- 객실을 이용합니다.
  – 방 이용은 11:30~14:30까지로 하고 있습니다.
- 전 객실에 최신형 마사지 의자를 완비.
- 코스요리 점심을 객실식사로 준비해 놓고 있습니다.
- 체크인 11:30~13:00, 체크아웃 14:30(최대 3시간 이용 가능)

日帰ひがえり 당일치기 │ 謝恩しゃおん 사은 │ 入浴にゅうよく 입욕 │ 会席料理かいせきりょうり 정식요리 │ 厳選げんせん 엄선 │ 又また 또 │ 掛かけ流ながし 원천에서 공급된 온천수를 재사용하지 않고 그대로 배출하는 방식 │ 用意ようい 준비 │ 出発日しゅっぱつび 출발일 │ 施設しせつ 시설 │ 異ことなる 다르다 │ 若干じゃっかん 약간 │ 器うつわ 그릇 │ 了承りょうしょう 양해 │ 詳くわしい 상세하다 │ 問とい合あわせ 문의 │ 貸切かしきり 전세 │ 運行うんこう 운행 │ 希望地きぼうち 희망지역 │ 迎むかえる 맞이하다 │ 地獄蒸じごくむし 지옥온천의 증기를 이용한 찜 요리 │ 豊後ぶんご 옛 지방의 이름(현재의 오이타현 대부분의 지역) │ 鯛たい 도미 │ 동사 ます형+放題ほうだい 자유롭게 ~하다 │ 自慢じまん 자랑 │ 楽たのしむ 즐기다 │ 最新型さいしんがた 최신형 │ 完備かんび 완비 │ 昼食ちゅうしょく 중식(점심)

74 1박 2일의 플랜으로 하고 싶은 경우는 어떻게 하면 되는가?
1 여행대리점에 문의하면 된다.
2 버스사업협동조합에 문의하면 된다.
3 온천여관에 문의하면 된다.
4 각 버스회사에 문의하면 된다.

代理店だいりてん 대리점 │ 問とい合あわせる 문의하다 │ 協同組合きょうどうくみあい 협동조합

Tip [お知らせ]의 4번째 항목에 '1박2일 플랜도 있으며 자세히는 각 버스회사에 문의 바란다'고 적혀 있다.

정답 4

75 출발일에 따라 무엇이 다르다고 하는가?
1 출발일에 따라 이용시설이 다르다.
2 출발일에 따라 식사내용이 다르다.
3 출발일에 따라 집합시간이 다르다.
4 출발일에 따라 여행대금이 다르다.

異ことなる 다르다 │ 施設しせつ 시설 │ 集合しゅうごう 집합

Tip [お知らせ]의 2번째 항목에 '출발날짜에 따라서 이용시설이 달라집니다'라고 적혀 있다.

정답 1

N2

Part 3
2교시 청해 유형별 공략법

시험 과목&시간	
1교시	2교시
언어지식(문자어휘, 문법) 독해 (105분)	청해 (50분)

청해
만점을
위한
학습요령과
실전대책

청해 실력은 표현에 얼마나 익숙해져 있는가, 얼마나 다양한 어휘력을 갖추고 있느냐에 달려 있다. 이를 위해서는 매일 꾸준히 CD나 뉴스 등을 들으면서 자연스러운 속도의 음성에 노출되어야만 한다. 모르는 말이 나와도 바로 사전을 찾지 않고, 우선 추측해 본 후 단어의 의미와 읽는 법을 확인하고 외워야 한다. 한자의 경우 반드시 읽는 법과 음의 변화, 유사표현 등을 익혀두어서 어떤 발음이라도 이해할 수 있도록 하자.

〔문제1〕의 과제 이해는 구체적인 과제해결에 필요한 정보를 듣고 다음에 무엇을 하는 것이 적당한지를 고르는 문제로, 사전에 질문이 나오므로 질문을 잘 이해하고 포인트를 놓치지 않으면 된다.

〔문제2〕의 포인트 이해는 질문의 요지를 잘 기억해야만 정답을 고를 수 있다. 선택지가 제시되어 있어서 내용 예측이 가능하지만, 대화를 듣다 보면 질문의 요점을 놓쳐버리기 쉽다.

〔문제3〕의 개요 이해는 화자의 의도나 주장을 이해하는지 묻는 문제로 키워드가 되는 단어가 힌트가 되기도 한다.

〔문제4〕는 발화문을 놓치지 않도록 집중해서 들어야 한다. 발화문은 짧은 대화문이지만 한 번 밖에 읽지 않기 때문에 집중하지 않으면 흘려 버리게 된다. 또한 12문제나 되기 때문에 앞의 문제를 실수했다고 해도 틀린 것에 연연해 하지 말고 바로 다음 문제로 넘어가자.

〔문제5〕 통합 이해는 앞서 나온 문제 1, 2, 3유형이 종합적으로 출제된다. 각각의 유형에서 복수의 정보에 대한 비교가 출제되므로 각각의 내용에 대한 간단한 메모를 꼭 해야 한다.

I. NEW 청해 무엇이 달라졌나?

새로운 일본어능력시험은…

신일본어능력시험 청해의 특징은 [문제4]의 즉시 응답과 [문제5]의 종합 이해가 새롭게 채택되었다는 점이다. 즉시응답은 모두 12문제이며, 상황 설명이나 질문이 없다는 것이 특징이다. 문제의 형식은 짧은 발화문을 듣고 3개의 선택문 중에서 적절한 답을 선택할 수 있어야 한다. 내용은 일상회화에서 자주 쓰는 표현이나 문형이 나오므로 평소 회화 공부를 해 두면 도움이 된다.

[문제5]의 통합 이해는 상당히 긴 내용의 문장을 들으면서 복수의 정보를 비교, 통합한 후, 이해하는지를 묻고 문제용지에 선택지가 없는 것과 있는 것이 혼합되어 있다. 어려운 문제에 해당되므로 평소 꾸준한 훈련을 해 둘 필요가 있다. 뉴스나 토크쇼 등을 들으며, 길고 복잡한 내용의 전개를 파악하는 연습을 해 두면, 수월하게 문제를 풀 수 있다.

유형별 문제풀이 시간

청해에 주어진 시간은 총 50분이며, 문제풀이 시간이 45분 정도이고, 나머지 5분은 체크하는 시간이다. 유형별 문제풀이 시간은 과제 이해-5문제 8분/포인트 이해-6문제 12분/ 개요 이해-5문제 10분/즉시 응답-12문제 7분/통합 이해-4문제 8분으로 구성되어 있다.

들려주는 내용이 순식간에 지나가는데 앞 문제를 이해 못해서 놓치는 경우가 발생하면 당황하지 말고 지나간 문제는 과감히 버리고 현재의 문제에 집중해야만 실점하지 않는다는 점을 명심해야 한다. 문제지에 선택지가 있거나 사전에 제시되는 경우, 간단한 상황 설명이 있는 경우는 내용 예측이 가능하지만, 반드시 질문의 요지를 잘 기억해 두어야 한다.

전략1 청해 문장에서 잘 인용되는 핵심어구를 반드시 암기하자.

- **一概(いちがい)に～ない** 일률적으로, 무조건 ～없다

  給料(きゅうりょう)が上(あが)ったからといって一概(いちがい)に喜(よろこ)べない。

  급료가 올랐다고 해서 무조건 기뻐할 수는 없다.

  学歴(がくれき)の高(たか)い人(ひと)は能力(のうりょく)も高(たか)いと一概(いちがい)に決(き)めることはできない。

  학력이 높은 사람은 능력도 높다고 일률적으로 단정할 수 없다.

- **一番売(いちばんう)れている** 가장 잘 팔리고 있다

  洗練(せんれん)されたデザインなので、今(いま)一番売(いちばんう)れている電子辞書(でんしじしょ)です。

  세련된 디자인이므로 지금 가장 잘 팔리는 전자사전입니다.

- **一方(いっぽう)だ** (오로지) ～할 뿐이다

  道(みち)は広(ひろ)くならないのに、自動車(じどうしゃ)の数(かず)は増(ふ)える一方(いっぽう)です。

  길은 넓어지지 않는데 자동차 수는 증가 일로입니다.

  遊(あそ)ぶ一方(いっぽう)の学生(がくせい)は大学(だいがく)に入(はい)ることができない。

  놀기만 하는 학생은 대학에 들어갈 수 없다.

- **いわば** 말하자면, 이를테면

  酒(さけ)はいわば人間(にんげん)にとって潤滑油(じゅんかつゆ)のようなものだ。

  술은 말하자면 인간에게 있어 윤활유와 같은 것이다.

- **～うか～まいか** ～할지 ～하지 말지

  子犬(こいぬ)が死(し)んだことを子(こ)どもに言(い)おうか言(い)うまいか迷(まよ)っている。

  강아지가 죽은 사실을 아이에게 말해야 할지 하지 말아야 할지 망설이고 있다.

  父(ちち)の言葉(ことば)に従(したが)おうか従(したが)うまいか、決心(けっしん)がつかない。

  아버지의 말을 따를지, 안 따를지 결심이 안 선다.

- **～うが ～まいが（～うと ～まいと）** ～하든 ～하지 않든

  君(きみ)が死(し)のうが死(し)ぬまいが、ぼくには関係(かんけい)のないことだよ。

  자네가 죽든 말든 나에게는 관계 없는 일이야.

  泣(な)こうと泣(な)くまいと勝手(かって)だけど、仕事(しごと)だけはきちんとしなさい。

  울든 말든 자유지만 일만큼은 정확히 하세요.

- **おきに・ごとに**

  1. おきに : 같은 동작이나 상태가 반복되는 경우에 그 숫자를 나타내는 말에 접속하여 그 간격을 나타냄.

この薬は3時間おきに飲んでください。

이 약은 3시간 걸러 드세요.

首脳会談は3年おきに開かれます。

정상회담은 3년 걸러 열립니다.

2. ごとに : 단순히 매번 반복되는 횟수나 내용을 나타냄.

オリンピックは4年ごとに開かれます。

올림픽은 4년마다 열립니다.

彼は3日ごとにここに来ます。

그는 3일마다 여기에 옵니다.

- **〜とは限らない** ~라고는 할 수 없다

  好きだからといって、上手だとは限らないでしょう。

  좋아한다고 해서 잘 한다고는 할 수 없겠죠.

  やせている人が体が弱いとは限りません。

  마른 사람이 몸이 약하다고는 할 수 없습니다.

- **〜かもしれない** ~일지도 모른다

  ストレスの原因は人間関係がうまくいっていないことにあるかもしれない。

  스트레스의 원인은 인간관계가 잘 되지 않는 데에 있을지도 모른다.

- **〜があげられる** ~를 (예로) 들 수 있다

  肥満の原因として外食が多いことがあげられます。

  비만의 원인으로서 외식이 많은 점을 예로 들 수 있습니다.

- **〜極まりない** ~하기 짝이 없다, ~의 극치다

  君の態度は失礼極まりない。

  자네의 태도는 무례하기 짝이 없다.

  感極まって泣き出す者もいた。

  감정이 복받쳐 울음을 터뜨리는 사람도 있었다.

- **〜如き** ~같은

  かくの如き振舞いは断じて許しません。

  이와 같은 행위는 결코 용서할 수 없습니다.

- **〜ざるを得ない** ~하지 않을 수 없다

  私としては、その場合そうせざるを得なかったのです。

  저로서는 그 경우 그렇게 하지 않을 수 없었던 것입니다.

  言うことを聞かないので、叱らざるを得ません。

  말하는 것을 듣지 않기 때문에 혼내지 않을 수 없습니다.

- **～し、～し、～も優れている** ～하고, ～하고 ～도 뛰어나다

  これは性能がいいし、操作が簡単だし、デザインも優れています。

  이것은 성능이 좋고, 조작이 간단하고 디자인도 뛰어납니다.

- **～ずにはいられない** ～하지 않을 수 없다

  悲しくて泣かずにはいられなかった。

  슬퍼서 울 수밖에 없었다.

  嬉しくて君に電話をかけずにはいられなかったんだよ。

  기뻐서 너에게 전화를 걸지 않을 수 없었어.

- **～せいで** ～탓에

  物事に集中できないせいで、仕事や勉強がはかどらないようです。

  매사에 집중하지 못하는 탓에 일이나 공부가 진척되지 않는 것 같습니다.

- **～っぱなしだ** ～한 채이다

  きのうは電気をつけっぱなしで寝てしまった。

  어제는 전기를 켠 채로 자 버렸다.

  今日は一日中立ちっぱなしで疲れた。

  오늘은 하루 종일 계속 서 있어서 피곤했다.

- **～て(で)たまらない** ～해서 참을 수가 없다

  部屋にはストーブがないから、寒くてたまらない。

  방에는 스토브가 없기 때문에 추워서 못 참겠다.

  みんなの前で歌を歌うのが、いやでたまらない。

  모두의 앞에서 노래를 부르는 것이 아주 싫다.

- **～て(で)ならない** ～해서 참을 수가 없다

  大学に入学できたので、うれしくてなりません。

  대학에 입학할 수 있었기 때문에 매우 기쁩니다.

  おかしい感じがしてなりません。

  이상한 느낌이 드는 걸 감출 수 없습니다.

- **～て(は)かなわない** ～해서 견딜 수 없다

  仲間が急にやめたので、わたし一人で忙しくてかなわない。

  동료가 갑자기 그만둬서 나 혼자 바빠서 못 견디겠다.

  夏は好きだけれども、こう毎日暑くてはかなわない。

  여름은 좋아하지만 이렇게 매일 더워서는 못 살겠다.

- **～て(で)やまない** ～해 마지않다

  世界平和を願ってやまない。

  세계평화를 바라 마지않다.

わたしは田中さんを信じてやみません。

저는 다나카 씨를 믿어 마지 않습니다.

- **〜といえども** 〜라 하더라도

コンピューターといえども万能ではない。

컴퓨터라 하더라도 만능은 아니다.

年をとったといえども、 まだまだ若い者には負けません。

나이를 먹었다 하더라도 아직 젊은이에게는 지지 않습니다.

- **〜と思いきや** 〜라고 생각했더니

負けると思いきや、 勝ちましたね。

질 거라 생각했는데 이겼군요.

- **〜としたところで・〜にしたって** 〜라고 한들

私としたところで、 よいアイデアがあるわけではない。

나라고 해서 좋은 아이디어가 있는 것은 아니다.

彼にしたって、 離婚までする気はないでしょう。

그도 이혼까지 할 생각은 없겠죠.

- **〜ないまでも** 〜는 아닐지라도

全部と言わないまでも、 半分ぐらいはくれるだろう。

전부는 아닐지라도 절반쯤은 주겠지.

大金持ちとは言わないまでも、 金に困る立場でないことは確かだ。

큰 부자까지는 아닐지라도 돈에 구애받지는 입장이 아닌 것은 확실하다.

- **〜ならまだしも** 〜라면 모르지만

1000円ならまだしも、 2000円は高い。

천 엔이면 모르지만 2천 엔은 비싸다.

ミスしておいて、 謝るならまだしも、 部下に罪を着せるなんて。

실수해 놓고 사과하면 몰라도 부하에게 죄를 덮어씌우다니.

- **〜に限って** 〜에 한해

彼はいつも家にいるのに、 今日に限って留守でした。

그는 언제나 집에 있는데 오늘따라 부재중이었습니다.

あの人に限ってそんなひどいことはしないと信じている。

저 사람만은 그런 심한 일은 하지 않을 거라고 믿고 있다.

- **〜にしては** 〜치고는

このごろは、 冬にしては暖かい日々が続いている。

요즘은 겨울치고는 따뜻한 나날이 계속되고 있다.

留学までしたにしては、 知識がおそまつだ。

유학까지 한 것치고는 지식이 변변치 못하다.

- **～にしてみれば** ～입장에서 보면

  地震<ruby>地震<rt>じしん</rt></ruby>を知<ruby>知<rt>し</rt></ruby>らぬ彼<ruby>彼<rt>かれ</rt></ruby>にしてみれば、 あれくらいでも恐<ruby>恐<rt>おそ</rt></ruby>ろしかっただろう。

  지진을 모르는 그의 입장에서 보면 그 정도라도 무서웠을 것이다.

  妻<ruby>妻<rt>つま</rt></ruby>にしてみれば、夫<ruby>夫<rt>おっと</rt></ruby>が急<ruby>急<rt>きゅう</rt></ruby>に会社<ruby>会社<rt>かいしゃ</rt></ruby>を辞<ruby>辞<rt>や</rt></ruby>めるなんてショックに違<ruby>違<rt>ちが</rt></ruby>いない。

  부인 입장에서는 남편이 갑자기 회사를 그만둔다는 것은 충격임에 틀림없다.

- **～にしても** ～라고 해도

  アメリカにしても、ロシアにしても、戦争<ruby>戦争<rt>せんそう</rt></ruby>はしたくないでしょう。

  미국도 러시아도 전쟁은 하고 싶지 않겠죠.

  梅雨時<ruby>梅雨時<rt>つゆどき</rt></ruby>はちょっと出<ruby>出<rt>で</rt></ruby>かけるにしても、傘<ruby>傘<rt>かさ</rt></ruby>を持<ruby>持<rt>も</rt></ruby>って行<ruby>行<rt>い</rt></ruby>ったほうがいい。

  장마 때에는 잠시 외출하더라도 우산을 가지고 가는 편이 좋다.

- **～にすぎない** ～에 지나지 않는다, ～에 불과하다

  日本語<ruby>日本語<rt>にほんご</rt></ruby>ができるといっても、日常<ruby>日常<rt>にちじょう</rt></ruby>のやさしい会話<ruby>会話<rt>かいわ</rt></ruby>ができるにすぎない。

  일본어를 할 수 있다고 해도 일상적인 쉬운 회화가 가능한 것에 불과하다.

  今<ruby>今<rt>いま</rt></ruby>の話<ruby>話<rt>はなし</rt></ruby>は、ただ私<ruby>私<rt>わたし</rt></ruby>の希望<ruby>希望<rt>きぼう</rt></ruby>にすぎません。

  오늘 얘기는 다만 제 희망에 지나지 않습니다.

- **～にせよ** ～라고 하더라도, ～라 해도

  勉強<ruby>勉強<rt>べんきょう</rt></ruby>はおもしろくないにせよ、大学<ruby>大学<rt>だいがく</rt></ruby>には行<ruby>行<rt>い</rt></ruby>ったほうがいい。

  공부는 재미없다고 해도 대학에는 가는 편이 낫다.

- **～に耐<ruby>耐<rt>た</rt></ruby>えない** ～하는 것을 참을 수 없다, 차마 ～할 수 없다

  彼女<ruby>彼女<rt>かのじょ</rt></ruby>の歌<ruby>歌<rt>うた</rt></ruby>は聞<ruby>聞<rt>き</rt></ruby>くに耐<ruby>耐<rt>た</rt></ruby>えない。

  그녀의 노래는 차마 들어줄 수 없다.

  あの映画<ruby>映画<rt>えいが</rt></ruby>は見<ruby>見<rt>み</rt></ruby>るに耐<ruby>耐<rt>た</rt></ruby>えないほどおもしろくないものだった。

  그 영화는 차마 볼 수 없을 정도로 재미없는 것이었다.

- **～にたりない** ～할 가치가 없다

  彼<ruby>彼<rt>かれ</rt></ruby>は相手<ruby>相手<rt>あいて</rt></ruby>にするにたりない。

  그는 상대할 가치가 없다.

  田中<ruby>田中<rt>たなか</rt></ruby>さんは頼<ruby>頼<rt>たの</rt></ruby>むにたりない人<ruby>人<rt>ひと</rt></ruby>だ。

  다나카 씨는 부탁할 가치가 없는 사람이다.

- **～に違<ruby>違<rt>ちが</rt></ruby>いない** ～임에 틀림없다

  それはあなたの言<ruby>言<rt>い</rt></ruby>うとおりに違<ruby>違<rt>ちが</rt></ruby>いないでしょう。

  그것은 당신이 말한 대로임에 틀림없겠죠.

  あのお寺<ruby>寺<rt>てら</rt></ruby>は静<ruby>静<rt>しず</rt></ruby>かに違<ruby>違<rt>ちが</rt></ruby>いない。

  저 절은 틀림없이 조용할 것이다.

- **～には及ばない** ~할 필요가 없다

  お礼には及びません。当然のことをしただけですから。

  고마워할 필요는 없습니다. 당연한 일을 한 것뿐이니까요.

  ご心配には及びません。わたし一人で大丈夫です。

  걱정할 필요는 없습니다. 저 혼자로 충분합니다.

- **～にほかならない** ~임에 틀림없다

  彼の成功は努力の結果にほかならない。

  그의 성공은 노력의 결과임에 틀림없다.

  ほかならぬ君の頼みだから、引き受けることにしよう。

  다름 아닌 자네의 부탁이니까, 받아들이기로 하지.

- **～(う)にも～ない**

  家のかぎを忘れて、中に入るにも入れなかった。

  집 열쇠를 잃어버려 안에 들어 가려고 해도 들어갈 수 없었다.

  倒れた木に妨害されて、車は通るにも通れない状態だ。

  쓰러진 나무가 방해되어서 자동차는 지나가려 해도 지나갈 수 없는 상태이다.

- **～にもほどがある** ~에도 정도가 있다

  物を知らないにもほどがある。

  사리를 몰라도 정도가 있다.

  うそをつくにもほどがある。お父さんが死んだなんて。

  거짓말을 해도 유분수지. 아버지가 죽었다니.

- **～のは避けてください** ~하는 것은 피해 주세요

  急ブレーキをかけるのは避けてください。

  급브레이크를 밟는 것은 피해 주세요.

- **～のみならず** ~뿐만 아니라

  人間のみならず動物もストレスを感じるのだという。

  인간뿐만 아니라 동물도 스트레스를 느낀다고 한다.

  君のみならず、ぼくもそうだ。

  자네뿐만 아니라 나도 그렇다.

- **～は言うに及ばず** ~은 말할 것도 없고

  姉の結婚は、父は言うに及ばず、母も大反対だった。

  누나의 결혼은 아버지는 물론이고 어머니도 아주 반대였다.

  わたしの身長は成人としては言うに及ばず、中学生としても低いほうだ。

  내 키는 성인으로서는 물론이고 중학생이라 해도 작은 편이다.

- **～はおろか** ～은 고사하고
  漢字はおろか、ひらがなも知りません。

  한자는 고사하고 히라가나도 모릅니다.

  1万円はおろか、100円さえ持っていません。

  만 엔은 고사하고 백 엔조차 갖고 있지 않습니다.

- **～はともあれ** ～은 어떻든, ～은 어찌되었든
  何はともあれ、二人の結婚を祝って乾杯しましょう。

  어찌되었든 두 사람의 결혼을 축하하며 건배합시다.

  結果はともあれ、試験が終わってほっとしたよ。

  결과야 어찌되었든 시험이 끝나 한시름 놓았어.

- **～はもとより** ～은 물론이고
  わたしは子供はもとより結婚すら考えていません。

  저는 아이는 물론이고 결혼조차 생각하고 있지 않습니다.

  出席はもとよりのことだ。

  출석은 두말 할 것 없는 일이다.

- **～まで(のこと)だ** ～그만이다, ～뿐이다
  いやなら行かないまでのことだ。

  싫으면 안 가면 그만이다.

  彼が来いと言ったから来たまでのこと、来たくて来たわけじゃない。

  그가 오라고 말해서 왔을 뿐, 오고 싶어 온 것은 아니다.

- **～もそこそこに** ～도 (하는) 둥 마는 둥
  彼は朝ご飯もそこそこに、出かけた。

  그는 아침밥도 먹는 둥 마는 둥 나갔다.

  寝坊したわたしは化粧もそこそこに、家を飛び出した。

  늦잠을 잔 나는 화장도 하는 둥 마는 둥 집을 뛰쳐나갔다.

- **～やいなや** ～하자마자
  ドアを開けるやいなや、風が吹き込んできた。

  문을 열기가 무섭게 바람이 불어 닥쳤다.

  発売されるやいなや、その雑誌はすべて売り切れた。

  발매되자마자 그 잡지는 모두 팔려 버렸다.

- **～ように気をつけてください** ～하도록 주의하세요
  バランスを崩さないように気をつけてください。

  균형을 잃지 않도록 주의하세요.

- **〜ようにすれば** 〜하도록 하면

  小さいことにこだわらないようにすれば、 ストレスはたまらないんじゃないでしょうか。

  작은 일에 얽매이지 않도록 하면 스트레스는 안 쌓이지 않을까요?

- **〜よりしかたない** 〜할 수 밖에 없다

  今となっては運を天にまかせるよりしかたない。

  지금에 와서는 운을 하늘에 맡길 수밖에 없다.

- **〜よりましだ** 〜보다 낫다

  わたしのアパートは狭いけれど、寮よりはましです。

  내 아파트는 좁지만 기숙사보다는 낫습니다.

- **〜を禁じえない** 〜을 금치 못하다

  彼の死の知らせを聞き、涙を禁じえなかった。

  그의 사망 소식을 듣고 눈물을 금할 길이 없었다.

  彼女のことを聞き、同情を禁じえなかった。

  그녀에 대한 일을 듣고 동정을 금할 길이 없었다.

- **〜を問わず** 〜을 불문하고

  収入の多少を問わず、誰でもこの施設を利用できる。

  수입의 많고 적음에 관계없이 누구라도 이 시설을 이용할 수 있다.

  この島では四季を問わず、 いろいろな種類の花が咲きます。

  이 섬에서는 사계절을 불문하고 여러 종류의 꽃이 핍니다.

- **〜を余儀なくされる(させる)** 어쩔 수 없이 〜하게 되다

  欠席を余儀なくされる。

  부득이하게 결석할 수 밖에 없다.

 **부정, 수정, 제안, 역반응이나 다른 의견에 대한 인용, 불만 사항 등을 유도하는 표현을 기억하라!**

- **～ものか(もんか)** ～할까 보냐, ～하나 봐라
  君のようなうそつきの言うことなど信用する**ものか**。
  자네 같은 거짓말쟁이의 말 따위 신용할까 보냐.

  いくら君がこいと言ったって、行く**ものか**。
  아무리 자네가 오라고 해도 갈까 보냐.

- **～のに** ～인데
  今日は日曜日な**のに**学校へ行きますか。
  오늘은 일요일인데 학교에 갑니까?

  呼んでいる**のに**返事もしない。
  부르고 있는데 대답도 하지 않는다.

- **～よりしかたがない** ～할 수 밖에 없다
  *「～よりほかにない」의 형태로도 쓰인다.

  バスもタクシーもない所だから歩いて行く**よりしかたがない**。
  버스도 택시도 없는 곳이라서 걸어서 갈 수밖에 없다.

  この道**よりほかには**駅へ行く道は**ない**。
  이 길밖에는 역으로 가는 길은 없다.

- **～はずはない / ～はずがない** ～일 리가 없다
  彼女は入社したばかりだから分かる**はずがない**。
  그녀는 갓 입사했으므로 알 리가 없다.

  ちょっとおかしいね。こんな**はずがない**のに。
  좀 이상하군. 이럴 리가 없는데.

- **「そうだ」의 부정**

  ① 동사의 부정형

  雨が降り**そうだ**。비가 내릴 것 같다. → 雨が降り**そうにない**。(○) 비가 내릴 것 같지 않다

  　　　　　　　　　　　　　　　　　　雨が降り**そうもない**。(○)

  　　　　　　　　　　　　　　　　　　雨が降り**そうにもない**。(○)

  　　　　　　　　　　　　　　　　　　雨が降り**そうではない**。(×)

  ② 형용사의 부정형

  先生の研究室は静か**そうだ**。선생님 연구실은 조용한 것 같다.
  → 先生の研究室は静か**そうで(は)ない**。선생님 연구실은 조용한 것 같지(는) 않다.

ほんとうに寂(さび)しそうだ。 정말로 쓸쓸한 것 같다.

→ あまり寂(さび)しそうで(は)ない。 그다지 쓸쓸한 것 같지〔는〕 않다.

この映画(えいが)はおもしろそうだ。 이 영화는 재미있을 것 같다.

この映画(えいが)はあまりおもしろそうではありません。 이 영화는 그다지 재미있을 것 같지는 않습니다.

- 역접 접속사

① **ところが** 그러나(의외성 강조)

日本語(にほんご)が上手(じょうず)になれば仕事(しごと)があると信(しん)じていた。 ところが、簡単(かんたん)に見(み)つからなかった。
일본어를 잘하게 되면 일이 있을 거라고 믿었다. 그러나 간단히 찾을 수 없었다.

② **しかしけれども、けど、が、でも、だって、それでも** 그러나, 그렇지만, 그래도

今日(きょう)は日曜日(にちようび)だけれども、学校(がっこう)へ行(い)かなければならない。
오늘은 일요일이지만 학교에 가지 않으면 안 된다.

③ **だが = しかしながら** 그렇지만, 그렇기는 하지만

必(かなら)ず来(く)ると約束(やくそく)をした。 だが、来(こ)なかった。
반드시 온다고 약속을 했다. 하지만 오지 않았다.

④ **それなのに** 그런데도(그럼에도 불구하고)

何度(なんど)も謝(あやま)った。 それなのに、許(ゆる)してくれなかった。
몇 번이나 사죄했다. 그런데도 용서해 주지 않았다.

⑤ **それにしては** 그에 비해서는(앞의 내용과 걸맞지 않은 경우)

試験勉強(しけんべんきょう)ができなかった。それにしてはよい出来(でき)だ。
시험공부를 하지 못했다. 그에 비해서는 좋은 성적이다.

- 부사

① **必(かなら)ずしも = あながち** 반드시

必(かなら)ずしも成功(せいこう)するとはかぎらない。 반드시 성공한다고는 할 수 없다.

② **とうてい** 도저히

わたしにはとうてい無理(むり)です。 저에게는 도저히 무리입니다.

③ **まさか** 설마

その報告(ほうこく)はまさかうそではないだろう。 그 보고는 설마 거짓은 아닐 것이다.

③ **まったく** 전혀, 완전히

そんなことはまったく考(かんが)えていなかった。 그런 일은 전혀 생각하고 있지 않았다.

 **지시어와 연계하라**

지시어와 연계하여 앞서 내용을 선택하게 하는 감정 이입된 표현들과 문제점을 지적하는 것에 반응하라!

● 지시어와 연계하여 앞서 내용을 선택하게 하는 말

① **もちろん** 물론

わたしはもちろん賛成だ。 나는 물론 찬성이다.

② **必ず** 반드시

今週末までは必ずできる。 이번주 말까지는 반드시 완성한다.

③ **きっと** 꼭

彼はあした、きっと帰ってくる。 그는 내일 반드시 돌아온다.

④ **さすが** 과연

さすがに立派な人だね。 과연 훌륭한 사람이군.

⑤ **やはり・やっぱり** 과연, 역시

彼女は今でもやはり美しい。 그녀는 지금도 여전히 아름답다.

● 일단 인정한 다음 문제점을 제시할 때 표현

① **~ほどではない。ただ** ~정도는 아니다. 다만, 단지

② **~たら・~ば** ~하면, ~한다면

③ **~が・~けど** ~하지만

AもBもCも好きですが、Dほどではありません。　　A도 B도 C도 좋아합니다만, D정도는 아닙니다.

Aもいいね。 Bもさっきのよりはいいけど。 ただ、Cがちょっとねえ。

A도 괜찮군. B도 아까 것보다는 괜찮은데. 다만 C가 좀…

右はいいけど、ただ左がちょっと合わないみたいだな。 오른쪽은 좋지만, 다만 왼쪽이 약간 맞지 않는 것 같아.

駅からも近いし、家賃さえもう少し安ければ、最高なのに。

역에서도 가깝고, 집세만 좀 더 싸면 더할 나위 없을 텐데.

● 이해를 돕는 배경이나 계기를 설명

医者になりたいと思ったのは、子どものとき、大病をして、すばらしいお医者さんに命を助けてもらったからです。 의사가 되고 싶다고 생각한 것은 어렸을 때 큰 병을 앓았는데, 훌륭한 의사를 만나 목숨을 건졌기 때문입니다.

自分の絵によって子どもたちが感動してくれたら、どんなにすばらしいことだろうと思って漫画家を目指しました。 자신의 그림에 의해 아이들이 감동받는다면 얼마나 멋진 일일까 라고 생각하여 만화가를 목표로 했습니다.

● 인과관계(因果関係)를 설명하는 경우

最近、夜寝つきが悪くて、朝起きたとき、まだ疲れが残っているような気がするんです。満員電車に乗るのがとても苦痛なんです。 요즘 밤에 잠이 잘 안 와서, 아침에 일어났을 때 여전히 피곤이 남아있는 듯한 느낌이 듭니다. 그래서 만원전철을 타는 것이 매우 고통입니다.

전략4 축약 표현에 익숙해져라!

실용 일본어 특징 중의 하나가 축약 표현이 자주 쓰인다는 것이다. 新 일본어능력시험이 현장 일본어를 지향하는만큼 청해에서도 가능한 한 짧게 줄여서 말하는 축약 표현을 사용한다. 따라서 교실에서나 사용할 법한 정확한 발음에만 익숙해져 있으면 알고 보면 의외로 쉬운 문장인데도 의미 파악이 어려워 실전청해에서 여지없이 당황하게 된다. 그러므로 드라마, 방송 등을 통해 축약 표현에 익숙해져 있으면 일본어능력시험 실전 청해나 비즈니스 현장에서 일본인과 대화할 때 도움이 될 것이다.

- **～て いたから = ～てたから**
  曇っていたから = 曇ってたから 흐렸기 때문에

- **～て います = ～てます**
  書いています = 書いてます 쓰고 있습니다.
  弟は休みの日はゲームばかりしてます。
  남동생은 휴일은 게임만 하고 있습니다.

- **～て おきます = ～ときます**
  買っておきます = 買っときます 사 둡니다.
  会議の資料を人数分コピーしときました。 = 会議の資料を人数分コピーしておきました。
  회의 자료를 인원수만큼 복사해 두었습니다.

- **～で おきます = ～どきます**
  読んでおきます = 読んどきます 읽어 둡니다.

- **～て（で）しまいます = ～ちゃ（ぢゃ）います**
  食べてしまいます = 食べちゃいます 먹어 버립니다.
  読んでしまいました = 読んぢゃいました 읽어 버렸습니다.

- **～ては = ～ちゃ**
  使ってはいけません = しなくちゃいけません 사용하면 안 됩니다.
  電車内で携帯を使っちゃいけない。
  전철 안에서 휴대전화를 사용해서는 안 된다.

- **～では = ～じゃ**
  学生ではありません = 学生じゃありません 학생이 아닙니다.

- **～と いう = ～って**
  山本さんという人を知っていますか。
  = 山本さんって知っていますか。
  야마모토 씨라고 하는 사람을 알고 있습니까?

あの選手はオリンピックに出たこともあるという話です。

= あの選手はオリンピックに出たこともあるんですって。

그 선수는 올림픽에도 나간 적이 있답니다.

- ## 〜なければ = 〜なきゃ

  飲まなければ = 飲まなきゃ(飲まなけりゃ) 마시지 않으면

  食べなければ = 食べなきゃ(食べなけりゃ) 먹지 않으면

  今日中にレポートを完成しなきゃならない。

  오늘 중으로 리포트를 완성하지 않으면 안 된다.

- ## 〜のです = 〜んです

  寒いのです(춥습니다) = 寒いんです

  メガネがないとよく見えないんです。

  안경이 없으면 잘 안 보입니다.

3. 실전 청해 공략법

다음은 문제 유형을 심층 분석하고 실전 대비를 위한 지침을 제시한 것이다. 우선 복잡한 유형을 종합하여, 2가지로 압축하고 문제공략에 필요한 핵심 내용을 제시하도록 하겠다.

1 보기가 시험지에 제시되는 문제

과제 이해나 종합 이해 일부에 해당하는 문제 유형으로, 지시문을 듣고 대화의 내용에 맞는 것을 고르는 문제가 여기에 속한다.

① 속독이 중요. 각 보기의 차이점을 재빨리 파악하여 문제를 예상한다.

지시문에 의한 정보완성, 논리적 판단이 필요한 문제로, 청취력과 순간적인 판단력을 측정한다. 일단 문제지를 받으면 신속하게 각 보기의 차이점 및 특징을 파악하는 것이 무엇보다 중요하다.

- ▶ …の変化を示したものです。 …의 변화를 나타낸 것입니다.
- ▶ 徐々に伸びてきており、 …서서히 늘고 있고,…
- ▶ わずか…にすぎません。 불과 …에 지나지 않습니다.
- ▶ …ほとんど増えていないにもかかわらず… …거의 늘고 있지 않음에도 불구하고…
- ▶ 最近交通事故が急増したのは、車の数が増えたためです。
  최근 교통사고가 급증한 것은 자동차 수가 늘었기 때문입니다.
- ▶ 文部省の発表では、来年度新しく5つの大学が作られるという。
  문부성 발표에 의하면, 내년도 새롭게 5개의 대학이 만들어진다고 한다.

② 질문의 내용과 일치하지 않은 문항을 제거한다.

4지 선다형이므로 정답을 고르기 위해서는 일단 대화와 일치하지 않은 보기를 포착, 전반에 오답이 뚜렷한 2개의 문항을 제외시켜 범위를 축소하는 것이 중요하다.

- ▶ …と …について …와 …에 대하여
- ▶ …と …の相違 …와 …의 차이
- ▶ …の異同をめぐって …의 차이를 둘러싸고
- ▶ …と …の問題点 …와 …의 문제점

2 문항이 시험지에 제시되지 않는 문제

지시문 제시에 따른 의도를 파악하거나 적절한 응대를 찾는 문제로, 질문과 답이 문자로 제시되지 않기 때문에 간단 메모와 연습이 많이 필요하다.

① 필히 메모를 하며 질문에 맞는 키포인트를 찾고 문항에 대비한다.

의사소통 능력을 평가하는 타입의 문제로, 본문의 내용은 주로 설명문이나 대화문으로 이루어져 있다. 대화를 듣고 재빠르게 대화 속의 상황을 파악하여 정답을 찾는 문제와 대화의 이면에 숨겨져 있는 의미를 이해하고 이를 토대로 정답을 유추하는 문제가 있다.

전자의 경우는 대화를 들으면서 질문에 근거하여 주안점을 둘 부분에만 집중하면 된다. 즉 요구하는 규칙, 법칙에 주의를 기울여 들려주는 내용을 근거로 제시된 문제를 해결하는 방법 등을 찾아내는 것이다.

그러나 후자의 경우는 대화 내용의 도입 부분을 듣고 무엇을 해결해야 하는지, 문제가 무엇을 요구하는지 문제의 질문 핵심을 파악한 후 나머지 내용을 미루어 답을 유추해야 하므로 대화 상대의 반응에 집중하는 것이 바람직하다. 다만 이 경우에 대화 내용에서는 이 해결 방법에 대한 직접적이고 노골적인 방법은 제시되지 않는 것이 일반적이다.

▶私は…本当に驚きました。 それはあまりにも…だったからです。
　나는 …정말 놀랐습니다. 그것은 너무나도 … 이었기 때문입니다.

▶ありがとう。しばらくは… 고마워. 당분간은…

▶これからは …と思います。 앞으로는 …하려고 합니다.

▶それより…でしょう。 그보다 …이잖아요?

▶それもそうですね。 まず、…ましょう。 그도 그렇군요. 우선, …합시다.

② 문제 내의 포인트를 파악하여 무엇을 주의해서 들을지를 예상한다.

의문사 등 질문의 포인트가 되는「どうして」「なぜ」「何」「いつ」「どこ」등을 유의하여 듣고, 대화 전개에서 변화를 주는 반론 및 최고와 최저 등 차이를 비교하는 것이 중요하다. 즉 막연히 듣지 말고 무엇을 말하는지 구체적으로 들어야 한다는 것이다.

▶2003年から2004年にかけて一度たいへん低くなっていますが、…そこです。その部分を見てください。
　2003년부터 2004년에 걸쳐 한번 대단히 낮은 상태입니다만, …거기입니다. 그 부분을 봐 주세요.

세부적으로 복잡한 비교치는 다루지 않으므로, 큰 줄거리를 잡았다면 당황하지 않아도 된다. 다만 증가와 감소, 양적 이동, 변화를 나타내는 어휘를 꼭 숙지해야 한다.

▶今年の冬も灯油の値段が上がりそうですが、昨年の2倍にはならないそうです。
　금년 겨울도 등유가격이 올라갈 것 같습니다만, 작년의 2배는 되지 않는다고 합니다.

*최고점을 나타내는 표현

・なんといっても 뭐니 뭐니 해도
・なにより 무엇보다
・最も 가장　・一番 가장　・最高の 최고의
・極めて 극히, 더없이, 지극히
・あいかわらず一番多いのは～で、 여전히, 가장 많은 것은 ～로,

・なんてったって 뭐라고 해도
・最大の 최대의
・非常に 대단히, 몹시

종종 〈순서〉를 묻는 문제도 출제하는데 이때는 순서를 정하는 〈때〉와 〈시간〉을 주의 깊게 듣고, 정답을 도출하는 중요한 정보에는 반드시 반복적인 코멘트를 하므로 정보를 놓쳤다고 쉽게 포기하지 않도록 한다.

▶黒板に向かって右の列から… 칠판을 향해 오른쪽 줄부터…

▶ 煎から後ろに番号の若い順に… 앞에서부터 뒤로 번호가 작은 순서대로…

▶ 英語を習いに行ったの…。二回目は… 영어를 배우러 갔어… . 두 번째는

▶ その前にちょっといい? 会社に電話しなくちゃ… 그 전에 잠깐 괜찮아? 회사에 전화를 해야 하니까…

③ 전체 속에서 대화의 포인트를 문제와 관련하여 재확인한다.

이때 상대가 제시한 내용 및 요구에 대한 또 다른 상대방이 역으로 제시하는 〈부정〉〈역반응〉이나 〈다른 의견에 대한 인용〉〈불만 사항〉 등을 놓치지 말아야 한다. 왜냐하면 상대의 의견이나 질문에 대한 이런 반응은 대체로 이 말들의 뒤에 이어지는 내용이 답을 제시하는 포인트가 되는 경우가 많기 때문이다. 구체적으로 일단 다른 사람의 의견을 인정한 다음에 자신의 의견이 상대의 말에 대한 전면적인 부정은 아니라는 점을 내세운다.

〈대화〉의 패턴에서 출제되는, 남의 의견을 인정하면서 자기 의견을 말하는 표현으로는 다음과 같은 것을 들수 있다.

▶ うん、まあ、そういうふうに考えるとちょっと何だけどさ。でも…
　응, 뭐 그런 식으로 생각하면 좀 뭐하지만. 하지만…

▶ そうかもしれないけど、やっぱり…がいいんじゃないか。
　그럴지도 모르지만 역시…가 좋지 않을까?

▶ さようでございますか。そうしますと、これなんかいかがでしょうか。
　그러십니까? 그러면 이런 것은 어떠십니까?

▶ まあ、でも、出来る限り…ないように気をつけた方がいいよね。
　뭐 그래도 가능한 한 …하지 않도록 주의하는 것이 좋지요.

▶ 確かにそうですが、私は… 확실히 그렇지만 전…

▶ それもあるかもしれないけど、でも… 그런 점도 있을지 모르지만, 그래도…

〈설명문〉의 패턴에서 출제되는, 남의 의견이나 기존 상황을 확인한 다음에 자기 의견이나 새로운 상황을 말하는 표현으로는 다음과 같은 것을 들 수 있다.

▶ ただし、…ではなく…がいいでしょう。 다만, …은 아니고 …가 좋겠지요.

▶ …のですが、結局…まま …입니다만, 결국 …인 채

▶ しかし、つい …てしまいがちです。
　그러나, 자기도 모르는 사이에 …하기 쉽습니다.

▶ でも、それだと、…なきゃいけないから、こっちのにするわ。
　하지만 그러면 …지 않으면 안 되니까, 이쪽으로 할래요.

▶ 確かに便利なんです。ただ昼間でも電気をつけなきゃならないのが…
　확실히 편리합니다. 다만 낮에도 전기를 켜야 하는 것이…

▶ それでも…ましたけど、最近は… 하지만 …했습니다만, 최근에는…

▶ 今までは…でした。しかし、これからは…でしょう。
　지금까지는 …이었습니다. 하지만 앞으로는 …일 겁니다

▶ 一般には…と考えられていますね。でも、やはり…と思うんですけど。
　일반적으로는 …라고 여기지요. 하지만 역시 …라고 생각합니다만.

이처럼 한 말이 나중에 부정되거나 바뀌는 경우에 유의해야 한다. 끝으로 문제 자체가 부정형의 형태로 나오기도 하므로 주의하여 들어야 한다.

▶ 男の人が女の人に会えなくなった理由は何ですか。
남자가 여자를 만날 수 없게 된 이유는 무엇입니까?

▶ 大会に参加しないのはだれですか。
대회에 참가하지 않는 것은 누구입니까?

④ 본문의 내용을 비슷한 다른 말로 바꿔 제시하거나, 감정이 이입된 표현에도 주의한다.

「さすが」「やはり・やっぱり」 등은 이러한 단어들 앞에 제시된 내용을 인정하거나 그 내용으로 되돌아간다는 의미이므로, 직전에 나온 내용을 간단하게 메모해 두는 것이 좋다. 대화문에서 들리는 음성 외에도 등장인물의 의견에 대한 상호간의 공통점과 차이점, 상황과 장소별 맞장구 표현과 인정하고 칭찬한 다음의 문제점을 지적하는 언어 습관, 또는 그들의 습관적인 대화법을 유념하고 전체의 의견을 종합해 보는 연습을 집중적으로 하는 것이 실전에 도움이 된다.

▶ 家賃は…たいの。やっぱり最初のを見てみるわ。　집세는 …하고 싶어. 역시 맨 처음 것을 봐 볼래.

▶ あのう、今年はせっかくですから参加しますけど、うん、もう私は別の会社の人間ですしね。
そちらが大変ですよ。まあ、来年からは。
저, 올해는 모처럼 만이니까 참가하겠지만, 음, 이제 나는 다른 회사에 다니는 몸이니까. 그 쪽이 부담스러울 것 같아. 뭐 내년부터는 말이지.
(→ 올해는 어쩔 수 없더라도 내년부터는 참가하지 않겠다는 말을 실제로 할 때.)

▶ でも、これより短いとちょっと…。 하지만 이보다 짧으면 좀….

▶ わかりました。じゃ、なんとか …てみます。 알겠습니다. 그럼, 어떻게든 …해 보겠습니다.

▶ …たらなんとかなるけど。 …라면 어떻게 해 보겠는데.

4. 청해 유형 파악

과제 이해(5문항)

과제 이해는 어떤 장면에서 구체적인 문제 해결에 필요한 정보를 듣고, 적절한 행위를 선택할 수 있는가를 묻는 문제로, 지시 또는 조언을 하고 있는 회화문을 들은 후 다음 행동으로서 적절한 것을 선택하는 형태이다. 대화문은 실제 커뮤니케이션 장면에 근접한 형태로 출제되고, 선택지는 문자나 삽화로 제시된다.

もんだい
問題 1

例題　問題 1 では、まず質問を聞いてください。それから話を聞いて、問題用紙の 1 から 4 の中から、最もよいものを一つ選んでください。

ばん
1番
　_T001

1. 課長が延々と話をするから

2. 課長がガンガン酒を飲ませるから

3. 課長がひどく酔っ払うから

4. 課長がすぐに寝てしまうから

2番

3番

1. 旅行代理店に任せて買っていた。

2. ネットで自分で探して買っていた。

3. 航空が会社に電話をして買っていた。

4. 友達に頼んで買ってもらっていた。

4番

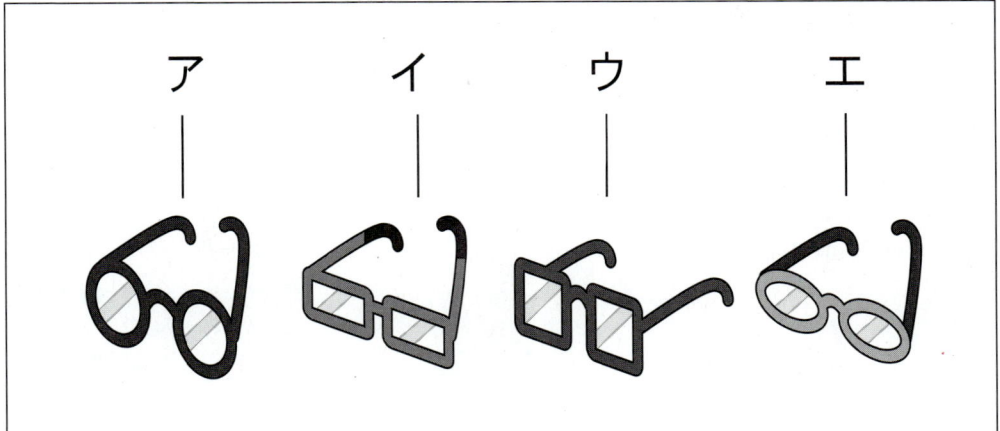

1. イ → ウ → ア

2. ア → エ → ウ

3. ウ → イ → エ

4. エ → ア → イ

5番

1. 保険証か学生証のコピー

2. パスポートか保険証のコピー

3. 運転免許証か保険証のコピー

4. 学生証か運転免許証のコピー

1番

1 과장님이 길게 이야기를 하기 때문에
2 과장님이 엄청 술을 마시게 하기 때문에
3 과장님이 심하게 취하기 때문에
4 과장님이 곧 자 버리기 때문에

●_T001

1番 男の人と女の人が会社の昼休みに話をしています。課長と飲みに行く後輩はどうして大変なのですか。

M　はあ…頭はずきずき痛むし、胃はムカムカするし、最悪だな。

F　あら、一体どうしたの? あなたが元気がないなんて珍しいわね。どこか体の調子でも悪いの。

M　いや、実はさ、昨日の晩、家にまっすぐ帰ろうとしてたところに酒好きの課長と出くわしちゃって。つかまっちゃったんだよ。課長に誘われた手前断りきれなくて、そのまま飲みに行ったんだ。

F　私、前に課長は後輩を引き連れて飲みに行くのが好きで、しかも後輩にガンガン酒を飲ませるから、一緒に行く人は大変だって聞いたことがあるわ。

M　そうさ、まさにそのとおりだよ。案の定僕もかなり飲まされてさ。僕も酒は強いほうだけど、さすがにあの課長のペースにはお手上げ。見てのとおり今日は二日酔いだよ。

F　まあ、かわいそうに。顔色悪そうだけど、今日一日大丈夫?

M　ああ、何とかなるさ。気使ってくれてありがとう。

課長と飲みに行く後輩はどうして大変なのですか。

남자와 여자가 회사 점심시간에 이야기를 하고 있습니다. 과장님과 마시러 가는 후배는 어째서 힘듭니까?

M　하아, 머리는 지끈지끈 아프고 위는 메슥거려, 최악이야.

F　어머, 도대체 무슨 일이야? 네가 기운이 없다니 이상하네. 어디 몸 상태라도 안 좋아?

M　아니 실은 어제 밤, 집에 곧장 돌아가려고 하는데 술 좋아하는 과장님이랑 딱 마주쳐 버려서. 붙잡혔어. 과장님이 권하는 바로 앞에서 거절할 수 없어서 그대로 마시러 갔어.

F　나, 전에 과장님은 후배를 데리고 마시러 가는 것을 좋아하는 데다가 후배에게 엄청 술을 마시게 하니까, 함께 가는 사람은 힘들다고 들은 적이 있어.

M　맞아. 정말 말 그대로야. 예상대로 나도 꽤 억지로 마셔야 했어. 나도 술은 센 편인데, 역시 그 과장님 페이스에는 손 들었어. 보는 대로 오늘은 숙취야.

F　어머 불쌍하게도. 안색이 나쁜 것 같은데, 오늘 하루 괜찮겠어?

M 아아, 어떻게 되겠지. 걱정해줘서 고마워.

과장과 마시러 가는 후배는 어째서 힘듭니까?

課長かちょう 과장(님) ｜ 延々えんえん 아주 길게 이어지는 모양 ｜ **ガンガン** 정도가 큼 ｜ **酔よっ払ばらう** 취하다 ｜ **ずきずき** 지끈지끈 ｜ **胃い** 위 ｜ **むかむか** 메슥메슥 ｜ **出でくわす** 우연히 만나다 ｜ **手前てまえ** 바로 앞 ｜ 引ひき連つれる 데리다, 거느리다 ｜ 案あんの定じょう 예상했던 대로, 아니나 다를까 ｜ **二日酔ふつかよい** 숙취 ｜ 顔色かおいろ 안색

> **Tip** 어제 과장님과 술을 마셔서 숙취에 시달리고 있는 남자에게 여자가 과장님의 술버릇이 후배를 데리고 가서 엄청 술을 마시게 한다는 것이라는 말을 하자, 남자가「案の定僕もかなり飲まされて(예상대로 나도 꽤 억지로 마셔야 했어)」라고 맞장구를 치고 있으므로 정답은 2번이다.

> **정답** 2

2番
ばん

_T002

2番 二人ふたりの女おんなの人ひとが髪形かみがたについて話はなしをしています。明日あしたのデートにはどの髪形かみがたで行いくことに決きめましたか。

F1 明日あした彼氏かれしと久ひさしぶりのデートなんだけど、髪型かみがたをどうしようか迷まよっててね。あなたならどうする?

F2 まあ、明日あしたあなたがデートに着きていく服ふくのテイストにもよると思おもうからなんとも言いえないけど。

F1 明日あしたはね、この間あいだ買かったばかりのワンピースを着きていくの。普段ふだんはワンピースなんてめったに着きないんだけど、デートの日ひぐらいはね、女おんなの子こらしくしようかと思おもって。

F2 ワンピースなら髪かみをコテで巻まいてカールさせたら、より女おんなの子こらしく見みえて可愛かわいいんじゃない?

F1 そうね。私わたしはね、首周くびまわりがすっきり見みえたほうがいいかなと思おもってポニーテールにしようかと思おもったんだけど。だめかな?

F2 いや、だめではないけど、ちょっと元気げんきな女おんなの子こって言いうイメージが強つよすぎるかなと思おもって。それにあなたにはカールの髪かみの方ほうが似合にあう気きがするけど。

F1 そっか。じゃあ、明日あしたのデートは早起はやおきして、コテで髪かみを巻まいて行いく事ことにするわ。アドバイスありがとうね。

明日あしたのデートにはどの髪形かみがたで行いくことに決きめましたか。

두 여자가 머리 모양에 대해서 이야기를 하고 있습니다. 내일 데이트에는 어떤 머리 모양으로 가기로 결정했습니까?

F1 내일 남자친구하고 오랜만의 데이트인데 머리 모양을 어떻게 할까 고민하고 있어. 너라면 어떻게 할래?

F2 글쎄, 내일 네가 데이트에 입고 갈 옷의 취향에 따라 다를 테니, 뭐라고도 말할 수 없겠는데.

F1 내일은 얼마 전에 산 원피스를 입고 갈 거야. 평소에는 원피스 같은 것은 거의 입지 않지만, 데이트하는 날 정도는 여성스럽게 하려고 해.

F2 원피스라면 머리를 고데기로 말아서 컬을 만들면 보다 여성스럽게 보이고 귀엽지 않을까?

F1 음. 나는 목 주변이 깔끔하게 보이는 편이 좋을 것 같아서 포니테일로 할까 생각했는데, 별로일까?

F2 아니, 별로는 아니지만 약간 활발한 여자아이 이미지가 너무 강할 것 같아. 게다가 너한테는 컬을 넣은 머리가 잘 어울릴 것 같은 생각이 들어.

F1 그래? 그럼 내일 데이트는 일찍 일어나서 고데기로 머리를 말고 가는 걸로 할래. 조언 고마워.

내일 데이트에는 어떤 머리모양으로 가기로 결정했습니까?

テイスト(taste) 맛, 취향 │ ポニーテール 포니테일(머리를 뒤로 묶어서 늘어뜨린 여성의 머리 모양) │ 迷まよう 망설이다 │ コテ 열을 가해서 머리에 웨이브를 만드는 도구 │ 巻まく 말다

Tip 여자2가 새로 산 원피에 맞춰 고데기를 말아서 컬을 만드는 것이 좋겠다고 하자, 여자1은 포니테일을 생각하고 있었다고 말한다. 그러나 포니테일은 활발한 여자 아이라는 이미지가 강해지므로 여자1에게는 컬을 넣는 것이 어울린다고 다시 한 번 말하자, 결국 처음에 추천해 준 컬을 넣은 머리로 하기로 했으므로 정답은 3번이다.

정답 3

3番ばん

1 여행대리점에 맡겨서 샀다.
2 인터넷에서 스스로 찾아서 샀다.
3 항공회사에 전화해서 샀다.
4 친구에게 부탁해서 샀다.

_T003

3番ばん 男おとこの人ひとと女おんなの人ひとが航空こうくうチケットのことについて話はなしをしています。男おとこの人ひとはいままで海外旅行かいがいりょこうの際さいは航空券こうくうけんをどのようにして買かっていましたか。

F 今度こんどの夏休なつやすみはイギリスに行いくって言いっていたけど、もうチケットは予約よやくしたの?

M いや、それがまだなんだ。自分じぶんでネットで買かえる一番安いちばんやすいチケットを探さがして予約よやくしようか、それとも旅行代理店りょこうだいりてんに頼たのんで全部ぜんぶやってもらおうか悩なやんでてさ。

F そう。でも航空会社こうくうがいしゃによっては早割はやわりって言いうのがあって、飛行機ひこうきを利用りようする日ひの数ヶ月前すうかげつまえに予約やくすることで安やすくチケットを買かうことも出来できるのよ、知しってた?

M いや、それは知しらなかったよ。まだ行いくまでには3ヶ月かげつもあるから、その早割はやわりっていうのもチケットの購入方法こうにゅうほうほうの選択肢せんたくしの中なかに入いれておくよ。

F 早割はやわりの詳くわしい内容ないようはネットにも載のっているし、直接航空会社ちょくせつこうくうがいしゃのサービスカウンターに電話でんわをかけて聞きいてみるって言いう手てもあるわよね。

M 今いままで海外かいがいに旅行りょこうするときは、旅行代理店りょこうだいりてんに一切合切いっさいがっさい任まかせていたけど、チケット一つひとつ取とるにしてもいろいろな方法ほうほうがあるんだね。

F そうよ。少すこしでもチケットを安やすく賢かしこく買かう方法ほうほうを見みつけるのも意外いがいと楽たのしいわよ。

男おとこの人ひとはいままで海外旅行かいがいりょこうの際さいは航空券こうくうけんをどのようにして買かっていましたか。

남자와 여자가 항공 티켓에 대해서 이야기를 하고 있습니다. 남자는 지금까지 해외여행을 할 때에는 항공권을 어떻게 해서 샀었습니까?

F 이번 여름휴가는 영국에 간다고 했었는데, 벌써 티켓은 예약했어?

M 아니, 그게 아직이야. 직접 인터넷으로 살 수 있는 가장 싼 티켓을 찾아서 예약을 할까, 그렇지 않으면 여행 대리점에 부탁해서 전부 해달라고 할까 고민하고 있어서.

F 그래~. 그런데 항공회사에 따라서는 조기 할인이라는 것이 있어서 비행기를 이용하는 날의 몇 개월 전에 예약하면 싸게 티켓을 살 수도 있어. 알고 있었어?

M 아니, 그건 몰랐어. 아직 갈 때까지는 3개월이나 있으니까, 그 조기 할인이라는 것도 티켓 구입 방법의 선택 지 안에 넣어둘게.

F 조기 할인의 상세한 내용은 인터넷에도 올라와 있고, 직접 항공회사의 서비스 카운터에 전화를 걸어서 물어 보는 방법도 있어.

M 지금까지 해외에 여행할 때는 여행대리점에 일체 맡겼었는데, 티켓 하나를 예약하는 데에도 여러 가지 방법 이 있구나.

F 맞아. 조금이라도 티켓을 싸고 현명하게 사는 방법을 발견하는 것도 의외로 재미있어.

남자는 지금까지 해외 여행을 할 때에는 항공권을 어떻게 해서 샀었습니까?

代理店だいりてん 대리점 | 任まかせる 맡기다 | 航空こうくう 항공 | 頼たのむ 부탁하다 | 早割はやわり 조기 할인 | 購入こうにゅう 구입 | 選択肢せんたくし 선택지 | 載のる 싣다 | 一切合切いっさいがっさい 일체, 남김없 이, 모조리 | チケットを取とる 티켓을 끊다 | 賢かしこい 현명하다 | 意外いがいと 의외로 |

Tip 남자가 해외 여행을 간다고 해서, 여자가 항공권을 싸게 구입할 수 있는 방법에 대해 알려주고 있다. 그러자 남자는 '지금 까지는 여행대리점에 모두 맡겼었다'고 말하고 있으므로 정답은 1번이다.

정답 1

4番 ^{ばん}
● _T004

4番 ^{ばん}男の人^{おとこ ひと}と女の人^{おんな ひと}がメガネを選^{えら}んでいます。女の人^{おんな ひと}はどの順番^{じゅんばん}で男の人^{おとこ ひと}にメガネをすすめていま したか。

M 色^{いろ}も形^{かたち}もたくさんあって、どれにしたらいいのか迷^{まよ}っちゃうな。

F そうね、あなたの顔^{かお}の形^{かたち}だったら、この楕円形^{だえんけい}のメガネなんてどうかしら。ちょっと賢^{かしこ}そうに 見^みえていいと思^{おも}うけど。

M いや、普段^{ふだん}からよく人^{ひと}に老^ふけ顔^{がお}だって言^いわれるから、あんまり年上^{としうえ}に見^みられたり、賢^{かしこ}く見^みえた りするようなメガネは嫌^{いや}なんだ。

F そうね、じゃあ、このメガネはどう?

M すすめてもらっていて悪^{わる}いんだけど、この形^{かたち}は僕^{ぼく}はあまり好^すきじゃないな。

F じゃあ、この横^{よこ}に長^{なが}い長方形^{ちょうほうけい}のフレームのメガネはどう? 一番無難^{いちばん ぶ なん}かなと思^{おも}うけど。私^{わたし}もこう いうタイプのメガネを家^{いえ}ではかけているわ。

남자와 여자가 안경을 고르고 있습니다. 여자는 어떤 순서로 남자에게 안경을 권하고 있었습니까?

M　색도 모양도 많이 있어서 어떤 것으로 할지 고민되네.

F　그래, 너 얼굴 모양이라면, 이 타원형 안경 같은 것 어떨까? 약간 똑똑하게 보여서 좋을 것 같은데.

M　아니, 평소에 자주 사람들한테 늙어 보이는 얼굴이라는 말을 들으니까, 너무 연상으로 보이거나 똑똑해 보이는 안경은 싫어.

F　그래, 그럼 이 안경은 어때?

M　추천해 주는데 미안하지만, 이 모양은 난 별로 좋아하지 않아.

F　그럼, 이 옆으로 긴 직사각형 프레임의 안경은 어때? 가장 무난할 것 같은데. 나도 이런 타입의 안경을 집에서는 끼고 있어.

M　글쎄, 역시 가장 무난한 이런 타입의 안경이 좋을지도. 옆에 있는 정사각형에 가까운 모양의 타입도 관심은 가지만, 내 얼굴에는 그다지 어울리지 않을 것 같아.

F　가게가 닫힐 때까지는 아직 시간도 있고, 천천히 고르면 돼.

여자는 어떤 순서로 남자에게 안경을 권하고 있었습니까?

順番じゅんばん 순서 | 楕円形だえんけい 타원형 | 賢かしこい 현명하다 | 老ふけ顔がお 늙어 보이는 얼굴 | 長方形ちょうほうけい 직사각형 | 年上としうえ 연상 | 無難ぶなん 무난 | 正方形せいほうけい 정사각형 | 似合にあう 어울리다

Tip　맨 처음에 여자는 남자의 얼굴 모양을 보고 타원형의 안경(ア)을 골라 줬다(여기서 4번이 정답이라고 결정되어짐) → 두 번째는 여자가 이 안경은 어때? 라고 물어봤는데 남자는 싫다고만 했고 어떤 안경인지는 구체적으로 언급 안 함 → 여자가 가장 무난할 거 같다며 옆으로 긴 직사각형 프레임 안경(イ)을 권했다. 따라서 「エ→ア→イ」의 4번이 정답이다.

정답 4

248

5番

●_T005

1 보험증이나 학생증 사본

2 여권이나 보험증 사본

3 운전면허증이나 보험증 사본

4 학생증이나 운전면허증 사본

5番 男の人と女の人が話をしています。ポイントカードを作る時には何が必要ですか。

F 以前このコンビニを利用したときにポイントカードを作ることをすすめられたんですけど、そのときは時間がなくて断ったんですよ。今日は時間があるのでポイントカードを作りたいんですけど。

M ああ、そうですか。よろしいですよ。このポイントカードはうちの店だけではなく、他の店でも使えるのでポイントがたまりやすくて便利なんですよ。

F へえ、他の店のポイントも一緒にためられる。本当に便利ですね。例えばどこで使えるんですか?

M そうですね、このカードの裏に載っている加盟店でしたらどこでも。ガソリンスタンド、レストラン、CDショップ、書店、店の種類も様々ですね。

F ポイントカードを作るのに必要なものってあるんですか?

M ええ、このカードにはクレジット機能がつきますので、運転免許証か保険証のコピーが必要になります。

F 学生証ではだめですかね。

M そうですね、申し訳ないのですが、学生証ではだめなんです。

F 今、免許証も保険証もどちらも持っていないので、また出直してきます。

ポイントカードを作る時には何が必要ですか。

남자와 여자가 이야기를 하고 있습니다. 포인트 카드를 만들 때에는 무엇이 필요합니까?

F 이전 이 편의점을 이용했을 때에 포인트 카드를 만들 것을 권유받았는데, 그 때는 시간이 없어서 거절했었습니다. 오늘은 시간이 있으니까 포인트 카드를 만들고 싶은데요.

M 아아, 그래요? 좋습니다. 이 포인트 카드는 우리 가게뿐만 아니라 다른 가게에서도 사용할 수 있으므로 포인트가 쌓이기 쉽고 편리합니다.

F 와~, 다른 가게 포인트도 함께 쌓을 수 있다니 정말 편리하네요. 예를 들면 어디에서 사용할 수 있습니까?

M 네, 이 카드 뒤에 쓰여 있는 가맹점에서라면 어디서나 주유소, 레스토랑, CD가게, 서점, 가게 종류도 다양합니다.

F 포인트 카드를 만드는 데에 필요한 것이 있습니까?

M 네, 이 카드에는 신용(카드) 기능이 있어서 운전면허증이나 보험증의 사본이 필요합니다.

F   학생증은 안 될까요?

M   네, 죄송하지만 학생증은 안 됩니다.

F   지금 면허증도 보험증도 모두 가지고 있지 않아서 다시 오겠습니다.

포인트 카드를 만들 때에는 무엇이 필요합니까?

学生証がくせいしょう 학생증 ｜ コピー (복)사본 ｜ 断ことわる 거절하다 ｜ 溜たまる 쌓이다 ｜ 裏うら 속, 뒤, 안 ｜ 加盟店かめいてん 가맹점 ｜ 書店しょてん 서점 ｜ ～のに ~하는 데에 ｜ 免許証めんきょしょう 면허증 ｜ 保険証ほけんしょう 보험증 ｜ 出直でなおす 다시 오다

Tip 이 포인트 카드는 신용(카드) 기능이 있어서 운전면허증이나 보험증의 사본이 필요하며, 학생증은 안 되냐는 물음에 안 된다고 말하고 있다. 여권은 전혀 언급하고 있지 않으므로 정답은 3번이다.

정답 3

포인트 이해(6문항)

포인트 이해는 내용의 포인트를 파악해 듣는 것이 가능한지를 묻는 문제이다. 이러한 포인트 이해 여부를 측정하기 위해, 사전에 무엇에 유의해 들을지를 알 수 있도록 이야기를 듣기 전에 상태 설명과 질문을 제시하고, 문제지에 인쇄되어 있는 선택지를 읽을 시간을 준다. N2 레벨에서는 말하는 사람의 심정이나 일어난 사건의 이유 등을 이해할 수 있는지의 여부를 주로 묻는다.

もんだい
問題2

例題 問題2では、まず質問を聞いてください。そのあと、問題用紙の選択肢を読んでください。読む時間があります。それから話を聞いて、問題用紙の1から4の中から、最もよいものを一つ選んでください。

1番   _T006

1. 甘い物が大好きな男性

2. ケーキを作るのが大好きな男性

3. コンビニをよく利用する男性

4. 可愛いものが大好きな男性

2番

_T007

1. 友人からいい物件を紹介されたから
2. 彼氏と別れて気分を変えたかったから
3. 父親の転勤が急に決まったから
4. 条件に見合ういい所が見つかったから

3番

_T008

1. バドミントンをするための靴
2. 卓球をするための靴
3. ウォーキングをするための靴
4. バスケットボールをするための靴

4番

_T009

1. 友達から分けてもらって手に入れた。

2. バイト先の人からもらって手に入れた。

3. スーパーの安売りで手に入れた。

4. 母親から送ってもらって手に入れた。

5番

_T010

1. めまいが続いていたから

2. 頭痛がひどかったから

3. 下痢がひどかったから

4. 不眠に悩まされていたから

6番<ruby>ばん<rt></rt></ruby>

_T011

1. 東京<ruby>とうきょう<rt></rt></ruby>

2. 名古屋<ruby>なごや<rt></rt></ruby>

3. 大阪<ruby>おおさか<rt></rt></ruby>

4. 福岡<ruby>ふくおか<rt></rt></ruby>

1番

1 단것을 매우 좋아하는 남성
2 케이크를 만드는 것을 매우 좋아하는 남성
3 편의점을 자주 이용하는 남성
4 귀여운 것을 매우 좋아하는 남성

●_T006

1番　男の人と女の人が話をしています。男の人は最近どんな男性が増えてきていると言っていますか。

F　女の人って割りと甘い物が好きな人が多いじゃない？ けど男の人って甘いものが苦手って言う人が多いような気がするんだけど。

M　いや、最近はそうでもないんだよ。実は甘い物が大好きって言う男の人が増えてきてるって雑誌に載ってたよ。

F　へえ、そうなの？ 初めて聞いたわ。でもいくら甘い物が好きでも、男の人が一人でケーキ屋さんに行くのとかって恥ずかしくないの？

M　それがさ、今はそういう甘い物好きな男性のためのスイーツがコンビニに売ってるんだよ。コンビニだったら男の人でもスイーツを気軽に買えるだろ？

F　なるほどね。あまりコンビニに行かないから知らなかったわ。

M　スイーツのパッケージも女性好みの可愛いものではなくて、最初から男性をターゲットにして、男性でも手に取りやすいシンプルなパッケージで売られているんだよ。

F　そういえば確かにうちの会社にいる男の子たちも食事の後にスイーツを食べてる姿をよく見るわ。

M　だろ？ 今や甘いものは女の子だけのものじゃないってことだな。

男の人は最近どんな男性が増えてきていると言っていますか。

남자와 여자가 이야기를 하고 있습니다. 남자는 최근 어떤 남성이 늘고 있다고 말하고 있습니까?

F　여자는 비교적 단것을 좋아하는 사람이 많잖아? 그런데 남자는 단것이 질색이라는 사람이 많은 것 같은 느낌이 드는데.

M　아니, 최근에는 그렇지도 않아. 실은 단것을 아주 좋아한다고 하는 남자가 늘고 있다고 잡지에 나왔었어.

F　헤에, 그래? 처음 들었어. 그렇지만 아무리 단것을 좋아해도 남자가 혼자서 케이크 가게에 가는 건 부끄럽지 않아?

M 그게 지금은 그런 단것을 좋아하는 남성을 위한 과자를 편의점에서 팔고 있어. 편의점이라면 남자라도 과자를 가볍게 살 수 있잖아.

F 그렇구나. 편의점에 별로 가지 않아서 몰랐어.

M 과자 패키지도 여성들이 좋아할 귀여운 것이 아니라 처음부터 남성을 대상으로 해서 남성이라도 쉽게 손이 가는 심플한 패키지로 팔리고 있어.

F 그러고 보니 분명 우리 회사에 있는 남자들도 식후에 과자를 먹고 있는 모습을 자주 봐.

M 그렇지? 지금은 단것이 여자만의 것이 아니라는 것이지.

남자는 최근 어떤 남성이 늘고 있다고 말하고 있습니까?

割わりと 비교적, 상당히 | 甘あまい物もの 단것 | 苦手にがて 질색임, 잘 하지 못함 | 気きがする 느낌이 들다 | 載のる (책이나 신문에) 게재되다, 실리다 | スイーツ 케이크나 과자같은 달콤한 디저트나 간식 | 気軽きがるに 가볍게 | 好このみ 취향, 좋아함

Tip 여자의 비교적 단것을 좋아하는 여자들은 많지만, 남자는 질색하는 사람이 많은 것 같다는 말에 남자가 실은 단것을 매우 좋아하는 남자들이 늘고 있고, 그 근거로 편의점에서 단것을 좋아하는 남자를 위한 과자를 팔거나 그러한 남성을 위한 심플한 패키지의 과자가 팔리고 있다는 점을 들고 있다. 그러므로 정답은 1번이다.

정답 1

2番ばん

1 친구한테서 좋은 물건을 소개받았기 때문에
2 남자친구와 헤어져서 기분을 전환하고 싶었기 때문에
3 아버지의 전근이 갑자기 결정되었기 때문에
4 조건에 걸맞은 좋은 곳이 발견되었기 때문에

⏺_T007

2番ばん 男おとこの人ひとと女おんなの人ひとが話はなしをしています。どうして女おんなの人ひとは急きゅうに引ひっ越こすことにしたのですか。

F ちょっとあなたに頼たのみたいことがあるんだけど、いいかしら。

M いきなりかしこまっちゃってどうしたんだよ、何なにかあったの? とりあえず言いってみてよ。

F いや、実じつはね、来週らいしゅうの日曜日にちようびに急きゅうなんだけど、引ひっ越こしをすることになって荷物にもつを新あたらしいアパートに運はこぶのを手伝てつだってもらいたいの。時間じかんがあったら、男手おとこでがあると助たすかるし、ぜひお願ねがいしたいんだけど。

M 別べつに何なんの予定よていもないからかまわないけど、えらく急きゅうだね。前まえから引ひっ越こしたいとは聞きいていたけど。

F 今住いますんでるアパートは会社かいしゃから結構けっこう遠とおいし、交通こうつうの便べんも悪わるいからちょっと前まえからいい物件ぶっけんを探さがしていたんだけど、急きゅうに条件じょうけんに見合みあういい所ところが見みつかったのよ。それで即決そっけつしたってわけ。

M そうか。でもいい所ところが見みつかって良よかったじゃないか。

F　引っ越し当日は彼氏や他の男友達も手伝いに来てくれるし、父も来てくれるって言ってるから、みんなでやればそんなに時間もかからないと思うんだけど、どうかな?

M　そうだね、それだけ人手があれば一人暮らしの引っ越しなんてあっという間かもね。

どうして女の人は急に引っ越すことにしたのですか。

남자와 여자가 이야기를 하고 있습니다. 왜 여자는 갑자기 이사하기로 한 것입니까?

F　너에게 좀 부탁하고 싶은 일이 있는데, 괜찮을까?

M　갑자기 정색을 하고 무슨 일이야, 무슨 일 있어? 우선 말해 봐.

F　아니 실은 다음 주 일요일에 갑자기 이사를 하게 되어서 짐을 새 아파트로 옮기는 것을 도와주었으면 하는데. 시간이 있으면, 남자 일손이 있으면 도움도 되고 꼭 부탁하고 싶은데.

M　딱히 아무런 예정도 없으니까 상관없는데, 상당히 갑작스럽네. 전부터 이사하고 싶다고는 들었었지만.

F　지금 살고 있는 아파트는 회사에서 꽤 멀고 교통편도 나빠서 전부터 좋은 물건을 찾고 있었는데 갑자기 조건에 맞는 장소를 찾게 됐어. 그래서 바로 결정한 거야.

M　그렇군. 그런데 좋은 곳을 찾아서 잘됐네.

F　이사 당일은 남자친구나 다른 남자 친구들도 도와주러 올 것이고 아버지도 와 주겠다고 하니까, 함께 하면 그렇게 시간도 걸리지 않을 것 같은데 어떨까?

M　그래. 그만큼 일손이 있다면 자취 생활 이사 같은 건 순식간일지도 몰라.

왜 여자는 갑자기 이사하기로 한 것입니까?

物件ぶっけん 물건 ｜ 別わかれる 헤어지다 ｜ 転勤てんきん 전근 ｜ 条件じょうけん 조건 ｜ 見合みあう 어울리다 걸맞다 ｜ かしこまる 어려워하다, 정좌하다 ｜ 男手おとこで 남자의 일손 ｜ 交通こうつうの便べん 교통편 ｜ 即決そっけつ 즉결 ｜ 人手ひとで 일손

Tip 여자는 지금 살고 있는 아파트가 회사에서 멀고 교통편도 나빠서 이사를 하고 싶어했다. 그래서 전부터 물건을 찾다가 갑자기 좋은 조건의 장소가 나와서 급하게 이사를 결정했다고 하고 있으므로 정답은 4번이다.

정답 4

3番

1 배드민턴을 치기 위한 신발
2 탁구를 치기 위한 신발
3 워킹을 하기 위한 신발
4 농구를 하기 위한 신발

●_T008

3番 靴屋で男性の店員と女性の客が話をしています。女性はこの靴屋に何をするための靴を買いに来ましたか。

M お客様、何かお探しのものがありましたらおしゃってくださいね。

F 最近健康のためにウォーキングを始めて、今はいている靴がどうにも足に合わないので、新しいスニーカーを買いに来たんですよ。素人じゃ、ウォーキングにはどういうタイプのものがいいかとか、どのメーカーの商品がいいかとかよくわからないので、教えていただきたいんですけど。

M そうですか。最近健康ブームでスポーツを始められたお客様がたくさんシューズを買いに来られるんですよ。さっきまで接客させていただいていたお客様も最近バドミントンを始めたらしくて、バドミントン用のシューズを買って行かれましたよ。

F そうなんですか。皆さんそれぞれにスポーツをされているんですね。それで、ウォーキング用にはどのシューズがいいんですか? ちょっと店の中を回ったときに、このシューズがデザインと色が気に入ったんですけど。

M ああ、お客様、こちらのシューズはバスケット用のシューズなので、ウォーキングにはちょっと合いませんね。

F そうですか、気に入ったんですけどね。じゃあ、こっちのシューズはどうですか? これも気に入ったんですけど。

M それは卓球用のシューズなので、それもウォーキングには合いませんね。こちらの商品なんていかがでしょう。今うちの店においてあるウォーキング用シューズの中で一番人気で、しかも値段もお手ごろなんですよ。マラソン選手も愛用している靴のメーカーが作ったシューズなので、品質には間違いないですよ。

F 色のバリエーションもデザインもすごくいいですね。店員さんもすすめてくださる商品だし、これにしようかしら。

女性はこの靴屋に何をするための靴を買いにきましたか。

신발 가게에서 남자 점원과 여자 손님이 이야기를 하고 있습니다. 여자는 이 신발 가게에 무엇을 하기 위한 신발을 사러 왔습니까?

M 손님, 뭐 찾으시는 것이 있으시면 말씀해 주십시오.

258

F 최근 건강을 위해 워킹을 시작했는데, 지금 신고 있는 신발이 아무래도 발에 맞지 않아서 새 스니커를 사러 왔어요. 초보자라 워킹에는 어떤 타입의 것이 좋은지, 어느 회사의 상품이 좋은지 잘 모르니까 가르쳐 주셨으면 해요.

M 그렇습니까? 최근 건강 붐으로 운동을 시작하신 손님이 많이 신발을 사러 오십니다. 좀 전까지 접객했던 손님도 최근 배드민턴을 시작하셨다고 배드민턴용 신발을 사 가셨습니다.

F 그렇습니까? 모두 저마다 운동을 하시고 있군요. 그래서 워킹용에는 어떤 신발이 좋습니까? 잠깐 가게 안을 둘러봤을 때 이 신발이 디자인과 색깔이 맘에 드는데.

M 아아, 손님, 이 신발은 농구용 신발이므로, 워킹에는 조금 맞지 않습니다.

F 그래요? 마음에 들었었는데요. 그럼 이 신발은 어때요? 이것도 마음에 드는데.

M 그것은 탁구용 신발이므로 그것도 워킹에는 맞지 않습니다. 이 상품은 어떻습니까? 지금 저희 가게에 놓여 있는 워킹용 신발 중에서 가장 인기가 있고, 게다가 가격도 적당해요. 마라톤 선수도 애용하고 있는 신발 회사가 만든 신발이라 품질에는 틀림없습니다.

F 색의 변화도 디자인도 매우 좋네요. 점원도 추천해주는 상품이고 이것으로 할까.

여자는 이 신발가게에 무엇을 하기 위한 신발을 사러 왔습니까?

素人しろうと 초보자, 아마추어 │ 接客せっきゃく 접객 │ 卓球たっきゅう 탁구 │ 手てごろ 알맞음, 적당함 │ 愛用あいよう 애용 │ 品質ひんしつ 품질 │ バリエーション(variation) 베리에이션, 변화

Tip 최근 건강을 위해 워킹을 시작했는데, 지금 신고 있는 신발이 발에 맞지 않아서 새로운 워킹화를 사러 왔으므로 정답은 3번이다.

정답 3

4番 ばん

1 친구가 나누어줘서 손에 넣었다.
2 아르바이트하는 곳 사람한테서 받아서 손에 넣었다.
3 슈퍼의 염가 판매하는 곳에서 손에 넣었다.
4 어머니가 보내주어서 손에 넣었다.

● _T009

4番 大学で男子学生と女子学生が話をしています。女子学生は野菜をどのようにして手に入れましたか。

F 今日の夜って何か予定ある？佐藤君って、ほぼ毎日バイトに行ってていつも忙しそうだけど。

M まあね、毎日バイトには行くけど、大学のレポートやら研究やらでバイト以外にもしなくちゃいけないことがあって毎日忙しいんだ。別にバイトばかりで忙しいってわけじゃないんだよ。あ、で、今日の夜ね。いや、特に何の予定もないけど。どうかしたの？

F ああ、よかった。今日もバイトかと思って。いや、今日ね、実家のお母さんから野菜とお米がたくさん送られてきて、ちょっと一人じゃ食べきれないぐらいの量だから、友達もたくさん

대학에서 남학생과 여학생이 이야기를 하고 있습니다. 여학생은 채소를 어떻게 해서 손에 넣었습니까?

F　오늘 밤 무슨 예정 있어? 사토 군은 거의 매일 아르바이트 가서 항상 바쁜 것 같은데.

M　뭐, 매일 아르바이트는 가지만, 대학 리포트랑 연구로 아르바이트 이외에도 해야 할 일이 있어서 매일 바빠. 딱히 아르바이트만으로 바쁜 것은 아니야. 아, 그리고 오늘 밤은 말이지. 아니 특별히 아무런 예정도 없는데 무슨 일 있어?

F　아, 잘됐다. 오늘도 아르바이트인가 해서. 아니 오늘 고향집 어머니가 채소와 쌀을 많이 보내줘서, 혼자서는 다 먹지 못할 양이라 친구들도 잔뜩 불러서 집에서 냄비 요리 파티라도 할까 해서.

M　와아, 그거 좋네. 요즘 한층 기온도 쌀쌀해지고 슬슬 냄비 요리나 해 먹고 싶다고 생각했었던 참이야. 초대해줘서 고마워. 그런데 어떤 냄비 요리 할 거야?

F　채소를 이것저것 넣어서 챤코찌개나 할까 해. 국물은 슈퍼에서 사오면 되니까, 뭐 해야 할 일이라고 하면 채소를 써는 정도.

M　그렇구나. 그런데 냄비 요리라 해도 마실 것이나 사람들이 모이면 과자, 안주, 맞다 술도 필요해. 나 차 있으니까 한데 모아서 사 올까?

F　아, 정말? 그렇게 해 주면 고맙지. 돈은 나중에 정산해서 모두 나누기로 해. 그리고 고기도 없으니까… 맞다, 나도 같이 갈게. 함께 타고 가도 될까?

M　아~, 물론 되고말고. 그럼 차를 가져올 테니까 정문 앞에서 기다려. 곧 올 테니까.

여학생은 채소를 어떻게 해서 손에 넣었습니까?

手てに入いれる 입수하다, 손에 넣다 │ 安売やすうり 싸게 팖 │ 実家じっか 고향집 │ 鍋なべ 냄비 │ ぐっと 확, 꾹 │ 気温きおん 기온 │ 冷ひえ込こむ 추워지다, 쌀쌀해지다 │ 鍋なべ 찌개, 냄비 │ ちゃんこ鍋なべ 큰 냄비에 생선, 고기, 야채 등을 넣고 끓인 찌개 │ 精算せいさん 정산 │ 割わり勘かん 각자부담, 더치페이 │ 正門せいもん 정문

Tip '오늘 고향집에서 어머니가 채소와 쌀을 많이 보내주셔서'라고 말했으므로 정답은 4번이다.

정답 4

5番
ばん

1 현기증이 계속되었기 때문에

2 두통이 심했기 때문에

3 설사가 심했기 때문에

4 불면증에 시달렸기 때문에

_T010

5番 病院で医師と患者が話をしています。患者は今日、どうして病院に来たのですか。

M こちらのいすに座ってくださいね。早速ですが、今日はどうされたんですか。

F ええ、実はこのところ頭痛がひどくて、会社で仕事をしていても集中出来ないくらい痛むんですよ。

M そうですか。このところと言いますと、具体的にはどのくらい前からその頭痛の症状が出ているんですか。

F ああ、そうですね。手帳につけているんで、ちょっと待っててくださいね。あ、ありました、手帳には2週間近く前から症状が出ていると書いています。最近ちょうど会社が決算の時期に入って、私が経理にいるものですからすごく忙しくて、残業できちんと睡眠も取れないような状態なんですよ。

M そうでしたか、大変なんですね。話を聞いた限りではストレスとか睡眠不足、不規則な生活から来るものだとは思うんですが。他に症状はないですか、下痢が続くだとか、めまいがするだとか、関節が痛むだとか。

F そうですね、少し胃が痛くて、ここ数日はまともに食事も出来なくて。おなかはすくんですけど、目だけほしくて食べると気分が悪くなる…そんな感じです。

M そうですか、ちょっとひどいですね。薬を出すことは簡単ですが、もし今日今からでも時間があるんでしたら検査を受けていかれませんか。この頃、単なる頭痛と思って見過ごしてしまって、後で大きな病気だったという例もあるので。頭痛を甘く見ないほうがいいと思うんですよ。どうですか?

F そうですね、今日はもう仕事を一日休んで来ているので、検査を受ける時間はあります。ぜひ検査を受けさせてください。

患者は今日、どうして病院に来たのですか。

병원에서 의사와 환자가 이야기를 하고 있습니다. 환자는 오늘 왜 병원에 왔습니까?

M 이 의자에 앉으세요. 바로 본론에 들어갑니다만, 오늘은 무슨 일이십니까?

F 네, 실은 요즘 두통이 심해서 회사에서 일을 하고 있어도 집중을 할 수 없을 정도로 아픕니다.

M 그렇습니까? 요즘이라고 하면, 구체적으로는 어느 정도 전부터 그 두통의 증상이 나타났습니까?

F 아, 글쎄요. 수첩에 적어두었으니 잠시만 기다려 주세요. 아, 있네요. 수첩에는 2주간 가까이 전부터 증상이 나타났다고 적혀 있습니다. 최근에 마침 회사가 결산 시기에 들어가서, 제가 경리부서에 있기 때문에 굉장

히 바빠서 잔업으로 제대로 수면도 취할 수 없는 상태입니다.

M 그랬습니까? 힘드시겠네요. 이야기를 들은 것만으로는 스트레스라든지 수면부족, 불규칙한 생활에서 오는 것이라고는 생각합니다만. 다른 증상은 없습니까? 설사가 계속 된다든지, 현기증이 난다든지, 관절이 아프다든지.

F 네, 조금 위가 아파서 요 며칠은 제대로 식사도 못하고. 배는 고픈데, 보면 먹고 싶어서 먹으면 속이 안 좋아지는… 그런 느낌입니다.

M 그렇습니까? 좀 심하네요. 약을 드리는 것은 간단하지만, 혹시 오늘 지금부터라도 시간이 있다면 검사를 받고 가시지 않겠습니까? 요즘 단순한 두통이라고 생각하여 지나쳐 버려서 나중에 큰 병이었던 예도 있어서요. 두통을 쉽게 보지 않는 것이 좋을 것 같습니다. 어떻습니까?

F 네, 오늘도 이미 일을 하루 쉬고 왔으니까, 검사를 받을 시간은 있습니다. 꼭 검사를 받게 해주세요.

환자는 오늘 왜 병원에 온 것입니까?

早速さっそく 즉시, 이내 │ 頭痛ずつう 두통 │ 集中しゅうちゅう 집중 │ 具体的ぐたいてき 구체적 │ 症状しょうじょう 증상 │ 決算けっさん 결산 │ 時期じき 시기 │ 経理けいり 경리 │ 睡眠すいみん 수면 │ 不眠ふみん 불면 │ 不規則ふきそく 불규칙 │ 下痢げり 설사 │ めまい 현기증 │ 関節かんせつ 관절 │ 胃い 위 │ 検査けんさ 검사 │ 見過みすごす 간과하다

Tip 의사의 '무슨 일'로 왔냐는 질문에 '요즘 두통이 심해서…'라고 대답하고 있으므로 정답은 2번이다.

정답 2

6番

1 도쿄
2 나고야
3 오사카
4 후쿠오카

_T011

6番 大学の同級生の男女が電話で話をしています。二人は明日、どこで会う約束をしましたか。

F もしもし、佐藤君? 私、由美子だけど。久しぶり、元気?

M 珍しいなあ、君から電話がかかってくるなんて。こっちは元気で相変わらずだけど、一体突然どうしたの? 何かあったの。何か嫌な予感がするんだけど。

F もう、久しぶりに電話してるのに、そんなこと言わないでよ。いや、実はね、明日、日帰りの出張で大阪まで行くから2時間くらいでも会って、話でも出来ないかしらと思って。

M へえ、明日。これまた突然だな。まあ僕も明日は仕事だからそんな長くは会えないけど、昼休みに2時間ぐらいなら会えるよ。それでいいかな?

F ええ、もちろんよ。突然ごめんなさいね。確か佐藤君、3年前に名古屋から大阪に転勤になって今は大阪に住んでるって同窓会で言ってたのを思い出して。せっかく大阪に行くんだ

し、会えたらいいな、と思って電話したの。

M　そっか、ありがとう電話してくれて。君も確か去年までは福岡にいたけど、今は転勤で東京にいるんだよな?

F　ええ、そうよ。なかなかこの人の多さに慣れなくて、電車や地下鉄なんかも乗るだけですごく疲れちゃう。

M　そっか。僕も東京にいるころは人の多さに疲れてたな。今ではもう懐かしい思い出だけどさ。

二人は明日、どこで会う約束をしましたか。

대학 동창생 남녀가 전화로 이야기를 하고 있습니다. 두 사람은 내일, 어디에서 만날 약속을 했습니까?

F　여보세요, 사토 군? 나 유미코인데. 오랜만이야, 잘 지내?

M　별일이네. 너한테서 전화가 걸려오다니. 나는 잘 지내고 여전한데. 도대체 갑자기 무슨 일이야? 무슨 일 있었어? 뭔가 안 좋은 예감이 드는데.

F　오랜만에 전화를 했는데 그런 말 하지 마. 아니, 실은 내일 당일 출장으로 오사카까지 가니까 2시간 정도라도 만나서 이야기라도 할 수 없을까 해서.

M　헤에, 내일. 이것도 갑작스럽군. 나도 내일은 일이 있으니까 그렇게 길게는 만날 수 없지만, 점심시간에 2시간 정도라면 만날 수 있어. 그래도 될까?

F　응, 물론이야. 갑자기 미안해. 분명 사토 군, 3년 전에 나고야에서 오사카로 전근가게 돼서 지금은 오사카에 살고 있다고 동창회에서 말했던 것이 생각나서. 모처럼 오사카에 가니까 만나면 좋겠다 싶어서 전화했어.

M　그렇군, 고마워 전화해줘서. 너도 아마 작년까지는 후쿠오카에 있다가 지금은 전근으로 도쿄에 있는 거지?

F　응, 그래. 이렇게 사람이 많은 것에 좀처럼 익숙하지 않아서, 전철이나 지하철 같은 것도 타는 것만으로도 굉장히 피곤해져.

M　그래? 나도 도쿄에 있을 때에는 사람들이 많아서 피곤했었지. 지금은 이제 그리운 추억이지만.

두 사람은 내일, 어디에서 만날 약속을 했습니까?

相変あいかわらず 변함없이, 여전히 ｜ **突然**とつぜん 갑자기 ｜ **予感**よかん 예감 ｜ **日帰**ひがえり 당일치기 ｜ **転勤**てんきん 전근 ｜ **同窓会**どうそうかい 동창회 ｜ **懐**なつかしい 그립다

Tip 여자가 내일 당일치기로 오사카 출장을 가게 되어서 오사카에 살고 있는 남자에게 전화를 한 상황이다. 남자가 일 때문에 길게는 못 만나지만 점심시간 2시간 정도는 괜찮다고 하여 내일 만나기로 했으므로 정답은 3번이다.

정답 3

問題 3 개요 이해(5문항)

개요 이해는 이야기를 듣고 말하는 사람의 의도와 주장 등을 이해할 수 있는가를 묻는 문제이다. 단순히 내용을 알아듣는 것뿐만 아니라 내용 전체가 주는 메시지가 무엇인지를 이해해야 하므로 이와 같은 문제는 내용의 일부를 이해했는지 묻는 문제보다 고난이도의 청해 능력이 요구된다.

이야기와 질문 전체를 이해하고 있는지를 묻는 문제이므로, 질문과 선택지는 미리 제시되지 않는다.

もんだい
問題3

_T012~016

例題
問題3では、問題用紙に何も印刷されていません。この問題は全体としてどんな内容かを聞く問題です。話の前に質問はありません。まず話を聞いてください。それから、質問と選択肢を聞いて、1から4の中から、最もよいものを一つ選んでください。

—メモ—

1番

_T012

1番 テレビでアナウンサーが「土砂災害」について話をしています。

F：7月下旬、中国地方と九州北部を襲った大雨で30人も死者が出ました。多くの死者が出した原因の大部分が大雨で起きた「土砂災害」です。また、8月の台風9号でも西日本の各地で土砂災害の被害が出ました。最近、日本では土砂災害が増えています。10年前までは、年間平均880回の土砂災害が起こっていましたが、この10年は、年間で1050回、つまり170回も増えているのです。原因は大雨の頻度が増加しているからだと言われています。気象庁が全国のアメダス1300カ所で1時間に50ミリ以上の大雨が降った回数を調べたところ、10年前までは、年間平均176回だったのが、この10年は230回、つまり50回以上も大雨が増えているのです。これは温暖化の影響だとも言われています。国などの基準によると、「1時間に20ミリ」、または「降り始めから100ミリ」で大規模な土砂災害が起きやすくなるそうです。ただしこれはあくまでも目安なので、実際に大雨が降り始めたら、常にニュースや気象情報、市町村からの情報に耳を傾けることが大事です。そして台風シーズンの9月、普段の生活から防災意識を高めることが大切です。

10年前までは一年間に平均で何回の土砂災害が起こっていましたか。

1 年間で平均1050回
2 年間で平均170回
3 年間で平均1300回
4 年間で平均880回

텔레비전에서 아나운서가 '토사재해'에 대해서 이야기를 하고 있습니다.

F：7월 하순, 츄고쿠 지방과 큐슈 북부를 덮친 호우로 30명이나 되는 사망자가 나왔습니다. 많은 사망자를 낸 원인의 대부분이 호우로 발생한 '토사재해'입니다. 또한 8월의 태풍 9호로도 서일본 각지에서 토사재해의 피해가 생겼습니다. 최근 일본에서는 토사재해가 증가하고 있습니다. 10년 전까지는 연간 평균 880회의 토사재해가 발생했습니다만, 요 10년은 연간 1050회, 즉 170회나 늘은 것입니다. 원인은 호우의 빈도가 증가하고 있기 때문이라고 합니다. 기상청이 전국의 지역 기상 관측 시스템 1300곳에서 1시간에 50밀리 이상의 호우가 내린 횟수를 조사했더니 10년 전까지는 연간에 평균 176회였지만, 요 10년은 230회, 즉 50회 이상이나 호우가 증가한 것입니다. 이것은 온난화의 영향이라고도 합니다. 국가 등의 기준에 의하면 '1시간에 20mm' 또는 '내리기 시작해서 100mm'에서 대규모 토사재해가 발생하기 쉬워진다고 합니다. 단 이것은 어디까지나 기준이므로, 실제로 호우가 내리기 시작하면 상시로 뉴스나 기상정보, 시·읍·면으로부터의 정보에 귀를 기울이는 것이 중요합니다. 그리고 태풍 시즌인 9월, 평소 생활에서 방재 의식을 높이는 것이 중요합니다.

10년 전까지는 1년간에 평균 몇 회의 토사재해가 발생하고 있었습니까?
1 연간 평균 1050회
2 연간 평균 170회
3 연간 평균 1300회
4 연간 평균 880회

土砂災害どしゃさいがい 토사재해 │ 下旬げじゅん 하순 │ 中国地方ちゅうごくちほう 츄고쿠 지방 │ 九州北部きゅうしゅうほくぶ 큐슈 북부 │ 襲おそう 습격하다, 덮치다 │ 大雨おおあめ 호우 │ 原因げんいん 원인 │ 被害ひがい 피해 │ 平均へいきん 평균 │ 頻度ひんど 빈도 │ 気象庁きしょうちょう 기상청 │ アメダス 지역 기상 관측 시스템 │ 温暖化おんだんか 온난화 │ 基準きじゅん 기준 │ 目安めやす 표준, 기준 │ 市町村しちょうそん 일본 행정구획(시읍면(市邑面)에 해당) │ 傾かたむける 기울이다 │ 防災ぼうさい 방재

Tip 「10年前までは、1年間で平均880回の土砂災害が起こっていましたが 10년 전까지는 연간 평균 880회 토사재해가 일어났습니다만」이라고 나왔으므로 정답은 4번이다.

정답 4

2番ばん

_T013

2番ばん 先生せんせいが生徒せいとたちに「動物愛護どうぶつあいご」について話はなしをしています。

F：現在げんざい日本にほんで飼かわれている犬猫いぬねこの数かずはあわせておよそ2,270万匹まんびき。ずいぶんたくさんいますよね。家族同然かぞくどうぜんに可愛かわいがっている人ひとも多おおいと思おもいます。でもその一方いっぽうで、日本にほんでは年間ねんかんにおよそ34万匹まんびきの犬猫いぬねこが殺ころされているのです。これを「殺処分さつしょぶん」と言いいます。命いのちの尊とうとさという点てんで、問題もんだいになっています。この殺処分さつしょぶんを減へらす取とり組くみをおこなっている地域ちいきもあるんです。その一つひとつが、下関市しものせきし。7月がつから始はじまった新制度しんせいどで「犬いぬや猫ねこがほしい人ひとにあらかじめ希望きぼうのタイプを登録とうろくしておいてもらい、保健所ほけんじょでそれにあう動物どうぶつが保護ほごされたら引ひき取とってもらう」というものです。ただし、誰だれでも飼かい主ぬしの候補こうほになれるわけではありません。「家族かぞくは全員同意ぜんいんどういしているか」「不妊手術ふにんしゅじゅつはできるか」など15項目こうもくもの設問せつもんをして、その回答かいとうによって飼かい主ぬしとしての合否ごうひを決きめるのです。動物どうぶつを飼かうのはとても大変たいへんなことです。きちんと準備じゅんびをし、覚悟かくごを決きめてから飼かわなければ、また捨すてるようなことになりかねません。だからこそ多おおくの設問せつもんを通つうじて、十分じゅうぶんに理解りかいしてから動物どうぶつを引ひき取とってもらうそうです。殺処分さつしょぶんを減へらすためには、「動物どうぶつが迷子まいごになったり、捨すてられたりしないように正ただしい飼かい方かたの知識ちしきを身みに付つけること」、「最後さいごまで責任せきにんを持もって飼かってくれる新あたらしい飼かい主ぬしを見みつけること」の二つふたつが特とくに大切たいせつです。そのために、下関市しものせきしでは多おおくの人ひとが頑張がんばっています。

下関市しものせきしではどういった取とり組くみが行おこなわれているのですか。
1 下関市しものせきしに動物園どうぶつえんを作つくろうという取とり組くみ

2 犬や猫といった動物の殺処分を減らす取り組み
3 迷子の動物の飼い主を探そうという取り組み
4 犬や猫に関する知識を深めようという取り組み

선생님이 학생들에게 '동물애호'에 대해서 이야기를 하고 있습니다.

F : 현재 일본에서 길러지고 있는 개, 고양이의 숫자는 합쳐서 약 2,270만 마리. 상당히 많이 있습니다. 가족처럼 귀여워하는 사람도 많습니다. 그러나 그러는 한편으로 일본에서는 연간 약 34만 마리의 개, 고양이가 죽임을 당하고 있습니다. 이것을 '살처분'이라고 말합니다. 생명의 존엄이라는 점에서 문제가 되고 있습니다. 이 살처분을 줄이는 대처를 하고 있는 지역도 있습니다. 그 중 하나가 시모노세키시. 7월부터 시작된 신제도로 '개나 고양이를 원하는 사람에게 미리 희망하는 타입을 등록받아, 보건소에서 그것에 맞는 동물을 보호하게 되면 인수하게 한다'는 것입니다. 단, 누구라도 주인 후보가 될 수 있는 것은 아닙니다. '가족은 전원 동의하고 있는지', '불임수술은 가능한지' 등 15개 항목의 설문을 해서 그 대답에 따라 주인으로서의 합격, 불합격을 결정합니다. 동물을 기르는 것은 매우 힘든 일입니다. 제대로 준비를 하고 각오를 하고 나서 기르지 않으면 또 버릴 수 있습니다. 그러므로 많은 설문을 통해 충분히 이해하고 나서 동물을 인수하게 한다고 합니다. 살처분을 줄이기 위해서는 '동물이 길을 잃거나 버려지거나 하지 않게 올바르게 기르는 법의 지식을 습득하는 것', '마지막까지 책임을 갖고 길러줄 새로운 주인을 발견하는 것'의 두 가지가 특히 중요합니다. 그 때문에 시모노세키시에서는 많은 사람이 노력하고 있습니다.

시모노세키시에서는 어떤 대처가 이루어지고 있습니까?

1 시모노세키시에 동물원을 만들려고 하는 대처
2 개나 고양이와 같은 동물의 살처분을 줄이는 대처
3 길 잃은 동물의 주인을 찾으려고 하는 대처
4 개나 고양이에 관한 지식을 깊게 하려고 하는 대처

愛護あいご 애호 │ 同然どうぜん 똑같음, 다름 없음 │ 殺処分さつしょぶん 살처분 │ 命いのち 목숨 │ 尊とうとさ 소중함 │ 取とり組くみ 대응 │ 下関市しものせきし 시모노세키시 │ 制度せいど 제도 │ 希望きぼう 희망 │ 保健所ほけんじょ 보건소 │ 保護ほご 보호 │ 引ひき取とる 인수하다 │ 候補こうほ 후보 │ 同意どうい 동의 │ 不妊ふにん 불임 │ 覚悟かくご 각오 │ 減へらす 줄이다 │ 知識ちしき 지식 │ 身みに付つける 배워 익히다 │ 深ふかめる 깊게 하다

> **Tip** 「この殺処分を減らす取り組みをしている地域もあるんです。その一つが、下関市(이 살처분을 줄이기 위해 대처하는 지역도 있습니다. 그 중 하나가 시모노세키시)」라고 나와 있으므로 정답은 2번이다.

정답 2

3番 <ruby>先生<rt>せんせい</rt></ruby>が<ruby>生徒<rt>せいと</rt></ruby>たちの<ruby>親<rt>おや</rt></ruby>を<ruby>集<rt>あつ</rt></ruby>め「<ruby>公園<rt>こうえん</rt></ruby>での<ruby>遊<rt>あそ</rt></ruby>び<ruby>方<rt>かた</rt></ruby>」について<ruby>話<rt>はなし</rt></ruby>をしています。

M：公園はとても楽しい場所ですが、残念なことに事故もよく起きています。大事故を避けるためには、公園を利用する子どもたちや親、公園をつくる人たちもいくつか気をつけなければいけないポイントがあります。事故が遊具によって起きるからといって、遊具をなくせばいいわけではありません。それは「子どもにとって大切な危険」もなくしてしまうことになるからです。子どもは色々な遊びに挑戦します。高いところから飛び降りたりして軽いケガを負うこともありますが、そういう危険を体験することで、「高いところは危ない」ということが身についていきます。つまり「子どもの成長・発達に必要な危険」なのです。何でも「危ない」と言って子どもたちから遠ざけることは、こうした成長の機会を奪ってしまうことにも繋がります。時折古くなった遊具が突然破損して大ケガをするといった事故が起きます。それを避けるために、日ごろから遊具がさびたり、ネジがはずれたりしていないか、日々点検することが大切です。大人が時々遊具に乗って揺らしてみて、変な音やきしみがないか確認するのもいい方法でしょう。これらのことは「あってはならない」危険です。周辺の大人や公園を管理する関係者が取り除かなければいけません。古くなった遊具のように「あってはならない危険」のことを英語で「ハザード」、「子どもの成長に必要な危険」のことを「リスク」と呼びます。元来ヨーロッパやアメリカではじまった考え方で、今は日本政府もこの考え方を採用して公園づくりなどを行っています。

<ruby>公園<rt>こうえん</rt></ruby>の<ruby>遊具<rt>ゆうぐ</rt></ruby>が<ruby>突然<rt>とつぜん</rt></ruby><ruby>破損<rt>はそん</rt></ruby>してしまうようなことをここではどのように<ruby>表現<rt>ひょうげん</rt></ruby>していますか。

1 あってはならない<ruby>危険<rt>きけん</rt></ruby>
2 <ruby>日常的<rt>にちじょうてき</rt></ruby>に<ruby>起<rt>お</rt></ruby>こりうる<ruby>危険<rt>きけん</rt></ruby>
3 <ruby>子供<rt>こども</rt></ruby>の<ruby>成長<rt>せいちょう</rt></ruby>・<ruby>発達<rt>はったつ</rt></ruby>に<ruby>必要<rt>ひつよう</rt></ruby>な<ruby>危険<rt>きけん</rt></ruby>
4 <ruby>子供<rt>こども</rt></ruby>にとって<ruby>大切<rt>たいせつ</rt></ruby>な<ruby>危険<rt>きけん</rt></ruby>

선생님이 학생들의 부모를 모아 '공원에서의 놀이방법'에 대해서 이야기를 하고 있습니다.

M : 공원은 매우 즐거운 장소이지만, 유감스럽게도 사고도 자주 일어나고 있습니다. 큰 사고를 막기 위해서는 공원을 이용하는 아이들이나 부모, 공원을 만드는 사람들도 몇 가지 주의해야 하는 포인트가 있습니다. 사고가 놀이기구에 의해 일어난다고 해서 놀이기구를 없애면 되는 것은 아닙니다. 그것은 '아이들에게 있어서 중요한 위험'도 없애버리게 되는 것이기 때문입니다. 아이들은 여러 가지 놀이에 도전합니다. 높은 곳에서 뛰어내리거나 해서 가벼운 상처를 입기도 하지만, 그런 위험을 체험함으로써 '높은 곳은 위험하다'는 것을 배워갑니다. 즉 '아이들의 성장・발달에 필요한 위험'인 것입니다. 뭐든 '위험하다'고 아이들에게서 멀리하는 것은 이러한 성장 기회를 빼앗아버리는 것으로도 연결됩니다. 가끔 오래된 놀이기구가 갑자기 파손되어 큰 상처를 입는 사고가 일어납니다. 그것을 피하기 위해 평소에 놀이기구가 녹슬거나 나사가 빠져 있지 않은지, 매일 점검하는 것이 중요합니다. 어른이 가끔 놀이기구를 타서 흔들어보고 이상한 소리나 삐걱거

림이 없는지 확인하는 것도 좋은 방법입니다. 이러한 것은 '있어서는 안 되는' 위험입니다. 주변의 어른이나 공원을 관리하는 관계자가 제거해야 합니다. 오래된 놀이기구처럼 '있어서는 안 되는 위험'을 영어로 '해저드(hazard)', '아이들의 성장에 필요한 위험'을 '리스크(risk)'라고 부릅니다. 원래 유럽이나 아메리카에서 시작된 사고방식으로 지금은 일본 정부도 이런 사고방식을 채용하여 공원 만들기 등을 실시하고 있습니다.

공원의 놀이기구가 갑자기 망가져 버리는 일을 여기에서는 어떻게 표현하고 있습니까?

1 있어서는 안 되는 위험
2 일상적으로 일어날 수 있는 위험
3 아이의 성장발달에 필요한 위험
4 아이에게 있어서 중요한 위험

事故じこ 사고 ｜ 避さける 피하다 ｜ 遊具ゆうぐ 놀이기구, 놀이도구 ｜ 挑戦ちょうせん 도전 ｜ 飛とび降おりる 뛰어내리다 ｜ 発達はったつ 발달 ｜ 遠とおざける 멀리하다 ｜ 奪うばう 빼앗다 ｜ 繁つながる 이어지다 ｜ 時折ときおり 가끔 ｜ ネジ 나사 ｜ 揺ゆらす 흔들다 ｜ 取とり除のぞく 제거하다 ｜ ハザード 해저드(원래 코스 안에 설정된 각종 장애물[벙커, 연못 따위]을 가리킴) ｜ 政府せいふ 정부 ｜ 採用さいよう 채용

Tip 「これらのことはあってはならない危険です(이러한 것은 있어서는 안 되는 위험입니다)」라고 나와 있으므로 정답은 1번이다.

정답 1

4番

_T015

4番 テレビではアナウンサーが「バーチャルリアリティー」について話をしています。

M : 「バーチャルリアリティー」という言葉をみなさんは聞いたことがあるでしょうか。英語で書くと「Virtual Reality」。「Virtual」は「事実の、仮の」という意味。「Reality」は「現実」という意味。つまりバーチャルリアリティーは、様々な技術を利用して創出された世界のことを言います。皆さんに一番身近なバーチャルリアリティーといえば、アミューズメントパークにあるゲーム。それとは別に、今、注目されているのが「セカンドライフ」と呼ばれるバーチャルリアリティーの世界です。インターネット上に作られた架空の街で自分が好きなことを体験出来るというものです。利用人口は、世界で1千万人もいると言われており、セカンドライフでは「アバター」と呼ばれる自分のキャラクターを作って活動します。大勢のアバターと会話をしながら、自分たちで楽しめる場所を作り上げていくのです。個人のみならず企業もこのセカンドライフに注目しています。セカンドライフには、若者や世界中の外国人も参加しているので、企業は彼らにアピールするために架空の店を出し、宣伝をしているのです。こうした店を作った企業は日本だけで80社以上もあるそうです。
この世界には定められたルールがないというのが良くもあり悪くもあるのです。そうした中ではまりこんでしまう人や、問題を引き起こす人も出てきています。トラブルが起きないように

ルール作りを十分にしたほうがいいという意見も最近では多く見られます。

「セカンドライフ」の世界において良くもあり悪くもあることはどういうことですか。

1 世界中の外国の人も参加していること
2 日本人の中でも若い人だけしか参加出来ないこと
3 日本の企業しかこの世界における架空の店を出せないこと
4 この世界における決まったルールがないこと

텔레비전에서는 아나운서가 '버츄얼 리얼리티'에 대해서 이야기를 하고 있습니다.

M : '버츄얼 리얼리티'라는 말을 여러분은 들어본 적이 있습니까? 영어로 쓰면 'Virtual Reality'. 'Virtual'은 '사실의, 가상의'라는 의미. 'Reality'는 '현실'이라는 의미. 즉 버츄얼 리얼리티는 다양한 기술을 이용하여 창출해낸 세계를 말합니다. 여러분에게 가장 가까운 버츄얼 리얼리티로 말할 것 같으면 놀이공원에 있는 게임. 그것과는 별도로, 지금 주목받고 있는 것이 '세컨드 라이프'라고 불리는 버츄얼 리얼리티의 세계입니다. 인터넷 상에서 만들어진 가공의 마을에서 자신이 좋아하는 일을 체험할 수 있는 것입니다. 이용 인구는 세계에서 천 만 명이나 된다고 하고, 세컨드 라이프에서는 '아바타'라고 불리는 자신의 캐릭터를 만들어 활동합니다. 많은 아바타와 대화를 하면서 자신들이 즐길 수 있는 장소를 만들어 가는 것입니다. 개인뿐만 아니라 기업도 이 세컨드 라이프에 주목하고 있습니다. 세컨드 라이프에는 젊은 사람이나 전 세계 외국 사람도 참가하고 있으므로 기업은 그들에게 어필하기 위해서 가공의 가게를 내고 선전을 하고 있는 것입니다. 이러한 가게를 만든 기업은 일본만 해도 80사 이상이나 된다고 합니다. 이 세계에는 정해진 룰이 없다는 것이 좋기도 나쁘기도 합니다. 그 속에 빠져 버리는 사람이나 문제를 일으키는 사람도 생겨나고 있습니다. 트러블이 일어나지 않도록 규칙 만들기를 충분히 하는 편이 좋을 것이라는 의견도 최근에는 많이 보이고 있습니다.

'세컨드 라이프' 세계에 있어서 좋기도 나쁘기도 한 것은 어떤 것입니까?

1 전 세계의 외국 사람도 참가하고 있는 것
2 일본인 중에서도 젊은 사람만 참가할 수 없는 것
3 일본 기업만 이 세계에 가공의 가게를 낼 수 있는 것
4 이 세계에는 정해진 룰이 없는 것

事実じじつ 사실 | 現実げんじつ 현실 | アミューズメントパーク 놀이공원 | 注目ちゅうもく 주목 | 架空かくう 가공 | 体験たいけん 체험 | 出来できる 할 수 있다, 가능하다 | 作つくり上あげる 만들어 내다, 완성하다 | ～のみならず ~뿐만 아니라 | 宣伝せんでん 선전 | 定さだめる 정하다, 결정하다 | はまりこむ 빠져 들다 | 引ひき起おこす 일으키다

Tip 「この世界には決まったルールがないというのが良くもあり悪くもあるのです（이 세계에는 정해진 규칙이 없다는 것이 좋기도 하고 나쁘기도 한 것입니다）」라고 나와 있으므로 정답은 4번이다.

정답 4

5番 テレビでアナウンサーが「働き方」について授業を行う小学校を取り上げ、話をしています。

F: 京都のある小学校では、職について考える総合学習の授業が行われました。田中先生は、「子どものうちから、どういう働き方があるか知った方がいい」と考えており、授業では正社員とフリーターではどういう違いがあるのか、について熱心に子供たちに語りかけていました。

例えば、正社員とフリーターでは、一生のうちに稼ぐ報酬額が違うのだそうです。「2億円の差が出る」と田中先生が言うと、子どもたちはその事実に驚きの表情を隠せない様子でした。フリーターの中には、極めて高額を稼ぐ人もいるけど、多くはボーナスもなく、正社員より給料も少ないため、そのくらい差がついてしまうそうです。

今、日本にはパートや派遣社員など、いろんな働き方がありますが、それによって、いろいろな違いがあるのだということを子供たちは知ったようです。収入のことだけで考えれば、フリーターは嫌だと思う人が多いかもしれません。しかし「自由な時間が欲しい」という理由でフリーターを選んだ人もいます。「お金」も「時間」もどちらも大事です。しかし「仕事のやりがい」というのも必要です。職業の種類だけでなく、どんな働き方が自分に合っているのか、よく考えなければいけないということも、子供たちは今回の授業で学んだようです。

子供たちが驚きの表情を隠せなかった事実とは何ですか。

1 正社員とフリーターの一生で稼ぎに2億円の差が出ること
2 フリーターの多くはボーナスがもらえないことが多いこと
3 仕事には「やりがい」というものも必要だということ
4 職業を選択するときには自分にあう働き方を見極めなければいけないこと

텔레비전에서 아나운서가 '일하는 방법'에 대해서 수업을 하는 초등학교를 화제로 삼아 이야기를 하고 있습니다.

F: 교토의 어느 초등학교에서는 직업에 대해서 생각하는 종합학습 수업이 행해졌습니다. 다나카 선생님은 '어릴 때부터 어떤 일하는 방법이 있는지 아는 편이 좋다'고 생각해, 수업에서는 정사원과 프리터는 어떤 차이가 있는지에 대해서 열심히 아이들에게 이야기했습니다.

예를 들면, 정사원과 프리터는 평생동안 버는 보수액이 다르다고 합니다. '2억 엔의 차이가 난다'고 다나카 선생님이 말하자 아이들은 그 사실에 놀란 표정을 감출 수 없는 모양이었습니다. 프리터 중에는 상당히 고액을 버는 사람도 있지만 대부분은 보너스도 없고 정사원보다 급료도 적기 때문에 그 정도 차이가 나 버리는 것이라고 합니다.

현재 일본에는 파트 타임이나 파견사원 등 여러 가지 일하는 방법이 있지만, 그것에 따라 다양한 차이가 있다는 것을 아이들은 안 것 같습니다. 수입만 생각한다면 프리터는 싫다고 생각한 사람도 많을지 모릅니다. 그러나 '자유로운 시간을 원한다'는 이유에서 프리터를 선택하는 사람도 있습니다. '돈'도 '시간'도 어느 쪽도 소중합니다. 그러나 '일의 보람'이라는 것도 필요합니다. 직업의 종류만이 아니라 어떤 일하는 방법이 자신에게 맞는지 잘 생각해서 선택하지 않으면 안 된다는 것도 아이들은 이번 수업에서 배운 것 같습니다.

아이들이 놀란 표정을 감출 수 없었던 사실이란 무엇입니까?

1 정사원과 프리터의 평생 버는 것에 2억 엔의 차이가 난다는 것
2 프리터의 대부분은 보너스를 받을 수 없는 경우가 많다는 것
3 일에는 '보람'이라는 것도 필요하다는 것
4 직업을 선택할 때에는 자신에게 맞는 일을 판별하지 않으면 안 되는 것

総合そうごう 종합 ┃ 熱心ねっしん 열심 ┃ 一生いっしょう 평생 ┃ 報酬額ほうしゅうがく 보수액 ┃ 稼かせぐ 벌다 ┃ 給料きゅうりょう 급료 ┃ 派遣社員はけんしゃいん 파견사원 ┃ 自由じゆう 자유 ┃ 種類しゅるい 종류 ┃ 見極みきわめる 확인하다, 판별하다

Tip 「正社員とフリーターでは、一生のうちに稼ぐ報酬額で稼ぐ給料が違うのだそうです。「２億円の差が出る」と田中先生が言うと、子どもたちはその事実に驚きの表情を隠せない様子でした。(예를 들면, 정사원과 프리터는 평생 버는 급료가 다르다고 합니다. 2억 엔의 차이가 난다고 다나카 선생이 말하자 아이들은 그 사실에 놀란 표정을 감출 수 없는 모양이었습니다.)」에서 정답은 1번이다.

정답 1

問題 4 즉시 응답 (12문항)

즉시 응답은 기존 시험에서는 한 번도 출제된 적이 없는 문제 형식이다. 상대의 말에 어떻게 응답하는 것이 적합한지를 즉시 판단하는 능력을 묻는 문제로, 모든 레벨에 걸쳐 출제된다. 우리가 현실 생활에서 하는 대화는 일방적으로 듣기도 하지만, 자신도 회화에 참가하면서 다른 사람의 말을 듣는 경우가 일반적이므로, 커뮤니케이션에서 상대방의 말을 잘 듣고 그에 대한 적절한 응답을 하는 것이 중요한데 이를 측정하기 위한 문제 유형으로 상대의 발언과 그에 대한 응답(선택지)은 모두 음성으로 이루어진다.

もんだい
問題4

_T017~028

例題　問題4では、問題用紙に何も印刷されていません。まず、文を聞いてください。それから、それに対する返事を聞いて、１から３の中から、最もよいものを一つ選んでください。

― メモ ―

1番

_T017

M あれ、しばらく見ない間に髪型変えたの?

F 1 いや、美容室は来週の水曜日に予約したわよ。

2 ああ、この帽子は誕生日にもらって気に入っているの。

3 うん、暑かったし、気分でも変えようかなと思って。

M 어, 잠시 못 본 동안에 머리 모양 바꿨어?

F 1 아니, 미용실은 다음 주 수요일로 예약했어.

2 아아, 이 모자는 생일에 받아서 마음에 들어.

3 응, 덥기도 하고 기분 전환이라도 할까 해서.

髪型かみがた 머리 모양 │ 美容室びょうしつ 미용실 │ 帽子ぼうし 모자 │ 気きに入いる 마음에 들다

Tip '머리 모양 바꿨어?'에 대한 적절한 대답은 3번이다.

정답 3

2番

_T018

F ねえ、あなた。買い物に行くんだけど、車出してくれないかしら。

M 1 ブレーキの音がちょっと変な気がするんだよな。

2 ああ、いいよ。僕も一緒に買い物に付き合うよ。

3 車種はそんなにこだわらないけど、色は絶対赤がいいな。

F 있잖아요 여보. 쇼핑 갈 건데 차 좀 내주지 않겠어요?

M 1 브레이크 소리가 좀 이상한 느낌이 들어.

2 아, 그래. 나도 함께 쇼핑에 따라갈게.

3 차종은 그렇게 집착하지 않지만, 색깔은 절대 빨간색이 좋아.

車種しゃしゅ 차종 │ こだわる 집착하다

Tip 차 좀 빌려달라는 말에 적절한 대답은 2번이다.

정답 2

3番

F　このリモコン、なんだか調子が悪いの。

M　1　テレビは最近あんまり見ないんだよな。

　　2　新しい電池に換えて使ってみたらどう?

　　3　もうこの時期にクーラーは必要ないと思うけど。

F　이 리모컨, 왠지 상태가 안 좋아.

M　1　텔레비전은 최근에 별로 안 봐.

　　2　새 전지로 바꿔서 사용해보면 어때?

　　3　이제 이 시기에 에어컨은 필요 없다고 생각하는데.

調子ちょうし 상태 ｜ **換かえる** 바꾸다, 교환하다

Tip '리모컨 상태가 좋지 않다'에 대한 적절한 대답은 2번이다.

정답 2

4番

F　ちょっとこの部屋、クーラー効きすぎじゃない?

M　1　そうだね、ちょっと温度を上げたほうがよさそうだね。

　　2　少し冷めてから食べないと口の中をやけどしちゃうよ。

　　3　寒い日に食べる鍋は最高においしいんだよな。

F　이 방 약간 에어컨이 세지 않니?

M　1　그래, 약간 온도를 올리는 편이 좋을 것 같아.

　　2　약간 식은 다음에 먹지 않으면 입 안을 데어버릴 거야.

　　3　추운 날에 먹는 냄비요리는 최고로 맛있어.

クーラが効きく 에어컨이 잘 들다 ｜ **冷さめる** 식다 ｜ **やけどする** 화상 입다

Tip '에어컨이 세지 않느냐'는 질문에 적절한 대답은 1번이다.

정답 1

M 隣の奥さん、やっと子供を授かったんだって。

F 1 そうね、まだ習い事をさせるには早いかもしれないわね。

2 まあ、かわいそうに。早く良くなるといいけど。

3 あら、本当？良かったわね、今何ヶ月目なのかしら。

M 옆집 부인, 드디어 아이를 임신했대.

F 1 그래, 아직 특기교육을 시키기에는 빠를지도 몰라.

2 어머 가엾게도. 빨리 좋아지면 좋을 텐데.

3 어머 정말? 잘됐다. 지금 몇 개월째일까?

Tip 「授かる」는 '내려 주심을 받다'라는 뜻으로, 「子供を授かる」라고 하면 임신했다는 뜻이 된다. 이에 적절한 대답은 3번이다.

정답 3

M 差し支えなければ、年齢を教えていただいてよろしいですか？

F 1 いいえ、私は7月生まれですけど。

2 ええ、来月の誕生日で38歳になります。

3 はい、一番上の姉とは6歳違いです。

M 괜찮으시다면, 연령을 가르쳐 주시겠습니까？

F 1 아니요, 저는 7월생입니다만.

2 네, 다음 달 생일이면 38세가 됩니다.

3 네, 가장 위의 누나와는 6살 차이입니다.

差し支えない 지장 없다 │ 年齢ねんれい 연령 │ 〜生うまれ 〜생

Tip 나이를 묻는 질문에는 적절한 대답은 2번이다.

정답 2

7番

F　週末パーティーに誘われたんだけど、あまり行く気がしないのよね。

M　1　それなら、はっきり断った方がいいんじゃない？

　　2　車で迎えに来てもらったらいいよ。

　　3　僕も行ったけど、全然楽しくなかったよ。

F　주말 파티에 초대받았는데, 별로 갈 마음이 들지 않아.

M　1　그러면 확실하게 거절하는 편이 좋지 않아?

　　2　차로 데리러 와 달라고 하면 돼.

　　3　나도 갔는데, 전혀 즐겁지 않았어.

誘さそう 권하다 ｜ **断**ことわる 거절하다 ｜ **迎**むかえる 마중하다

Tip '파티에 초대 받았는데 가고 싶은 마음이 들지 않는다'는 말에 적절한 대답은 '확실히 안 간다고 거절하는 편이 좋다'는 1번이다.

정답 1

8番

_T024

M　最近残業続きでさ、職場では体調を崩す人が続出して大変なんだよ。

F　1　あなたも体が資本なんだから、気をつけてよ。

　　2　健康診断は明日あると聞いたけど。

　　3　本当、あなたって仕事が好きなのね。

M　최근에 잔업이 계속되서, 직장에서는 몸 상태가 나빠진 사람이 속출하고 있어서 큰일이야.

F　1　너도 몸이 자본이니까 조심해.

　　2　건강진단은 내일 있다고 들었는데.

　　3　정말 너는 일을 좋아하는구나.

体調たいちょうを**崩**くずす 컨디션을 망치다, 몸 상태가 나빠지다 ｜ **資本**しほん 자본 ｜ **健康診断**けんこうしんだん 건강진단

Tip '최근 잔업이 계속되어서 사내에서 몸 상태가 안 좋아진 사람이 속출한다'는 말에 적절한 대답은 그에 대해 걱정하는 말인 1번이다.

정답 1

2교시 청해 유형별 공략법　277

F　いつも机の上はきれいに片付けておきなさいって言っているでしょう。

M　1　謝ったって許してくれるわけがないよ。

　　2　わかってるよ、今すぐやるよ。

　　3　あさって友達が遊びにくるんだ。

F　항상 책상 위는 깨끗이 정리해 두라고 말했잖아.

M　1　사과해봤자 용서해줄 리가 없어.

　　2　알아, 지금 바로 할 거야.

　　3　모레 친구가 놀러 와.

片付かたづける 정돈하다 ｜ 謝あやまる 사과하다

Tip　'책상 위를 깨끗이 정리하라'는 말에 적절한 대답은 지금 치운다고 말한 2번이다.

정답　2

F　あの人のものの言い方は乱暴で、不快な気持ちになるわ。

M　1　彼のせいで腕にあざが出来て痛くてしょうがないよ。

　　2　けんかをしたところで、何の解決にもならないのに。

　　3　確かに彼のものの言い方は直すべきだと僕も思うよ。

F　저 사람의 말투는 난폭해서 불쾌한 기분이 들어.

M　1　그 사람 때문에 팔에 멍이 생겨서 아파 죽겠어.

　　2　싸움을 한들 아무것도 해결되지 않을 텐데.

　　3　분명 그의 말투는 고쳐야 한다고 나도 생각해.

乱暴らんぼう 난폭 ｜ 不快ふかい 불쾌 ｜ あざ 멍

Tip　'저 사람의 말투가 난폭해서 불쾌한 기분이 든다'는 말에 적절한 대답은 동감을 나타내며 말투를 고칠 필요가 있다고 말한 3번이다.

정답　3

_T027

M　君^{きみ}の一言^{ひとこと}が背中^{せなか}を押^おしてくれて、やっと決心^{けっしん}がついたよ。

F　1 そんな大^{おお}げさな。でもそんなふうに言^いってくれて嬉^{うれ}しいわ。

　　2 そうなの。私^{わたし}ね、来年留学^{らいねんりゅうがく}することに決^きめたの。

　　3 やっぱり。あの時思^{ときおも}い切^きってしておけばよかったのに。

M　너의 한 마디가 나를 밀어줘서(힘이 되어) 겨우 결심이 섰어.

F　1 그렇게 야단스럽기는. 그렇지만 그렇게 말해줘서 기뻐.

　　2 그래. 나 내년에 유학 가기로 결정했어.

　　3 역시. 그 때 큰마음 먹고 해두었으면 좋았을 텐데.

大^{おお}げさ 과장됨, 야단스러움 ｜ 思^{おも}いきって 큰맘 먹고

Tip '한 마디로 인해 큰 힘이 되어 결심이 섰다'는 말에 적절한 대답은 그렇게 말해줘서 기쁘다고 말하는 1번이다.

정답 1

_T028

F　先生^{せんせい}、進路^{しんろ}のことで相談^{そうだん}したいことがあるのですが。

M　1 体調^{たいちょう}が悪^{わる}いなら、早^{はや}く家^{いえ}に帰^{かえ}って休^{やす}みなさい。

　　2 昨日^{きのう}のレポートは君^{きみ}は良^よく書^かけていたよ。

　　3 ああ、いいとも。そこに座^{すわ}りなさい。

F　선생님, 진로에 대한 일로 상담하고 싶은 일이 있습니다만.

M　1 컨디션이 나쁘면 빨리 집으로 돌아가서 쉬어.

　　2 어제 리포트는 넌 잘 썼어.

　　3 아아, 좋고말고. 거기에 앉으렴.

進路^{しんろ} 진로 ｜ ～とも ~하고말고

Tip 선생님에게 '진로에 대해 상담을 부탁한다'는 말에 적절한 대답은 '좋고말고 거기에 앉으렴'이라며 흔쾌히 응하는 3번이 된다.

정답 3

종합 이해는 내용이 보다 복잡하고 정보량이 많은 본문에 대한 내용 이해를 묻는 문제이다. 예를 들어 뉴스의 음성을 배경으로, 그 뉴스의 내용을 들은 두 사람이 서로 이야기하고 있는 대화를 듣고 문제를 풀거나 등장인 물이 3명이 이야기하는 2 종류의 음원이 나올 수 있다. 新 일본어 능력시험에서 처음 등장한 문제 형태로, 이 와 같은 내용을 이해하기 위해서는 복수의 사람이 말하는 정보를 비교하거나 관련지어 종합할 수 있는 고도 의 청해 능력이 필요하다.

もんだい
問題5

| 例題 | 問題5では長めの話を聞きます。この問題には練習はありません。問題用紙にメモを取っても かまいません。 |

1番 · 2番

●_T029~030

問題用紙に何も印刷されていません。まず、話を聞いてください。それから、質問 と選択肢を聞いて、1から4の中から、最もよいものを一つ選んでください。

— メモ —

3番

_T031

まず、話を聞いてください。それから、二つの質問を聞いてそれぞれ問題用紙の1から4の中から、最もよいものを一つ選んでください。

質問1

1. 外食をせずに家で食事をすること

2. 家族が各自ばらばらに食事をすること

3. 自分が好きなものばかり食べること

4. 家族以外の人と食事をすること

質問2

1. 家族と旅行に行く機会がないこと

2. 家族と一緒に料理をする機会がないこと

3. 家族と一緒にいたり音楽を聞いたりする時間がないこと

4. 家族と一緒に暮らしても、お互い何をしているかわからないこと

1番

문제용지에 아무것도 인쇄되어 있지 않습니다. 우선 이야기를 들어주세요. 그리고 나서 질문과 선택지를 듣고, 1에서 4 중에서 가장 알맞은 것을 하나 고르세요.

_T029

1番 お店の人がある健康器具について女性客に説明しています。

F1 子供が小さいとなかなか外に出て運動することって出来ないのよね。

F2 そうね。小さい子供の世話は大変なのよ。

M そうですね。そこでこちらの商品なんですが、畳一畳分の広ささえあれば置くことの出来るランニングマシーンなんですよ。

F1 でもうち、マンション住まいだから、あまりドタバタ音がしちゃうと、下の階とか横の部屋の人たちに迷惑がかかっちゃうし。

F2 うちのマンションでもランニングマシーンの音が原因で、けんかをしちゃったこともあるのよ。

M その心配は要りませんよ。こちらの商品はですね、振動を吸収する特殊なバネを使用しておりますし、2年以上にも渡って商品開発を行い、特に騒音テストには力を入れていた商品ですから、音の心配をされているようですが、そこは心配なさらなくても大丈夫ですよ。

F1 それだけ商品開発に力を入れた商品ならまだ他にも他社の製品とは違う何か素晴らしいところがあるのかしら。

F2 そうね。たとえば、安全性とか…

M ええ、もちろん。実はこのランニングマシーン、早さはもちろんのこと、傾斜角度も自由に変えることが出来るんですよ。少しきつめの運動をしたい、という日は角度を上げていただければ坂道を歩いたり、走ったりしている状態と同じ状況を作り出すことが出来るんです。

F1 まあ、いいことずくめね。ちょっと夫と相談してみるわ。

M ぜひ、こちらの商品のご購入、ご検討のほどよろしくお願いします。

女性がこの商品に関して、心配していることは何ですか。

1 値段の問題
2 音の問題
3 大きさの問題
4 置く場所の問題

가게 점원이 어느 건강기구에 대해서 여성 손님에게 설명하고 있습니다.

F1 아이가 어리면 좀처럼 밖에 나가서 운동하는 것은 불가능해요.

F2 그래! 어린아이를 돌보는 것은 힘든 일이지.

M 그렇죠. 그래서 이 상품 말인데요, 다다미 한 장 정도의 공간만 있으면 둘 수 있는 런닝머신입니다.

F1 그렇지만 우리는 맨션에서 살고 있으니까 너무 쿵쿵 소리가 나면, 아래층이나 옆방 사람들에게 폐를 끼치게 되어 버려요.

F2 우리 맨션에서도 런닝머신 소리가 원인이 되어 싸움을 한 적도 있었어.

M 그 걱정은 필요 없습니다. 이 상품은 말이죠, 진동을 흡수하는 특수한 스프링을 사용하고 있고, 2년 이상이나 걸쳐 상품개발을 해, 특히 소음 테스트에는 힘을 쏟은 상품이니까, 소리 걱정을 하고 계시는 것 같은데 그것은 걱정하지 않으셔도 좋습니다.

F1 그만큼 상품개발에 힘을 쏟은 상품이라면, 그 외에도 또 타사 제품과는 다른 무언가 훌륭한 부분이 있을까요?

F2 그래. 예를 들면, 안정성이라든가 말이지.

M 네, 물론. 실은 이 러닝 머신, 속도는 물론이고 경사 각도도 자유롭게 바꿀 수가 있어요. 조금 힘든 운동을 하고 싶은 날은 각도를 올려주시면 언덕길을 걷거나 달리거나 하는 상태와 같은 상황을 만들어낼 수 있습니다.

F1 어머, 좋은 것 투성이군요. 남편과 좀 의논해 볼게요.

M 꼭, 이 상품의 구입을, 검토하시기를 잘 부탁 드립니다.

여성이 이 상품에 관해서 걱정하고 있는 것은 무엇입니까?

1 가격 문제
2 소리 문제
3 크기 문제
4 놓아 둘 장소 문제

畳たたみ 다다미 │ 一畳いちじょう 다다미 한 장(90cm×180cm 정도의 크기) │ 〜さえ〜ば 〜만 〜하면 │ ランニングマシーン 러닝머신 │ 音おとがする 소리가 나다 │ 迷惑めいわくがかかる 폐가 되다 │ 振動しんどう 진동 │ 吸収きゅうしゅう 흡수 │ 特殊とくしゅ 특수 │ バネ 스프링, 탄력성 │ 騒音そうおん 소음 │ 力ちからを入いれる 힘을 쏟다 │ それだけ 그만큼 │ まだほかにも 그 외에도 또 │ 他社たしゃ 타사 │ 傾斜けいしゃ 경사 │ 角度かくど 각도 │ 自由じゆう 자유 │ 坂道さかみち 언덕길 │ 状況じょうきょう 상황 │ 作つくり出だす 만들어내다 │ 〜ずくめ 〜투성이, 〜일색 │ 夫おっと 남편 │ 相談そうだん 상담 │ 購入こうにゅう 구입 │ 検討けんとう 검토 │ すすめる 권유하다 │ 値段ねだん 가격 │ 場所ばしょ 장소

정답 2

2番 3人の学生がサークルの送別会のことについて話しています。

M1 もうそろそろ先輩たちもサークルを離れる時期だし、送別会の計画とか立てておいた方がいいんじゃないかな。

M2 そうだよ。うちのサークルって人数も多いし、早めに話を進めておかないと、直前になると、きついと思うんだよね。

F そうね。人数が多いと場所の確保も大変だし、今のうちに決めておくべきね。去年はどこでやったんだっけ。

M1 えっと、そうそう、大学の近くの居酒屋。人数が多かったからここを貸し切ったんだよ。確か先輩がここの貸し切りを予約するのも相当苦労したって言ってたな。

M2 そうだ。あの時ちょうど送別会の前が中間試験の時期で、先輩たちは試験が終わってから直前になって予約を入れたって言ってたよ。

F そうだ、居酒屋でやったわよね。去年私たちは行って楽しむだけで良かったけど、先輩たちは裏で苦労してたのね。

M1 うん、参加人数もギリギリまで決まらなくて、会費の徴収も大変だったって聞いたよ。

M2 先輩たち大変だっただろうね。

F じゃあ、もっと早めに計画を進めなくちゃいけないわね。他の人たちにも早めに声をかけて、協力してもらえるように連絡しましょう。

女の人は人数が多いと何が大変だと言っていますか。

1 全員での移動手段
2 会費の徴収
3 場所の確保
4 部員への連絡

세 학생이 서클 송별회에 대해서 이야기하고 있습니다.

M1 이제 슬슬 선배들도 서클을 떠날 시기이고, 송별회 계획 같은 거 세워두는 편이 좋지 않을까?

M2 그래. 우리 서클은 사람 수도 많고 조금 빨리 이야기를 진행해 두지 않으면 직전이 되어서 힘들 것 같아.

F 맞아. 인원 수가 많으면 장소 확보도 힘들고, 지금 결정해 두어야만 해. 작년에는 어디에서 했더라.

M1 그러니까, 그래 그래, 대학 근처 술집. 인원 수가 많았으니까 여기를 통째로 빌렸어. 분명 선배가 이 곳 대여를 예약하는 것도 상당히 고생했다고 했었어.

M2 그래. 그때 마침 송별회 전이 중간고사 시기여서 선배들은 시험이 끝나고 나서 직전이 되어서야 예약을 했다고 했었어.

F 맞아, 술집에서 했었지. 작년에 우리들은 가서 즐기기만 해서 좋았지만, 선배들은 뒤에서 고생했구나.

M1 응, 참가 인원 수도 직전까지 정해지지 않아서, 회비 징수도 힘들었다고 들었어.

M2 선배님들 힘들었겠다.

F 　그럼 더욱 빨리 계획을 진행시켜야겠네. 다른 사람들에게도 빨리 말을 해서 협력받을 수 있도록 연락하자.

여자는 인원 수가 많으면 무엇이 힘들다고 말하고 있습니까?

1 전원의 이동수단
2 회비 징수
3 장소 확보
4 부원에게 연락

離はなれる 벗어나다, 떠나다 ｜ 時期じき 시기 ｜ 送別会そうべつかい 송별회 ｜ 人数にんずう・ひとかず 인원 수 ｜ 直前ちょくぜん 직전 ｜ きつい 힘들다, 고되다 ｜ 確保かくほ 확보 ｜ 居酒屋いざかや 선술집 ｜ 貸かし切きる 대절하다, 몽땅 빌려 주다 ｜ 苦労くろうする 고생하다 ｜ 予約よやく 예약하다 ｜ 裏うら 뒤, 속 ｜ ギリギリ 빠듯함 ｜ 会費かいひ 회비 ｜ 徴収ちょうしゅう 징수 ｜ 声こえをかける 말을 걸다, 말을 붙이다 ｜ 協力きょうりょく 협력 ｜ 移動いどう 이동 ｜ 手段しゅだん 수단

정답 3

3番

우선 이야기를 들어주세요. 그리고 나서 2개의 질문을 듣고, 각각 문제용지의 1에서 4 중에서 가장 알맞은 것을 하나 고르세요.

●_T031

3番　ラジオからの情報を聞きながら、三人の人が食事について話をしています。

> F：日本で2000年前後から用いられだした「孤食」という言葉があります。核家族化が進んで、ただでさえ家にいるのは家族だけって言うのに、最近は独り暮らしの増加で、その家族とさえも一緒にいたり、話したりする時間がだんだん減ってきているそうです。家族で食卓を囲めばそこから団欒が生まれるし、お互いに今どういうことを考えているのかとか、最近何をしているのかとか、色々と話題が生まれると思いますけど、だんだん家族団欒という雰囲気がなくなっていくような気がします。このように、各自ばらばらの時間に寂しさの中で取る食事を「寂しい食事」つまり「孤食」と言います。

F 　ああ、「孤食」って言葉、私も聞いたことがあるわ。最近増えていて問題になっているよね。

M1 うん、最近、僕もずっと「孤食」だよね。

M2 昨日さ、久しぶりに家族が夕食の時間に揃ったから、みんなでレストランに行ったんだよ。

F　へえ、それはいいわね。うちは両親共働きだし、私は大学生、妹は高校生、弟は中学生、みんなそれぞれに部活やバイトがあったりでご飯を家族全員が一緒に食べるなんてことはここしばらくしてないな。ちょっとうらやましいわ。

M2　うん、そうだよ。でも、うちも本当に久しぶりだったんだよ、家族で夕食を食べるなんて。本当は良くないことなんだろうけど、こればっかりはどうしようもないことだもんね。

M1　現代人って独り暮らしの人も多いし、それぞれの生活で忙しいから、孤食はもっと増えていくよね。

F　そうよね。一つ屋根の下に暮らしていても、お互いが今何をしているか良く知らないっていうのは本当に寂しいことよね。

M2　それはそうだよ。昨日家族と話していて気づいたんだけど、お互いの近況報告会みたいな感じだったよ。

F　忙しい、忙しいとは言うけど、私も今日帰ったら、家族で外食でも行って久しぶりに色々話さないって言ってみよう。

質問1「孤食」とはどういうことですか。

質問2 女の人は何に対して本当に寂しいことだと言っていますか。

라디오에서 나오는 정보를 들으면서 세 사람이 식사에 대해 이야기를 하고 있습니다.

F : 일본에서 2000년 전후부터 쓰이기 시작한 '고식'이라는 말이 있습니다. 핵가족화가 진행되어, 그렇지 않아도 집에 있는 것은 가족뿐이라고 하는데, 최근에는 혼자 생활하는 사람의 증가로, 그 가족조차도 함께 있거나 이야기하거나 하는 시간이 점점 줄어들고 있다고 합니다. 가족끼리 식탁을 둘러싸면 거기에서 단란함이 생겨나고, 서로 지금 어떤 것을 생각하고 있는지, 최근 무엇을 하고 있는지, 여러 가지 화제가 생겨난다고 생각하는데, 점점 가족 단란이라는 분위기가 없어져 가는 듯한 느낌이 듭니다. 이처럼 각자 뿔뿔이 흩어진 시간에 외로움 속에서 하는 식사를 '쓸쓸한 식사' 즉 '고식'이라고 합니다.

F　아, '고식'이라는 말, 나도 들은 적이 있어. 최근 늘어나고 있어서 문제가 되고 있지.

M1　그래, 요즘, 나도 줄곧 '고식(나 홀로 식사)'하고 있지.

M2　어제 말이야, 오랜만에 가족이 저녁 시간에 모여서, 모두가 레스토랑에 갔었어.

F　그래! 그거 좋네. 우리는 부모님이 맞벌이이고, 나는 대학생, 여동생은 고등학생, 남동생은 중학생, 모두 제각각 클럽활동이나 아르바이트가 있거나 해서 가족 모두가 밥을 함께 먹는 일은 한동안 못 하고 있는데. 조금 부러운데.

M2　응, 그래. 하지만 우리도 정말 오랜만이었어. 가족끼리 저녁식사를 하는 것은 말이야. 사실은 좋지 않은 일이지만, 이것만은 어쩔 수 없는 일인걸.

M1　현대인은 혼자 생활하는 사람도 많고, 각자의 생활로 바쁘니까, 나홀로 식사는 더욱 늘어가겠지.

F　그래. 한 지붕 아래 생활하고 있어도 서로가 지금 무엇을 하고 있는지 잘 모른다는 것은 정말 쓸쓸한 일이지.

M2 그건 그래. 어제 가족과 이야기하고 있다가 알게 된 일인데, 서로의 근황 보고회 같은 느낌이었어.

F 바쁘다, 바쁘다고는 하지만, 나도 오늘 돌아가면 가족끼리 외식이라도 가서 오랜만에 이런저런 이야기 하지
   않을래? 하고 말해 봐야지.

질문1 '고식'이란 무엇을 말합니까?

1 외식을 하지 않고 집에서 식사를 하는 것
2 가족이 각자 뿔뿔이 식사를 하는 것
3 자신이 좋아하는 것만 먹는 것
4 가족 이외의 사람과 식사를 하는 것

질문2 여자는 무엇에 대해 정말로 쓸쓸하다고 말하고 있습니까?

1 가족과 여행을 갈 기회가 없는 것
2 가족과 함께 요리를 할 기회가 없는 것
3 가족과 함께 있거나 음악을 듣거나 할 시간이 없는 것
4 가족과 함께 생활하고 있어도 서로 무엇을 하고 있는지 모르는 것

揃そろう 모이다 | 共働ともばたらき 맞벌이 | 部活ぶかつ 클럽 활동 | どうしようもない 어쩔 수 없다 | 独食
どくしょく 혼자 식사하는 것 | 囲かこむ 둘러싸다 | 団欒だんらん 단란 | 核家族かくかぞく 핵가족 | ただでさ
え 그렇지 않아도 | 屋根やね 지붕 | 近況きんきょう 근황 | 報告ほうこく 보고 | 外食がいしょく 외식 | 各自
かくじ 각자 | ばらばら 뿔뿔이, 제각각 | 用もちいる 사용하다 | 食卓しょくたく 식탁 | お互たがい 서로

Tip 질문 1) 라디오에서 흘러나오는 내용 마지막 멘트에서「このように、各自ばらばらの時間に寂しさの中で取る食事を
「寂しい食事」つまり「孤食」」(각자 뿔뿔이 흩어진 시간에 외로움 속에서 하는 식사를 '쓸쓸한 식사' 즉 '고식'이다 .)
라고 했다 . 따라서 고식에 대한 적합한 설명은 2 번이 된다 .
　　질문 2) 대화 후반부에서 여성이「一つ屋根の下に暮らしていても、お互いが今何をしているか良く知らないって
いうのは本当に寂しいことよね」(한 지붕 아래 생활하고 있어도 서로에 대해 잘 모르는 것이 쓸쓸하다 .) 고 했으므로
정답은 4 번이 된다 .

정답 질문 1) 2   질문 2) 4

부사는 부사와 술어의 호응 관계에 특별히 관심을 기울이자. 바늘과 실처럼 대단히 잘 어울리는 관계이므로 부사만 따로 외우지 말고 뒤에 이어지는 말과 함께 외워야 시험에서 관련 질문이 나왔을 때 표현과 의미가 저절로 연상되어 효과를 거둘 수 있다.

1　結婚しても＿＿＿＿＿＿はなりたくない。
결혼해서도 저렇게는 되고 싶지 않다.

2　＿＿＿＿＿＿おきれいですね。
여전히 예쁘시군요.

3　＿＿＿＿＿＿鈴木は席を外しておりますが。
공교롭게 스즈키는 자리에 없습니다만.

　　＿＿＿＿＿＿田中は会議中でして席におりません。
공교롭게도 다나카는 회의 중이어서 자리에 없습니다.

4　よくご存知のことと思いますので、＿＿＿＿＿＿申し上げるまでもないでしょう。
잘 아시리라 생각하므로 굳이 말씀드릴 것까지도 없겠죠.

5　＿＿＿＿＿＿もそう言うのなら仕方がないね。
끝까지 그렇게 말한다면 어쩔 수 없군.

6　容疑者は自分の罪を＿＿＿＿＿＿と認めた。
용의자는 자신의 죄를 깨끗이 인정했다.

7　彼のことが＿＿＿＿＿＿好きではない。
그 사람을 별로 좋아하지 않아.

8　あのレストランは＿＿＿＿＿＿予約を取ってからでないと入るのが難しい。
저 레스토랑은 미리 예약해 두지 않으면 들어가기 어려워.

9　では、＿＿＿＿＿＿明日の朝お電話致します。
그럼, 다시 내일 아침 전화 드리겠습니다.

10　彼女に＿＿＿＿＿＿方法でアタックしたが駄目だった。
그녀에게 모든 방법으로 접근했지만 소용없었다.

11　＿＿＿＿＿＿の自分を認めてもらいたい。
있는 그대로 자신을 인정받고 싶다.

12　外観は古いが家の中に入ると＿＿＿＿＿＿新しくてきれいだった。
외관은 낡았지만 집안에 들어가니 의외로 새롭고 깨끗했다.

13　＿＿＿＿＿＿、彼は遅刻をして来た。
아니나 다를까 그는 지각을 했다.

14　＿＿＿＿＿＿おいしいのでつい食べ過ぎてしまった。
너무 맛있어서 그만 과식해 버렸다.

15 冗談（じょうだん）はもう＿＿＿＿＿＿にしてくれ。
농담은 이제 적당히 하게.

16 人生（じんせい）は＿＿＿＿＿＿生（い）きるべきか。
인생은 어떻게 살아야 하는가?

17 ＿＿＿＿＿＿高（たか）そうな指輪（ゆびわ）を嵌（は）めていた。
정말 비싸 보이는 반지를 끼고 있었다.

18 誰（だれ）でも好（す）きなことをする時（とき）は＿＿＿＿＿＿するものだ。
누구나 좋아하는 것을 할 때는 생기가 도는 법이다.

19 ＿＿＿＿＿＿そんなこと言（い）われてもどうしたらいいか分（わ）からない。
불쑥 그런 말을 듣는다면 어떻게 하면 좋을지 모르겠다.

20 ＿＿＿＿＿＿急（いそ）いでも、もう間（ま）に合（あ）わないよ。
아무리 서둘러도 이젠 시간에 댈 수 없어요.

21 大人（おとな）になれば＿＿＿＿＿＿分（わ）かる日（ひ）が来（く）るでしょう。
어른이 되면 어차피 이해할 날이 오겠죠.

22 言（い）われたことに＿＿＿＿＿＿文句（もんく）をつけるな。
듣는 말마다 일일이 트집 잡지 마라.

23 ＿＿＿＿＿＿旅（たび）の準備（じゅんび）は整（ととの）いました。
일단 여행 준비는 되었습니다.

24 今日（きょう）の天気（てんき）は午後（ごご）から曇（くも）り＿＿＿＿＿＿雨（あめ）となるでしょう。
오늘 날씨는 오후부터 구름이 끼고 한때 비가 내리겠습니다.

25 ＿＿＿＿＿＿きれいになりましたね。
더욱 예뻐졌군요.

26 何回（なんかい）かに分（わ）けるより＿＿＿＿＿＿運（はこ）んだ方（ほう）が早（はや）い。
몇 번에 나누기보다 한꺼번에 옮기는 편이 빠르다.

27 彼（かれ）は＿＿＿＿＿＿アメリカ人（じん）に見（み）える。
그는 언뜻 보기에 미국인으로 보인다.

28 事態（じたい）は＿＿＿＿＿＿に良（よ）くならない。
사태는 전혀 나아지지 않는다.

정답

1 ああ 저렇게, 그렇게 **2** 相変（あいか）わらず 여전히 **3** あいにく 공교롭게도, 재수 없게도 ＝ 折（おり）あしく, 運悪（うんわ）るく **4** 敢（あ）えて 감히, 굳이 **5** あくまで 끝까지 **6** あっさり 깨끗이 **7** 余（あま）り 그다지, 별로 **8** あらかじめ 미리, 사전에 **9** 改（あらた）めて 다시 **10** あらゆる 모든 **11** 有（あ）りのまま 있는 그대로, 실제대로 ＝ 実情（じつじょう） **12** 案外（あんがい） 의외로, 예상외로, 뜻밖에도 **13** 案（あん）の定（じょう） 예상대로, 아니나 다를까 **14** あんまり 너무 지나치게, (뒤에 부정이 올 때) 별로 **15** いい加減（かげん） 적당함, 알맞음 **16** 如何（いか）に 어떻게 **17** いかにも 정말로, 매우 **18** 生（い）き生（い）きと 활기 있는 생생한 모양 **19** いきなり 불쑥, 갑자기 **20** いくら～ても（でも） 아무리 ＝どんなに～ても（でも） 아무리 ～라도 **21** いずれ 어차피, 어느 쪽 **22** 一々（いちいち） 일일이 **23** 一応（いちおう） 일단 **24** 一時（いちじ） 일시 **25** 一段（いちだん）と 한층 **26** 一度（いちど）に 한꺼번에 **27** 一見（いっけん） 언뜻 보기에 **28** 一向（いっこう）に 전혀

29 当社は＿＿＿＿＿の責任を負いません。

당사는 일체 책임을 지지 않습니다.

30 演奏が終わったとたん＿＿＿＿＿大きな拍手が湧き起こった。

연주가 끝나자마자 일제히 커다란 박수가 터져 나왔다.

31 雨が先ほどよりも＿＿＿＿＿激しく降ってきた。

비가 먼저보다도 한층 심하게 내렸다.

32 ＿＿＿＿＿こんな時間までどこをほっつき歩いているんだろう。

도대체 이런 시간까지 어디를 싸다니고 있는 걸까.

33 ＿＿＿＿＿お預かりして後でお返しいたします。

일단 보관하고서 나중에 돌려 드리겠습니다.

34 彼は＿＿＿＿＿帰ったんだろうか。

그는 어느새 돌아간 것일까?

35 さっきまで降り続いていた雪が＿＿＿＿＿やんでいた。

조금 전까지 계속 내리던 눈이 어느샌가 멎었다.

36 ＿＿＿＿＿日本人は本音をなかなか言わないと言われている。

보편적으로 일본인은 속마음을 여간해서 말하지 않는다고들 말한다.

37 ＿＿＿＿＿しないで少しずつして下さい。

동시에 하지 말고 조금씩 하십시오.

38 あなたのことは＿＿＿＿＿忘れません。

당신을 영원히 잊지 않겠습니다.

39 一度もらったものを＿＿＿＿＿返すなんてできない。

한번 받은 것을 이제 와서 돌려주라니 어림없다.

40 ＿＿＿＿＿泣くことになるぞ。

머지않아 혼쭐나게 될 거야.

41 先生は＿＿＿＿＿怒りが爆発しそうだった。

선생님은 당장에라도 분노가 폭발할 것 같았다.

42 ＿＿＿＿＿勉強しても身にならない。

마지못해 공부해도 제 것이 되지 않는다.

43 明日＿＿＿＿＿お別れですね。

내일 드디어 헤어지는군요.

44 彼の言うことなすことに＿＿＿＿＿しどおしだった。

그의 말하는 것, 행동하는 것에 줄곧 불안을 느꼈다.

45 子供の頃、遠足の前日は＿＿＿＿＿して眠れなかったものだ。

어릴 적에 소풍 전날은 마음이 들떠서 잠에 들지 못하곤 했었다.

46 つい＿＿＿＿＿よそ見をして電柱に追突してしまった。

나도 모르게 깜빡 한눈을 팔아서 전신주에 부딪히고 말았다.

47 ＿＿＿＿＿の性格はなかなか変えられない。

타고난 성격은 좀처럼 바꿀 수 없다.

48 どこが出口か分からず＿＿＿＿してしまった。
어디가 출구인지 모르고 우왕좌왕해 버렸다.

49 今日のパーティーは＿＿＿＿楽しんでください。
오늘 파티는 실컷 즐기십시오.

50 学生時代＿＿＿＿の本を読んだことが今になって役に立っています。
학생 시절에 많은 책을 읽은 것이 지금에 와서 도움이 되고 있습니다.

51 ＿＿＿＿明日は雨だろう。
아마 내일은 비가 오겠지.

52 ＿＿＿＿彼女に告白しようと思う。
과감히 그녀에게 고백하려고 한다.

53 私は＿＿＿＿遊べなかった。
나는 충분히 놀지 못했다.

54 ＿＿＿＿お年寄りをターゲットにした商売が流行っている。
주로 노인을 대상으로 하는 판매가 유행하고 있다.

55 彼のやさしさにじんときて＿＿＿＿泣いてしまった。
그의 자상함에 (가슴이) 뭉클해져서 엉겁결에 울어 버렸다.

56 家から＿＿＿＿100メートル離れたところに郵便局があります。
집에서 약 100미터 떨어진 곳에 우체국이 있습니다.

57 遠慮したら＿＿＿＿失礼になる。
사양하면 거꾸로 실례가 된다.

58 大学3年生になって成績が＿＿＿＿落ちた。
대학 3학년이 되어서 성적이 덜컥 떨어졌다.

59 冷蔵庫の中を＿＿＿＿と探してみたがめぼしい物は何もなかった。
냉장고 안을 부스럭부스럭 찾아보았지만 눈에 띄는 것은 아무것도 없었다.

60 ご来場の＿＿＿＿全員にプレゼントを差し上げます。
입장하신 여러분들 전원에게 선물을 드립니다.

61 急に玄関のドアが＿＿＿＿と音を立てて揺れた。
갑자기 현관문이 덜컹덜컹 소리를 내며 흔들렸다.

정답

29 一切(いっさい) 일체, 모두 30 一斉(いっせい)に 일제히 31 一層(いっそう) 한층 32 一体(いったい) 도대체 33 一旦(いったん) 일단 34 いつのまに (추측하는 말이 문말에 와서) 어느새 35 いつのまにか 어느샌가 36 一般(いっぱん)に 보편적으로, 일반적으로 37 一遍(いっぺん)に 금방, 동시에 38 いつまでも 언제까지나, 영원히 39 今更(いまさら) 이제 와서 40 今(いま)に 머지않아 41 今(いま)にも 당장에라도 42 いやいや 마지못해 43 いよいよ 드디어 44 いらいら 안절부절못함 45 浮(う)き浮(う)き 마음이 들뜬 모양 46 うっかり 무심코, 깜빡 47 生(う)まれつき 천성 48 うろうろ (당황하여) 허둥지둥, (목적도 없이) 헤매는 모양, 어슬렁어슬렁 49 大(おお)いに 크게, 실컷 50 多(おお)く 많은, 대부분 51 恐(おそ)らく 아마 52 思(おも)い切(き)って 과감히 53 思(おも)い切(き)り 단념, 마음껏 54 主(おも)に 주로 55 思(おも)わず 무의식중에, 엉겁결에 56 およそ 대강, 대체로 57 却(かえ)って 오히려 58 がくんと 덜컥, 덜커덕(갑자기 움직이거나 서는 모양) 59 がさがさ 버석버석, 부스럭부스럭 60 方々(かたがた) 여러분들 61 がたがた 덜컹덜컹, 부들부들

62　キーボードを＿＿＿＿＿と打つ音は意外と気になる。
키보드를 톡톡 치는 소리는 의외로 신경 쓰인다.

63　彼女が来られなくて＿＿＿＿＿しました。
그녀가 올 수 없어서 실망했습니다.

64　いまだ＿＿＿＿＿飛行機に乗ったことがありません。
아직 한 번도 비행기를 탄 적이 없습니다.

65　まぶしいほどの太陽が＿＿＿＿＿照りつける。
눈부실 정도로 태양이 환하게 내리쬐다.

66　玉の輿に乗ることが＿＿＿＿＿幸せとは限らない。
부귀한 집안으로 시잡가는 것이 반드시 행복하다고는 할 수 없다.

67　試験は＿＿＿＿＿の出来だった。
시험은 꽤 잘 봤다.

68　お風呂上りによく冷えたビールを＿＿＿＿＿と飲んだ。
목욕을 마친 후에 잘 식힌, 시원한 맥주를 벌컥벌컥 마셨다.

69　今日はやけに駅前が＿＿＿＿＿している。
오늘은 역 앞이 몹시 떠들썩하다.

70　風車が＿＿＿＿＿と回っている。
풍차가 대그락대그락 돌고 있다.

71　＿＿＿＿＿と音を立てて荷が崩れる。
와르르 소리를 내면 짐이 무너지다.

　台車を＿＿＿＿＿と引く音が聞こえた。
리어카를 덜거덕덜거덕 끄는 소리가 들렸다.

72　見つかるまでこの携帯電話を＿＿＿＿＿使って下さい。
찾을 때까지 이 휴대전화를 임시로 사용하십시오.

　＿＿＿＿＿失敗しても後悔はしない。
만일 실패하더라도 후회는 하지 않는다.

　＿＿＿＿＿1ドルを120円として費用を計算してみよう。
가령 1달러를 120엔으로 해서 비용을 계산해 보자.

73　目的地に着くまで何人かが＿＿＿＿＿運転して行った。
목적지에 도착할 때까지 몇 명이 교대로 운전하며 갔다.

74　母が鍋を＿＿＿＿＿とたたく音で起こされた。
어머니가 냄비를 땅땅 두드리는 소리 때문에 잠에서 깼다.

75　＿＿＿＿＿無口なたちだがお酒が入ると陽気になる。
원래 말이 없는 성격이지만, 술이 들어가면 쾌활해진다.

76　家の中を＿＿＿＿＿片付ける。
집 안을 깔끔히 정리하다.

77　小銭が＿＿＿＿＿と詰まった瓶を盗まれた。
동전이 가득 든 병을 도둑맞았다.

78 彼女は割り勘の時、消費税まで＿＿＿＿＿計算する。

그녀는 각자 부담해서 계산할 때 소비세까지 정확히 계산한다.

79 毎日＿＿＿＿＿詰めの電車に乗っている。

매일 꽉꽉 차 있는 전철을 탄다.

80 海外で＿＿＿＿＿すると狙われるぞ。

해외에서 두리번두리번 거리면 표적이 돼.

81 彼の目が＿＿＿＿＿輝いた。

그의 눈이 반짝 빛났다.

82 閉店＿＿＿＿＿まで話し込んでしまった。

폐점하는 시간이 다 되도록 이야기에 빠져 버렸다.

寝坊したが試験には＿＿＿＿＿間に合った。

늦잠을 잤지만 시험 시간에는 겨우 맞췄다.

83 ＿＿＿＿＿スーパーで小学校の時の恩師に会った。

우연히 슈퍼에서 초등학교 때의 은사님을 만났다.

＿＿＿＿＿の出会いを大切にしたい。

우연한 만남을 소중히 하고 싶다.

84 むしゃくしゃしてテスト用紙を＿＿＿＿＿にしてしまった。

짜증이 나서 테스트 용지를 구겨 버렸다.

＿＿＿＿＿のワイシャツはみっともない。

꾸깃꾸깃한 와이셔츠는 보기 흉하다.

85 ＿＿＿＿＿していると電車に乗り遅れるよ。

꾸물꾸물 대면 전철을 놓칠 거야.

＿＿＿＿＿してないでさっさと食べなさい。

우물쭈물 대지 말고 빨랑빨랑 먹어라.

86 残業をして家に帰ると＿＿＿＿＿で何もできない。

잔업을 하고 집에 돌아가면 녹초가 되어 아무것도 할 수 없다.

87 _____お休みになれましたか。

푹 쉬셨습니까?

88 スプーンで_____とよくかき混ぜてください。

스푼으로 뱅글뱅글 잘 섞어 주십시오.

89 _____回る遊園地の乗り物は苦手です。

빙글빙글 도는 유원지의 놀이 기구는 싫어합니다.

90 一度は逆転したものの_____負けてしまった。

한번은 역전했지만 결국 지고 말았다.

91 輪投げも_____難しいものだ。

원반 던지기도 꽤 어려운 일이다.

92 _____他の人に話してはいけませんよ。

결코 다른 사람에게 말해서는 안 됩니다.

93 泣いて暮すより_____笑って暮した方がいい。

울며 지내는 것보다 껄껄 웃으며 지내는 편이 좋다.

94 あまりの恐ろしさに_____唾をのんだ。

지나친 두려움에 침을 꿀꺽 삼켰다.

95 夜中にばれないように_____と寮を抜け出した。

밤중에 들키지 않도록 살짝 기숙사를 빠져 나왔다.

96 今年は_____雨が少なかった。

올해는 특히 비가 적었다.

97 大きな樽が_____と転がってきた。

커다란 나무통이 데굴데굴 굴러 왔다.

98 _____幸せを得ました。

다행히 행복을 얻었습니다.

99 お_____失礼致します。

먼저 실례하겠습니다.

100 娘さんが結婚なさって、_____お喜びのことでしょう。

따님이 결혼하시다니 필시 기쁘시겠지요.

101 _____お返事をいただき、ありがとうございます。

즉시 답장을 해주셔서 감사합니다.

102 子供は_____寝なさい。

어린이는 얼른 자거라.

103 毎朝新聞を_____読んでから出勤します。

매일 아침 신문을 대강 읽고 나서 출근합니다.

104 彼は_____とした性格なので付き合いやすい。

그는 시원스런 성격이어서 사귀기 쉽다.

受験勉強が_____進まない。

수험 공부가 도무지 진척되지 않는다.

105 おみやげをあげると彼女は＿＿＿＿＿うれしそうな顔をした。
선물을 주자 그녀는 아주 기쁜 얼굴을 했다.

106 床が砂で＿＿＿＿＿している。
마루가 모래로 까칠까칠하다.

107 昇進するためには＿＿＿＿＿頑張る必要がある。
승진하기 위해서는 더욱 더 노력할 필요가 있다.

108 ＿＿＿＿＿あきらめるでしょう。
금방 포기하겠죠.

109 合コンに行かないかと友達から＿＿＿＿＿誘われている。
미팅하지 않겠냐고 친구가 자주 권하고 있다.

110 学校から帰ると＿＿＿＿＿テレビゲームをしている。
학교에서 돌아오면 언제나 TV게임을 하고 있다.

111 内気だから＿＿＿＿＿と友人も多くない。
내성적이라서 자연히 친구도 많지 않다.

112 もっと日本語が＿＿＿＿＿話せるようになりたい。
좀 더 일본어를 자연스럽게 말할 수 있게 되었으면 좋겠다.

113 ＿＿＿＿＿天気が悪くなってきた。
점차 날씨가 나빠졌다.

114 解けないように＿＿＿＿＿と結んでください。
풀리지 않게 꽉 묶어 주십시오.

115 ＿＿＿＿＿そんなことがあるはずない。
실제로 그런 일이 있을 리 없어.

116 ＿＿＿＿＿見守ることしかできなかった。
가만히 지켜보는 수밖에 없었다.

117 この劇は＿＿＿＿＿面白い。
이 연극은 아주 재미있다.

118 ＿＿＿＿＿私が花瓶を割りました。
실은 제가 화병을 깼습니다.

119 休日は美術館に＿＿＿＿＿＿行きます。

휴일에는 미술관에 자주 갑니다.

120 部屋の中が＿＿＿＿＿＿している。

방안이 눅눅하다.

121 洗濯物を手で＿＿＿＿＿＿と洗う。

세탁물을 손으로 첨벙첨벙 빨다.

122 今日は俺の奢りだから＿＿＿＿＿＿飲んでくれ。

오늘은 내가 한턱 낼 테니까 마음껏 마셔라.

123 お体には＿＿＿＿＿＿気を付けてください。

몸에는 충분히 주의해 주십시오.

124 診察室に＿＿＿＿＿＿入ってください。

진찰실에 차례대로 들어가세요.

125 あの夫婦は＿＿＿＿＿＿夫婦喧嘩をしている。

저 부부는 늘 부부 싸움을 한다.

126 ＿＿＿＿＿＿に日本語が上達していた。

나도 모르는 사이에 일본어가 능숙해졌다.

127 電車の中で化粧直しをしていたら周りの人に＿＿＿＿＿＿と見られた。

전철 안에서 화장을 고쳤더니 주위 사람들이 빤히 쳐다보았다.

128 完治するまで＿＿＿＿＿＿一ヶ月はかかると思います。

완치될 때까지 적어도 1개월은 걸린다고 생각합니다.

129 簡単な日本語で聞かれても＿＿＿＿＿＿分からなかった。

간단한 일본어로 질문 받았지만 바로 알아듣지 못했다.

130 ＿＿＿＿＿＿ご馳走になってしまいました。

아주 잘 대접받았습니다.

131 十分な睡眠を取ったので頭が＿＿＿＿＿＿した。

충분한 수면을 취해서 머리가 상쾌했다.

132 あなたとは＿＿＿＿＿＿お友達でいたい。

너와는 계속 친구로 있고 싶어.

133 急いで駆け付けたが＿＿＿＿＿＿電車が出発した後だった。

서둘러 달려갔지만 이미 전철이 출발한 뒤였다.

134 女性なら皆,＿＿＿＿＿＿の肌に憧れるでしょう。

여성이라면 모두 매끈매끈한 피부를 동경하지요.

135 仕事が＿＿＿＿＿＿終わるまで今日は帰れません。

일이 전부 끝날 때까지 오늘은 돌아갈 수 없습니다.

136 あまりに＿＿＿＿＿＿と寝ているので起こすに起こせなかった。

너무나 쌔근쌔근 자고 있어서 깨우려 해도 깨울 수 없었다.

137 日本語が＿＿＿＿＿＿話せるようになりたい。

일본어를 술술 말할 수 있게 되고 싶다.

138 店の前に＿＿＿＿＿客が立っている。

가게 앞에 손님이 줄지어 서 있다.

139 高くても、＿＿＿＿＿2000円ぐらいだろう。

비싸다고 해도 고작 2000엔 정도겠지.

140 ＿＿＿＿＿楽しみにしていたのにゴルフは雨で流れてしまった。

모처럼 즐기고 있었는데 골프는 비로 중지되고 말았다.

141 ＿＿＿＿＿働いても給料は雀の涙ほどだ。

열심히 일해도 급료는 쥐꼬리만 하다.

142 ＿＿＿＿＿あいつの言いなりにはならない。

절대 그 녀석이 하라는 대로는 하지 않을 거야.

143 準備は＿＿＿＿＿私にやらせていただけないでしょうか。

준비는 꼭 제가 할 수 있게 해 주시겠습니까?

お近くまでお越しの際には、＿＿＿＿＿お立ち寄りください。

근처까지 오시게 될 때에는 꼭 들러 주세요.

144 会えなくても＿＿＿＿＿電話で声が聞きたい。

만날 수 없더라도 하다못해 전화로 목소리가 듣고 싶다.

145 ＿＿＿＿＿迷ったあげく、何も買わずに帰った。

상당히 망설인 끝에 아무것도 사지 않고 돌아왔다.

146 新商品が＿＿＿＿＿と登場する。

신상품이 속속 등장한다.

147 遠くから＿＿＿＿＿見守っています。

멀리서 가만히 지켜보고 있습니다.

148 今分からなくても＿＿＿＿＿分かるだろう。

지금 알지 못해도 때가 되면 알 수 있겠지.

149 ＿＿＿＿＿悩みを打ち明けた。

각자 고민을 숨김없이 이야기했다.

ひとくちにカレーライスといっても＿＿＿＿＿の店によって＿＿＿＿＿特徴がある。

한마디로 카레라이스라 하더라도 가게에 따라 각각 특징이 있다.

150 前評判は良かったが＿＿＿＿＿＿＿でもなかった。

이전 평판은 좋았지만 그 정도는 아니었다.

151 休みの日は＿＿＿＿＿＿家にいる。

쉬는 날에는 대체로 집에 있다.

152 学校の勉強は＿＿＿＿＿＿役に立たなかった。

학교 공부는 그다지 도움이 되지 않았다.

153 カナダに移住をして＿＿＿＿＿＿元気に暮しているそうだ。

캐나다에 이주해서 매우 건강히 지내고 있다고 한다.

154 ＿＿＿＿＿＿食べ終わりました。

대강 다 먹었습니다.

155 地球の＿＿＿＿＿＿は海です。

지구의 대부분은 바다입니다.

156 彼は＿＿＿＿＿＿努力を惜しまない頑張り屋です。

그는 끊임없이 노력을 아끼지 않는 노력가입니다.

157 これは＿＿＿＿＿＿わかるというような意味だったと思うんですけど。

이것은 아마도 '이해한다'는 것과 같은 의미였다고 생각합니다만.

158 数学には＿＿＿＿＿＿自信があるほうだ。

수학에는 다소 자신이 있는 편이다.

159 不審者を見かけたら＿＿＿＿＿＿110番して下さい。

수상한 사람을 보면 즉시 110번으로 전화해 주십시오.

160 ＿＿＿＿＿＿黒山のような人だかりができた。

순식간에 엄청나게 수많은 사람이 몰려들었다.

161 ＿＿＿＿＿＿一つしか残っていない。

겨우 하나밖에 남아 있지 않다.

162 出発まで＿＿＿＿＿＿時間はある。

출발까지 시간은 충분히 있어.

163 ＿＿＿＿＿＿わが身がどうなろうとも、子供を助け出さなければならない。

비록 내 몸이 어떻게 되더라도 아이를 구해 내지 않으면 안 된다.

164 ＿＿＿＿＿＿のお電話、失礼致します。

잦은 전화, 실례합니다. (자주 전화 드리는 상대편에게 예의를 갖출 때)

165 強がりを言って、＿＿＿＿＿＿では涙もろいところもある。

강한 체하지만 한편으로는 눈물이 많은 면도 있다.

166 ＿＿＿＿＿＿通りかかったので挨拶に来ました。

마침 지나가는 길이어서 인사하러 왔습니다.

167 ＿＿＿＿＿＿遊びに来てください。

가끔 놀러 오세요.

168 ＿＿＿＿＿＿美しいだけでは物足りない。

단순히 '아름답다'만으로는 어딘지 부족하다.

169 　汚職事件のことは＿＿＿＿＿結論が出るはずだ。
おしょく じ けん / けつろん / で
부정비리사건에 대해서는 곧 결론이 날 것이다.

170 ＿＿＿＿＿ぜひお会いしたいです。
あ
머지않아 꼭 만나고 싶습니다.

171 　最近、＿＿＿＿＿連絡をくれ＿＿＿＿＿からどうしたのかと思ってましたよ。
さいきん / れんらく / おも
최근 조금도 연락을 주지 않아서 어찌 되었나 생각하고 있었습니다.

172 ＿＿＿＿＿と人気が広まっている。
にんき / ひろ
착착 인기가 퍼지고 있다.

173 　朝食を＿＿＿＿＿食べないと体が持たないよ。
ちょうしょく / た / からだ / も
아침 식사를 착실히 먹지 않으면 몸이 견디지 못해.

174 　本人から＿＿＿＿＿聞いたわけではないので本当のところは分かりません。
ほんにん / き / ほんとう / わ
본인으로부터 직접 들은 것은 아니기 때문에 사실은 알 수 없습니다.

175 ＿＿＿＿＿さっきまで彼女と話していました。
かのじょ / はな
바로 전까지 그녀와 말하고 있었습니다.

＿＿＿＿＿この前も出張に行かされたばかりなのに、また出張なんです。
まえ / しゅっちょう / い / しゅっちょう
바로 일전에도 출장을 갔다 온 지 얼마 안 되었는데, 또 다시 출장입니다.

176 　かっとなって＿＿＿＿＿怒鳴ってしまった。
ど な
발끈해서 무심결에 호통을 치고 말았다.

　ダイエット中なのでいけないと分かっていても、＿＿＿＿＿食べ過ぎてしまう。
ちゅう / わ / た す
다이어트 중이어서 안 된다고 알면서도 무의식중에 과식하고 말았다.

177 ＿＿＿＿＿お別れの時が来た。
わか / とき / き
마침내 이별의 시간이 왔다.

178 ＿＿＿＿＿欠陥が見つかった。
けっかん / み
잇달아 결함이 발견됐다.

179 　都会に住むと田舎の良さを＿＿＿＿＿感じる。
と かい / す / いなか / よ / かん
도시에 살면 시골의 좋은 점이 절실히 느껴진다.

180 　私は＿＿＿＿＿愛読書を持ち歩いている。
わたし / あいどくしょ / も / ある
나는 늘 애독서를 갖고 다닌다.

정답

150 それほど 그렇게, 그정도, 그렇지도　151 大概(たいがい) 개요　152 大(たい)して 그다지　153 大層(たいそう) 굉장히　154 大体(だいたい) 대체로, 대강　155 大部分(だいぶぶん) 대부분　156 絶(た)えず 끊임없이　157 たしか 아마, 틀림없이(약간은 불안하지만 일단은 그렇다고 생각한다는 뜻)　158 多少(たしょう) 많고 적음, (부사) 다소　159 直(ただ)ちに 즉시　160 たちまち 순식간에　161 たった 겨우　162 たっぷり 충분히, 넉넉히　163 たとえ 비록　164 度々(たびたび) 자주　165 他方(たほう) 한편으로는　166 たまたま 마침, 때마침　167 偶(たま)に 가끔, 어쩌다　168 単(たん)に 단지, 단순히　169 近(ちか)く 얼마 지나지 않아, 곧　170 近々(ちかぢか) 머지않아　171 ちっとも, ない 조금도, 전혀 ～않다　172 着々(ちゃくちゃく) (일이 잘 되어가는 모양) 척척, 착착　173 ちゃんと 착실하게, 꼼꼼히, 틀림없이　174 直接(ちょくせつ) 직접　175 つい (시간적, 거리적으로) 조금, 바로, 방금, 아까　176 つい 무의식중에, 그만[つい～てしまう(절제해야 한다고 생각은 하지만 자신도 모르게) 그만 ～해 버리다]　177 遂(つい)に 드디어, 마침내　178 次々(つぎつぎ) 잇달아　179 つくづく 절실히, 아주　180 常(つね)に 늘

181 こんなにもてるのも、＿＿＿＿＿顔がいいからだ。

이렇게 인기가 많은 것도 결국 얼굴이 잘 생겨서다.

182 ＿＿＿＿＿やましいことはありません。

조금도 꺼림칙한 것은 없습니다.

183 階段が雨で＿＿＿＿＿して滑りやすいので気を付けて下さい。

계단이 비로 미끌미끌해서 미끄러지기 쉽기 때문에 주의하세요.

184 ＿＿＿＿＿の手は打ってみたが駄目だった。

가능한 한 손은 써 보았지만 소용없었다.

185 真っ白い雪の上に動物の足跡が＿＿＿＿＿付いている。

새하얀 눈 위에 동물의 발자국이 점점 남겨 있다.

186 住むところがなく知り合いのところを＿＿＿＿＿した。

거처하는 곳 없이 친지의 집을 전전했다.

187 ＿＿＿＿＿お助けください。

부디 도와 주십시오.

188 ＿＿＿＿＿彼を許すことができない。

도저히 그를 용서할 수 없다.

＿＿＿＿＿名前が思い出せない。

아무리 해도 이름을 생각해 낼 수 없다.

189 ＿＿＿＿＿同じ金額を払うなら、もっときれいなホテルに泊まろう。

어차피 같은 금액을 낸다면 더 깨끗한 호텔에 묵자.

190 あんなに悪いことをしたのだから叱られて＿＿＿＿＿だ。

저렇게 나쁜 짓을 했으니 혼나도 당연하다.

191 彼の頭では東京大学に＿＿＿＿＿入れるはずがない。

그의 머리로는 도쿄 대학에 아무리 해도 들어갈 수 있을 리가 없다.

192 ずいぶん迷ったが＿＿＿＿＿買ってしまった。

대단히 망설였지만 마침내 사 버렸다.

193 異国の地で＿＿＿＿＿元気にがんばっています。

이국땅에서 그런대로 건강히 지내고 있습니다.

194 ＿＿＿＿＿の間、お休みをいただきます。

당분간 쉬겠습니다.

195 これは＿＿＿＿＿食べればいいんですか。

이것은 어떻게 먹으면 됩니까?

196 ＿＿＿＿＿うまくいきそうだ。

그럭저럭 잘 되고 있는 것 같아.

＿＿＿＿＿彼はいないようだ。

아무래도 그는 없는 것 같다.

197 彼女の前で＿＿＿＿＿して何も話せなかった。

그녀 앞에서 두근두근해서 아무것도 말할 수 없었다.

198 _____帰ってるのかと思ってたのに…。

벌써 돌아간 줄 알았는데….

199 地震が起きたら_____何をしたらいいんでしょう。

지진이 일어나면 순간적으로 뭘 하면 됩니까?

200 _____雨が降ってきて困った。

갑자기 비가 와서 난처했다.

201 _____ファンが押し寄せてスターはもみくちゃにされた。

한꺼번에 팬이 밀어닥쳐서 스타는 몹시 혼났다.

202 明日までに仕上げるのは_____無理だ。

내일까지 완성하는 것은 도저히 무리다.

やさしいあの人の頼みを断るなんて私には_____できない。

상냥한 그 사람의 부탁을 거절하는 것 같은 것을 나는 도저히 할 수 없다.

203 _____やれるとこまでやってみよう。

어쨌든 할 수 있는 데까지 해 보자.

204 彼は顔は_____口が悪い。

그는 얼굴은 그렇다 치고 말이 거칠다.

205 旧友と_____学んだ日々を思い出す。

옛 친구와 함께 공부하던 나날들이 떠오르다.

206 _____ビールを2本お願いします。

우선 맥주를 2잔 부탁합니다.

207 外交官試験に受かるために_____勉強したかわかりません。

외교관 시험에 합격하기 위해 얼마나 노력했는지 모릅니다.

208 遠慮しないで_____食べてください。

사양하지 말고 많이 드세요.

209 せっかく作ってくれたのだから、_____まずくても我慢して食べなさい。

모처럼 만들어 준거니까 아무리 맛없어도 참고 먹어라.

정답

181 つまり 즉, 결국　182 露(つゆ)いささかも 조금도, 전혀　183 つるつる 미끌미끌　184 出来(でき)るだけ 가능한 한　185 点々(てんてん)と 점점이, 여기저기　186 転々(てんてん)と 여기저기 옮겨 다님, 전전　187 どうか 부디　188 どうしても 도저히[どうしても～ない 아무리 해도(도저히) ～않다]　189 どうせ 어차피　190 当然(とうぜん) 당연함, 당연히　191 到底(とうてい) 아무리 해도, 도저히　192 とうとう 드디어, 마침내　193 どうにか 이럭저럭, 어떻게든　194 当分(とうぶん) 당분간　195 どうやって 어떻게　196 どうやら 아무래도[どうやら～ようだ 그럭저럭(어쩐지, 아무래도) ～것 같다]　197 どきどき 두근두근　198 とっくに 벌써, 이전부터　199 とっさに 순간적, 순식간　200 突然(とつぜん) 갑자기　201 どっと 한꺼번에 밀려오는 모습　202 とても 아무리 해도, 도저히(+부정) ＝ とうてい　203 とにかく 어쨌든　204 ともかく 차치하고, 다른 문제로 하고　205 共(とも)に 함께, 그것과 동시에　206 とりあえず 우선 ＝ 一応(いちおう)　207 どれほど 얼마만큼, 얼마나 [どれほど～かわからない 얼마나 ～했는지 모른다]　208 どんどん 척척(순조롭게 나아가는 모양), 계속해서, 자꾸자꾸　209 どんなに 아무리[どんなに～てでも/いくら～てでも 아무리 ～해도]

210 彼が来られないと聞いて＿＿＿＿＿ほっとした。

그가 오지 못한다고 들어서 내심 안심했다.

211 その伝説は今も＿＿＿＿＿子供たちに語り継がれている。

그 전설은 지금도 여전히 아이들에게 구전되고 있다.

212 彼は＿＿＿＿＿いい男だ。

그는 상당히 좋은 남자다.

213 日本人の友だちと＿＿＿＿＿暮らしている。

일본인 친구와 사이좋게 지내고 있다.

214 ＿＿＿＿＿のご愛顧ありがとうございます。

오랫동안 돌봐주셔서 감사합니다.

215 ＿＿＿＿＿涙が溢れてきた。

왠지 눈물이 쏟아졌다.

216 ＿＿＿＿＿いいことないかな。

뭔가 좋은 일 없을까?

217 ＿＿＿＿＿過ぎたことはしかたがない。

아무튼 지나간 일은 어쩔 수 없어.

218 ＿＿＿＿＿心配することはない。

조금도 걱정할 것 없다.

＿＿＿＿＿私だけが悪いんじゃない。

유독 나만 나쁜 것은 아니다.

一回失敗したくらいで＿＿＿＿＿そこまで悪く言わなくてもいいだろう。

한번 실수한 정도로 뭐 그렇게까지 나쁘게 말하지 않아도 좋으련만.

219 お元気で＿＿＿＿＿です。

무엇보다도 건강해서 다행입니다.

220 ＿＿＿＿＿参加してください。

가급적 참가해 주십시오.

221 うわさには聞いていたが、＿＿＿＿＿見事な彫刻だ。

소문은 들었지만 과연 훌륭한 조각이다.

222 ＿＿＿＿＿不安になってきた。

왠지 불안해졌다.

223 ＿＿＿＿＿きれいな桜でしょう。

얼마나 예쁜 벚꽃입니까!

224 ＿＿＿＿＿彼にそんなひどいことを言ったの。

왜 그에게 그렇게 심한 말을 했던 거야?

225 ＿＿＿＿＿美しい夜景だろう。

얼마나 아름다운 야경인가.

226 今のうちに＿＿＿＿＿しないと手遅れになるぞ。

지금 어떻게든 하지 않으면 때를 놓치게 돼.

227 _____ 旅行に行きたくなった。
왠지 모르게 여행에 가고 싶어졌다.

228 彼の気持ちは_____ 分からない。
그의 기분은 무엇인지 통 모르겠다.

229 彼女はどんな時でも_____ している。
그녀는 어떤 때라도 싱글벙글하고 있다.

230 こんなチャンスは_____ ない。
이런 찬스는 두 번 다시 없다.

231 彼はいつも通帳を見ながら_____ している。
그는 항상 통장을 보며 히죽거리고 있다.

232 _____ 雨が降り出してびしょ濡れになった。
갑작스럽게 비가 내리기 시작해서 흠뻑 젖어 버렸다.

233 うなぎは_____ して気持ちが悪い。
장어는 미끈미끈해서 기분이 나쁘다.

234 _____ 遊びほうけている。
언제나 노는 데(만) 정신이 팔려 있다.

235 _____ 需要が伸びてきている。
해마다 수요가 늘고 있다.

236 家具を一つ_____ 処分した。
가구를 하나도 남김없이 처분했다.

237 前の車が_____ 運転でいらいらする。
앞차가 느릿느릿 운전해서 신경질이 난다.

238 退職後は田舎で_____ 暮したい。
퇴직 후에는 시골에서 한가로이 지내고 싶다.

239 彼の話は_____ 本当だろうか。
그의 이야기는 과연 정말일까?

정답

210 内心(ないしん) 내심　**211** 尚(なお) 여전히　**212** なかなか 꽤, 상당히 ＝ 相当(そうとう)に　**213** 仲良(なか)よく 사이가 좋게 **214** 長(なが)らく 오랫동안　**215** 何故(なぜ)か 왠지　**216** 何(なに)か 뭔가　**217** 何(なに)しろ 아무튼　**218** 何(なに)も ① 특히, 별로, 일부러 ② 아무것도, 조금도[何(なに)も～ことはない/～なくてもいい 특별시 거론하여 ～할 필요가 없다]　**219** 何(なに)より 더할 나위 없이, 무엇보다도　**220** なるべく 가급적, 가능한 한　**221** なるほど 과연　**222** 何(なん)だか 왠지, 어쩐지　**223** 何(なん)て 얼마나　**224** 何(なん)で 왜, 어떻게　**225** 何(なん)と 뭐라고, 정말, 너무　**226** 何(なん)とか 어떻게든, 여러모로　**227** 何(なん)となく 왠지 모르게, 어쩐지　**228** 何(なん)とも 뭐라고, 무엇인지　**229** にこにこ・にっこり 싱글벙글　**230** 二度(にど)と 두 번 다시　**231** にやにや 히죽히죽, 싱글싱글　**232** 俄(にわか)に 갑작스럽게　**233** ぬるぬる 미끈미끈　**234** 年中(ねんじゅう) 연중, 언제나　**235** 年々(ねんねん) 해마다　**236** 残(のこ)らず 남김없이　**237** のろのろ 느릿느릿, 꾸물꾸물　**238** のんびり 유유히, 한가로이, 태평스럽게, 느긋하게　**239** 果(は)たして 과연

240 眼鏡をかけないと物が＿＿＿＿＿＿見えない。

안경을 쓰지 않으면 물건이 분명히 보이지 않는다.

241 彼の話しで＿＿＿＿＿＿我に返った。

그의 이야기를 듣고 문득 정신이 들었다.

242 地下鉄のホームで旧友に＿＿＿＿＿＿会った。

지하철 홈에서 옛 친구를 딱 만났다.

243 彼は普段＿＿＿＿＿＿しない男だが、やる時はやる。

그는 평소 눈에 띄지 않는 남자지만 할 때는 한다.

244 今は家族が＿＿＿＿＿＿に住んでいるので寂しいです。

지금은 가족이 따로따로 살고 있어서 쓸쓸합니다.

245 彼女は＿＿＿＿＿＿大人しい方だと思う。

그녀는 비교적 어른스러운 편이라고 생각한다.

246 息子はこの春小学校に上がり、＿＿＿＿＿＿の一年生になった。

아들은 이번 봄에 초등학교에 들어가서 반짝반짝 빛나는 1학년이 되었다.

247 夕立で一張羅のスーツが＿＿＿＿＿＿になってしまった。

소나기로 한 벌뿐인 정장이 흠뻑 젖어 버렸다.

248 写真を履歴書に＿＿＿＿＿＿と貼ってください。

사진을 이력서에 착 붙여 주십시오.

249 ＿＿＿＿＿＿の努力したにもかかわらず水の泡になった。

필사적으로 노력했음에도 불구하고 물거품이 되었다.

250 傘に穴が開いていて、全身が＿＿＿＿＿＿と濡れてしまった。

우산에 구멍이 나 있어서 온 몸이 흠뻑 젖고 말았다.

251 私の足は小さすぎて、＿＿＿＿＿＿の靴を探すのは難しい。

내 발은 너무 작아서 딱 맞는 구두를 찾는 것은 힘들다.

252 ＿＿＿＿＿＿ここらで一服しよう。

일단 이 근처에서 쉬자.

253 乳母車が＿＿＿＿＿＿走り出した。

유모차가 저절로 굴러가기 시작했다.

254 ＿＿＿＿＿＿宝くじに当たるかもしれない。

어쩌면 복권에 당첨될지도 몰라.

255 飛び箱を＿＿＿＿＿＿と飛び越えた。

뜀틀을 껑충 뛰어넘었다.

256 運動場で子供が＿＿＿＿＿＿と縄跳びをしている姿が見える。

운동장에서 어린 아이가 깡충깡충 줄넘기를 하고 있는 모습이 보인다.

257 桜の花びらが＿＿＿＿＿＿と舞い落ちる。

벚꽃 꽃잎이 팔랑팔랑 춤추며 떨어진다.

258 ボールが飛んできたので＿＿＿＿＿＿と身をかわした。

공이 날아 와서 날쌔게 몸을 돌려 피했다.

259 ＿＿＿＿＿君とこんな所で会えるなんて…。

다시 자네와 이런 곳에서 만나다니…….

260 健康には＿＿＿＿＿から気を付けている。

건강에는 평소부터 주의하고 있다.

261 電車の中で＿＿＿＿＿言いながら座っている老人がいた。

전철 안에 중얼거리면서 앉아 있는 노인이 있었다.

262 ＿＿＿＿＿あなたのことを思い出したので、電話しました。

문득 당신이 떠올라서 전화했습니다.

263 子犬を抱き上げると私の腕の中で＿＿＿＿＿と震えた。

강아지를 안아 올리자 팔 안에서 부들부들 떨었다.

264 このベッドは＿＿＿＿＿していて気持ちがいい。

이 침대는 푹신푹신해서 기분이 좋다.

＿＿＿＿＿のクッションを枕にして昼寝をした。

푹신푹신한 쿠션을 베개 삼아 낮잠을 잤다.

265 彼はいつもお客さんに＿＿＿＿＿と頭を下げている。

그는 항상 손님에게 굽실굽실 머리를 숙인다.

266 夏は体がすぐに＿＿＿＿＿するのでシャワーを何度も浴びます。

여름은 몸이 금방 끈적끈적해지기 때문에 샤워를 몇 번이나 합니다.

部屋中に好きな芸能人のポスターを＿＿＿＿＿とはっている。

온 방안에 좋아하는 연예인의 포스터를 더덕더덕 붙여 놓았다.

267 ＿＿＿＿＿好きな食べ物はありません。

특별히 좋아하는 음식은 없습니다.

268 この紙は＿＿＿＿＿して書きにくい。

이 종이는 얇아서 쓰기가 어렵다.

雑誌を＿＿＿＿＿と捲りながらゆったりとお茶を飲むのが私の最高のくつろぎの時間だ。

잡지를 펄럭펄럭 넘기면서 느긋이 차를 마시는 시간이 내가 최고로 편히 쉬는 시간이다.

269 結婚式のため親戚が＿＿＿＿＿からやって来た。

결혼식 때문에 친척들이 여기저기서 왔다.

정답

240 はっきり 분명히, 확실히　**241** はっと 문득, 깜짝　**242** ばったりと (우연히 마주치는 모습) 딱　**243** ぱっと 확　**244** ばらばら 따로따로 흩어지는 모양　**245** 比較的(ひかくてき) 비교적　**246** ぴかぴか 반짝반짝　**247** びしょびしょ (젖은 모양) 흠뻑　**248** ぴたり 바짝, 꼭　**249** 必死(ひっし) 필사적　**250** びっしょり 흠뻑　**251** ぴったり 꼭, 딱　**252** 一(ひと)まず 일단, 우선　**253** ひとりでに 저절로　**254** ひょっとしたら 어쩌면　**255** ぴょんと 껑충　**256** ぴょんぴょん 깡충깡충　**257** ひらひら 팔랑팔랑　**258** ひらり 날쌔게, 휙하고　**259** 再(ふたた)び 두 번 다시, 재차　**260** 普段(ふだん) 평소　**261** ぶつぶつ 중얼중얼, 투덜투덜　**262** ふと 문득　**263** ぶるぶる (떠는 모습) 부들부들　**264** ふわふわ 푹신푹신, 마음이 들뜸　**265** ぺこぺこ 굽실굽실 → へつらう 굽실굽실하다, 아부하다　**266** べたべた 끈적끈적, 치덕치덕 붙임, 더덕더덕　**267** 別(べつ)に 별로, 특별히　**268** ぺらぺら (종이, 천 등이) 얇고 약한 모양, (종잇장 등을 넘김) 펄럭펄럭　**269** ほうぼう 여기저기

270 今日は＿＿＿＿＿＿＿＿＿とした小春日和となるでしょう。
오늘은 포근한, 마치 봄처럼 따뜻한 날이 되겠습니다.

271 味噌汁を飲んで＿＿＿＿＿＿＿一息をついた。
된장국을 마시고 휴-하고 한숨을 쉬었다.

272 ビルは＿＿＿＿＿＿＿＿完成した。
빌딩은 거의 완성되었다.

273 交渉は＿＿＿＿＿＿決着がついた。
교섭은 거의 결말이 났다.

274 これは＿＿＿＿＿＿＿気持ちです。
이것은 그저 성의 표시입니다.

275 今日は一日中＿＿＿＿＿＿としていた。
오늘은 하루 종일 멍하니 있었다.

276 ＿＿＿＿＿＿＿、今日は仕事のことを忘れて一杯やろう。
자, 오늘은 일을 잊고 한 잔 하세.

277 ＿＿＿＿＿＿＿落ち着いてください。
자, 자, 진정하십시오.

278 ＿＿＿＿＿＿＿準備していたスピーチの下書きを家に忘れてきてしまった。
미리 준비한 연설 초안을 집에 두고 와 버렸다.

279 ＿＿＿＿＿＿＿申し訳ありません。
참으로 죄송합니다.

280 切符の買い方が分からず＿＿＿＿＿＿してしまった。
표를 사는 방법을 몰라서 우물쭈물해 버렸다.

281 ＿＿＿＿＿＿＿彼がそんなことをしたなんて信じられない。
설마 그가 그런 일을 했다니 믿기지 않는다.

282 早寝早起きは＿＿＿＿＿＿一石二鳥だ。
일찍 자고 일찍 일어나는 것은 그야말로 일석이조다.

283 他人でさえびっくりするのだから、＿＿＿＿＿＿本人はどんなにうれしかったことだろう。
다른 사람조차 놀랐는데 하물며 본인은 얼마나 기뻤을까.

284 ＿＿＿＿＿＿＿子供が減ってきている。
점점 아이가 줄어들고 있다.

285 ＿＿＿＿＿＿＿非の打ち所がない。
정말 나무랄 데가 없다.

286 ＿＿＿＿＿＿＿ドアが閉まります。
곧 문이 닫힙니다.

287 ＿＿＿＿＿＿＿雪のように白い肌だ。
마치 눈과 같이 하얀 피부다.

彼の演説は＿＿＿＿＿＿立て板に水を流すようだ。
그의 연설은 마치 청산유수 같다.

288 _____遅れたら、先に行ってください。

만일 늦으면 먼저 가세요.

289 危険な地域に私が行きますと_____名乗り出た。

위험한 지역에 제가 가겠습니다! 라고 스스로 자기 이름을 대며 나왔다.

290 庭の木や草花が_____虫にやられた。

정원의 나무와 화초가 모두 벌레먹었다.

291 焼肉より_____刺身が好きだ。

구운 고기보다 오히려 회를 좋아한다.

292 嫌がる子供に_____注射を打った。

싫어하는 아이에게 무리하게 주사를 놓았다.

293 _____彼の言うとおりだ。

물론 그가 말한 대로다.

294 貴重品は_____持ちなさい。

귀중품은 각자 소지하십시오.

295 _____寒くなりましたね。

부쩍 추워졌군요.

296 彼女は_____笑わない。

그녀는 좀처럼 웃지 않는다.

病院には_____行かない。

병원에는 좀처럼 가지 않는다.

297 ゴールは_____だ。最後までがんばろう。

이제 곧 골이다. 마지막까지 최선을 다하자.

298 _____時計が遅れてるのかしら。

어쩌면 시계가 늦는지 몰라.

정답

270 ぽかぽか 따끈따끈 **271** ほっと 휴, 혹 **272** ほとんど 거의, 전부 **273** ほぼ 거의 **274** ほんの 불과, 고작 **275** ぼんやり 멍하니 **276** まあ 자, 우선 **277** まあまあ 자, 뭘(권유하거나 달래는 기분을 표현) **278** 前(まえ)もって 미리 **279** 誠(まこと)に 참으로 **280** まごまご 우물쭈물 **281** まさか 설마 **282** 正(まさ)に 그야말로 **283** まして 하물며 **284** ますます 더욱더, 점점 **285** 全(まった)く 완전히, 아주, 전혀[全(まった)く〜ない(문장 끝에 부정 표현이 오며, 부정의 의미를 강조) 정말 〜않다] **286** 間(ま)も無(な)く 머지않아, 이윽고, 곧 **287** 丸(まる)で 마치[まるで〜ようだ 마치 〜와 같다] **288** 万一(まんいち) 만일 **289** 自(みずか)ら 몸소 **290** 皆(みな) 모두 **291** 寧(むし)ろ 오히려 **292** 無理(むり)やり 무리하게 **293** 無論(むろん) 물론 **294** 銘々(めいめい) 각자 **295** めっきり 현저히, 부쩍 **296** めったに 좀처럼[めったに〜ない(언제나 부정표현을 수반하여) 전혀 〜않다] **297** もうじき 이제 곧, 이제 머지않아 = もうすぐ **298** 若(も)しかしたら 어쩌면

299 _____部長はいらっしゃれないかもしれない。

어쩌면 부장님은 안 계실지도 모른다.

300 _____の時はここに電話してください。

만약의 경우에는 여기로 전화해 주십시오.

301 クラスの中で_____優秀な人は誰ですか。

학급 중에서 가장 우수한 사람은 누구입니까?

302 _____彼には謝る気はなかった。

원래 그에게는 사과할 마음은 없었다.

303 俺も_____これまでだな。

나도 이제는 끝장이군.

304 _____飛行機は成田空港に着陸します。

머지않아 비행기는 나리타 공항에 착륙합니다.

305 _____褒められてもうれしくない。

무턱대고 칭찬 받더라도 기쁘지 않다.

306 _____短めに切ってください。

조금 짤막하게 잘라 주십시오.

307 _____とした気分でお茶を飲む。

느긋한 기분으로 차를 마시다.

308 _____何がいいんだね。

결국 무엇이 좋을까?

309 _____期末試験が終わった。

겨우 기말 고사가 끝났다.

310 遠くから_____いらっしゃいました。

멀리서부터 잘 도착했습니다.

311 人より_____勉強してもなかなか成績が上がらない。

다른 이보다 더 많이 공부해도 좀처럼 성적이 오르지 않는다.

312 あれだけ言うのだから_____自信があるのだろう。

저만큼 말하는 걸 보니 꽤 자신이 있는 거겠지.

313 _____美しい物を求める。

보다 아름다운 것을 찾다.

314 十分な教育を受けられず_____字も書けない子供がいる。

충분한 교육을 받지 못해서 글자도 제대로 쓸 줄 모르는 아이가 있다.

315 春になると何だか_____する。

봄이 되면 왠지 두근거린다.

316 どうしてお父さんが大事にしていた時計を_____壊したの。

왜 아버지가 아끼는 시계를 일부러 부순 거지?

317 _____遠くからお越しいただき、ありがとうございます。

일부러 먼 곳에서 찾아와 주셔서 감사합니다.

318 ＿＿＿＿＿＿の労力で最大の成果を収める。

약간의 수고로 최대의 성과를 거두다.

319 お見舞いに行ったら彼女は＿＿＿＿＿元気だった。

문병을 갔더니 그녀는 비교적 건강했다.

韓国料理に初めて挑戦したが＿＿＿＿＿うまく出来た。

한국 요리에 처음으로 도전했는데 비교적 잘 됐다.

320 あの先生の＿＿＿＿＿は早く授業が終わったからどこか遊びに行こう。

저 선생님치고는 수업이 빨리 끝났으니까 어딘가 놀러 가자.

일본어 능력 시험 탄탄 내공 훈련 N2

지은이 강성광
초판 1쇄 인쇄 2012년 5월 7일
초판 1쇄 발행 2012년 5월 14일

발행인 박효상
편집책임 조진주
편집 모희진, 이종만, 박운희
디자인책임 손정수
디자인 윤영선
마케팅책임 이종선
마케팅 이태호, 이전희

기획 진행 임수진
교정 김희선, 정선영
조판 글사랑

출판등록 제10-1835호
발행처 사람in
주소 121-839 서울시 마포구 서교동 378-16 4F
전화 02) 338-3555
팩스 02) 338-3545
e-mail saramin@netsgo.com
Homepage www.saramin.com

사람이 중심이 되는 세상, 세상과 소통하는 책 **사람in**

한 권으로 고득점 합격을 위한 내공 훈련 시스템

일본어 능력 시험 N2

탄탄 내공 훈련

강성광 저

모의고사 + 해설서

실전 모의고사(3회분)　　　상세한 해설

사람in
saram
in.com

차례

제1회 모의고사 3

제2회 모의고사 45

제3회 모의고사 87

정답및해설 128

제1회 모의고사 해설 130

제2회 모의고사 해설 160

제3회 모의고사 해설 191

제1회 모의고사

注　意
Notes

1. 試験開始の合図があるまで、この問題用紙を開けないでください。

2. この問題用紙を持ち帰ることはできません。

3. 受験番号と名前を下の欄に、はっきりと書いてください。

4. この問題用紙は、全部で41ページあります。

受験番号　Examinee Registration Number	
名前　Name	

問題1 _____ の言葉の読み方として最もよいものを、1・2・3・4から一つ選び
なさい。

[1] 社長の機嫌を伺いながら働くのはとても疲れる。

1 かいげん　　　　2 ぎげん　　　　　3 きげん　　　　　4 かいけん

[2] 空気が乾燥する時期は火事が多くなる。

1 けんそう　　　　2 かんぞう　　　　3 げんそう　　　　4 かんそう

[3] 風邪の時は体を温かくして寝るのが一番だ。

1 やわらかく　　　2 あたたかく　　　3 こまかく　　　　4 たかく

[4] かれは医学界の皆から絶大な信頼を得ている。

1 ぜつだい　　　　2 ぜってい　　　　3 ぜっだい　　　　4 ぜつおお

[5] あの地震で死者が出なかったのは不幸中の幸いだ。

1 ゆかい　　　　　2 わざわい　　　　3 さそい　　　　　4 さいわい

問題2 ＿＿＿＿＿の言葉を漢字で書くとき、最もよいものを、1・2・3・4から一つ 選びなさい。

[6] 突然、大粒の雨が<u>ふってきた</u>。

　　　1 去って　　　　　　2 降って　　　　　　3 放って　　　　　　4 寄って

[7] <u>せいと</u>を集めて緊急集会が開かれた。

　　　1 勝手　　　　　　2 生徒　　　　　　3 見解　　　　　　4 予約

[8] その話を聞いて余計に不安が<u>ました</u>。

　　　1 憎した　　　　　2 外した　　　　　3 増した　　　　　4 贈した

[9] 新入社員は<u>けんしゅう</u>を受けて、晴れて現場で働くことが出来る。

　　　1 研修　　　　　　2 就職　　　　　　3 研習　　　　　　4 制度

[10] <u>めいかく</u>な目標がなかなか定まらない。

　　　1 名確　　　　　　2 銘確　　　　　　3 朋確　　　　　　4 明確

[11] あのトンネルはずっと未（　　　　）のままだ。

　　1　変更　　　　　　2　登録　　　　　　3　調節　　　　　　4　完成

[12] あたりはすっかり薄（　　　　）なってきた。

　　1　長く　　　　　　2　叩く　　　　　　3　暗く　　　　　　4　高く

[13] 魚の（　　　　）臭いにおいが好きではありません。

　　1　牲　　　　　　　2　生　　　　　　　3　制　　　　　　　4　姓

[14] 資源ごみは（　　　　）利用され、別のものに生まれ変ります。

　　1　最　　　　　　　2　準　　　　　　　3　再　　　　　　　4　現

[15] 自分が落ち（　　　　）場所があるということは幸せなことだ。

　　1　着ける　　　　　2　付ける　　　　　3　履ける　　　　　4　就ける

問題4 （　　　　）に入れるのに最もよいものを、1・2・3・4から一つ選びなさい。

[16] スーパーの （　　　　） サービスはお年寄りや主婦に人気です。

  1　配達   2　速達   3　象徴   4　伝達

[17] 人気歌手の結婚が新聞の （　　　　） をにぎわせていた。

  1　見出し   2　見かけ   3　見てくれ   4　見方

[18] 講義が終わると学生達は （　　　　） に立ち上がった。

  1　一向   2　一段   3　一切   4　一斉

[19] この地方では （　　　　） 若者の数が減ってきている。

  1　毎日   2　年中   3　年々   4　時々

[20] 彼は （　　　　） の判断によって難を逃れた。

  1　すぐ   2　とっさ   3　はやさ   4　急ぎ

[21] さっきから （　　　　） に時間を気にしている。

  1　じき   2　しだい   3　しきり   4　しぜん

[22] 勉強をしていない （　　　　） にはよく出来た方だ。

  1　分   2　割   3　くせ   4　上

問題5 ＿＿＿＿の言葉に意味が最も近いものを、1・2・3・4から一つ選びなさい。

[23] 約束の時間を過ぎて<u>ようやく</u>彼は現れた。

    1　ずっと　　　　　2　いずれ　　　　　3　まもなく　　　　　4　やっと

[24] あなたにこんなことを頼むのは<u>心苦しい</u>です。

    1　悲しい　　　　　2　申し訳ない　　　　3　悔しい　　　　　4　厳しい

[25] 今年は<u>優秀な</u>新入社員が多く、この先が楽しみだ。

    1　めずらしい　　　2　かわった　　　　3　すぐれた　　　　4　ゆかいな

[26] こんな気持ちを抱えたままでは<u>やりきれない</u>よ。

    1　分からない　　　　　　　　　　　2　落ち着かない
    3　耐えられない　　　　　　　　　　4　おかしくない

[27] その人形は古くて<u>もろい</u>ので扱いには気をつけてください。

    1　こわれやすい　　　　　　　　　　2　おちやすい
    3　たおれやすい　　　　　　　　　　4　もちやすい

問題6 次の言葉の使い方として最もよいものを、1・2・3・4から一つ選びなさい。

[28] 専攻
1 彼が専攻しているのはロボット工学の分野だ。
2 いつも専攻に立ってまとめてくれる彼女には感謝している。
3 せっかくの機会なのだから、あなたが専攻するものを食べましょう。
4 商品の専攻をしたのに、いつまで経ってもなかなか届かない。

[29] 規則
1 留学は自分の視野を広げる良い規則になります。
2 職場の室内の温度は常に規則に保たれています。
3 高校時代は学校の規則を守り、模範的な生活をしていた。
4 この花瓶は割れやすいので、規則に扱ってください。

[30] あくまで
1 今の時間であればあくまで間に合うと思います。
2 日々の積み重ねはあくまで結果に結び付くのです。
3 この問題はあくまで本人達の問題なので首を突っ込むのはよしましょう。
4 私達は一流のバレーダンサーの演技にあくまで感動した。

[31] 注目
1 彼は常に注目を高く持ち、日々努力を重ねている。
2 授業中は常に注目していたいと思うが、ついあくびが出てしまう。
3 この会議は注目なので、絶対に遅れないようにしてください。
4 彼女は容姿端麗でいつも皆の注目の的になっている。

[32] それほど
1 やはり有名シェフが作る料理はそれほど美味しいですね。
2 彼の実力がそれほどでもないと聞き、少し残念です。
3 それほど時間があったので、忘れ物を取りに帰りました。
4 あまりにも来るのが遅いので、それほど電話をかけました。

問題7 次の文の（　　　）に入れるのに最もよいものを、1・2・3・4から一つ選びなさい。

[33] 学校に行こうと外に出た（　　　）雨が降り出した。

1 ために　　　　　2 あげくに　　　　　3 とたんに　　　　　4 ところに

[34] 彼の発言にはただただあきれる（　　　）だ。

1 はず　　　　　2 ばかり　　　　　3 そう　　　　　4 こと

[35] 今回の会議に参加するか（　　　）は個人の判断にまかせます。

1 いなか　　　　　2 わずか　　　　　3 たしか　　　　　4 あきらか

[36] あのレストランは雑誌によく載るものの、（　　　）はあまり美味しくない。

1 その際に　　　　　2 そのせいか　　　　　3 その上に　　　　　4 その割に

[37] 彼はどこから（　　　）現れて、気付いたらまたいなくなっていた。

1 とつぜん　　　　　2 ともなく　　　　　3 ひょっこり　　　　　4 うっかり

[38] きつくて（　　　）のは分かるが、これは誰もが避けては通れない道なのです。

1 かなわない　　　　　2 たくさん　　　　　3 たえる　　　　　4 たのしい

[39] 私はこんなに良い条件の仕事を（　　　　）拒む彼がよく理解出来ない。

1　そつなく　　　　　2　かたくなに　　　　　3　効率よく　　　　　4　乱れて

[40] 小学生（　　　　）守れるような約束が、なぜ大人のあなたが守れないのですか。

1　だから　　　　　2　なら　　　　　3　みたいに　　　　　4　でさえ

[41] 今の彼女とは共通の知人を（　　　　）知り合うことが出来た。

1　相次いで　　　　　2　転じて　　　　　3　通じて　　　　　4　総じて

[42] 色々なことに挑戦したくて（　　　　）気持ちはよく分かるが、もう少し考えてみた方が良いと思うけど。

1　たまらない　　　　　2　せつない　　　　　3　はかない　　　　　4　つうじない

[43] 生粋のお嬢様育ちの友人は、料理は（　　　　）家事全般一切することができない。

1　はるか　　　　　2　すべて　　　　　3　わずか　　　　　4　おろか

[44] すでに当日券は売り切れていたのかと（　　　　）、まだあと数枚だけ残っているとのことだ。

1　思ったので　　　　　　　　　　　2　思ってばかりで
3　思いきや　　　　　　　　　　　　4　思いをめぐらし

問題8 次の文の ___★___ に入る最もよいものを、1・2・3・4から一つ選びなさい。

(問題例)

彼女の _____ _____ ___★_____ _____ にはいられなかった。

1 聞いたとき 　　　 2 悲しい 　　　　　 3 泣かず 　　　　　 4 話を

(解答の仕方)

[1] 正しい文はこうです。

彼女の _____ _____ ___★_____ _____ にはいられなかった。
2 悲しい 　　　 4 話を 　 1 聞いたとき 　 3 泣かず

[2] ___★_____ に入る番号を解答用紙にマークします。

(解答用紙) 　 (例) ● 　② 　③ 　④

[45] 今月出来た _____ ★ _____ _____ いる。

1 たくさんの人で　　　2 映画館は　　　　　3 ごった返して　　　4 ばかりの

[46] 予定していた _____ _____ ★ _____ 延期することになりました。

1 明日以降に　　　　2 会議は　　　　　　3 意向により　　　　4 社長の

[47] 納得が行かないからと言って _____ ★ _____ _____ よくありません。

1 むやみやたらに　　2 散らすのは　　　　3 当たり　　　　　　4 周囲に

[48] 近年離婚をする _____ _____ ★ _____ 残された子供はふびんだ。

1 カップルの数は　　2 辿っているが　　　3 一途を　　　　　　4 増加の

[49] 買い物の途中、_____ ★ _____ _____ 驚いた。

1 とても　　　　　　2 小学校の　　　　　3 二十年ぶりに　　　4 同級生に会い

次の文章を読んで、文章全体の内容を考えて、 50 から 54 の中に入る最もよいものを、1・2・3・4から一つ選びなさい。

　今、日本を訪れる外国人の観光客がどんどん増加しており、再来年には1000万人を超えると言われている。より多くの外国人に日本に来てもらおうと、 50 取り組んでいる。

　まずは東京の秋葉原。訪れる外国人は年間60万人もある大人気の観光スポットだ。そこで地元の商店の人たちなどが外国人向けに無料の案内ツアーを企画している。アニメグッズやフィギュアを売る店を案内して 51 、ロボットの専門店で最先端の技術が満載したおもちゃのロボットを見てもらったりする。

　ただ見て回るだけではあっけないという人のために、実際に体験をしてみる、というツアーが登場し、日本の歴史や伝統文化に触れるツアーが増えているのだそうだ。

　そして、中国から来た観光客が集まってくるのが、高級ブランド店やデパートが立ち並び銀座。中国人 52 日本を訪れる一番の目的がショッピング。デパートの調査によると、中国人が一度に支払う金額は平均5万円、日本人のおよそ10倍。日本に来る観光客は、買い物のほか、宿泊費、交通費、食事代、お土産代などでもお金を使う。観光客が増えれば、お店は客のために数多くの食べ物や商品を 53 。すると農作物を栽培する農家やお土産を製造する工場も忙しくなる。外国人観光客が増えると、様々な経済効果が見込まれる。つまり外国人観光客が増加することは、日本経済に活気をもたらすことになるのだ。

　 54 、外国人観光客を受け入れる日本には課題もある。国の調査によると、日本を訪れた外国人観光客が感じた不満の多くは「外国語の案内表示が少ない」「言葉が通じにくい」「観光案内所が少ない」ということ。国が外国人観光客の受け入れ体制を整え、より多くの外国人観光客が日本を訪問することを期待したい。

[50]

1 国を立てて

2 国を支えて

3 国を見据えて

4 国をあげて

[51]

1 「オタク」に文化を紹介したり

2 「オタク」に文化を紹介させられたり

3 「オタク」の文化を紹介したり

4 「オタク」の文化が紹介されてみたり

[52]

1 を

2 が

3 と

4 では

[53]

1 用意しなければいけない

2 用意してほしいのだ

3 用意してあるかもしれない

4 用意しつつあるようだ

[54]

1 つまり

2 さすがに

3 すなわち

4 しかし

問題10 次の (1) から (5) の文章を読んで、後の問いに対する答えとして最もよい
ものを、1・2・3・4 から一つ選びなさい。

（1）

　（前略）私はいつの日か、やるべき仕事をやり終えた時には、里山に住みたいと
思っています。基本的に「自然の中にいたい」という気持ちが強いのです。自然
の中にいれば、朝、日が昇れば起きるでしょうし、陽が沈めば活動が緩やかにな
って、やがて眠りにつくと思います。冬の朝陽の昇る時間、夏の朝陽の昇る時間
は、それぞれ違います。けれど昔は、季節毎の自然の巡り方に合わせて暮らして
いたのです。それを思えば、日の出とともに起きるのはとても自然なことです。

---

[55] どうすればやがて眠りにつくのか。

1　自然の中にいて、陽が沈み活動が緩やかになればやがて眠りにつく。
2　やるべき仕事をして、疲労が溜ればやがて眠りにつく。
3　自然の中にいて陽の光を浴び、体が温まればやがて眠りにつく。
4　里山にいるだけで心が癒されやがて眠りにつく。

（2）

　　日本の大学を取り巻く環境は、悪化の一途をたどっている。1992年をピークに18歳人口は、右肩下がり(注1)に減少し続け、2009年時点で、約120万人とピーク時の40％減となっている。しかし、大学数は年々増加し続けており、パイは縮小、受け皿は拡大と、大きなギャップが生じている。来春から学生の募集をおこなわない大学も複数出ており、大学淘汰(注2)の激しい波が押し寄せている。そんな中、こういった状況を打ち破るための解決策として、大学経営の中で、大学の「ブランド力」が注目されている。

(注1) 右肩下がり：時を追うごとに数量が減っていくさま
(注2) 淘汰：環境・条件などに適応するものが残存し、そうでないものが死滅すること

---

[56] 近年の日本における大学周辺の環境はどのようなものか。

1　大学のレベルが全体的に右肩下がりの状態で、大学側もこういった状況を打破するために必死である。

2　大学進学を目指す18才人口が年々減少していることから、来春から学生募集を停止する大学も出てきている。

3　大学の数は年々増加しているのに対し、入学者数が減少しそのギャップが広がっている。

4　不況の影響を受けて、大学もかつてのように「ブランド力」だけで経営していくことが難しくなってきている。

（3）

3000年前に栄えたアッシリア帝国には丹念に仕事をする書記官がいたようだ。地中海からペルシャ湾に及ぶ領域の大半を支配した巨大帝国でどのような日常生活が送られていたのか、その一面が明らかになろうとしている。

2009年夏、現在のトルコ南東部に位置する古代宮殿から、くさび型文字が刻まれた粘土板が出土した。くさび型文字はかつて中東地域で広く普及していた古代文字である。宮殿の書記官は、日常的な国政(注)に関する内容を粘土板に記録していたようだ。年代は、紀元前9世紀末から7世紀中頃まで続いた鉄器時代後期と推定されている。

(注) 国政：国の政治

[57] なぜアッシリア帝国の日常生活の一端が明らかになろうとしているのか。

1 かつてアッシリア帝国に存在した入念な仕事をする書記官に関する文献が発見されたから
2 現在のトルコ南東部に位置する古代宮殿から、くさび型文字が刻まれた粘土板が発掘されたから
3 これまで長年続けられてきた、粘土板に刻まれたくさび型文字の解読が完了したから
4 当時の日常的な国政に関する事柄を書き留めたと思われるものが、現在のトルコ南東部に位置する古代宮殿の壁から発見されたから

（4）

　　月刊誌にホラー小説を連載している怪奇小説家さながらに、米労働統計局は毎月第１金曜日に、陰鬱(注1)な長編ストーリーの新しい章を発表する。11月6日に発表された統計によると、10月にアメリカの失業率は10.2％に急増。被雇用者数は07年12月以降730万人減少し、求人数１件当たりの失業者数はついに6.1人に到着した（07年12月は1.71人だった）。

　　しかし最新の一部のデータを見ると、さほど遠くない将来に、雇用が増加し始める日がやって来そうだ。景気循環(注2)の段階ごとの企業の行動パターンを考えても、そう考えるのが理にかなう。

(注1) 陰鬱：陰気でうっとうしいこと
(注2) 景気循環：経済活動水準の周期的な波状運動

---

[58] 米労働統計局の発表したデータによるとアメリカの近い未来はどうだと言っているか。

1　雇用が増え始める日がやってきそうである。
2　被雇用者数が今以上に減少する日もそう遠くない。
3　失業率が上昇し、さらに経済は厳しい状態に陥る。
4　現在の景気循環の段階ごとの企業の行動パターンからも予測不可能である。

（5）

母子加算は、一人親で生活保護を受給している世帯の中で、18 歳以下の子ど
ものいる家庭に、子ども 1 人当たり月 2 万円強が加算されていたものであるが、
2005 年から段階的に減額され、2009 年 4 月に全廃(注1)された。それは、生活保護
を受けてない一般母子家庭等と比べて、母子加算を受けている生活保護家庭の消費
支出額の方が高い、という調査結果が報告されたからであった。しかし、その母
子加算が再び復活する。

さらに、子ども手当ては、中学校修了までに、1人当たり月26,000円を各世帯
に給付(注2)する政策である。もし、今後三人の子どもが生まれる家庭の場合、合計
1,400 万円強の給付を受ける計算になる。同じ年代で子どものいない家庭と比べる
と、かなりの格差になる。これらの給付を受ける家庭は大歓迎である。

(注1) 全廃：すべて廃止すること
(注2) 給付：財物を供給・交付すること

[59] なぜ母子加算は一度全廃されたのか。

1 母子加算を受けている生活保護家庭の消費支出額の方が、生活保護を受けてない一般母
子家庭等と比べ高い、という調査結果が出たから

2 一人親で生活保護を受給している世帯の中には、義務教育を終え十分に社会で賃金を稼
ぐことの出来る子供が多かったから

3 母子加算を受けている生活保護家庭の消費支出額が高過ぎる、という国民の批判が相次
いだから

4 世界的な不況の煽りを受け、中学校修了までに、1人当たり月26,000円を各世帯に給付す
る政策を国が続けることが困難になったから

問題11 次の (1) から (3) の文章を読んで、後の問いに対する答えとして最もよいものを、1・2・3・4から一つ選びなさい。

(1)

コンビニが誕生して35年。最初の25年から30年弱、コンビニはまさにイノベーション(注1)の塊だったと思います。わずか30坪超の店舗に、ケーキ屋の売れ筋商品や、書店の売れ筋商品を入れたりしながら、①どんどん進化してきました。おにぎりだって、新しい機械を十分に研究して他社と競争しました。ところが、それが30年くらい経過したところで止まってしまいました。新市場の開拓から出店競争に変わったことで、②衰退(注2)の時期を迎えたんです。革新のDNAが死んでいってます。出店競争の結果、自店競合が起こり、加盟店との信頼関係もぐらつき始めました。地殻変動(注3)が起こっています。危機感を感じています。次の30年は、出店競争から既存店のイノベーション競争に変えていかなければいけません。人口の減小と高齢化も進むでしょう。20〜40代男性を中心としたモデルではもはや成長できません。一方で、50代以上の人口は今後も増え続けていきます。だからここを攻略することで、コンビニもまだまだ成長の余地があるんです。

― 中略 ―

今後のコンビニにとって、最大のイノベーションになりそうなことは、今後5年、10年だと、高齢化向けの食の提案かな。現在の糖尿病患者は2000万人、しかもその数は増加傾向にあります。今までどおりの食でいいわけがないという③意識が高まる中、家庭では手軽に調理できないが、身近で購入できるという点で付加価値をつけられると思います。こういった医食同源(注5)のような食提案は、大きな革新じゃないかと思います。

(注1) イノベーション：新商品の導入、新市場・新資源の開拓
(注2) 衰退：おとろえ退歩すること
(注3) 地殻変動：社会や組織内で、その深部から起きる力関係などの変化
(注4) 医食同源：病気を治すのも食事をするのも、生命を養い健康を保つためで、その本質は同じだということ

[60] ①どんどん進化してきましたとあるが、何をすることで進化してきたとあるか。

1 ケーキを売るために店舗内に職人を配置すること
2 書店の売れ筋以外の商品も置き、書店にも劣らない数の書籍を置くこと
3 書籍に詳しい店員を店舗に配置すること
4 ケーキ屋や書店の売れ筋を入れたりすること

[61] コンビニは何をもって②衰退の時期を迎えたと言っているのか。

1 ターゲットにする客層の年齢を変えたこと
2 革新的進化から出店競争に変わったこと
3 ケーキや書籍の陳列をやめたこと
4 高齢者をターゲットにしたこと

[62] ③意識が高まるとあるが、どういった意識が高まるとあるか。

1 家庭で料理をしなければならないという意識
2 これまでの食生活ではだめだという意識
3 コンビニですべての食事をすませようという意識
4 病院で糖尿病検査を受けなければならないという意識

（2）

　　日本のある大学の研究チームが「ネスファチン」というホルモンの食欲抑制(注1)効果を確認した。その成果を受けて、今回新しい研究チームが、①そのメカニズム(注2)を解明したという。

　　発表によると、まずネスファチンが脳の視床下部にある摂食中枢を活性化させ、他のホルモン「オキシントン」の分泌を促進する。さらに、このオキシントンが脳幹(注3)内の特定部位を刺激し、食欲を抑制するということらしい。

　　食欲抑制ホルモンに対する、研究は世界中で行なわれている。たとえば、美国の大学では、「オベスタチン」というホルモンの研究が進められているのだ。これらの研究成果は、その都度(注4)ニュースで報じられているものの、今度の新しい研究チームの件も含め、②大きく取り上げられることはなかった。

　　ダイエットとは、肥満の防止・解消のために取り組む食事制限を言う。その根本は、消費カロリーよりも摂取カロリーを小さくすることだ。それは食事に気を配り、適度の運動をすることで達成される。しかし、誰にでも簡単にできることなら、このようなメタボ時代はやって来なかったはず。

　　まさに「ダイエットに近道なし」。だからこそ、数多くのダイエット食品やダイエット法が、商品として成り立っているのだ。

　　多くの商品があるということは、逆に言えば「決定打はない」ということなのだが、「食欲を抑える」商品があれば話は変わってくる。

（注1）抑制：おさえとどめること
（注2）メカニズム：仕組み
（注3）脳幹：脳のうち大脳半球と小脳を除いた部分
（注4）都度：そのたびごと、毎回

[63] ①そのは何をさしているか。

1 「ネスファチン」というホルモンが人体に与える影響
2 「オキシントン」というホルモンの分泌を促進させる方法
3 食欲抑制効果のある「ネスファチン」というホルモンのメカニズム
4 「オベスタチン」というホルモンのメカニズム

[64] 何が②大きく取り上げられることはなかったのか。

1 大学の研究チームが新たな食欲抑制効果のあるホルモンを確認したこと
2 世界各国で行なわれている食欲を抑制するホルモンの研究
3 ダイエットには食事に気を使うより適度な運動をした方が効果があること
4 今、日本がメタボ時代の到来をむかえているという事実

[65] 筆者はここでなぜダイエット食品やダイエット法が商品として成り立っていると考えているか。

1 今のところダイエットに決定打になるようなものがなく、近道もないから
2 ダイエット食品さえ食べておけば、誰でも簡単に痩せることが出来るから
3 ダイエットに関して興味のある人の人口が年々増加傾向にあるから
4 大学の研究チームがダイエット食品の有効性についてその効果を認める見解を出したから

（3）

　　メモを取る習慣を身につけたのは、入社3年目です。本社の国内旅行部で宿泊プランなどの商品企画を担当し、品質を維持(注1)したまま安く宿泊できる「旅路クーポン」という商品を企画しました。ただ、広告代理店が作ってきたキャッチコピーがピンとこないのです。結局自分でキャッチコピーを考案することにしましたが、①そのとき参考にしたのが電車の中吊り(注2)広告でした。

　　中吊り広告はインパクトのあるキャッチコピーの宝庫(注3)です。ところが、通常は2日で取り替えられてしまうためおもしろいと感じた言い回しや表現があると、②電車を降りてすぐにメモするようにしました。それらをヒントにしてできたのが、「泊って食べてポッキリ5000円」といったキャッチコピーです。

　　キャッチコピーに限らず、企画立案にメモは欠かせません。優れた企画とは、アイデアマンの才能によって生み出されるものではなく、情報収集の過程でひらめくもの。ヒントとなる材料は至る所に存在していて、それらをいかにキャッチするかが最大のポイントなんです。ただ、頭の中だけで情報を蓄積(注4)して整理するのは難しい。そこでメモが重要になってくるわけです。

（注1）維持：物事をそのままの状態で保ち続けること
（注2）中吊り：電車やバスの車両内に天井から吊り下げる広告のこと
（注3）宝庫：貴重で有用なものを多く産出するところ
（注4）蓄積：たくわえためること

[66] ①そのときとあるがいつのことか。

1 メモをするという習慣をつけたとき
2 入社3年目で本社の国内旅行部に移動になったとき
3 宿泊プランの商品作りにおいて商品のコピーを考えていたとき
4 広告代理店と商品のコピーのことでもめたとき

[67] ②電車を降りてすぐにメモするようになったのはなぜか。

1 電車の中吊りで気に入ったフレーズがあっても、電車の中吊りは通常2日で入れ替わる
  ことに気づいたから
2 電車の中でふと耳にした言葉で気になったものがあっても、電車を降りたらすぐ忘れて
  しまうことが多かったから
3 電車の中で商品のコピーを考えると良いアイディアが浮かぶことが多かったから
4 電車の窓からインパクトのある看板広告を見掛けることが多かったから

[68] ここで筆者はなぜメモを取ると言っているか。

1 自分には知り得た情報を頭に記憶しておくだけの才能がなくすぐ忘れてしまうから
2 情報収集にはメモをするのが一番いい、と入社当時上司に言われたから
3 学生時代からメモをすることで自分の考えを整理するようにしてきたから
4 自分が知り得た情報を頭の中だけで貯蓄して整理することは困難であるから

問題12 次の文章は、「相談者」からの相談と、それに対するＡとＢからの回答である。三つの文章を読んで、後の問いに対する答えとして、最もよいものを、１・２・３・４から一つ選びなさい。

相談者

　ペットのことで相談したいことがあります。実は今、小型犬を飼おうかどうか考えているんです。私は今独り暮らしで、誰もいない部屋に帰ってくるのは正直とても寂しいです。もし犬を飼えば犬が私を出迎えてくれ、仕事の疲れも癒され、寂しさもなくなると思うんです。でも生き物を飼うということはそれなりの責任も出てくると思うし、エサ代だってかかるし、散歩にだって連れていかなくてはなりませんよね。そう考えると、私が飼い主としてしっかり責任を果たせるのかとても不安なんです。会社の帰りにいつも通るペットショップの犬と目が合う度に欲しい気持ちは増すのですが、皆さんの意見を聞かせてください。

回答者A

　ペットとはいえ確かに生き物ですからね。それに犬は言葉が話せませんから、その分あなたが十分に理解を示して柔軟に対応してあげないと、お互いにストレスが溜ってしまうかもしれません。最近若い女性たちが軽い気持ちで犬を飼って、結局は育てられずに路頭に迷う犬たちが増えているのも事実です。それにあなたが心配している通りエサ代もかかりますし、犬は保険がききませんから、病気にかかったとき、予防注射を受けるとき、高額の治療費を支払わなくてはならないかもしれません。不安な気持ちがあるのなら、今はまだ飼うのはやめた方が良いのかもしれませんね。

回答者B

　1年前に小型犬を飼い始めたんです。飼い始めた理由はあなたと同じ、寂しかったからです。私も最初は生き物を飼うことに不安がありました。これまでに飼った経験がありませんでしたし、寂しいからという理由だけで犬を飼うのはどうなんだろう、と自問自答していました。しかし思い切って犬を飼ってみると、決まった時間に犬にエサを与え、決まった時間に散歩に行く、このような生活を繰り返すことで自分自身の生活が規則正しいものになり、体調も良くなりました。考えてばかりいても実際飼ってみないとわからないこともあります。私は是非とも飼ってみることをおすすめします。

[69] とても不安とあるが、何が不安なのか。

1　犬を飼えるスペースを確保出来るかどうか。
2　犬が病気にかからないかどうか。
3　飼い主の責任を果たせるかどうか。
4　生き物を飼うのが初めてでも大丈夫なのかどうか。

[70] 「相談者」の相談に対するA、Bの回答について、正しいのはどれか。

1　Aは飼わない方が良いと言っているが、Bは相談者の気持ちに共感し飼うことをすすめている。
2　Aは思い切って飼ってみることをすすめているが、Bは飼うことに反対している。
3　AもBも飼うことに不安があるなら、犬を飼うことはやめた方がいいと言っている。
4　AもBもとりあえず飼ってみることをすすめている。

問題13 次の文章を読んで、後の問いに対する答えとして、最もよいものを、1・2・3・4から一つ選びなさい。

　またしても、ある雑誌社からむちゃぶり企画がやってきた。テーマは、「ダイエット」。言われなくてもその課題は、もう十数年も自主的にやってるんですけど。ただし今回の期間は３週間。この夏の間に３キロ減量という期限付き。一見、楽勝(注1)に思われがちだけど、確実に減らすとなると方法は限定されてくる。

　あふれるのダイエット情報が満載のネットで、ラクして、確実に達成(注2)できる方法がないかと探してみたが、①<u>そんなの</u>あったらとっくにやってるし。仕方ない。ここはやはり王道の「食わなきゃ痩せる」理論。食事制限にやむなく挑むことにする。

　まずは１日の「基礎代謝量」を、新調(注3)した体重計で測定。サイトでも計算は可能だが、これだけのエネルギーは普段普通に生活しているだけで消費されるという意味だ。体重や身長、年齢などをもとに計算するわけだが、私の場合は約1200キロカロリーと表示された。この基礎代謝量は年齢とともに徐々に減少し、同じ身長、体重でも、20代と40代では、一日200キロカロリー近く差が出たりする。同じように一日ゴロゴロ過ごしていても、40代では毎日おにぎり１個分程のカロリーが、自動的に蓄積されていくという計算になる。

　とにかく、この基礎代謝量を最低限維持できるように、１日に摂取するカロリー量を1200キロカロリーに決定。ただし、基礎代謝と同じ摂取量では、毎日プラスマイナスゼロで理論上体重は減少しないことになる。そこで運動によってカロリーの消費を増やし、その差分で減量するという方針に転換することにした。よし。

― 中略 ―

終了３日前に瞬間的にマイナス３キロを記録したが、再び２キロ台に後戻り。最終日は、頭の中に「負けないで」を流しながらジョギング、水泳、テニスといったフルメニューに、エステの汗だしドームを加えて、万全の態勢で測定に臨むことに。ついでに短髪にして、100グラムでも減らそうと②美容院に電話したが、非科学的な手段を神は認めてはくださらず。お盆(注4)でお休みだった。

　　翌朝。ジョギング後に測定すると、ウソのようにちょうどマイナス３キロ！やったよ、私。くす玉が割れる。終了後、クリニックを訪れ、③先生に聞いてみた。私、もう空腹生活やめたいんですが。

　　「1200キロカロリーでは少なすぎるため、これからは肉類で少しずつカロリー量を増やしていってください。そうすれば急激なリバウンドはしないはず。体重測定は１週間に一度でいい。数百グラムの体重の変化に惑わされない(注5)ことですね」。ライフワークにゴールなし。

（注１）楽勝：らくに勝つこと
（注２）達成：目的を達し成功すること
（注３）新調：新しくととのえること
（注４）お盆：８月の中頃、墓参りを行い様々な供え物を祖先の霊に供えることで冥福を祈ること
（注５）惑わす：正しい分別の判断を失わせること

[71] ①そんなのとは何をさしているか。

1　一週間で３キロ痩せられる方法
2　おにぎりだけを食べて痩せる方法
3　ジョギングのみで痩せる方法
4　ラクして確実に痩せられる方法

[72] どうしてこの人は②美容院に電話したのか。

1 ダイエットでストレスが溜っていたから
2 髪を切って少しでも体重を減らそうと思ったから
3 ジョギングの時に長い髪がじゃまだから
4 この夏は例年に比べとても暑かったから

[73] クリニックでは③先生はこの人に対して、ダイエット後についてどういうアドバイスをしているか。

1 体重減少後もきつい運動を続けて行うことが重要である。
2 これまで我慢してきたカロリーの高い食事を積極的に取ることが重要である。
3 体重測定は週に一度、数百グラムの体重の変化に惑わされないことが大事である。
4 これからも様々なダイエット法を試して自分に合うものを見つけることが大事である。

問題14 次は、インターネットで「児童学」の本を買うため、ある書店のホームページで書籍を検索した結果の一覧である。下の問いに対する答えとして、最もよいものを１・２・３・４から一つ選びなさい。

[74] 留学生のマリさんは、児童学のレポートを書かなければならない。テーマは「子どもと遊び環境」である。子どもと遊び環境に関してわかりやすく解説してある書籍が何冊かほしい。提出が一週間後なので、明日までに入手可能な本を探している。マリさんが買える本は何冊あるか。

1　１冊
2　２冊
3　３冊
4　４冊

[75] 児童学部3年生の鈴木さんは、子どもの心理学について勉強中なので、その専門書を買おうと思っている。鈴木さんがこのインターネットのサイトを利用して買いたいと思っている２冊を購入する場合、合計支払い金額はいくらになるか。なお書籍代金が総額3000円以上となる場合、送料はかからない。

1　5015円
2　4500円
3　4515円
4　3800円

	書名 / 著者	金額 / 在庫状況	商品内容	お届け / 送料
1	児童心理学の最先端 / 多鹿秀継 著	1,995円 / 在庫僅少	子どもの認知、社会性・感情、および運動の機能と子どもの家庭や学校での営み、子どもの多様な発達と学習の過程をとらえて、各章を構成した。	2-3日後 /送料無料
2	子どもとあそび / 環境建築家の眼 仙田満 著	735円 / 在庫あり	長年にわたって子どもの遊び環境の調査とそのデザイン・建築に携わってきた著者が、いま子どもたちのために必要な事、工夫すべき事を語る。	翌日可能 /送料無料
3	まだある。こども歳 / 時記ー夏休み編 初見健一 著	1,260円 / 在庫僅か	1970年代の小学生の夏休みのくらしを描きながら、そこに登場する様々な商品について、現在も購入可能なものをピックアップしている。	2-3日後 /送料無料
4	こどものあそび環境 / 仙田満 著	3,360円 / 在庫あり	こどものあそび空間、遊びの原風景、あそび環境の構造、あそび環境の変化を語っている。	翌日可能 /送料 300円
5	これが、ボクらの新・ 子どもの遊び論だ / 汐見稔幸 外3人 著	1,365円 / 在庫僅か	子どもの遊びの世界について、身近なテーマをたてて、保育の世界をフィールドに遊びを追求している。	5日後 /送料無料
6	子ども心理学入門 / 鎌倉女子大学 / 児童学部	2,520円 / 在庫あり	子ども心理学創設の学問的背景、社会的背景、子ども心理学の理論的基盤など、学問領域に関する概説書。	翌日可能 /送料 500円

問題 1

_T032~036

問題 1 では、まず質問を聞いてください。それから話を聞いて、問題用紙の 1 から 4 の中から、最もよいものを一つ選んでください。

ばん
1番

1. 冷たくて酸っぱいもの
2. 温かくて甘いもの
3. 冷たくて甘いもの
4. 温かくて辛いもの

2番
<ばん>

1. ア、イ、エ
2. イ、ウ、エ
3. ア、イ
4. ウ、エ

3番
<ばん>

1. 単純に遊ぶために行った。
2. 英語を学ぶために行った。
3. 美味しいものを食べるために行った。
4. 美しい自然を見るために行った。

4番

1. ア → ウ → エ
2. エ → ウ → イ
3. ウ → エ
4. ア → ウ

5番

1. サイズを一回り大きくした方がいい。
2. 色の種類を多くした方がいい。
3. 内側のポケットを増やした方がいい。
4. ペットボトルを入れる場所を作った方がいい。

問題2

●_T037~042

問題2では、まず質問を聞いてください。そのあと、問題用紙のせんたくしを読んでください。読む時間があります。それから話を聞いて、問題用紙の1から4の中から、最もよいものを一つ選んでください。

1番

1. 自分の体調が悪かったから
2. 母親が亡くなったから
3. 祖父がガンだとわかったから
4. 祖父が亡くなったから

2番

1. 上司にほめられたから
2. 春休みをもらえたから
3. 新しい化粧品を買ったから
4. 彼氏が出来たから

3番

1. 色があまり気に入らなかったから
2. 似ている服を持っているから
3. 友達が似た服を着ているのを見たから
4. サイズが合わなかったから

4番

1. どんな服を着ようか悩んでいたから
2. 電車が脱線事故で遅れたから
3. 家の片付けをしていたから
4. 昨晩寝るのが遅かったから

5番
<ruby>番<rt>ばん</rt></ruby>

1．<ruby>連日残業<rt>れんじつざんぎょう</rt></ruby>が<ruby>多<rt>おお</rt></ruby>かったから
2．<ruby>上司<rt>じょうし</rt></ruby>と<ruby>上手<rt>うま</rt></ruby>く<ruby>行<rt>い</rt></ruby>かなかったから
3．<ruby>給料<rt>きゅうりょう</rt></ruby>がよくなかったから
4．<ruby>休<rt>やす</rt></ruby>みがなかなかもらえなかったから

6番
<ruby>番<rt>ばん</rt></ruby>

1．<ruby>預金<rt>よきん</rt></ruby>の<ruby>引<rt>ひ</rt></ruby>き<ruby>出<rt>だ</rt></ruby>し
2．バイト<ruby>代<rt>だい</rt></ruby>の<ruby>預金<rt>よきん</rt></ruby>
3．<ruby>携帯電話料金<rt>けいたいでんわりょうきん</rt></ruby>の<ruby>振<rt>ふ</rt></ruby>り<ruby>込<rt>こ</rt></ruby>み
4．<ruby>忘<rt>わす</rt></ruby>れ<ruby>物<rt>もの</rt></ruby>の<ruby>受取<rt>うけと</rt></ruby>り

問題3

◉_T043~047

問題3では、問題用紙に何もいんさつされていません。この問題は、全体としてどんな内容かを聞く問題です。話の前に質問はありません。まず、話を聞いてください。それから、質問とせんたくしを聞いて、1から4の中から、最もよいものを一つ選んでください。

― メモ ―

問題4

_T048~059

問題4では、問題用紙に何もいんさつされていません。まず、文を聞いてください。それから、それに対する返事を聞いて、1から3の中から、最もよいものを一つ選んでください。

― メモ ―

問題5

_T060~062

問題5では長めの話を聞きます。この問題には練習はありません。問題用紙にメモを取ってもかまいません。

1番・2番

問題用紙に何もいんさつされていません。まず、話を聞いてください。それから、質問とせんたくしを聞いて、1から4の中から、最もよいものを一つ選んでください。

― メモ ―

3番
<ruby>番<rt>ばん</rt></ruby>

まず、<ruby>話<rt>はなし</rt></ruby>を<ruby>聞<rt>き</rt></ruby>いてください。それから、<ruby>二<rt>ふた</rt></ruby>つの<ruby>質問<rt>しつもん</rt></ruby>を<ruby>聞<rt>き</rt></ruby>いてそれぞれ<ruby>問題用紙<rt>もんだいようし</rt></ruby>の<ruby>1<rt></rt></ruby>から４の<ruby>中<rt>なか</rt></ruby>から、<ruby>最<rt>もっと</rt></ruby>もよいものを<ruby>一<rt>ひと</rt></ruby>つ<ruby>選<rt>えら</rt></ruby>んでください。

質問１
<ruby>質問<rt>しつもん</rt></ruby>

1. チョコレートを<ruby>食<rt>た</rt></ruby>べることで<ruby>出来<rt>でき</rt></ruby>るもの
2. <ruby>刺激<rt>しげき</rt></ruby>の<ruby>多<rt>おお</rt></ruby>いものをたくさん<ruby>取<rt>と</rt></ruby>ることで<ruby>治<rt>なお</rt></ruby>るもの
3. <ruby>一生<rt>いっしょう</rt></ruby><ruby>付<rt>つ</rt></ruby>き<ruby>合<rt>あ</rt></ruby>っていかなければならないもの
4. <ruby>思春期<rt>ししゅんき</rt></ruby>を<ruby>過<rt>す</rt></ruby>ぎると<ruby>不思議<rt>ふしぎ</rt></ruby>と<ruby>消<rt>き</rt></ruby>えていくもの

質問２
<ruby>質問<rt>しつもん</rt></ruby>

1. <ruby>刺激<rt>しげき</rt></ruby>が<ruby>強<rt>つよ</rt></ruby>いので<ruby>食<rt>た</rt></ruby>べないほうがいいと<ruby>思<rt>おも</rt></ruby>う。
2. <ruby>体<rt>からだ</rt></ruby>にいいが<ruby>食<rt>た</rt></ruby>べすぎるのは<ruby>避<rt>さ</rt></ruby>けてほしいと<ruby>思<rt>おも</rt></ruby>う。
3. <ruby>娘<rt>むすめ</rt></ruby>が<ruby>食<rt>た</rt></ruby>べたがるので<ruby>適当<rt>てきとう</rt></ruby>に<ruby>食<rt>た</rt></ruby>べればいいと<ruby>思<rt>おも</rt></ruby>う。
4. <ruby>娘<rt>むすめ</rt></ruby>が<ruby>悩<rt>なや</rt></ruby>んでいるのでこれからは<ruby>食<rt>た</rt></ruby>べさせまいと<ruby>思<rt>おも</rt></ruby>う。

제2회 모의고사

注　意
Notes

1. 試験開始の合図があるまで、この問題用紙を開けないでください。

2. この問題用紙を持ち帰ることはできません。

3. 受験番号と名前を下の欄に、はっきりと書いてください。

4. この問題用紙は、全部で41ページあります。

_____の言葉の読み方として最もよいものを、1・2・3・4から一つ選び
なさい。

[1]　佐藤さんはいつも机の上をきれいに整えてから出かける。

　　　1　あつらえて　　　2　ささえて　　　　3　ととのえて　　　4　まじえて

[2]　いつも悔しい思いをしていたが、やっと今回勝つことが出来た。

　　　1　あやしい　　　　2　くやしい　　　　3　いやしい　　　　4　むなしい

[3]　彼の分析はいつも的確で納得させられる。

　　　1　ふんせつ　　　　2　ぶんせつ　　　　3　ふんせき　　　　4　ぶんせき

[4]　彼女の授業を受ける態度には目に余るものがある。

　　　1　たいど　　　　　2　ていど　　　　　3　のうど　　　　　4　けいど

[5]　雨が降ったせいで、折角の休みが台無しになった。

　　　1　おりかく　　　　2　せっかく　　　　3　せっかど　　　　4　おりかど

問題2 ＿＿＿＿の言葉を漢字で書くとき、最もよいものを、1・2・3・4から一つ選びなさい。

[6] これは<u>いっぱん</u>にはほとんど流通していないものである。

1 一般 　　　　 2 一反 　　　　 3 一半 　　　　 4 一遍

[7] 今回の試験結果はとても<u>まんぞく</u>出来るものではない。

1 満足 　　　　 2 万足 　　　　 3 漫族 　　　　 4 慢足

[8] 彼は年齢の割にとても<u>おさない</u>顔立ちをしている。

1 遅い 　　　　 2 薄い 　　　　 3 幼い 　　　　 4 幸い

[9] 今の仕事が<u>すむ</u>までは残業が続きそうだ。

1 潜む 　　　　 2 澄む 　　　　 3 住む 　　　　 4 済む

[10] 警察の捜査は<u>てってい</u>して行われた。

1 撤底 　　　　 2 徹底 　　　　 3 撤低 　　　　 4 徹低

問題3 (　　　) に入れるのに最もよいものを、1・2・3・4から一つ選びなさい。

[11] 彼女は海外出張が多く、世界中を駆け（　　　　）いる。

　　　1　あがって　　　　　2　まわって　　　　　3　わたって　　　　　4　のぼって

[12] ずっと悩んでいたが、思い（　　　　）留学することにした。

　　　1　巡っ　　　　　　　2　割って　　　　　　3　立っ　　　　　　　4　切って

[13] あの店の店員はいつも（　　　　）親切な対応で気分が悪い。

　　　1　非　　　　　　　　2　未　　　　　　　　3　不　　　　　　　　4　否

[14] 今年の夏は例年と比べ、とても蒸し（　　　　）感じる。

　　　1　暑く　　　　　　　2　涼しく　　　　　　3　寒く　　　　　　　4　ぬるく

[15] プロの（　　　　）演奏を聞いて感動のあまり鳥肌が立った。

　　　1　上　　　　　　　　2　良　　　　　　　　3　高　　　　　　　　4　生

問題4（　　　　）に入れるのに最もよいものを、1・2・3・4から一つ選びなさい。

[16] いくら子供だからと言ってもワガママにも（　　　　）がある。

　　　1　鮮度　　　　　　2　角度　　　　　　3　限度　　　　　　4　緯度

[17] 犬が夜通し激しく（　　　　）声で目が覚めた。

　　　1　叫ぶ　　　　　　2　吠える　　　　　3　かむ　　　　　　4　くわえる

[18] あの店は会員として（　　　　）しなければ利用できません。

　　　1　収録　　　　　　2　登場　　　　　　3　記録　　　　　　4　登録

[19] 流行には（　　　　）ので今何が流行っているのかよくわかりません。

　　　1　緩い　　　　　　2　近い　　　　　　3　狭い　　　　　　4　疎い

[20] （　　　　）な任務を負っているというプレッシャーが彼を襲った。

　　　1　重大　　　　　　2　重厚　　　　　　3　上昇　　　　　　4　充分

[21] 危篤だった祖父は（　　　　）日の朝に亡くなった。

　　　1　いわゆる　　　　2　あくる　　　　　3　めぐる　　　　　4　たどる

[22] 天気予報では今日の降水（　　　　）は0パーセントだった。

　　　1　変率　　　　　　2　比率　　　　　　3　確率　　　　　　4　軽率

問題5 _____の言葉に意味が最も近いものを、1・2・3・4から一つ選びなさい。

[23] 彼はいつも曖昧な返事しかしない。

    1 必要ない   2 はっきりしない   3 正しくない   4 元気のない

[24] 祖父は娯楽の乏しい時代を生きた人だ。

    1 狭い   2 多い   3 少ない   4 ひどい

[25] 道を行き交う車の音がやかましくて夜も眠れない。

    1 憎らしくて   2 ばからしくて   3 まぶしくて   4 騒がしくて

[26] 彼は自分の国の歴史すらろくに知らない。

    1 十分に   2 頑丈に   3 急速に   4 幸いに

[27] 佐藤さんはおもむろに口を開いた。

    1 突然   2 静かに   3 激しく   4 繰り返し

問題6 次の言葉の使い方として最もよいものを、1・2・3・4から一つ選びなさい。

[28] 尊重

　1　時間を過ぎてもなかなか来ないので、尊重の電話を掛けた。

　2　これはとても尊重なものなので、丁寧に扱ってください。

　3　他の人の意見も尊重しながら話を進めるべきだ。

　4　大事なことを決めるときはいつもより尊重にならなければいけない。

[29] 負担

　1　佐藤さんが負担しているクラスの生徒は皆良くできる子ばかりだ。

　2　彼女はどちらにも負担しないと、中立な立場を保った。

　3　彼はこれ以上親に負担はかけられないとバイトを始めた。

　4　あの人に対して負担を言い出したらきりがない。

[30] たまに

　1　お客さんがもうすぐ来るので、たまに掃除を手伝ってください。

　2　たまに明日は今日よりもいいことがあるでしょう。

　3　草野球の試合を見ていたら、たまに参加させられた。

　4　小学校の頃の楽しかった日々をたまに思い出すことがある。

[31] 果たして

　1　人数が増えたので追加注文を果たしてもらった。

　2　締め切りが近いので果たして終わらせてください。

　3　明日の試験の時間が変更になったので果たしてください。

　4　私が出した答えは果たして正しかったのかと思うことがある。

[32] 有能

　1　彼はとても有能な人物なので、将来がとても楽しみだ。

　2　若い女性の間ではミニスカートが有能している。

　3　お金を持っていると、つい有能なものまで買ってしまう。

　4　日本は食糧の多くを外国からの有能に頼っている。

次の文の（　　　　　）に入れるのに最もよいものを、1・2・3・4から一つ選びなさい。

[33] 今謝りに行った（　　　　　）彼の怒りはおさまらないだろう。

　　　1　から　　　　　　2　ところが　　　　　3　ときに　　　　　4　ところで

[34] 今の空模様から（　　　　　）、午後は雨が降るに違いない。

　　　1　すると　　　　　2　でなければ　　　　3　めぐって　　　　4　かけて

[35] まるで全てのことを知っている（　　　　）話ぶりだ。

　　　1　けれど　　　　　2　かのような　　　　3　なら　　　　　　4　につけて

[36] このズボンは季節を（　　　　）はける商品だそうだ。

　　　1　といかけて　　　2　とうて　　　　　　3　とわず　　　　　4　といたら

[37] 彼女の（　　　　）失恋から立ち直ることが出来た。

　　　1　おかげで　　　　2　せいで　　　　　　3　よそに　　　　　4　次第で

[38] 会社を出た（　　　　）急に大粒の雨が降り出した。

　　　1　のみならず　　　2　とたんに　　　　　3　わりに　　　　　4　にしては

[39] 銀行（　　　　）、多くの業界で再編が進んでいます。

   1　をぬきにしては　　　　　　　　2　を限りに
   3　をはじめ　　　　　　　　　　　　4　をめぐって

[40] 不況による大量赤字（　　　　　）、会社の方針を大幅に変更した。

   1　において　　　　2　に足る　　　　3　にいたる　　　　4　をきっかけに

[41] 世界一とまでは言わ（　　　　）、ここは本当に美味しいレストランです。

   1　ないで　　　　2　ないまでも　　　3　なかったら　　　4　ないので

[42] 書道の大家と（　　　　）間違えることはいくらでもある。

   1　言えば　　　　2　言えども　　　3　言うなら　　　4　言ったので

[43] 最近インスタント食品に便り（　　　　）料理の手を抜いてしまう。

   1　にすれば　　　　2　っこない　　　3　がちで　　　4　のきわみで

[44] 彼女はアメリカに10年住んだ（　　　　）英語はかなりうまい。

   1　だけあって　　　　2　からには　　　3　かもしれない　　　4　うえに

問題8 次の文の ___★___ に入る最もよいものを、1・2・3・4から一つ選びなさい。

（問題例）

彼女の ＿＿＿＿＿＿ ＿＿＿＿＿＿ ___★___ ＿＿＿＿＿＿ にはいられなかった。

1 聞いたとき　　　　2 悲しい　　　　　　3 泣かず　　　　　4 話を

（解答の仕方）

[1]　正しい文はこうです。

彼女の ＿＿＿＿＿＿ ＿＿＿＿＿＿ ___★___ ＿＿＿＿＿＿ にはいられなかった。 　　　2 悲しい　　　4 話を　1 聞いたとき　3 泣かず

[2]　___★___ に入る番号を解答用紙にマークします。

（解答用紙）	（例）	●	②	③	④

[45] なかなか運に恵まれなかった彼だが、_____ ＿＿★＿＿ _____ _____ と必死だ。

    1 やっと   2 ものにしよう   3 めぐってきた   4 チャンスを

[46] 最近、仕事量が増え、_____ _____ ＿＿★＿＿ _____ 目の調子が悪い。

    1 多いせいか   2 目を   3 ことが   4 酷使する

[47] 父は子供に無関心な人なのに、この頃よく_____ _____ ＿＿★＿＿ _____ でも
あったのだろうか。

    1 何か   2 見ると
    3 話しかけて来る所を   4 心境の変化

[48] 手先が器用な彼は _____ ＿＿★＿＿ _____ _____ 作り上げてしまう。

    1 私たちが   2 あっという間に   3 何でも   4 欲しいものを

[49] 何か _____ ＿＿★＿＿ _____ _____ お問い合わせください。

    1 お気軽に   2 ございましたら   3 顧客センターに   4 御不明な点が

問題9 次の文章を読んで、文章全体の内容を考えて、 50 から 54 の中に入る最もよいものを 1・2・3・4 から一つ選びなさい。

　最近、「お年寄り」と呼ぶのが似合わないような元気な年配の方が大勢いる。そこで今では「シニア」（年上の、上級の）といった 50 をすることも増えている。

　会社の『定年』は60歳と規定しているところが多い。しかし、最近は、定年を迎えても、継続して働くことができるようになった会社も増えている。

　東京都内のデパートで、案内係のプロ「コンシェルジュ」として働く畑山さん（60歳）。畑山さんは、今年定年を迎えたが、仕事をしたくて会社に残っている。畑山さんは37年前に入社して以来、食料品の販売、衣類の仕入れなど、様々な 51 。この経験を通して、多くの人と知り合うことが出来、様々な情報を得ることができるのだそうだ。

　ベビー服売り場の松本さん（63歳）は後輩の指導に力を注いでいる。様々なお客さんと接してきた経験から、松本さんはお客さんの喜ぶポイント 52 数多く把握している。この会社では「ベテラン社員が定年を迎えて会社を後にすると困る」と考え、定年後も働ける制度を6年前に作ったそうだ。その人の事情に応じて、いろいろな働き方を選ぶことが出来るのも特徴の一つである。今のお年寄りが元気、というのは様々なデータにも表れている。日本の平均寿命は世界でトップ。また、体力も10年前のお年寄りと比較して向上しているのだそうだ。

　会社以外で活躍しているお年寄りも 53 。「D交流会」に所属するお年寄りは、その大部分が電機や化学関係などの会社や工場で勤務してきた人たちである。自分たちが仕事を通じて得た知識を子供たちにわかりやすく教えているそうだ。

　 54 長年の知識・経験を生かして海外での奉仕活動をする人も多い。最新の設備がない国でも、シニアの人は、古い型の設備も扱うことが多いので、応用が利くのだそうだ。最新技術ばかりに捕らわれがちな若い世代には想像もつかない技とも言えるだろう。

[50]

   1 多くの呼び方　　　2 別の呼び方　　　3 難しい呼び方　　4 数ある呼び方

[51]

   1 経験を積むだろう
   2 経験を積むにちがいない
   3 経験を積んできた
   4 経験を積めるのだろうか

[52]

   1 を　　　　　　　　2 に　　　　　　3 は　　　　　　4 で

[53]

   1 増えていくらしい
   2 増えがちである
   3 増えなければいけない
   4 増えている

[54]

   1 しかし　　　　　　2 それどころか　3 さらに　　　　4 つまり

問題10 次の（1）から（5）の文章を読んで、後の問いに対する答えとして最も
よいものを、1・2・3・4から一つ選びなさい。

（1）

　品位ある女性は家事も掃除もしないで贅沢な生活を営む女性と誤解してはいけ
ません。成金夫人やお嬢様と品位（注1）ある女性は異なります。お金の有無に関係な
く、自分で品位ある暮らしをしていける力を養うことが重要なのです。作家の某
氏はきりりとした品位のある女性でしたが、その作家の某氏に対して父親は、掃
除などの家事全般を「赤貧洗うがごとし（注2）家に嫁に出しても困らないようにしつ
けた」そうです。

　もちろん戦前と今では、女性がこなす家事はすっかり変わっています。裁縫は
する必要がなくなりましたし、洗濯も洗濯機がしてくれます。最後に残っている
家事は料理と掃除・整理でしょうか。食料品も今はスーパーやコンビニで出来合い
のお総菜（注3）が手軽に手に入ります。東京は世界各国の料理が食べられる都市とし
て有名です。母親または家族や自分が食事の支度をしなければ食べていけなかっ
た頃とは異なり、包丁がなくても暮していける時代になったのです。

（注1）品位：人に自然に備わっている人格的価値
（注2）赤貧洗うがごとし：極めて貧しく、洗い流したように、所要物が何一つないさま
（注3）総菜：日々の食事の副食物、またはご飯のおかず

[55] 品位のある女性にとって重要なことは何か。

1　お金に何一つ不自由することなく暮らしていける財力を持つこと
2　贅沢な食生活が出来る生活を手に入れること
3　お金の有無に関係なく、自分で品位のある暮らしをしていける力を持つこと
4　家事も掃除もしなくていい暮らしをさせてくれる人と結婚すること

58

（2）

国債とは、国が必要なお金を集めるときに発行する借金の証明書のことである。国は国民から集めた税金を使って仕事をするが、足りない場合には国債を国民や銀行などに買ってもらう。

国が新しく発行する国債は53兆5,000億円となり、まだ返していない分と合わせると、2009年度末に初めて600兆円を超えそうなことが分かった。不況などの影響で、09年度に入ってくる税金が当初の予想を大幅に下回る36兆9,000億円になり、さらに政府が経済対策として新たに7兆2,000億円使うことを決めたためだ。

1990年代後半から景気対策に使用する資金を国債にたよってきたため、国債はこの10年で2倍に増えている。

[56] ここで述べられているものと内容が一致しているものはどれか。

1　国民はお金が必要な際は国債を銀行に買ってもらいお金を得ることも出来る。
2　不況のあおりを受け、入ってくる税金の額が当初の予想を大幅に下回ることになった。
3　2009年度末には国債が未納分も含め、53兆5000億円を超えることが発表された。
4　景気対策としての国債使用を続けてきた結果、日本は国債の額が10年前の7倍に増えている。

（3）

　　航空会社が、航空機の路線や便数を自由に決めることができる航空自由化のことを「オープンスカイ」と呼ぶ。外国への航空機の乗り入れは、国際民間航空条約に基づき、互いの国で決められていた。しかし、航空会社同士でスケジュールや運賃などの調整をおこなうほうが高い利益こ見込まれることなどから、自由化が進んでいる。

　　日本とアメリカのオープンスカイ協定の協議が、10日までの予定でワシントンで開かれている。日米すべての航空会社が自由化されると、利用者にとっては低運賃や乗り継ぎが便利になることなどが期待できる。

---

[57] 「オープンスカイ」について正しく述べられているものはどれか。

1　飛行機の路線や便数を航空会社が自由に決められること
2　日本から外国への飛行機の乗り入れを制限すること
3　アメリカへの飛行機の乗り入れを日本が自由に決められること
4　利用者が航空運賃を自由に決めることが出来るようになること

（4）

さて、企業で行われている節約はどうだろうか。文具など、消耗品(注1)の節約を強制することで気持ちが引き締まるなら成功だが、窮屈な思いをさせるようなら、社員のモチベーションが下がり、その成果は期待できないものになるだろう。

役員のグリーン車利用の禁止、というのもありがちだが、「役員に昇格すればグリーン車」と思えばこそ、社員の意気込みも熱くなるというもの。チェックすべきは、経費の多寡(注2)でなく、経費に見合った仕事ができているかだ。

一方で、絶対にしてはならない節約もある。研究開発費を削るということは、将来、果実が実る苗木に水をやらないのも同然の愚行(注3)だ。

(注1) 消耗品：使用にしたがってなくなる物品
(注2) 多寡：多いことと少ないこと
(注3) 愚行：おろかしい行い、ばかげた行為のこと

---

[58] 筆者がここで述べていることと一致しているものはどれか。

1 企業で節約を行う場合、社員のモチベーションに関係なく成果が上がればそれでよい。

2 企業で節約を行う場合見るべき点は、経費に見合った仕事が出来ているかどうかということである。

3 企業で節約を始めるのであれば、まずは役員の特別待遇を禁止することから始めるべきである。

4 企業における研究開発費を削り、経費の多寡を逐一チェックし無駄を極限まで省くべきである。

（5）

> 「なくて七癖(注1)」とはいうが、そもそも癖とは何か。国語辞典には「無意識に出てしまうような、偏った好みや傾向。習慣化している、あまり好ましくない言行」とある。
>
> 実は、言葉や仕草だけでなくて、体の中にも癖がある。それは「体質」と呼ばれるものに近い。だが、それは生まれてから死ぬまでずっと変わらないものではなく、ささいな環境の変化によって大きく現れることもあるし、自然になくなることもある。生活や食事、年齢などによっても当然変化してくる。いずれにせよ、体質という大仰(注2)な言葉でまとめるより、「癖」くらいのほうがいかにもふさわしい。
>
> （注1）なくて七癖：人には多かれ少なかれ癖があると言う意味
> （注2）大仰：おおげさであるさま

[59]　ここで筆者は「体の中に存在する癖」とはどのようなものだと言っているか。

1　長期間にわたって習慣化していて、健康にはあまり好ましいとは言えないもの
2　生活や食事、年齢には関係なく、突然体の中に起こる異変のようなもの
3　生まれてから死ぬまでずっと変わることのない不変的なもの
4　わずかな環境の変化によって現れ方が大きくなったり、自然に消えることもあるもの

問題11 次の（1）から（3）の文章を読んで、後の問いに対する答えとして、最もよいものを、1・2・3・4から一つ選びなさい。

（1）

　　江戸時代に使われた日本独自の数学を和算と呼ぶ。実は①彼らは私たち以上に、そろばんを使いこなし、暗算(注1)も得意だった。それに庶民向けの多くの知恵遊び(注2)も考え出された。著者によれば江戸の人々は、「日常の計算を超えた数」で遊んだり、「形についての論理」を築き上げることで、②和算文化ともいうべき水準に達していた。和算で有名な、「算聖」と称された関孝和は、ニュートンよりも早く、微分や積分の考え方に接近していたことでも知られる。

　　著者はそんなユニークな和算を家族でも楽しめるように工夫。イラストを加え、15問の「おはなし」スタイルのクイズとして再構成した。根源になったのは寺子屋(注3)で使用されていたテキスト(注4)である。鶴亀算にはじまって、俵杉算、3方陣、盗人算、油分け算など、庶民生活に準じて計算のやりかたを解説しているだけに、楽しみながら学習することができる。そのような理由から、当時の和算テキストはベストセラーにもなったのだ。江戸時代の人々の知的水準の高さに驚かされるとともに、算数がこれほど楽しいものかと、改めて③考え直させられるテキストである。

（注1）暗算：筆算やそろばんの方法に頼らないで、頭の中で計算すること
（注2）知恵遊び：その遊びの理をさとり、適切に処理する能力を必要とする遊び
（注3）寺子屋：室町時代から明治時代の初頭、武士・僧侶・神宮・医者その他の有識者が主に庶民の子どもを対象に個人や民間が開いた教育機関
（注4）テキスト：教科書のこと

[60] ①彼らとは一体誰のことを指しているのか。

1　現代の人々
2　江戸時代のこども達
3　江戸時代の人々
4　現代の親子

[61] 江戸の人々はどうすることで②和算文化ともいうべき水準に達していたのか。

1　日常の計算を超えた数で遊んだり、形についての論理を築き上げること
2　そろばんを巧みに扱えるように幼いころから特訓すること
3　物事を理論的に考えられるような教育を子供のうちからほどこすこと
4　微分や積分の考え方を深く研究すること

[62] どのように③考え直させられるテキストであると言っているか。

1　算数がこれほど楽しいものだったのかと考え直させられる。
2　算数を学ぶことがこれほど簡単なことだったのかと考え直させられる。
3　算数を応用して多くのものに利用できる事実を考え直させられる。
4　算数は現代人には難しすぎるという現実を考え直させられる。

（2）

　　1998年の10月、とある医科大学で日本初の女性から男性への性転換手術（厳密には「性別再判定手術」と呼ばれます）がおこなわれました。これは性同一性障害の治療のひとつとして実施されたものです。①これ以前はこのようなたぐいの手術を希望する場合、海外に渡る以外選択肢(注1)がありませんでした。

　　「性同一性障害」とは、生物学的には男女いずれかの身体を持ち、自分がどちらの性別に属しているかについて把握していながら、人格的には「自分は別の性別に属している」と思い込んでいる状態です。②この場合、自らの身体的・社会的な性別に違和感を抱き、「本当の自分は反対の性別である」と感じて精神的な強い葛藤(注2)を持ち、自分の身体的と社会的な性別や性役割(注3)を「精神の性」に合わせようとします。つまり、性同一性障害とは「天性の性別」と「精神の性別」との間にギャップが生じ、そのギャップ(注4)を何とか無くしたいと思う人たちの心につきまとう障害を意味します。

　　性同一性障害の人には③「トランスセクシュアル」と呼ばれる人達もいます。このような人たちは自身が生まれながらに授かった性別に対して強い違和感や不快さを抱き、何かの方法によって別の性別になろうとします。その手段のひとつが性転換手術というわけです。

（注1）選択肢：正答を含めて設けられたいくつかの項目
（注2）葛藤：心の中に、相反する方向の欲求や考えがあって、その選択に迷う状態
（注3）性役割：性別にしたがって受け持つ役割のことで、女性が価値の低い役割を担わされることが多い
（注4）ギャップ：考えや意見などの差

[63] ①これがさしているものは何か。

1　性転換手術を希望する患者は外国に行くしか選択肢がないこと
2　性転換手術の名前が「性別再判定手術」に統一されたこと
3　性同一性障害の治療が日本で初めて認められたこと
4　日本で初めての女性から男性への性転換手術が行われたこと

[64] ②この場合とあるがどういう状態か。

1　生物学的に男女いずれの身体も持ち合わせておらず、自分の性別が不確実な状態
2　自分の性別について認識していながら、人格的には「自分は別の性別に属している」と
　　確信している状態
3　自分の身体的と社会的な性別や性役割を「精神の性」に合わせることが出来ない状態
4　自らの身体的・社会的な性別の違和感を解消しようと必死な状態

[65] ③「トランスセクシュアル」と呼ばれる人たちの特徴として正しいものはどれか。

1　自らの性別への違和感から「性別再判定手術」を受ける人々の外国における呼称
2　「本当の自分は反対の性別である」と感じて精神的な強い葛藤を持っている人々
3　「生来の性別」と「精神の性」の間にギャップが生じ、そのギャップを何とか直したい
　　と思う人々
4　自分の出生に基づく性別に対して強い違和感や不快感を抱き、なんらかの手段によって
　　反対の性別になろうとする人々

（3）

今日のケータイ社会において、子どもが巻き込まれるネット犯罪が増加している。これまでも大人に見えにくい闇の動きとして深く広く潜行(注1)していたが、最近ではネットの掲示板を悪用した犯行予告により、殺人や爆破を暗示する社会騒乱(注2)的な脅迫も発生するようになってきた。

子どもたちは、始めはちょっとした好奇心や、日常の不満をぶちまける手段として、携帯電話のインターネット機能を利用することによって、多様なネット犯罪の危険に露出されている。また、携帯電話を使えば、「やってもばれない」「自分もいじめないと逆にいじめられる」という根拠のない安堵感や不安感が、その犯罪性の認識を希薄(注3)にしてしまう傾向があり、そのことが、さらにネット犯罪及び被害の件数を増やす要因となっている。

子どもの携帯電話の保有率が小学校で40％、中学校で70％、そして高等学校で90％になった現在では、様々なケータイの危険から子どもたちを守るためのネット安全教育が必要である。ネット安全教育とは、高度情報通信社会におけるネット危機及びネット犯罪の加害者にも被害者にもならないために必要な危機管理能力を育成することを目的として、携帯電話とパソコンを介したインターネットの危険性、そしてそれに関連する犯罪と健康被害の悲劇的な結果について実感を持って学ぶための参加型アクティビティー(注4)を導入した教育である。文部科学省でもこれに似た情報モラル(注5)教育を新しい学習指導要領に正式に位置づけているが、それだけでは子どもに差し迫るネット危機から子どもたちを守ることはできない。

(注1) 潜行：法にふれた者などが、取締りの目を逃れて動き回ること
(注2) 社会騒乱：警察でも鎮静できない程の出来事が起こり、世の中が騒ぎ乱れること
(注3) 希薄：少なくうすいこと
(注4) アクティビティ：活動
(注5) モラル：事物に対する人間のあるべき態度、道徳、または倫理

[66] <u>そのこと</u>とは何をさしているか。

1　大人の見えないところで子どもたちがケータイを使う機会が増えてきていること
2　ネットを使ったいじめにおける根拠のない安心感や不安感が、その犯罪性の認識を希薄にしていること
3　最近ではインターネットの掲示板に書き込みをすることが子供たちの間で人気が出てきていること
4　最近の携帯電話のインターネット機能は子供が扱えるぐらい簡単なものになってきていること

[67] 何が子どもたちを多様なネット犯罪の危険性にさらしているのか。

1　今日のケータイ社会において、大人が子どもに積極的に携帯電話を持たせていること
2　携帯電話のインターネット機能の使用方法が子どもでも簡単に理解できるような手軽さ
3　子供たちの好奇心や、日常の不満の気軽なはけ口として、携帯電話のインターネット機能を用いること
4　携帯電話によって繋がっている学校の友だち同士の根拠のない安心感や不安感

[68] 筆者はここで「ネット安全教育」のねらいとしてどういったことをあげているか。

1　文部科学省が新しい学習指導要領に正式に位置づけている情報モラル教育を推進していくこと
2　高度情報通信社会におけるネット危機及びネット犯罪の加害者にも被害者にもならないために必要な危機管理能力を育てること
3　子どもによる携帯電話の保有率を、小学校、中学校共に下げるための携帯の不必要性について学ばせること
4　携帯電話とパソコンを介したインターネットの便利性や娯楽性について説き、ネットの楽しさを教えること

問題12 次の文章は、「相談者」からの相談と、それに対するＡとＢからの回答である。三つの文章を読んで、後の問いに対する答えとして、最もよいものを、1・2・3・4から一つ選びなさい。

相談者

　私の留学について相談したいことがあります。私は今大学２年生で、英文学を専攻しています。中学校の時に初めて英語と出会ってから、私は英語という外国語のとりこになってしまいました。中学、高校、大学生になった今でも英語への興味、関心は尽きず、勉強に励む毎日です。そんな時、親しくしている教授から「イギリスに留学しないか」という話を持ちかけられました。もちろん私はすぐにでも行きたいと思いましたが、私はまだ学生の身で、経済的にも自立出来ておらず、財政的な面は全て両親に頼りきって生活しているというのが現状です。

　しかし外国語の習得にはその言語が話されている国で生活するのが一番良いと聞いたこともありますし、その言語が話されている国の生活や文化を知ることで、これまでの自分の視野をさらに大きく広げられるのではないかとも思うのです。それに私は大学を１年休学して留学しようと考えているので、卒業は同級生たちより１年遅くなってしまいます。そうなると就職も１年遅くなってしまいます。そこも少し気掛かりです。前々から留学したいという気持ちがあったので、留学に対して関心があるということは両親には話してきました。しかし今回の件に関してはまだ何も言っていません。みなさんは留学について、どうお考えですか。

回答者A

　私も留学の経験があるのですが、やはり語学習得には留学が一番だと感じました。語学というのはやはり生活していく中で自然に覚えていくのが一番早く身につくものだと思いましたし、何よりその国で生きていくための手段として語学が絶対に必要なものであるというのも言葉が早く身につく要因だと思います。現地で学校に通えば友達も出来ますから、そうした友達との間での会話でも語学力は伸びていきます。しかし環境に身を置くだけではいけません。そこには自分自身の努力も必要です。海外という環境に身をおき、努力すれば視野も広がることはさることながら語学力も上がりますから、やはりお金はかかっても留学はいいと思いますよ。

回答者B

　私は留学の経験はありませんが、確かに留学は一つの経験として良いものだとは思いますが、相談内容を見る限り、あなたが留学をしてそこでの経験を生かして将来どうしていきたいのか、ということが書かれていないので、もし先のことまで考えていないままに興味関心のままに留学しようと考えているのであれば、留学はやめた方が良いのではないかと思います。留学はお金のかかることですし、1年休学するとなれば納得の行く1年間を過ごせるように、もっと綿密に留学中の計画を立ててからの方がいいのではないかとも思います。

[69] <u>そこ</u>とあるが、何のことを指しているのか。

1 外国の生活になじめるのかということ
2 同級生より就職が1年遅れてしまうこと
3 両親に今回の留学について話すこと
4 留学先の学校の授業についていけるのかということ

[70] 「相談者」の相談に対するAとBの回答について、正しいのはどれか。

1 Aは留学経験者として、自分の経験をふまえ留学をすすめているのに対してBは経験はないものの、自分の意見として留学に反対している。
2 Aは留学経験をふまえ留学を反対しているのに対し、Bも留学経験はあるが自分の経験を元に留学は素晴らしいものだとすすめている。
3 Aは相談者の意見を全く無視し、ひたすら反対しているのに対し、Bは相談者の意見や感情も含めて留学をすすめている。
4 Aは相談者の意見をふまえた上で留学に賛成し、Bは他者から聞いた話を元に留学をすすめている。

次の文章を読んで、後の問いに対する答えとして、最もよいものを、1・2・3・4から一つ選びなさい。

　　8月期の売上高が過去最高額を記録する見込みのファーストリテイリング。近頃もU.Cからディズニーとのコラボアイテムや新素材・ネオレザーなど、矢継ぎ早(注1)に新たなアイテムが登場している。狙うのは、「世界一のアパレル(注2)製造小売業グループ」。この「U.C巨大化計画」ともいえるその作戦は、大きく3つに分けられる。

　　1つ目は、国内大型店の出店ラッシュ。9月、450坪だった①「銀座店」を約700坪に増床するのを皮切りに、10月には名古屋で都心部初の大型店誕生、来年2010年春には東京に「渋谷店」(仮称)、さらに同年秋には大阪に日本最大規模の超大型店をオープンする予定だ。ちなみに銀座店では、グループブランドのアイテムもラインアップされるという。

　　また、大型店舗のみならず百貨店へのテナント出店、エキナカ(注3)やエキチカ(注4)の小規模店舗の出店にも意欲を見せている。店舗数が飛躍的に拡大することは②想像にかたくない。

　　2つ目はさらに拡大する「アイテム展開」。最も関心を寄せるのは新ブランド「U.Cシューズ」の誕生だ。今までにない「クツ」のブランドが立ち上がる。ほかにも今秋、「G」ブランドの990円シリーズ第3弾の導入や、有名なデザイナーのデザインによるコレクションも予定されている。

　　3つ目は、③アジアへの大攻勢！ すでにロンドンやニューヨークに店舗を構え、パリにもグローバル旗艦店(注5)が誕生するが、いま、同社が最も関心を寄せているのはアジアだ。中国・上海市においてグローバル旗艦店の出店することが決定。中国や香港・韓国で、今期は前期の約2倍の店舗数を出店し、早期の100店舗実現を目指している。そして、アジアでトップにより詰めた後、"世界ナンバーワ

ン”へと躍進する計画だ。

　同社は、2020年の売上高に、国内U.C1兆円、海外U.C3兆円、ほか関連事業で1兆円、総計5兆円という莫大な目標を設定する。壮大な夢を目標に躍進を続けるU.Cの今後から目が離せない。

(注1) 矢継ぎ早：物事をつづけざまにする様子
(注2) アパレル：既製服業界・ファッション衣類の製造業者のこと
(注3) エキナカ：駅構内、または駅に隣接する形で作られたビルに店舗を構える店舗
(注4) エキチカ：駅の地下に店舗を構える小規模店舗
(注5) 旗艦店：複数の店舗をもつ企業が、営業活動上それらの中心と位置づけて営む店のこと

[71] 9月に増床し新しくオープンする①「銀座店」では何が加わるとあるか。

1　銀座店限定のアイテムを商品に加える。
2　中国で人気のあるアイテムを商品に加える。
3　グループブランドのアイテムが商品に加わる。
4　ロンドンのデザイナーが作った商品が加わる。

[72] ②想像にかたくないとあるが、一体何のことをそのように言っているのか。

1　U.Cの店舗数が飛躍的に伸びること
2　U.Cの商品が中国で飛ぶように売れること
3　U.Cの社員が飛躍的に増えること
4　U.Cの商品がニューヨークで流行ること

[73] U.Cの巨大化計画の中に③アジアへの大攻勢というのがあるが、アジアへの進出におい
て目標をどのように設定しているか。

1 アジアでは中国にのみ出店し、中国国内だけで早期に100店舗の実現を目標としている。

2 中国・香港と韓国で、各国とも今期は前期の約2倍の店舗数を出店し、早期に100店舗の
実現を目標としている。

3 アジアに出店した店舗全体の売り上げとして１兆円を目標としている。

4 アジアで新ブランド「U.Cシューズ」の商品が売り上げ３兆円を目標としている。

問題14 次は四日市パークアイランドの駐車場利用案内である。下の問いに対する答えとして、最もよいものを、1・2・3・4から一つ選びなさい。

[74] この施設の駐車場の利用は無料であるが、無料で使用するためにしなければならないことがある。それは一体何か。

1 現住所が確認出来る書類の提示
2 この施設の会員証の提示
3 二十歳以上であることが証明出来る物の提示
4 3ヶ月ごとの更新手続き

[75] この駐車場利用に申し込むことが出来るのはどういう人か。

1 現在、四日市市内にある会社に勤務している人
2 現在、四日市市に在住しているすべての人
3 現在、四日市市中心部やその周辺地域へ車で通勤・通学している人
4 現在、四日市市役所に勤務している人のみ

四日市パークアイランド駐車場利用のご案内

申し込みできる方

現在、四日市市中心部やその周辺地域へ車で通勤・通学などをされている方

駐車場の位置・駐車台数

A：ジャスコY店第2駐車場190台

B：マックスバリュN店屋上駐車場30台

申込先・お問合せ

四日市地球温暖化対策地域協議会事務局(四日市市役所環境部環境保全課内)

TEL：059－354－××××　｜　FAX：059－354－××××

主な利用規定

① 駐車場のご利用は無料ですが、3ヶ月ごとに最新の手続きが必要です。

② 駐車場をご利用できるのは、平日の6時から23時までです。(土曜日、日曜日、
　祝日、お盆期間及び、年末年始の12月23日〜1月3日)等を除きます。

③ 駐車許可車両の入場は指定の出入り口から行い、指定の区画に駐車してください。

※詳細については利用店舗サービスセンターまでご確認下さい。

申込方法

別紙駐車場利用申込書に必要事項をご記入の上、協議会事務局窓口、または郵送、
FAXで申込書をご提出ください。なお、申し込みは駐車利用店舗サービスカウン
ターでも取り次いでいます。

(店舗取り次ぎ時間：10時〜22時)

問題 1

問題1では、まず質問を聞いてください。それから話を聞いて、問題用紙の1から4の中から、最もよいものを一つ選んでください。

1番

1．8月の10日から
2．7月の21日から
3．8月の20日から
4．8月の7日から

2番

1. イ、エ
2. ア、イ
3. ウ、エ
4. イ、ウ

3番
ばん

1. 自分の部屋に飾るのが一番良い。
2. 居間に飾るのが一番良い。
3. 玄関に飾るのが一番良い。
4. アトリエに飾るのが一番良い。

4番

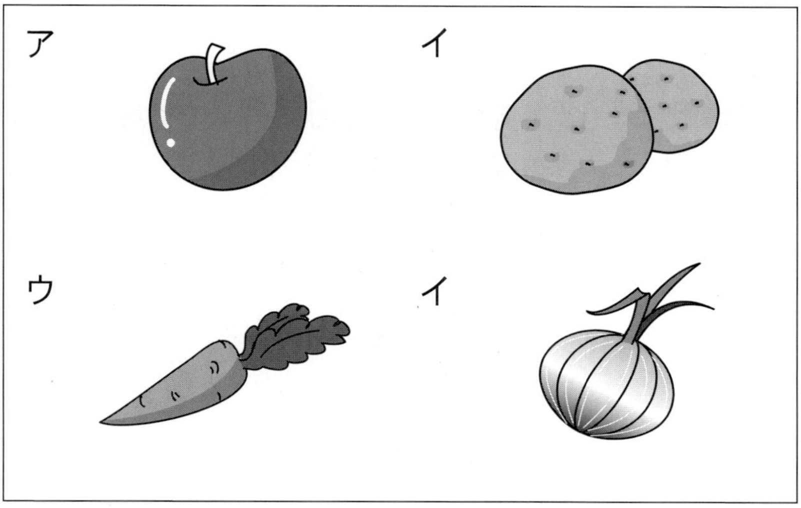

1．イ、エ
2．ア、ウ
3．ア、イ、エ
4．イ、ウ、エ

5番

1．7月24日の午前の便を予約することにした。
2．4月23日の午前の便を予約することにした。
3．4月24日の午後の便を予約することにした。
4．7月23日の午後の便を予約することにした。

問題 2

　問題 2 では、まず質問を聞いてください。そのあと、問題用紙の選択肢を読んでください。読む時間があります。それから話を聞いて、問題用紙の 1 から 4 の中から、最もよいものを一つ選んでください。

1番

1. 車に乗って来る。
2. 電車に乗って来る。
3. 自転車に乗って来る。
4. 歩いて来る。

2番

1. スキーに行くこと
2. お花見に行くこと
3. 夏祭りに行くこと
4. キャンプに行くこと

3番
ばん

1. 女の人が誕生日を覚えていてくれたから
おんな　ひと　たんじょうび　おぼ
2. 女の人がイタズラをしてこなかったから
おんな　ひと
3. 女の人がプレゼントをくれたから
おんな　ひと
4. 女の人が一緒に買い物に行ってくれたから
おんな　ひと　いっしょ　か　もの　い

4番
ばん

1. 小学校の同級生
しょうがっこう　どうきゅうせい
2. 中学校の同級生
ちゅうがっこう　どうきゅうせい
3. 高校の同級生
こうこう　どうきゅうせい
4. 大学の同級生
だいがく　どうきゅうせい

5番
ばん

1. 女の人と良く似ている。
2. 母親と良く似ている。
3. 兄と良く似ている。
4. 父親と良く似いる。

6番
ばん

1. 手紙のやり取りで連絡を取り合っている。
2. メールで連絡を取り合っている。
3. 電話で連絡を取り合っている。
4. インターネットを使った電話で連絡を取っている。

問題 3

　問題 3 では、問題用紙に何もいんさつされていません。この問題は、全体としてどんな内容かを聞く問題です。話の前に質問はありません。まず、話を聞いてください。それから、質問とせんたくしを聞いて、1から4の中から、最もよいものを一つ選んでください。

― メモ ―

● _T079~090

問題4では、問題用紙に何もいんさつされていません。まず、文を聞いてください。それから、それに対する返事を聞いて、1から3の中から、最もよいものを一つ選んでください。

― メモ ―

問題5

🔘 _T091~093

問題5では長めの話を聞きます。この問題には練習はありません。問題用紙にメモを取ってもかまいません。

1番・2番

問題用紙に何もいんさつされていません。まず、話を聞いてください。それから、質問とせんたくしを聞いて、1から4の中から、最もよいものを一つ選んでください。

― メモ ―

3番
<small>ばん</small>

まず、話を聞いてください。それから、二つの質問を聞いてそれぞれ問題用紙の1から4の中から、最もよいものを一つ選んでください。

質問1
<small>しつもん</small>

1. 周りが誉めてくれ、自信が持てるから
2. 意見交換が出来、一人で書くときより筆が進むから
3. 実際の友だちを題材に小説を書くことが多いから
4. 小説を書き方を順序だてて教えてくれるから

質問2
<small>しつもん</small>

1. 登場人物、ジャンル、概要
2. キャラクター、ジャンル、結末
3. 自信感、意見交換、物語
4. 順序、文章、題材

86

제3회 모의고사

注　意
Notes

1. 試験開始の合図があるまで、この問題用紙を開けないでください。
2. この問題用紙を持ち帰ることはできません。
3. 受験番号と名前を下の欄に、はっきりと書いてください。
4. この問題用紙は、全部で41ページあります。

受験番号　Examinee Registration Number	
名前　Name	

問題1 ＿＿＿＿の言葉の読み方として最もよいものを、1・2・3・4から一つ選びなさい。

[1] 買い物をしている途中、偶然高校の同級生に会った。

1 そうぜん 　　　 2 ぐうぜん 　　　 3 ゆうぜん 　　　 4 ゆうぜん

[2] 田舎に引っ越してからは毎日穏やかな日々を過ごしている。

1 なごやか 　　　 2 ゆるやか 　　　 3 しなやか 　　　 4 おだやか

[3] 彼は優れた成績をおさめたとして学校から表彰された。

1 みなれた 　　　 2 ゆれた 　　　 3 すぐれた 　　　 4 はなれた

[4] これらすべての犯行は、窃盗団の仕業であるに違いない。

1 はんごう 　　　 2 はんぎょう 　　　 3 はんきょう 　　　 4 はんこう

[5] 窓の向こうは霞がかかって景色がよく見えない。

1 かすみ 　　　 2 きり 　　　 3 しも 　　　 4 つゆ

問題2　＿＿＿＿の言葉を漢字で書くとき、最もよいものを、1・2・3・4から一つ選びなさい。

[6]　珍しく彼が<u>しんけん</u>な顔で何か考えが事をしている。

1　真検　　　　　　2　注目　　　　　　3　真剣　　　　　　4　普及

[7]　今日録画したドラマは<u>えいきゅう</u>保存版だね。

1　泳久　　　　　　2　永久　　　　　　3　永九　　　　　　4　泳急

[8]　角に足をぶつけたときに<u>ぶい</u>音がした。

1　鋭い　　　　　　2　屯い　　　　　　3　純い　　　　　　4　鈍い

[9]　何かと不便な今のアパートを引き<u>はらう</u>ことに決めた。

1　括う　　　　　　2　払う　　　　　　3　技う　　　　　　4　扱う

[10]　証拠として提出するには十分な<u>ぶんせき</u>が必要だ。

1　分析　　　　　　2　文析　　　　　　3　分析　　　　　　4　文折

問題3 (　　　　) に入れるのに最もよいものを、1・2・3・4から一つ選びなさい。

[11] 曲がり角では子供の飛び(　　　　)に注意する必要がある。

　　1 出し　　　　　2 蹴り　　　　　3 上り　　　　　4 込み

[12] 買って返ったものの(　　　　)良品だったので返品することにした。

　　1 不　　　　　2 総　　　　　3 否　　　　　4 改

[13] そのテレビ番組は稀にみる(　　　　)視聴率をたたき出した。

　　1 旧　　　　　2 急　　　　　3 超　　　　　4 高

[14] 留学先から帰国してくる友人が(　　　　)遠しい。

　　1 さち　　　　　2 まち　　　　　3 たち　　　　　4 けち

[15] 友人は先輩に恋(　　　　)いる。

　　1 あせって　　　　2 すがって　　　　3 こがれて　　　　4 せまって

問題4 (　　　　) に入れるのに最もよいものを、1・2・3・4から一つ選びなさい。

[16] ここのトイレは教職員(　　　　)の使用を禁止します。

1　以下　　　　　　2　以前　　　　　　3　以上　　　　　　4　以外

[17] 危篤状態の患者に対して敢えて(　　　　)の措置をとらなかった。

1　順延　　　　　　2　延命　　　　　　3　延期　　　　　　4　遅延

[18] 話し合いはどこまでも(　　　　)線で、結論は次回に持ち越しとなった。

1　水平　　　　　　2　公平　　　　　　3　平行　　　　　　4　平静

[19] 彼女のお客様への(　　　　)にはいつも感心させられる。

1　温厚　　　　　　2　相対　　　　　　3　応援　　　　　　4　応対

[20] 事態が(　　　　)になる前に一度話し合った方がいいと思うよ。

1　深刻　　　　　　2　否定　　　　　　3　心配　　　　　　4　不安

[21] 彼には(　　　　)な答弁を求めます。

1　明晰　　　　　　2　確率　　　　　　3　明確　　　　　　4　確信

[22] 彼女のおしゃれに関するセンスは(　　　　)で羨ましい。

1　抜粋　　　　　　2　抜群　　　　　　3　選抜　　　　　　4　奇抜

問題5 _____ の言葉に意味が最も近いものを、1・2・3・4から一つ選びなさい。

[23] 彼は壁にもたれるようにして立っていた。

    1 よりそう　　　　2 のしかかる　　　3 よりかかる　　　4 よせあつめる

[24] 父は何の前置きもなくいきなり怒り出した。

    1 ゆっくり　　　　2 突然　　　　　　3 急いで　　　　　4 ほどよく

[25] 数学に関してならいささか自信があるんだ。

    1 徐々に　　　　　2 かなり　　　　　3 少し　　　　　　4 だいぶ

[26] 彼女は自分の髪型をしきりに気にしている。

    1 むやみに　　　　2 わずかに　　　　3 細かく　　　　　4 詳しく

[27] この焼き物はもろいので慎重に扱ってください。

    1 かたい　　　　　2 うすい　　　　　3 ふさわしい　　　4 こわれやすい

問題6 次の言葉の使い方として最もよいものを、1・2・3・4から一つ選びなさい。

[28] そのうち

1 何度聞いてもそのうち何も教えてくれなかった。
2 この事件の真相はそのうち明らかになるだろう。
3 このレストランにはそのうち来たばかりです。
4 水泳は幼い頃からそのうち続けている趣味のようなものです。

[29] 偉大

1 今回の事件に至った偉大を詳しく話してください。
2 来週の学会までに偉大な量の資料を読みこなさなくてはならない。
3 私が卒業した高校には偉大な先輩たちが多くいる。
4 昨日の大雨は偉大な被害を及ぼすこととなった。

[30] ぐずぐず

1 彼はいつもぐずぐずしていて、周囲を和ませてくれる。
2 さっきから通りすがる人たちにぐずぐず見られているのはなぜだろう。
3 せっかく早起きをしたのにぐずぐずしていたら遅刻してしまった。
4 彼女の肌はぐずぐずしていてうらやましい。

[31] かっと

1 両親の安否が確認できてかっとした。
2 寝ている子猫にかっと触れてみた。
3 泣いている彼女を見て思わずかっと抱きしめた。
4 子供を叱っているときついかっとなって手をあげてしまった。

[32] 停電

1 残業をしていたら停電を逃してしまった。
2 近くに落ちた雷のせいで一時的に停電になった。
3 携帯の停電が切れてしまい連絡が取れなくなってしまった。
4 友人の結婚式に参列できなかったので停電を送っておいた。

問題7 次の文の（　　　）に入れるのに最もよいものを、1・2・3・4から一つ
選びなさい。

[33] 彼はうちに遊びに来る（　　　）お土産を持ってきてくれる。

1　たびに　　　　　2　として　　　　　3　なら　　　　　4　ように

[34] 一人では解決できない（　　　）いつでも相談に乗りますよ。

1　どころか　　　　2　ようなら　　　　3　ながら　　　　4　くせに

[35] 母（　　　）父までもインフルエンザにかかってしまった。

1　ばかりで　　　　2　だけでも　　　　3　だけなら　　　　4　ばかりか

[36] 彼女は先月見た（　　　）一度も見かけていない。

1　きり　　　　　　2　にも　　　　　　3　わりに　　　　　4　より

[37] 年の（　　　）最近新聞の小さな文字が読みにくくなった。

1　ついでに　　　　2　際して　　　　　3　せいか　　　　　4　限り

[38] テレビには今日を（　　　）引退する野球選手が映しだされていた。

1　さすかに　　　　2　かぎりに　　　　3　もとより　　　　4　いたって

[39] 息子は私たちと心配を（　　　）一人旅に出かけていった。

1　したところで　　2　とわず　　　　　3　禁じ得ず　　　　4　よそに

94

[40] 彼に相談した（　　　　）何の解決にもならないだろう。

　　1　とあれば　　　　2　ところで　　　　3　ので　　　　4　次第では

[41] この試合は一瞬（　　　　）見逃すことの出来ない好ゲームだ。

　　1　あいまって　　　2　たりとも　　　　3　即して　　　　4　ごときに

[42] 彼女は育児の（　　　　）在宅ワークでかなりの収入を得ている。

　　1　もとで　　　　　2　かたがた　　　　3　たびに　　　　4　かたわら

[43] その仕事は（　　　　）終わっているものと思っていた。

　　1　かわりに　　　　2　ともに　　　　　3　ことに　　　　4　とっくに

[44] 結婚とは（　　　　）しなければならないというものではない。

　　1　たまらず　　　　2　あまり　　　　　3　必ずしも　　　4　反面

問題8 次の文の＿★＿に入る最もよいものを、1・2・3・4から一つ選びなさい。

（問題例）

彼女の ＿＿＿＿＿＿ ＿＿＿＿＿＿ ＿＿★＿＿＿ ＿＿＿＿＿＿ にはいられなかった。

1 聞いたとき　　　2 悲しい　　　　3 泣かず　　　4 話を

（解答の仕方）

[1]　正しい文はこうです。

＿＿＿

　彼女の ＿＿＿＿＿＿ ＿＿＿＿＿＿ ＿＿★＿＿＿ ＿＿＿＿＿＿ にはいられなかった。
　　　　　 2 悲しい　　 4 話を　 1 聞いたとき　 3 泣かず

＿＿＿

[2]　＿＿＿★＿＿＿ に入る番号を解答用紙にマークします。

＿＿＿＿＿＿＿＿＿＿＿＿＿＿＿＿＿＿＿＿＿＿＿＿＿
　（解答用紙）　　（例）　●　②　③　④
＿＿＿＿＿＿＿＿＿＿＿＿＿＿＿＿＿＿＿＿＿＿＿＿＿

[45] 生まれ育った街を離れ ＿＿＿＿ ＿＿＿＿ ＿★＿ ＿＿＿＿大きい。

1 新しい場所で　　　2 不安の方が　　　3 暮すことには　　　4 期待よりも

[46] 走る前には必ず靴紐がしっかり ＿＿＿＿ ＿＿＿＿ ＿★＿ ＿＿＿＿ください。

1 結ばれているか　　2 して　　　3 各自確認を　　　4 どうか

[47] 友人がすごく面白いからと貸してくれた＿＿＿＿ ＿★＿ ＿＿＿＿ ＿＿＿＿ なかった。

1 DVDは　　　2 面白く　　　3 ちっとも　　　4 私にとっては

[48] 最近全く連絡を取っていなかったので ＿＿＿＿ ＿＿＿＿ ＿★＿ ＿＿＿＿です。

1 お元気そうで　　　2 いましたが　　　3 何より　　　4 心配して

[49] 自分の ＿＿＿＿ ＿★＿ ＿＿＿＿ ＿＿＿＿なってしまって本当に申し訳ない。

1 多くの人に　　　　　　　　2 不注意で
3 ちょっとした　　　　　　　4 迷惑をかけることに

今、新型インフルエンザが世界中で広がっている。

新型インフルエンザの特徴はせきや高熱、体の節々が痛くなる、また体が 50 といった事だ。それ以外に今回の新型インフルエンザは下痢などの症状が出やすいとも言われている。新型インフルエンザはほとんどの人はしっかりと安静にしていれば治る。しかし、肺や心臓などに病気のある人や妊婦、小さなこども、お年寄りは症状が重くなる事がある。だから 51 。

インフルエンザか、そうでないかを見分ける方法として日本では「簡易検査」という方法が行われている。鼻の奥の鼻水をとり、そこにどれくらいウイルスがいるか、特殊な薬品をまぜて調べる方法だ。ただ、この方法は発症してすぐだと、検査をすり抜けてしまう事もある。高熱や咳が出ていても、鼻の奥の鼻水にまだウイルスが増加していない事があるのだ。一度、簡易検査をしてインフルエンザじゃないといわれても、もし、その後、具合が悪くなったら病院に行ってみてもらう必要がある。

タミフルやリレンザなどの薬は充分にある。しかし、感染した時に症状 52 悪化するのを防ぐワクチンは 53 。そこで、ワクチンをうつ順番をきめる話し合いが行われている。今、考えられているのは、医師や看護師などの医療に携わる人、妊婦、重い病気の人、小学生未満の幼いこどもなど。足りていない分のワクチンは外国から輸入しようと考えられている。

インフルエンザは口や鼻から出るつばや鼻水を通して感染する事が多い。 54 咳やくしゃみが出るようになったら、人に移らないようにするためにマスク

をかける事が大事だ。また、ウイルスのまじったつばが手につくと、その手が色々なところを触ってどんどん広がっていってしまう可能性がある。そのため、しっかりと手洗いをするという基本的な事がとても大事なのだ。

[50]

1 体が優しくなる　　　　　　　2 体が楽しくなる

3 体がだるくなる　　　　　　　4 体が悲しくなる

[51]

1 インフルエンザは安易に考えてもいいのかもしれない。

2 インフルエンザを安易に考えてはいけない。

3 インフルエンザが安易に考えられているかもしれない。

4 インフルエンザを安易に考えていたのだろう。

[52]

1 は　　　　　　　2 を　　　　　　3 に　　　　　4 が

[53]

1 足りているのだろうか

2 足りていないはずがない

3 足りていた

4 足りていない

[54]

1 だから　　　　　2 なぜなら　　　　3 しかし　　　　4 どうして

問題10 次の(1)から(5)の文章を読んで、後の問いに対する答えとして最もよい
　　　　ものを、1・2・3・4から一つ選びなさい。

（1）

　　ある県の教員汚職(注1)事件があれだけニュースになったこともあって、教員の権
威(注2)はすっかり失われてしまった。

　　日本の学校では、キレる子どもやモンスターペアレントですら、もはや「お客
さま」である。そのうち、給食を配るのも教師の役割になって、教室や校庭の掃
除などは業者任せになるのではないかと、危惧している。

　　もっとも、日本では「お礼参り」と言えば、ずいぶん前から、学校の先生をぶ
ん殴ることをも意味するのだから、目上の人を尊敬する文化にはないに等しい。

（注1）汚職：職権や地位を濫用して、賄賂を取るなどの不正な行為をすること
（注2）権威：人に承認と服従の義務を要求する精神的・道徳的・社会的または法的威力

---

[55] この筆者が危惧していることとはどんなことか。

1　大分の教員汚職事件をきっかけとして、似たような事件が立て続けに起きていること
2　今や教員の権威というものが、すっかり地に落ちたものとなってしまっていること
3　日本の学校では生徒や保護者をお客さまと呼ばなければならないということ
4　学校において給食の配膳は教師、掃除は業者任せといったような状況になること

（2）

　19世紀末から20世紀初頭の近代日本は帝国主義(注1)華やかなりし時代だった。西洋近代文明が一気に流れ込んでき、既存の社会が解体され、個人主義が席巻(注2)する。価値観が多様化するようにも見えたが、世の中は拡大一辺倒へ。人間は磨耗(注3)され、国家が管理するようになった。それが1945年8月15日まで続く。

　終戦でリセットすればよかったが、その後も日本はアメリカニズムに乗っかり、「右へ倣え」で行け行けどんどんになった。

　そして今日、帝国主義は「グローバル化」、人間疎外は「ニート問題」に取って代わり、日常生活は大きな影に覆われている。

（注1）帝国主義：軍事上・経済上、他国または後進の民族を征服して大国家を建設しようとする傾向
（注2）席巻：圧倒的な勢いで自分の勢力範囲におさめること
（注3）磨耗：すり減ること

---

[56] 筆者は19世紀末から20世紀初頭にかけて世の中はどうなっていったと言っているか

1　価値観が多様化し、個人主義が世の中を席巻し人々が自由に興じる世の中になった。
2　拡大一辺倒となり、人間が磨耗され、国家が管理するような世の中になった。
3　西洋近代文明が一気に流出してきたが、日本独自の文化を貫き通す世の中になった。
4　決まった職業に就かない若者があふれ「ニート」が問題視される世の中になった。

（3）

火山の噴火には「破壊」のイメージが強い。だが、治癒力(注1)と言ってもいい自然の回復力と、そこ知れぬ人間の生き延びる力を同時に実感させてくれたのが、1991年6月に起きたフィリピン・ピナトウボ火山の大噴火だ。20世紀最大級とも言われている噴火は山頂の一部を吹き飛ばし、直徑2キロのカルデラが形成された。火口から15キロ圏内の山麓(注2)は天文学的な量の火山灰と噴出物で埋め尽くされ、乾期には「氷河地帯」と見間違う光景にすっかり変わった。

(注1) 治癒力：病気やけがが治っていく力のこと
(注2) 山麓：山のふもとや、山のすそ

[57] 筆者は火山の噴火にはどういったイメージが強いと言っているか。

1　火山の噴火には「自然の回復力」というイメージが強い。
2　火山の噴火には「破壊」のイメージが強い。
3　火山の噴火には「人間のサバイバル力」というイメージが強い。
4　火山の噴火には「氷河地帯」のイメージが強い。

（4）

　第29回目の夏季オリンピックも夏休みも過ぎ、九月の声を聞いてふと海の向こうへ目をやれば、平和にほど遠い国々のなんと多いことだろう。

　つい二ヶ月前、主要国首脳が賑々しく(注1)集まって、何やらつくり笑顔を振り向いていた間にも、地球温暖化や食糧危機への国際的な取り組み以前の、領土と資源と民族と宗教をめぐる争いが、大陸の至るところで続いていたのかと、いまごろあらためて思い至る。29回夏季オリンピックの開会式が華々しく行われていた、まさにそのときも、分離獨立を目指すグルジアの南オセチア州にロシア軍が侵攻して、いきなり歴史が五、六十年巻き戻されたかのような既視感(注2)に襲われた。

（注1）賑々しい：非常ににぎわしい、大層ににぎやかであること
（注2）既視感：それまでに一度も経験したことがないのに、かつて経験したことがあるように感じること

---

[58] 下線部はどういうことを意味しているか。

1　世界中には領土や資源、民族や宗教をめぐる争いが続いている国が多くあるということ
2　自国の平和について考えない人々が日本には多すぎるということ
3　地球温暖化や食糧危機への国際的な取り組みについてなかなか筋立てが決まらないこと
4　第29回夏季オリンピックの開会式が平和に何事もなく終われるかどうか分からないということ

（5）

メモは記憶のためのひとつの段階だ。メモしたからといって、なかなか覚えられるものではないが、いまやすっかり低下している記憶力を支えるためにも普段からノートとペンは放せない。

そして台本に至ってはご覧の通り。落書き状態。日ごとペンの色も変わるので汚い台本になる。こんなにメモをとっていたら、さぞかし、いい芝居ができると思われそうだが、それは関係なさそう。

どうやら才人は何度か台本を読むと、次から台本を開かなくても頭に台詞が刷り込まれているようだが、凡人の私はそういうわけにはいかない。何度も何度も読む。

[59] 著者は台本の台詞をどのようにして覚えているといっているか。

1　台詞をノートにペンで書き写して覚えている。
2　記憶力が衰えて全く覚えられない。
3　何度も何度も読んで台詞を覚えている。
4　数回読むだけでほとんどを覚えている。

問題11 次の (1) から(3)の文章を読んで、後の問いに対する答えとして、最もよいものを、1・2・3・4から一つ選びなさい。

(1)

「九州ではもうコメの栽培ができなくなるのかもしれない」

H県で50年近くコメ作りをしてきた男性 (68) が7月下旬、①こう話し、首筋に流れる汗をタオルでぬぐった。

H県は年間約15万7400トンのコメを収穫する。かつて穀倉地帯(注1)といわれたS地区も、いまやその勢いはない。

理由は「暑すぎるから」。屋外なのに、ビニールハウスの中のようにムシムシする(注2)。日中の気温は軽く30度を超える。コメの生育過程で、最も重要といわれるのが、出穂期の天候だ。穂が出て受粉が終わるまでの約20日間に冷夏、日照時間不足などが続くと、収穫量、品質を左右する。栽培地域などによる違いはあるものの、一般には8月から9月上旬にかけてが、②その時期にあたる。その出穂期の気温が、S地区では過去30年間で軒並み(注3)上昇した。8月上旬から9月下旬にかけて、それ以上になったらコメの品質が下がるといわれる「26度ライン」を上回るようになったのだ。

前出の男性は、そうした高温による被害を避けようと、昨年、田植えの時期を1週間ほど遅らせてみた。しかし、収穫できたコメは、収穫後の検査で品質の最も良い、1等米にならず、2等米と3等米だけだった。

(注1) 穀倉地帯：穀物の主要産地
(注2) ムシムシする：蒸し暑いさま
(注3) 軒並み：どこもかしこも

---

[60] ①こうとあるが、何のことをさしているのか。

1 暑すぎて米作りをすることが体力的に無理かもしれないということ
2 九州ではもう米作り出来なくなるかも知れないということ
3 米の出荷が今年は例年に比べ遅くなるかもしれないということ
4 今年は品質検査の基準が非常に厳しいものになるかもしれないということ

[61] ②その時期とあるがいつのことをさしているのか。

1 コメの生育過程で最も重要な出穂期
2 日中の気温が30度を超える日が続く時期
3 日照時間がだんだんと短くなっていく時期
4 毎年、米の品質検査が行われる時期

[62] 男性は米の高温被害を避けるためにどのような工夫をしたか。

1 田植えの時期を20日早めるという工夫をした。
2 田植えの時期を1週間遅らせるという工夫をした。
3 収穫の時期を3週間早めるという工夫をした。
4 収穫の時期を2週間遅らせるという工夫をした。

（2）

> 猛威（注1）をふるう「新型インフルエンザ」対策で、マスクや抗菌製品の売れ行きが好調だが、さらに一歩進んで"除菌機能"がついた空気清浄機も今人気だという。
>
> 「通常、①空気浄証機に求める機能は、『花粉』『脱臭』『たばこの煙』などの除去が一般的ですが、今年は『除菌』が圧倒的。販売台数の大半も、"除菌系"が占めていますね」とは、「Y電機」の販促（注2）POP室長の村上さん。例年とはラインナップが異なるので単純な比較は困難だと断りながらも、空気清浄機としては、前年比160〜170％くらいの販売台数だという。
>
> 中でも、アレル物質、ウイルス、カビ菌などを分解・除去する「プラズマクラスター」技術を搭載（注3）したS社製品や、②新型インフルエンザ向けの新商品を発表したK社の「ウイルスウォッシャー機能」を搭載した製品が人気で、K社製品は、在庫（注4）がかなり少なくなっているという。メーカーのK電機も「問い合わせも多いですし、在庫もだんだん少なくなっていますね」と反響が大きいようだ。
>
> 「通常は6畳で1万5000円からですが、③除菌機能が付いた空気清浄機は3万円から。値段が高くなりますが、小さいお子様がいる家庭に人気ですね」とは、LABI渋谷店の店頭スタッフ。報道が加速した8月末の週末は、売場でスタッフの"説明待ち"ができたというから、注目度の程度が分かる。
>
> （注1）猛威：はげしい勢いがあること
> （注2）販促：販売促進の略称
> （注3）搭載：船・車・飛行機などに資材を積み込むことから転じて、ここでは新商品に新しい機能がつくという意味
> （注4）在庫：倉庫にまだ商品があること

[63] ①空気清浄機に求める機能として今年は何が一番多いとあるか。

　1　花粉
　2　脱臭
　3　除菌
　4　タバコの煙

[64] ②新型インフルエンザ向けの商品を発表したK社のこの商品の在庫状況はどうだといっているか。

　1　予約があまり入らずかなりあまっている。
　2　問い合わせはあるものの購入に至る客は少ない。
　3　反響は大きいがまだまだ在庫は数多くある。
　4　在庫はかなり少なくなっている。

[65] ③除菌機能が付いたものは値段が上がるが、こういった商品はどのような層の人々に人気があると言っているか。

　1　湿気がたまりやすくカビの生えやすい家庭
　2　小さな子供のいる家庭
　3　アレルギーを持った子供がいる家庭
　4　家電製品に関心の高い家庭

（3）

　　空港から車で40分ほど。市内に入って側道を折れ、しばらく行くと砂利道にな
る。すると、プレハブ小屋がいくつか見えてくる。かつてそこに①「ワンちゃんの
里親ホーム」と称する、捨て犬引き取り施設があった。

　　「これ以上悲しいわんこが増加しないように（中略）共に暮らせなくなった愛犬
を引き取る（中略）民間施設ができた」

　　そんな広告が2008年の夏、市内を中心に配られるフリーペーパーなどに載るよ
うになった。

　　引取金額は犬種や年齢、血統書の有無によって異なるが、ある程度の引取料金
を犬を手放す飼い主から集めていた。さらに、それらの犬がほしいという新たな
飼い主からも2万円程度を取る、という②ビジネスモデル(注1)。

　　2009年春先には約100匹の犬がこの施設で目撃(注2)されているが、③この時点で
崩壊の気配があった。世話にあたるのは経営者の妻と2人の宗業員だけだったと見
られ、小型犬は積み上げられたケージのなかに入れっぱなし、大型犬はプレハブ
のなかに詰め込まれていたようだ。

　　3月、地元の動物愛護団体が問題視し、この施設に立ち入った。メンバーらが
直接、目で見たのは、多数の死骸(注4)だった。ケージのなかで凍りついたゴールデ
ンレトリバー、カラスに食べられた形跡のあるチワワ、あばらの浮き出たフレン
チブルドッグ……。約20匹を火葬したという。

(注1) ビジネスモデル：そのビジネスの仕組み
(注2) 目撃：事件や出来事をその場で実際に、はっきり見ること
(注3) 死骸：人や動物の死後の肉体のこと

[66] ①「ワンちゃんの里親ホーム」は当初はどのような触れ込みで話題となったか。

　1　フリーペーパーも発行するペットショップ
　2　大型犬だけを専門に販売するペットショップ
　3　共に暮らせなくなった愛犬を引き取る民間施設
　4　犬の火葬を引き受ける民間施設

[67] この施設はどのような②ビジネスモデルをとっていたか。

　1　無償で飼えなくなった愛犬を引き取り、新たな飼い主からは１万円程度を取る。
　2　飼えなくなった愛犬の中でも小型犬のみを引き取り、新たな飼い主から２万円を取る。
　3　年齢や血統書の有無に関係なく、一定の金額を飼えなくなった愛犬の飼い主から徴収し、新たな飼い主には無償で犬を提供する。
　4　ある程度の引取料金を犬を手放す飼い主から集め、それらの犬がほしいという新たな飼い主からも2万円程度を取る。

[68] ③この時点とあるが、これはいつのことか。

　1　2008年の夏、フリーペーパーに掲載されたとき
　2　この施設を設立したばかりのとき
　3　市内を中心にこの施設の人気が高まってきたとき
　4　2009年春先に約100匹の犬がこの施設で目撃されたとき

問題12 次の文章は、「相談者」からの相談と、それに対するＡとＢからの回答である。三つの文章を読んで、後の問いに対する答えとして、最もよいものを、1・2・3・4から一つ選びなさい

相談者

　現在うちの娘は小学4年生です。最近、お母さん仲間の間での話題の中心といえば、子どもの中学校進学問題です。中学校は地元の公立中学校に進学させるか、それとも進学塾に通わせて、私立の中学校に進学させるか、そういった話題で持ちきりです。私の夫は有名な中高6年一貫の私立校の教員なのですが、いじめや授業崩壊などこれまで公立校にはあって、私立校にはないとされてきた問題のすべてが私立校にも存在すると言うのです。独自の教育理念や、教育方針、教育プランによって教育を行う私立校の実態が表に出にくいというのは確かに理解できますが、いまだ根強く私立校が「いじめや暴力のない環境での質の高い教科学習」を受けることの出来る場所というイメージがある以上、私も娘にはよりよい環境でいい教育を娘には受けさせたいですから、娘を私立中学に進学させたいという思いは少なからずあります。皆さんの中学進学に関する意見をお聞かせください。

回答者A

　私は息子を私立の中学に通わせています。今や私立校に行くということは、特異なことではなくなりました。生徒と保護者である親には学校を選び取るという自由がありますから、私たち親子は私立校に通うことを選択しました。私たちが私立校を選んだ最大の理由は大学進学です。息子は中高一貫の私立校に通っているのですが、中学生の時点からすでに大学入試を意識した教育プログラムによって授業が組まれています。私も大学入試を経験しましたが、入試1年前になってようやく学校側が真剣に大学入試に取り組み始める、といった状況で非常に苦労した

思い出があります。息子にはそういった思いはさせたくない、というのと、私立校には大学進学のあらゆるノウハウを持った先生がおり、まず入試対策への不安は解消されますし、そういった先生の下には大学入試に関する多くの情報が集まってきます。私は私立への進学は将来の大学進学というところにも繋がっていくということを考えると、私立校への進学は大変意味のあるものだと思います。

回答者B

　私は子どもを公立の中学校へ通わせています。地域の人々とのつながりと言うのは子どもにとっても親の私にとっても財産です。公立校に通わせてよかったと思っています。公立校の場合、保護者と地域社会が協力し、学校と一丸となって子供たちを育てていく努力をします。私立に行くということは、そう言った関係性を断ち切ることにもなり、それはあまりにも惜しいことのような気がしたのです。そして、様々な家庭で成長した色々な子供たちと共に学び、交流できることも、子供たちの精神面での成長においてはとても重要なことだとも考えました。家庭環境が様々ですから、時には子供たち同士のぶつかり合い、子供対教師のぶつかり合いも出てくるでしょう。そうしたぶつかり合いが、授業妨害やけんかを引き起こす原因となることもあるでしょう。しかし私は、子どもをそうした問題があるなかでもたくましく生き抜いていく術を身につけさせるのもいいのかなと思うのです。

[69] 質問者はいまだ私立校に対して根強く残るイメージをどのようなものだと言っているか。

1　いじめや暴力のない環境での質の高い教科学習を受けることの出来る場所
2　大学進学の際に有利な条件が整っている最高の場所
3　学校と保護者のつながりが非常に密で生徒一人一人を見てくれる場所
4　度々授業妨害によって授業が成り立たない状況が、幾度となく繰り返されている場所

[70] 「相談者」の相談に対するAとBの回答について、正しいのはどれか。

1 Aは息子の意見を尊重して私立校に進学させ、Bは親の意見を最優先にして子どもを公立校に進学させたと言っている。

2 Aは自分の経験の苦労から、大学進学を中学校の時点から行う私立校をすすめ、一方Bは地域社会とのつながりという点を重視して公立校をすすめている。

3 AもBも中学校では学習面ばかりでなく、子供の精神面での成長も大事にしなければならないと言っている。

4 Aは大学進学においてあまり積極的ではない公立校を痛烈に批判し、Bは公立校における問題点には一切触れず、長所だけを述べている。

問題13 次の文章を読んで、後の問いに対する答えとして、最もよいものを、1・2・3・4から一つ選びなさい。

　　国内唯一のＰＨＳ事業者となったＷ社が、全国各地の無線基地局を“地域の防災”に活用する①ビジネスを加速させている。

　　この9月上旬から、Ｗ社は、中部地方の4ヵ所のＰＨＳ基地局に、Ｍ社と共同開発した「雨量計測器」を設置し、通信ネットワークを使用して雨量の実測データを常時接続・集計して浸水予測などに有用に使えるように2年間の試験運用を始めている。

　　新しい点は、これまで災害対策においての主流だった「予測の精度を上げて対策を練る(注1)」から、実際にゲリラ豪雨(注2)などが頻発する「要注意地点の実測データをそのまま使って対策の実効性を高める」に発想を転換したところ。想定する売り込み先は、水害対策に悩む地方自治体である。

　　ＰＨＳは、1つの大型基地局で広域をカバーする携帯電話と異なり、網の目(注3)のように張り巡らせた小型基地局で狭域を受け持つ。だからこそ、可能なビジネスで、通信が1ヵ所に集中して機能を失うことはないので、非常時は通信手段の確保にも優位性がある。

　　Ｗ社の次世代事業推進室課長は、「②今後、5〜10年で約2万ヵ所に雨量計測器を設置したい」と力を込める。単純計算で、年間約5万円×約2万局、約10億円の売り上げ増になる。

　　もとより、Ｗ社は、東北地方の過疎(注4)地域でＰＨＳを使ったブロードバンド環境の整備に取り組んでおり、沖縄県では町全体でＰＨＳのイントラネット網を構築して各家庭に防災、医療、教育など地域の生活情報を配信している。

　　近年、加入者の減少傾向など、ＰＨＳに対する逆風が吹くなかで、既存の資産を活用して副収入を稼ぎつつ、社会インフラとしての存在意義も訴えかけようという目論見(注5)のようだ。

```
（注１）練る：何度も考えていっそうよくすること
（注２）ゲリラ豪雨：2006年頃から広く浸透し使われるようになった予測が困難な集中豪雨
　　　　を指す語
（注３）網の目：緻密に組まれているもののたとえ
（注４）過疎：ある地域の人口などが少なすぎること
（注５）目論見：計画
```

[71] W社はどういった①ビジネスを加速させているのか。

1　雨量計測器を販売するビジネス
2　災害予測の精度を上げて対策を練り情報提供するサービス
3　全国各地の無線基地局を"地域の防災"に活用するビジネス
4　国内唯一のPHS販売会社としてPHSを普及させるビジネス

[72] ②今後、5〜10年でW社がしたいこととは何か。

1　雨量計測器の試験運用をはじめること
2　約2万ヵ所に雨量計測器を設置すること
3　携帯電話のように1つの大型基地局で広域をカバーすること
4　東北地方と沖縄県に雨量計測器の設置すること

[73] PHSは近年、世の中ではどのようなものとしてみなされているか。

1　加入者の減少傾向などにより、ＰＨＳに対する逆風が吹いているもの
2　携帯電話よりも使いやすく便利で多くの情報を手にすることが出来るもの
3　地方自治体よりも都心部に近い地域でPHSはその有用性を発揮しているもの
4　あらゆる災害時にすばやく情報を手に出来る優れたもの

問題14 次はとある美術館にある、美術関連の図書が所蔵してあるアートライブ ラリーの利用案内である。下の問いに対する答えとして、最もよいものを、 1・2・3・4から一つ選びなさい。

[74] アートライブラリご利用中はどうしておかなければならないか。

1 貴重品を持ち歩かなければならない。
2 傘を持参した場合は傘を持ち歩かなければならない。
3 必ず携帯電話の電源を切っておかなければならない。
4 閲覧証を目につきやすいところにつけなければならない。

[75] 一回に閲覧できる冊数以上閲覧したい場合は、どうすればいいですか

1 一回につき100円を支払わなければならない。
2 自由に閲覧することが出来るので申請などの必要はない。
3 閲覧中の資料を返却して、再度申請しなければならない。
4 閲覧証を受付カウンターで見せるだけでよい。

アートライブラリご利用案内

位置
・2階　レストラン・アクア対面　国立公文書館側
・2階　常設展示場出口から右手奥

開室日
・火曜日～土曜日
　＊閉室日：日・月曜日、祝祭日、美術館の休館日、年末年始および特別整理期間

開室時間
・10：30～17：00
　＊閉架資料閲覧、および複写申請の受付は16：30で締め切りとなります。

入室の前に
・コートやバッグなどは、閲覧室には持ち込めません。
・貴重品、筆記用具以外はコインロッカーにお預けください。
・ロッカーは使用時に100円が必要となりますが、返金されます。
・傘は傘立をご利用ください。
・飲食物の持ち込みはご遠慮ください。

利用方法
・受付カウンターにて『閲覧証』をお受け取りになり、カウンター備え付けの用紙に、所定の事項をご記入の上、ご利用ください。アートライブラリご利用中は、『閲覧証』を目につきやすい場所におつけください。『閲覧証』はお帰りの際に、カウンターまでご返却ください。
・アートライブラリの資料は、館外への貸出しはおこなっておりません。複写サービスはご利用いただけます。
・アートライブラリ内での携帯電話等のご使用、および飲食や喫煙はご遠慮下さい。

閲覧
・閲覧室の開架書架にある図書、カタログ、雑誌は、ご自由にご覧いただけます。
・アートライブラリの資料は、多くのものが閉架書庫に入っています。閉架資料をご利用の場合は、検索用端末でご希望の資料を検索し、書名・誌名・請求番号などを「図書閲覧申請書」にご記入の上、カウンターまでお持ちください。
・1回に閲覧できる閉架資料は5冊までです。さらに申請される場合は、さきに閲覧中の資料を返却して、再度申請してください。
・特定の資料に関しては、保存上などの理由により閲覧できない場合もございます。

●_T094~098

問題1では、まず質問を聞いてください。それから話を聞いて、問題用紙の1から4の中から、最もよいものを一つ選んでください。

ばん
1番

1．駐車場に止めてある車に荷物を運んでほしい。
2．本社まで荷物を運んで行ってほしい。
3．荷物の重さを一緒に計ってほしい。
4．会社の車を運転してほしい。

2番

ア： 承諾書に自分のサイン
イ： 承諾書に親のサイン
ウ： 承諾書に親の印
エ： 承諾書に自分の学校名

1．ア、イ
2．イ、ウ
3．ウ、エ
4．ア、ウ

3番

1．健康づくりのため
2．ダイエットのため
3．ストレス発散のため
4．マラソン大会に出場するため

4番

ア：野球

イ：ピアノ

ウ：水泳

エ：習字

1．ア、イ

2．ウ、エ

3．ア、エ

4．イ、ウ

5番

1．一緒に車で行くことにした。

2．一緒にタクシーで行くことにした。

3．一緒に電車に乗って行くことにした。

4．一緒に歩いて行くことにした。

問題 2

_T099~104

　問題 2 では、まず質問を聞いてください。そのあと、問題用紙のせんたくしを読んでください。読む時間があります。それから話を聞いて、問題用紙の 1 から 4 の中から、最もよいものを一つ選んでください。

1番

1．外国の企業に就職したいと考えているから
2．就職の面接で英語で話しかけられた時に動揺したくないから
3．海外旅行に行った際、その国の人たちとの交流を楽しみたいから
4．海外ドラマが好きで、出てくる登場人物にあこがれているから

2番

1．仕事を休むこと
2．薬局に行くこと
3．薬を買うこと
4．病院に行くこと

3番

1. 自分が気に入るデザインがなかったから
2. 脚がきれいに見えるようなデザインではなかったから
3. 自分に合うサイズがなかったから
4. あまりに奇抜なデザインだったから

4番

1. 朝寝できる時間が減ること
2. 昼食を買いに行く時間の削減
3. 趣味を増やすこと
4. 昼食代の節約

5番

1. 子供が生まれ、子供への影響を考えたから
2. 禁煙するように妻に言われたから
3. タバコが人体に与える影響を説明する番組を見たから
4. 医者にタバコをやめるようにすすめられたから

6番

1. 7つ下のいとこと話がかみ合わなかったから
2. 6つ下の女性と話がかみ合わなかったから
3. 仕事をするにはより若い方が良いと言われたから
4. 部下たちにおじさんだと言われたから

問題3

_T105~109

　問題3では、問題用紙に何もいんさつされていません。この問題は、全体としてどんな内容かを聞く問題です。話の前に質問はありません。まず、話を聞いてください。それから、質問とせんたくしを聞いて、1から4の中から、最もよいものを一つ選んでください。

　― メモ ―

問題 4

問題4では、問題用紙に何もいんさつされていません。まず、文を聞いてください。それから、それに対する返事を聞いて、1から3の中から、最もよいものを一つ選んでください。

― メモ ―

問題5

_T122~124

問題5では長めの話を聞きます。この問題には練習はありません。問題用紙にメモを取ってもかまいません。

1番・2番

問題用紙に何もいんさつされていません。まず、話を聞いてください。それから、質問とせんたくしを聞いて、1から4の中から、最もよいものを一つ選んでください。

― メモ ―

3番
ばん

　まず、話を聞いてください。それから、二つの質問を聞いてそれぞれ問題用紙の1
から4の中から、最もよいものを一つ選んでください。

質問1
しつもん

1．あえて夫婦一にした方がよい。
2．子供たちと一にした方がよい。
3．夫婦別にした方がよい。
4．自分たちの好きにした方がよい。

質問2
しつもん

1．面積のこと
2．費用のこと
3．部屋の間取りのこと
4．新築の有無

정답 및 해설

정답

언어지식(문자 · 어휘, 문법) · 독해

問題1	**1** (3)	**2** (4)	**3** (2)	**4** (1)	**5** (4)
問題2	**6** (2)	**7** (2)	**8** (3)	**9** (1)	**10** (4)
問題3	**11** (4)	**12** (3)	**13** (2)	**14** (3)	**15** (1)
問題4	**16** (1)	**17** (1)	**18** (4)	**19** (3)	**20** (2)
	21 (3)	**22** (2)			
問題5	**23** (4)	**24** (2)	**25** (3)	**26** (3)	**27** (1)
問題6	**28** (1)	**29** (3)	**30** (3)	**31** (4)	**32** (2)
問題7	**33** (3)	**34** (3)	**35** (1)	**36** (4)	**37** (2)
	38 (1)	**39** (2)	**40** (4)	**41** (3)	**42** (1)
	43 (4)	**44** (3)			
問題8	**45** (2)	**46** (3)	**47** (1)	**48** (3)	**49** (2)
問題9	**50** (4)	**51** (3)	**52** (2)	**53** (1)	**54** (4)
問題10	**55** (1)	**56** (3)	**57** (2)	**58** (1)	**59** (1)
問題11	**60** (4)	**61** (3)	**62** (2)	**63** (3)	**64** (2)
	65 (1)	**66** (3)	**67** (1)	**68** (4)	
問題12	**69** (3)	**70** (1)			
問題13	**71** (4)	**72** (2)	**73** (3)		
問題14	**74** (2)	**75** (3)			

청해

問題1	**1** (3)	**2** (4)	**3** (2)	**4** (3)	**5** (1)
問題2	**1** (4)	**2** (4)	**3** (2)	**4** (1)	**5** (2)	**6** (3)
問題3	**1** (1)	**2** (3)	**3** (4)	**4** (3)	**5** (1)
問題4	**1** (2)	**2** (3)	**3** (1)	**4** (2)	**5** (3)	**6** (1)
	7 (1)	**8** (3)	**9** (2)	**10** (2)	**11** (3)	**12** (1)
問題5	**1** (3)	**2** (1)	**3** 1) (4)	**2**) (2)		

문제1 _____의 단어의 읽는 방법으로 가장 알맞은 것을 1 · 2 · 3 · 4에서 하나 고르세요.

1 사장의 심기를 살피면서 일하는 것은 매우 피곤하다.
단어 伺うかがう 살피다 | 働はたらく 일하다
정답 3

2 공기가 건조한 시기는 화재가 많아진다.
단어 時期じき 시기 | 火事かじ 화재
정답 4

3 감기에 걸렸을 때는 따뜻하게 하고 자는 것이 제일이다.
단어 風邪かぜ 감기 | 温あたたかい 따뜻하다
정답 2

4 그는 의학계의 직장의 모두로부터 절대적인 신뢰를 얻고 있다.
단어 界かい (접미어) ~범위의 안, 사회 | 皆みな 모두 | 信頼しんらい 신뢰 | 得える 얻다 | 絶大ぜつだい 막대함, 강력함, 막강함 = 莫大ばくだい · 甚大じんだい
정답 1

5 그 지진에서 사망자가 나오지 않았던 것은 불행 중 다행이다.
단어 地震じしん 지진 | 死者ししゃ 사망자 | 不幸ふこう 불행 | 幸さいわい 다행
정답 4

문제2 _____의 단어를 한자로 쓸 때, 가장 알맞은 것을 1 · 2 · 3 · 4에서 하나 고르세요.

6 갑자기 큰 방울의 비가 내려왔다.
단어 突然とつぜん 돌연, 갑자기 | 大粒おおつぶ 큰 방울
정답 2

7 학생을 모아서 긴급 집회가 열렸다.
단어 集あつめる 모으다 | 緊急きんきゅう 긴급 | 開ひらく 열다 | 生徒せいと 학생
정답 2

8 그 이야기를 듣고 쓸데없이 불안이 커졌다.
단어 余計よけい 쓸데없음 | 不安ふあん 불안 | 増ます 늘어나다, 불어나다 | 外はずす 떼다
정답 3

9 신입사원은 연수를 받고, 정식으로 현장에서 일할 수 있다.
단어 新入社員しんにゅうしゃいん 신입사원 | 晴はれて 정식으로 | 現場げんば 현장 | 研修けんしゅう 연수
정답 1

10 명확한 목표가 좀처럼 정해지지 않는다.
단어 目標もくひょう 목표 | 定さだまる 결정되다 | 明確めいかく 명확
정답 4

문제3 (   )에 들어갈 가장 알맞은 것을 1·2·3·4에서 하나 고르세요.

11 저 터널은 쭉 미완성인 채이다.
단어 トンネル 터널 | 未完成みかんせい 미완성 | 変更へんこう 변경 | 登録とうろく 등록 | 調節ちょうせつ 조절
해설 명사+の+~まま 그 상태 그대로
유사표현으로는 '동사 ます형+~っぱなし가 있다.
• 電灯でんとうをつけっぱなしでおく。
전등을 켠 채로 내버려 두다.
정답 4

12 주변은 완전 어둑해졌다.
단어 すっかり 완전히 | 薄暗うすぐらい 어둑하다
정답 3

13 생선의 비린내를 좋아하지 않습니다.
단어 におい 냄새 | 生臭なまぐさい 비린내가 나다
정답 2

14 자원 쓰레기는 재이용되어, 다른 것으로 재탄생합니다.
단어 資源しげん 자원 | ごみ 쓰레기 | 別べつ 다름 | 生うまれ変かわる 환생하다 | 再利用さいりよう 재이용 | 準じゅん (접두어) 비슷하게 하다 | 現げん (접두어) 실제로 존재하다, 지금 있다
정답 3

15 자신이 차분해질 수 있는 장소가 있다는 것은 행복한 일이다.
단어 幸しあわせだ 행복하다 | 落おち着つく 안정되다, 차분하다, 잠잠해지다
정답 1

문제4 (   )에 들어갈 가장 알맞은 것을 1·2·3·4에서 하나 고르세요.

16 슈퍼의 배달 서비스는 노인이나 주부에게 인기입니다.
단어 お年寄としより 노인 | 主婦しゅふ 주부 | 人気にんき 인기 | 速達そくたつ 속달 | 象徴しょうちょう 상징 | 伝達でんたつ 전달 | 配達はいたつ 배달
정답 1

17 인기가수의 결혼이 신문 표제를 떠들썩하게 했다.
단어 歌手かしゅ 가수 | 結婚けっこん 결혼 | にぎわせる 떠들썩하게 하다 | 見出みだし 표제 | 見みかけ 겉보기 | 見方みかた 견해
정답 1

18 강의가 끝나자 학생들은 일제히 일어섰다.
단어 講義こうぎ 강의 | 立たち上あがる 일어서다 | 一向いっこう 완전히, 오로지 | 一段いちだんと 한층, 더욱 | 一切いっさい 일체, 모두 | 一斉いっせいに 일제히
정답 4

19 이 지방에서는 매년 젊은이의 숫자가 줄어들고 있다.
단어 地方ちほう 지방 | 若者わかもの 젊은이 | 数かず 숫자 | 減へる 줄다 | 年中ねんちゅう 연중 | 年々ねんねん 해마다
정답 3

20 그는 순간의 판단에 의해 화를 피했다.
단어 判断はんだん 판단 | 難なん 화, 재난 | 逃のがれる 피하다, 면하다 | とっさ 순간적, 순식간 = 瞬間しゅんかん
정답 2

21 좀 전부터 끊임없이 시간을 신경 쓰고 있다.
단어 気きにする 신경 쓰다 | しきりに 끊임없이
정답 3

22 공부를 하지 않는 데 비해서는 잘한 편이다.
단어 ~割わりには ~에 비해서는
정답 2

문제5 _____의 단어에 의미가 가장 가까운 것을 1·2·3·4에서 하나 고르세요.

23 약속 시간을 넘기고 가까스로 그는 나타났다.
단어 過すぎる 지나다 | 現あらわれる 나타나다
ようやく 겨우, 이럭저럭, 간신히 = やっと 겨우, 간신히
• やっと夢ゆめが実現じつげんした。겨우 꿈이 실현되었다.
정답 4

24 당신에게 이런 것을 부탁하는 것은 괴롭습니다.
단어 頼たのむ 부탁하다 | 悲かなしい 슬프다 | 悔くやしい 억울하다 | 厳きびしい 엄격하다 | 心苦こころぐるしい 마음이 괴롭다, 죄송하다 = 申もうし訳わけない 면목 없다
정답 2

25 올해는 우수한 신입사원이 많아서 앞으로가 기대된다.
단어 先さき 앞 | 楽たのしみ 즐거움, 재미 | 優秀ゆうしゅう 우수 | 優すぐれる 뛰어나다, 우수하다, 탁월하다 = 抜ぬきん出でる 빼어나다, 출중하다
정답 3

26 이런 기분을 가진 채로는 해나갈 수 없어.
단어 抱かかえる 안다, 맡다 | やりきれない 해나갈 수 없다, 참을 수 없다 = 耐たえられない, かなわない
정답 3

27 그 인형은 오래되고 부서지기 쉬우므로 취급에는 주의를 해 주세요.
단어 人形にんぎょう 인형 | 扱あつかい 취급 | 脆もろい 무르다, 부서지기 쉽다 = 壊こわれやすい
정답 1

문제6 다음 단어의 사용법으로서 가장 알맞은 것을 1·2·3·4에서 하나 고르세요.

28 전공
1. 그가 전공하고 있는 것은 로봇 공학 분야이다.
2. 항상 전공에 서서 정리해 주는 그녀에게 감사하고 있다.
3. 모처럼의 기회이니까 당신이 전공하는 것을 먹읍시다.
4. 상품의 전공을 했는데도, 아무리 시간이 지나도 도착하지 않는다.

단어 ロボット 로봇 | 工学こうがく 공학 | 分野ぶんや 분야 | 感謝かんしゃ 감사 | 機会きかい 기회 | 商品しょうひん 상품 | 経たつ 지나다 | 届とどく 도착하다 | 専攻せんこう 전공

정답 1

29 규칙
1. 유학은 자신의 시야를 넓히는 좋은 규칙이 됩니다.
2. 직장의 실내 온도는 항상 규칙에 유지되고 있습니다.
3. 고등학교 시절에는 학교 규칙을 지키고, 모범적인 생활을 했었다.
4. 이 꽃병은 깨지기 쉽기 때문에, 규칙적으로 취급해 주세요.

단어 視野しや 시야 | 広ひろげる 넓히다 | 室内しつない 실내 | 温度おんど 온도 | 常つねに 항상 | 保たもつ 유지하다 | 高校時代こうこうじだい 고등학교 시절 | 守まもる 지키다 | 模範的もはんてき 모범적 | 生活せいかつ 생활 | 花瓶かびん 꽃병 | 割われる 깨지다 | 扱あつかう 취급하다 | 規則きそく 규칙

정답 3

30 어디까지나
1. 지금 시간이라면 어디까지나 시간에 맞을 것이라 생각합니다.
2. 매일 매일 쌓아올린 것은 어디까지나 결과로 맺어지는 것입니다.
3. 이 문제는 어디까지나 본인들의 문제이므로 끼어드는 것은 그만둡시다.
4. 우리들은 일류 발레 댄서의 연기에 어디까지나 감동했다.

단어 間まに合あう 시간에 대다 | 日々ひび 매일 | 積つみ重かさねる 거듭하다 | 結果けっか 결과 | 結むすび付つく 결부되다 | 問題もんだい 문제 | 首くびを突つっ込こむ 깊이 관여하다 | 一流いちりゅう 일류 | バレーダンサー 발레 댄서 | 演技えんぎ 연기 | 感動かんどう 감동 | あくまで 어디까지나

정답 3

31 주목
1. 그는 항상 주목을 높게 가지고, 매일 노력을 거듭하고 있다.
2. 수업 중에는 항상 주목하고 싶다고 생각하지만, 무심코 하품이 나와 버린다.
3. 이 회의는 주목이므로 절대로 늦지 않도록 하세요.
4. 그녀는 용자단려하여 항상 모두의 주목의 대상이 되고 있다.

단어 努力どりょく 노력 | つい 무심코, 그만 | あくび 하품 | 絶対ぜったい 절대 | 容姿端麗ようしたんれい 용자단려 |

的まと 대상, 표적 | 注目ちゅうもく 주목

정답 4

32 그 정도
1. 역시 유명한 주방장이 만든 요리는 그만큼 맛있군요.
2. 그의 실력이 그 정도는 아니라고 들어서 약간 유감스럽군요.
3. 그 정도 시간이 있었기 때문에 잊은 물건을 가지러 돌아갔습니다.
4. 오는 것이 너무 늦기 때문에 그 정도 전화를 걸었습니다.

단어 シェフ 셰프, 주방장 | 美味おいしい 맛있다 | 実力じつりょく 실력 | 残念ざんねん 아쉬움 | 忘わすれ物もの 잊은 물건 | それほど 그 정도, 그다지 = 그렇게, 그 정도, 그다지 = 그렇게, 그런게, 그저, 그다지 = そんなに, それくらい

정답 2

문제7 다음 문장의 ( )에 들어갈 가장 알맞은 것을 1·2·3·4에서 하나 고르세요.

33 학교에 가려고 밖으로 나가자마자 비가 내리기 시작했다.

단어 降ふり出だす ~하기 시작하다

해설 ~とたん(に)(~하자마자)는 동사 た형에 접속하여 동시성과 더불어 인과 관계를 나타낸다. 유사 표현으로 '~かと思おもうと', 동사 기본형에 붙는 표현은 '~や否いなや, ~と同時どうじに, ~が早はやいか'가 있다.

정답 3

34 그의 발언에는 그저 어이없을 뿐이다.

단어 発言はつげん 발언 | ただただ (ただ의 강조) 그저 | あきれる 어이가 없다

해설 ~ばかり(~만, ~뿐)는 범위나 한계의 의미를 나타내며 복수 개념에 붙는다. 특히 적정한 정도를 넘었다는 마이너스적 뉘앙스도 가지고 있다.

・漫画まんがばかり読よんでいないで勉強べんきょうしなさい。
 만화만 읽고 있지 말고 공부해라.
・彼かれはいつも雲くもを掴つかむような話はなしばかりしている。
 그는 언제나 종잡을 수 없는 이야기만 하고 있다.
・自分じぶんの都合つごうばかり強調きょうちょうする。
 자기 사정만 강조한다.

정답 2

35 이번 회의에 참가할지 안 할지는 개인의 판단에 맡기겠습니다.

단어 参加さんか 참가 | 個人こじん 개인 | 判断はんだん 판단 | まかせる 맡기다

해설 동사 기본형+~か否いなか(~인지 어떤지)'는 주로 '~か否いなかわかりません(~인지 어떤지 모릅니다)'의 형태로 어떤 일에 대한 실행 및 사실 여부가 불확실할 때 사용되는 표현이다.
'~かどうか(~인지 어떤지)'의 문어체적 표현으로 보는데, 여기서 주의할 점은 앞 문장에 의문 표현(의문사)이 오면 'どうか'를 사용할 수 없다.

・いつ行いくかわからない。언제 갈지 모르겠다.

정답 1

36 저 레스토랑은 잡지에 자주 실리지만, 그에 비해서는 그다지 맛있지 않다.

단어 載のる 실리다 | ~割わりには ~에 비해서는(예상외로)

정답 4

37 그는 어디선가 나타나서, 어느새 보니 또 없어졌다.

단어 現あらわれる 나타나다 | 気付きづく 깨닫다

해설 ~ともなく (~할 것도 없이, 일부러 ~하려고 한 것은 아닌데)는 확실히 의식하지 않고 그 동작을 하고 있는 경우를 나타내는 표현이다. 유사 표현으로는 '~ともなしに'가 있다.

· ラジオから流れてくる日本の民謡を聞くともなしに聞いていると、何だか懐かしい気分になった。

라디오에서 흘러나오는 일본민요를 언뜻 듣고 있으니, 어쩐지 그리운 기분이 들었다.

정답 2

38 힘들어 견딜 수 없는 것은 알겠지만, 이것은 누구라도 피해서는 갈 수 없는 길입니다.

단어 きつい 고되다 | 避さける 피하다

해설 ~て(で)かなわない(대단히 ~하다, 참을 수 없을 정도로 싫다)는 말하는 사람의 감정, 욕구, 몸의 감각을 나타낼 때 사용한다. 그 상태가 너무 강렬하여 억제할 수 없다는 의미이다. 유사 표현으로 '~てたまらない'가 있다.

정답 1

39 나는 이렇게 좋은 조건의 일을 완고하게 거부하는 그를 잘 이해할 수 없다.

단어 条件じょうけん 조건 | 拒こばむ 거부하다 | 理解りかい 이해 | 効率こうりつ 효율 | 頑かたくな 완고함, 고집스러움= 強情ごうじょう, 頑固がんこ | 乱みだれる 흐트러지다

정답 2

40 초등학생조차도 지킬 수 있는 약속이 어째서 어른인 당신이 지킬 수 없는 것입니까?

단어 守まもる 지키다 | 約束やくそく 약속

해설 명사, 동사 ます형에 접속하여 '~でさえ(~조차)'의 꼴로 사용한다. 그 외에 '~さえすれば'는 한 가지 예를 들어 다른 것을 유추시킬 때, '~さえ~ば(~만 ~면)'는 가정 조건을 나타내는 글에서 그 조건만으로 일이 충족됨을 나타내거나, 하나의 사항을 한정지어 다른 것은 상관하지 않는다는 뜻을 나타낼 때 사용한다.

정답 4

41 지금의 여자 친구와는 공통의 지인을 통해서 서로 알게 되었다.

단어 共通きょうつう 공통 | 知人ちじん 지인 | 知しり合あう 서로 알다 | ~を通つうじて ~를 통하다(경유하다) | 相次あいついで 연달아, 잇따라

정답 3

42 여러 가지 일에 도전하고 싶어서 견딜 수 없는 마음은 잘 알겠지만, 조금 더 생각해보는 편이 좋을 거라고 생각하는데.

단어 挑戦ちょうせん 도전

해설 ~て(で)たまらない(~해서 참을 수 없다, ~해서 견딜 수 없다)는 감정이나 감각이 정점까지 도달하여 자신으로서는 제어가 되지 않는다는 의미를 나타낸다.

· 腹はらが立たってたまらない。화가 나서 참을 수 없다.

· 可哀想かわいそうでたまらない。불쌍해서 견딜 수 없다.

정답 1

43 세상 물정을 모르는 순수한 친구는 요리는 물론 집안일 전반을 일체 할 줄 모른다.

단어 生粋きっすい 순수 | お嬢様育じょうさまそだち 세상 물정을 모르고 자람 | 家事かじ 집안일 | 全般ぜんぱん 전반, 전체 | 一切いっさい +(부정) 일절, 전혀

해설 AはおろかBは 'A는 당연하며, 정도가 훨씬 위의 내용인 B도'라는 뜻이다.

정답 4

44 이미 당일권은 매진되었을 것이라고 생각했는데 아직 몇 장 남았다는 것이다.

단어 当日券とうじつけん 당일권 | 売うり切きれる 매진되다 | 残のこる 남다

해설 ~かと思いきや(~라고 생각했는데)는 '일반적으로 예상을 하면 ~이지만 이 경우는 ~가 아니었다(~かと思ったが、そうではなく)'라는 의외적인 기분을 나타낸다.

정답 3

문제8 다음 문장의 ★ 에 들어갈 가장 알맞은 것을 1 · 2 · 3 · 4에서 하나 고르세요.

45 이번 달에 생긴 지 얼마 안 된 영화관은 많은 사람들로 몹시 붐비고 있다.

단어 ごった返がえす 몹시 붐비다

정답 2 今月出来こんげつできたばかりの映画館えいがかんはたくさんの人ひとでごった返がえしている。

46 예정했었던 회의는 사장님의 의향에 의해 내일 이후로 연기하게 되었습니다.

단어 予定よてい 예정 | 意向いこう 의향 | 以降いこう 이후 | 延期えんき 연기

정답 3 予定よていしていた会議かいぎは社長しゃちょうの意向いこうにより明日あした以降いこうに延期えんきすることになりました。

47 납득이 가지 않는다고 해서 주위에 마구 화풀이하는 것은 좋지 않습니다.

단어 納得なっとく 납득 | むやみやたらに 마구 함, 함부로 함 | 当あたり散ちらす 아무에게나 마구 화풀이하다 | 周囲しゅうい 주위

정답 1 納得なっとくが行いかないからと言いって周囲しゅういにむやみやたらに当あたり散ちらすのはよくありません。

48 최근 몇 년 이혼을 하는 커플의 숫자는 오로지 증가하기만 하고 있는데 남겨진 아이들은 측은하다.

단어 近年きんねん 근년, 최근 몇 년 ┃ 離婚りこん 이혼 ┃ 一途いっとを辿たどる 일로를 걷다, 오로지 ~하다 ┃ 増加ぞうか 증가 ┃ 不憫ふびんだ 측은하다, 가엾다, 딱하다

정답 3　近年離婚をするカップルの数は増加の一途を辿っているが残された子供はふびんだ。

49 쇼핑을 하는 도중, 20년 만에 초등학교 동창생을 만나 매우 놀랐다.

단어 同級生どうきゅうせい 동급생 ┃ 驚おどろく 놀라다

정답 2　買い物の途中、二十年ぶりに小学校の同級生に会い、とても驚いた。

문제9 다음 문장을 읽고, 문제 전체 내용을 생각해서 (50)에서 (54) 안에 들어갈 가장 알맞은 것을 1·2·3·4에서 하나 고르세요.

지금 일본을 방문하는 외국인 관광객이 점점 증가하고 있으며, 내년에는 1,000만 명을 넘을 것이라고 말해지고 있다. 보다 많은 외국인을 일본에 오게 하기 위해서 (50) 국가적 차원에서 임하고 있다.

우선은 도쿄의 아키하바라. 방문하는 외국인은 연간 60만 명이나 되는 대인기 관광 명소이다. 그래서 그곳 상점 사람들이 외국인을 대상으로 무료 안내 관광을 기획하고 있다. 애니메이션 상품이나 피규어를 파는 가게를 안내하여 (51) '오타쿠'의 문화를 소개하거나, 로봇 전문점에서 최첨단 기술이 가득한 장난감 로봇을 구경시킨다.

단지 돌아보는 것만으로는 부족하다는 사람들을 위해서, 실제로 체험을 해 보는 투어가 등장하여, 일본의 역사나 전통문화를 접해보는 투어가 증가하고 있다고 한다.

그리고 중국에서 온 관광객이 모여드는 것이 고급 브랜드 가게나 백화점이 많이 있는 긴자. 중국사람(52)이 일본을 방문하는 최고의 목적이 쇼핑. 백화점 조사에 의하면 중국 사람이 한 번에 지불하는 돈은 평균 5만엔, 일본인의 약 10배. 일본에 오는 관광객은 쇼핑 외에 숙박비, 교통비, 식사비, 선물비 등으로도 돈을 사용한다. 관광객이 증가하면 가게는 손님을 위해서 수많은 음식이나 상품을 (53) 준비하지 않으면 안 된다. 그러면 농작물을 재배하는 농가나 선물을 제조하는 공장도 바빠진다. 외국인 관광객이 늘면, 다양한 경제효과가 예상된다. 즉 외국인 관광객이 증가하는 것은 일본 경제에 활기를 가져오게 되는 것이다.

(54) 그러나, 외국인 관광객을 받아들이는 일본에는 과제도 있다. 국가 조사에 의하면, 일본에 온 외국인 관광객이 느낀 불만의 대부분은 '외국어 안내표지가 적다', '말이 잘 안 통한다', '관광안내소가 적다'라는 것. 국가가 외국인 관광객 유치체제를 정비하여, 보다 많은 외국인 관광객이 일본을 방문할 것을 기대하고 싶다.

단어 訪おとずれる 방문하다 ┃ 観光客かんこうきゃく 관광객 ┃ 増加ぞうか 증가 ┃ 再来年さらいねん 내후년 ┃ 超こえる 넘다 ┃ 取とり組くむ 힘쓰다, 임하다, 대응하다 ┃ 秋葉原あきはばら 아키하바라(지명) ┃ 年間ねんかん 연간 ┃ 大人気だいにんき 대인기 ┃ 観光かんこう 관광 ┃ スポットspot 장소, 지점 ┃ 地元じもと 그 고장 ┃ 商店しょうてん 상점 ┃ ~向むけ ~대상 ┃ 無料むりょう 무료 ┃ 案内あんない 안내 ┃ 企画きかく 기획 ┃ グッズgoods 물건 ┃ フィギュアFigure 모형, 도형 ┃ 専門店せんもんてん 전문점 ┃ 最先端さいせんたん 최첨단 ┃ 技術ぎじゅつ 기술 ┃ 満載まんさい 만재, 가득함 ┃ おもちゃ 장난감 ┃ あっけない 싱겁다 ┃ 実際じっさい 실제 ┃ 体験たいけん 체험 ┃ 登場とうじょう 등장 ┃ 歴史れきし 역사 ┃ 伝統文化でんとうぶんか 전통문화 ┃ 触ふれる 접하다 ┃ 増ふえる 늘다, 증가하다 ┃ 集あつまる 모이다 ┃ 高級こうきゅうブランド 고급 브랜드 ┃ 立たち並ならぶ 늘어서다, 줄지어서다 ┃ 銀座ぎんざ 긴자 ┃ 目的もくてき 목적 ┃ 一度いちど 한번 ┃ 支払しはらう 지불하다 ┃ 金額きんがく 금액 ┃ 平均へいきん 평균 ┃ およそ 약 ┃ 宿泊費しゅくはくひ 숙박비 ┃ 交通費こうつうひ 교통비 ┃ 食事代しょくじだい 식사비 ┃ お土産代みやげだい 선물비 ┃ 商品しょうひん 상품 ┃ 農作物のうさくぶつ 농작물 ┃ 栽培さいばいする 재배하다 ┃ 農家のうか 농가 ┃ 製造せいぞう 제조 ┃ 工場こうじょう 공장 ┃ 様々さまざま 다양함 ┃ 経済効果けいざいこうか 경제효과 ┃ 見込みこむ 예상하다 ┃ 活気かっき 활기 ┃ もたらす 가져오다, 초래하다 ┃ 受うけ入いれる 받아들이다 ┃ 課題かだい 과제 ┃ 不満ふまん 불만 ┃ 表示ひょうじ 표시 ┃ 通つうじる 통하다, 연결되다 ┃ 体制たいせい 체제 ┃ 整ととのえる 정돈하다, 조정하다 ┃ 期待きたい 기대

50 1. 나라를 세워서　　　2. 나라를 지지하고
　　3. 나라를 응시하고　　4. 거국적으로

단어 支ささえる 지지하다 ┃ 見据みすえる 응시하다 ┃ 挙あげる 함께하다, 다하다 ┃ 国くにを挙あげる 거국적으로 하다, 국가 차원에서 처리하다

정답 4

51 1. '오타쿠'에게 문화를 소개하거나
　　2. '오타쿠'가 문화를 소개하게 하거나
　　3. '오타쿠'의 문화를 소개하거나
　　4. '오타쿠'의 문화를 소개받아 보거나

단어 オタク 오타쿠(특정 분야나 사물에 관심이 많은 사람)

해설 외국인을 대상으로 그 지역 사람들이 안내를 하겠다는 것이므로 '오타쿠의 문화를 소개하거나'가 문맥에 맞다.

정답 3

52 1. 을　　2. 가(이)　　3. 와　　4. 에서는

해설 뒤에 이어지는 사항과 관련한 구체적인 대상을 지목한 것이므로 주어를 강조하는 조사 'が'가 적합하다.

정답 2

53 1. 준비하지 않으면 안 된다
　　2. 준비하길 바란다

3. 준비해 두었을지도 모른다

4. 계속 준비하고 있는 것 같다

단어 用意ようい 준비

해설 가정 조건절을 이끄는 'ば'에 주목해야 한다. 'Aば, B'는 B가 성립되기 위한 조건으로 A하면 B한다는 의미로, '관광객이 는다'는 것을 전제하고 있으므로 그에 상응하는 결과가 이어져야 한다.

'Aば, B'는 앞으로 일어날 수 있는 조건이 두 가지 있어 그 중 어느 쪽을 택해야 할지를 말하는 표현이다.('그렇지 않으면'이라는 숨어 있는 뜻을 느끼게 하는 말투이다.) 'と'와 마찬가지로 논리적으로 사실을 말할 때나, 필연적인 결과를 나타낼 때 쓴다. 특히 속담이나 관용구에 많이 쓰인다. B문에 과거형은 오지 않는다.

- もう少し安すければ買かうんですが。
  좀 더 싸면 샀겠습니다만.
  =残念ざんねんですが、高たかいので買かえません。
  유감이지만 비싸서 살 수 없습니다.
- スーパーにはなくても、デパートに行いけば売うっています。
  슈퍼에는 없어도 백화점에 가면 팔고 있습니다.
- 住すめば都みやこ。정들면 고향.

정답 1

54 1. 즉 2. 과연, 역시 3. 이를 테면 4. 그러나

해설 앞에서는 관광객이 느는 것은 일본 경제에 활력을 준다는 말을 하고 이어 이런 외국인 관광객을 받아들이는 일본의 대응에 문제가 있음을 지적하고 있으므로, 전후 내용이 대비되는 관계를 연결하는 역접의 접속사가 필요하다.

정답 4

문제10 다음 (1)에서 (5)의 글을 읽고, 뒤의 문제에 대한 대답으로 가장 알맞은 것을 1·2·3·4에서 하나 고르세요.

(1)

> (전략) 나는 언젠가 해야 할 일을 다 끝냈을 때는 시골에 살고 싶습니다. 기본적으로 '자연 속에 있고 싶다'는 마음이 강한 것입니다. 자연 속에 있으면, 아침에 해가 떠오르면 일어날 것이고 해가 지면 활동이 느긋해져서 이윽고 잠이 들 것이라 생각합니다. 겨울의 아침 해가 뜨는 시간, 여름의 아침 해가 뜨는 시간은 각각 다릅니다. 그렇지만 옛날에는 계절마다 자연의 순환 방법에 맞추어 생활했었습니다. 그것을 생각하면, 일출과 함께 일어나는 것은 매우 자연스러운 일입니다.

단어 里山さとやま 마을에서 가까운 낮은 산 | 基本的きほんてき 기본적 | 自然しぜん 자연 | 昇のぼる 오르다, 달·해가 뜨다 | 陽ひ 해 | 沈しずむ 지다 | 活動かつどう 활동 | 緩ゆるやか 완만함, 느긋함 | 眠ねむりにつく 잠들다 | 朝陽あさひ 아침 해 | 季節きせつ 계절 | ～毎ごと ～마다 | 巡めぐる 돌다, 순환하다 | 暮くらす 생활하다 | 日ひの出で 일출

55 어떻게 하면 이윽고 잠이 드는 것인가?

1. 자연 속에 있어 해가 지고 활동이 느긋해지면 이윽고 잠이 든다.

2. 해야 할 일을 해서 피로가 쌓이면 이윽고 잠이 든다.

3. 자연 속에 있어 햇빛을 쐬고 몸이 따뜻해지면 이윽고 잠이 든다.

4. 산에 있는 것만으로도 마음이 치유되어 이윽고 잠이 든다.

단어 疲労ひろう 피로 | 溜たまる 밀리다, 쌓이다 | 光ひかりを浴あびる 빛을 쐬다 | 温あたたまる 따뜻해지다 | 癒いやす (병이나 고통 등을) 치유하다

해설 옛날 사람들의 생활이 자연의 순환에 맞춰 해가 뜨면서 일어나는 생활을 했듯 '해가 지고 활동이 느긋해지면' 자연히 잠이 들 것이다.

정답 1

(2)

> 일본의 대학을 둘러싼 환경은 계속 악화의 길을 가고 있다. 1992년을 피크로 18세 인구는 서서히 계속 줄어들어 2009년 시점에서 약 120만 명으로 피크 때에 비해 40% 감소되었다. 그러나, 대학 수는 해마다 계속 늘고 있고, 파이는 축소되고, 받아들이는 곳은 확대라고 하는 커다란 갭이 생기고 있다. 내년 봄부터 학생모집을 하지 않는 대학도 꽤 있고, 대학이 도태되는 거센 파도가 닥쳐오고 있다. 그런 와중에 이러한 상황을 타파하기 위한 해결책으로서 대학경영 중에서 대학의 '브랜드 힘'이 주목되고 있다.
>
> (주1) 右肩下みぎかたさがり : 때를 따라 수량이 줄어가는 모양
>
> (주2) 淘汰とうた : 환경·조건 등에 적응한 것이 잔존하고 그렇지 않은 것이 사멸하는 것.

단어 取とり巻まく 둘러싸다 | 環境かんきょう 환경 | 減少げんしょう 감소 | 時点じてん 시점 | 増加ぞうか 증가 | 縮小しゅくしょう 축소 | 受うけ皿ざら 받침 접시, 받아들이는 곳 | 拡大かくだい 확대 | 募集ぼしゅう 모집 | 複数ふくすい 복수 | 激はげしい 심하다, 격렬하다 | 波なみ 파도 | 押おし寄よせる 밀려오다, 쇄도하다 | 状況じょうきょう 상황 | 打うち破やぶる 타파하다 | 解決策かいけつさく 해결책 | 経営けいえい 경영 | 注目ちゅうもく 주목

56 요즘 일본에서 대학 주변의 환경은 어떠한 것인가?

1. 대학 레벨이 전체적으로 서서히 줄어들고 있는 상태로, 대학 측도 이러한 상황을 타파하기 위해 필사적이다.

2. 대학 진학을 목표로 하는 18세의 인구가 매년 감소하고 있는 걸로 봐서 내년 봄부터 학생 모집을 멈춘 대학도 나오고 있다.

3. 대학의 수는 매년 증가하고 있는데 입학자 수가 감소하여 그 갭이 커지고 있다.

4. 불황의 영향을 받아서 대학도 예전처럼 '브랜드 힘'만으로 경영해 가는 것이 어려워지고 있다.

단어 状態じょうたい 상태 | 打破だは 타파 | 必死ひっし 필사 | 進学しんがく 진학 | 目指めざす 목표로 하다 | 広ひろがる

넓어지다 | 不況ふきょう 불황 | 影響えいきょう 영향

해설 현재의 대학이 처한 환경은 부정적이다. 구체적으로는 학교 규모의 확대에 비해 수요자인 학생 수의 감소가 문제이며 이런 현상은 점점 심화되고 있다.

정답 3

(3)

3,000년 전에 번성했던 아시리아제국에는 열심히 일을 하는 서기관이 있었던 것 같다. 지중해로부터 페르시아만에 이르는 영역의 대부분을 지배한 거대제국에서 어떠한 일상생활이 영위되었는지 그 일면이 밝혀지려고 하고 있다.

2009년 여름, 현재의 터키 남동부에 위치한 고대 궁전에서 설형문자가 새겨진 점토판이 출토되었다. 설형문자는 예전에 중동지역에 널리 보급된 고대문자이다. 궁전의 서기관은 일상적인 국정에 관한 내용을 점토판에 기록해 둔 것 같다. 연대는 기원전 9세기 말부터 7세기 중반 정도까지 계속되었던 철기시대 후기라고 추정된다.

(주) 国政 : 나라의 정치

단어 栄さかえる 번성하다, 번영하다 | 帝国ていこく 제국 | 丹念たんねん 정성을 들임 | 書記官しょきかん 서기관 | 地中海ちちゅうかい 지중해 | 湾わん 만 | 及およぶ 이르다, 미치다 | 領域りょういき 영역 | 大半たいはん 대부분 | 支配しはい 지배 | 巨大きょだい 거대 | 一面いちめん 한쪽 면, 일면 | 南東部なんとうぶ 남동부 | 位置いち 위치 | 古代こだい 고대 | 宮殿きゅうでん 궁전 | くさび形文字がたもじ 설형문자 | 刻きざむ (칼로) 새기다 | 粘土板ねんどばん 점토판 | 出土しゅつど 출토 | 普及ふきゅう 보급 | 記録きろく 기록 | 年代ねんだい 연대 | 紀元前きげんぜん 기원전 | 世紀せいき 세기 | 〜頃ごろ 〜경 | 鉄器てっき 철기 | 後期こうき 후기 | 推定すいてい 추정

57 왜 아시리아 제국의 일상생활의 일부분이 밝혀지려고 하는가?
1. 예전에 아시리아 제국에 존재한 열심히 일을 하는 서기관에 관한 문헌이 발견되었기 때문에
2. 현재의 터키 남동부에 위치한 고대 궁전에서 설형문자가 새겨진 점토판이 발굴되었기 때문에
3. 여태까지 오랫동안 계속되어 온, 점토판에 새겨진 설형문자의 해독이 완료되었기 때문에
4. 당시의 일상적인 국정에 관한 사항을 적은 것이라고 생각되는 물건이 현재 터키 남동부에 위치한 고대궁전의 벽에서 발견되었기 때문에

단어 存在そんざい 존재 | 入念にゅうねん 공을 들임, 꼼꼼함 | 文献ぶんけん 문헌 | 発見はっけん 발견 | 発掘はっくつ 발굴 | 解読かいどく 해독 | 完了かんりょう 완료 | 事柄ことがら 사항, 일, 사정 | 書かき留とめる 적어두다 | 壁かべ 벽

해설 아시리아 제국의 일상생활을 엿볼 수 있는 설형문자가 새겨진 점토판이 발굴되었기 때문이다.

정답 2

---

(4)

월간지에 호러소설을 연재하고 있는 괴기소설가처럼, 미국 노동통계국은 매월 첫째 주 금요일에 음울한 장편스토리의 새로운 장을 발표한다. 11월 6일에 발표된 통계에 의하면 10월에 미국의 실업률은 10.2%로 급증. 피고용자의 수는 07년 12월 이후 730만 명 감소하고, 구인 수 1건당의 실업자 수는 드디어 6.1명에 도달했다(07년 12월은 1.71명이었다).

그러나 최신 일부의 데이터를 보면 그렇게 멀지 않은 미래에 고용이 증가하기 시작하는 날이 올 것 같다. 경기순환의 단계마다 기업의 행동패턴을 생각해도 그렇게 생각하는 것이 이치에 맞다.

(주 1) 陰鬱 : 어둡고 우울한 것
(주 2) 景気循環 : 경제 활동 수준의 주기적인 파장 운동

단어 月刊誌げっかんし 월간지 | 連載れんさい 연재 | 怪奇かいき 괴기 | さながら 마치, 흡사(= まるで, ちょうど) | 労働ろうどう 노동 | 統計局とうけいきょく 통계국 | 陰鬱いんうつ 음울(마음이 울적함) | 長編ちょうへん 장편 | 失業率しつぎょうりつ 실업률 | 被雇用ひこよう 피고용 | 減少げんしょう 감소 | 求人きゅうじん 구인 | ついに 마침내 | 到着とうちゃくする 도착하다 | 循環じゅんかん 순환 | 段階だんかい 단계 | 理りにかなう 이치에 맞다

58 미국노동통계국이 발표한 데이터에 의하면 미국의 가까운 미래는 어떻다고 말하는가?
1. 고용이 늘기 시작하는 날이 올 것 같다.
2. 피고용자 수가 지금 이상으로 감소하는 날도 그렇게 멀지 않다.
3. 실업률이 상승하고 게다가 경제는 어려워지는 상태에 빠진다.
4. 현재의 경기순환의 단계마다 기업의 행동패턴으로부터도 예측이 불가능하다.

단어 上昇じょうしょう 상승 | 経済けいざい 경제 | 状態じょうたい 상태 | 陥おちいる 빠져들다 | 予測よそく 예측

해설 가까운 미래의 전망은 '그렇게 멀지 않은 미래에 고용이 증가하기 시작하는 날이 올 것 같다'라는 말에서 알 수 있다.

정답 1

---

(5)

모자가산(母子加算)은 한부모 가정으로 생활보호를 수급받는 세대 중에서 18세 이하의 자녀가 있는 가정에, 아이 1명당 월 2만엔 조금 넘는 금액이 가산된 것인데 2005년부터 단계적으로 감액되고 2009년 4월에 전면 폐지되었다. 그것은 생활보호를 받지 않는 일반 모자가정 등과 비교해서 모자가산을 받고 있는 생활보호가정의 소비 지출액 쪽이 높다는 조사결과가 보고되었기 때문이었다. 그러나 그 모자가산이 다시 부활한다.

게다가 자녀수당은 중학교를 마칠 때까지 1명당 월 26,000엔을 각 세대에게 급부하는 정책이다. 만약 앞으로 3명의 아이가 태어나는 가정의 경우 합계 1,400만엔 조금 넘는 돈을 받는다는 계산이 된다. 같은 연대로 자녀가 없는

가정과 비교하면 제법 큰 격차가 된다. 이런 돈을 받는 가정은 대환영이다.

(주 1) 全廃 : 전부 폐지하는 것

(주 2) 給付 : 재물을 공급·교부하는 것

59 왜 모자가산은 한번 전면 폐지되었던 건인가?

1. 모자가산을 받고 있는 생활보호가정의 소비지출액 쪽이 생활보호를 받고 있지 않는 일반 모자가정과 비교해서 높다는 조사결과가 나왔기 때문에

2. 한부모 가정으로 생활보호를 받고 있는 세대 가운데는 의무교육을 끝내고 충분히 사회에서 임금을 벌 수 있는 아이가 많았기 때문에

3. 모자가산을 받고 있는 생활보호가정의 소비지출액이 너무 높다는 국민의 비판이 뒤따랐기 때문에

4. 세계적인 불황의 영향을 받아서 중학교를 마칠 때까지 1인당 월 26,000엔을 각 세대에게 급부하는 정책을 나라가 계속하기 어려워졌기 때문에

해설 이유에 대한 서술은 어떤 조치를 취한다는 기본방침을 제시하고 이어서 '이러이러한 이유 때문이다'라는 서술이 이어지기 마련이다. 문제에서는 '그것은~報告されたからであった'의 내용이다.

정답 1

문제11 다음 (1)에서 (3)의 글을 읽고, 뒤의 문제에 대한 대답으로 가장 알맞은 것을 1·2·3·4에서 하나 고르세요.

(1)

편의점이 탄생한 지 35년, 최초 25년에서 약 30년, 편의점은 실로 혁신 그 자체였다고 생각합니다. 불과 30평 넘는 점포에 케이크 가게의 히트 상품이나 서점의 히트 상품을 넣거나 하면서 ①점점 진화해 왔습니다. 삼각김밥도 새로운 기계를 충분히 연구하여 다른 회사와 경쟁했습니다. 그런데 그것이 30년 정도 경과한 시점에서 멈춰 버렸습니다. 새로운 시장 개척으로 출점 경쟁으로 바뀐 것이 ②쇠퇴의 시기를 맞이했던 것입니다. 혁신의 DNA가 죽어가고 있습니다. 출점 경쟁의 결과, 자사 지점의 경합이 일어나 가맹점과의 신뢰관계도 흔들리기 시작했습니다. 지각변동이 일

어나고 있습니다. 위기감을 느끼고 있습니다. 다음 30년은 출점 경쟁에서 기존 가게의 혁신 경쟁으로 바꾸지 않으면안 됩니다. 인구감소와 고령화도 진행되고 있죠. 20~40대 남성을 핵심 타깃으로 한 모델로는 이미 성장할 수 없습니다. 한편 50대 이상의 인구는 앞으로도 계속 늘어갑니다. 그러니까 이것을 공략함으로써 편의점도 아직 성장의 여지가 있습니다.

(중략)

앞으로 편의점에 있어서 최대의 혁신이 될 만한 것은 앞으로 5년, 10년이라면 고령화에 맞춘 음식을 제안하는 것은 어떨까요. 현재 당뇨병 환자는 2,000만 명, 게다가 그 숫자는 증가 경향에 있습니다. 지금까지의 음식으로 괜찮을 리가 없다는 ③의식이 높아지고 있는 가운데, 가정에서는 손쉽게 조리할 수 없지만 가까이에서 구입할 수 있다는 점에서 부가가치를 올릴 수 있다고 생각합니다. 이러한 의식동원과 같은 음식 제안은 큰 혁신이지 않을까요.

(주 1) イノベーション : 신상품의 도입, 신시장·신자원의 개척

(주 2) 衰退 : 쇠약해서 퇴보하는 것

(주 3) 地殻変動 : 자회사 조직 내에서 그 깊은 곳에서부터 생기는 힘 관계 등의 변화

(주 4) 医食同源 : 병을 고치는 것도 식사를 하는 것도 생명을 기르고 건강을 지키기 위한 것으로 그 본질은 같다는 것

60 ①점점 진화해 왔다고 하는데, 무엇을 해서 진화해 왔다는 것인가?

1. 케이크를 팔기 위해서 점포 내에 전문가를 배치하는 것

2. 서점의 히트 상품 이외의 상품도 놓고 서점에도 뒤떨어지지 않는 숫자의 서적을 놓는 것

3. 서적을 잘 아는 점원을 점포에 배치하는 것

4. 케이크 가게나 서점의 히트 상품을 넣거나 하는 것

단어 店舗てんぼ 점포 | 職人しょくにん 전문가, 장인 | 配置は
いち 배치 | 劣おとる 뒤떨어지다 | 書籍しょせき 서적 |
詳くわしい 상세하다

해설 진화의 근거로 '단 30평 넘는 가게에 케이크 가게의 히트
상품을 넣거나 서점의 히트 상품을 넣거나 하면서~'를 들
었다.

정답 4

61 편의점은 무엇 때문에 ②쇠퇴의 시기를 맞이했다고 말하고 있
는가?
1. 타깃으로 하는 고객층의 연령을 바꾼 것
2. 혁신적 진화에서 출점 경쟁으로 바뀐 것
3. 케이크나 서적의 진열을 그만둔 것
4. 고령자를 타깃으로 한 것

단어 客層きゃくそう 고객층 | 年齢ねんれい 연령 | 革新的かく
しんてき 혁신적 | 陳列ちんれつ 진열

해설 'ところが、〜'로 시작되는 문자에서 전성기를 구가하던
편의점이 쇠퇴의 길을 걸은 계기는 '혁신에서 출점 경쟁
으로 바뀐 것'이 원인이다.

정답 2

62 ③의식이 높아진다고 하는데, 어떠한 의식이 높아지는가?
1. 가정에서 요리를 하지 않으면 안 된다고 하는 의식
2. 지금까지의 식생활로는 안 된다는 의식
3. 편의점에서 모든 식사를 끝내려고 하는 의식
4. 병원에서 당뇨병 검사를 받지 않으면 안 된다고 하는 의식

해설 고령화를 맞이한 상황에서 당뇨 등의 성인병이 급증하는
가운데 '지금까지의 식생활 패턴으로는 곤란하지 않겠느
냐는 문제의식을 말한다.

정답 2

（2）

일본의 어느 대학 연구팀이 '네스파틴'이라는 호르몬의
식욕억제효과를 확인했다. 그 성과를 토대로 이번에 새로
운 연구팀이 ①그 메커니즘을 규명했다고 한다.

발표에 의하면 우선 네스파틴이 뇌의 시상하부에 있는 섭
식중추를 활성화시켜 다른 호르몬 '옥시토신'의 분비를 촉
진한다. 게다가 이 옥시토신이 뇌간 내의 특정부위를 자극
하여 식욕을 억제한다는 것이다.

식욕 억제 호르몬에 대한 연구는 전 세계에서 행해지고
있다. 예를 들면 미국의 대학에서는 '오베스타틴'이라는 호
르몬의 연구가 진행 중이다. 이들 연구성과는 그때마다 뉴
스에서 보도되고 있지만, 이번에 새로운 연구팀의 건도 포
함해서 ②크게 다뤄주는 일은 없었다.

다이어트란 비만 방지·해소를 위해 취하는 식사 제한을
말한다. 그 근본은 소비 칼로리보다 섭취 칼로리를 작게 하
는 것이다. 그것은 식사에 조심하고 적당한 운동을 하는 것
으로 달성된다. 하지만 누구라도 쉽게 할 수 있다면 이러한
비만시대는 도래하지 않았을 것이다.

정말로 '다이어트에 지름길은 없다'. 그렇기 때문에 수많
은 다이어트 식품이나 다이어트법이 상품으로서 성립되는

것이다. 많은 상품이 있다는 것은 다시 말하면 '결정타는
없다'는 것이지만, '식욕을 억제하는' 상품이 있으면 이야기
는 달라진다.

(주 1) 抑制 : 눌러서 멈추는 것
(주 2) 메카니즘 : 구조
(주 3) 脳幹 : 뇌 안 대뇌 반구와 소뇌 반구를 제외한 부분
(주 4) 都度 : 그 때마다, 매 회

단어 食欲しょくよく 식욕 | 抑制よくせい 억제 | 効果こうか 효
과 | 確認かくにん 확인 | 成果せいか 성과 | 受うける 이
어받다, 받아들이다 | 解明かいめい 규명 | 脳のう 뇌 | 視
床下部ししょうかぶ 시상하부 | 摂食中枢せっしょくちゅ
うすう 섭식중추 | 分泌ぶんぴ 분비 | 促進そくしん 촉진 |
脳幹のうかん 뇌간 | 特定とくてい 특정 | 刺激しげき 자극
| 都度つど 그때마다, 매회 | 報ぼうじる 보도하다 | 取と
り上あげる 받아들이다, 채택하다 | 根本こんぽん 근본 |
消費しょうひ 소비 | 摂取せっしゅ 섭취 | 気きを配くばる
주의하다 | 適度てきど 알맞은 정도 | 達成だっせい 달성 |
簡単かんたん 간단 | メタボ 대사증후군('メタボリック-
シンドローム metabolic syndrome'의 줄임말) | 近道ちか
みち 지름길 | 成なり立たつ 이루어지다, 성립되다 | 決定
打けっていだ 결정타

63 ①그는 무엇을 가리키고 있는가?
1. '네스파틴'이라는 호르몬이 인체에 미치는 영향
2. '옥시토신'이라는 호르몬의 분비를 촉진시키는 방법
3. 식욕억제효과가 있는 '네스파틴'이라는 호르몬의 메커니즘
4. '오베스타틴'이라는 호르몬의 메커니즘

해설 지시어가 가리키는 내용을 묻는 문제는 대부분 바로 앞에
답이 있는데, 여기서는 '네스파틴'이라는 호르몬의 식욕억
제효과'를 가리킨다.

정답 3

64 무엇이 ②크게 다루어진 적은 없었다는 것인가?
1. 대학 연구팀이 새로운 식욕억제효과가 있는 호르몬을 확인
한 것
2. 세계 각국에서 행해지고 있는 식욕을 억제하는 호르몬의 연구
3. 다이어트에는 식사에 신경을 쓰는 것보다 알맞은 운동을 하
는 것이 효과가 있다는 것
4. 지금 일본이 대사증후군 시대의 도래를 맞이하고 있다는 사실

단어 新あらた 새로움 | 確認かくにん 확인 | 各国かっこく 각국
| 到来とうらい 도래

해설 '〜ものの'는 역접의 확정조건을 나타내는 말로, 앞의 내
용을 일단 인정하기는 하지만 또한 그것과 모순되는 사
항이 뒤에 이어짐을 나타내는 말이다. 따라서 문제의 정
답은 '세계 각국에서 행해지는 식욕을 억제하는 호르몬에
대한 연구 성과'를 가리킨다.

정답 2

65 필자는 여기서 왜 다이어트 식품이나 다이어트법이 상품으로
서 성립되고 있다고 생각하고 있는가?
1. 지금으로서는 다이어트에 결정타가 될 만한 것이 없고, 지름

길도 없기 때문에

2. 다이어트 식품만 먹어두면, 누구라도 간단하게 살을 뺄 수 있기 때문에

3. 다이어트에 관해 흥미가 있는 사람의 인구가 매년 증가 경향에 있기 때문에

4. 대학의 연구팀이 다이어트 식품의 유효성에 대해서 그 효과를 인정하는 견해를 냈기 때문에

단어 痩やせる 마르다 │ 興味きょうみ 흥미 │ 傾向けいこう 경향 │ 有効性ゆうこうせい 유효성 │ 認みとめる 인정하다 │ 見解けんかい 견해

해설 질문이 당연, 조건의 절을 이끄는 'だからこそ(그래서, 그러므로)'에 연결되어 있음을 주목해야 한다. 'だからこそ'는 앞 문장에 따른 당연한 결과를 열거할 때 쓰는 말이다.

・君は有能で経験豊かだ。その上やる気も十分だ。だからこそ、この大事な仕事は君に任せたい。

　자네는 유능하고 경험이 풍부하다. 게다가 의욕도 충분하다. 그래서 이 중요한 일은 자네에게 맡기고 싶다.

누구나가 다이어트에 효과적인 방법을 모색하기 위한 '다이어트 시대'란 역설적으로 별다른 효과적인 방법이 없다는 것이며 지름길은 없다는 것이다.

정답 1

---

(3)

> 메모하는 습관을 몸에 배게 한 것은 입사 3년째입니다. 본사의 국내여행부에서 숙박 플랜 등의 상품 기획을 담당하고 품질을 유지한 채 싸게 숙박할 수 있는 '여행 쿠폰'이라는 상품을 기획했습니다. 단, 광고대리점이 가지고 온 광고 문안이 썩 마음에 와닿지 않았습니다. 결국 스스로 광고 문구를 고안하기로 했는데, ①그때 참고한 것이 전철의 천정 광고였습니다.
>
> 천정 광고는 임팩트가 있는 광고 문안의 보고입니다. 하지만 통상은 2일이면 바뀌어 버리기 때문에 재미있다고 느꼈던 말투나 표현이 있으면, ②전철에서 내려 금방 메모하기로 했습니다. 그것들을 힌트로 해서 만든 것이 '머물고 먹고 딱 5000엔' 이라는 광고 문구입니다.
>
> 광고 문구뿐만 아니라, 기획 입안에 메모는 빠뜨릴 수 없습니다. 우수한 기획이라는 것은 아이디어맨의 재능에 의해 만들어지는 것이 아니라, 정보수집의 과정에서 번뜩이는 것. 힌트가 될 재료는 어디에든 널려 있어서, 그것들을 어떻게 포착하는가가 최대의 포인트가 됩니다. 다만 머릿속에서만 정보를 축적해서 정리하는 것은 어렵습니다. 그래서 메모가 중요해지는 것입니다.
>
> (주 1) 維持 : 사물을 그대로의 상태로 계속 보존하는 것
> (주 2) 中吊り : 전철이나 버스 차량 내에 천정에서 늘어뜨린 광고
> (주 3) 宝庫 : 귀중하고 유용한 것을 많이 산출하는 곳
> (주 4) 蓄積 : 비축해서 모아두는 것

단어 習慣しゅうかん 습관 │ 身みにつける 몸에 익히다 │ 入社にゅうしゃ 입사 │ 国内旅行部こくないりょこうぶ 국내 여행부 │ 宿泊しゅくはく 숙박 │ 企画きかく 기획 │ 担当た

んとう 담당 │ 品質ひんしつ 품질 │ 維持いじ 유지 │ 旅路たびじ 여로, 여행 │ クーポン 쿠폰 │ 広告代理店こうこくだいりてん 광고 대리점 │ キャッチコピー 광고 문안 │ ぴんと 직감적으로 알아차리는 모양 │ 結局けっきょく 결국 │ 考案こうあん 고안 │ 参考さんこう 참고 │ 中吊なかづり 전철, 버스 등의 중앙통로 천정에 매단 광고 │ 広告こうこく 광고 │ 宝庫ほうこ 보고, 보물창고 │ 通常つうじょう 통상 │ 取とり替かえる 바꾸다 │ 言いい回まわし 표현, 말투 │ 泊とまる 묵다 │ ポッキリ 꼭 ~임 │ 立案りつあん 입안 │ 欠かかす 빠뜨리다, 빼다 │ 優すぐれる 뛰어나다, 우수하다 │ 才能さいのう 재능 │ 生うみ出だす 낳다, 새로운 것을 만들어 내다 │ 情報収集じょうほうしゅうしゅう 정보수집 │ 過程かてい 과정 │ 材料ざいりょう 재료 │ 到いたる所ところ 도처, 가는 곳마다 │ 存在そんざい 존재 │ 最大さいだい 최대 │ 蓄積ちくせき 축적 │ 整理せいり 정리

해설 'そこで'는 앞 문장에 이어지는 자연스러운 흐름을 받는 말로 그에 상응하는 행동을 기대할 때 쓰는 말이다.

・バスがない。そこで歩いて行くことにした。

　버스가 없다. 그래서 걸어가기로 했다.

・雨が晴れ出した。そこで出発することにした。

　비가 개기 시작했다. 그래서 출발하기로 했다.

66 ①그때라고 했는데 언제 일인가?

1. 메모를 하는 습관을 들였을 때

2. 입사 3년째에 본사의 국내여행부에 이동되었을 때

3. 숙박 플랜의 상품 만들기에서 상품의 광고 문안을 생각하고 있던 때

4. 광고대리점과 상품의 카피 일로 다툴 때

단어 習慣しゅうかん 습관 │ 移動いどう 이동 │ 揉もめる 옥신각신하다

해설 '광고 대리점에서 가져온 광고 문안이 마음에 안 들어 스스로 광고 문구를 생각하기로 한 때'를 의미한다.

정답 3

67 ②전철에서 내려 금방 메모하게 된 것은 왜일까?

1. 전철의 천정 광고에 마음에 드는 어구가 있어도 전철의 천정 광고는 통상 2일이면 교체되는 것을 알았기 때문에

2. 전철 안에서 문득 들은 말에 신경 쓰이는 부분이 있어도 전철을 내리면 금방 잊어버리는 경우가 많기 때문에

3. 전철 안에서 상품의 카피를 생각하면 좋은 아이디어가 떠오르는 경우가 많기 때문에

4. 전철 창문을 통해 강한 인상을 주는 간판광고를 보는 경우가 많았기 때문에

단어 気きに入いる 마음에 들다 │ フレーズ 구, 관용구(=プレーズ) │ 入いれ替かわる 교체하다 │ 気きづく 알아차리다, 생각나다 │ ふと 문득, 우연히 │ 耳みみにする 듣다 │ 気きになる 걱정이 되다, 마음에 걸리다 │ アイディアが浮うかぶ 아이디어가 떠오르다 │ インパクト 임팩트, 충격, 강렬한 영향 │ 看板かんばん 간판 │ 見掛みかける 눈에 띄다

해설 전철 안의 광고는 이틀이면 다른 것으로 교체되기 때문에 말투나 표현이 재미있다고 느낀 광고카피를 즉시 메모해두는 것이 좋다고 판단했기 때문이다.

정답 1

68 여기서 필자는 왜 메모를 한다고 말하고 있는가?
1. 자신에게는 습득한 정보를 머리에 기억해 둘 만한 재능이 없고 금방 잊어버리기 때문에
2. 정보수집에는 메모를 하는 것이 가장 좋다고 입사 당시에 상사에게 들었기 때문에
3. 학창시절부터 메모를 하는 것으로 자신의 생각을 정리하도록 해 왔기 때문에
4. 자신이 알고 얻은 정보를 머릿속에서만 축적해서 정리하는 것은 어렵기 때문에

단어 記憶きおく 기억 | 困難こんなん 곤란함, 어려움

해설 메모가 꼭 필요한 이유는 문말에 나와 있다. 우수한 기획이란 정보수집 과정에서 나오는 것이라고 했다. 다만 '이런 정보를 머릿속에서만 쌓아놓고 정리하는 데는 한계가 있으며 이런 이유로 메모의 필요성'이 대두된다고 하였다.

정답 4

문제12 **다음 글은 '상담자'로부터의 상담과 그것에 대한 A와 B로부터의 회답이다. 3개의 글을 읽고 뒤의 문제에 대한 대답으로 가장 알맞은 것을 1·2·3·4에서 하나 고르세요.**

> **상담자**
> 애완동물에 관해 상담하고 싶은 것이 있습니다. 실은 지금 작은 강아지를 키울까 말까 생각하고 있습니다. 저는 지금 혼자 살고 있으며, 아무도 없는 방에 돌아오는 것은 솔직히 매우 외롭습니다. 혹시 강아지를 기르면 강아지가 저를 맞이해주고 일의 피로도 풀어주어 외로움도 없어질 것이라 생각합니다. 그러나 살아있는 것을 기른다는 것은 그 나름의 책임도 생길 것이라 생각하며, 사료비용도 들고 산책도 데리고 가지 않으면 안 되겠지요. 그렇게 생각하면 제가 강아지 주인으로서 제대로 책임을 질 수 있을지 매우 불안합니다. 회사에서 돌아오는 길에 항상 지나가는 애완동물 가게의 강아지와 눈이 마주칠 때마다 갖고 싶은 기분은 더해갑니다만, 여러분의 의견을 들려 주십시오.

> **회답자 A**
> 애완동물이라고 해도 분명 살아있는 생물이니까요. 게다가 강아지는 말을 할 수 없기 때문에 그만큼 당신이 충분히 이해를 표현하고 유연하게 대응해 주지 않으면, 서로 스트레스가 쌓여버리게 될지도 모릅니다. 최근 젊은 여성들이 가벼운 마음으로 강아지를 기르다가 결국 기르지 못하여, 길거리에서 방황하는 강아지들이 증가하고 있는 것도 사실입니다. 게다가 당신이 걱정하고 있는 대로 사료값도 들고, 강아지는 보험 혜택을 받을 수 없으므로 병에 걸렸을 때, 예방주사를 맞을 때 고액의 치료비를 지불하지 않으면 안될지도 모릅니다. 불안한 마음이 있다면 지금은 아직 키우는 것은 그만두는 편이 나을지도 모르겠습니다.

> **회답자 B**
> 1년 전에 작은 강아지를 키우기 시작했습니다. 키우기 시작한 이유는 당신과 마찬가지로 외로웠기 때문이었습니다. 저도 처음에는 살아있는 것을 기르는 것에 불안함이 있었습니다. 지금까지 기른 경험이 없었고, 외롭다는 이유만으로 강아지를 기르는 것은 어떨까 하고 자문자답을 했습니다. 그러나 큰맘 먹고 강아지를 길러보니 정해진 시간에 강아지에게 먹이를 주고, 정해진 시간에 산책을 가고, 이러한 생활을 반복하면서 내 자신의 생활이 규칙적이게 되어, 몸 상태도 좋아졌습니다. 생각만 하고 실제로 길러보지 않으면 모르는 경우도 있습니다. 저는 꼭 키워볼 것을 추천합니다.

단어 小型こがた 소형 | 飼かう 기르다 | 独ひとり暮ぐらし 독신 생활 | 正直しょうじき 정직 | 寂さびしい 쓸쓸하다 | 出迎でむかえる 마중하다 | 癒いやす 치료하다 | 生いき物もの 생물 | 責任せきにん 책임 | エサ 먹이 | 散歩さんぽ 산책 | 連つれる 데리다, 동반하다 | 飼かい主ぬし 애완동물 주인 | 果はたす 완수하다 | 不安ふあん 불안 | 通とおる 지나다, 통과하다 | 増ます 많아지다, 늘다 | 理解りかい 이해 | 示しめす 보이다, 나타내다 | 柔軟じゅうなん 유연 | 対応たいおう 대응 | 溜たまる 쌓이다 | 結局けっきょく 결국 | 路頭ろとう 길가 | 迷まよう 헤매다 | 事実じじつ 사실 | 保険ほけん 보험 | 予防注射よぼうちゅうしゃ 예방주사 | 高額こうがく 고액 | 治療費ちりょうひ 치료비 | 支払しはらう 지불하다 | 経験けいけん 경험 | 自問自答じもんじとう 자문자답 | 思おもい切きって 큰맘 먹고 | 与あたえる 주다 | 繰くり返かえす 반복하다 | 規則きそく正ただしい 규칙 바르다 | 体調たいちょう 몸 상태 | 実際じっさい 실제 | 是非ぜひとも 꼭 | すすめる 추천하다

69 매우 불안하다고 하는데, 무엇이 불안하다는 것인가?
1. 강아지를 기를 수 있는 공간을 확보할 수 있을지 어떨지
2. 강아지가 병에 걸리지 않을지 어떨지
3. 주인의 책임을 다할 수 있을지 어떨지
4. 살아있는 것을 기르는 것이 처음이라도 괜찮을지 어떨지

단어 스페이스 공간 | 確保かくほ 확보

해설 불안을 느끼는 요소들을 앞에 열거하였다. '그러나 살아있는 것을 기른다는 것은 그 나름의 책임도 생길 것이라 생각하며, 사료비용도 들고 산책도 데리고 가지 않으면 안 되겠지요. 그렇게 생각하면 제가 강아지 주인으로서 제대로 책임을 질 수 있을지~' 이를 요약하면 자신이 '책임을 지고 개를 잘 키울 수 있을지'가 불안하다는 말이다.

정답 3

70 '상담자'의 상담에 대한 A, B의 회답에 대해 바른 것은 어느 것인가?
1. A는 기르지 않는 편이 좋다고 말하고 있지만, B는 상담자의 기분에 공감하고 기르는 것을 권하고 있다.
2. A는 큰맘 먹고 길러보는 것을 권하고 있지만, B는 기르는 것에 반대하고 있다.
3. A도 B도 기르는 것에 불안이 있다면 강아지를 기르는 것은

그만두는 편이 좋다고 말하고 있다.

4. A도 B도 우선 길러보는 것을 권하고 있다.

단어 共感きょうかん 공감 │ 反対はんたい 반대 │ とりあえず 우선

해설 상담에 대한 회답에서 A는 반대, B는 찬성을 하고 있다.

　　A – 불안한 마음이 있다면 지금은 아직 키우는 것은 그만두는 편이 나을지도 모르겠습니다.

　　B – 생각만 하고 실제로 길러보지 않으면 모르는 경우도 있습니다. 저는 꼭 키워볼 것을 추천합니다.

정답 1

문제13 다음 글을 읽고, 뒤의 문제에 대한 대답으로서 가장 알맞은 것을 1·2·3·4에서 하나 고르세요.

또다시, 어느 잡지사로부터 말도 안 되는 기획이 찾아왔다. 주제는 '다이어트'. 두말 할 것도 없이 그 과제는 이미 수십 년이나 스스로 하고 있습니다만. 단 이번 기간은 3주간. 올 여름내로 3킬로 감량이라는 시간 제한이 있다. 언뜻 보기에 쉬울 것 같지만 확실하게 줄이려고 하면 방법은 한정된다.

넘쳐나는 다이어트 정보가 가득한 인터넷에서 쉽고, 확실하게 달성할 수 있는 방법이 없을까 하고 찾아보았지만, ①그런 것이 있다면 이미 하고 있을 테고. 어쩔 수 없다. 이 것은 역시 왕도인 '먹지 않으면 빠진다'는 이론. 식사 제한에 마지못해 도전하기로 한다.

우선은 1일의 '기초 대사량'을 새로 맞춘 체중계로 측정. 사이트에서도 계산은 가능하지만, 이만큼의 에너지는 일반적으로 보통 생활하는 것만으로 소비된다는 의미이다. 체중과 신장, 연령 등을 바탕으로 계산하는데, 내 경우는 약 1200킬로칼로리로 표시되었다. 이 기초 대사량은 연령과 함께 서서히 줄어들어, 같은 신장, 체중이라도 20대와 40대에서는 1일 200킬로칼로리 가까이 차이가 나기도 한다. 똑같이 뒹굴뒹굴 하루를 보내도 40대에서는 매일 주먹밥 1개분 정도의 칼로리가 자동적으로 축적되어 간다는 계산이 된다.

어쨌든, 이 기초 대사량을 최저한 유지할 수 있도록 하루에 섭취하는 칼로리양을 1200킬로칼로리로 결정. 단, 기초 대사와 같은 섭취량으로는 매일 +-제로로 이론상 체중은 감소하지 않게 된다. 그래서 운동으로 칼로리 소비를 늘리고 그 차이만큼 감량한다는 방침으로 전환하기로 했다. 좋아.

─ 중략 ─

종료 3일 전에 순간적으로 마이너스 3킬로를 기록했지만 다시 2킬로대로 돌아갔다. 마지막 날은 머릿속에 '지면 안 돼'를 외치며 조깅, 수영, 테니스라는 풀 메뉴에 마사지의 땀 빼기 돔을 더해, 만전의 태세로 측정에 임하기로. 내친김에 머리를 잘라, 100그램이라도 줄이려고 ②미용실에 전화했지만 비과학적인 수단은 신은 인정해주지 않았다. 오

봉으로 휴무였다.

다음날 아침, 조깅 후에 재보니, 거짓말처럼 딱 마이너스 3킬로! 해냈어, 내가. 꽃가루가 날린다! 종료 후, 클리닉을 방문하여 ③선생님에게 물어보았다. 저, 이제 공복생활 그만두고 싶은데요.

'1200킬로칼로리로는 너무 적으니까, 앞으로는 육류로 조금씩 칼로리양을 늘려가 보세요. 그렇게 하면 급격한 요요 현상이 오지는 않을 겁니다. 체중 측정은 일주일에 한 번이면 됩니다. 수백 그램의 체중 변화에 현혹되지 않아야 됩니다.' 라이프워크에 결승골은 없다.

(주1) 楽勝 : 쉽게 이기는 것

(주2) 達成 : 목적을 이루어 성공하는 것

(주3) 新調 : 새롭게 정리하는 것

(주4) お盆 : 8월 중순 성묘를 가서 여러 가지 제물을 선조의 혼에게 바치고 명복을 비는 일

(주5) 惑わす : 바른 분별의 판단을 잃는 것

단어 つぎ込こむ 투입하다, 들이다 │ 何度なんど 몇 번 │ 失敗しっぱい 실패 │ 永遠えいえん 영원 │ 課題かだい 과제 │ 編集部へんしゅうぶ 편집부 │ 減量げんりょう 감량 │ 空腹くうふく 공복 │ 闘たたかう 싸우다 │ 記録きろく 기록 │ またしても 또다시 │ むちゃぶり 무리한 짓 │ 企画きかく 기획 │ 自主的じしゅてき 자주적 │ 期間きかん 기간 │ 期限きげん 기한 │ ～付つき 딸림 │ 一見いっけん 언뜻 보기에는 │ 楽勝らくしょう 낙승 │ 確実かくじつに 확실히 │ 減へらす 줄이다 │ 限定げんてい 한정 │ あふれる 넘치다 │ 情報じょうほう 정보 │ 満載まんさい 만재, 가득 실음 │ ラク 편안함 │ 達成たっせい 달성 │ 探さがす 찾다 │ とっくに 훨씬 전에 │ 仕方しかたない 어쩔 수 없다 │ 王道おうどう 왕도 │ 食くう 먹다 │ 理論りろん 이론 │ 制限せいげん 제한 │ やむなく 부득이 │ 挑いとむ 도전하다 │ 基礎代謝量きそたいしゃりょう 기초 대사량 │ 新調しんちょう 새로 만듦 │ 体重計たいじゅうけい 체중계 │ 測定そくてい 측정 │ 計算けいさん 계산 │ 消費しょうひ 소비 │ 身長しんちょう 신장 │ 年齢ねんれい 연령 │ 徐々じょじょに 서서히 │ ゴロゴロ 뒹굴뒹굴, 빈둥빈둥 │ 自動的じどうてき 자동적 │ 蓄積ちくせき 축적 │ 最低限さいていげん 최저한 │ 維持いじ 유지 │ 摂取せっしゅ 섭취 │ 決定けってい 결정 │ 増ふやす 늘리다 │ 方針ほうしん 방침 │ 転換てんかん 전환 │ 終了しゅうりょう 종료 │ 瞬間的しゅんかんてき 순간적 │ 越こえる 넘다 │ 後戻あともどり 되돌아감 │ 負まける 지다 │ 鳴ならす 소리를 내다 │ エステ 마사지 │ 汗あせ 땀 │ 加くわえる 더하다, 가하다 │ 万全ばんぜんの態勢たいせい 만전의 태세 │ 臨のぞむ 임하다 │ 短髪たんぱつ 단발 │ 非科学的ひかがくてき 비과학적 │ 手段しゅだん 수단 │ 認みとめる 인정하다 │ 翌朝よくあさ 다음날 아침 │ 測はかる 측정하다, 재다 │ ぴったり 딱 │ くす玉たま 조화 등을 구슬같이 포개고 장식실을 늘어뜨린 것(개점 축하나 선박의 진수식 따위에 장식으로 씀) │ 割われる 터지다, 갈라지다, 깨지다 │ 訪おとずれる 방문하다 │ 肉類にくるい

육류 | 急激きゅうげき 급격 | リバウンド 리바운드(다이어트를 중단했을 때 나타나는 체중 증가, 요요현상) | 惑まどわす 현혹시키다 | ライフワーク 라이프워크(일생을 건 일) | ゴール 골, 결승점

71 ①그런 것이란 무엇을 가리키고 있는가?
   1. 일주일에 3킬로 뺄 수 있는 방법
   2. 주먹밥만을 먹고 빼는 방법
   3. 조깅만으로 빼는 방법
   4. 쉽고 확실하게 뺄 수 있는 방법

해설 지시어가 가리키는 것은 '다이어트를 쉽고, 확실하게 달성할 수 있는 방법'이다.

정답 4

72 어째서 이 사람은 ②미용실에 전화한 것인가?
   1. 다이어트로 스트레스가 쌓였기 때문에
   2. 머리를 잘라 조금이라도 체중을 줄여보려고 생각했기 때문에
   3. 조깅할 때 긴 머리카락이 방해되었기 때문에
   4. 올 여름은 예년에 비해 매우 더웠기 때문에

단어 溜たまる 쌓이다 | 髪かみを切きる 머리를 자르다 | 例年れいねん 예년

해설 종료 3일 전에 최선을 다해 다이어트에 성공하려는 여러 시도를 하는 가운데 '내친 김에 머리를 잘라 100그램이라도 줄이려고' 미용실에 전화를 했다.

정답 2

73 클리닉에서는 ③선생님은 이 사람에 대해 다이어트 후에 대해서 어떠한 조언을 하고 있는가?
   1. 체중감량 후에도 심한 운동을 계속해서 하는 것이 중요하다.
   2. 지금까지 참아왔던 칼로리가 높은 식사를 적극적으로 섭취하는 것이 중요하다.
   3. 체중 측정은 일주일에 1번, 수백 그램의 체중 변화에 현혹되지 않는 것이 중요하다.
   4. 앞으로도 여러 가지 다이어트법을 시도하여 자신에게 맞는 것을 발견하는 것이 중요하다.

단어 きつい 심하다, 고되다 | 重要じゅうよう 중요 | 我慢がまんする 인내하다 | 積極的せっきょくてき 적극적 | 試ためす 시험해 보다 | 見みつける 발견하다

정답 3

문제14 다음은 인터넷에서 '아동학' 책을 사기 위해 어느 서점의 홈페이지에서 서적을 검색한 결과의 일람이다. 아래 질문에 대한 답으로 가장 알맞은 것을 1·2·3·4에서 하나 고르시오.

74 유학생인 마리 씨는 아동학 리포트를 써야 한다. 테마는 '어린 아이와 놀이 환경'이다. 어린이와 놀이 환경에 관해 알기 쉽게 해설되어 있는 서적 몇 권이 필요하다. 제출이 1주일 후여서 내일까지 입수 가능한 책을 찾고 있다. 마리 씨가 살 수 있는 책은 몇 권인가?
   1. 1권
   2. 2권

   3. 3권
   4. 4권

단어 留学生りゅうがくせい 유학생 | 児童学じどうがく 아동학 | 遊あそび 놀이 | 環境かんきょう 환경 | 関かんする 관하다 | 書籍しょせき 서적 | 提出ていしゅつ 제출 | 入手にゅうしゅ 입수 | 探さがす 찾다

해설 어린이와 놀이에 관한 책은 몇 권인가 눈에 띄지만 '환경'에 관한 책으로는 仙田満の 저서인 「子どもとあそび－環境建築家の眼: 어린이와 놀이－환경건축가의 눈」과 「こどものあそび環境 : 어린이의 놀이 환경」 2권이 있으며, 배송 또한 다음 날인「翌日よくじつ」가능하다고 했으므로 정답은 2번이다.

정답 2

75 아동학부 3학년인 스즈키 씨는 어린이 심리학에 대해 공부 중이어서, 그 전문서를 사려고 생각하고 있다. 스즈키 씨가 이 인터넷 사이트를 이용하여 사고 싶어 하는 2권을 구입하는 경우, 합계 지불금액은 얼마가 되는가? 또 책 대금이 총액 3000엔 이상이 되는 경우, 배송료는 들지 않는다.
   1. 5015엔
   2. 4500엔
   3. 4515엔
   4. 3800엔

단어 心理学しんりがく 심리학 | 専門書せんもんしょ 전문서 | 購入こうにゅう 구입 | 合計ごうけい 합계 | 支払しはらい 지불 | 金額きんがく 금액 | 代金だいきん 대금

해설 아동심리학에 관련된 책은「児童心理学の最先端: 아동심리학의 최첨단」1,995엔 / 배송료 무료,「子ども心理学入門 : 아동 심리학 입문」2,520엔 / 배송료 500엔 － 2권이다. 배송료를 포함한 2권의 금액은 5,015엔이지만, 3,000엔 이상은 배송료 무료에 해당되므로 2권의 금액은 4,515엔이 된다. 따라서 정답은 3번이다.

정답 3

단어 児童じどう 아동 | 最先端さいせんたん 최첨단 | 認知にんち 인지 | 感情かんじょう 감정 | 営いとなみ 운영 | 環境かんきょう 환경 | 建築家けんちくか 건축가 | 携たずさわる 종사하다 | 工夫くふう 연구, 궁리 | 歳時記さいじき 세시기 | 描えがく 묘사하다 | 登場とうじょう 등장 | 購入こうにゅう 구입 | 身近みぢか 신변 | 保育ほいく 보육 | 追求ついきゅう 추구 | 背景はいけい 배경 | 基盤きばん 기반 | 領域りょういき 영역 | 送料そうりょう 배송료 | 翌日よくじつ 다음 날

	서명 / 저자	금액 /	상품 내용	배달 / 배송료
1	아동심리학의 최첨단 / 타지카 히데츠쿠 저	1,995엔 / 재고 약간	어린이의 인지, 사회성, 감정, 및 운동 기능과 어린이의 가정이나 학교에서의 생활, 아이의 다양한 발달과 학습과정을 포착하여 각 장을 구성했다.	2~3일 후 / 배송료 무료
2	아이와 놀이 / 환경건축가의 눈 / 센다 미츠루 저	735엔 / 재고 있음	오랜 기간에 걸쳐 아이들의 놀이 환경 조사와 그 디자인, 건축에 종사해 온 저자가, 지금 아이들을 위해 필요한 일, 연구해야만 할 일을 이야기한다.	다음날 가능 / 배송료 무료
3	아직 있다. 아이들 세시기 / 여름방학 편 하츠미 켄이치 저	1,260엔 / 재고 약간	1970년대 초등학생의 여름방학 생활을 그리면서, 거기에 등장하는 다양한 상품에 대해, 현재도 구입 가능한 것을 선정하고 있다.	2~3일 후 / 배송료 무료
4	어린이의 놀이 환경 / 센다 미츠루 저	3,360엔 / 재고 있음	아이들의 놀이 공간, 놀이의 원초적 풍경, 놀이 환경의 구조, 놀이 환경의 변화를 이야기하고 있다.	다음날 가능 / 배송료 300엔
5	이것이 우리들의 신 어린이 놀이 이론이다 / 시토미 토시유키 외 3인	1,365엔 / 재고 약간	어린이들 놀이의 세계에 대해, 친근한 테마를 세워서, 보육의 세계를 야외로의 놀이를 추구하고 있다.	5일 후 / 배송료 무료
6	아동심리학 입문, 가마쿠라 여자대학/아동학부	2,520엔 / 재고 있음	아동심리학 창설의 학문적 배경, 사회적 배경, 아동심리학의 이론적 기반 등 학문영역에 관한 개론서	다음날 가능 / 배송료 500엔

청해

문제1

문제1에서는 먼저 질문을 들어 주세요. 그리고 나서 이야기를 듣고, 문제용지의 1에서 4 중에서 가장 알맞은 것을 하나 고르세요.

1番　🔵_T032

男の人と女の人が話をしています。女の人は風邪を引いたとき、どのようなものが食べたいと言っていますか。

M：何だか最近さ、昼と夜の気温差が激しくて、体がおかしくなりそうだよ。

F：本当よね。私は昨日からちょっと風邪気味なの。喉が痛いし、朝から熱っぽくて寒気がするし。

M：それは君、風邪だよ、風邪。こんなところで立ち話をしていたらその風邪、ますます悪くなるよ。早く帰って温かいものでも食べて、早く寝た方がいいね。

F：そうね。本当なら温かいお粥やスープを食べた方がいいんだけど、風邪を引くとなぜだかゼリーやアイスみたいな冷たくて甘いものが食べたくなるのよね。

M：まあ、食べ過ぎなければいいと思うけど。

F：そこでお願いなんだけど、種類や味は何でも構わないから買ってきてくれないかしら？

M：言うと思ったよ。わかった。君は早く家に帰って、ゆっくり休んで。あとで僕が買って持っていってあげるから。

女の人は風邪を引いたとき、どのようなものが食べたいと言っていますか。

남자와 여자가 이야기를 하고 있습니다. 여자는 감기에 걸렸을 때, 어떤 것이 먹고 싶다고 말하고 있습니까?

M : 왠지 요즘 낮과 밤의 온도차가 심해서 몸이 이상해질 것 같아.

F : 정말이야. 나는 어제부터 약간 감기 기운이 있어. 목이 아프고, 아침부터 열이 있는 것 같고 오한이 나.

M : 그건 너 감기야, 감기. 이런 곳에서 서서 이야기하면 그 감기 더욱 나빠질 거야. 빨리 돌아가서 따뜻한 것이라도 먹고 빨리 자는 편이 좋아.

F : 그래. 정말이라면 따뜻한 죽이나 스프를 먹는 편이 좋겠지만, 감기에 걸리면 왠지 젤리나 아이스크림 같은 차갑고 단것이 먹고 싶어져.

M : 글쎄, 너무 많이 먹지 않으면 괜찮다고 생각하지만.

F : 그래서 부탁인데, 종류나 맛은 아무거나 상관없으니까 사다 주지 않을래?

M : 말할 줄 알았어. 알겠어. 너는 빨리 집에 돌아가서 푹 쉬어. 나중에 내가 사서 가지고 갈 테니까.

여자는 감기에 걸렸을 때, 어떤 것이 먹고 싶다고 말하고 있습니까?

1. 차고 신 것
2. 따뜻하고 단것
3. 차고 단것
4. 따뜻하고 매운 것

단어 最近さいきん 최근, 요즘 │ 気温差きおんさ 기온 차 │ 激はげしい 심하다 │ おかしい 이상하다 │ ～気味ぎみ 기운, 기색 │ 喉のど 목 │ 寒気さむけ 오한 │ 立たち話ばなし 서서 이야기하는 것 │ ますます 더욱더 │ お粥かゆ 죽 │ 種類しゅるい 종류 │ 味あじ 맛 │ 構かまう 개의하다, 상관하다 │ 酸すっぱい 시다 │ 辛からい 맵다

해설 일반적 상식이 아닌 여자의 말에 주목한다. 여자는 '감기에 걸리면 왠지 젤리나 아이스크림 같은 차갑고 단것이 먹고 싶어져'에서 정답을 찾을 수 있다.

정답 3

2番 🔘_T033

男の人と女の人が話をしています。男の人は何を買ったと言っていますか。

M : 実はさ、来週結婚記念日なんだよね。

F : まあ、そうなの。おめでとう。で、何年目だっけ？

M : えっと、5年目だね。それでさ、普段は料理なんてしないんだけど、奥さんのために料理でもしてみようかな、なんて思ってさ。どうかな？

F : それはきっと奥さんはとっても喜ぶわ。で、何を作るかはもう決めたの？

M : いや、とりあえず料理本は買ったんだけどね。僕たちって、二人とも海外旅行が好きだから、日本料理よりも他の国の料理を作って見るのはどうかと思うんだけど。

F : そうね、私、料理は好きで得意だから、手伝えることがあれば何でも言って。

M : ありがとう。実はね、当日ちょっといい格好をしようと思ってファッション雑誌も買ったんだ。普段は服なんて一切気にしないんだけどさ。

F : まあ、服にまで気を使うだなんて。ますます奥さんも喜びそうね。

男の人は何を買ったと言っていますか。

남자와 여자가 이야기를 하고 있습니다. 남자는 무엇을 샀다고 말하고 있습니까?

M : 실은, 다음 주 결혼기념일이야.

F : 어머, 그래? 축하해. 근데 몇 년째였지?

M : 음, 5년째야. 그래서 평소에는 요리 같은 것 안 하지만, 아

내를 위해서 요리라도 해 볼까 하고 생각하는데, 어떨까?

F : 그건 분명 부인이 매우 기뻐할 거야. 그래서 무엇을 만들지는 벌써 정했어?

M : 아니, 우선 요리책은 샀는데. 우리 둘 다 해외여행을 좋아하니까 일본 요리보다도 다른 나라의 요리를 만들어 보는 것은 어떨까 생각하는데.

F : 그래, 나 요리 좋아하고 잘하니까, 도와줄 일이 있으면 뭐든지 말해.

M : 고마워. 실은 당일에는 좀 멋진 차림을 하려고 패션 잡지도 샀어. 평소에는 옷 같은 것 전혀 신경 안 쓰지만.

F : 어머, 옷까지 신경을 쓰다니. 더욱더 부인도 기뻐할 것 같아.

남자는 무엇을 샀다고 말하고 있습니까?

단어 記念日きねんび 기념일 │ 普段ふだん 보통 │ 喜よろこぶ 기뻐하다 │ 得意とくい 자신이 있음 │ 格好かっこう 모습 │ 一切いっさい 일절

해설 남자의 말에 정답이 있다. '우선 요리책을 샀는데~', '당일에는 좀 멋진 차림을 하려고 패션 잡지도 샀어'에서 정답을 찾을 수 있다.

정답 4

3番 🔘_T034

男の人と女の人が外国について話をしています。男の人はどうしてオーストラリアに行ったのですか。

F : この頃は仕事ばっかりでなかなか長期で休みを取ることも出来ないわね。

M : そうだね。学生時代は休みになると、毎日毎日バイトに明け暮れて、お金が貯まったらすぐに海外旅行に出かけてたよね。

F : そうね。学生時代は時間的にも結構自由が利くし、色々なことを経験してみたい、って好奇心の塊だもの、大学生ってさ。

M : 確かに。僕は結構色んな国に行ったよ。オーストラリアには一ヶ月行ってたんだ。その時は旅行って言うより、短期留学って感じだったな。現地の語学学校に自分で連絡を取って、その学校に通って英語を勉強したんだ。

F : へえ、それはすごいわね。私はオーストラリアには遊びに行ったことしかないわ。

M : マレーシアもシンガポールも人が親切だし、食べ物は美味しくて、とてもいいところだったけど、カナダは自然が美しくてすごくいいところだったな。

F : 何だかこの話は尽きそうにないわね。

男の人はどうしてオーストラリアに行ったのですか。

남자와 여자가 외국에 대해서 이야기를 하고 있습니다. 남자는 어째

서 오스트레일리아에 갔던 것입니까?

F : 요즘은 일이 너무 많아서 좀처럼 장기로 휴가를 낼 수 없네.

M : 그러네. 학생시절에는 방학이 되면 매일매일 아르바이트로 나날을 보내고 돈이 모이면 바로 해외여행을 훌쩍 떠났었지.

F : 맞아. 학생시절에는 시간적으로 꽤 자유가 있었고, 여러 가지 것을 경험해 보고 싶다는 호기심으로 똘똘 뭉친 나이였지. 대학생이란.

M : 맞아. 나는 꽤 여러 나라에 갔었어. 오스트레일리아에는 한 달 갔었어. 그때는 여행이라기보다 단기유학이라는 느낌이었지. 현지 어학교에 스스로 연락을 취해서 그 학교에 다니면서 영어를 공부했었어.

F : 와~ 그것 참 대단하다. 나는 오스트레일리아에는 놀러 간 것 밖에 없어.

M : 말레이시아도 싱가포르도 사람이 친절하고 음식도 맛있고 매우 좋은 곳이었지만, 캐나다는 자연이 아름다워서 매우 좋은 곳이었어.

F : 왠지 이 이야기는 끝이 없을 것 같아.

남자는 어째서 오스트레일리아에 갔던 것입니까?

1. 단순하게 놀기 위해서 갔다.
2. 영어를 배우기 위해서 갔다.
3. 맛있는 것을 먹기 위해서 갔다.
4. 아름다운 자연을 보기 위해서 갔다.

단어 長期ちょうき 장기 | 明あけ暮くれる 세월을 보내다 | 貯たまる 돈이 모이다 | 結構けっこう 상당히, 꽤 | 自由じゆう 자유 | 利きく 통하다, 효력이 있다 | 経験けいけん 경험 | 好奇心こうきしん 호기심 | 塊かたまり 덩어리, 무리 | 確たしかに 틀림없음, 확실함 | 長期ちょうき 단기 | 現地げんち 현지 | 語学ごがく 어학 | 連絡れんらく 연락 | 自然しぜん 자연 | 尽つきる 다하다, 바닥나다 | 単純たんじゅん 단순 | 学まなぶ 배우다

해설 '오스트레일리아에는 한 달 갔었어. 그때는 여행이라기보다 단기유학이라는 느낌이었지. 현지 어학교에 스스로 연락을 취해서 그 학교에 다니면서 영어를 공부했었어'에서 정답을 찾을 수 있다.

정답 2

4番 ○_T035

女おんなの人ひとが友人ゆうじんの女性じょせいと天気てんきについて話はなしをしています。天気予報てんきよほうによれば天気てんきは午後ごごからどうなると言いっていますか。

F1 : なんだか最近さいきん天気てんきがころころ変かわって安定あんていしないわね。

F2 : 本当ほんとう、そうよね。今日きょうも朝あさから晴はれるって昨日きのう言いってたのに、会社かいしゃに行いこうと思おもって外そとに出でた途端たんに雨あめだもの。

F1 : 本当ほんとう、やになっちゃう。明日あしたは雪ゆきが降ふるって友だ

ちから聞きいたけど、この寒さむさが続つづけば雪ゆきも降ふりそうよね。

F2 : 天気予報てんきよほうでは午後ごごからまた雨あめが降ふり出だして、その後あと、雨あめが雪ゆきに変かわるって言いってたわ。

F1 : 今いまは雨あめも止やんで、雪ゆきも降ふってないし、どんよりとした曇くもり空ぞらだけど。

F2 : そうね。でもこれだけ寒さむいことだし、雪ゆきは覚悟かくごした方ほうがいいわね。

F1 : ああ、やだやだ。マフラー持もってくれば良よかったな。

天気予報てんきよほうによれば天気てんきは午後ごごからどうなると言いっていますか。

여자가 여자 친구와 날씨에 대해서 이야기를 하고 있습니다. 일기예보에 의하면 날씨는 오후부터 어떻게 된다고 말하고 있습니까?

F1 : 왠지 최근에 날씨가 왔다갔다 바뀌어서 안정이 안 돼.

F2 : 정말 그래. 오늘도 아침부터 맑다고 어제 말했는데 회사에 가려고 밖에 나가자마자 비던걸.

F1 : 정말, 짜증나. 내일은 눈이 내린다고 친구한테 들었는데, 이 추위가 계속되면 눈도 내릴 것 같아.

F2 : 일기예보에서는 오후부터 또 비가 내리기 시작해서, 그 후 비가 눈으로 바뀐다고 했어.

F1 : 지금은 비도 그치고, 눈도 내리지 않고 잔뜩 흐린 하늘인데.

F2 : 맞아. 그렇지만 이 정도 추우니까 눈은 각오하는 편이 좋겠어.

F1 : 아아, 싫다 싫어. 목도리 가져왔으면 좋았을 텐데.

일기예보에 의하면 날씨는 오후부터 어떻게 된다고 말하고 있습니까?

단어 天気予報てんきよほう 일기예보 | ことこと 어지럽게 변하는 모양 | 安定あんてい 안정 | 晴はれる (날씨가) 개다, 맑다 | ~途端とたん ~하자마자 | 降ふり出だす (비·눈이) 내리기 시작하다 | 雪ゆき 눈 | 止やむ 그치다 | どんよりした 날씨가 잔뜩 흐린 모양 | 覚悟かくご 각오 | マフラー 머플러

해설 시점과 날씨의 변동에 주의한다. 일기예보에서는 '오후부터 또 비가 내리기 시작해서 그 후 비가 눈으로 바뀌어 눈이 내린다'에서 정답을 찾을 수 있다.

정답 3

5番 ○_T036

男おとこの人ひとと女おんなの人ひとがバッグの商品開発しょうひんかいはつの現場げんばで意見いけんを交かわしています。女おんなの人ひとは今いまのバッグをどうした方ほうがいいと提案ていあんしていますか。

M : この間あいだの会議かいぎで出でた意見いけんを元もとに出来上できあがったのが、このバッグなんだけど。どうかな。

F : 色合いろあいもなかなかいいし、形かたちもおしゃれな感かんじで私わたし

の想像していたものより、ずっといい仕上がりになってると思うけど。

M：そうだね。僕も結構いいものが出来上がったと思うんだけど、今のままだと、どこにでもあるようなバッグとそう変わらないような気がするんだよな。

F：確かに。ちょっと新鮮さには欠けるわね。そうね、このカバン、おしゃれでいいとは思うけど、ちょっとサイズが小さくないかしら。子供のいる女の人や荷物の多い仕事をする女性が使うことを考えたら、もう一回りサイズを大きくした方がいいと思うわ。

M：なるほど。となると、ポケットも内側に多めにつけて、物を入れる場所を多くしたら、もっと便利かもしれないね。今は飲み物を持ち歩く人も多いし、ペットボトルを入れるポケットも必要だな。

F：それはすごくいい考えね。今のおしゃれな感じを壊さないように、ちょっと考え直しましょう。

女の人は今のバッグをどうした方がいいと提案していますか。

남자와 여자가 가방의 상품개발 현장에서 의견을 교환하고 있습니다. 여자는 지금의 가방을 어떻게 하는 편이 좋다고 제안하고 있습니까?

M：일전에 회의에서 나온 의견을 바탕으로 완성된 것이 이 가방인데, 어때?

F：색상도 상당히 좋고, 모양도 세련된 느낌으로 내가 상상했던 것 이상으로 훨씬 좋게 완성이 되었다고 생각하는데.

M：그래. 나도 꽤 좋은 것이 완성되었다고 생각하는데, 이대로라면 어디에나 있는 가방하고 별반 다를 것이 없는 느낌이 들어.

F：확실히 그래. 약간 신선함이 부족해. 그래, 이 가방, 세련되고 좋다고는 생각하지만 약간 사이즈가 작지 않을까? 아이가 있는 여자나 짐이 많은 일을 하는 여성이 사용할 것을 생각하면 한 단계 더 크게 하는 편이 좋을 것 같아.

M：그렇군. 그렇다면 주머니도 안쪽에 많이 붙이고 물건을 넣는 장소를 크게 하면 더욱 편리할지도 몰라. 지금은 음료수를 가지고 다니는 사람도 많으니까 페트병을 넣는 포켓도 필요해.

F：그거 아주 좋은 생각인데. 지금의 세련된 느낌을 망치지 않도록 약간 다시 생각해 봅시다.

여자는 지금의 가방을 어떻게 하는 편이 좋다고 제안하고 있습니까?
1. 사이즈를 한 단계 크게 하는 편이 좋다.
2. 색의 종류를 많이 하는 편이 좋다.
3. 안쪽의 주머니를 늘리는 편이 좋다.
4. 페트병을 넣을 장소를 만드는 편이 좋다.

단어 商品開発しょうひんかいはつ 상품개발 | 現場げんば 현장

| 意見いけん 의견 | 交かわす 교환하다 | 提案ていあん 제안 | 色合いろあい 색상 | 形かたち 모양, 형태 | おしゃれ 멋부림, 세련됨 | 想像そうぞう 상상 | 仕上しあがり 완성, 마무리 | 新鮮しんせん 신선 | 欠かける 부족하다, 모자라다 | 荷物にもつ 짐 | 一回ひとまわり 한층, 한 단계 | 内側うちがわ 안쪽 | 持もち歩あるく 갖고 다니다, 들고 걷다 | ペットボトル 페트병 | 壊こわす 망가뜨리다 | 考かんがえ直なおす 재고하다 | 種類しゅるい 종류 | 増ふやす 늘리다

해설 새로운 제안이나 의향을 말하는 '아이가 있는 여자나 짐이 많은 일을 하는 여성이 사용할 것을 생각하면 한 단계 더 크게 하는 편이 좋을 것 같아'에서 정답을 찾을 수 있다.

정답 1

문제2 문제2에서는 먼저 질문을 들어 주세요. 그 후 문제용지의 선택지를 읽어 주세요. 읽을 시간이 있습니다. 그리고 나서 이야기를 듣고 문제용지의 1에서 4 중에서 가장 알맞은 것을 하나 고르세요.

1番 _T037

高校生の女の子と先生が話をしています。どうして女の子は家に帰りたいと言っていますか。

F：先生、少しお話したいことがあるのですが。

M：どうしたんだ、急にかしこまっちゃって。なんか顔色も良くないようだが、何かあったのか？ いつものおまえの元気さはどうした？

F：あの、実はさっき母から連絡があって、祖父が早朝に息を引き取ったそうなんです。

M：そうか、それは残念だったな。急にお亡くなりになったのか？ それともまえからどこか悪くされていたのか？

F：はい、半年前にガンが見つかって、その時からずっと病院に入院していました。

M：そうだったのか。おまえも大変だったんだな。

F：そういうことなので、今日はもう帰らせてもらいたいのですが。いいですか？

M：ああ、もちろんだ。一刻も早く帰りなさい。後のことは先生に任せて。気をしっかりな。

F：ありがとうございます。

どうして女の子は家に帰りたいと言っていますか。

고등학생 여자아이와 선생님이 이야기를 하고 있습니다. 어째서 여자아이는 집에 돌아가고 싶다고 말하고 있습니까?

F：선생님, 잠깐 드릴 말씀이 있는데요.

M：무슨 일이니, 갑자기 공손하게 나오고. 왠지 안색도 좋지

않는 것 같은데 무슨 일 있었어? 평상시에 활발하던 네가 무슨 일이야?

F : 저기, 실은 조금 전에 엄마한테서 연락이 와서 할아버지가 이른 아침에 숨을 거두셨다고 해서요.

M : 그렇구나, 그것 참 안 되셨네. 갑자기 돌아가신 거야? 그렇지 않으면 전부터 어딘가 안 좋으셨던 거야?

F : 네, 반 년 전에 암이 발견되어서 그때부터 계속 병원에 입원해 있었어요.

M : 그랬구나. 너도 힘들었겠구나.

F : 그래서 오늘은 이제 집에 갔으면 괜찮을까요?

M : 아아, 물론이지. 한시라도 빨리 돌아가거라. 뒷일은 선생님에게 맡겨. 정신 똑똑히 차리고.

F : 감사합니다.

어째서 여자아이는 집에 돌아가고 싶다고 말하고 있습니까?

1. 자신의 몸 상태가 나빴기 때문에
2. 어머니가 돌아가셨기 때문에
3. 할아버지가 암이라고 알았기 때문에
4. 할아버지가 돌아가셨기 때문에

단어 かしこまる ① 황공해 하다, 공손해 하다 ② 똑바로 앉다, 꿇어앉다 | 顔色かおいろ 안색 | 連絡れんらく 연락 | 祖父そふ 조부, 할아버지 | 早朝そうちょう 조조, 이른 아침 | 息いきを引ひき取とる 숨을 거두다 | 亡なくなる 돌아가시다 | ガン 암 | 見みつかる 발견되다 | 病院びょういん 병원 | 入院にゅういん 입원 | 一刻いっこく 짧은 시간 | 任まかせる 맡기다 | しっかり 확실히 | 体調たいちょう 몸 상태

해설 '저기, 실은 조금 전에 엄마한테서 연락이 와서 할아버지가 이른 아침에 숨을 거두셨다고 해서요'에서 정답을 찾을 수 있다.

정답 4

2番 _T038

会社で男性の上司と女性の部下が話をしています。どうして女性は嬉しそうなのですか。

M : 君、何だか最近前にも増して元気そうじゃないか。なんかいいことでもあったのか。

F : ああ、やっぱりわかります？毎日毎日楽しくて、幸せでしようがないんです。いやあ、幸せすぎて怖いぐらいです。

M : そんなもったいぶらずに教えてくれよ。ああ。もしかして、君にもとうとう春がやって来たか？

F : そうなんです。そうなんですよ。実は一ヶ月前に友人から紹介された男性とお付き合いすることになって。本当に私にはもったいないぐらいいい人で。それで毎日幸せなんです。

M : どうりで嬉しそうなはずだ。しかも前は全然化粧っ気のなかった君がいきなり化粧をし出して。そ

うか、彼氏が出来たのか。良かったじゃないか。

F : ええ、六才年上なんですけど、私のことをすごく大事にしてくれて。

M : 幸せなことはいいことだ。今日はその彼と会うのか？

F : ええ、もちろん。では、お先に失礼します。

どうして女性は嬉しそうなのですか。

회사에서 남성 상사와 여성 부하가 이야기를 하고 있습니다. 어째서 여성은 기뻐 보입니까?

M : 자네, 어쩐지 최근 들어 예전보다 한층 더 활기차 보여. 뭔가 좋은 일이라도 있었나?

F : 아아, 역시 아시겠어요? 매일 매일 즐겁고 행복해 죽겠어요. 이야, 너무 행복해서 무서울 정도예요.

M : 그렇게 거드름 피우지 말고 가르쳐 줘. 아아, 혹시 자네에게도 드디어 봄이 찾아왔나?

F : 맞습니다. 맞아요. 실은 한 달 전에 친구한테서 소개받은 남자와 사귀게 되어서. 정말 저한테는 아까울 정도로 좋은 사람이어서. 그래서 매일 행복해요.

M : 그러면 그렇지, 당연히 기쁠 것이야. 게다가 전에는 전혀 화장기 없었던 자네가 갑자기 화장을 하기 시작하고. 그렇군, 남자 친구가 생겼군. 잘된 일이 아닌가.

F : 네, 6살 연상인데요, 저를 많이 아껴줘요.

M : 행복한 것은 좋은 일이야. 오늘은 그 남자 친구와 만나나?

F : 네, 물론. 그럼 먼저 실례하겠습니다.

어째서 여성은 기뻐 보입니까?

1. 상사에게 칭찬받았기 때문에
2. 봄 휴가를 받았기 때문에
3. 새 화장품을 샀기 때문에
4. 남자친구가 생겼기 때문에

단어 上司じょうし 상사 | 部下ぶか 부하 | もったいぶる 거드름 피우다 | とうとう 드디어 | 付つき合あう 교제하다 | もったいない 아깝다 | どうりで 그러면 그렇지, 어쩐지 | 化粧けしょうっ気け 화장기 | いきなり 갑자기 | 年上としうえ 연상 | ほめる 칭찬하다 | 化粧品けしょうひん 화장품

해설 '맞습니다. 맞아요. 실은 한 달 전에 친구한테서 소개받은 남성과 사귀게 되어서. 정말 저한테는 아까울 정도로 좋은 사람이어서. 그래서 매일 행복해요'에서 정답을 찾을 수 있다.

정답 4

3番 _T039

店員と客が話をしています。どうして客は店員のすすめる服は買わないと言っていますか。

M1 : お客様、こちらの上着なんてどうでしょう。今着ていらっしゃるシャツともよくお似合いになりますよ。

M2：そうかな？僕はこっちの方がいいと思うんだけど。普段あまり明るい色を着ないから、暖色系のものにも挑戦してみたいんだけど。

M1：そうですか。でも今年の冬は黒や緑と言った、少し暗めの色の服が人気が出るらしいんですよ。

M2：へえ、あまり服に普段気を使わないから、そういうのに疎いんだよね。

M1：そうだ、この緑のものなんか、この間雑誌に掲載されたり、予約も入ったりするぐらい人気のものですよ。お客様、こちらはいかがでしょうか。

M2：ああ、実はね、これとよく似た服を持ってるんですよ。せっかくすすめてもらったのに、すみませんね。

M1：いえいえ、まだ他にも色々取りそろえていますので、ゆっくりご覧になってください。

M2：ええ、ありがとうございます。

どうして客は店員のすすめる服は買わないと言っていますか。

점원과 손님이 이야기를 하고 있습니다. 어째서 손님은 점원이 추천하는 옷은 사지 않겠다고 말하고 있습니까?

M1：손님, 이 상의 어떻습니까? 지금 입고 계시는 셔츠하고도 잘 어울리는데요.

M2：그래요? 나는 이쪽이 좋을 것 같은데. 보통 그다지 밝은 색은 입지 않으니까 따뜻한 색 계열의 옷에도 도전해보고 싶은데.

M1：그렇습니까? 그렇지만 올 겨울은 검정이나 녹색과 같은 약간 어두운 색의 옷이 인기가 있을 거라고 합니다.

M2：해? 보통 옷에 그다지 신경을 쓰지 않으니까 그런 것에는 사정이 어두워서.

M1：맞다, 이 녹색은 일전에 잡지에 게재되기도 하고 예약도 들어올 정도로 인기가 있습니다. 손님, 이것은 어떻습니까?

M2：아아, 실은 이것과 아주 비슷한 옷을 가지고 있어요. 모처럼 추천해 주셨는데 죄송합니다.

M1：아니에요. 아직 다른 것도 골고루 있으니까 천천히 보고 가시기 바랍니다.

M2：네, 감사합니다.

어째서 손님은 점원이 추천하는 옷은 사지 않겠다고 말하고 있습니까?

1. 색이 그다지 맘에 들지 않았기 때문에
2. 비슷한 옷을 가지고 있기 때문에
3. 친구가 비슷한 옷을 입고 있는 것을 보았기 때문에
4. 사이즈가 맞지 않았기 때문에

단어 店員てんいん 점원 ｜ 客きゃく 손님 ｜ すすめる 권하다 ｜ 服ふく 옷 ｜ 上着うわぎ 상의 ｜ 似合にあう 어울리다 ｜ 普段ふだん 평소 ｜ 暖色だんしょく 난색(따뜻한 느낌을 주는

빛깔) ｜ 挑戦ちょうせん 도전 ｜ 暗くらめ 어두운 ｜ 疎うとい 사정에 어둡다 ｜ 掲載けいさい 게재 ｜ 予約よやく 예약 ｜ 似にる 닮다 ｜ せっかく 모처럼 ｜ 取りそろえる 빠짐없이 갖추다 ｜ ご覧らん 「見る」의 높임말, 보심 ｜ 気きに入いる 마음에 들다

해설 '아아, 실은 이것과 아주 비슷한 옷을 가지고 있어요. 모처럼 추천해 주셨는데 죄송합니다'에서 정답을 찾을 수 있다.

정답 2

4番 _T040

男の人と女の人が話をしています。男の人はなぜ約束の時間に遅れたのですか。

M：ごめん、遅れちゃって。

F：ああ、別にいいんだけど。なんで遅れたの？約束の時間から1時間も過ぎてるじゃない。

M：本当に申し訳ない。いや、ちょっと今日は張り切っておしゃれでもしようかと思ってさ。クローゼットの前であれやこれやと何を着ようかと悩んでいたらね。乗ろうと思ってた電車には乗り遅れちゃうし、慌てて走ってたら事故に遭いそうになるし。

F：何なの、その理由。まるで女の子みたい。女の子でそういう話は聞いたことあるけど。男の人で洋服で悩んで遅れるなんて、そんな話は初めて聞いたわ。

M：だってさ、このシャツにこのズボンが合うけど、このズボンにあの靴は似合わないし、とか色々そんなことを考えていたらあっという間に時間が過ぎちゃうんだもん。

F：だったら、今度約束をするときはその日着る服を全部考えてから寝るようにして。そしたら遅れることもないでしょう。

M：わかったよ、次からはそうするよ。

男の人はなぜ約束の時間に遅れたのですか。

남자와 여자가 이야기를 하고 있습니다. 남자는 왜 약속 시간에 늦었습니까?

M：미안, 늦어서.

F：아아, 괜찮아. 왜 늦었어? 약속 시간보다 1시간이나 지났잖아.

M：정말 미안해. 아니, 오늘은 좀 의욕적으로 멋을 부려볼까 해서. 옷장 앞에서 이래저래 무엇을 입을까 고민했더니. 타려고 했던 전철에 늦어서 당황해서 뛰었더니 사고가 날 뻔하고.

F：뭐야, 그 이유. 마치 여자애 같아. 여자애한테 그런 이야기를 들은 적은 있지만 남자가 옷 때문에 고민하다 늦다니,

그런 이야기는 처음 들었어.

M : 그게 말이지, 이 셔츠에 이 바지가 어울리지만, 이 바지에 저 구두는 안 어울리고, 등등 여러 가지 그런 것을 생각했더니 순식간에 시간이 지나 버렸어.

F : 그러면, 다음 약속을 할 때에는 그날 입을 옷을 전부 생각하고 나서 자도록 해. 그러면 늦을 일도 없겠지.

M : 알겠어, 다음부터는 그렇게 할게.

남자는 왜 약속 시간에 늦었습니까?

1. 어떤 옷을 입을지 고민했기 때문에
2. 전철이 탈선사고로 늦었기 때문에
3. 집 정리를 하고 있었기 때문에
4. 어젯밤 자는 것이 늦었기 때문에

단어 約束やくそく 약속 | 別べつに 특별히 | 申もうし訳わけない 미안하다 | 張はり切きる 의욕이 넘치다 | クローゼット 옷장 | あれやこれや 이것이나 저것이나 | 悩なやむ 고민하다 | 乗のり遅おくれる 늦어서 못 타다, 놓치다 | 慌あわてる 당황하다 | 遭あう (어떤 일을) 겪다, 당하다 | 脱線だっせん 탈선 | 片付かたづけ 정리 | 昨晩さくばん 어젯밤

해설 '정말 미안해. 아니, 오늘은 좀 의욕적으로 멋을 부려볼까 해서. 옷장 앞에서 이래저래 무엇을 입을까 고민했더니. 타려고 했던 전차에 늦어서 당황해서 뛰었더니 사고가 날 뻔하고'에서 정답을 찾을 수 있다.

정답 1

5番 🔘 _T041

女の人が友人の女性と話をしています。どうして女の人は前の仕事をやめたと言っていますか。

F1 : 実はね、前に勤めていた会社あったでしょ？先月いっぱいで辞めたの。

F2 : ええ？なんで辞めたりなんかしたのよ。大学の時からあの会社に入りたいって言って、すごく頑張ってたじゃない。あの会社に入るために資格だっていくつも取って頑張ってたのに。

F1 : そうなんだよね。でも理想と現実は違ってさ。

F2 : 何がダメで辞めたりなんかしたの？ あなたがあの会社に入るためにしていた努力を見ているから理由が余計に気になるわ。

F1 : 実はね、上司とうまくいかなかったの。私ってすごく頑固で性格が男っぽいから、曲がったことは許せなくて、自分の考えや意見を正直に言ってたら、それが上司は気に入らなかったみたいでね。

F2 : お給料も良かったし、休みも割りとちゃんとあるところだったわよね。

F1 : 確かにお給料はすごく良かったし、会社のブランド力もあったから、辞めるには相当悩んだんだけ

ど、そこにしがみついてまで、続ける気にはならなかったわ。

F2 : そうだったの。あなたが色々考えた上でのことでしょうから、私はもうこれ以上何も言わないわ。

どうして女の人は前の仕事をやめたと言っていますか。

여자가 여자 친구와 이야기를 하고 있습니다. 어째서 여자는 전의 일을 그만두었다고 말하고 있습니까?

F1 : 실은, 전에 근무했었던 회사 있었잖아. 지난달까지 일하고 그만뒀어.

F2 : 어? 어째서 그만뒀어? 대학 때부터 그 회사에 들어가고 싶다고 굉장히 노력했잖아? 그 회사에 들어가기 위해서 자격증도 몇 개나 따고 열심히 했는데.

F1 : 맞아. 그렇지만 이상과 현실은 달라서.

F2 : 뭐가 좋지 않아서 그만뒀어? 네가 그 회사에 들어가기 위해서 했던 노력을 봤기 때문에 이유가 더욱 궁금해.

F1 : 실은 상사와 잘 지내지 못했어. 나 매우 완고하고 성격이 남자 같으니까, 굽히는 것은 용납이 안 돼서 내 생각이나 의견을 정직하게 말했더니 그것이 상사의 마음에 들지 않았던 것 같아.

F2 : 급료도 좋았고 휴가도 비교적 제대로 있는 곳이었지?

F1 : 분명 급료도 매우 좋았고, 회사 이름도 있어서 그만두는 데에는 상당히 고민했지만, 그것에 매달려서까지 계속할 마음은 들지 않았어.

F2 : 그랬구나. 네가 여러 가지 생각한 뒤에 결정한 일일 테니 나는 더 이상 아무것도 말하지 않을게.

어째서 여자는 전의 일을 그만두었다고 말하고 있습니까?

1. 연일 잔업이 많았기 때문에
2. 상사와 잘 지내지 못했기 때문에
3. 급료가 좋지 않았기 때문에
4. 휴일을 좀처럼 받을 수가 없었기 때문에

단어 勤つとめる 근무하다 | 資格しかく 자격 | 理想りそう 이상 | 現実げんじつ 현실 | 余計よけい 쓸데없음 | うまい (인간 관계 등의) 사이가 좋다 | 頑固がんこ 완고함 | 男おとこっぽい 남자 같다 | 曲まがる 구부러지다, 돌다 | 許ゆるす 허락하다 | 給料きゅうりょう 급료 | 割わりと 비교적 | ちゃんと 착실하게, 분명하게 | 相当そうとう 상당 | しがみつく 매달리다 | 連日れんじつ 연일 | 残業ざんぎょう 잔업

해설 '실은 상사와 잘 지내지 못했어. 나 매우 완고하고 성격이 남자 같으니까, 굽히는 것은 용납이 안 돼서 내 생각이나 의견을 정직하게 말했더니 그것이 상사의 마음에 들지 않았던 것 같아'에서 정답을 찾을 수 있다.

정답 2

6番 🔘 _T042

男の人と女の人が話をしています。男の人はどうして銀行に行くのですか。

F：今日は行かなくちゃいけないところもたくさんあるし、しなくちゃいけないこともたくさんあるわ。

M：そうなんだ。実は僕もそうなんだよ。

F：あら、珍しい。いつも何をして時間を潰そうか考えているようなあなたが、今日はどうしたの？

M：実はさ、携帯電話料金の振り込みを今月はまだしていなくてね。期限が明日までっていうのをすっかり忘れていて、明日でもいいんだけど、もう今日のうちに済ませようと思って。だからまずは銀行に行かなくちゃいけないんだ。最近記帳もしてないから、ついでに記帳までしてこようと思って。

F：それから、他には何をしなくちゃいけないの？

M：そうそう、この間ともだちが泊りに来たときに、忘れ物をして行ったから、その忘れ物を郵便局から届けてあげようかと思って。郵便局に小包を出しに行かなくちゃいけないんだ。あとはレポート。今日の5時までに教授の研究室の前の箱に提出しないといけないから、学校にも行かなくちゃいけないんだよね。

F：あらあら、本当に今日は何かと忙しいのね。

M：極めつけに夕方の6時からはコンビニのバイトも入ってるんだ。はあ、今日は忙しいったらありゃしない。

男の人はどうして銀行に行くのですか。

남자와 여자가 이야기를 하고 있습니다. 남자는 어째서 은행에 가는 것입니까？

F：오늘은 가야 할 곳도 많이 있고, 해야 할 일도 많이 있어.

M：그렇구나. 실은 나도 그래.

F：어머, 드문 일이네. 항상 뭘 해서 시간을 때울까 생각할 것 같은 너가 오늘은 무슨 일이야？

M：실은 휴대전화 요금의 송금을 이번 달은 아직 안 해서. 기한이 내일까지인 것을 완전히 잊고 있어서, 내일이라도 괜찮지만 오늘 안에 끝내려고 생각해서. 그러니까 우선 은행에 가야 해. 최근에 통장 정리도 하지 않아서 하는 김에 통장 정리까지 해서 오려고.

F：그리고 다른 것은 뭘 해야 돼？

M：맞다, 맞다. 일전에 친구가 자러 왔을 때 물건을 잊어버리고 가서 그 분실물을 우체국에서 보내려고. 우체국에 소포를 부치러 가야 해. 그리고 리포트. 오늘 5시까지 교수 연구실 앞에 있는 상자에 제출해야 하니까 학교에도 가야 해.

F：어머 어머, 정말 오늘은 여러 가지로 바쁘네.

M：결정적으로 저녁 6시부터는 편의점 아르바이트도 있어. 하, 오늘은 정말이지 바쁘다.

남자는 어째서 은행에 가는 것입니까？

1. 예금의 인출
2. 아르바이트 비용의 예금
3. 휴대전화 요금의 송금
4. 분실물 수취

단어 珍めずらしい 드물다, 별나다 | 時間じかんを潰つぶす 시간을 때우다 | 振ふり込こみ 송금 | 期限きげん 기한 | すっかり 완전히 | 済すます 끝내다 | 記帳きちょう 통장 정리 | ～ついでに ～하는 김에 | 泊とまり 숙박 | 忘わすれ物もの 분실물 | 郵便局ゆうびんきょく 우체국 | 届とどける 보내다, 전하다 | 小包こづつみ 소포 | 研究室けんきゅうしつ 연구실 | 箱はこ 상자 | 提出ていしゅつ 제출 | 何なにかと 여러 가지로, 이것저것 | 極きわめつける 단정하다, 몹시 나무라다 | 預金よきん 예금 | 引ひき出だし 인출 | 受取うけとり 수취

해설 '実은 휴대전화 요금의 송금을 이번 달은 아직 안 해서. 기한이 내일까지인 것을 완전히 잊고 있어서, 내일이라도 괜찮지만 오늘 안에 끝내려고 생각해서. 그러니까 우선 은행에 가야 해'에서 정답을 찾을 수 있다.

정답 3

문제3

문제3에서는 문제용지에 아무것도 인쇄되어 있지 않습니다. 이 문제는 전체적으로 어떤 내용인지를 묻는 문제입니다. 이야기 전에 질문은 없습니다. 먼저 이야기를 들어 주세요. 그리고 나서 질문과 선택지를 듣고 1에서 4 중에서 가장 알맞은 것을 하나 고르세요.

1番   _T043

テレビでアナウンサーが「生活習慣病」について話をしています。

F：テレビの前の皆さんは、生活習慣病という病気を聞いたことがありますか。体に悪い生活習慣を毎日のように続けると引き起こされる、様々な病気のことです。今、この病気にかかってしまいそうな子どもが増えているそうです。生活習慣病が具体的にはどのようなものかというと、例えば、煙草を吸いすぎるとなりやすいのが、気管支炎や肺がんなど、のどや肺の病気。お酒を飲みすぎるとなりやすいのが、肝炎など肝臓の病気。それから、きちんとした食事を取らなかったり、運動不足が続いたりすると脳卒中や心臓病、糖尿病などいろいろな病気になりやすいと言われています。他にも様々な病気がありますが、それを全部まとめて「生活習慣病」と言います。こういう病気にかかるのは、ほとんどが大人です。しかし、大人になるといきなりかかるのではなく、子供のうち

からの悪い生活習慣を積み重ねるうちに少しずつかかっていくのだそうです。そこで最近、「生活習慣病検診」という特別な検診をする学校が全国で増えているのだそうです。この検診によって生活習慣病の早期発見に努めているのだそうです。

「生活習慣病」はどのような病気ですか。
1. 悪い生活習慣の積み重ねが引き起こす病気
2. 煙草を吸う人だけがかかる病気
3. お酒を飲む人だけがかかる病気
4. 運動不足の積み重ねが引き起こす病気

텔레비전에서 아나운서가 '생활습관병'에 대해서 이야기를 하고 있습니다.

F : 텔레비전 앞의 여러분은 생활습관병이라고 하는 병을 들은 적이 있습니까? 몸에 나쁜 생활습관을 매일처럼 계속하면 발생되는 다양한 병을 말합니다. 지금, 이 병에 걸린 것 같은 아이들이 증가하고 있다고 합니다. 생활습관병이 구체적으로 어떤 것을 말하는가 하면, 예를 들면 담배를 너무 피우면 걸리기 쉬운 것이 기관지염이나 폐암 등 목이나 폐의 질환. 술을 너무 마시면 걸리기 쉬운 것이 간염 등 간장 질환. 그리고 제대로 된 식사를 섭취하지 않거나 운동부족이 계속되면 뇌졸중이나 심장병, 당뇨병 등 여러 가지 병에 걸리기 쉽다고 합니다. 그 외에도 여러 가지 병이 있습니다만, 그것을 전부 통틀어서 '생활습관병'이라고 말합니다. 이러한 병에 걸리는 것은 대부분 어른입니다. 그러나 어른이 되면 갑자기 걸리는 것이 아니라 어릴 때부터의 나쁜 생활습관을 거듭하는 동안에 조금씩 걸려 가는 것이라고 합니다. 그래서 최근 '생활습관병 검진'이라고 하는 특별한 검진을 하는 학교가 전국에서 증가하고 있는 것이라고 합니다. 이 검진에 의해 생활습관병의 조기발견에 노력하고 있다고 합니다.

'생활습관병'은 어떤 병입니까?
1. 나쁜 생활습관이 쌓여서 일으키는 병
2. 담배를 피우는 사람만이 걸리는 병
3. 술을 마시는 사람만이 걸리는 병
4. 운동 부족이 쌓여서 일으키는 병

단어 生活習慣せいかつしゅうかん 생활습관 | 引ひき起おこす 일으키다 | 病気びょうきにかかる 병에 걸리다 | 具体的ぐたいてき 구체적 | 煙草たばこを吸すう 담배를 피우다 | 気管支炎きかんしえん 기관지염 | 肺はいがん 폐암 | 肝炎かんえん 간염 | 肝臓かんぞう 간장 | きちんと 규칙 바른 모양 | 脳卒中のうそっちゅう 뇌졸중 | 心臓病しんぞうびょう 심장병 | 糖尿病とうにょうびょう 당뇨병 | 積つみ重かさねる 쌓아 올리다 | 検診けんしん 검진 | 早期そうき 조기 | 努つとめる 노력하다, 힘쓰다

해설 '몸에 나쁜 생활습관을 매일처럼 계속하면 발생되는 다양한 병'에서 정답을 찾을 수 있다.

정답 1

会議で男性が商品について話をしています。

M : 「燃料電池」を知っていらっしゃいますでしょうか。今、石油にかわる新しいエネルギーの一つとして、とても注目されているものであります。燃料電池自動車は、電気の力でモーターを動かして走ります。しかし、普通の電気自動車とは少し違うんです。自動車の電池は、電気をためておくためのもので、電池が切れると充電しなければなりません。一方、燃料電池自動車に積まれている燃料電池は、自分で電気を作りだすことが可能です。よって充電の必要がないんです。燃料電池の仕組みは、ごく簡単に言うと、水素と酸素を中に入れると化学反応を起こして電気と水が生まれる、というものです。中学校の理科で、「水の電気分解」の実験をしますよね。水に電気を通すと水素と酸素に分かれるという実験なんですが、燃料電池はその逆と思ってもらえればよろしいかと思います。

この男性は何について話をしていますか。
1. 石油
2. 電気自動車
3. 燃料電池
4. 水の電気分解

회의에서 남성이 상품에 대해서 이야기를 하고 있습니다.

M : '연료전지'를 알고 계십니까? 지금 석유를 대신할 새로운 에너지의 하나로서 매우 주목받고 있는 것입니다. 연료전지 자동차는 전기의 힘으로 모터를 움직여 달립니다. 그러나 보통 전기 자동차와는 약간 다릅니다. 전기 자동차의 전지는 전기를 모아 두기 위한 것으로 전지가 다 되면 충전해야 합니다. 한편 연료전지 자동차에 실려 있는 연료전지는 스스로 전기를 만들어 내는 것이 가능합니다. 따라서 충전할 필요가 없습니다. 연료전지의 구조는 매우 간단히 말하면 수소와 산소를 안에 넣으면 화학반응을 일으켜 전기와 물이 생기는 것입니다. 중학교 이과에서 '물의 전기분해'의 실험을 하지요. 물에 전기를 통과시키면 수소와 산소로 나뉘는 실험인데, 연료전지는 그 반대라고 생각하면 됩니다.

이 남성은 무엇에 대해서 이야기를 하고 있습니까?
1. 석유
2. 전기자동차
3. 연료전지
4. 물의 전기분해

단어 燃料ねんりょう 연료 | 電池でんち 전지 | 石油せきゆ 석

유 │ 注目ちゅうもく 주목 │ 動うごかす 움직이게 하다 │ ためる 한곳에 모아두다 │ 切きれる 없어지다, 다 떨어지다 │ 充電じゅうでん 충전 │ 一方いっぽう 한편 │ 積つむ 쌓다 │ よって 그러므로, 때문에 │ 仕組しくみ 구조 │ ごく 극히, 매우 │ 水素すいそ 수소 │ 酸素さんそ 산소 │ 化学反応かがくはんのう 화학반응 │ 生うまれる 만들어지다 │ 理科りか 이과 │ 分解ぶんかい 분해 │ 実験じっけん 실험 │ 通とおす 통과시키다 │ 逆ぎゃく 반대

해설 단순한 문제로 도입 초반 집중의 중요성이 부각된 문제이다. 맨 첫 문장인 '연료전지를 알고 계십니까?'에서 정답을 찾을 수 있다.

정답 3

3番　　_T045

先生が生徒たちに向けて、眠りについて話をしています。

F : 眠りには、脳の中にある体内時計が関係しています。体内時計は、人が活動するいろいろなリズムを作り出しています。体内時計は、地球の一日の時間とほぼ同じペースで動いていて、体内時計が夜だと思うと体に眠れ、朝になると起きろと命令を出すのです。ところが、体内時計は地球の時間の進み方よりちょっと遅いのです。そのままにすると時間がズレてリズムがおかしくなってしまいます。でも心配することはありません。朝の光を浴びると自動的に時間を合わせてくれるのです。だから、人は毎日、きちんと眠ったり、起きたり出来るのです。きちんと眠ることは大切なのですが、人それぞれに必要な睡眠時間は違うので、何時間眠ればいいという決まりは実はないのです。ただ、睡眠時間は少なすぎても、長すぎてもよくありません。また、時間だけじゃなく、いい眠りができたのかが重要なのです。いい眠りが出来ているかは、午前中に眠くならないことが一つの目安だとも言われています。

体内時計は地球の時間の進み方と比べどうだと言っていますか。

1. 地球の時間の進み方よりだいぶ早い。
2. 地球の時間の進み方より少し早い。
3. 地球の時間の進み方よりかなり遅い。
4. 地球の時間の進み方より少し遅い。

선생님이 학생들을 향해서 잠에 대해서 이야기를 하고 있습니다.

F : 잠에는 뇌 안에 있는 체내 시계가 관계하고 있습니다. 체내 시계는 인간이 활동하는 여러 가지 리듬을 만들어내고 있습니다. 체내 시계는 지구의 하루의 시간과 거의 같은 페이스로 움직이고 있고, 체내 시계가 밤이라고 생각하면 몸에게 자라, 아침이 되면 깨라 하고 명령을 내리는 것입니다. 그런데 체내 시계는 지구의 시간 진행법보다 약간 느립니다. 그대로 두면 시간이 어긋나서 리듬이 이상하게 되어 버립니다. 그러나 걱정할 것은 없습니다. 아침 햇살을 쬐면 자동적으로 시간을 맞추어 줍니다. 그러므로 인간은 매일 제대로 자고 일어날 수 있는 것입니다. 제대로 자는 것은 중요한 것입니다만, 인간 각자에게 필요한 수면 시간은 다르므로 몇 시간 자면 좋다는 규칙은 실은 없습니다. 단, 수면시간은 너무 적어도, 너무 길어도 좋지 않습니다. 또한 시간뿐 아니라 잘 자는 것이 상당히 중요합니다. 잘 자고 있는지는 오전 중에 졸리지 않게 되는 것이 하나의 기준이라고도 합니다.

체내 시계는 지구의 시간 진행법과 비교해 어떻다고 말하고 있습니까?

1. 지구의 시간 진행법보다 상당히 빠르다.
2. 지구의 시간 진행법보다 약간 빠르다.
3. 지구의 시간 진행법보다 상당히 느리다.
4. 지구의 시간 진행법보다 약간 느리다.

단어 脳のう 뇌 │ 体内たいない 체내 │ 関係かんけい 관계 │ 活動かつどう 활동 │ 作つくり出だす 만들어내다 │ 地球ちきゅう 지구 │ ほぼ 거의 │ 眠ねむる 자다, 잠들다 │ 命令めいれい 명령 │ 進すすみ方かた 진행법 │ ずれる 어긋나다 │ 光ひかりを浴あびる 빛을 쐬다 │ 自動的じどうてき 자동적 │ きちんと 제대로 │ それぞれ 각각 │ 睡眠すいみん 수면 │ 重要じゅうよう 중요 │ 目安めやす 기준 │ だいぶ 꽤 │ かなり 제법

해설 '체내 시계는 지구의 하루의 시간과 거의 같은 페이스로 움직이고 있고 ~ 지구의 시간 진행법보다 약간 느립니다'에서 정답을 찾을 수 있다.

정답 4

4番　　_T046

テレビで最近の日本の動物園事情について話しています。

M : 子供たちの大好きな動物園。実は今、日本の動物園には歳をとった動物が増えてきています。人間の社会と同じように高齢化しているという問題が起きているのです。現在、全国にある動物園は91園、水族館は68館あります。こうした日本にある、ほとんどの動物園は、今から60年ほど前、第二次世界大戦の終わった後に出来ました。その時、世界各地から動物たちが連れて来られました。そうした動物たちが長生きをして年を取り始めているのです。兵庫県神戸市にある「王子動物園」が開園したのは今から56年前。ここでも

動物たちは高齢化し始めています。例えば、開園した当時からいるインドゾウの諏訪子は64歳。日本にいるインドゾウで最高齢です。飼育係は床を丁寧に掃除し、獣医は1日2回、爪を消毒液で消毒しています。そして肌も弱って擦りむけやすいので、そこにも薬を塗ってあげているのです。さらに、エサも若いゾウなら丸ごと食べるカボチャも諏訪子の場合には食べやすいように切れ目をいれてもらっています。飼育係や獣医のこうした努力が長生きに繋がっていると言えますね。

日本の動物園が最近抱えている問題は何ですか。
1. 動物園の数の減少
2. 動物たちの間で広がる感染病
3. 歳をとった動物たちの増加
4. 飼育員たちの高齢化

텔레비전에서 최근 일본의 동물원 사정에 대해서 이야기하고 있습니다.

M : 아이들이 매우 좋아하는 동물원. 실은 현재 일본의 동물원에는 나이가 든 동물이 증가하고 있습니다. 인간 사회와 마찬가지로 고령화되고 있다는 문제가 발생하고 있습니다. 현재 전국에 있는 동물원은 91원, 수족관은 68관 있습니다. 이렇게 일본에 있는 대부분의 동물원은 지금으로부터 60년 정도 전, 제2차 세계대전이 끝난 후에 생겼습니다. 그때, 세계 각지에서 동물들을 데려왔습니다. 그런 동물들이 오래 살아서 나이가 들기 시작한 것입니다. 효고현 고베시에 있는 '왕자동물원'이 개원한 것은 지금으로부터 56년 전. 여기에서도 동물들은 고령화되기 시작하고 있습니다. 예를 들면, 개원한 당시부터 있는 인도코끼리인 스와코는 64세. 일본에 있는 인도코끼리로 최고령입니다. 사육사는 바닥을 꼼꼼하게 청소하고 수의사는 1일 2회, 발톱을 소독액으로 소독하고 있습니다. 그리고 피부도 약해져서 껍질이 벗겨지기 쉽기 때문에 거기에도 약을 발라주고 있습니다. 게다가 먹이도 젊은 코끼리라면 통째로 먹을 호박도 스와코의 경우에는 먹기 쉽도록 칼집을 넣어주고 있습니다. 사육사나 수의사의 이러한 노력이 장수로 이어지고 있다고 말할 수 있습니다.

일본의 동물원이 최근 안고 있는 문제는 무엇입니까?
1. 동물원 숫자의 감소
2. 동물들 사이에서 퍼지는 감염병
3. 나이를 먹은 동물들의 증가
4. 사육사들의 고령화

단어 動物園どうぶつえん 동물원｜事情じじょう 사정｜歳としをとる 나이를 먹다｜高齢化こうれいか 고령화｜全国ぜんこく 전국｜水族館すいぞくかん 수족관｜第2次世界大戦だいにじせかいたいせん 제2차 세계대전｜各地かくち 각지｜長生ながいき 장수｜兵庫県ひょうごけん 효고현

神戸市こうべし 고베시｜開園かいえん 개원｜インドゾウ 인도코끼리｜最高齢さいこうれい 최고령｜飼育係しいくがかり 사육사｜床とこ 마루, 바닥｜丁寧ていねいに 조심스럽게｜獣医じゅうい 수의사｜爪つめ 발톱｜消毒液しょうどくえき 소독액｜肌はだ 피부｜擦すりむける 껍질이 벗겨지다, 까지다｜塗ぬる 바르다｜エサ 먹이｜丸まるごと 통째｜カボチャ 호박｜切れ目め 끊어지는 곳｜繋つながる 연결되다

해설 '인간 사회와 마찬가지로 고령화되고 있다는 문제가 발생하고 있다'에서 정답을 찾을 수 있다.

정답 3

5番 ●_T047

テレビでアナウンサーがクラシック音楽について話をしています。

F : みなさんは「クラシック音楽」に興味があるでしょうか。ここ数年日本では、音楽大学の学生たちを描いたマンガが大ヒットしたり、モーツァルトが生まれて250年を記念するCDがたくさん出されたりと、クラシック音楽の人気が急上昇しています。クラシック音楽に詳しい音楽評論家の黒田さんによると、クラシック音楽というのは18世紀ごろに西洋で誕生した音楽で、宮廷や教会で演奏されていた音楽のことだそうです。その時代はまだ電気はなかったため、すべて楽器の生の音で演奏されていました。クラシックには1人で演奏するものから大勢で演奏するものまで様々ですが、ヴァイオリンなどの弦楽器、フルートやトランペットなどの管楽器、太鼓などの打楽器が集まって、大勢で演奏するのが「オーケストラ」。オーケストラにはピアノや歌が加わることもあります。クラシックのコンサートというと、難しくて途中で飽きてしまいそう、とか眠くなりそう、と不安に思う人が多いのも事実。しかし今、子どもやクラシックに詳しくない人でも楽しめるコンサートがたくさん開かれています。

西洋で誕生したクラシック音楽は、元々どこで演奏されていた音楽ですか。
1. 宮廷や教会
2. 学校
3. パーティー
4. 結婚式

텔레비전에서 아나운서가 클래식 음악에 대해서 이야기를 하고 있습니다.

F : 여러분은 '클래식 음악'에 흥미가 있습니까? 요 몇 년 일본에서는 음악대학의 학생들을 그린 만화가 대히트를 하거나, 모차르트 탄생 250년을 기념하는 CD가 많이 발매되는 등 클래식 음악의 인기가 급상승하고 있습니다. 클래식 음악에 정통한 음악평론가 쿠로다 씨에 의하면 클래식 음악이라는 것은 18세기경에 서양에서 탄생한 음악으로, 궁정이나 교회에서 연주되었던 음악을 말하는 것이라고 합니다. 그 시대는 아직 전기는 없기 때문에 모든 악기의 실제 음으로 연주되었습니다. 클래식에는 혼자서 연주하는 것부터 많은 사람이 연주하는 것까지 다양합니다만, 바이올린 등의 현악기, 플루트나 트럼펫 등의 관악기, 북 등의 타악기가 모여서 많은 사람이 연주하는 것이 '오케스트라'. 오케스트라에는 피아노나 노래(합창)가 더해지는 경우도 있습니다. 클래식 콘서트라고 하면 어렵고 도중에 질려버릴 것 같다든지, 졸릴 것 같다고 불안하게 생각하는 사람이 많은 것도 사실. 그러나 지금 아이들이나 클래식을 잘 알지 못하는 사람이라도 즐길 수 있는 콘서트가 많이 열리고 있습니다.

서양에서 탄생한 클래식 음악은 원래 어디에서 연주되었던 음악입니까?
1. 궁정이나 교회
2. 학교
3. 파티
4. 결혼식

단어 興味きょうみ 흥미, 관심 | 描かく 그리다 | 記念きねんする 기념하다 | 急上昇きゅうじょうしょう 급상승 | 詳くわしい 상세하다 | 評論家ひょうろんか 평론가 | 西洋せいよう 서양 | 誕生たんじょう 탄생 | 宮廷きゅうてい 궁정 | 教会きょうかい 교회 | 演奏えんそう 연주 | 楽器がっき 악기 | 生なまの音おと 실제 음 | 大勢おおぜい 많음 | ヴァイオリン 바이올린 | 弦楽器げんがっき 현악기 | フルート 플루트 | トランペット 트럼펫 | 管楽器かんがっき 관악기 | 太鼓たいこ 북 | 打楽器だがっき 타악기 | オーケストラ 오케스트라 | 加くわわる 가해지다, 추가되다 | 飽あきる 질리다 | 元々もともと 원래

해설 '클래식 음악이라는 것은 18세기경에 서양에서 탄생한 음악으로 궁정이나 교회에서 연주되었던 음악을 말하는 것'에서 정답을 찾을 수 있다.

정답 1

문제4
문제4에서는 문제용지에 아무것도 인쇄되어 있지 않습니다. 먼저 문장을 들어 주세요. 그리고 나서 그것에 대한 대답을 듣고 1에서 3 중에서 가장 알맞은 것을 하나 고르세요.

1番 　🔘_T048
M : 最近顔色さいきんかおいろが良よくないけど、どうしたの？
F : 1. 入院にゅういんしたらしいけど、大丈夫だいじょうぶかしら。
　 2. 試験しけんが近ちかくて、最近さいきん、徹夜てつや続つづきなの。
　 3. 薬くすりはあと二日分ふつかぶんしかないのよね。
M : 최근 안색이 좋지 않은데 무슨 일이야?
F : 1. 입원한 것 같은데 괜찮을까?
　 2. 시험이 가까워서 최근 계속 밤샜거든.
　 3. 약은 앞으로 2일분 밖에 없어.
단어 徹夜てつや 철야, 밤샘
해설 평소와 달리 안색이 안 좋은 이유를 묻고 있으므로 그에 맞는 마이너스적 상황에 대한 응답이 정답이다.
정답 2

2番 　🔘_T049
M : 明日あしたって何なにか予定よていはいってる？
F : 1. うん、ちょっと海うみまでドライブに行いってきたの。
　 2. ああ、ちょうど夕食ゆうしょくの準備じゅんびをしているところだよ。
　 3. いや、特とくにないけど。どうかしたの。
M : 내일 뭔가 예정 있어?
F : 1. 응, 잠깐 바다까지 드라이브 다녀왔어.
　 2. 아아, 마침 저녁 식사 준비를 하려고 하는 참이야.
　 3. 아니, 특별히 없는데. 무슨 일 있어?
단어 特とくに 특별히 | 夕食ゆうしょく 저녁(밥) | 準備じゅんび 준비
해설 내일의 일정 유무를 확인하고 있다.
정답 3

3番 　🔘_T050
F : 今日きょうは昼御飯ひるごはんを食たべる時間じかんが取とれなくてさ。
M : 1. じゃあ、だいぶお腹なかがすいているでしょう。
　 2. そこまで食たべたいと言いうわけではないんだけど。
　 3. ええ、一緒いっしょにレストランに行いきましたよ。
F : 오늘은 점심 식사를 할 시간이 없어서.
M : 1. 그럼 상당히 배가 고프겠군요.
　 2. 그렇게까지 먹고 싶다고 말하는 건 아니지만.
　 3. 네, 함께 레스토랑에 갔습니다.
해설 점심 식사를 할 여유가 없었음을 토로하고 있다.
정답 1

4番 　🔘_T051
F : ねえ、ちょっとお使つかいを頼たのみたいんだけど。
M : 1. 明日あしたは約束やくそくがあるから無理むりだな。
　 2. 今いま、ちょうどいいところだから、ちょっと待まって。
　 3. だったら、来週らいしゅうの水曜日すいようびなんかどうかな。
F : 저기, 잠깐 심부름을 부탁하고 싶은데.
M : 1. 내일은 약속이 있으니까 무리야.
　 2. 지금, 이것만 끝내면 되니까 잠깐 기다려.
　 3. 그러면 다음 주 수요일은 어때?

단어 お使つかい 심부름 | 頼たのむ 부탁하다 | ちょうど 마침 | いいところ 어떤 일을 하기에 좋은 시점, 때(여기서 'とこ ろ'는 시간적 위치를 규정하는 말로, 그와 같은 〈장면, 상황, 사태, 경우〉 등의 의미이다.)

해설 다른 사람에게 도움을 요청할 때에 나올 수 있는 반응을 고르면 된다.

정답 2

5番 🔘_T052

M : この店はね、雑誌にも掲載されるぐらい有名なんだ。
F : 1. そうそう。この間の雑誌は付録が豪華だったわね。
　　2. わかったわ。また連絡して確認してみるわね。
　　3. へえ、どうりで店の前に行列が出来ているわけね。

M : 이 가게는 잡지에도 게재될 정도로 유명해.
F : 1. 맞아 맞아. 일전의 잡지는 부록이 호화스러웠어.
　　2. 알겠어. 다시 연락해서 확인해 볼게.
　　3. 그렇구나, 어쩐지 가게 앞에 줄이 늘어서 있더라.

단어 付録ふろく 부록 | 豪華ごうか 호화 | 行列ぎょうれつ 행렬

해설 '잡지에 나올 정도로 유명한 가게'이므로, 손님이 많다든 지 하는 그에 알맞은 반응을 고르면 된다.

정답 3

6番 🔘_T053

F : 今の仕事はあとどれくらいで終わりそうなの？
M : 1. 少なくともあと一週間は必要かな。
　　2. 一ヶ月もかかってしまったよ。
　　3. 二週間前に頼んでおいたんだけど。

F : 지금 일은 앞으로 어느 정도면 끝날 것 같아?
M : 1. 적어도 앞으로 일주일은 필요하려나?
　　2. 한 달이나 걸려 버렸어.
　　3. 2주일 전에 부탁해 두었는데.

해설 일이 끝날 수 있는 대략의 시간을 묻고 있다.

정답 1

7番 🔘_T054

M : 何かお探しのものがありましたら、おっしゃって下さい。
F : 1. えっと、女性用の運動靴を探しているのですが。
　　2. ああ、在庫がないなら結構です。
　　3. 子供はよく、迷子になってしまいますものね。

M : 뭔가 찾는 것이 있으시면 말씀하십시오.
F : 1. 저, 여성용 운동화를 찾고 있는데요.
　　2. 아, 재고가 없다면 괜찮습니다.
　　3. 아이는 곧잘 미아가 되어 버리는 걸요.

단어 探さがす 찾다 | 運動靴うんどうぐつ 운동화 | 在庫ざいこ 재고 | 結構けっこう 괜찮음, 충분함 | 迷子まいご 미아

해설 가게에서 물건을 고르는 손님에게 하는 점원의 말이다.

정답 1

8番 🔘_T055

F : これ、今落とされましたよ。
M : 1. この間の試験は難しかったからね。
　　2. お怪我はありませんでしたか。
　　3. わざわざどうもありがとうございます。

F : 이것, 방금 떨어뜨리셨어요.
M : 1. 일전의 시험은 어려웠으니까.
　　2. 상처는 없었습니까?
　　3. 일부러 감사합니다.

단어 怪我けが 상처 | わざわざ 일부러

해설 상대가 떨어뜨린 물건을 집어주면서 하는 말이므로, 그에 대한 반응은 '감사의 말'이 되어야 한다.

정답 3

9番 🔘_T056

F : この間の週末は天気が良かったけど、どこか行った？
M : 1. いつもあの公園は家族連れでにぎわっていますね。
　　2. そうそう、家族で遊園地に行ったんですよ。
　　3. 水族館が新しくオープンしたそうですね。

F : 요전 주말은 날씨가 좋았는데 어딘가 갔어?
M : 1. 항상 저 공원은 가족동반으로 떠들썩하네.
　　2. 그래 그래, 가족끼리 유원지에 갔어요.
　　3. 수족관이 새롭게 오픈했다고 합니다.

단어 遊園地ゆうえんち 유원지 | 家族連かぞくづれ 가족 동반 | にぎわう 떠들썩하다, 번화하다 | 水族館すいぞくかん 수족관

해설 지난 주말에 어디 갔었는지를 묻고 있다. 구체적인 내용을 묻는 의문사가 질문의 포인트이지만 동시에 시제도 살펴야 한다.

정답 2

10番 🔘_T057

M : 友達からコンサートのチケットを二枚もらったんだ。この後どう？
F : 1. バイオリンはもう20年以上続けています。
　　2. ごめんなさい。今夜は友達との先約があるの。
　　3. ピアノを習い始めたばかりなんですよ。

M : 친구한테서 콘서트 티켓을 두 장 받았어. 함께 갈래?
F : 1. 바이올린은 벌써 20년 이상 계속하고 있습니다.
　　2. 미안. 오늘밤은 친구하고 선약이 있어.
　　3. 피아노를 막 배우기 시작했습니다.

단어 先約せんやく 선약 | 習ならい始はじめる 배우기 시작하다

해설 콘서트 티켓이 생겨 함께 갈 것을 권하고 있는 것에 대한 반응은 수락이나 거절이 나올 수 있다. 그에 따른 후속 표현까지도 긍정 부정에 대한 일치가 되는지를 살펴야 한다.

정답 2

11番 _T058

F：鈴木さん、最近顔を見ないと思っていたけど何かあったの？

M：1. ああ、午後から来られるそうですよ。
　　2. はい、とても楽しかったですよ。
　　3. ええ、実は入院中の妻に付きっきりで。

F：스즈키 씨, 최근 얼굴을 못 봤다고 생각했는데 무슨 일 있었어?

M：1. 아, 오후부터 오실 거라고 합니다.
　　2. 네, 매우 즐거웠습니다.
　　3. 네, 실은 입원 중인 아내한테 계속 붙어 있어서.

단어 入院中にゅういんちゅう 입원 중 ｜ 妻つま 아내 ｜ 付つき っきり 꼬박 붙어 있음

해설 발화자가 '見掛みかける(눈에 띄다, 가끔 보다, 만나다)'의 의미로 자주 보던 대화 상대를 요즘 통 볼 수 없었다며 이유에 대한 궁금함을 표현하고 있다.

정답 3

12番 _T059

M：すみません、家電製品を探しているのですが。

F：1. ああ、それでしたら７階にございますよ。
　　2. 掃除機は新製品がたくさん出ていますよ。
　　3. 家電の買い換え時期は悩みますよね。

M：실례합니다, 가전제품을 찾고 있습니다만.

F：1. 아아, 그것이라면 7층에 있습니다.
　　2. 청소기는 신제품이 많이 나와 있습니다.
　　3. 가전을 새로 교체할 시기는 고민이 되지요.

단어 家電製品かでんせいひん 가전제품 ｜ 掃除機そうじき 청소기 ｜ 買かい換かえる 새로 사서 바꾸다

해설 가전제품 매장을 찾는 고객에 대한 안내를 고르면 된다.

정답 1

문제5

문제5에서는 긴 이야기를 듣습니다. 이 문제에는 연습은 없습니다. 문제용지에 메모를 해도 됩니다.

1번 · 2번

문제용지에는 아무것도 인쇄되어 있지 않습니다. 먼저 이야기를 들어 주세요. 그 다음에 질문과 선택지를 듣고 1에서 4 중에서 가장 알맞은 것을 하나 고르세요.

1番 _T060

職場の同僚である二人の女性と一人の男性が旅行について話しています。

M：二人とも今週は余裕があるって感じだね。

F1：会社の決算も終わって、だいぶ暇になったからね。

M：ああ、それで、そうだったのか。

F2：そうなのよ。ここ数ヵ月、残業、残業で忙しかったし。久しぶりに海外旅行に行くってのもありかもね。

F1：それいいね。のった。久しぶりに南の島にでも行って、女二人、バカンスって言うのも悪くないんじゃない。ハワイの海で泳ぐのを想像するだけでわくわくしちゃう。

M：羨ましいよね。ハワイになら僕も行きたいなあ。一緒に行けるかな。

F1：女二人だけの旅行なのよ。

F2：そうそう、確かハワイで思いだしたんだけど、この間、新聞広告に載ってたツアーで物すごく安いハワイのパックツアーを見つけたのよ。

F1：それ、私も見た。実はね、私もそのツアーが気になってて、そこを手帳にメモしたの。ちょっと待ってて。

F2：やるわね。早く早く。

F1：あったあった。二人で予約すれば、４泊５日で一人５万9800円だって。思い立ったが吉日って言うし、とりあえず旅行会社に電話して聞いてみよう。

M：さすがだね。ふたりには勝てないなあ。

二人が予約しようとしているツアーはどこで見つけましたか。

1. 友人の紹介
2. 職場の同僚の紹介
3. 新聞広告
4. 旅行会社のチラシ

직장 동료인 두 명의 여자과 한 명의 남성이 여행에 대해 이야기하고 있습니다.

M：두 사람 이번 주는 여유가 있는 것 같은데.

F1：회사 결산도 끝났다고 해서, 상당히 한가해졌으니까?

M：아ー, 그래서 그랬나?

F2：그래. 요즘 수개월 잔업, 잔업으로 바빴고. 오랜만에 해외 여행 가는 것도 괜찮을 것 같아.

F1：그거 좋네. 같이 갈래. 오랜만에 남쪽 섬에 가서 여자 둘이

바캉스하는 것도 나쁘지 않지. 하와이 바다에서 헤엄치는 것을 상상하는 것만으로도 두근두근거려.

M : 부럽다. 하와이라면 나도 가고 싶은데, 함께 갈 수 있을까?

F1 : 여자 둘만의 여행인걸.

F2 : 그래, 맞아. 분명 하와이라고 해서 생각났는데, 일전에 신문광고에 실렸던 투어로 매우 싼 하와이 투어 패키지를 발견했어.

F1 : 그거 나도 봤어. 실은 나도 그 투어가 궁금해서 그곳을 수첩에 메모했었어. 잠깐만 기다려봐.

F2 : 잘했어. 빨리 빨리.

F1 : 있다 있어. 둘이서 예약하면 4박 5일에 한 사람 59,800엔 이래. 쇠뿔도 단김에 빼랬다고 우선 여행회사에 전화해서 물어 보자.

M : 과연, 두 사람에게는 못 당하겠네.

두 사람이 예약하려고 하는 투어는 어디에서 발견했습니까?

1. 친구의 소개
2. 직장 동료의 소개
3. 신문광고
4. 여행회사의 전단지

단어 決算けっさん 결산 | だいぶ 상당히 | 残業ざんぎょう 잔업 | のる 참여하다, 응하다 | バカンス 바캉스 | 想像そうぞう 상상 | 新聞広告しんぶんこうこく 신문광고 | 載のる 실리다 | 手帳てちょう 수첩 | 物ものすごい 굉장하다 | 思おもい立たったが吉日きちじつ 마음먹은 날이 바로 좋은 날이다 | チラシ 전단지

해설 '일전에 신문광고에 실렸던 투어로 매우 싼 하와이 투어 패키지를 발견했어.'에서 정답을 찾을 수 있다. 이와 같이 상대의 말을 토대로 해서 화제를 확인, 인지, 규정짓는 신호가 되는 어감을 가진 말이 부사적 용법인 '確か [단언은 할 수 없으나 아마 그럴 것이라고 말하는 경우] 확실히, 분명히, 틀림없이'이다. 이외에도 'そう言えば(그러고 보니)', 원인이나 이유가 밝혀져 납득이 되는 상황을 나타내는 '道理で(어쩐지, 과연, 정말)' 등이 있다. 이런 말들 뒤에 이어지는 표현이 문제가 요구하는 정답으로 연결되는 포인트이다.

정답 3

2番　_T061

家族三人が料理番組を見ながら、夕飯について話をしています。

F : 今日の料理は豆腐ハンバーグです。まず、材料です。豆腐一丁、ねぎのみじん切り1/2本分、溶き卵1/2個分、片栗粉大さじ2、清酒大さじ1、しょうが汁小さじ1、塩、こしょう各少々、ねぎ、しいたけ、さやえんどう適量です。さあ、作って見ましょうか。まず、豆腐一丁は軽く重しをし、水けをき

っておいてください。それから備えてある材料（ねぎ、溶き卵、片栗粉、清酒、しょうが汁、塩、こしょう）を加えてよく練り混ぜて、4等分して小判形にまとめてください。そのあと、フライパンを熱して、小判形にまとめてあるハンバーグを大さじ2のサラダ油で両面色よく焼いて、器に盛ります。フライパンの油は捨てて、酒をいれて鍋底を洗うようにして、だし汁カップ1としょうゆ、塩少々を加えて煮立てます。それから水溶き片栗粉小さじ2でとろみをつけ、ハンバーグにかけて、焼いたねぎとしいたけ、ゆでたさやえんどうを添えるとできあがりです。

F1 : 今日の夕飯はね、豆腐ハンバーグにしようよ。テレビの料理番組で作ってるのを見てたら、すごく食べたくなったのよ。早速作ってみよう。

M : 僕は豆腐大嫌いだよ。肉の入った普通のハンバーグにしてくれよ。

F2 : 豆腐ハンバーグって、豆腐ばっかりの料理でしょ。お肉の代わりに豆腐なんて入れちゃったら、あっさりしすぎて物足りないんじゃない？

F1 : そんなことないのよ。豆腐6にお肉4の割合で作るんだけど、一見豆腐が多そうに見えて、実は食べてみると結構食べ応えがあるのよ。

M : でも、僕は肉のほうがすきだから、お肉6に豆腐4にしてくれよ。

F2 : それもいいけど、きょうは、健康のために豆腐ハンバーグのほうがいいわ。でも豆腐は畑の肉とも言われているし、栄養はあってもカロリーは低いからダイエットやカロリーを気にする女性にはとってもいい料理ね。

F1 : そうよ。豆腐はカロリーが低いから、今色々な料理やお菓子に使われているのよ。

F2 : そうだ私、前に雑誌で豆腐を使ったチーズケーキを見たことがあるわ。

M : 豆腐とチーズの組み合わせってどういう味かな。味のバランスはとれてるかな。

F1 : そうね、お菓子にも使われることも最近は多いわね。そのほかには豆腐を使ったドリアとかね。ご飯の代わりに豆腐を入れるの。それでカロリーはグッと低くなるわ。

F2 : 豆腐ハンバーグもカロリーは低いのにおなかには溜まって、でもあっさりだから胃もたれもしなさそうだし。結構いいことづくめなのね。

M：ああ、女性のダイエットの話にはきりがないね。とにかく、体にいいってことだから、僕も豆腐料理を喜んで食べることにするよ。

なぜ母親は豆腐ハンバーグを作ることにしたのですか。

1. 料理番組で作るのを見て食べたくなったから
2. 肉が足りなくて豆腐を入れるしかなかったから
3. 最近ダイエットをしていてカロリーが気になるから
4. 前に雑誌で豆腐を使ったケーキを見たことがあるから

가족 3명이 요리프로그램을 보면서 저녁밥에 대해서 이야기를 하고 있습니다.

F：오늘의 요리는 두부햄버거입니다. 우선 재료입니다. 두부 한 모, 다진 파 1/2개분, 풀어놓은 달걀 1/2개분, 녹말가루 큰 술 2청주 큰 술1, 생강즙 작은 술 1, 소금, 후추 각각 조금씩, 파, 표고버섯, 꼬투리완두콩 적당량입니다. 그럼 만들어 볼까요? 우선, 두부 한 모는 가볍게 눌러놓아, 물기를 제거해 주세요. 그리고 준비된 재료(파, 풀어놓은 달걀, 녹말가루, 청주, 생강즙, 소금, 후추)를 넣어서 잘 섞어서 반죽하고 4등분하여 타원형으로 뭉쳐 주세요. 그리고, 프라이팬을 가열하여, 타원형으로 뭉쳐져 있는 햄버그를 큰 술 2의 샐러드유로 양면을 잘 구워서 그릇에 올립니다. 프라이팬의 기름은 버리고, 술을 넣고 냄비바닥을 씻듯이 하여, 맛국물 한 컵과 간장, 소금 조금을 첨가하여 푹 졸여줍니다. 그리고 물 녹말 2 작은 술로 끈기를 만들어, 햄버거에 뿌리고, 구운 파와 표고버섯, 삶은 껍질 콩을 장식하면 완성입니다.

F1：오늘 저녁밥은 말이야, 두부 햄버그야. 일전에 TV의 요리 프로에서 만드는 것을 보고 굉장히 맛있을 것 같아서 바로 만들어 봤어.

M：나는 두부가 정말 싫어. 고기가 들어간 보통 햄버거로 해줘.

F2：하지만, 두부가 들어간 햄버그잖아? 고기 대신에 두부 따위가 들어가면 너무 담백해서 뭔가 부족하지 않아?

F1：그렇지 않아. 두부 6에 고기 4의 비율로 만드는걸. 언뜻 보면 두부가 많은 것처럼 보여서 실은 먹어보면 꽤 식감이 있다고.

M：하지만, 나는 고기가 좋으니까, 고기 6에 두부 4로 해 줘요.

F2：그것도 좋지만, 오늘은 건강을 위해 두부 햄버그가 좋겠다. 두부는 밭의 고기라고 불리고 있고 영양은 있어도 칼로리는 낮으니까 다이어트나 칼로리가 신경 쓰이는 여성에게는 딱이네.

F1：그렇지. 두부는 칼로리가 낮으니까 요새는 여러 가지 요리나 과자에 사용되고 있어.

F2：맞다, 나, 전에 잡지에서 두부를 사용한 치즈 케이크를 본 적이 있어.

M：두부와 치즈의 조합은 어떤 맛일까? 맛의 균형은 맞을까?

F1：그래, 최근에는 과자에도 많이 사용되지. 그 밖에 두부를 사용한 도리아라든가. 밥 대신에 두부를 넣는 거야. 그걸로 칼로리는 확 낮아져.

F2：두부 햄버그도 칼로리는 낮은데 속이 든든해서 하지만 담백하니까 더부룩함도 없을 것 같고. 꽤 좋은 면이 많구나.

M：아～, 여성의 다이어트 이야기에는 끝이 없네. 어쨌든 몸에 좋다고 하니까 나도 두부요리를 기꺼이 먹도록 할게.

왜 어머니는 두부 햄버그를 만들기로 했습니까?

1. 요리방송에서 만드는 것을 보고 맛있을 것 같았기 때문에
2. 고기가 부족해서 두부를 넣을 수밖에 없었기 때문에
3. 최근 다이어트를 하고 있고 칼로리가 신경 쓰이기 때문에
4. 전에 잡지에서 두부를 사용한 케이크를 본 적이 있기 때문에

단어 豆腐とうふ 두부 ｜ 一丁いっちょう 두부, 면도칼 등을 세는 단위 ｜ ねぎ 파 ｜ みじん切きり 잘게 썬 것 ｜ 溶とき卵たまご 물을 섞어 풀어 놓은 달걀 물 ｜ 片かた栗くり粉こ 녹말 ｜ しいたけ 표고버섯 ｜ 重おもし 눌림 돌 ｜ 水みずけ 물기 ｜ 備そなえる 준비해 두다 ｜ 練ねる 반죽하다 ｜ 混まぜる 섞다 ｜ 小こ判ばん形がた 타원형 ｜ 焼やく 굽다 ｜ 盛もる 담다 ｜ 鍋なべ底ぞこ 냄비의 밑바닥 ｜ 煮に立たてる 푹 조리다 ｜ とろみ 가볍게 끈적이는 상태 ｜ 添そえる 첨부하다 ｜ 豆腐とうふハンバーグ 두부 햄버그 ｜ 料理番組りょうりばんぐみ 요리방송 ｜ あっさり 맛이 산뜻하다 ｜ 物足ものたりない 무언가 부족하다, 약간 아쉽다 ｜ 割合わりあい 비율 ｜ 一見いっけん 언뜻 봄, 한 번 봄 ｜ 食たべ答こたえ 식감 ｜ 畑はたけ 밭 ｜ 栄養えいよう 영양 ｜ ドリア 도리아(요리의 종류) ｜ 溜たまる 쌓이다 ｜ もたれる 체하다, 속이 거북하다

해설 서두에 '오늘 저녁은 두부 햄버거로 하자 TV의 요리프로를 보고 있자니 먹고 싶어졌어.

정답 1

3번

먼저 이야기를 들어 주세요. 그리고 나서 2개의 질문을 듣고, 각각의 문제용지의 1에서 4 중에서 가장 알맞은 것을 하나 고르세요.

3番 _T062

高校生の娘と大学生の息子と母親がにきびのことで話をしています。

F1：なんだか最近にきびが増えて困ってるんだよね。

M：僕も高校の時、にきびで悩んでたんだ。青春の象徴なんて言われることもあるけど、にきび跡は怖いよ。

F2：にきびなんてあなたたちぐらいの年齢、そうね思春期には誰でも出来るし、誰もが一度は悩むものよ。ちょっと気にしすぎなんじゃない。

F1：そうかな。前にね、雑誌でチョコレートやナッツ

類がにきびには悪いって載ってたから、私、その記事を見てから一度も食べてないのよ。でもこうやってにきびは出来るし。どうしたらいいのって感じ。

M：やっぱり、皮膚科で治療したほうがいいんじゃない。悪化するとにきび跡が残って困るからね。

F2：皮膚科もいいけど、にきび予防のためには食べ物による根本的な改善も大切なのよ。チョコレートやナッツには体にいい成分だって入ってるんだから、極端に食べないのはどうかと思うけど。適量食べればいいのよ。食べ過ぎることがいけないのよ。

F1：あと、刺激物もいけないって書いてあったの。梅干やキムチも刺激が強いからだめだって。

F2：でも韓国の健康と美の秘訣はキムチでしょう。やっぱりそれは刺激の多いものを食べ過ぎたらだめだってことだとお母さんは思うけど。まあね、あなたたちぐらいの年齢になるとちょっと美容にも興味が出てくる時期だと思うから気になるのはわかるけど、にきびってね、思春期を過ぎると不思議と消えていくものだから、しばらく辛抱しなさい。

M：そう、それはお母さんの言うとおりだよ。

F1：お母さんも思春期過ぎたら無くなった？

F2：ええ、もちろんよ。にきびなんて一生出来るものじゃないんだから、今はひどくならないように顔を清潔に保つように努力していればそれでいいと思うわよ。

質問1 母親はにきびはどういうものだと言っていますか。

質問2 にきびに悪い食べ物について母親はどう思っていますか。

고등학생 딸과 대학생인 아들과 어머니가 여드름에 대해서 이야기를 하고 있습니다.

F1：왠지 최근 들어 여드름이 늘어서 고민이야.

M：나도 고등학교 때, 여드름으로 고민했었어. 청춘의 상징 등이라 하는 경우도 있지만, 여드름 흔적은 무서워.

F2：여드름은 너희들 정도 연령, 그래, 사춘기에는 누구나 생기고 누구나 한 번은 고민하는 거야. 너무 신경 쓰는 거 아니니?

F1：그런가. 전에 잡지에서 초콜릿이나 도너츠류가 여드름에 나쁘다고 실려서, 나, 그 기사를 보고 나서 한번도 먹지 않았어. 하지만 이렇게 여드름은 나고. 어떻게 하면 좋을지?

M：역시, 피부과에서 치료하는 게 좋지 않을까? 악화되면 여드름자국으로 남아서 힘들 테니까.

F2：피부과도 좋지만, 여드름 예방을 위해서는 음식에 의한 근본적인 개선도 중요한 거야. 초콜릿이나 견과류에는 몸에 좋은 성분도 들어 있으니까 극단적으로 먹지 않는 것은 좀 그렇다고 생각하는데 적량을 먹으면 돼. 지나치게 먹는 것이 안 되는 거야.

F1：그리고 자극물도 안 된다고 쓰여 있었어. 우메보시나 김치도 자극이 강하니까 안 된대.

F2：그런데 한국의 건강과 미의 비결은 김치잖아. 역시 그것은 자극이 많은 것을 지나치게 먹으면 안 된다고 엄마는 생각하는데. 뭐, 너희들 정도의 연령이 되면 미용에도 흥미가 생길 시기라고 생각하니까 신경 쓰는 것은 알겠지만, 여드름은 사춘기를 지나면 신기하게 사라져 버리는 것이니까 얼마동안은 참으렴.

M：그래, 그것은 엄마 말씀대로야.

F1：엄마도 사춘기 지나고 없어졌어?

F2：응, 물론이지. 여드름은 평생 생기는 것이 아니니까 지금은 심해지지 않도록 얼굴을 청결히 유지하려고 노력하면 그걸로 됐어.

질문1 어머니는 여드름은 어떠한 것이라고 말하고 있습니까?
　　1. 초콜릿을 먹으면 생기는 것
　　2. 자극이 많은 것을 많이 섭취함으로써 낫는 것
　　3. 평생 함께 하지 않으면 안 되는 것
　　4. 사춘기를 지나면 신기하게 사라지는 것

해설 후반부에서 '여드름은 사춘기를 지나면 신기하게 사라져 버리는 것이니까 얼마동안은 참으렴'에서 정답을 찾을 수 있다.

정답 4

질문2 여드름에 해로운 음식에 대해 어머니는 어떻게 생각하고 있습니까?
　　1. 자극이 강하므로 먹지 않는 것이 좋다고 생각한다.
　　2. 몸에 좋기는 하지만 지나치게 먹는 것은 피했으면 한다.
　　3. 딸이 먹고 싶어 하니까 적당히 먹으면 된다고 생각한다.
　　4. 딸이 고민하고 있으므로 앞으로는 먹지 말아야겠다고 생각한다.

해설 어머니는 딸이 잡지에 나온 여드름에 해로운 음식에 대한 것을 듣고 획일적으로 안 먹는다든지 하는 것보다는 '지나치게 먹지 않는 것이 좋다'고 하고 있다.

정답 2

단어 にきび 여드름 ｜ 思春期ししゅんき 사춘기 ｜ 記事きじ 기사 ｜ 成分せいぶん 성분 ｜ 極端きょくたん 극단 ｜ 適量てきりょう 적량 ｜ 刺激物しげきぶつ 자극물 ｜ 梅干うめぼし 매실 장아찌 ｜ 美び 미 ｜ 秘訣ひけつ 비결 ｜ 不思議ふしぎ 이상함, 희한함 ｜ 消きえる 사라지다, 없어지다 ｜ 辛抱しんぼうする 참다, 인내하다 ｜ 清潔せいけつ 청결 ｜ 保たもつ 유지하다 ｜ 治なおる (병이) 낫다 ｜ 避さける 피하다 ｜ 適当てきとうに 적당히 ｜ ～まい ～하지 않겠다(부정의 의지)

정답

언어지식(문자 · 어휘, 문법) · 독해

問題1	**1** (3) **2** (2) **3** (4) **4** (1) **5** (2)
問題2	**6** (1) **7** (1) **8** (3) **9** (4) **10** (2)
問題3	**11** (2) **12** (4) **13** (3) **14** (1) **15** (4)
問題4	**16** (3) **17** (2) **18** (4) **19** (4) **20** (1) **21** (2) **22** (3)
問題5	**23** (2) **24** (3) **25** (4) **26** (1) **27** (2)
問題6	**28** (3) **29** (3) **30** (4) **31** (4) **32** (1)
問題7	**33** (4) **34** (1) **35** (2) **36** (3) **37** (1) **38** (2) **39** (3) **40** (4) **41** (1) **42** (2) **43** (3) **44** (1)
問題8	**45** (3) **46** (3) **47** (2) **48** (4) **49** (2)
問題9	**50** (2) **51** (3) **52** (1) **53** (4) **54** (3)
問題10	**55** (3) **56** (2) **57** (1) **58** (2) **59** (4)
問題11	**60** (3) **61** (1) **62** (1) **63** (4) **64** (2) **65** (4) **66** (2) **67** (3) **68** (2)
問題12	**69** (2) **70** (1)
問題13	**71** (3) **72** (1) **73** (2)
問題14	**74** (4) **75** (3)

청해

問題1	**1** (1) **2** (4) **3** (2) **4** (3) **5** (4)
問題2	**1** (2) **2** (3) **3** (1) **4** (1) **5** (4) **6** (2)
問題3	**1** (4) **2** (2) **3** (3) **4** (2) **5** (1)
問題4	**1** (2) **2** (3) **3** (2) **4** (1) **5** (3) **6** (1) **7** (1) **8** (2) **9** (2) **10** (3) **11** (1) **12** (3)
問題5	**1** (4) **2** (2) **3** 1) (2) 2) (1)

언어지식(문자 · 어휘, 문법) · 독해

문제1 _____의 단어의 읽는 방법으로 가장 알맞은 것을 1·2·3·4에서 하나 고르세요.

1 사토 씨는 항상 책상 위를 깨끗하게 정리하고 나서 외출한다.
단어 机つくえ 책상 | 出でかける 외출하다 | 整ととのえる 정돈하다, 정리하다
정답 3

2 항상 분하다고 생각을 했었는데 드디어 이번에 이길 수가 있었다.
단어 勝かつ 이기다 | 悔くやしい 분하다 | 出来できる 가능하다, 할 수 있다
정답 2

3 그의 분석은 항상 정확해서 납득하게 된다.
단어 的確てきかく 정확함 | 納得なっとく 납득 | 分析ぶんせき 분석
정답 4

4 그녀의 수업을 받는 태도에는 눈에 거슬리는 것이 있다.
단어 目めに余あまる 눈에 거슬리다 | 態度たいど 태도
정답 1

5 비가 내린 탓에 모처럼의 휴일이 엉망이 되었다.
단어 ～せいで ～탓에 | 台無だいなし 엉망이 된 모양 | 折角せっかく 모처럼
정답 2

문제2 _____의 단어를 한자로 쓸 때, 가장 알맞은 것을 1·2·3·4에서 하나 고르세요.

6 이것은 일반적으로는 거의 유통되지 않는 것이다.
단어 ほとんど 거의 | 流通りゅうつう 유통 | 一般いっぱんに 대체로, 일반적으로
정답 1

7 이번 시험결과는 도저히 만족할 만한 것이 아니다.
단어 結果けっか 결과 | 満足まんぞく 만족
해설 とても는 뒤에 부정 표현을 수반하여 '아무래도, 도저히'라는 의미로 사용되며, 유사표현으로는 どうしても, とうてい가 있다.
① 동사 가능표현 + ～ものではない ～할 수 없다(불가능) = ～ら(れ)ない
• こんな下手へたな写真しゃしんなど、人ひとに見みせられたものではない。
이런 서툰 사진 같은 것은 다른 사람에게 보여줄 수 없다.
② 기본형 + ～ものではない ～해서는 안 된다(주의, 질책) = ～てはいけない
• 人ひとの悪口わるくちを言いうものではない。
다른 사람의 험담을 해서는 안 된다.

정답 1

8 그는 연령에 비해 매우 어린 얼굴을 하고 있다.
단어 年齢ねんれい 연령 | 顔立かおだち 얼굴 생김새 | 幼おさ
ない (나이가) 어리다
정답 3

9 이번 일이 끝날 때까지는 잔업이 계속될 것 같다.
단어 済すむ ① 끝나다, 마치다 ② 해결되다, 충분하다 | 残業ざ
んぎょう 잔업
정답 4

10 경찰 조사는 철저하게 행해졌다.
단어 警察けいさつ 경찰 | 捜査そうさ 조사 | 行おこなう 행하
다 | 徹底てってい 철저, 빈틈없음
정답 2

문제3 ( )에 들어갈 가장 알맞은 것을 1 · 2 · 3 · 4에서 하나
고르세요.

11 그녀는 해외출장이 많아서 전 세계를 분주하게 돌아다니고 있
다.
단어 海外出張かいがいしゅっちょう 해외출장 | 世界中せかい
じゅう 전 세계 | 駆かけ回まわる 분주하게 돌아다니다
정답 2

12 계속 고민했지만, 큰맘 먹고 유학을 가기로 했다.
단어 留学りゅうがく 유학 | 思おもい切きって 큰맘 먹고, 과감
히
정답 4

13 저 가게 점원은 항상 불친절한 대응으로 기분이 나쁘다.
단어 店員てんいん 점원 | 対応たいおう 대응 | 不親切ふしんせ
つ 불친절 | 非ひ (접두어) 아니다, ~하지 않다 – 非公式ひ
こうしき 비공식
정답 3

14 올해 여름은 예년과 비교하여 매우 무덥게 느껴진다.
단어 例年れいねん 예년 | ぬるい 미지근하다 | 蒸むし暑あつ
い 찌는 듯이 덥다
정답 1

15 프로의 라이브 연주를 듣고 감동한 나머지 닭살이 돋았다.
단어 ~あまり ~한 나머지 | 鳥肌とりはだが立たつ 닭살이 돋
다 | 生演奏なまえんそう 생음악, 라이브 연주
정답 4

문제4 ( )에 들어갈 가장 알맞은 것을 1 · 2 · 3 · 4에서 하나
고르세요.

16 아무리 아이라고 하더라고 제멋대로인 것에도 한도가 있다.
단어 ワガママ 제멋대로 굶 | 限度げんど 한도 | 鮮度せんど 신
선도 | 角度かくど 각도 | 緯度いど 위도
정답 3

17 개가 밤새도록 심하게 짖는 소리에 눈이 떠졌다.
단어 夜通よどおし 밤새도록 | 激はげしい 심하다 | 吠ほえる
짖다 | 叫さけぶ 외치다, 소리지르다 | かむ 물다
정답 2

18 저 가게는 회원으로 등록하지 않으면 이용할 수 없습니다.
단어 利用りよう 이용 | 登録とうろく 등록 | 収録しゅうろく
수록 | 登場とうじょう 등장 | 記録きろく 기록
정답 4

19 유행에는 둔해서 지금 뭐가 유행하고 있는지 잘 모릅니다.
단어 流行りゅうこう 유행 | 流行はやる 유행하다 | 疎うとい
사정에 어둡다, 잘 모르다 | 緩ゆるい 느슨하다, 헐렁하다
정답 4

20 중대한 책임을 떠맡고 있다는 압박감이 그를 덮쳤다.
단어 任務にんむ 임무 | 負おう (책임 · 비난 등을) 지다, 받다 |
プレッシャー 압력, 압박 | 襲おそう 습격하다, 덮치다 |
重大じゅうだい 중대 | 重厚じゅうこう 중후 | 充分じゅう
ぶん 충분함 | 上昇じょうしょう 상승
정답 1

21 위독했던 조부는 다음 날 아침에 돌아가셨다.
단어 危篤きとく 위독 | 明あくる 다음, 이듬 | いわゆる 소위,
이른바 | めぐる 돌다, 순환하다 | たどる 더듬어가다
정답 2

22 일기예보에서는 오늘의 강수 확률은 0%였다.
단어 天気予報てんきよほう 일기예보 | 降水こうすい 강수 | 確
率かくりつ 확률 | 比率ひりつ 비율 | 軽率けいそつ 경솔
정답 3

문제5 _____의 단어에 의미가 가장 가까운 것을 1 · 2 · 3 · 4에
서 하나 고르세요.

23 그는 항상 애매한 답변 밖에 하지 않는다.
단어 返事へんじ 대답 | 曖昧あいまい 애매함 = はっきりしな
い 분명치 않다
정답 2

24 조부는 오락이 부족한 시대를 산 사람이다.
단어 娯楽ごらく 오락 | 狭せまい 좁다 | 乏とぼしい 부족하다,
모자라다 = 少すくない、足たりない 적다, 모자라다
정답 3

25 길을 왕래하는 자동차 소리가 시끄러워서 밤에도 잠들 수 없
다.
단어 行ゆき交かう 왕래하다 | 憎にくらしい 얄밉다 | ばから
しい 시시하다, 바보스럽다 | まぶしい 눈부시다 | やかま
しい 시끄럽다 = 騒さわがしい 시끄럽다
정답 4

26 그는 자신의 나라의 역사조차 제대로 알지 못한다.
단어 頑丈がんじょうに 튼실하게 | 急速きゅうそくに 급속하게
| 幸さいわいに 다행히 | ろくに 제대로 = 十分じゅうぶん

に 충분히
정답 1

27 사토 씨는 <u>천천히</u> 입을 열었다.
단어 突然とつぜん 돌연 | 繰くり返かえす 반복하다 | 徐おもむ
ろに 서서히, 천천히 = 静しずかに、ゆっくりと 조용히, 천
천히 | 激はげしい 심하다, 세차다, 과격하다, 빈번하다
정답 2

문제6 다음 단어의 사용법으로 가장 알맞은 것을 1·2·3·4에서
하나 고르세요.

28 존중
1. 시간이 지나도 좀처럼 오지 않기 때문에 <u>존중</u> 전화를 걸었
다.
2. 이것은 매우 <u>존중</u>한 것이므로 조심히 다루어 주세요.
3. 다른 사람의 의견도 <u>존중</u>하면서 이야기를 진행해야 한다.
4. 중요한 것을 결정할 때는 평소보다 <u>존중</u>하게 되지 않으면
안 된다.
단어 丁寧ていねい 정중함 | 扱あつかう 다루다, 취급하다 | 尊
重そんちょう 존중
정답 3

29 부담
1. 사토 씨가 <u>부담</u>하고 있는 반의 학생은 모두 잘하는 아이들뿐
이다.
2. 그녀는 어느 쪽에도 <u>부담</u>하지 않고 중립적 입장을 유지했다.
3. 그는 이 이상 부모에게 <u>부담</u>은 줄 수 없다고 아르바이트를
시작했다.
4. 저 사람에 대해서 <u>부담</u>을 말하자면 끝이 없다.
단어 中立ちゅうりつ 중립 | 保たもつ 유지하다 | 言いい出だ
す 말을 꺼내다 | きり 끝, 한 | 負担ふたん 부담
정답 3

30 가끔
1. 손님이 곧 올 것이기 때문에 <u>가끔</u> 청소를 도와 주세요.
2. <u>가끔</u> 내일은 오늘보다도 좋은 일이 있겠죠.
3. 동네 야구 시합을 보고 있다가 <u>가끔</u> 참가를 하게 되었다.
4. 초등학교 시절의 즐거웠던 날들이 <u>가끔</u> 생각날 때가 있다.
단어 草野球くさやきゅう 동네 야구 | 試合しあい 시합 | 参加
さんか 참가 | 思おもい出だす 생각해 내다 | たまに 가끔,
때때로, 오랜만 = 時々ときどき、ときおり、ひさびさと
정답 4

31 과연
1. 사람 수가 늘었기 때문에 추가 주문을 <u>과연</u> 받았다.
2. 마감이 가까워졌기 때문에 <u>과연</u> 끝내게 해 주세요.
3. 내일 시험 시간이 변경이 되었으므로 달성해 주세요.
4. 내가 제출한 답은 <u>과연</u> 맞았는지 하고 생각하는 경우가 있다.
단어 追加ついか 추가 | 注文ちゅうもん 주문 | 締しめ切きり
마감 | 変更へんこう 변경
해설 '果はたして'는 '실제로, 과연'이라는 뜻으로, 뒤에 의문 가
정의 표현을 수반하여 판단을 하기 어렵거나 앞으로의 상

황을 걱정하는 마음을 나타낸다. '果はたして~か', '果は
たして~かどうか' 등으로 쓰이는 문장체 표현이다.
• この程度ていどの補償金ほしょうきんで、果はたして被害者ひがいしゃは納得なっとくす
るだろうか。
　이 정도의 보상금으로 과연 피해자는 납득할 것인가.
정답 4

32 유능
1. 그는 매우 <u>유능</u>한 인물이므로 장래가 매우 기대된다.
2. 젊은 여성들 사이에서는 미니스커트가 <u>유능</u>하고 있다.
3. 돈을 가지고 있으면 그만 <u>유능</u>한 것까지 사 버린다.
4. 일본은 식량의 대부분을 외국으로부터의 <u>유능</u>에 의지하고
있다.
단어 将来しょうらい 장래 | つい 그만, 무심코 | 食糧しょくり
ょう 식량 | 頼たよる 의지하다 | 有能ゆうのう 유능
정답 1

문제7 다음 문장의 (　　)에 들어갈 가장 알맞은 것을 1·2·3·4에
서 하나 고르세요.

33 지금 사과하러 간들 그의 화는 진정되지 않을 것이다.
단어 謝あやまる 사과하다 | 怒おこり 화 | おさまる 진정되다
해설 ~たところで(~한다고 해도, ~라 하더라도)는 '만일에
~가 성립한다고 해도 결과는 예상과 반대로 쓸데없는 일
이 되어 버린다'라는 뜻이다.
정답 4

34 지금 날씨로 보면 오후는 비가 내릴 것임이 틀림없다.
단어 空模様そらもよう 날씨 | ~に違ちがいない ~이 틀림없
다
해설 ~からすると(~입장에서 본다면)는 '판단, 평가를 하는
입장, 주안점'을 나타낸다. 내가 그 입장이 되어 생각하는
경우를 상정하는 표현법이다.
정답 1

35 마치 모든 것을 알고 있는 것 같은 말투이다.
단어 全すべて 전부, 모두 | 話はなしぶり 이야기하는 풍, 말투
해설 ~かのように(~인 것처럼, ~처럼)는 실제로는 그렇지
않지만 '마치 ~인 것처럼'이라고 뭔가를 강조해서 말하는
표현이다.
정답 2

36 이 바지는 계절을 불문하고 입을 수 있는 상품이라고 한다.
단어 季節きせつ 계절 | 商品しょうひん 상품
해설 ~を問とわず(~을 불문하고,~에 관계없이)는 '부정을 수
반하여 자격이나 조건을 문제 삼지 않는다'는 의미이다.
• 理由りゆうのいかんを問とわず全員参加ぜんいんさんかすること。
　이유 여하를 불문하고 전원 참가할 것.
정답 3

37 그녀 덕분에 실연에서 회복할 수가 있었다.
단어 失恋しつれん 실연 | 立たち直なおる 회복되다, 재기하다
| 次第しだいで 이유로, 사정으로

해설 おかげで(덕분에, 덕택에, 덕택으로)는 '~의 도움이 있었기 때문에 ~라고 하는 좋은 결과를 얻을 수 있었다'는 감사의 기분을 나타낸다.

정답 1

38 회사를 나오자마자 갑자기 큰 방울의 비가 내리기 시작했다.

단어 急きゅうに 갑자기, 급하게 | 大粒おおつぶ 큰 방울 | のみならず ~뿐 아니라 | わりに ~에 비해서 | にしては ~치고는

해설 ~たとたんに(~하자마자)는 '앞의 상황이 끝나자마자 예상치 않은 뒤의 내용이 발생했다'는 의미이다.

단어 急きゅうに 갑자기, 급하게 | 大粒おおつぶ 큰방울 | ~のみならず ~뿐 아니라 | ~わりに ~에 비해서 | ~にしては ~치고는

정답 2

39 은행을 비롯하여, 많은 업계에서 재편이 진행되고 있습니다.

단어 業界ぎょうかい 업계 | 再編さいへん 재편 | ~をぬきにしては ~을 빼고서는 | ~を限かぎりに ~을 마지막으로 | ~をめぐって ~을 둘러싸고

해설 ~をはじめ、~をはじめとする(~을 비롯하여, ~을 시작으로 하는)는 대표적인 것을 예로 들어 다른 것도 같은 상태에 있음을 나타내는 표현이다.
• 課長かちょうをはじめとした全員ぜんいんが、仕事しごとに取とり組くんでいる。 과장을 비롯한 전 사원이 업무에 임하고 있다.

정답 3

40 불황에 따른 대량 적자를 계기로 회사의 방침을 대폭 변경했다.

단어 不況ふきょう 불황 | 大量たいりょう 대량 | 赤字あかじ 적자 | 方針ほうしん 방침 | 大幅おおはば 대폭 | 変更へんこう 변경 | ~に於おいて (장소·때·상황) ~에 있어서 | ~に足たる ~할 만하다 = ~に値あたいする ~할 만한 가치가 있다 | ~に至いたる ~에 이르다

해설 ~をきっかけに(~을 계기로)는 어떤 새로운 행위를 일으킨 발단이나 동기를 말할 때의 표현이다. 유사 표현으로는 ~を契機けいきにして가 있다.

정답 4

41 세계 제일이라고까지는 말하지 못하지만 여기는 정말 맛있는 레스토랑이다.

단어 世界一せかいいち 세계 제일

해설 ~ないまでも(~하지는 못하지만, ~하지는 못해도)는 '규정한 정도까지는 이르지 않았지만, 그보다 아래 정도에는 이른다'는 의미이다.

정답 2

42 서예의 대가라 할지라도 틀리는 것은 얼마든지 있다.

단어 書道しょどう 서도 | 大家たいか 대가 | 間違まちがえる 잘못하다, 착각하다

해설 ~と言えども(비록 ~라 할지라도)는 극단적인 입장의 사람·사물·경우를 예로 들어, 그것으로부터 받는 특징이나 인상에 반대하는 것을 진술할 때의 표현이다.

정답 2

43 최근 인스턴트 식품에 의존하는 경향이 있어서 요리를 대충해 버린다.

단어 手てを抜ぬく 어물어물 넘기다 | ~っこない ~할 리가 없다 | ~きわみ ~의 끝, 극한

해설 동사 ます형 + ~がちる '자주 ~하다, ~이 잦다, ~하는 경향이 있다'라는 뜻으로 쓰인다.
• 焦あせりがちだ。 초조해 하기 쉽다
= 緊張きんちょうする傾向けいこうがある。 긴장하는 경향이 있다.

정답 3

44 그녀는 미국에서 10년 살았던 만큼 영어는 상당히 잘한다.

단어 住すむ 살다 | かなり 꽤, 아주 | うまい 잘한다

해설 'AだけあってB'는 B에서 사실을 밝히고, 그 사실이 당연히 발생할 수 있는 이유가 A에 올 경우에 사용한다. 즉 '역시 A이기 때문에 B이다'라는 의미이다.
• 不況ふきょう下かで一生懸命いっしょうけんめい努力どりょくしただけあって、売うりあげが大おおきく伸のびた。
불황 하에서 열심히 노력한 만큼, 매출이 크게 늘었다.
구별할 필요가 있는 유사 표현인 'AだけにB'는 A에서 사실을 제시하고 B에서는 그 사실을 바탕으로 하여 발생할 수 있는 결과가 이어진다. 즉 'A했던 만큼 더욱 B', 'A때문에 한층 더 B'의 의미이다.
• 予想よそうしなかっただけに喜よろこびも大おおきい。
예상하지 못했던 만큼 기쁨도 크다.

정답 1

문제7 다음 문장의 ★ 에 들어갈 가장 알맞은 것을 1 · 2 · 3 · 4에서 하나 고르세요.

45 좀처럼 운이 없는 그이지만, 드디어 찾아온 찬스를 손에 넣기 위해 필사적이다.

단어 運うん 운 | 必死ひっしだ 필사적이다 | 恵めぐまれる 좋은 환경·기회 등이 주어지다

정답 3 なかなか運うんに恵めぐまれなかった彼かれだが、やっとめぐってきたチャンスをものにしようと必至ひっしだ。

46 최근 업무량이 증가하여 눈을 혹사하는 일이 많은 탓인지 눈의 상태가 나쁘다.

단어 酷使こくしする 혹사하다 | 調子ちょうし 상태

해설 ~せいか(~탓인지)는 '분명하지는 않으나 이러이러한 이유로'의 의미이다. 결과는 좋은 결과, 나쁜 결과 모두를 수용할 수 있다.
• 歳としのせいか、この頃ごろ疲つかれやすい。
나이 탓인지 요즘 쉬 피로해지곤 한다.

정답 3 最近さいきん仕事量しごとりょうが増ふえ、目めを酷使こくしすることが多おおいせいか目めの調子ちょうしが悪わるい。

47 아버지는 자식에게 무관심한 사람인데 요즘 자주 말을 걸어오는 것을 보면 뭔가 심경의 변화라도 있었던 것일까.

단어 無関心むかんしん 무관심 | 心境しんきょう 심경 | 変化へんか 변화

정답 2 父は子供に無関心な人なのにこの頃よく話しかけて来る所を見ると何か心境の変化でもあったのだろうか。

48 손재주가 뛰어난 그는 우리들이 갖고 싶은 것을 뭐든 눈 깜짝할 사이에 만들어 버린다.

단어 手先てさき 손끝 | 器用きよう 손재주 있음, 솜씨가 좋음 | あっという間まに 눈 깜짝할 사이에 | 作つくり上あげる 만들어내다, 완성하다

정답 4 手先が器用な彼は私たちが欲しいものを何でもあっという間に作り上げてしまう。

49 뭔가 불명료한 점이 있으시다면 편하게 고객센터로 문의해 주십시오.

단어 気軽きがる 가볍게 행동함, 선뜻 | 顧客こきゃく 고객 | 不明ふめい 불명 | 問とい合あわせる 문의하다

정답 2 何か御不明な点がございましたらお気軽に顧客センターにお問い合わせください。

문제9 다음 문장을 읽고, 문장 전체 내용을 생각해서 (50)에서 (54) 안에 들어갈 가장 알맞은 것을 1·2·3·4에서 하나 고르세요.

최근 '노인'이라고 부르는 것이 어울리지 않을 것 같은 건강한 나이 든 사람이 많이 있다. 그래서 지금은 '시니어'(연상의, 상급의)와 같은 (50) 다른 호칭법을 하는 사람도 증가하고 있다.

회사의 '정년'은 60세로 규정되어 있는 곳이 많다. 그러나 최근에는 정년을 맞이해도 계속해서 일할 수 있는 회사도 증가하고 있다.

도쿄도내 백화점에서 안내 담당자 프로 '컨시어지(접객 책임자)'로 일하는 하타케야마 씨(60세). 하타케야마 씨는 올해 정년을 맞이했지만, 일을 하고 싶어서 회사에 남아 있다. 하타케야마 씨는 37년 전에 입사한 이래 식료품 판매, 의류 매입 등 다양한 (51) 경험을 쌓아왔다. 이 경험을 통해서 많은 사람과 알게 되었고, 다양한 정보를 얻을 수 있었다고 한다.

유아복 매장의 마츠모토 씨(63세)는 후배의 지도에 힘을 쏟고 있다. 다양한 고객을 접해온 경험에서 마츠모토 씨는 고객이 기뻐하는 포인트 (52) 를 많이 파악하고 있다. 이 회사에서는 '베테랑 사원이 정년을 맞이해서 그만둬 버리면 곤란하다'라고 생각해, 정년 후에도 일할 수 있는 제도를 6년 전에 만들었다고 한다. 그 사람의 사정에 따라 일하는 방법을 다양하게 선택할 수 있다는 것도 특징 중의 하나이다. 오늘날 노인이 건강하다는 것은 여러 가지 데이터에도 나타나고 있다. 일본의 평균수명은 세계 제일. 또한 체력도 10년 전의 노인에 비해 향상되고 있다고 한다.

회사 이외에서 활약하고 있는 노인도 (53) 증가하고 있다. 'D 교류회'에 소속된 노인은 그 대부분이 전기나 화학 관계 등의 회사나 공장에서 근무해 온 사람들이다. 자신들이 일을 통해서 얻은 지식을 아이들에게 알기 쉽게 가르치

고 있다고 한다. (54) 더욱이 장년의 지식·경험을 살려 해외에서 봉사활동을 하는 사람도 많다. 최신 설비가 없는 나라에서도 연장자들은 오래된 설비도 다룰 수 있는 경우가 많기 때문에 응용할 수 있다고 한다. 최신 기술에만 집착하기 쉬운 젊은 세대에게는 상상하지 못할 기술이라고도 말할 수 있을 것이다.

단어 お年寄としより 노인 | 上級じょうきゅう 상급 | 定年ていねん 정년 | 延長えんちょう 연장 | 案内係あんないがかり 안내 담당 직원 | 入社にゅうしゃ 입사 | 食料品しょくりょうひん 식료품 | 販売はんばい 판매 | 仕入しいれ 구입, 매입 | 売うり場ば 매장 | 後輩こうはい 후배 | 指導しどう 지도 | 力ちからを入いれる 힘을 쏟다 | 接せっする 접하다 | 制度せいど 제도 | 事情じじょう 사정 | 特徴とくちょう 특징 | 表あらわれる 나타나다 | 平均へいきん 평균 | 寿命じゅみょう 수명 | 体力たいりょく 체력 | 向上こうじょう 향상 | 活躍かつやく 활약 | 交流会こうりゅうかい 교류회 | 所属しょぞく 소속 | 電機でんき 전기 기계 | 化学かがく 화학 | 工場こうじょう 공장 | 知識ちしき 지식 | 生いかす 살리다 | 奉仕活動ほうしかつどう 봉사활동 | 型かた 형, 틀 | 応用おうよう 응용 | 利きく 가능하다, 통하다 | 技術ぎじゅつ 기술 | 捕とらわれる 사로잡히다, 얽매이다 | 技わざ 기술

50 1. 대부분의 호칭법　　2. 다른 호칭법
3. 어려운 호칭법　　4. 다양한 호칭법

해설 '노인'이라고 부르는 것이 어울리지 않는 것에 대한 이야기로, 노인 대신 '다른 호칭'을 사용하는 경향이 늘었다는 의미이다.

정답 2

51 1. 경험을 쌓겠지
2. 경험을 쌓았음에 틀림없다
3. 경험을 쌓아왔다
4. 경험을 쌓을 수 있을까

해설 37년 전에 입사하여 '다양한 경험을 쌓아왔다'는 전개가 문맥에 맞다. 과거의 어느 때로부터 현재에 이르기까지의 완만한 변화를 나타내는 표현이 '~てきた'이다. '~てきた、~ていく(~해 오다, ~해 가다)'는 어떤 사항이 변하여 어떤 상태가 된 것을 나타낸다.

정답 3

52 1. 를　　2. 에　　3. 는　　4. 에서

해설 자동사, 타동사의 구별은 동사 앞의 조사를 기준으로 하면 된다. 조사 が 다음에는 〈자동사〉가, を 다음에는 〈타동사〉가 온다.

정답 1

53 1. 증가해 갈 것 같다
2. 증가하기 쉽다
3. 증가하지 않으면 안 된다
4. 증가하고 있다

해설 앞 문장에서 '오늘날 노인이 건강하다는 것은 여러 가지 데이터에도 나타나고 있고, 10년 전에 비해 노인들의 체력도 향상되고 있다'는 것을 전제하고 있다. 당연히 회사뿐만 아니라 다른 분야에서 활약하는 노인도 이미 많아졌다.

정답 4

54
1. 그러나
2. 그렇기는커녕, 오히려
3. 더욱이
4. 즉

단어 しかし 그러나, 그렇지만, 그런데 = けれども、だが | それどころか 그렇기는커녕, 오히려 | つまり 즉, 다시 말해 = 即すなわち

해설 모임에 참여한 노인들은 '자신들이 일을 통해서 얻은 지식을 아이들에게 알기 쉽게 가르치고' 이어 '장년의 지식·경험을 살려 해외에서 봉사를 하는 사람도 많다'고 했다. 앞의 내용에 뒤의 내용이 덧붙여지는 형식이니까 첨가를 나타내는 접속사 'さらに(게다가, 거기에)'가 들어가야 한다. 첨가의 의미를 가진 접속사는 이외에도 'そのうえ, それに, しかも, おまけに' 등이 있다.

정답 3

문제10 다음 (1)에서 (5)의 글을 읽고, 뒤의 문제에 대한 대답으로 가장 알맞은 것을 1·2·3·4에서 하나 고르세요.

(1)

품위 있는 여성은 집안일도 청소도 하지 않고 사치스러운 생활을 영위하는 여성이라고 오해해서는 안 됩니다. 졸부 부인이나 부잣집 아가씨와 품위 있는 여성은 다릅니다. 돈의 유무와 관계없이 스스로 품위 있는 생활을 해 나갈 수 있는 힘을 기르는 것이 중요합니다. 작가인 모 씨는 아무지고 품위 있는 여성이었지만, 그 작가인 모 씨에 대해 부친은 청소 등의 가사 전반을 '찢어지게 가난한 집으로 시집을 가도 곤란하지 않도록 가르쳤다'라고 합니다.

물론 전쟁 전과 지금은 여성이 해야 할 집안일은 완전히 바뀌었습니다. 재봉은 할 필요가 없게 되었고, 세탁도 세탁기가 해 줍니다. 마지막으로 남아 있는 집안일은 요리와 청소·정리이겠죠? 식료품도 지금은 슈퍼나 편의점에서 이미 되어 있는 반찬을 손쉽게 구합니다. 도쿄는 세계 각국의 요리를 먹을 수 있는 도시로 유명합니다. 어머니 또는 가족이나 자신이 식사 준비를 하지 않으면 먹을 수 없던 시절과는 다르게 부엌칼이 없어도 살아갈 수 있는 시대가 되었습니다.

(주 1) 品位 : 사람에게 자연적으로 갖추어져 있는 인격적 가치

(주 2) 赤貧洗うがごとし : 극히 가난해서 씻어 내려보내듯이 소요물이 무엇 하나 없는 모습

(주 3) 総菜 : 매일 식사의 부식물 또는 밥의 밥찬

단어 品位ひんい 품위 | 家事かじ 집안일 | 贅沢ぜいたく 사치 | 営いとなむ 영위하다 | 誤解ごかい 오해 | 成金なりきん 벼락부자, 졸부 | お嬢様じょうさま 아가씨, 고생을 모르고 자란 여자 | 異ことなる 다르다 | 有無うむ 유무 | 養や

しなう 기르다 | きりりと 야무지고 빈틈없는 모양 | 全般ぜんぱん 전반 | 赤貧洗せきひんあらうがごとし 가난하기 짝이 없다 | 嫁よめ出だす 시집을 보내다 | しつける 일상 생활의 예의범절을 가르쳐 몸에 붙게 하다 | 戦前せんぜん 전쟁 전 | こなす 처리하다 | 裁縫さいほう 재봉 | 洗濯せんたく 세탁 | 最後さいご 마지막, 최후 | 残のこる 남다 | 整理せいり 정리 | 出で来きあい 이미 되어 있음, 기성품 | 総菜そうざい 부식, 반찬 | 用意ようい 준비 | 包丁ほうちょう부엌칼 | 暮くらす 살다

55 품위 있는 여성에게 중요한 것은 무엇인가?
1. 돈에 어느 하나 부족한 것 없이 살아갈 수 있는 재력을 갖는 것
2. 사치스러운 식생활이 가능한 생활을 손에 넣는 것
3. 돈의 유무와 관계없이 스스로 품격 있는 생활을 해 나갈 수 있는 힘을 갖는 것
4. 집안일도 청소도 하지 않아도 되는 생활을 하게 해 주는 사람과 결혼하는 것

단어 不自由ふじゆう 부자유, 불편 | 財力ざいりょく 재력

해설 '돈의 유무와 관계없이 스스로 품위 있는 생활을 해 나가는 힘을 가지는 것이 중요하다'고 했다.

정답 3

(2)

국채라는 것은 나라가 필요한 돈을 모을 때 발행하는 차금 증명서를 말한다. 나라는 국민으로부터 모은 세금을 사용해서 일을 하지만, 부족한 경우에는 국채를 국민이나 은행 등에서 사온다.

나라가 새로 발행한 국채는 53조 5000억 엔이 되어, 아직 갚지 않은 것도 합치면 2009년도 말에 처음으로 600조 엔을 넘을 것 같다는 것이 밝혀졌다. 불황 등의 영향으로 09년도에 들어오는 세금이 당초의 예상을 크게 밑도는 36조 9000억 엔이 되고 게다가 정부가 경제대책으로서 새롭게 7조 2000억 엔을 사용할 것을 결정했기 때문이다.

1990년대 후반부터 경기대책에 사용하는 자금을 국채에 의지해 왔기 때문에 국채는 최근 10년에 2배로 증가하고 있다.

단어 国債こくさい 국채 | 集あつめる 모으다 | 発行はっこう 발행 | 借金しゃっきん 차금, 빚 | 証明書しょうめいしょ 증명서 | 税金ぜいきん 세금 | 足たりる 충분하다 | 返かえす 돌려주다 | 合あわせる 합치다 | 超こえる 넘다 | 不況ふきょう 불황 | 影響えいきょう 영향 | 当初とうしょ 당초 | 予想よそう 예상 | 大幅おおはば 대폭으로 | 下回したまわる 밑돌다 | 政府せいふ 정부 | 経済対策けいざいたいさく 경제 대책 | 新あらたな 새로운 | 景気けいき 경기 | たよる 의지하다 | 増ふえる 증가하다

56 여기서 말하고 있는 것과 내용이 일치하고 있는 것은 어느 것인가?

1. 국민은 돈이 필요한 경우에는 국채를 은행에서 사와 돈을 얻을 수도 있다.
2. 불황의 여파를 받아서 들어오는 세금의 액수가 당초의 예상을 크게 밑돌게 되었다.
3. 2009년도 말에는 국채가 미납분을 포함해서 53조 5000억 엔이 넘을 것이라고 발표되었다.
4. 경기대책으로서 국채사용을 계속해 온 결과 일본은 국채액이 10년 전의 7배로 증가하고 있다.

단어 あおり 여세, 여파 | 未納分みのうぶん 미납분 | 発表はっぴょう 발표 | 額がく 액

해설 '불황 등의 영향으로 09년도에 들어오는 세금이 당초의 예상을 크게 밑도는 36조 9000억 엔이 되었다'고 했다.

정답 2

(3)

> 항공사가 항공기의 노선이나 편수를 자유롭게 정할 수 있는 항공자유화를 '오픈 스카이'라고 부른다. 외국으로의 항공기 취항은 국제민간항공조약에 근거하여 나라끼리 결정되었다. 하지만, 항공회사끼리 스케줄이나 운임 등의 조정을 하는 편이 높은 이익이 기대된다는 점에서 자유화가 진행되고 있다.
> 일본과 미국의 오픈 스카이 협정의 협의가 10일까지의 예정으로 워싱턴에서 열리고 있다. 미일 전체의 항공회사가 자유화되면, 이용자에게는 저운임이나 환승도 편리해지는 것 등을 기대할 수 있다.

단어 航空こうくう 항공 | 路線ろせん 노선 | 便数びんすう 편수 | 乗のり入いれる (차에 올라 탄 채) 들어가다 | 国際こくさい 국제 | 民間みんかん 민간 | 条約じょうやく 조약 | 〜に基もとづく 〜에 의거하여, 〜를 기초로 하여 | 〜同士どうし 〜끼리 | 運賃うんちん 운임 | 調整ちょうせい 조정 | 利益りえき 이익 | 見込みこむ 기대하다 | 進すすむ 진행되다 | 協定きょうてい 협정 | 協議きょうぎ 협의 | 予定よてい 예정 | 開ひらく 열리다 | 乗のり継つぐ 갈아타다, 환승하다 | 期待きたい 기대

57 '오픈 스카이'에 대해서 바르게 말하고 있는 것은 어느 것인가?

1. 비행기의 노선이나 편수를 항공회사가 자유롭게 정할 수 있는 것
2. 일본에서 외국으로의 비행기 취항을 제한하는 것
3. 미국으로의 취항을 일본이 자유롭게 정할 수 있는 것
4. 이용자가 항공운임을 자유롭게 정할 수 있게 되는 것

단어 制限せいげん 제한

해설 '항공사가 비행기의 노선이나 편수를 자유롭게 정할 수 있는 항공자유화'를 말한다.

정답 1

(4)

> 한편, 기업에서 행해지고 있는 절약은 어떨까? 문구 등 소모품의 절약을 강요하는 것으로 긴장되면 성공이지만, 거북한 생각을 갖게 된다면 사원의 동기 부여가 떨어지고 그 성과는 기대할 수 없게 될 것이다.
> 임원의 그린차 이용의 금지라는 것도 있을 법하지만, '임원으로 승격하면 그린차'라고 생각하기 때문에, 사원의 사기도 올라간다는 것. 체크해야 할 것은 경비의 많고 적음이 아니라 경비에 걸맞는 일이 가능한가이다.
> 한편으로 절대 해서는 안 될 절약도 있다. 연구개발비를 삭감한다는 것은 장래에 이익을 가져올 모종에 물을 주지 않는 것과 같은 어리석은 짓이다.

(주 1) 消耗品 : 사용에 따라 없어지는 물품
(주 2) 多寡 : 많은 것과 적은 것
(주 3) 愚行 : 어리석은 행동, 바보같은 행위

단어 さて (다른 화제로 바꿀 때의 말) 그런데, 한편 | 企業きぎょう 기업 | 節約せつやく 절약 | 文具ぶんぐ 문구 | 強制きょうせい 강제 | 消耗品しょうもうひん 소모품 | 引ひき締しまる 바싹 죄다, 마음이나 몸이 긴장되다 | 成功せいこう 성공 | 窮屈きゅうくつ 갑갑함, 거북함 | 社員しゃいん 사원 | モチベーション 동기 부여 | 成果せいか 성과 | 役員やくいん 간부, 임원, 중역 | 禁止きんし 금지 | 昇格しょうかく 승격 | 意気込いきごみ 사기, 의욕 | 節約せつやく 열정적이다 | 経費けいひ 경비 | 見合みあう 걸맞다, 어울리다, 균형을 이루다 | 研究開発費けんきゅうかいはつひ 연구 개발비 | 削けずる 깎다, 삭감하다 | 果実かじつ 과실, 부수적인 이익 | 実みのる 열매를 맺다, 노력의 보람이 나타나다 | 苗木なえぎ 묘목 | 同然どうぜん 똑같음, 다름없음 | 愚行ぐこう 어리석은 행위

58 필자가 여기서 말하고 있는 것과 일치하는 것은 어느 것인가?

1. 기업에서 절약을 하는 경우는 사원의 의욕에 관계없이 성과가 올라가면 그걸로 충분하다.
2. 기업에서 절약을 행하는 경우 봐야 할 점은 경비에 걸맞는 일을 할 수 있는가 어떤가 하는 것이다.
3. 기업이 절약을 시작한다고 하면 우선 간부의 특별대우를 금지하는 것부터 시작해야 한다.
4. 기업에 있어서 연구 개발비를 삭감하고 경비의 많고 적음을 하나씩 체크해서 낭비를 극한까지 줄여야 한다.

단어 待遇たいぐう 대우 | 逐一ちくいち 순서에 따라서, 하나씩 하나씩 자세히 | 無駄むだ 쓸데없음 | 極限きょくげん 극한 | 省はぶく 없애다, 줄이다

해설 경비절감에 대해 먼저 동기 부여가 중요함을 말한 후에 이어 '체크해야 할 것은 경비의 많고 적음이 아니라, 경비에 걸맞는 일이 가능한가이다'라고 했다.

정답 2

(5)

'누구나 버릇이 없는 사람은 없다'고는 하지만, 애초에 버릇이란 무엇인가? 국어사전에는 '무의식적으로 나오는 듯한, 치우친 취향이나 경향. 습관화된, 그다지 바람직하지 않은 언행'이라고 적혀 있다.

실은 말이나 품행뿐만 아니라 몸 안에도 버릇이 있다. 그것은 '체질'이라고 불리는 것에 가깝다. 하지만 그것은 태어나서부터 죽을 때까지 줄곧 변하지 않는 것이 아니고, 사소한 환경의 변화에 의해서 크게 나타나는 경우도 있고, 저절로 사라지는 경우도 있다. 생활이나 식사, 연령 등에 의해서도 당연히 변화해 간다. 어느 쪽이든 체질이라는 과장된 말로 정리하는 것보다 '버릇' 정도가 자못 어울린다.

(주 1) なくて七癖 : 사람에게는 많든 적든 버릇이 있다는 의미

(주 2) 大仰 : 허풍스러운 모습

단어 なくて七癖なくせ 누구라도 버릇 없는 사람은 없다 | 癖くせ 버릇, 습관 | 国語こくご 국어 | 辞典じてん 사전 | 無意識むいしき 무의식 | 偏かたよる 기울어지다 | 好このみ 취향 | 傾向けいこう 경향 | 習慣化しゅうかんか 습관화 | 好このましい 바람직하다 | 言行げんこう 언행 | 仕草しぐさ 동작, 표정, 태도 | 体質たいしつ 체질 | ささいな 하찮은, 사소한 | 環境かんきょう 환경 | 変化へんか 변화 | 現あらわれる 나타나다 | 自然しぜんに 자연히, 저절로 | 年齢ねんれい 연령 | 大仰おおぎょう 허풍을 떪, 과장함 | まとめる 한데 모으다, 정리하다 | いかにも 자못, 매우 | ふさわしい 어울리다

59 여기서 필자는 '몸 안에 존재하는 버릇'이라는 것은 어떠한 것이라고 말하고 있는가?
1. 장기간에 걸쳐서 습관화되어 있어서 건강에는 그다지 바람직하다고 말할 수 없는 것
2. 생활이나 식사, 연령에는 관계 없이 갑자기 몸 안에서 일어나는 이변 같은 것
3. 태어나서부터 죽을 때까지 줄곧 변하지 않는 불변적인 것
4. 사소한 환경의 변화에 의해서 나타나는 방식이 커지거나 저절로 사라지는 경우도 있는 것

단어 長期間ちょうきかん 장기간 | 〜にわたって 〜에 걸쳐서 | 健康けんこう 건강 | 突然とつぜん 갑자기 | 起おこる 일어나다 | 異変いへん 이변 | 不変的ふへんてき 불변적 | わずか 조금, 약간 | 消きえる 사라지다

해설 버릇은 태어나서부터 죽을 때까지 줄곧 변하지 않는 것이 아니고, '사소한 환경의 변화에 의해서 나타나는 방식이 커지는 경우도 있고, 저절로 사라지는 경우도 있다'고 했다.

정답 4

문제11 다음 (1)에서 (3)의 글을 읽고, 뒤의 문제에 대한 대답으로 가장 알맞은 것을 1 · 2 · 3 · 4에서 하나 고르세요.

(1)

에도시대에 사용된 일본 독자적 수학을 화산(和算)이라고 부른다. 실은 ①그들은 우리들 이상으로 주판을 잘 사용했고, 암산도 아주 잘했다. 게다가 서민 대상의 많은 지혜놀이도 고안되었다. 저자에 의하면 에도 사람들은 '일상적인 계산을 초월한 숫자로 놀거나, '형태에 대한 논리'를 구축함으로 해서, ②화산 문화라고도 말할 수 있는 수준에 달해 있었다. 화산으로 유명한 '산수의 달인'이라고 불렸던 세키 다카오는 뉴튼보다도 일찍, 미분이나 적분을 계산하는 방식에 접근해 있었던 것으로도 유명하다.

저자는 그런 독특한 화산을 가족이 즐길 수 있도록 연구. 일러스트를 더해서 15문의 '이야기' 스타일의 퀴즈로 재구성했다. 근원이 되었던 것은 서당에서 사용되었던 교재이다. 츠루카메잔을 필두로 타와라스기잔, 3방진, 누수비토잔, 아부라와케잔 등, 서민생활에 맞춰 계산 방법을 해설하고 있는 만큼 즐기면서 배울 수 있다. 그런 이유로, 당시의 화산 교재는 베스트셀러가 되었던 것이다. 에도시대 사람들의 지적 수준의 높음에 놀람과 동시에 산수가 이 정도로 즐거운 것인지 새삼 ③다시 생각하게 하는 교재이다.

(주 1) 暗算 : 종이에 써서 계산하거나 주판에 기대지 않고 머리 속에서 계산하는 것

(주 2) 知恵遊び : 그 놀이의 이치를 깨달아 적절하게 처리할 능력을 필요로 하는 놀이

(주 3) 寺子屋 : 무로마치 시대부터 메이지 시대 초, 무사 · 승려 · 신궁 · 의사 그 외의 지식있는 사람이 주로 서민의 아이를 대상으로 개인이나 민간이 열었던 교육 기관

(주 4) テキスト : 교과서

단어 数学すうがく 수학 | 和算わざん 에도시대에 일본에서 독자적으로 발달한 수학 | そろばん 주판 | 暗算あんざん 암산 | 庶民しょみん 서민 | 知恵ちえ 지혜 | 考かんがえ出だす 생각해내다 | 著者ちょしゃ 저자 | 計算けいさん 계산 | 論理ろんり 논리 | 築きずき上あげる 구축하다 | 水準すいじゅん 수준 | 達たっする 달하다 | 称しょうする 칭하다, 부르다 | 微分びぶん 미분 | 積分せきぶん 적분 | 接近せっきん 접근 | 工夫くふう 연구 | 加くわえる 더하다 | 再構成さいこうせい 재구성 | 根源こんげん 근원, 근본 | 寺子屋てらこや 서당 | 鶴亀算つるかめざん 산수에서 학과 거북의 합계 마릿수와 그 다리의 합계를 제시하여 각각의 수를 구하게 하는 등의 문제. 이하 '俵杉算たわらすぎざん, 盗人算ぬすびとざん, 油分け算あぶらわけざん' 등은 계산법의 일종임 | 方陣ほうじん 방진. 같은 갯수의 숫자를 가로, 세로로 늘어놓아 세로나 가로나 대각선으로나 그 합친 수를 똑같게 한 것 | 準じゅんじる 준하다 | 驚おどろかす 깜짝 놀라게 하다 | 算数さんすう 산수 | 改あらためて 새삼스럽게 | 考かんがえ直なおす 다시 생각하다

60 ①그들은 대체 누구를 가리키는가?

1. 현대 사람들
2. 에도시대 아이들
3. 에도시대 사람들
4. 현대의 부모자식

해설 시대를 규정하고 이어 '저자에 의하면 에도 사람들은~'이라고 했다.

정답 3

61 에도 사람들은 어떻게 함으로써 ②화산 문화라고도 말할 만한 수준에 달해 있었는가?

1. 일상적인 계산을 초월한 숫자로 놀거나, 형태에 대한 논리를 구축하는 것
2. 주판을 능숙하게 다룰 수 있도록 어릴 때부터 특훈하는 것
3. 매사를 이론적으로 생각할 수 있는 교육을 아이들 중에서 시행하는 것
4. 마분이나 적분의 사고 방식을 깊게 연구하는 것

단어 巧たくみ 교묘함, 능숙함 │ 扱あつかう 다루다, 조작하다 │ 幼おさない 어리다 │ 特訓とっくん 특훈 │ 物事ものごと 매사 │ 理論的りろんてき 이론적 │ ほどす 시행하다 │ 深ふかい 깊다 │ 研究けんきゅう 연구

해설 에도 사람들은 '일상적인 계산을 초월한 숫자'로 놀거나 '형태에 대한 논리'를 구축했다'고 했다.

정답 1

62 어떻게 ③다시 생각하게 하는 교재라고 말하고 있는가?

1. 산수가 이 정도로 즐거운 것이었던가 하고 다시 생각하게 한다.
2. 산수를 배우는 것이 이 정도로 간단한 것이었던가 하고 다시 생각하게 한다.
3. 산수를 응용해서 많은 것에 이용할 수 있는 사실을 다시 생각하게 한다.
4. 산수는 현대인에게는 너무 어렵다는 현실을 다시 생각하게 한다.

단어 学まなぶ 배우다 │ 簡単かんたん 간단 │ 応用おうよう 응용 │ 利用りよう 이용 │ 事実じじつ 사실 │ 現実げんじつ 현실

해설 '산수가 이 정도로 즐거운 것이었는지 새삼 다시 생각하게 하는 교재'라고 하였다.

정답 1

(2)

> 1998년 10월, 어느 의과대학에서 일본 최초의 여성에서 남성으로의 성전환수술(엄밀하게는 '성별 재판정 수술'이라고 불립니다)이 이루어졌습니다. 이것은 성 동일성장애(性同一性障害) 치료의 하나로서 실시된 것입니다. ①이것 이전에는 이런 종류의 수술을 희망하는 경우, 외국에 건너가는 이외의 선택의 여지가 없었습니다.
> '성 동일성 장애'라는 것은 생물학적으로는 남녀 어느 쪽의 신체를 가지고, 자신이 어느 쪽의 성별에 속해 있는지에 대해 파악하면서도, 인격적으로는 '자신은 다른 성별에 속

해 있다'고 굳게 믿고 있는 상태입니다. ②이 경우 자신들의 신체적·사회적인 성별에 위화감을 안고 있어 '진짜인 나는 반대의 성별'이라고 느끼며 정신적인 강한 갈등을 가지고 자신의 신체적, 사회적인 성별이나 성역할을 '정신의 성(性)'에 맞추려고 합니다. 즉, 성 동일성 장애라는 것은 '선천적 성별'과 '정신적 성별'의 사이에 차이가 발생해서 그 차이를 어떻게든 없애고 싶다고 생각하는 사람들의 마음에 늘 따라다니는 장애를 의미합니다.

> 성 동일성 장애인 사람에는 ③'트랜스 섹슈얼'이라고 불리는 사람들도 있습니다. 이런 사람들은 자신이 선천적으로 부여받은 성별에 대해 강한 위화감이나 불쾌감을 안고 어떠한 방법에 의해서 다른 성별로 되려고 합니다. 그 수단의 한 가지가 성전환수술이라는 것입니다.

> (주1) 選択肢 : 정답을 포함해서 설정된 몇 개인가의 항목
> (주2) 葛藤 : 마음 속에 반대하는 방향의 욕구나 생각이 있어서 그 선택에 망설이는 상태
> (주3) 性役割 : 성별에 따라서 받은 역할로 여성이 가치가 낮은 역할을 지는 경우가 많다
> (주4) ギャップ : 생각이나 의견 등의 차

단어 転換てんかん 전환 │ 手術しゅじゅつ 수술 │ 厳密げんみつ 엄밀 │ 性別せいべつ 성별 │ 再判定さいはんてい 재판정 │ 障害しょうがい 장애 │ 治療ちりょう 치료 │ 実施じっし 실시 │ たぐい 같은 종류의 것 │ 希望きぼう 희망 │ 渡わたる 건너가다 │ 選択肢せんたくし 선택지 │ 生物学せいぶつがく 생물학 │ いずれ 어느 쪽 │ 属ぞくする 속하다 │ 把握はあく 파악 │ 人格的じんかくてき 인격적 │ 思おもい込こむ 굳게 믿다 │ 違和感いわかん 위화감 │ 抱いだく (마음 속에) 품다 │ 精神せいしん 정신 │ 葛藤かっとう 갈등 │ 合あわせる 맞추다 │ 天性てんせい 천성 │ ギャップ 갭, 차이 │ 生しょうじる 생기다 │ つきまとう 늘 따라다니다 │ 生うまれながら 선천적으로, 타고난 │ 授さずかる (신불이나 윗사람이) 내려주시다, 부여받다 │ 不快ふかい 불쾌함 │ 手段しゅだん 수단

63 ①이것이 가리키는 것은 무엇인가?

1. 성전환수술을 희망하는 환자는 외국에 가는 것 밖에 선택지가 없는 것
2. 성전환수술의 이름이 '성별 재판정 수술'로 통일된 것
3. 성 동일성 장애의 치료가 일본에서 처음으로 인정받은 것
4. 일본에서 처음으로 여성에서 남성으로의 성전환수술이 행해진 것

단어 患者かんじゃ 환자 │ 統一とういつ 통일 │ 認みとめる 인정하다

해설 앞의 지시어 'これ'와 동일한 내용을 뒤에서 지적한 문제이다. 내용은 동일하게 '일본에서 처음 여성에서 남성으로의 성전환수술이 실시된 것'을 가리킨다.

정답 4

64 ②이 경우라고 했는데 어떠한 상태인가?

1. 생물학적으로 남녀 어느 쪽의 신체도 가지고 있지 않고 자신

의 성별이 불확실한 상태

2. 자신의 성별에 대해서 인식하면서도, 인격적으로는 '자신은 다른 성별에 속해 있다'고 확신하는 상태

3. 자신의 신체적, 사회적인 성별이나 성역할을 '정신의 성'에 맞추는 것이 불가능한 상태

4. 자신의 신체적·사회적인 성별의 위화감을 해소하려고 필사적인 상태

단어 持もち合あわせる 마침 가지고 있다 | 不確実ふかくじつ 불확실 | 状態じょうたい 상태 | 認識にんしき 인식 | 確信かくしん 확신 | 解消かいしょう 해소 | 必死ひっし 필사

해설 신체적으로 드러난 성별과는 달리, 자신의 성별에 대해 내면적으로 '자신은 다른 성별에 속해 있다'라고 확신하고 있는 상태를 말한다.

정답 2

65 ③'트랜스 섹슈얼'이라고 불리는 사람들의 특징으로서 바른 것은 어느 것인가?

1. 자신들의 성별에 대한 위화감에서 '성별 재판정 수술'을 받은 사람들의 외국에서의 호칭

2. '진짜 나는 반대의 성별'이라고 느끼고 정신적인 강한 갈등을 가지고 있는 사람들

3. '선천적 성별'과 '정신적 성별'의 사이에 차이가 발생해서 그 차이를 어떻게든 고치고 싶다고 생각하는 사람들

4. 자신의 출생에 근거한 성별에 대해 강한 위화감이나 불쾌감을 안고, 어떠한 수단에 의해서 반대의 성별이 되려고 하는 사람들

단어 呼称こしょう 호칭 | 生来しょうらい 선천적으로 | 直なおす 고치다 | 出生しゅっしょう 출생 | 基もとづく 근거하다 | 不快感ふかいかん 불쾌감

해설 바로 뒷 문장에 '이런 사람들은 자신이 선천적으로 부여받은 성별에 대해 강한 위화감이나 불쾌감을 안고 어떠한 방법에 의해서 다른 성별로 되려고 한다'고 나와 있다.

정답 4

(3)

오늘날의 휴대전화 사회에서 아이들이 연루된 인터넷 범죄가 증가하고 있다. 여태까지도 어른에게 보이지 않는 어둠의 움직임으로서 깊고 넓게 잠행했지만, 최근에는 인터넷의 게시판을 악용한 범행 예고에 의해, 살인이나 폭파를 암시하는 사회소란적인 협박도 발생하게 되었다.

아이들은 처음에는 약간의 호기심이나 일상의 불만을 속마음을 털어놓는 수단으로서 휴대전화의 인터넷 기능을 이용하는 것에 의해서 다양한 인터넷 범죄의 위험에 노출되고 있다. 또 휴대전화를 사용하면 '해도 안 걸린다.' '자신도 괴롭히지 않으면 반대로 괴롭힘을 당한다'는 근거 없는 안도감이나 불안감이, 그 범죄성의 인식을 희박하게 해 버리는 경향이 있고, 그것이 나아가 인터넷 범죄 및 피해의 건수를 증가시키는 요인이 되고 있다.

아이들은 처음에는 약간의 호기심이나 일상의 불만을 속

마음을 털어놓는 수단으로서 휴대전화의 인터넷 기능을 이용하는 것에 의해서 다양한 인터넷 범죄의 위험에 노출되고 있다. 또 휴대전화를 사용하면 '해도 안 걸린다.' '자신도 괴롭히지 않으면 반대로 괴롭힘을 당한다'는 근거 없는 안도감이나 불안감이, 그 범죄성의 인식을 희박하게 해 버리는 경향이 있고, 그것이 나아가 인터넷 범죄 및 피해의 건수를 증가시키는 요인이 되고 있다.

아이들의 휴대전화의 보유율이 초등학교에서 40%, 중학교에서 70%, 그리고 고등학교에서 90%가 된 현재에는, 다양한 휴대전화의 위험으로부터 아이들을 지키기 위해서 인터넷 안전교육이 꼭 필요하다. 인터넷 안전교육이라는 것은 고도정보통신사회에 있어서 인터넷 위험 및 인터넷 범죄의 가해자도 피해자도 되지 않기 위해서 필요한 위기관리능력을 육성하는 것을 목적으로 하여, 휴대전화와 컴퓨터를 매개로 한 인터넷의 위험성, 그리고 거기에 관련된 범죄와 건강 피해의 비극적인 결과에 대해 실감하고 배우기 위한 참가형 활동을 도입한 교육이다. 문부과학성에서도 이것과 비슷한 정보윤리교육을 새로운 학습지도요령에 정식으로 넣고 있지만, 그것만으로는 아이들에게 다가오는 인터넷의 위기로부터 아이들을 지킬 수 없다.

(주 1) 潜行 : 법을 위반한 사람 등이 단속의 눈을 피해 돌아다니는 것

(주 2) 社会騒乱: 경찰에서도 진정시킬 수 없을 정도의 사건이 일어나 세상이 혼란스러운 것

(주 3) 希薄 : 적고 옅은 것

(주 4) アクティビィテ : 활동

(주 5) モラル : 사물에 대한 인간이 있어야 할 태도, 도덕 또는 윤리

단어 ケータイ 휴대전화 | 巻まき込こむ 연루되다 | 犯罪はんざい 범죄 | 闇やみ 어둠 | 潜行せんこう 잠행, 숨어 다님 | 掲示板けいじばん 게시판 | 悪用あくよう 악용 | 犯行予告はんこうよこく 범행 예고 | 殺人さつじん 살인 | 爆破ばくは 폭파 | 暗示あんじ 암시 | 騒乱そうらん 소란 | 脅迫きょうはく 협박 | 好奇心こうきしん 호기심 | 不満ふまん 불만 | ぶちまける 속마음을 털어놓다 | 機能きのう 기능 | 利用りよう 이용 | 多様たよう 다양함 | 危険きけん 위험 | 露出ろしゅつ 노출 | 根拠こんきょ 근거 | 安堵感あんどかん 안도감 | 認識にんしき 인식 | 希薄きはく 희박 | 傾向けいこう 경향 | 被害ひがい 피해 | 件数けんすう 건수 | 増ふやす 늘리다 | 要因よういん 요인 | 保有率ほゆうりつ 보유율 | 守まもる 지키다, 보호하다 | 安全教育あんぜんきょういく 안전교육 | 危機きき 위기 | 加害者かがいしゃ 가해자 | 管理かんり 관리 | 能力のうりょく 능력 | 育成いくせい 육성 | 目的もくてき 목적 | 介かいする 사이에 두다, 매개로 하다 | 関連かんれん 관련 | 健康けんこう 건강 | 悲劇的ひげきてき 비극적 | 参加型さんかがた 참가형 | 文部科学省もんぶかがくしょう 문부과학성 | 要領ようりょう 요령 | 正式せいしき 정식 | 位置いちづける 자리매김하다, 어떤 위치에 놓다 | 差さし迫せまる 닥쳐오다

66 <u>그것</u>이라는 것은 무엇을 가리키고 있는가?

1. 어른이 보이지 않는 곳에서 아이들이 휴대전화를 사용하는 기회가 늘고 있다는 것
2. 인터넷을 사용한 괴롭힘에 있어서 근거 없는 안도감이나 불안감이 그 범죄성의 인식을 희박하게 하는 것
3. 최근에는 인터넷의 게시판에 글을 쓰는 일이 아이들 사이에서 인기가 생겨난 것
4. 최근의 휴대전화의 인터넷 기능은 아이들이 다룰 수 있을 정도로 간단한 것으로 되어 있는 것

단어 書かき込こむ 써넣다 ┃ 扱あつかえる 사용할 수 있다, 다룰 수 있다

해설 '휴대전화를 사용하면 '해도 안 걸린다', '자신도 괴롭히지 않으면 괴롭힘을 당한다'는 근거 없는 안도감이나 불안감이, 그 범죄성의 인식을 희박하게 해버리는 경향이 있다'고 했다. 즉 휴대전화의 인터넷을 이용한 남을 괴롭히는 행위가 쉽게 노출되지 않을 것이라는 막연한 생각에 범죄라는 인식을 희박하게 한다는 사실을 의미한다.

정답 2

67 무엇이 아이들을 다양한 인터넷 범죄의 위험성에 노출시키고 있는가?

1. 오늘날의 휴대전화 사회에 있어서 어른이 아이들에게 적극적으로 휴대전화를 갖게 하는 것
2. 휴대전화의 인터넷 기능의 사용 방법이 아이들이라도 간단하게 이해할 수 있는 손쉬움
3. 아이들의 호기심이나 일상의 불만의 가벼운 배출구로서 휴대전화의 인터넷 기능을 사용하는 것
4. 휴대전화로 연결되어 있는 학교 친구들끼리의 근거 없는 안도감과 불안감

단어 積極的せっきょくてき 적극적 ┃ 使用方法しようほうほう 사용 방법 ┃ 手軽てがる 손쉬움 ┃ 気軽きがる 깊이 생각하지 않음 ┃ はけ口ぐち 배수구, 배출구 ┃ 繋つながる 이어지다, 연결되다 ┃ 簡単かんたん 간단

해설 '아이들은 처음에는 약간의 호기심이나 일상의 불만의 가벼운 배출구로서 휴대전화의 인터넷 기능을 사용하게 된다'고 했다.

정답 3

68 필자는 여기서 '인터넷 안전교육'의 목표로서 어떠한 것을 들고 있는가?

1. 문부과학성이 새로운 학습지도요령에 정식으로 자리잡은 올바른 정보윤리교육을 추진해 가는 것
2. 고도정보통신사회에 있어서 인터넷 위기 및 인터넷 범죄의 가해자도 피해자도 되지 않기 위해 필요한 위기관리능력을 기르는 것
3. 아이들에 의한 휴대전화 보유율을 초등학교, 중학교 모두 낮추기 위한 휴대전화의 불필요성에 대해 배우게 하는 것
4. 휴대전화와 컴퓨터를 매개로 한 인터넷의 편리성이나 오락성에 대해서 설명하고 인터넷의 즐거움을 가르치는 것

단어 下さげる 내리다 ┃ 学まなばせる 배우게 하다 ┃ 娯楽性ごらくせい 오락성 ┃ 説とく 설명하다, 설득시키다, 강의(강론)하다

해설 이런 문제의 경우 문제에서 요구하는 관련어를 본문에서 빨리 파악하고 그 주변 내용을 파악해야 한다. 문제와 관련된 내용은 마지막 단락의 '인터넷 안전교육'이라는 것은 고도정보통신사회에 있어서 인터넷 위험 및 인터넷 범죄의 가해자도 피해자도 되지 않기 위해서 필요한 위기관리능력을 육성하는 것을 목표로 하고'에 나와 있다.

정답 2

문제12 다음 글은 '상담자'로부터의 상담과 그것에 대한 A와 B로부터의 회답이다. 세개의 글을 읽고 아래 문제에 대한 대답으로서 가장 알맞은 것을 1·2·3·4에서 하나 고르세요.

상담자

저의 유학에 대해서 상담하고 싶은 것이 있습니다. 저는 지금 대학교 2학년으로 영문학을 전공하고 있습니다. 중학교 때 처음 영어와 만나고 나서 저는 영어라는 외국어의 포로가 되어 버렸습니다. 중학교, 고등학교, 대학생이 된 지금도 영어에 대한 흥미, 관심은 없어지지 않고 매일 공부에 매진합니다. 그런 때, 친한 교수님께서 '영국으로 유학가지 않겠어?'라는 이야기를 건네 왔습니다. 물론 저는 금방이라도 가고 싶다고 생각했습니다만, 전 아직 학생 신분이고 경제적으로도 자립되어 있지 않아 재정적인 면은 모두 부모님께 기대어 생활하고 있는 것이 현재 상황입니다.

그러나 외국어 습득에는 그 언어가 사용되는 나라에서 생활하는 것이 가장 좋다고 들은 적도 있고, 그 언어가 사용되는 나라의 생활이나 문화를 아는 것으로 지금까지의 자신의 시야를 더욱 크게 넓힐 수 있지 않나 생각합니다. 게다가 저는 대학을 1년 휴학하고 유학하려고 생각하고 있어서 졸업은 동급생보다 1년 늦어져 버립니다. 그렇게 되면 취직도 1년 늦어져 버립니다. <u>그것</u>도 조금 마음에 걸립니다. 전부터 유학하고 싶다는 마음이 있어서 유학에 대해 관심이 있다는 것은 부모님에게는 말해 왔습니다. 그러나 이번 건에 대해서는 아직 아무것도 말하지 않았습니다. 여러분은 유학에 대해서 어떻게 생각하십니까?

회답자A

저도 유학 경험이 있습니다만, 역시 어학습득에는 유학이 제일이라고 느꼈습니다. 어학이라는 것은 역시 생활해 나가는 중에 자연스럽게 기억해 가는 것이 제일 빠르게 숙달되는 것이라고 생각했고, 무엇보다 그 나라에서 살아가기 위한 수단으로써 어학이 절대적으로 필요한 것이라는 것도 말이 빨리 익혀지는 요인이라고 생각합니다. 현지에서 학교에 다니면 친구도 생기기 때문에 그런 친구와의 사이에서의 회화에서도 어학력은 늘어갑니다. 그러나 환경에 있는 것만으로는 안 됩니다. 거기에는 자기 자신의 노력도 필요합니다. 해외라고 하는 환경에 있으면서 노력하면 시야도 넓어지는 것은 물론 어학력도 오르기 때문에 역시 돈은 들어도 유학은 좋다고 생각합니다.

회답자B

　저는 유학 경험은 없습니다만, 분명 유학은 하나의 경험으로서 좋은 것이라고는 생각합니다만, 상담 내용만을 보면, 당신이 유학을 해서 그곳에서의 경험을 살려 장래 어떻게 해 나갈지에 대한 것이 적혀 있지 않기 때문에, 혹시 앞일까지 생각하지 않은 채 흥미 관심만으로 유학하려고 생각하고 있는 것이라면, 유학은 그만두는 편이 좋지 않을까 생각합니다. 유학은 돈이 드는 일이고, 1년 휴학을 하게 되면 납득이 갈 1년간을 보내도록 더욱 면밀히 유학 중의 계획을 세우고 나서가 좋지 않을까 생각합니다.

단어　英文学えいぶんがく 영문학 ｜ 専攻せんこう 전공 ｜ とりこ 포로, 어떤 일에 마음을 뺏긴 사람 ｜ 尽つきる 다하다, 떨어지다 ｜ 励はげむ 힘쓰다, 노력하다 ｜ 身み 몸 ｜ 自立じりつ 자립 ｜ 財政的ざいせいてき 재정적 ｜ 視野しや 시야 ｜ 気掛きがかり 마음에 걸림, 근심 ｜ 習得しゅうとく 습득 ｜ 身みにつく 몸에 배다 ｜ 手段しゅだん 수단 ｜ 要因よういん 요인 ｜ 現地げんち 현지 ｜ 伸のびる 자라다, 성장하다 ｜ 語学力ごがくりょく 어학력 ｜ 興味きょうみ 흥미 ｜ 関心かんしん 관심 ｜ 休学きゅうがく 휴학 ｜ 納得なっとく 납득 ｜ 綿密めんみつ 면밀

69　そ것이라고 했는데, 무엇을 가리키고 있는가?
1. 외국 생활에 익숙해질 수 있을지에 대한 것
2. 동급생보다 취직이 1년 늦어져 버리는 것
3. 부모님에게 이번 유학에 대해 이야기하는 것
4. 유학할 곳의 학교 수업에 대해서 할 수 있을지에 대한 것

해설　대학교를 휴학하고 유학을 가면 졸업과 취직이 동급생보다 1년 늦어져 버린다는 사실이다.

정답　2

70　'상담자'의 상담에 대한 A와 B의 회답에 대해 바른 것은 어느 것인가?
1. A는 유학 경험자로서 자신의 경험에 입각하여 유학을 권유하고 있는데 비해, B는 경험은 없지만 자신의 의견으로 유학에 반대하고 있다.
2. A는 유학 경험에 입각하여 유학을 반대하고 있는데 비해, B도 유학 경험은 있지만 자신의 경험을 바탕으로 유학은 멋진 것이라고 권유하고 있다.
3. A는 상담자의 의견을 전부 무시하고 오로지 반대하고 있는데 비해, B는 상담자의 의견이나 감정도 포함하여 유학을 권유하고 있다.
4. A는 상담자의 의견에 입각하여 유학에 찬성하고, B는 다른 사람에게서 들은 이야기를 바탕으로 유학을 권유하고 있다.

해설　상담자의 유학에 대한 회답자의 견해는 아래의 내용을 토대로 A는 찬성, B는 반대라고 볼 수 있다.
　　A- 저도 유학 경험이 있습니다만, ~해외라는 환경에 있으면서 노력한다면 시야도 넓어지는 것은 물론 어학력도 오르기 때문에 역시 돈은 들어도 유학은 좋다고 생각합니다.
　　B- 저는 유학 경험은 없습니다만, ~혹시 장래일까지 생각하지 않은 채 흥미 관심만으로 유학을 하려고 생각하고 있는 것이라면, 유학은 그만두는 편이 좋지 않을까 생각합니다.

정답　1

문제13 다음 글을 읽고, 뒤의 문제에 대한 대답으로 가장 알맞은 것을 1·2·3·4에서 하나 고르세요.

> 8월기 매상고가 과거 최고액을 기록할 예정인 퍼스트 리테일링. 최근에도 유니크로와 디즈니와의 합작 아이템이나 신소재·네오 레더(Neo leather) 등, 잇달아 새로운 아이템이 등장하고 있다. 노리는 것은 '세계 제일의 의류 제조 소매업 그룹.' 이 'U.C 거대화 계획'이라고 할 수 있는 그 작전은 크게 3가지로 나뉜다.
> 첫 번째는 국내대형가게 출점 러쉬. 9월, 450평이었던 ① '긴자점'을 약 700평으로 면적을 넓히는 것을 시작으로, 10월에는 나고야에서 도심부 첫 대형점 탄생, 내년 2010년 봄에는 도쿄에 '시부야점'(가칭), 게다가 동년 가을에는 오사카에 일본 최대 규모의 초대형점을 오픈할 예정이다. 또한 긴자점에서는 그룹 브랜드 아이템도 진열된다고 한다.
> 또 대형점포만이 아니라 백화점의 임대 출점, 역 안이나 역 근처의 소규모 점포의 출점에도 의욕을 보이고 있다. 점포수가 비약적으로 확대될 것은 ②상상하기 어렵지 않다.
> 두 번째는 더욱 확대될 '아이템 전개'. 가장 관심을 끄는 것은 신 브랜드 'U.C 슈즈'의 탄생이다. 지금까지 없었던 '신발' 브랜드가 세워진다. 그 외에도 이번 가을 'G' 브랜드의 990엔 시리즈 제3탄의 도입이나 유명 디자이너의 디자인에 의한 콜렉션도 예정되어 있다.
> 세 번째는 ③아시아로의 대공세! 이미 런던이나 뉴욕에 점포를 마련해, 파리에도 글로벌 기반점이 탄생하지만, 지금 이 회사가 가장 관심을 기울이고 있는 것은 아시아이다. 중국·상하이시에 글로벌 기반점 출점이 결정. 중국이나 홍콩, 한국에서 이번 시기에는 전기의 약 2배의 점포수를 출점하고, 빠른 시기에 100점포의 실현을 지향하고 있다. 그리고 아시아에서 톱으로 성장한 후 "세계 넘버원"으로 약진할 계획이다.
> 이 회사는 2020년의 매상고에 국내 U.C 1조엔, 해외 U.C 3조엔, 그 외 관련 사업에 1조엔, 총계 5조엔이라고 하는 막대한 목표를 설정했다. 장대한 꿈을 목표로 약진을 계속하는 U.C의 앞으로에 눈을 뗄 수 없다.
>
> (주 1) 矢継ぎ早 : 일이 잇달아 일어나는 모양
> (주 2) アパレル: 기성복 업계·패션의류의 제조업자
> (주 3) エキナカ : 역 구내 또는 역에 인접한 형태로 만들어진 건물에 점포를 갖춘 점포
> (주 4) エキチカ : 역 지하에 점포를 갖춘 소규모 점포
> (주 5) 基盤店 : 복수의 점포를 가진 기업이 영업활동상 그들 중심으로 자리잡아 영위하는 가게

정답과 해설 모의고사 2회

단어 売上高うりあげだか 매상고 | 利益りえき 이익 | 最高額さいこうがく 최고액 | 達成たっせい 달성 | 見込みこみ 예상, 전망 | 新素材しんそざい 신소재 | 矢継やつぎ早ばや 사이를 두지 않고 잇달아 재빨리 함 | 狙ねらう 노리다 | 製造せいぞう 제조 | 小売業こうりぎょう 소매업 | 巨大化きょだいか 거대화 | 作戦さくせん 작전 | 大型おおがた 대형 | 出店しゅってん 출점 | 増床ぞうしょう 면적을 넓힘 | ～を皮切かわきり ～을 시작으로 | 都心部としんぶ 도심부 | 誕生たんじょう 탄생 | 仮称かしょう 가칭 | 規模きぼ 규모 | 予定よてい 예정 | ちなみに 덧붙여서 말하면, 그에 관련하여 | ラインアップ 라인업, 정렬, 진열 | 店舗てんぽ 점포 | 百貨店ひゃっかてん 백화점 | テナント 테넌트, (점포·사무실 등의) 세입자 | 意欲いよく 의욕 | 飛躍的ひやくてき 비약적 | 拡大かくだいする 확대하다 | 想像そうぞうにかたくない 상상하기 어렵지 않다 | 展開てんかい 전개 | 関心かんしん 관심 | 寄よせる 불러 모으다 | 立たち上あがる 행동을 개시하다 | 中旬ちゅうじゅん 중순 | 発表はっぴょう 발표 | 期きたい 기대 | 導入どうにゅう 도입 | 攻勢こうせい 공세 | 構かまえる 차리다, 꾸미다 | 基盤きばん 기반 | 早期そうき 조기, 빠른 시일 | 目指めざす 지향하다 | 躍進やくしん 약진 | 総計そうけい 총계 | 莫大ばくだい 막대 | 目標もくひょう 목표 | 壮大そうだい 장대 | 離はなす 떼다, 놓다

71 9월에 매장을 확장하고 새롭게 오픈하는 ①'긴자점'에서는 무엇이 추가되는가?
1. 긴자점 한정 아이템을 상품에 추가한다.
2. 중국에서 인기 있는 아이템을 상품에 추가한다.
3. 그룹 브랜드 아이템이 상품에 추가된다.
4. 런던 디자이너가 만든 상품이 추가된다.

해설 'ちなみに(덧붙여)' 이후의 내용을 주목하면 된다. '긴자점에서는 그룹 브랜드 아이템도 진열된다'고 했다.

정답 3

72 ②상상하기 어렵지 않다라고 하는데, 도대체 무엇을 그렇게 말하는 것인가?
1. U.C의 점포 수가 비약적으로 늘어날 것
2. U.C의 상품이 중국에서 날개 돋친 듯 팔릴 것
3. U.C의 사원이 비약적으로 늘어날 것
4. U.C의 상품이 뉴욕에서 유행할 것

해설 점포 수가 '비약적으로 늘어나는 것'을 예상하는 것이 어렵지 않다는 것이다.

정답 1

73 U.C의 거대화 계획 속에 ③아시아로의 대공세라고 되어 있는데, 아시아로의 진출에 있어서 목표를 어떻게 설정하고 있는가?
1. 아시아에서는 중국에만 출점하여, 중국 국내에서만 빠른 시기에 100점포의 실현을 목표로 하고 있다.
2. 중국·홍콩과 한국에서 각국 모두 이번 시기에는 전기의 약 2배의 점포 수를 출점하고, 빠른 시기에 100점포의 실현을 목표로 하고 있다.
3. 아시아에 출점한 점포 전체의 매상으로서 1조엔을 목표로 하고 있다.

4. 아시아에서 신 브랜드 'U.C슈즈'의 상품이 매상 3조엔을 목표로 하고 있다.

해설 본문 내의 정보를 질문에 연결하여 요약, 파악하는 것이 독해의 기본이다. '지금 이 회사가 가장 주목하고 있는 것은 아시아에서의 전개이다. 중국·상하이시에 글로벌 기반점을 출점하는 것이 결정. 중국·홍콩과 한국에서 각국 모두 이번 시기에는 전기의 약 2배의 점포 수를 출점하고 빠른 시기에 100점포의 실현을 목표'로 한다고 했다.

정답 2

문제14 다음은 욧카이치시 파크아일랜드의 주차장 이용 안내이다. 아래 질문에 대한 대답으로 가장 알맞은 것을 1·2·3·4에서 하나 고르세요.

74 이 시설의 주차장 이용은 무료이지만, 무료로 사용하기 위해서 하지 않으면 안 되는 것이 있다. 그것은 도대체 무엇인가?
1. 현 주소를 확인할 수 있는 서류의 제시
2. 이 시설의 회원증 제시
3. 20세 이상임을 증명할 수 있는 것의 제시
4. 3개월마다 갱신 수속

해설 질문의 내용으로 볼 때 '이용에 관한 규칙'을 살피는 것이 포인트다. '무료로 이용하기 위해서는 3개월마다 최신 수속이 필요하다'고 했다.

정답 4

75 이 주차장 이용에 신청할 수 있는 사람은 어떤 사람인가?
1. 현재 욧카이치 시내에 있는 어느 회사에 근무하고 있는 사람
2. 현재 욧카이치시에 거주하고 있는 모든 사람
3. 현재 욧카이치시 중심부나 그 주변지역에 자동차로 통근, 통학하고 있는 사람
4. 현재 욧카이치시 시청에 근무하고 있는 사람만

해설 신청할 수 있는 대상을 물었으므로 해당 항목을 살피는 것이 포인트이다. '현재 시 중심부나 그 주변 지역에 자동차로 통근이나 통학을 하는 분'이라고 되어 있다.

정답 3

단어 申もうし込こみ 신청 │ 周辺しゅうへん 주변 │ 地域ちい
きじ 지역 │ 通勤つうきん 통근 │ 通学つうがく 통학 │ 位置
いち 위치 │ 屋上おくじょう 옥상 │ 問合といあわせ 문의
│ 温暖化おんだんか 온난화 │ 対策たいさく 대책 │ 事務
局じむきょく 사무국 │ 市役所しやくしょ 시청 │ 環境かん
きょう 환경 │ 主おもな 주요 │ 最新さいしん 최신 │ 手続
てつづき 수속 │ 平日へいじつ 평일 │ 及および 및 │ 除の
ぞく 제외하다 │ 許可きょか 허가 │ 車両しゃりょう 차량
│ 指定してい 지정 │ 出入でいり口ぐち 출입구 │ 行おこな
う 행하다 │ 区画くかく 구획 │ 店舗てんぽ 점포 │ 確認か
くにん 확인 │ 事項じこう 사항 │ 記入きにゅう 기입 │ 窓
口まどぐち 창구 │ 郵送ゆうそう 우편 │ 提出ていしゅつ
제출 │ 取とり次つぐ 중개하다, 다루다

청해

문제1

문제에서는 먼저 문제를 들어 주세요. 그리고 나서 이야기를 듣고,
문제용지의 1부터 4 중에서 가장 알맞은 것을 하나 고르세요.

1番ばん _T063

**ある親子おやこが夏休なつやすみについて話はなしをしています。お父とうさん
が休みを長期ちょうきで取とることが出来できるのはいつからです
か。**

F：そう言いえば、もうすぐ夏休なつやすみよね。今年ことしの夏休なつやすみ
はみんなで家族旅行かぞくりょこうに行こうって、お父さんと話はな
していたんだけど。夏休なつやすみはいつからなの？

M：ええっと、夏休なつやすみは7月の21日からだよ。もうどこ
に行いくかは決めてあるの。

F：いいえ、まだどこに行いくかとか具体的ぐたいてきな内容ないようは決き
ってないんだけど、お父さんが長期ちょうきで休みを取とれ
るのが8月の10日とおかから20日はつかの間あいだらしいから、その
間に旅行りょこうに行こうか、っていう話はなしにはなってるけ
ど。

M：へえ、そうなんだ。僕ぼくは8月1日ついたちから7日なのかまで、学校がっこうで
水泳すいえいの短期集中特訓たんきしゅうちゅうとっくんっていうプログラムがあるか
ら、それに参加さんかしたいなと思おもってるんだけど。ち
ょうどお父さんの休みともかぶらないし、行いって
もいいよね？

F：ええ、もちろんよ。で、そのプログラムはいくら
ぐらいかかるの？ 講習こうしゅうを受うけるのにお金かねが必要ひつよう
の？

M：いや、これは近ちかくに住すんでる水泳すいえいのうまい高校生こうこうせいや大だい
学生がくせいのお兄にいさんたちがボランティアで小学校しょうがっこうに教おし
えに来てくれるから、お金かねはいらないんだって。
お兄にいさんたちの中には水泳すいえいで全国大会ぜんこくたいかいに行ったこ
とのある人ひともいるらしいよ。僕ぼく、水泳すいえいはあまり得とく
意じゃないから、たくさん教おしえてもらって、一生いっしょう
懸命けんめいがん張ばるよ。

F：それはいいわね。どこに行いくか決きまってないとは
言いったけど、お父とうさんがすごく海うみに行いきたがって
いてね。だから、旅行先りょこうさきは海うみの近くがいいわよ
ね、って話していたの。あなたもその講習こうしゅうで泳およぎ
の練習れんしゅうを頑張がんばったら、旅行先りょこうさきの海うみでも楽たのしめるん
じゃないかしら？

M：そうだね。海うみで思おもいっきり楽たのしめるように、頑張がんば
るよ。

お父さんが休みを長期で取ることが出来るのはいつからですか。

어느 모자가 여름방학에 대해서 이야기를 하고 있습니다. 아버지가 휴가를 장기로 받을 수 있는 것은 언제부터입니까?

F : 그러고 보니 이제 곧 여름방학이네. 올해 여름방학에는 모두 함께 가족여행 가자고 아빠하고 이야기했었는데. 여름방학은 언제부터니?

M : 음, 여름방학은 7월 21일부터예요. 벌써 어디로 갈지는 결정된 거예요?

F : 아니, 아직 어디로 갈지 구체적인 내용은 결정되지 않았지만 아빠가 장기로 휴가를 얻을 수 있는 것이 8월 10일부터 20일 사이라고 하니까 그 사이에 여행을 갈까 라는 이야기는 되었는데.

M : 그렇구나. 나는 8월 1일부터 7일까지 학교에서 수영 단기 집중 특훈이라는 프로그램이 있어서 거기에 참가하고 싶은데. 마침 아버지 휴가하고도 겹치지 않으니까 가도 되죠?

F : 응, 물론. 그런데 그 프로그램은 얼마 정도 들어? 강습을 받는데 돈이 필요하니?

M : 아니, 이건 가까이에 살고 있는 수영을 잘하는 고등학생이나 대학생 형들이 자원봉사로 초등학교에 가르치러 와 주니까 돈은 필요 없대요. 형들 중에는 수영으로 전국대회에 간 적이 있는 사람도 있다고 해요. 나, 수영은 그다지 잘하지 못하니까 많이 배워서 열심히 노력할 거야.

F : 그것 참 잘됐구나. 어디로 갈지 결정되지 않았다고 했지만, 아빠가 굉장히 바다에 가고 싶어 했어. 그러니까 여행 장소는 바다 근처가 좋겠다고 이야기했었어. 너도 그 강습에서 수영 연습을 열심히 하면, 여행으로 갈 바다에서도 즐길 수 있지 않겠니?

M : 그렇네. 바다에서 마음껏 즐길 수 있도록 열심히 할 거야.

아버지가 휴가를 장기로 받을 수 있는 것은 언제부터입니까?
1. 8월 10일부터
2. 7월 21일부터
3. 8월 20일부터
4. 8월 7일부터

단어 　決きめる 결정하다 │ 具体的ぐたいてき 구체적 │ 決きまる 결정되다 │ 長期ちょうき 장기 │ 短期集中特訓たんきしゅうちゅうとっくん 단기집중특훈 │ 講習こうしゅう 강습 │ 旅行先りょこうさき 여행처, 여행 장소

해설 　대화 전반부에서 여성은 아버지가 장기로 휴가를 받을 수 있는 것이 「8月10日(とおか)から20日(はつか)まで」라고 했으므로 답은 8월 10일부터가 된다.

정답 　1

2番

男の人と女の人が話をしています。女の人が引っ越したときに友達からもらい重宝しているものは何ですか。

M : 今度の日曜日、彼女の誕生日なんだよね。でさ、プレゼントに何をあげたらいいか散々悩んだあげく、何もいいアイディアが浮かばなくてさ。ここは同性の君に意見を聞こうかと思って今日は呼び出したんだけど。ごめんな、こんなことで呼び出して。

F : いや、私も今日は何も予定がなくて暇だったし、気にしないで。で、彼女のプレゼントよね。私も彼女と仲がいい訳じゃないから、彼女の趣味とか、欲しいものとかはわからないけど。まあ、女の子は無難に花柄のものとか、可愛いものは好きよね。何か欲しいって言ってたものとかはないの？

M : それがさ、彼女って本当に何も欲しがらないと言うか、物欲がないと言うか。僕が「何か欲しいものない？」って聞いても「ううん、別にない」ってそればっかりなんだ。

F : まあ、良くできた彼女と言えばそうだけど。あ、そう言えば前にちょっと話したときに、彼女って最近引っ越したって言ってなかった？

M : そうそう、彼女、最近実家を出てアパートに引っ越したんだよ。

F : じゃあ、きっとまだ食器とか揃ってないんじゃない？私は引っ越したばかりの時、食器とかコップとかもらって嬉しかったけど。わたしはともだちにガラスのコップとプラスチックの細長いカップをセットでもらって、だいぶ重宝してるわ。

M : なるほど。それはいいね。ぼくも引っ越したばかりの時にマグカップをもらってだいぶ助かった覚えがあるよ。

F : じゃあ、彼女にもマグカップをあげたらいいわ。女の子だから花柄のマグカップにしましょう。

女の人が引っ越したときに友達からもらい重宝しているものは何ですか。

남자와 여자가 이야기를 하고 있습니다. 여자가 이사했을 때에 친구한테 받아 소중히 하고 있는 것은 무엇입니까?

M : 이번 일요일, 여자 친구 생일이야. 그래서 선물로 무엇을 주면 좋을까 엄청 고민한 끝에 전혀 좋은 아이디어가 떠오르지 않아서, 여기는 동성인 너에게 의견을 물어볼까 하고 오늘 불러냈는데. 미안, 이런 일로 불러내서.

F : 아니, 나도 오늘은 아무런 일정이 없어서 한가했어. 신경 쓰지 마. 그래서 여자 친구 선물 말이지. 나도 (너희) 여자 친구하고 친한 편은 아니니까 여자 친구 취미나 갖고 싶은 것은 모르지만. 뭐, 여자들은 무난하게 꽃모양이나 귀여운 것은 좋아해. 뭔가 갖고 싶다고 말했던 것은 없어?

M : 그게 말이야. 여자 친구는 정말 아무것도 갖고 싶어하지 않는다고 해야 하나. 물건 욕심이 없다고 해야 하나. 내가 '뭐 갖고 싶은 것 없어?'라고 물어도 '아니, 특별히 없어'라는 말 뿐이야.

F : 뭐, 제대로 된 여자 친구라면 그렇지만. 아, 그리고 보니 전에 잠깐 이야기했을 때 여자 친구 최근에 이사했다고 하지 않았어?

M : 맞아 맞아. 여자 친구 최근에 부모님 집을 나와서 아파트로 이사했어.

F : 그럼 분명 아직 식기라든지 안 갖추지 않았을까? 나는 막 이사했을 때 식기라든가 컵 같은 것을 받아서 기뻤는데. 나는 친구들한테 유리컵과 가늘고 긴 플라스틱 컵을 세트로 받아서 꽤 소중히 하고 있어.

M : 그렇구나. 그것 좋다. 나도 막 이사했을 때 머그컵을 받고 상당히 도움이 되었던 기억이 있어.

F : 그럼 여자 친구한테도 머그컵을 주면 좋겠다. 여자니까 꽃 모양 머그컵으로 하자.

여자가 이사했을 때에 친구한테 받아 소중히 하고 있는 것은 무엇입니까?

단어 重宝ちょうほう 소중히 여김, 보물 | 散々さんざん 심하게, 몹시 | 浮うかぶ 떠오르다 | 同性どうせい 동성 | 呼よび出だす 불러내다 | 無難ぶなん 무난 | 花柄はながら 꽃모양 | 物欲ぶつよく 물욕 | 食器しょっき 식기 | 揃そろう 구비되다

해설 대화 후반부에서 여성은 「대단히 소중히 여기고 있는(だいぶ重宝(ちょうほう)している)」 물건으로 유리컵과 가늘고 긴 플라스틱 컵 세트를 들고 있으므로 정답은 플라스틱컵 イ와 유리컵 ウ를 제시한 4번이 답이 된다.

정답 4

3番　　　　　　　　　　　🟢_T065

男おとこの人ひとと女おんなの人ひとが話はなしをしています。男おとこの人ひとは絵えをどこに飾かざるのが一番いちばんいいと言いっていますか。

F : この絵えなんだけど、どこに飾かざるのがいいと思おもう? ちょっと大おおきめの絵えだから、自分じぶんの部屋へやに飾かざるには大おおきすぎると思おもうんだけど。

M : そうだな。この絵え、だいぶ大おおきいな。これどうしたの。自分じぶんで描かいたの、それとももらったの?

F : まさか自分じぶんで描かくわけないじゃない。私わたしも絵えを描かく趣味しゅみはあるけど、ここまで立派りっぱな作品さくひんを描かき上あげられるほどの才能さいのうはないわ。

M : またまた、そんな謙遜けんそんしちゃって。だって君きみ、この間あいだの作品展さくひんてんで君きみの描かいた絵えが入賞にゅうしょうしていたじゃないか。ともだちともすごいよな、って話はなしてたんだ。

F : まあ!ありがとう。そうね、この間あいだの入賞にゅうしょうは運うんが良よかっただけ。いつも入賞にゅうしょうする常連じょうれんの人ひとたちがそ

ろって出品しゅっぴんしなかったから、運うんが回まわってきたってところかしら。そう、それでこの絵えなんだけど、その作品展さくひんてんで知しり合あった方かたからいただいたものなのよ。

M : そうだったのか。色いろがとても鮮あざやかだから、居間いまに飾かざれば部屋へや全体ぜんたいが明あかるくなりそうだし、玄関げんかんに飾かざっても家いえに入はいってきたときの印象いんしょうが軽かるくなっていいと思おもうし。

F : そうね、悩なやむわね。私わたしのアトリエも結構けっこうな広ひろさがあるから、アトリエでもいいかなと思おもうんだけど、どうかしら。

M : そうだな、アトリエに飾かざって君きみ一人ひとりで楽たのしむのはもったいなくないか?やっぱり僕ぼくは居間いまに飾かざってみんなが見みれる場所ばしょに置おくのが一番いちばんいいと思おもうけど。

男おとこの人ひとは絵えをどこに飾かざるのが一番いちばんいいと言いっていますか。

남자와 여자가 이야기를 하고 있습니다. 남자는 그림을 어디에 장식하는 것이 가장 좋다고 말하고 있습니까?

F : 이 그림말인데, 어디에 장식하는 것이 좋을 것 같아? 좀 큰 그림이어서 내 방에 장식하기에는 너무 큰 것 같은데.

M : 그러네. 이 그림 상당히 크네. 이것 어디서 난 거야? 네가 그린 거야? 그렇지 않으면 받은 거야?

F : 설마 내가 그릴 리가 없잖아. 나도 그림을 그리는 취미는 있지만, 지금까지 훌륭한 작품을 그릴 정도의 재능은 없어.

M : 또, 또! 너무 겸손하기는. 그렇지만 너 일전에 작품전에서 네가 그린 그림이 입상했잖아. 친구들하고 굉장하다고 얘기했었어.

F : 어머! 고마워. 그래, 일전에 입상한 것은 운이 좋았을 뿐이야. 항상 입상하는 단골들이 모두 출품하지 않았으니까 운이 돌아온 거야. 맞아, 그래서 이 그림말이야, 그 작품전에서 알게 된 분한테서 받은 거야.

M : 그랬었구나. 색깔이 매우 선명해서 거실에 걸면 방 전체가 밝아질 것 같고, 현관에 장식해도 집에 들어왔을 때의 인상이 가벼워져서 좋을 것 같아.

F : 맞아. 고민되네. 내 작업장도 제법 넓이가 되니까, 공방에도 좋지 않을까 생각했는데. 어떨까?

M : 글쎄, 작업장에 걸어놓고 너 혼자 즐기는 것은 아깝지 않아? 역시 나는 거실에 걸어서 모두가 볼 수 있는 장소에 두는 것이 가장 좋다고 생각해.

남자는 그림을 어디에 장식하는 것이 가장 좋다고 말하고 있습니까?
1. 자신의 방에 장식하는 것이 가장 좋다.
2. 거실에 장식하는 것이 가장 좋다.
3. 현관에 장식하는 것이 가장 좋다.
4. 작업장에 장식하는 것이 가장 좋다.

단어 飾かざる 장식하다 | 描かく 그리다 | 立派りっぱ 훌륭함 | 才能さいのう 재능 | 謙遜けんそん 겸손 | 作品展さくひ

んてん 작품전 │ **入賞**にゅうしょう 입상 │ **出品**しゅっぴん 출품 │ **常連**じょうれん 언제나 함께 어울려 다니는 패거리 │ **鮮**あざやか 선명함, 뚜렷함 │ **居間**いま 거실 │ **玄関**げんかん 현관 │ **印象**いんしょう 인상 │ アトリエ (화가, 공예가, 조각가 등의) 작업장, 공방(工房)

해설 남자의 의견을 요구하는 것에 초점이 있으며, 대화문 마지막에서 남자는 그림을 걸어 두는 장소로 모두가 볼 수 있는 「居間(いま):거실」이라고 했으므로 답은 2번이 된다.

정답 2

4番 🔘 _T066

男おとこ**の人**ひと**と女**おんな**の人**ひと**がカレーの作**つく**り方**かた**について話**はなし**をしています。男**おとこ**の人**ひと**が母親**ははおや**から送**おく**ってもらったものは何**なん**ですか。**

M : 今**いま**からカレーを作**つく**ろうと思**おも**うんだけど、実**じつ**は普段**ふだん**はほとんど料理**りょうり**をしないから作**つく**り方**かた**が良**よ**く分**わ**からないんだ。君**きみ**は普段**ふだん**から料理**りょうり**が得意**とくい**だ、って言**い**ってるのを聞**き**いたことがあったから、僕**ぼく**が作**つく**るのを手伝**てつだ**ってもらえないかと思**おも**って。

F : 手伝**てつだ**うのは全然**ぜんぜん**構**かま**わないけど、一切**いっさい**料理**りょうり**をしないあなたが一体**いったい**何**なん**の風**かぜ**の吹**ふ**き回**まわ**し？

M : 実**じつ**はね、友達**ともだち**が今夜**こんや**泊**と**まりに来**く**るから、そいつに僕**ぼく**の手料理**てりょうり**でも食**く**わしてやろうかと思**おも**ってさ。そいつ、カレーが大好**だいす**きだから、喜**よろこ**ぶかなと思**おも**って。

F : 友達思**ともだちおも**いなのね、あなたって。で、材料**ざいりょう**はもう揃**そろ**ってるの？カレーを作**つく**るなら人参**にんじん**に、玉**たま**ねぎ、じゃがいもに、お肉**にく**も必要**ひつよう**ね。もちろん、カレーのルーも必要**ひつよう**だけど。

M : 今家**いまいえ**にあるのは玉**たま**ねぎとじゃがいもだけだな。この二**ふた**つは母親**ははおや**が実家**じっか**の近**ちか**くの人**ひと**から大量**たいりょう**にもらったらしくて、僕**ぼく**にも送**おく**ってくれたんだ。そう言**い**えば、そのなかにりんごも入**はい**ってた。そのりんごが本当**ほんとう**に甘**あま**くておいしいんだよ。

F : そうそう、カレーにはりんごのすり下**お**ろしたものも入**い**れるとよりこくが出**で**て美味**おい**しいのよ。じゃあ、そのりんごも少**すこ**し入**い**れましょう。じゃあ、今**いま**ないものは、ルーと人参**にんじん**、お肉**にく**かしら。

M : そうだ、ルーは確**たし**かあったような気**き**がするんだよな。前**まえ**に友達**ともだち**とキャンプに行**い**ったときに余**あま**ったのをまだ箱**はこ**は開**あ**けずに取**と**ってあるはずなんだけど。ああ、やっぱりあった。

F : そう、じゃあ、早速**さっそく**今**いま**から足**た**りないものを買**か**いに行**い**きましょう。

男おとこ**の人**ひと**が母親**ははおや**から送**おく**ってもらったものは何**なん**ですか。**

남자와 여자가 카레 만드는 방법에 대해서 이야기를 하고 있습니다. 남자가 어머니한테서 받은 것은 무엇입니까?

M : 지금부터 카레를 만들려고 생각하는데, 실은 보통은 거의 요리를 하지 않으니까 만드는 법을 잘 몰라. 너는 평소에 요리를 잘한다고 말하는 것을 들은 적이 있으니까, 내가 만드는 것을 도와줄 수 없을까 해서.

F : 도와주는 것은 전혀 상관없지만, 일절 요리를 하지 않는 네가 도대체 무슨 바람이 불었어?

M : 실은 친구가 오늘밤 놀러 오는데, 그 녀석한테 내가 손수 만든 요리라도 먹여 주려고. 그 녀석 카레를 많이 좋아하니까 기뻐할까 해서.

F : 친구 생각 많이 하네, 너. 그래서 재료는 이미 준비한 거야? 카레를 만들려면 당근에 양파, 감자에 고기도 필요해. 물론 카레루도 필요하지만.

M : 지금 집에 있는 것은 양파와 감자뿐이야. 이 두 개는 어머니가 고향집 이웃 사람한테서 대량으로 받았다고 나한테도 보내주었어. 그러고 보니 그 속에 사과도 들어 있었어. 그 사과가 정말 달고 맛있어.

F : 맞아 맞아, 카레에는 사과를 갈은 것을 넣어도 감칠맛이 나고 맛있어. 그럼 그 사과도 조금 넣자. 그럼 지금 없는 것은 루하고 당근, 고기인가?

M : 맞다, 루는 분명 있었던 것 같은 느낌이 드는데. 전에 친구하고 캠프에 갔을 때에 남은 것을 아직 상자는 열지 않은 채 두었을 거야. 아아, 역시 있었어.

F : 그래, 그럼 빨리 지금부터 부족한 것을 사러 가자.

남자가 어머니한테서 받은 것은 무엇입니까?

단어 **普段**ふだん 보통 │ **一切**いっさい 일체, 모두 │ **風**かぜ**の吹**ふ**き回**まわ**し** 무슨 바람이 불었는지(심경의 변화) │ **食**く**わす** 먹이다 │ **材料**ざいりょう 재료 │ **人参**にんじん 당근 │ **玉**たま**ねぎ** 양파 │ **じゃがいも** 감자 │ **ルー** 밀가루를 버터로 볶은 것 │ **大量**たいりょう 대량 │ **すり下**お**ろす** 갈다 │ **こく** 진한 맛, 감칠맛 │ **余**あま**る** 남다 │ **早速**さっそく 곧, 즉시 │ **足**た**りない** 부족하다

해설 남자가 받은 것에 포인트가 있으므로 남성의 대화문에 주의하면서 듣는다. 대화 중반부에서 남자는 집에 있는 것으로 양파와 감자를 말하며 어머니가 보내주었다고 했으며, 그 속에는 사과도 있다고 했으므로 '사과와 감자, 양파' 3번이 답이 된다.

정답 3

5番 🔘 _T067

女性じょせい**が航空券**こうくうけん**の予約**よやく**をするために旅行代理店**りょこうだいりてん**を訪**おとず**れています。女性**じょせい**はいつの便**びん**を予約**よやく**することにしましたか。**

여성이 항공권의 예약을 하기 위해서 여행 대리점을 방문하고 있습니다. 여성은 언제 편을 예약하기로 했습니까?

F : すみません、7月**がつ**の24日**にち**に福岡空港**ふくおかくうこう**からの便**びん**で中国**ちゅうごく**に行**い**きたいんですが、空席状況**くうせきじょうきょう**を知**し**りたくて。席**せき**がまだ空**あ**いていれば午前中**ごぜんちゅう**の便**びん**でお願**ねが**いしたいん

ですが。

M：少々お待ちくださいね。7月は21日から学生さん達がちょうど夏休みに入って、旅行や家族旅行に出かける方々が増える時期ですので、お客様のご希望に沿えるかどうか分かりませんが、今探してみますので、こちらの椅子にかけてお待ちください。

F：無理言ってすみませんね。よろしくお願いします。

M：ああ、お客様申し訳ございません。今のところですね、7月24日福岡空港から中国への便はすべて予約で満席になっております。午後の便でしたら若干の余裕があるのですが、いかがなさいますか？

F：実は24日の午後から急な会議が入って、その午後からの会議に参加しなくちゃならないから、午後に発つ便だとちょっと困るのよね。

M：左様でございますか。でしたら、前日の23日の午後の便はいかがでしょう。こちらも若干ではございますが席がご案内出来る状況ですが。

F：そうね、だったら、向かいに一泊しなくちゃいけなくなるわよね。でも仕方ないものね。

M：ホテルでしたら、お客様がご希望の場所の一番近くのホテルをこちらでお探し致しますので、ご心配なさらないで結構ですよ。

F：そんなことまでしてくれるのね。助かるわ。じゃあ、航空券の予約と、ホテルの予約、いっしょにお願いしてもいいかしら。

M：かしこまりました。では早速予約の手配をかけさせていただきますね。

女性はいつの便を予約することにしましたか。

여성이 항공권 예약을 하기 위해서 여행대리점을 방문했습니다. 여성은 어떤 편을 예약하기로 하였습니까?

F：실례합니다. 7월 24일에 후쿠오카 공항 출발 편으로 중국에 가고 싶습니다만, 공석 상황을 알고 싶어요. 자리가 아직 비어 있다면 오전 중의 편으로 부탁드리고 싶습니다만.

M：잠시 기다려 주십시오. 7월은 21일부터 학생들이 마침 여름방학에 들어가서 여행이나 가족여행을 가는 사람들이 증가하는 시기이므로 손님의 희망에 따를 수 있을지 어떨지 모르겠습니다만, 지금 찾아보겠으니 이쪽 의자에 앉아서 기다려 주십시오.

F：무리한 이야기를 해서 죄송합니다. 잘 부탁드립니다.

M：아, 손님 죄송합니다. 지금 상황으로는 7월 24일 후쿠오카 공항에서 중국행 비행기는 전부 예약으로 만석입니다. 오후 편이라면 약간 여유가 있습니다만, 어떠십니까?

F：실은 24일 오후부터 급한 회의가 있어서 그날 오후부터 회의에 참가하지 않으면 안 되기 때문에, 오후에 출발하는 비행기면 조금 곤란해요.

M：그러십니까? 그렇다면 전일 23일 오후 편은 어떠십니까? 이쪽도 약간이지만 자리가 안내 가능한 상황입니다.

F：그렇군요. 그러면 저쪽에서 1박 하지 않으면 안 되겠군요. 그렇지만 어쩔 수 없군요.

M：호텔이라면 손님이 희망하는 장소에서 가장 가까운 호텔을 이쪽에 찾아 드릴 테니 걱정하지 않으셔도 됩니다.

F：그렇게까지 해 주시니 도움이 됩니다. 그럼 항공권 예약과 호텔 예약을 함께 부탁드려도 될까요?

M：알겠습니다. 그럼 바로 예약 진행을 하겠습니다.

여성은 어떤 편을 예약하기로 하였습니까?

1. 7월 24일 오전 편을 예약하기로 했다.
2. 4월 23일 오전 편을 예약하기로 했다.
3. 4월 23일 오후 편을 예약하기로 했다.
4. 7월 23일 오후 편을 예약하기로 했다.

단어 空港券くうこうけん 항공권 │ 代理店だいりてん 대리점 │ 訪おとずれる 방문하다 │ 便びん 수송 수단, 편 │ 空席くうせき 공석 │ 状況じょうきょう 상황 │ 希望きぼう 희망 │ 沿そう 따르다, 좇다 │ 椅子いす 의자 │ 満席まんせき 만석 │ 若干じゃっかん 약간 │ 余裕よゆう 여유 │ 発たつ 출발하다 │ 左様さよう 그러함 │ 手配てはい 수배, 준비

해설 요구하는 답은 여성의 예약에 있다. 예약 등의 경우는 날짜나 시간 등에 유의하면서 들어야 한다. 여성이 원하는 날짜는 7월 24일 오전 중인데, 모두 만석이어서 남성은 오후 편을 권하고 있다. 여성은 24일 회의 참석이어서 곤란해 하자 남성은 전날인 23일 오후 편을 권하고 있다. 여성은 1박할 생각으로 그 권유를 받아들이고 있었다. 따라서 7월 23일 오후 편인 4번이 정답이 된다.

정답 4

문제2에서는 먼저 질문을 들어 주세요. 그 후 문제용지의 선택지를 읽어 주세요. 읽을 시간이 있습니다. 그 다음에 이야기를 듣고 문제용지의 1에서 4 중에서 가장 알맞은 것을 하나 고르세요.

1番   _T068

男の人と女の人が出勤の方法について話しています。
男の人は普通会社にはどのようにして来ていますか。

M：最近ちょっとお腹が出てきてさ。奥さんからも子供たちからも痩せろ、痩せろ言われて大変なんだ。

F：そうね、私が初めてあった時からすると大分太ったわよね。会社までは毎日何で来ているの？

M：僕は毎日電車で来ているよ。車で来てもいいんだけど、出勤時間は車が混むし、それで遅刻でもしたらかなわないからね。

F：そう、自転車で来るにはちょっと遠い距離なのかしら？来れそうだったら自転車通勤に変えてみたら

どう？自転車なら渋滞に巻き込まれることもないし。

M : なるほどね。それはいい考えだ。でも僕のうちから自転車はちょっときついな。

F : いや、実はね、今私、自転車で出勤しているの。健康のためにもいいし、何より自転車に乗って会社に来ると頭がすっきりするの。

M : へえ、それはすごい。君の家だってそんなに近くはないだろうに。

F : 慣れればどうってことないですよ。そうだ。電車で来ると言ってたわよね。明日から一駅分だけでも歩いてみたらどう？

M : それはいいね。早速明日からやってみよう。

男の人は普通会社にはどのようにして来ていますか。

남자와 여자가 출근 방법에 대해서 이야기하고 있습니다. 남자는 보통 회사에는 어떻게 해서 옵니까?

M : 최근에 배가 조금 나와서. 아내한테도 아이들한테도 살빼, 살 빼라는 말을 듣고 있어서 힘들어.

F : 맞아, 내가 처음 만났을 때보다 상당히 살쪘어. 회사까지는 매일 뭐로 오고 있어?

M : 나는 매일 전철로 오고 있어. 차로 와도 되지만, 출근시간은 차가 붐비고 그래서 지각이라도 하면 안 되니까.

F : 그래, 자전거로 오기에는 약간 먼 거리지? 올 수 있을 것 같으면 자전거 통근으로 바꿔보면 어때? 자전거라면 정체에 휘말릴 일도 없고.

M : 그렇군. 그것 좋은 생각이다. 그렇지만 우리 집에서 자전거는 조금 힘들어.

F : 아니, 실은 지금 나 자전거로 출근하고 있어. 건강을 위해서도 좋고, 무엇보다 자전거를 타고 회사에 오면 머리가 상쾌해.

M : 헤, 그것 참 대단하다. 너네 집도 그렇게 가깝지 않을 텐데.

F : 익숙해지면 어떻다 할 것도 없어요. 맞다. 전철로 온다고 했었지. 내일부터 한 정거장 만큼이라도 걸어 보면 어때?

M : 그것 좋네. 바로 내일부터 해봐야지.

남자는 보통 회사에 어떻게 해서 옵니까?
1. 차를 타고 온다.
2. 전철을 타고 온다.
3. 자전거를 타고 온다.
4. 걸어서 온다.

단어 痩やせる 살 빼다 | 出勤しゅっきん 출근 | 混こむ 붐비다 | 遅刻ちこく 지각 | かなわない 참을 수 없다, 견딜 수 없다 | 距離きょり 거리 | 渋滞じゅうたい 정체 | 巻まき込こむ 말려들게 하다 | すっきり 상쾌해지다 | 慣なれる 습관이 되다, 길들다

해설 '나는 매일 전철로 오고 있어. 차로 와도 되지만 출근시간은 차가 붐비고 그래서 지각이라도 하면 안 되니까'에서

정답을 찾을 수 있다.

정답 2

2番　_T069

二人ふたりの女性じょせいが季節きせつについて話はなしをしています。二人ふたりの女性じょせいが一緒いっしょに行いこうと約束やくそくしたことは何なんですか。

F1 : 日本にほんは季節きせつが4つもあって、それぞれの季節きせつごとに楽たのしめることもあるしいいわよね。

F2 : そうね。私わたしは地元じもとが暖あたたかいところだから冬ふゆも寒さむいのも苦手にがてだけど。

F1 : ええ、冬ふゆが苦手にがてなの？だって冬ふゆと言いえばスキーでしょ。私わたしは雪ゆきの多おおいところで育そだったから、冬ふゆが来きて雪ゆきが降ふった日ひにはわくわくしてしょうがないけど。

F2 : だって、私わたし、今いままで本物ほんものの雪ゆきを見みたことがないもの。

F1 : そうだったの。それは知しらなかったわ。まあ、私わたしもスキーが好すきだから冬ふゆはいいけど、あまり寒さむすぎても嫌いやね。やっぱり暑あつすぎず、寒さむすぎない春はるが一番いちばんいいかしら。

F2 : 私わたしも春はるは好すきよ。桜さくらが咲さけばお花見はなみも出来できるし、車くるまの窓まどを全開ぜんかいにしてドライブなんて言いうのも最高さいこうね。

F1 : 夏なつは夏なつで海うみに出でかけたり、プールに行いったり、キャンプに花火はなび大会たいかい、行事ぎょうじも目白押めじろおしでいいわよね。

F2 : そうだ、一週間いっしゅうかん後ごに近ちかくで夏祭なつまつりがあるらしいけど、一緒いっしょに行いかない？

F1 : いいわよ。一緒いっしょに行いきましょうよ。楽たのしみね。

二人ふたりの女性じょせいが一緒いっしょに行いこうと約束やくそくしたことは何なんですか。

두 여성이 계절에 대해서 이야기를 하고 있습니다. 두 여성이 함께 가자고 약속한 것은 무엇입니까?

F1 : 일본은 계절이 4개나 있어서 각각 계절마다 즐길 수 있는 것도 있고 좋아.

F2 : 맞아. 나는 고향이 따뜻한 곳이어서 겨울도 추운 것도 질색이야.

F1 : 에〜 겨울이 싫어? 그렇지만 겨울하면 스키잖아. 나는 눈이 많은 곳에서 자라서 겨울이 오고 눈이 내린 날에는 설레어서 견딜 수가 없어.

F2 : 그런데 나는 지금까지 진짜 눈을 본 적이 없는걸.

F1 : 그랬어? 그건 몰랐어. 나도 스키를 좋아하니까 겨울은 좋지만 너무 추워도 싫어. 역시 너무 덥지 않고 너무 춥지 않은 봄이 가장 좋을지도 몰라.

F2 : 나도 봄은 좋아. 벚꽃이 피면 꽃구경도 할 수 있고, 자동차 창문을 전부 열고 드라이브 같은 것도 최고야.

F1 : 여름은 여름대로 바다에 가거나 풀장에 가거나 캠프에 불꽃대회, 행사도 사람이 많이 모여들어 좋아.

F2 : 맞다, 일주일 후에 근처에서 여름 축제가 있는 것 같은데, 함께 가지 않을래?

F1 : 좋아. 함께 가자. 기대돼.

두 여성이 함께 가자고 약속한 것은 무엇입니까?

1. 스키를 가는 것
2. 꽃구경하러 가는 것
3. 여름 축제에 가는 것
4. 캠프에 가는 것

단어 季節きせつ 계절 | 地元じもと 지방, 그 고장 | わくわく 두근두근 | 本物ほんもの 진짜 | 全開ぜんかい 전개, 전부 엶 | 目白押めじろおし 사람이 한곳에 모여 혼잡을 이룸 | 夏祭なつまつり 여름 축제

해설 여자 2의 '맞다, 일주일 후에 근처에서 여름 축제가 있는 것 같은데, 함께 가지 않을래?'라는 물음에 여자 1이 '좋아, 함께 가자, 기대돼'라고 답한 데서 정답을 찾을 수 있다.

정답 3

3番 _T070

男の人と女の人が話をしています。なぜ男の人は嬉しいと言ったのですか。

F : ねえ、ちょっと目をつぶってみて。

M : なんだよ、君はそう言っていつもイタズラばっかりしてくるからな。どうせまた何かイタズラでもしようとたくらんでいるんだろ。

F : まあまあ、いいから早く目をつぶって。はい、どうぞ。

M : ええ、何これ？ プレゼント？ どうして？

F : だって、今日はあなたの誕生日でしょう？ 私の誕生日の時、あなた、覚えててくれてプレゼントしてくれたじゃない。私あのとき、すごく嬉しかったから。これはその時のお返し。

M : 本当に。いやあ、まさか君が僕の誕生日を覚えていてくれたなんて。僕も嬉しいよ。これ、今、中身を見てもいいの。

F : もちろん、いいわよ。見てみて。気に入ってくれるかわからないけど。きっと似合うと思うわ。

M : わあ、これは前に僕が欲しがってたベルト。

F : うん、前に一緒に服の話をしてるときに、これが欲しいって言っているのを聞いたからね。どう、気に入った？

M : ああ、もちろんだよ。本当にありがとう。

なぜ男の人は嬉しいと言ったのですか。

남자와 여자가 이야기를 하고 있습니다. 어째서 남자는 기쁘다고 말했습니까?

F : 저기, 잠깐 눈 감아봐.

M : 뭐야, 너는 그렇게 말하고 항상 장난만 치잖아. 어차피 또 뭔가 장난이라도 치려는 꿍꿍이지?

F : 하여간에 알았으니까, 빨리 눈 감아. 자, 여기.

M : 에, 뭐야 이거? 선물? 왜?

F : 왜냐면 오늘은 너의 생일이잖아? 내 생일 때 너 기억해서 선물해 주었잖아. 나 그때 매우 기뻤거든. 이것은 그때의 보답이야.

M : 정말로? 와, 설마 네가 내 생일을 기억해 주리라고는. 나도 기뻐. 이거 지금 내용물 봐도 돼?

F : 물론 괜찮아. 봐 봐. 맘에 들지는 모르겠지만. 분명 잘 어울릴 것이라고 생각해.

M : 와, 이것은 전에 내가 갖고 싶어 했던 벨트.

F : 응, 전에 함께 옷 이야기를 했을 때 이것이 갖고 싶다고 말한 것을 들었으니까. 어때, 맘에 들어?

M : 아아, 물론이지. 정말 고마워.

어째서 남자는 기쁘다고 말했습니까?

1. 여자가 생일을 기억해 주었기 때문에
2. 여자가 장난을 치지 않았기 때문에
3. 여자가 선물을 주었기 때문에
4. 여자가 함께 쇼핑하러 가 주었기 때문에

단어 目めをつぶる 눈을 감다 | イタズラ 장난 | どうせ 어차피 | たくらむ (좋지 않은 일을) 꾸미다 | お返かえし 답례 | 中身なかみ 내용물, 알맹이 | 似合にあう 어울리다

해설 '왜냐면 오늘은 너의 생일이잖아? 내 생일 때 너 기억해서 선물해 주었잖아. 나는 그때 매우 기뻤으니까.'에서 정답을 찾을 수 있다.

정답 1

4番 _T071

男の人と女の人が話をしています。男の人と女の人はいつの同級生ですか。

M : あの、すみません。人違いだったら申し訳ないんですが、田中さんでいらっしゃいますか。

F : ええ、私は田中ですけど。何か。

M : あの、私、中央小学校出身の鈴木貴士という者なんですが、あなたが同級生の田中幸子という女性にとてもよく似ていたもので。つい声をかけてしまったんです。

F : ええ、鈴木君？ あなた鈴木君なの？ 私、田中幸子よ。同じクラスだったわよね。また会えるなんて嘘みたい。

M : やっぱり田中さんだったんだ。よかった。会うのは20年ぶりぐらいかな。

F : そうね、それぐらいになるのかしら。私、中学校に上がる時に引っ越しちゃって、それから小学校の同

級生とはほとんど連絡を取っていないし。会っても いないわ。鈴木君はどうしてここにいるの。

M：いや、それがさ、先月会社の転勤でこの近くに勤務 になって。それで引っ越して来たんだ。

F：そうだったの。私、高校に上がるときに、また父親 の転勤があってその時ここに来て、それからずっ とここに住んでいるの。大学もこの近くの大学に通 っていたからね。

M：へえ、そうだったんだ。時間ある？立ち話もなんだ し。そこのカフェーにでも入ろうか？

F：そうね、そうしましょう。

男の人と女の人はいつの同級生ですか。

남자와 여자가 이야기를 하고 있습니다. 남자와 여자는 어느 때의 동급생입니까?

M : 저, 실례합니다. 사람을 잘못 본 것이면 죄송합니다만, 다나카 씨입니까?

F : 네, 저는 다나카 입니다만, 무슨 일로.

M : 저기, 저는 중앙초등학교 출신 스즈키 타카시라고 하는 사람입니다만, 당신이 동급생 다나카 사치코라고 하는 여성과 매우 닮아서, 저도 모르게 말을 걸게 되었습니다.

F : 에? 스즈키 군? 너 스즈키 군이야? 나 다나카 사치코야. 같은 반이었지? 다시 만나다니 거짓말 같아.

M : 역시 다나카였구나. 반갑다. 만나는 것은 20년만인가.

F : 그래. 그 정도 될 거야. 나 중학교에 올라갈 때 이사해 버려서, 그리고 나서 초등학교 동급생하고는 거의 연락을 안하고 지내서, 만나지도 않고 있어. 스즈키 군은 어째서 여기에 있어?

M : 응, 그게, 지난달 회사 전근으로 이 근처에 근무하게 되어서, 그래서 이사를 왔어.

F : 그랬구나. 나는 고등학교 올라갈 때 또 아버지의 전근이 있어서 그때 여기에 와서 그 뒤로 계속 여기에 살고 있어. 대학도 이 근처 대학에 다녔었어.

M : 아, 그랬구나. 시간 있어? 서서 이야기하는 것도 그렇고, 저기 카페라도 들어갈까?

F : 그래, 그러자.

남자와 여자는 어느 때의 동급생입니까?

1. 초등학교 동급생
2. 중학교 동급생
3. 고등학교 동급생
4. 대학 동급생

단어 人違ひとちがい 사람을 잘못 봄 | 同級生どうきゅうせい 동급생 | 声こえをかける 말을 걸다 | 転勤てんきん 전근 | 勤務きんむ 근무 | 立たち話ばなし 서서 하는 이야기

해설 남자의 '저기 저는 중앙초등학교 출신 스즈키 타카시라고 하는 사람입니다만, 당신이 동급생 다나카 사치코라고 하는 여성과 매우 닮아서, 저도 모르게 말을 걸게 되었습니다.'라는 말에 여자가 '에? 스즈키 군? 너 스즈키 군이야? 나 다나카 사치코야. 같은 반이었지? 다시 만나다니 거짓

말 같아.'라고 말한 데서 정답을 찾을 수 있다.

정답 1

5番 　🔵 _T072

男の人と女の人が写真を見ながら話をしています。女 の人の妹は誰と良く似ていますか。

F：ねえ、これ見て。この間家族で旅行に行ってきたと きの写真なんだけど。今日現像に出してたものが 出来上がって取りに行ってきたの。

M：へえ、見せて、見せて。なかなかよく撮れてる写真 が多いね。

F：でしょ？自分で言うのもなんだけど、結構どれも良 く撮れてるのよ。

M：この写真の中央に写ってるのは？君のようだけど、 でも君にしては背が高いような。いや、でも顔が すごく似ているけど、この人は？

F：ああ、これは私のお姉ちゃん。顔がそっくりでし ょ。よく間違えられるの。お姉ちゃんの左側にい るのが妹よ。私とお姉ちゃんは良く母親似って言 われることが多いんだけど、妹は父にすごく良く 似ているの。

M：本当だ。妹は君のお父さんにそっくりだ。妹とはあ まり似ていないんだね。

F：そうね。で、お姉ちゃんの隣にいる背の高い人が一番 上のお兄ちゃん。バスケをしてて、身長が190セン チもあるのよ。

M：へえ。君って4人兄弟だったんだね。僕はお兄さんの 身長より、君の兄弟の数の多さに驚いたよ。

女の人の妹は誰と良く似ていますか。

남자와 여자가 사진을 보면서 이야기를 하고 있습니다. 여자의 여동생은 누구와 많이 닮았습니까?

F : 저기 이거 봐. 일전에 가족끼리 여행 다녀왔을 때 사진인데. 오늘 현상 맡겼던 것이 완성되어서 가지러 갔다 왔어.

M : 와, 보여줘, 보여줘. 꽤 잘 찍힌 사진이 많네.

F : 그렇지? 내가 말하는 것은 좀 그렇지만, 제법 전부 잘 찍혔어.

M : 이 사진 중앙에 찍힌 것은? 너 같은데, 근데 너라고 하기엔 키가 큰 듯해. 아니 근데 얼굴이 많이 닮았는데, 이 사람은?

F : 아아, 이건 우리 언니. 얼굴이 똑같지? 자주 오해받아. 언니 왼쪽에 있는 것이 여동생이야. 나하고 언니는 자주 엄마를 닮았다는 말을 듣는 경우가 많은데, 여동생은 아빠를 많이 닮았어.

M : 진짜다. 여동생은 너의 아버지를 꼭 닮았어. 여동생하고는

그다지 닮지 않았네.

F : 그래. 그리고 여동생 옆에 있는 키가 큰 사람이 가장 위의 오빠. 농구를 해서 신장이 190cm나 돼.

M : 아~ 그래, 너는 4남매였구나. 나는 오빠의 신장보다 네 형제의 숫자가 많은 것에 놀랐어.

여자의 여동생은 누구와 많이 닮았습니까?

1. 여자와 많이 닮았다.
2. 어머니와 많이 닮았다.
3. 오빠와 많이 닮았다.
4. 아버지와 많이 닮았다.

단어 現像げんぞう 현상 ｜ 中央ちゅうおう 중앙 ｜ 写うつる (사진에) 찍히다 ｜ そっくり 꼭 닮은 모양 ｜ バスケ 농구 ｜ 身長しんちょう 신장

해설 인물이 서로 얽혀 다수 등장하므로 간단한 메모는 필수적이라 할 수 있다. 여동생이 누구와 닮았는지 물었으므로, '여동생은 아빠를 많이 닮았어.'에서 정답을 찾을 수 있다.

정답 4

6番 _T073

ふたりの男性だんせいが話はしをしています。佐藤さとうさんはオーストラリアに住すむいとことの連絡れんらくのほとんどを、どのようにして取とっていますか。

M1 : 今いまはさ、すごく便利べんりな時代じだいになったよな。

M2 : 佐藤さとう、なんだよ急きゅうに。何なにかそんな便利べんりなものでも見みつけたのか？ 教おしえろよ。

M1 : いやさ、今友達いまともだちの一人ひとりが海外かいがいに留学りゅうがくしてるんだけどやり取とりも手紙てがみだと時間じかんがかかりすぎるし、メールだとちょっと淡白たんぱくな感かんじがするし、電話でんわだと高たかいだろ。

M2 : そうだな。実じつは俺おれのいとこが今いま、オーストラリアに住すんでいるんだけど、連絡れんらくのほとんどはメール。電話でんわなんて年ねんにほんの数回すうかい程度ていどだよ。

M1 : それがさ、今いまインターネットを使つかって電話でんわできるシステムがあるんだよ。必要事項ひつようじこうを登録とうろくして、そのシステムを自分じぶんのパソコンにインストールすればインターネットを使つかえる環境かんきょうにある人ひととなら、世界中せかいじゅうどこにいても誰だれとでも無料むりょうで電話でんわし放題ほうだいなんだよ。すごいだろ。

M2 : へえ、それは初はじめて聞きいたよ。それはすごいな。早速はやく帰かえって登録とうろくしようっと。

M1 : これで彼女かのじょでもいれば彼女かのじょとも電話でんわし放題ほうだいなんだけどな。残念ざんねんながら今いまは無理むりだな。

M2 : そうだな。俺おれもだよ。お互たがい頑張がんばろうぜ。

佐藤さとうさんはオーストラリアに住すむいとことの連絡れんらくのほ

とんどを、どのようにして取とっていますか。

두 남성이 이야기를 하고 있습니다. 사토 씨는 오스트레일리아에 살고 있는 사촌과의 연락의 대부분을 어떻게 취하고 있습니까?

M1 : 지금은 매우 편리한 시대가 되었어.

M2 : 사토, 뭐야 갑자기. 뭔가 그렇게 편리한 것이라도 발견했어? 가르쳐 줘.

M1 : 아니, 지금 친구 한 명이 해외에 유학 중인데 편지로 주고받는 것은 시간이 너무 걸리고, 메일은 조금 담백한 느낌이 들고, 전화면 비싸잖아.

M2 : 맞아. 실은 내 사촌이 지금 오스트레일리아에 살고 있는데, 연락의 대부분은 메일. 전화는 1년에 거의 몇 번 정도야.

M1 : 그게 말이야, 지금 인터넷을 사용해서 전화를 할 수 있는 시스템이 있어. 필요사항을 등록하고 그 시스템을 자신의 컴퓨터에 설치하면 인터넷을 사용할 수 있는 환경에 있는 사람이라면 전 세계 어디에 있어도 누구하고도 무료로 마음대로 전화를 할 수 있어. 굉장하지?

M2 : 헤에, 그것은 처음 들었어. 그거 대단한데. 바로 돌아가서 등록해야지.

M1 : 이걸로 여자 친구라도 있으면 여자 친구하고도 마음대로 전화를 할 수 있을 텐데. 아쉽게도 지금은 무리네.

M2 : 맞아. 나도 그래. 서로 힘내자고.

사토 씨는 오스트레일리아에 살고 있는 사촌과의 연락의 대부분을 어떻게 취하고 있습니까?

1. 편지를 주고받으며 연락을 서로 취하고 있다.
2. 메일로 연락을 서로 취하고 있다.
3. 전화로 연락을 서로 취하고 있다.
4. 인터넷을 사용한 전화로 연락을 취하고 있다.

단어 見みつける 발견하다, 찾다 ｜ やり取とり 주고 받음 ｜ 淡白たんぱく 담백 ｜ いとこ 사촌 ｜ 感かんじがする 느낌이 들다 ｜ 程度ていど 정도 ｜ 事項じこう 사항 ｜ 登録とうろく 등록 ｜ 放題ほうだい 마음대로 함, 제멋대로 함

해설 '실은 나의 사촌이 지금 오스트레일리아에 살고 있는데 연락의 대부분은 메일. 전화는 1년에 거의 몇 번 정도야.'에서 정답을 찾을 수 있다.

정답 2

문제3

문제3에서는 문제용지에 아무것도 인쇄되어 있지 않습니다. 이 문제는 전체적으로 어떤 내용인지를 묻는 문제입니다. 이야기 전에 질문은 없습니다. 먼저 이야기를 들어 주세요. 그 다음에 질문과 선택지를 듣고 1에서 4 중에서 가장 알맞은 것을 하나 고르세요.

1番 _T074

テレビでアナウンサーが「子供こどもたちの体からだの動うごかし方かた」について話はなしています。

F : 最近さいきん、日本にほんでは「走はしる」「投なげる」など、基本的きほんてきな体からだの動うごかし方かたが出来できない子こどもが増ふえているとい

う調査結果が出ています。学校の体育の授業など
でボールをとっさによけられなかったり、誤って
転んでしまった時に手をつくのが間に合わなかっ
たりするなどして、ケガをする子供が増えている
のだそうです。

体の動きが上手になるには、子供にとってはとに
かく体を動かして遊ぶのが一番。例えば「鬼ごっ
こ」には、「あるく」「はしる」「かわす」「ふれる」
「つかむ」「たつ」「すわる」「ころがる」「おきる」
など9種類の動きが含まれています。このように、
遊びの中にはいろんな種類の動きが含まれてい
て、いいトレーニングにもなるのです。

今の子どものよくする遊びベスト5には、テレビ
ゲームやカード遊びなど体を動かさない遊びも多
いのが現状です。それには、遊ぶより勉強をしな
くてはいけなかったり、遊び場が近くになかった
り、最近は、外で体を動かして遊ぶのも難しい事
情というのもあります。歩き方教室や、なるべく
歩いて通学しよう、というキャンペーンを地域ぐ
るみで行っているところもあるそうです。

今の子どものよくする遊びにはどういうものが多いの
ですか。

1. 頭を使う遊び
2. 体をよく動かす遊び
3. カードを使う遊び
4. 体を動かさない遊び

텔레비전에서 아나운서가 '아이들의 몸을 움직이는 방법'에 대해서
이야기하고 있습니다.

F : 최근 일본에서는 '달리다' '던지다' 등, 기본적인 몸의 움직
이는 방법을 잘 못하는 아이가 늘고 있다는 조사결과가 나
왔습니다. 학교 체육 수업 등에서 공을 재빨리 피하지 못
하거나, 실수로 넘어져 버렸을 때에 손을 짚는 것을 늦거
나 하여 상처를 입는 아이가 늘고 있다고 합니다.
몸의 움직임을 잘하게 되는 데에는 아이에게 있어서는 어
쨌든 몸을 움직이게 해서 노는 것이 최고. 예를 들면 '술래
잡기'에는 '걷다' '달리다' '몸을 돌려 비키다' '접촉하다' '잡
다' '서다' '앉다' '구르다' '일어나다' 등 9종류의 움직임이 포
함되어 있습니다. 이와 같이 놀이 안에는 여러 가지 종류
의 움직임이 포함되어 있어서 좋은 트레이닝도 되는 것입니
다.
요즘 아이들이 자주 하는 놀이 베스트 5에는 텔레비전 게
임이나 카드놀이 등 몸을 움직이지 않는 놀이도 많은 것이
실상입니다. 거기에는 노는 것보다 공부를 하지 않으면 안
되었거나, 놀이 장소가 근처에 없거나, 최근에는 밖에서
몸을 움직여서 노는 것도 어려운 사정이라는 면도 있습니

다. 걷는 법 교실이나 가능한 한 걸어서 통학하자는 캠페
인을 지역 전체에서 행하는 곳도 있다고 합니다.

요즘 아이들이 자주 하는 놀이에는 어떤 것이 많습니까?

1. 머리를 사용하는 놀이
2. 몸을 자주 움직이는 놀이
3. 카드를 사용하는 놀이
4. 몸을 움직이지 않는 놀이

단어 投なげる 던지다 | 基本的きほんてき 기본적 | 増ふえる
증가하다 | 調査ちょうさ 조사 | とっさに 순간적으로, 즉
시 | よける 피하다, 비키다 | 誤あやまる 실수하다, 실패하
다 | 転ころぶ 구르다, 넘어지다 | 手てをつく 손을 짚다 |
とにかく 어쨌든 | 鬼おにごっこ 술래잡기 | かわす 몸을
돌려 비키다 | ふれる 접촉하다 | つかむ 잡다 | ころがる
구르다 | 現状げんじょう 현상 | 遊あそび場ば 놀이터 |
事情じじょう 사정 | 地域ちいき 지역 | ぐるみ 그것을 포
함하여 모두, 전부

해설 '요즘 아이들이 자주 하는 놀이 베스트5에는 텔레비전 게
임이나 카드놀이 등 몸을 움직이지 않는 놀이도 많은 것
이 실상'에서 정답을 찾을 수 있다.

정답 4

2番　　　　　　　　　　　　　●_T075

**ある生物学者が日本のカエルについて話をしていま
す。**

M : 今、日本にいるカエルの数が減ってきています。理
由は、カエルたちが住んでいる田んぼや水たまりが
ドンドン無くなってきていることがあげられます。
また最近では、カエルを襲う、おそろしい病気まで
現れたと言われています。カエルがいなくなると自
然界にどういう影響があるのでしょうか。また、カ
エルを襲う病気とは何なのでしょうか。
気象庁では、北海道地方と沖縄地方を除く全国67地
点の気象台などで、トノサマガエルが、その年、
初めて鳴いた日や、初めて見られた日の記録をつ
けています。昔は、全国でトノサマガエルの鳴き
声や姿を観測出来たのですが、去年、カエルの鳴
き声や姿を確認できたのは14か所だけ。全国的に
カエルが減ってきているのです。また、環境省で
は絶滅の心配がある動植物のリスト「レッドリス
ト」というものを作っています。日本にいる43
種類のカエルのうち、9種類がリストに載ってお
り、絶滅の危険性も心配されているのです。

去年カエルの鳴き声や姿を確認できたのは全国で何カ
所でしたか。

1. 67ヶ所
2. 14ヶ所

3. 43ヶ所
4. 9ヶ所

어느 생물학자가 일본의 개구리에 대해서 이야기를 하고 있습니다.

M：지금 일본에 있는 개구리 수가 줄어들고 있습니다. 이유는 개구리들이 살고 있는 논이나 물웅덩이가 점점 없어지고 있는 것을 들 수 있습니다. 또한 최근에는 개구리를 엄습하는 무시무시한 병까지 나타났다고 합니다. 개구리가 없어지면 자연계에 어떤 영향이 있는 것일까요? 또한 개구리를 엄습하는 병이라는 것은 무엇일까요?

기상청에서는 홋카이도 지방과 오키나와 지방을 제외한 전국 67지점의 기상대 등에서 참개구리가 그 해 처음 울었던 날이나 처음 보였던 날의 기록을 하고 있습니다. 옛날에는 전국에서 참개구리 울음소리나 모습을 관측할 수 있었습니다만, 작년 개구리 울음소리나 모습을 확인할 수 있었던 곳은 14군데뿐. 전국적으로 개구리가 줄어들고 있는 것입니다. 또한 환경청에서는 멸종이 걱정되는 동식물 리스트 '레드리스트'라는 것을 만들고 있습니다. 일본에 있는 43종류의 개구리 중, 9종류가 리스트에 실려 있어 멸종의 위험성도 걱정되고 있는 것입니다.

작년 개구리 울음소리나 모습을 확인할 수 있었던 곳은 전국에서 몇 군데였습니까?

1. 67군데
2. 14군데
3. 43군데
4. 9군데

단어 生物学者せいぶつがくしゃ 생물학자 | カエル 개구리 | 減へる 줄다 | 田たんぼ 논 | 水みずたまり 물구덩이, 웅덩이 | 襲おそう 습격하다, 덮치다 | おそろしい 무섭다, 두렵다 | 現あらわれる 나타나다 | 自然界しぜんかい 자연계 | 影響えいきょう 영향 | 気象庁きしょうちょう 기상청 | 除のぞく 빼다, 제외하다 | 全国ぜんこく 전국 | 地点ちてん 지점 | 気象台きしょうだい 기상대 | トノサマガエル 참개구리 | 記録きろく 기록 | 鳴なく (새, 벌레, 짐승 등이) 울다 | 観測かんそく 관측 | 絶滅ぜつめつ 절멸, 멸종 | 動植物どうしょくぶつ 동식물 | 危険性きけんせい 위험성

해설 숫자가 뒤섞여 나오므로 작년과 관련해 나오는 숫자를 놓치지 않도록 한다. '작년 개구리 울음 소리나 모습을 확인할 수 있었던 곳은 14군데 뿐'에서 정답을 찾을 수 있다.

정답 2

3番 ___T076

テレビでは評論家が日本の残される食品の問題について話をしています。

F：日本では、食べ残しや消費期限切れの弁当など、本来食べられるのに、捨てられている食品がたくさんあります。これらは、食品ロスと呼ばれ、その量は年間500～900万トンと言われています。国連が世界中の貧困に苦しむ人々などに配っている食糧

が年間390万トンであることを考えると、非常に大きい数です。こうした食べ物を何とかしようと取り組みが始まっています。

その一つが食品リサイクル工場。ここには、コンビニや、スーパーなど様々な所から、1日100トンもの売れ残った食品などが運ばれて来ます。こうした食べ物は、豚のえさにリサイクルされているのです。この工場には、お店で売れ残ったものだけでなく、食品工場などで形が少し小さかったり、中のクリームが少なかったりという理由だけで、販売されなかったパンなども運ばれます。そのようにしてこの工場に運び込まれる食品は、100種類以上もあります。工場で作られたエサは、養豚場に運ばれ、栄養がたっぷりのこのエサを、豚はよく食べるのだそうです。そして出来た豚肉は、スーパーに並ぶ。食べ物を無駄にしないこのリサイクル。どんどん広がって欲しいですね。

何の量が年間300万トンに及ぶのですか。

1. 日本で出される食べ残しの量
2. 日本で食べられている弁当の量
3. 国連が貧困に苦しむ人々に配る食量
4. 養豚場の豚が食べるエサの量

텔레비전에서는 평론가가 일본의 남겨진 식품 문제에 대해서 이야기를 하고 있습니다.

F：일본에서는 먹다 남기거나 소비기한이 지난 도시락 등, 본래 먹을 수 있는데 버려지고 있는 식품이 많이 있습니다. 이것들은 식품 로스라고 불리며, 그 양은 연간 500~900만 톤이라고 말해지고 있습니다. 국제연합이 전 세계 빈곤으로 고생하는 사람들 등에게 나누어 주고 있는 식량이 연간 390만 톤이라는 것을 생각하면 상당히 큰 숫자입니다. 이런 음식을 어떻게 좀 하려는 대응이 시작되고 있습니다. 그 중 하나가 식품 재활용 공장. 여기에는 편의점이나 슈퍼 등 여러 곳에서 하루 100톤이나 되는 팔고 남은 식품 등이 운반되어 옵니다. 이런 음식은 돼지의 먹이로 재활용되는 것입니다. 이 공장에는 가게에서 팔고 남은 것뿐만 아니라, 식품공장 등에서 형태가 조금 작거나 안의 크림이 적거나 하는 이유만으로 판매되지 않은 빵 등도 옮겨집니다. 그렇게 해서 이 공장에 옮겨진 식품은 100종류 이상이나 됩니다. 공장에서 만들어진 먹이는 양돈장에 옮겨지고, 영양이 듬뿍 든 이 먹이를 돼지는 잘 먹는다고 합니다. 그리고 만들어진 돼지고기는 슈퍼에 진열된다. 음식을 헛되게 하지 않는 이 재활용. 계속 확대되길 바랍니다.

어떤 양이 연간 300만 톤에 이른다는 것입니까?

1. 일본에서 나오는 잔여 음식물 양
2. 일본에서 먹어지고 있는 도시락 양
3. 국제연합이 빈곤으로 고생하는 사람들에게 나누어 주는 식

량

4. 양돈장의 돼지가 먹는 먹이 량

단어 食たべ残のこし 먹다 남긴 것 | 消費期限しょうひきげん 소비 기한 | 切きれ (정해진 양이나 시간 등을) 다 썼음 | ロス 손실, 낭비 | 国連こくれん 국제연합 | 貧困ひんこん 빈곤 | 苦くるしむ 괴로워하다, 고생하다 | 配くばる 나누어 주다 | 食糧しょくりょう 식량 | 取とり組くみ 대처하다 | 売うれ残のこる 팔고 남다 | 豚ぶた 돼지 | 販売はんばい 판매 | 養豚場ようとんじょう 양돈장 | 栄養えいよう 영양 | たっぷり 듬뿍 | 豚肉ぶたにく 돼지고기 | 無駄むだ 쓸데없음, 헛됨

해설 '연간 300만 톤'에 대한 근사치를 잡는다. '국제연합이 전 세계 빈곤에 고생하는 사람들 등에게 나누어 주고 있는 식량이 연간 390만 톤이라는 것을 생각하면~'에서 정답을 찾을 수 있다.

정답 3

4番 _T077

テレビでアナウンサーが日本のアニメ文化について話をしています。

M : 今年2月、日本のアニメ「つみきのいえ」がアカデミー賞という有名な賞をとりました。日本のアニメのすばらしさを世界に知らせる大きなニュースになったと言えるでしょう。
アニメとは「アニメーション＝動く絵」という英語の略です。ところが今、アニメを作り上げる作業の中にある「動画」を描く仕事の90％以上を中国や韓国などにとても安い値段で委託しているという現実があります。このままでは、日本のアニメを作る人がいなくなってしまうかもしれません。そこで、今、アニメを作る人を育てようといろんなところで取り組みが始まっています。大阪の帝塚山学院高校ではマンガやアニメを専門に学ぶコースの授業を始めました。各地からアニメ好きの生徒が集まっていて、中にはタイからやってきた生徒もいます。マンガやアニメが日本のカッコイイ文化の代表のひとつでアートの世界では大事だということでこのコースを作ったのだそうです。
日本のアニメは外国の子どもたちにとても人気があります。世界で見られているアニメの半分以上は日本のアニメだといわれているほどです。日本のアニメは映像はもちろん、ストーリーもとてもよくできているので、様々な国から「売ってほしい」と言われています。今、アニメ作りには国も

力を入れ始めています。これからアニメが日本の産業として発展していくと期待されている証拠だと言えますね。

世界で見られているアニメの半分以上はどのようなアニメだと言っていますか。

1. 中国で作られたアニメ
2. 日本で作られたアニメ
3. 韓国で作られたアニメ
4. 高校生が作ったアニメ

텔레비전에서 아나운서가 일본의 애니메이션 문화에 대해서 이야기를 하고 있습니다.

M : 올해 2월, 일본의 애니메이션 '나무 블록 집'이 아카데미상이라고 하는 유명한 상을 받았습니다. 일본 애니메이션의 훌륭함을 세계에 알린 큰 뉴스가 되었다고 말할 수 있을 것입니다.
애니메이션이란 '애니메이션＝움직이는 그림'이라고 하는 영어의 약자입니다. 그런데 오늘날 애니메이션을 만들어 내는 작업 중에 있는 '동화'를 그리는 일의 90% 이상을 중국이나 한국 등에서 매우 싼 가격으로 위탁하고 있다고 하는 현실이 있습니다. 이대로 가면 일본의 애니메이션을 만드는 사람이 없어질지도 모릅니다. 그래서 현재 애니메이션을 만드는 사람을 육성하고자 여러 곳에서 대처가 시작되고 있습니다. 오사카의 테즈카야마 학원 고등학교에서는 만화나 애니메이션을 전문으로 배우는 코스 수업을 시작했습니다. 각지에서 애니메이션을 좋아하는 학생들이 모이고, 그 중에는 태국에서 온 학생도 있습니다. 만화나 애니메이션이 일본의 멋진 문화를 대표하는 하나로 예술 세계에서는 소중하다는 의미에서 이 코스를 만들었다고 합니다.
일본의 애니메이션은 외국 아이들에게 매우 인기가 있습니다. 세계에서 보여지고 있는 애니메이션의 절반 이상은 일본의 애니메이션이라고 일컬어질 정도입니다. 일본의 애니메이션은 영상은 물론, 스토리도 매우 잘 되어 있어서 여러 국가에게서 '사고 싶다'는 말을 듣고 있습니다. 현재 애니메이션을 만드는 데에는 국가도 힘을 쏟기 시작하고 있습니다. 앞으로 애니메이션이 일본의 산업으로서 발전해 나갈 것이라고 기대되고 있다는 증거라고 말할 수 있습니다.

세계에서 보여지는 애니메이션의 절반 이상은 어떤 애니메이션이라고 말하고 있습니까?
1. 중국에서 만들어진 애니메이션
2. 일본에서 만들어진 애니메이션
3. 한국에서 만들어진 애니메이션
4. 고등학생이 만든 애니메이션

단어 アニメ 애니메이션 | つみき (여러 모양의 나무 조각으로 하는) 집짓기 놀이, 또는 그 장난감 | 略りゃく 약자 | 動画どうが 동화 | 値段ねだん 가격 | 現実げんじつ 현실 | 委

託いたく 위탁 | 各地かくち 각지 | 映像えいぞう 영상 | アート 예술, 특히 미술 | 力ちからを入いれる 힘을 쏟다 | 産業さんぎょう 산업 | 発展はってん 발전 | 証拠しょうこ 증거

해설 '세계에서 보여지는 애니메이션의 절반 이상은 일본의 애니메이션이라고 일컬어질 정도'에서 정답을 찾을 수 있다.

정답 2

5番 ばん
🔘 _T078

先生せんせいが生徒せいとたちに現在げんざいの日本にほんの漁業ぎょうについて話はなしをしています。

F : 現在げんざい、日本人にほんじんが食たべる魚介類ぎょかいるいの半分近はんぶんちかくが輸入ゆにゅうによってまかなわれています。ところが最近さいきん、困こまったことが起おきているのです。

今いま、世界せかいでは魚料理さかなりょうりが大人気だいにんき。特とくにお寿司すしは外国がいこくでもブームなのです。魚料理さかなりょうりがダイエットや健康けんこうのためにいいと世界せかいの人達ひとたちが食たべ始はじめたことも要因よういんの一ひとつでしょう。また、BSEという牛うしの病気びょうきなどが問題もんだいになったために魚さかなが見直みなおされるようになったということもあげられます。

そこで多おおくの国くにが漁獲量ぎょかくりょうをどんどん増ふやしているのです。現在げんざいは世界中せかいじゅうで魚さかなの奪うばい合あいが起おこっているという状況じょうきょうです。しかし魚さかなは無限むげんにいるというわけではありません。私わたしたちは魚さかなをどうやって守まもっていけばいいのでしょうか。

現在日本げんざいにほんの近海きんかいでは80％の魚さかなが乱獲らんかくかこれ以上いじょうとってはいけないという限界げんかいレベルに達たっしていて、日本にほんでも世界せかいでもより資源しげんを大切たいせつにしないといけないのです。方法ほうほうとしては、一人一人ひとりひとりの魚さかなの取とり分ぶんを決きめて、計画的けいかくてきにとり続つづけることで魚さかなの量りょうを元もとに戻もどしていく、という方法ほうほうを見解けんかいとして示しめす専門家せんもんかもいます。

魚さかなはとり尽つくしてしまった場合ばあい、元もとに戻もどすのは非常ひじょうに大変たいへんな作業さぎょうです。普段ふだんは何気なにげなく食たべている魚さかなですが、まずは自分じぶんたちの食たべている魚さかなについてもっと関心かんしんを持もって買かったり、食たべたりするのが大事だいじですね。

魚さかなを世界せかいの人々ひとびとが食たべ始はじめる要因よういんとなったこととは何なんですか。

1. 魚料理さかなりょうりがダイエットや健康けんこうにいいとされたこと
2. 日本人にほんじんが魚さかなを美味おいしそうに食たべていたこと
3. 長生ながいきの秘訣ひけつとして日本人にほんじんが食たべていたこと
4. 魚さかなの美味おいしさが再認識さいにんしきされ始はじめたこと

선생님이 학생들에게 현재의 일본 어업에 대해서 이야기를 하고 있습니다.

F : 현재, 일본인이 먹는 어패류의 절반 가까이가 수입에 의해 조달되고 있습니다. 그런데 최근 곤란한 일이 생기고 있습니다.

지금 세계에서는 생선요리가 대인기. 특히 초밥은 외국에서도 붐입니다. 생선요리가 다이어트나 건강을 위해서 좋다고 세계 사람들이 먹기 시작한 것도 요인의 하나일 것입니다. 또한 BSE라고 하는 소의 병 등이 문제가 되었기 때문에 생선을 다시 보게 되었다는 것도 들 수 있습니다.

그래서 대부분의 국가가 어획량을 점점 증가시키고 있는 것입니다. 현재는 전 세계에서 생선의 분쟁이 일어나고 있는 상황입니다. 그러나 생선은 무한히 있는 것은 아닙니다. 우리들은 생선을 어떻게 지켜나가면 좋을까요?

현재 일본 근해에서는 80%의 생선이 남획이나 이 이상 잡아서는 안 되는 한계 레벨에 달해 있어서, 일본에서도 세계에서도 보다 자원을 소중히 하지 않으면 안 됩니다. 방법으로는 한 사람 한 사람의 생선 몫을 정해서 계획적으로 계속 잡아감으로써 생선량을 원래로 되돌려 간다는 방법을 견해로서 제시하는 전문가도 있습니다.

생선은 다 잡아버리는 경우, 원래대로 되돌리는 것은 상당히 힘든 작업입니다. 보통은 아무 생각 없이 먹고 있는 생선이지만, 우선은 자신들이 먹고 있는 생선에 대해서 좀 더 관심을 가지고 사거나 먹거나 하는 것이 중요합니다.

생선을 세계 사람들이 먹기 시작한 요인이 된 것은 무엇입니까?

1. 생선요리가 다이어트나 건강에 좋다고 여겨진 것
2. 일본인이 생선을 맛있게 먹었던 것
3. 장수 비결로서 일본인이 먹었던 것
4. 생선이 맛있음이 재인식되기 시작했던 것

단어 魚介類ぎょかいるい 어패류. 介는 '貝かい(조개)'와 동일함 | 輸入ゆにゅう 수입 | まかなう 조달하다 | 要因よういん 요인 | 見直みなおす 다시 보다 | 漁獲量ぎょかくりょう 어획량 | 増ふやす 늘리다 | 奪うばい合あう 쟁탈하다 | 無限むげん 무한 | 近海きんかい 근해 | 乱獲らんかく 남획, 마구 잡음 | 限界げんかい 한계 | 達たっする 이르다, 도달하다 | 取とり分ぶん 차지할 몫 | 計画的けいかくてき 계획적 | 戻もどす 되돌리다 | 見解けんかい 견해 | 専門家せんもんか 전문가 | 何気なにげない 별 생각도 없다, 태연하다 | 秘訣ひけつ 비결 | 再認識さいにんしき 재인식

해설 '생선요리가 다이어트나 건강을 위해서 좋다고 세계 사람들이 먹기 시작한 것도 요인의 하나일 것'에서 정답을 찾을 수 있다.

정답 1

문제4에서는 문제용지에 아무것도 인쇄되어 있지 않습니다. 먼저 문장을 들어 주세요. 그 다음에 그것에 대한 대답을 듣고 1에서 3 중에서 가장 알맞은 것을 하나 고르세요.

1番 　_T079

M：ここは星空がきれいなことで有名な場所なんだ。

F：1. 去年の誕生日に天体望遠鏡をもらったの。

　　2. 本当ね、どこまでも星空が広がってきれいだわ。

　　3. ええ、また来年も一緒に来たいわ。

M：여기는 별이 총총한 밤하늘이 예쁘기로 유명한 장소야.

F：1. 작년 생일에 천체망원경을 받았어.

　　2. 정말이네, 끝없이 별이 뜬 밤하늘이 펼쳐져서 예뻐.

　　3. 응, 내년에도 또 함께 오고 싶어.

단어　星空ほしぞら 별이 총총한 밤하늘 | 天体望遠鏡てんたいぼうえんきょう 천체망원경

해설　별이 화제의 중심이다.

정답　2

2番 　_T080

F：田中さん、あなたそう言えば禁煙は続いてるの？

M：1. 続いたそうですよ、すごいですね。

　　2. 果たして続くのかな。続けばいいけど。

　　3. それがさ、なかなか続かなくってね。

F：다나카 씨, 당신 그러고 보니 금연은 계속하고 있어?

M：1. 계속되었다고 합니다, 굉장합니다.

　　2. 과연 계속 될까. 계속되면 좋겠지만.

　　3. 그게 말이야. 좀처럼 계속되지 않아서.

단어　禁煙きんえん 금연 | 果はたして 과연

해설　금연 지속 여부에 대한 확인이다.

정답　3

3番 　_T081

M：自宅用とプレゼント用、包装を別々にしてもらいたいのですが。

F：1. プレゼントには最適の商品ですね。

　　2. はい、別々にですね。かしこまりました。

　　3. ええ、御自宅の方に送らせていただきます。

M：자택용과 선물용, 포장을 따로따로 해 주었으면 하는데요.

F：1. 선물에는 최적의 상품입니다.

　　2. 네, 따로따로 말이지요? 알겠습니다.

　　3. 네, 자택으로 보내드리겠습니다.

단어　自宅用じたくよう 자택용 | 包装ほうそう 포장 | 別々べつべつ 따로따로임 | 最適さいてき 최적

해설　포장을 따로 해달라는 요구를 하고 있다.

정답　2

4番 　_T082

F：この話は秘密なんだから、絶対他人に漏らさないでね。

M：1. わかってるよ、もちろん誰にも言わないよ。

　　2. 僕は知らないな。何のことだろう。

　　3. たまには愚痴を漏らしたくなることもあるよ。

F：이 이야기는 비밀이니까 절대 다른 사람에게 누설하지 마.

M：1. 알고 있어. 물론 아무한테도 말하지 않아.

　　2. 나는 몰라. 무슨 일이지?

　　3. 가끔은 푸념을 늘어놓고 싶을 때도 있어.

단어　秘密ひみつ 비밀 | 漏もらす 누설하다 | 愚痴ぐちを漏もらす 푸념을 늘어놓다

해설　다른 사람에게 비밀을 말하지 말라고 주의하고 있다.

정답　1

5番 　_T083

F：今の映画、前評判は良かったのに、あまり面白くなかったね。

M：1. 映画を1本撮るには相当時間がかかるそうだよ。

　　2. ああ、映画館には明日行こうと思ってるんだ。

　　3. 確かに。思ったほど面白くなかったな。

F：지금 영화, 평판은 좋았는데 별로 재미있지 않아.

M：1. 영화를 한 편 찍는 데에는 상당한 시간이 걸린다고 해.

　　2. 아아, 영화관에는 내일 가려고 생각하고 있어.

　　3. 확실히. 생각했던 것보다 재미없었어.

단어　前評判まえひょうばん 어떤 일이 시작되기 전의 평판 | 相当そうとう 상당함 | 確たしかに 분명, 확실히

해설　영화가 소문에 비해 별로라고 말하고 있다.

정답　3

6番 　_T084

M：あの事件の犯人ってもう捕まったの？

F：1. いや、まだ捕まってないらしいよ。物騒よね。

　　2. 昨日会ったときは元気そうだったけど。どうしたのかしら。

　　3. 推理小説って読み出すと止まらなくなるのよね。

M：저 사건 범인은 벌써 잡혔어?

F：1. 아니, 아직 잡히지 않은 것 같아. 뒤숭숭해.

　　2. 어제 만났을 때는 건강해 보였는데. 무슨 일이지?

　　3. 추리소설은 읽기 시작하면 멈춰지지 않게 돼.

단어　犯人はんにん 범인 | 捕つかまる 잡히다 | 物騒ぶっそう 위험한 느낌이 드는 모양 | 推理小説すいりしょうせつ 추리소설 | 読よみ出だす 읽기 시작하다

해설　범인이 잡혔는지를 묻고 있다. 'もう(이미, 벌써)'와 'まだ(아직)'의 표현에 주목할 것.

정답　1

7番　🔘 _T085

F : 今日はね、知り合いの社長からパーティーに招かれたの。

M : 1. へえ、それで今日はドレスを着ているんだね。
　　 2. うん。僕は来週行こうと思っているんだ。
　　 3. いや実はまだパーティーの準備が全然出来ていないんだ。

F : 오늘은 아는 사장님으로부터 파티에 초대받았어.

M : 1. 와, 그래서 오늘은 드레스를 입고 있구나.
　　 2. 응. 나는 다음 주에 가려고 생각하고 있어.
　　 3. 아니, 실은 아직 파티 준비가 전혀 되지 않았어.

단어 招まねく 초대하다

해설 파티에 초대받은 사실을 말하고 있다.

정답 1

8番　🔘 _T086

F : 私の彼ったら、少しでも違う男の人と話すと焼きもちをやくの。

M : 1. それなら話し合って解決したから大丈夫だよ。
　　 2. きっとそれだけ君のことが好きってことだよ。
　　 3. へえ。彼とのデートはそんなに楽しいんだ。

F : 내 남자 친구로 말할 것 같으면 조금이라도 다른 남자와 이야기하면 질투를 해.

M : 1. 그거라면 서로 이야기해서 해결했으니까 괜찮아.
　　 2. 분명 그만큼 너를 좋아한다는 것이야.
　　 3. 헤에. 남자 친구와의 데이트는 그렇게 즐겁구나.

단어 焼やきもちをやく 질투를 하다

해설 '다른 남자와 이야기하는 것'에 대해 질투를 하는 남자 친구에 대해 말하고 있다.

정답 2

9番　🔘 _T087

M : あの会社、経営が傾いて危ないらしいよ。

F : 1. へえ、今年の夏のボーナスが楽しみね。
　　 2. そうだったの。社員たちは気が気じゃないわね。
　　 3. ええ、そんな危ないことはやめた方がいいわ。

M : 저 회사, 경영이 기울어서 위험한 것 같아.

F : 1. 야, 올 여름 보너스가 기대돼.
　　 2. 그랬구나. 사원들은 안절부절 못하고 있겠네.
　　 3. 응, 그런 위험한 일은 그만두는 편이 좋아.

단어 経営けいえい 경영 | 傾かたむく 기울다

해설 회사 경영이 나빠 위기에 있음을 말하고 있다.

정답 2

10番　🔘 _T088

F : この間買ったばかりだったのに、もうこのカメラ壊れちゃったの。

M : 1. 色もデザインも普通のものとは違っておしゃれだね。
　　 2. そうね。カメラは必ず持っていかなくちゃいけないね。
　　 3. それはちょっと早すぎじゃない。不良品だったんじゃないの。

F : 일전에 산 지 얼마 안 되었는데, 벌써 이 카메라 고장 났어.

M : 1. 색깔도 디자인도 일반 물건과는 다르게 멋있네.
　　 2. 그래. 카메라는 반드시 가지고 가지 않으면 안 돼.
　　 3. 그건 좀 너무 빠르지 않아? 불량품이었던 거 아냐?

단어 不良品ふりょうひん 불량품

해설 산 지 얼마 안 된 카메라가 고장 난 것에 대한 불평을 하고 있다.

정답 3

11番　🔘 _T089

M : 梅雨の時季ってなかなか洗濯物が乾かないのよね。

F : 1. それは梅雨の時季の主婦の悩みよね。
　　 2. 傘を持っていかないときっと後悔するわよ。
　　 3. じゃあ、私が洗濯物をたたんでおくわね。

M : 장마철은 좀처럼 세탁물이 마르지 않아.

F : 1. 그것은 장마철 주부의 고민이야.
　　 2. 우산을 가지고 가지 않으면 분명 후회할 거야.
　　 3. 그럼 내가 빨래를 개 둘게.

단어 梅雨つゆ 장마 | 時季じき 철, 시절 | 乾かわく 건조하다 | 後悔こうかい 후회 | たたむ 개다, 접다

해설 장마철에 세탁물이 잘 마르지 않는 것에 대한 고민을 말하고 있다.

정답 1

12番　🔘 _T090

M : 一生懸命やるのはいいけど、休憩を挟みながらやれよ。

F : 1. 休憩室だったら煙草を吸ってもいいはずよ。
　　 2. え、そうなの。私は今初めて聞いたわ。
　　 3. うん、気づかってくれてありがとう。

M : 열심히 하는 것은 좋지만, 휴식을 취하면서 해.

F : 1. 휴게실이라면 담배를 피워도 좋아.
　　 2. 어, 그래? 나는 오늘 처음으로 들었어.
　　 3. 응, 걱정해 줘서 고마워.

단어 休憩きゅうけい 휴게 | 挟はさむ 끼우다, 사이에 두다 | 煙草たばこ 담배 | 気きづかう 염려하다, 걱정하다

해설 적당한 휴식을 취하면서 일하라는 충고를 하고 있다.

정답 3

<table><tr><td>문제5</td></tr></table>

문제5에서는 긴 이야기를 듣습니다. 이 문제에는 연습은 없습니다.
문제용지에 메모를 해도 됩니다.

1번 · 2번

문제용지에 아무것도 인쇄되어 있지 않습니다. 먼저 이야기를 들어
주세요. 그 다음에 질문과 선택지를 듣고 1에서 4 중에서 가장 알맞
은 것을 하나 고르세요.

1番　　_T091

ある夫婦が息子と今夜の夕飯について話しています。

F ：ねえ、今日の夕飯なんだけど、何か食べたいもの
　　ある?

M1：そうだな。今日は一日暑かったし、ざるそばとか
　　ソーメンとか何か冷たいものが食べたいな。

M2：ぼくもパパと同じだよ。暑さを吹き飛ばすには冷
　　たい麺類が最高だね。

F ：そうね。確かに今日は一日暑かったし、冷たいもの
　　もいいけど、私、実はお昼にざるそばを食べちゃ
　　ったのよね。

M1：ええ、そうか。じゃあ、君は何か別のものがいい
　　だろうな。

M2：それなら、とんかつと栄養たっぷりの枝豆や豆腐
　　のサラダもいいんじゃない。

F ：いや、あなたが食べたいなら私はまた食べたって全然
　　構わないのよ。私、元々麺類は好きだし。

M1：実はさ、僕も昨日うどんを会社の上司と食べたばか
　　りだから、やっぱり麺以外のものにしよう。そう
　　だな、暑いときに逆に熱いものを食べるってのも
　　ありだな。

M2：あっ、忘れてた。やっぱりパパは愛妻家だね。

F ：それなら私、カレーが食べたいわ。夏、海に行った
　　ときに海の家で食べるカレーって最高じゃない?
　　今夜はカレーにしましょう。

M1：それはいい考えだ。僕はちょっと辛目が好きだから
　　辛目で作ってくれよ。

M2：僕もお手伝いしましょうか。

**奥さんは海の家で何を食べることが最高だと言ってい
ますか。**

1. ソーメン
2. うどん
3. ざるそば
4. カレー

어느 부부가 아들과 오늘 밤 저녁식사에 대해서 이야기하고 있습니
다.

F ：저기, 오늘 저녁 말인데, 뭐 먹고 싶은 것 있어?

M1：글쎄. 오늘은 종일 더웠고, 메밀국수라든가 소면이라든가
　　뭔가 차가운 것이 먹고 싶어.

M2：나도 아빠와 같아. 더위를 날려버리려면 차가운 면 종류
　　가 최고야.

F ：그래. 분명 오늘은 종일 더웠고 차가운 것도 좋지만, 난
　　실은 점심에 메밀국수를 먹었어.

M1：아, 그래? 그럼 당신은 뭔가 다른 것이 좋겠구나.

M2：그렇다면, 돈까스와 영양만점의 완두콩과 두부 샐러드도
　　괜찮지 않아?

F ：아니, 당신이 먹고 싶다면 나는 또 먹어도 전혀 상관없어.
　　나 원래 면류는 좋아하니까.

M1：실은 나도 어제 우동을 회사 상사와 먹은 지 얼마 안 되었
　　으니까, 역시 면 이외의 것으로 하자. 맞다, 더울 때는 반
　　대로 뜨거운 것을 먹는 것도 있을 수 있지.

M2：아, 잊고 있었다. 역시 아버지는 애처가야.

F ：그러면 나 카레가 먹고 싶어. 여름에 바다에 갔을 때 해
　　변가 집에서 먹는 카레는 최고지 않아? 오늘 밤은 카레로
　　하자.

M1：그것 좋은 생각이야. 나는 좀 매운 것을 좋아하니까, 맵게
　　만들어 줘.

M2：나도 도와드릴까요?

부인은 해변가 집에서 무엇을 먹는 것이 최고라고 말하고 있습니까?

1. 소면
2. 우동
3. 메밀국수
4. 카레

단어 ざるそば 대발이나 작은 대소쿠리 모양의 그릇에 담은 메밀
국수 | ソーメン 소면 | 元々もともと 원래 | 麺類めんる
い 면류 | 逆ぎゃくに 반대로 | 辛目からめ 매콤함

해설 여러 의견이 나오다 말미에 부인이 '나 카레가 먹고 싶어.
여름에 바다에 갔을 때 해변가 집에서 먹는 카레는 최고
지 않아?'라고 했다.

정답 4

2番　　_T092

**ある男の人は「先生の良し悪し」についての勉強会へ
の案内を、そして二人の女子大学生が教員についての
情報を話しています。**

M: 明日、「子どもにとってのいい先生とは、どんな先
生でしょうか」という勉強会がありますので、みな
さんにお勧めします。内容は、よい教師と悪い教師
の条件は何かということです。例えば、よい教師と
いうのは、生徒が理解できる話をし、時間どおりに
講義を進める、でも、悪い教師というのは、自分が
理解できる話をするために、時間の過不足が起きや

すいということです。今回は先生の良し悪しを分析し、良い教師、悪い教師の条件というものを出してみたいと思います。

F1：そうですか。最近、どうすれば「いい先生」が育つのか、っていう話題が度々ニュースになっていますが。

F2：民主党のマニフェストにも「教師の質を上げる、いい先生を増やす」ってありますしね。

M：その通りです。以前に比べて先生の質が低下してきているのは確かです。

F1：それに今、若い先生が増えてますから、いい先生を育てようっていろんな取り組みが行われてるみたいですよ。

F2：そうなんだ、例えば？

F1：東京都にある杉並師範塾って言うところがあるんですけど、未来の小学校の先生を育てるための塾で、教員免許を持っている社会人や、免許を取る予定の大学生が学んでいるそうです。

M：北海道や福岡などにもありますよ。

F2：へえ、そういうところもあるのね。全然知りませんでした。

F1：そこは1年間の特訓をクリアすることができれば、ほとんどの塾生が杉並区の先生になることができるそうです。先生になったその日から活躍できることを目指して、様々な研修が行われているそうですよ。

F2：普通は教育実習もホンの数週間だし、そういうところでいろんな経験を積めるのはいいことね。

F1：1週間ゴミ収集の仕事を体験したり、介護施設で働いたり、トイレ掃除の研修もあるって聞いてますし、他にも日本銀行のトップだった人から経済の話を聞いて勉強したり、元オリンピック選手の話を聞いたりすることもあるって話よ。

F2：そういう場所が増えるといいですね。じゃ、明日の勉強会に参加して、様々な意見や新しい情報も聞かせてもらいましょう。

東京都にある杉並師範塾はどんなところですか。
1. 教員免許取得を目指し勉強に励む場所
2. 未来の小学校の先生を育てるための場所
3. 介護施設で働くための技術を学ぶ場所
4. 先生としての技術が足りない人が再び技術を学ぶ場所

어느 남자는 '선생님의 좋고 나쁨'에 대한 연구 모임에 대한 안내를, 그리고 두 명의 여자 대학생이 교원에 대한 정보를 이야기하고 있습니다.

M：내일, '아이들에게 좋은 선생님이란 어떤 선생님입니까'라는 연구모임이 있는데, 여러분에게 권해드립니다. 내용은 좋은 교사와 나쁜 교사의 조건은 무엇인가 라는 것입니다. 예를 들면, 좋은 교사라는 것은 학생이 이해할 수 있는 이야기를 하고, 시간 안에 강의를 진행하지만, 나쁜 교사에 대해서는 자신이 이해할 수 있는 말을 하기 때문에 시간의 과부족이 발생하기 쉽다는 것입니다. 이번에는 선생님의 좋고 나쁨을 분석하고 좋은 교사, 나쁜 교사의 조건이라는 것을 꺼내 보고 싶은 것입니다.

F1：그래요, 최근, 어떻게 하면 '좋은 선생님'을 양성할 수 있나 라는 화제가 자주 뉴스화되고 있는데요.

F2：민주당의 선거공약에도 '교사의 질을 높인다, 좋은 선생님을 늘린다'가 있을 정도니까.

M：맞습니다. 이전에 비해 선생님의 자질이 저하되고 있는 것은 틀림없습니다.

F1：맞아 맞아. 게다가 지금, 젊은 선생님이 늘고 있어 좋은 선생님을 키우려고 여러 가지 방법을 생각하고 있어요.

F2：그렇구나. 예를 들면?

F1：도쿄도에 있는 스기나미 사범 학원이라고 하는 곳이 있는데, 미래의 초등학교 선생님을 키우기 위한 학원으로, 교원면허를 가지고 있는 사회인이나 면허를 딸 예정인 대학생이 배우고 있다고 해요.

M：북해도나 후쿠오카 등에도 있습니다.

F2：헤에, 그런 곳도 있구나. 전혀 몰랐어요.

F1：거기는 1년간의 특훈을 클리어하는 것이 가능하면 대부분의 학원생이 스기나미구의 선생님이 될 수 있다고 해요. 선생님이 된 그날부터 활약 가능한 것을 목표로 다양한 연수가 행해지고 있다고 하던데요.

M：보통은 교육실습도 불과 몇 주고, 그런 곳에서 여러 가지 경험을 쌓는 건 좋은 일이네.

F1：1주간 쓰레기 수집 일을 체험하거나, 간병 시설에서 일하거나, 화장실 청소 연수도 있다고 들었어요. 그 밖에도 일본은행의 톱이었던 사람으로부터 경제 이야기를 듣고 공부하거나, 전 올림픽 선수의 이야기를 듣거나 하는 것도 있다는 이야기예요.

F2：그런 장소가 늘면 좋겠어요. 그럼, 내일 연구 모임에 참가해서 여러 가지 의견이나 새로운 정보도 얻어 오세요.

도쿄도에 있는 스기나미 사범 학원은 어떠한 곳입니까?
1. 교원면허취득을 목표하고 공부에 힘쓰는 장소
2. 미래의 초등학교 선생님을 키우기 위한 장소
3. 간병시설에서 일하기 위해 기술을 배우는 장소
4. 선생님으로서의 기술이 부족한 사람이 다시 기술을 배우는 장소

단어 話題わだい 화제 │ 度々たびたび 번번이, 자주 │ マニフェスト 선언서, 성명서 │ 取とり組くみ 맞붙음, ~와 씨름함 │ 師範しはん 사범 │ 教員免許きょういんめんきょ 교원면허 │ 特訓とっくん 특훈 │ 塾生じゅくせい 학원생 │ 活躍かつ

やく 활약 | 研修けんしゅう 연수 | 積つむ 쌓다 | 収集し
ゅうしゅう 수집 | 体験たいけん 체험 | 介護施設かいごし
せつ 간병시설 | 取得しゅとく 습득 | 目指めざす 목표로
하다 | 励はげむ 힘쓰다

해설 '미래의 초등학교 선생님을 키우기 위한 학원으로, 교원
　　면허를 가지고 있는 사회인이나 면허를 딸 예정의 대학생
　　이 배우고 있다'고 했다.

정답 2

3번

먼저 이야기를 들어 주세요. 그리고 나서 2개의 질문을 듣고, 각각의
문제용지의 1에서 4 중에서 가장 알맞은 것을 하나 고르세요.

3番 　●_T093

三人の学生が小説について話をしています。

M1：ねえ、文章を書くのって好き？

M2：まあ、嫌いじゃないけどそんな自信持って好きと言
　　えるほどうまくもないしね。

F：わたしもそうなのよね。エッセイは度々書いてるけ
　　ど。

M1：今さ、サークルの仲間内で小説書くのがちょっと
　　したブームでね。これが意外と楽しいんだよ。

M2：なんかこの頃サークル部屋に籠ってなにしてるの
　　かと思ったら、そんなことしてたの？

F：あら、たのしそうね。私もサークルに入れるかな。

M1：いやね、１人だと内容が偏ったり、行き詰まったり
　　するけど、友だちといっしょに書くと意見交換が
　　できて、物語もどんどん進むし、楽しいんだよ。

M2：まあ、確かに本を読んでて、自分だったらこんな
　　展開にするのに、こんな結末にするのに、って考
　　えることはあるからな。そこ、自分で書いたら好
　　きなようにストーリー展開出来るもんね。

F：書くことの妙味って、やはり自分の考えを思いのま
　　まストーリー展開できるっていうことよ。

M1：うん、そうね。でも、一番重要なのは、キャラク
　　ターを考えて、ジャンルを決めて、大方あらすじ
　　を作るって作業なんだけど、そのあとは結構スラ
　　スラ書けちゃうんだ。

M2：なるほどね。そうやって順序よくやっていけば僕でも
　　出来そうな気がするな。今考えていることとか、
　　思っていることとか。たまには文章にしてみる
　　のもいいかもな。

M1：そうだよ、そんなに堅苦しく考える必要はないよ。
　　身近なものを題材にして、短くてもいいから好き

なように想像して書くことが一番だからね。

F：私も小説に挑戦してみようかしら。

質問1. 男子学生はなぜ友だちと一緒に小説を書くと言
　　っていますか。

質問2. 小説をスムーズに書ける三つのことは何だと言っ
　　ていますか。

남학생들이 소설에 대해서 이야기를 하고 있습니다.

M1：야, 글 쓰는 거 좋아해？

M2：뭐, 싫어하지는 않는데 그렇게 자신있게 좋아한다고 말할
　　수 있을 정도로 잘하지도 않아.

F：나도 그래. 수필은 가끔 쓰지만.

M1：요새 말이야, 동아리 친구들끼리 소설 쓰는 것이 상당한
　　붐인데 말이야. 이게 의외로 재밌어.

M2：어쩐지 요즘 부실에 틀어박혀서 뭐하나 싶었는데, 그런
　　거 하고 있었어?

F：어머, 재미있겠다. 나도 동아리에 들어갈 수 있을까?

M1：그게 말야, 혼자서는 내용이 치우치고 막히고 그러는데,
　　친구랑 함께 쓰면 의견교환이 가능하고 이야기도 팍팍 잘
　　나가고 재밌다니까.

M2：뭐, 확실히 책을 읽고, 나라면 이런 전개로 할 텐데, 이런
　　결말로 갈 텐데, 라고 생각한 적은 있으니까 말이야. 그
　　부분, 내가 썼다면 내 마음대로 스토리 전개를 할 수도 있
　　고 말이지.

F：쓰는 것의 묘미는 역시 자기 생각을 내키는 대로 이야기
　　를 전개할 수 있다는 것이지.

M1：응, 그래. 하지만 가장 중요한 것은, 캐릭터를 생각하고,
　　장르를 정해서, 대강의 줄거리를 만들면 꽤 술술 써낼 수
　　있어.

M2：그렇군. 그런 식으로 순서를 잘 따라하면 나라도 할 수 있
　　을 것 같군. 지금 생각하고 있는 것이라던가, 상상하고 있
　　는 것이라던가, 가끔은 글로 만들어 보는 것도 좋을지도
　　모르겠군.

M1：맞아, 그렇게 어렵게 생각할 필요는 없어. 가까운 것을 소
　　재로 해서 짧아도 좋으니까 마음대로 상상해서 쓰는 것이
　　제일이니까 말이야.

F：나도 소설에 도전해 볼까?

질문1 남학생은 왜 친구와 함께 소설을 쓰는 것이 좋다고 말하고 있
　　습니까?
　　1. 주변에서 칭찬해 줘서 자신이 생겨서
　　2. 의견교환이 가능하고 혼자서 쓸 때보다 잘 써지니까
　　3. 실제의 친구를 소재로 소설을 쓰는 것이 많으니까
　　4. 소설을 쓰는 방식을 순서를 세워 가르쳐 주기 때문에

해설 '혼자서는 내용이 치우치고 막히고 그러는데 친구와 함께
　　쓰면 의견교환이 가능하고 이야기도 팍팍 잘 나가고 재밌
　　다니까.'에서 정답을 찾을 수 있다.

정답 2

질문2 소설을 잘 쓸 수 있는 3가지는 무엇이라고 말하고 있습니까?

1. 등장인물, 장르, 개요
2. 캐릭터, 장르, 결말
3. 자신감, 의견교환, 이야기
4. 순서, 문장, 소재

해설 이런 유형의 문제는 끝까지 포기하지 말고 간단 메모를 해야 '순서, 선택, 비교' 등 구체적 내용에 유리하다. '캐릭터를 생각하고, 장르를 정해서, 대강의 줄거리를 만들면 꽤 술술 써 낼 수 있어.'에서 정답을 찾을 수 있다.

정답 1

단어 文章ぶんしょう 글, 문장 | 自信じしん 자신(감) | ちょっとした 어지간한, 상당한, 괜찮은 | 意外いがい 의외 | 籠こもる 안에 틀어박혀서 밖에 나오지 않다 | 偏かたよる 편중되다, 치우치다 | 行いき詰つまる 막다른 곳에 이르다 | 意見交換いけんこうかん 의견교환 | 展開てんかい 전개 | 結末けつまつ 결말 | キャラクター 캐릭터, 등장인물 | ジャンル (문예작품을 형태, 내용에 따라 구분하는 것) 부문(部門), 장르 | 大方おおかた 대략 | あらすじ 줄거리 | スラスラ (사물이 막힘없이 진행되는 모습) 술술, 순조롭게 = スムーズ | 順序じゅんじょ 순서 | 堅苦かたくるしい 지나치게 엄격하여 딱딱하다, 거북하다, 어렵다 | 身近みぢか 신변 | 題材だいざい 제재(주제가 되는 재료) | 誉ほめる 칭찬하다 | 筆ふでが進すすむ 잘 써지다 | 順序じゅんじょだてる 순서를 세우다

정답

언어지식(문자 · 어휘, 문법) · 독해

問題1	1 (2)	2 (4)	3 (3)	4 (4)	5 (1)
問題2	6 (3)	7 (2)	8 (4)	9 (2)	10 (3)
問題3	11 (1)	12 (1)	13 (4)	14 (2)	15 (3)
問題4	16 (4)	17 (2)	18 (3)	19 (4)	20 (1)
	21 (3)	22 (2)			
問題5	23 (3)	24 (2)	25 (3)	26 (1)	27 (4)
問題6	28 (2)	29 (3)	30 (3)	31 (4)	32 (2)
問題7	33 (1)	34 (2)	35 (4)	36 (1)	37 (3)
	38 (2)	39 (4)	40 (1)	41 (2)	42 (4)
	43 (4)	44 (3)			
問題8	45 (4)	46 (3)	47 (4)	48 (1)	49 (2)
問題9	50 (3)	51 (2)	52 (3)	53 (4)	54 (1)
問題10	55 (4)	56 (2)	57 (3)	58 (1)	59 (3)
問題11	60 (2)	61 (1)	62 (2)	63 (3)	64 (4)
	65 (2)	66 (3)	67 (4)	68 (4)	
問題12	69 (1)	70 (2)			
問題13	71 (3)	72 (2)	73 (1)		
問題14	74 (4)	75 (3)			

청해

問題1	1 (1)	2 (2)	3 (4)	4 (3)	5 (2)	
問題2	1 (2)	2 (4)	3 (3)	4 (4)	5 (3)	6 (1)
問題3	1 (3)	2 (3)	3 (4)	4 (1)	5 (1)	
問題4	1 (3)	2 (2)	3 (1)	4 (2)	5 (2)	6 (3)
	7 (1)	8 (2)	9 (3)	10 (2)	11 (1)	12 (1)
問題5	1 (3)	2 (2)	3 1) (1)	2) (4)		

언어지식(문자·어휘, 문법)·독해

_____의 단어의 읽는 방법으로 가장 알맞은 것을 1·2·3·4에서 하나 고르세요.

1 쇼핑을 하고 있는 도중, 우연히 고교 동창생을 만났다.
단어 偶然ぐうぜん 우연히 | 途中とちゅう 도중 | 高校こうこう 고교 | 同級生どうきゅうせい 동급생
정답 **2**

2 시골로 이사하고 나서는 매일 평온한 날들을 지내고 있다.
단어 穏おだやか (마음이 안정되어) 평온함 | 田舎いなか 시골 | 引ひっ越こす 이사하다 | 過すごす 지내다 | 和なごやか(기색, 공기가) 부드러움 | 緩ゆるやか 완만함 | しなやか 낭창낭창함
정답 **4**

3 그는 뛰어난 성적을 거두었다고 해서 학교에서 표창받았다.
단어 優すぐれる 뛰어나다 | 成績せいせき 성적 | 収おさめる 거두다, 얻다 | 表彰ひょうしょう 표창
정답 **3**

4 이 모든 범행은 절도단의 짓임에 틀림없다.
단어 犯行はんこう 범행 | すべて 모든 | 窃盗団せっとうだん 절도단 | 仕業しわざ 소행, 짓 | ~に違ちがいない ~임에 틀림없다
정답 **4**

5 창문 너머는 안개가 끼어서 경치가 잘 보이지 않는다.
단어 霞かすみがかかる(연한 봄) 안개가 끼다 | 向むこう 저쪽, 맞은 편 | 景色けしき 경치 | 見みえる 보이다 | 霧きり(가을) 안개 | 霜しも 서리 | 梅雨つゆ 장마
정답 **1**

_____의 단어를 한자로 쓸 때, 가장 알맞은 것을 1·2·3·4에서 하나 고르세요.

6 희한하게도 그가 진지한 얼굴로 뭔가 생각을 하고 있다.
단어 真剣しんけん 진지함, 신중함 | 珍めずらしい 드물다, 희귀하다 | 考かんがえ事ごと 갖가지 생각, 궁리
정답 **3**

7 오늘 녹화한 드라마는 영구 보존판이군.
단어 永久えいきゅう 영구 | 録画ろくが 녹화 | 保存版ほぞんばん 보존판
정답 **2**

8 모퉁이에 발을 부딪쳤을 때 둔탁한 소리가 났다.
단어 鈍にぶい 둔하다 | 角かど 모퉁이 | ぶつける 부딪치다 | 音おとがする 소리가 나다
정답 **4**

9 여러 가지로 불편한 지금의 아파트를 옮기기로 결정했다.
단어 引ひき払はらう 퇴거하다 | 何なにかと 여러 가지로, 이것저것 | 不便ふべん 불편함 | 決きめる 정하다 | 扱あつかう 취급하다
정답 **2**

10 증거로 제출하려면 충분한 분석이 필요하다.
단어 分析ぶんせき 분석 | 証拠しょうこ 정거 | ~として ~로서(자격) | 提出ていしゅつ 제출 | 十分じゅうぶん 충분함 | 必要ひつよう 필요
정답 **3**

(　)에 들어갈 가장 알맞은 것을 1·2·3·4에서 하나 고르세요.

11 길모퉁이에서는 아이의 튀어나옴에 주의할 필요가 있다.
단어 飛とび出だし 튀어나옴 | 曲まがり角かど 길모퉁이 | 注意ちゅうい 주의 | 飛とび込こみ 뛰어듦
정답 **1**

12 사서 돌아왔지만, 불량품이었기 때문에 반품하기로 했다.
단어 不良品ふりょうひん 불량품 | 買かう 사다 | 返かえる 되돌아가다, 오다 | 返品へんぴん 반품 | 総そう (접두어)
정답 **1**

13 그 텔레비전 프로그램은 드물게 보이는 높은 시청률을 내놓았다.
단어 高視聴率こうしちょうりつ 고시청률, 높은 시청률 | 稀まれ 드뭄, 희소함 | 視聴率しちょうりつ 시청률 | たたき出だす 때리기 시작하다 | 旧きゅう (접두어) 낡다, 옛
정답 **4**

14 유학하는 곳에서 귀국해 오는 친구가 기다려진다.
단어 待まち遠どおしい 기다려지다 | 留学先りゅうがくさき 유학하는 곳 | 帰国きこく 귀국
정답 **2**

15 친구는 선배를 애타게 사랑하고 있다.
단어 恋焦こいこがれる 사랑에 애태우다 | 先輩せんぱい 선배 | 保たもつ 유지하다
정답 **3**

(　)에 들어갈 가장 알맞은 것을 1·2·3·4에서 하나 고르세요.

16 여기 화장실은 교직원 이외의 사용을 금지합니다.
단어 以外いがい 이외 | 教職員きょうしょくいん 교직원 | 使用しよう 사용 | 禁止きんし 금지 | 以下いか 이하 | 以前いぜん 이전 | 以上いじょう 이상
정답 **4**

17 위독 상태의 환자에 대해 구태여 연명 조치를 취하지 않았다.
단어 延命えんめい 연명(생명을 연장하는 일) | 危篤きとく 위독

| 状態じょうたい 상태 | 患者かんじゃ 환자 | 敢あえて 구태여, 그다지(부정어 동반) | 措置そち 조치 | 取とる 취하다 | 順延じゅんえん 순연(기일을 차례로 늦춤) | 延期えんき 연기 | 遅延ちえん 지연(예정된 시간에 늦어짐)

정답 2

18 이야기는 끝없이 **평행선**이어서, 결론은 다음 회로 미뤄지게 되었다.

단어 平行線へいこうせん 평행선 | どこまでも 끝없이, 한없이 | 結論けつろん 결론 | 次回じかい 다음 회 | 持もち越こし 넘김, 미룸

정답 3

19 그녀의 손님 **응대**에는 항상 감탄하게 된다.

단어 応対おうたい 응대 | お客様きゃくさま 손님 | 感心かんしんする 감탄하다 | 相対そうたい 상대 | 応援おうえん 응원 | 温厚おんこう 온후

정답 4

20 사태가 심각해지기 전에 한 번 서로 이야기하는 게 좋다고 생각한다.

단어 深刻しんこく 심각함 | 事態じたい 사태 | 話はなし合あう 서로 이야기하다 | 否定ひてい 부정 | 不安ふあん 불안

정답 1

21 그에게는 **명확**한 답변을 요구합니다.

단어 明確めいかく 명확함 | 答弁とうべん 답변 | 求もとめる 요구하다 | 明晰めいせき 명석함 | 確率かくりつ 확률 | 確信かくしん 확신

정답 3

22 그녀의 멋에 관한 센스는 **발군**이어서 부럽다.

단어 抜群ばつぐん 발군 | おしゃれ 멋 | 関かんする 관하다 | 羨うらやましい 부럽다 | 抜粋ばっすい 발췌 | 選抜せんばつ 선발 | 奇抜きばつ 기발

정답 2

문제5 _____의 단어에 의미가 가장 가까운 것을 1·2·3·4에서 하나 고르세요.

23 그는 벽에 **기대어** 서 있었다.

단어 もたれる 기대다 = 寄よりかかる 몸을 의지하여 기대다 | 壁かべ 벽 | 立たつ 서다 | 寄より添そう 바싹 달라붙다 | 伸のし掛かかる 위에서 덮치다 | 寄よせ集あつめる 긁어모으다

정답 3

24 아버지는 아무런 서두도 없이 **갑자기** 화를 내기 시작했다.

단어 突然とつぜん 갑자기 | 前置まえおき 서두 | 怒おこる 화내다 | 急いそぐ 서두르다 | ほどよい 알맞다

정답 2

25 수학에 관해서라면 **약간** 자신이 있다.

단어 いささか 조금, 약간 | 数学すうがく 수학 | 自信じしん

자신 | 徐々じょじょに 서서히, 천천히

정답 3

26 그녀는 자신의 머리 모양을 **끊임없이** 신경 쓰고 있다.

단어 しきりに 빈번히, 끊임없이 = むやみに 함부로, 과도하게 | 髪型かみがた 머리 모양 | 気きにする 신경 쓰다 | わずかに 조금, 약간 | 細こまかく 세세하게 | 詳くわしく 상세하게

정답 1

27 이 도자기는 깨지기 쉬우니까 조심스럽게 다루어 주세요.

단어 脆もろい 깨지거나 부서지기 쉽다 = 壊こわれやすい 부서지기 쉽다 | 焼やき物もの 도자기 | 慎重しんちょう 신중함 | 扱あつかう 다루다 | かたい 단단하다 | 薄うすい 얇다, 연하다 | ふさわしい 어울리다

정답 4

문제6 다음 단어의 사용법으로 가장 알맞은 것을 1·2·3·4에서 하나 고르세요.

28 **そのうち** 그 안에, 가까운 시일 안에
1. 몇 번 물어도 <u>가까운 시일 안에</u> 아무것도 가르쳐 주지 않았다.
2. 이 사건의 진상은 <u>가까운 시일 안에</u> 분명해질 것이다.
3. 이 레스토랑에는 <u>가까운 시일 안에</u> 온 지 얼마 안 되었다.
4. 수영은 어린 시절부터 <u>가까운 시일 안에</u> 계속하고 있는 취미 같은 것입니다.

단어 聞きく 듣다, 묻다 | 教おしえる 가르치다 | 事件じけん 사건 | 真相しんそう 진상 | 明あきらか 명확함 | 幼おさない 어리다 | 頃ころ 경, 무렵 | 続つづける 계속하다 | 趣味しゅみ 취미 | そのうち 머지않아, 그럭저럭 하는 동안에

정답 2

29 偉大いだい **偉大** 위대
1. 이번 사건에 이른 <u>위대</u>함을 상세히 이야기해 주세요.
2. 다음 주 학회까지 <u>위대</u>한 양의 자료를 익숙하게 읽지 않으면 안 된다.
3. 내가 졸업한 고등학교에는 <u>위대</u>한 선배들이 많이 있다.
4. 어제의 폭우는 <u>위대</u>한 피해를 미치는 일이 되었다.

단어 至いたる 이르다, 도달하다 | 詳くわしい 상세하다 | 学会がっかい 학회 | 量りょう 양 | 資料しりょう 자료 | こなす 익숙하게 다루다, 구사하다 | 卒業そつぎょう 졸업 | 大雨おおあめ 폭우 | 被害ひがい 피해 | 及およぼす 미치다 | 偉大いだい 위대함

정답 3

30 **ぐずぐず** 우물쭈물
1. 그는 항상 <u>우물쭈물</u>하고 있어서 주위를 부드럽게 해 준다.
2. 아까부터 지나가는 사람들이 <u>우물쭈물</u> 바라보고 있는 것은 왜지?
3. 모처럼 일찍 일어났는데 <u>우물쭈물</u>하고 있었더니 지각해 버렸다.
4. 그녀의 피부는 <u>우물쭈물</u>하고 있어서 부럽다.

단어 周囲しゅうい 주위, 주변 | 和なごむ 온화해지다 | 通とおりすがる 길을 지나가다 | 早起はやおきをする 일찍 일어나다 | 遅刻ちこく 지각 | 肌はだ 피부 | うらやましい 부럽다 | ぐずぐず 우물쭈물, 투덜투덜

정답 3

31 **かっと** 발끈

1. 부모님의 안부를 확인할 수 있어서 발끈했다.
2. 자고 있는 새끼고양이를 발끈 만져 보았다.
3. 울고 있는 그녀를 보고 무심코 발끈 안아주었다.
4. 아이를 야단치고 있을 때 그만 발끈해져서 손을 올려 버렸다.

단어 両親りょうしん 부모님 | 安否あんぴ 안부 | 確認かくにん 확인 | 子猫こねこ 새끼고양이 | 触ふれる 만지다 | 泣なく 울다 | 思おもわず 무심코 | 抱だきしめる 꽉 껴안다 | 叱しかる 야단치다 | つい 그만 | 手てをあげる 손을 올리다, 때리다 | かっと 맹렬히 타오르거나 강하게 내리쬐거나 하는 모습, 분노, 부끄러움 등으로 크게 화를 내는 모습/확, 쨍, 발끈, 불끈, 딱

정답 4

32 **정전**

1. 잔업을 하고 있다가 정전을 놓쳐 버렸다.
2. 근처에 떨어진 번개 때문에 일시적으로 정전이 되었다.
3. 휴대전화의 정전이 끊어져 버려 연락을 취할 수 없게 되어 버렸다.
4. 친구의 결혼식에 참석하지 못했기 때문에 정전을 보내두었다.

단어 残業ざんぎょう 잔업 | 逃のがす 놓치다 | 落おちる 떨어지다 | 雷かみなり 번개 | 携帯けいたい 휴대전화 | 切きれる 끊기다 | 連絡れんらくを取とる 연락을 취하다 | 結婚式けっこんしき 결혼식 | 参列さんれつ 참석 | 送おくる 보내다 | 停電ていでん 정전

정답 2

문제7 다음 문장의 ( )에 들어갈 가장 알맞은 것을 1 · 2 · 3 · 4에서 하나 고르세요.

33 그는 집에 놀러올 때마다 선물을 가지고 와 준다.

단어 遊あそびに 놀러 | お土産みやげ 선물 | 持もつ 가지다 | ～として ～로서 | ～たびに ～때마다

정답 1

34 혼자서는 해결할 수 없을 것 같으면 언제라도 상담에 응할게요.

단어 解決かいけつ 해결 | 相談そうだんに乗のる 상담에 응하다 | ～どころか ～커녕 | ～ながら ～(하)면서 | ～くせに ～인 주제에 | ～ようなら ～일 것 같으면

정답 2

35 엄마뿐 아니라 아버지까지도 유행성 독감에 걸려 버렸다.

단어 インフルエンザ 인플루엔자(유행성 독감) | かかる 걸리다 | ～ばかりか ～뿐만 아니라

정답 4

36 그녀는 지난달 본 후로 한 번도 만나지 못했다.

단어 先月せんげつ 지난달 | 見みる 보다 | 見みかける 눈에 띄다, 가끔 보다 | 동사 た형+きり ～한 채로

정답 1

37 나이 탓인지 최근 신문의 자그마한 문자가 읽기 어려워졌다.

단어 年とし 나이 | 小ちいさな 자그마한 | 文字もじ 문자 | 読よみにくい 읽기 어렵다 | ～せいか ～탓인지

정답 3

38 텔레비전에는 오늘을 끝으로 은퇴하는 야구선수가 비춰지고 있었다.

단어 引退いんたい 은퇴 | 野球選手やきゅうせんしゅ 야구선수 | 映うつし出だす 비추다 | さすがに 역시 | もとより 원래, 본디 | 至いたって 이르러 | かぎり 끝, 한계

정답 2

39 아들은 우리들의 걱정과 상관없이 혼자 여행을 떠났다.

단어 息子むすこ 아들 | 心配しんぱい 걱정 | 旅たびに出でかける 여행을 가다 | ～をとわず ～을 묻지 않고 | 禁きんじ得えず 금할 수 없다 | ～をよそに ～을 아랑곳하지 않고

정답 4

40 그에게 상담해 보았자 아무런 해결도 되지 않을 것이다.

단어 相談そうだん 상담 | 解決かいけつ 해결 | 동사 た형+ところで ～해 보았자

정답 2

41 이 시합은 한 순간도 놓칠 수 없는 멋진 게임이다.

단어 試合しあい 시합 | 一瞬いっしゅん 한 순간 | 見逃みのがす 못 보다, 놓치다 | あいまって ～와 더불어 | ～たりとも ～라도(예외가 아님)

정답 2

42 그녀는 육아를 하면서 재택근무로 상당한 수입을 얻고 있다.

단어 育児いくじ 육아 | 在宅ざいたくワーク 재택근무 | 収入しゅうにゅう 수입 | 得える 얻다 | もとで ～아래에서 | かたがた ～하는 김에, 겸하여 | たびに ～할 때마다 | かたわら ～하는 한편

정답 4

43 그 일은 벌써 끝난 것이라고 생각하고 있었다.

단어 終おわる 끝나다 | かわりに 대신 | ともに 함께 | ことに 각별히, 특히 | とっくに 훨씬 전에, 벌써

정답 4

44 결혼이란 반드시 하지 않으면 안 되는 것은 아니다.

단어 結婚けっこん 결혼 | 反面はんめん 반면 | 必かならずしも 반드시(부정어 동반)

정답 3

다음 문장의 ★ 에 들어갈 가장 알맞은 것을 1·2·3·4 에서 하나 고르세요.

45 태어나 성장한 마을을 떠나 새로운 곳에서 사는 데에는 <u>기대보다도</u> 불안이 더 크다.

단어 生うまれ育そだつ 태어나 성장하다 | 街まち 거리, 동네 | 離はなれる 떠나다 | 新あたらしい 새롭다 | 場所ばしょ 장소 | 暮くらす 생활하다 | 期待きたい 기대

정답 4 生まれ育った町を離れ新しい場所で暮すことには期待よりも不安の方が大きい。

46 달리기 전에는 반드시 구두끈이 단단히 묶여져 있는지 아닌지 <u>빈틈없이</u> 각자 확인을 해 주세요.

단어 走はしる 달리다 | 必かならず 반드시 | 靴紐くつひも 구두끈 | 結むすぶ 묶다 | ~かどうか ~인지 아닌지 | 各自かくじ 각자 | 確認かくにん 확인 | しっかり 단단히, 똑똑히, 확고히 등 (①사물의 기초나 구성이 견고함, ②생각이 견실하여 신용할 수 있음, ③긴장하여 확실히 함)

정답 3 走る前には必ず靴紐がしっかり結ばれているかどうか各自確認をしてください。

47 친구가 상당히 재미있다며 빌려 준 DVD는 나에게는 조금도 <u>재밌지</u> 않았다.

단어 すごく 굉장히 | 面白おもしろい 재미있다 | 貸かす 빌려주다 | ちっとも 조금도 | ~にとっては ~에 있어서는

정답 4 友人がすごく面白いからと貸してくれたDVDは私にとってはちっとも面白くなかった。

48 최근 전혀 연락을 취하고 있지 않아서, 걱정하고 있었는데 건강한 것 같아서 <u>무엇보다</u> 다행입니다.

단어 全まったく 전혀 | 連絡れんらくを取とる 연락을 취하다 | 心配しんぱいする 걱정하다 | 元気げんき 건강함 | 何なにより 무엇보다도(좋음)

정답 1 最近全く連絡を取っていなかったので心配していましたがお元気そうで何よりです。

49 나의 사소한 <u>부주의</u>로 많은 사람에게 폐를 끼치게 되어 정말로 죄송스럽다.

단어 自分じぶん 자신 | ちょっとした 사소한 | 不注意ふちゅうい 부주의 | 多おおくの 많은 | 迷惑めいわくをかける 폐를 끼치다 | 동사 기본형 + ことになる ~하게 되다 | 申もうし訳わけない 죄송하다

정답 2 自分のちょっとした不注意で多くの人に迷惑をかけることになってしまって本当に申し訳ない。

다음 문장을 읽고, 문장 전체 내용을 생각해서 (50)에서 (54) 안에 들어갈 가장 알맞은 것을 1·2·3·4에서 하나 고르세요.

지금 신형 인플루엔자가 전 세계로 퍼져 나가고 있다.

신형 인플루엔자의 특징은 기침이나 고열, 몸의 마디마디가 아파진다. 또는 몸이 (50) 나른해진다는 것이다. 그 이외에 이번 신형 인플루엔자는 설사 등의 증상이 발생하기 쉽다고도 한다. 신형 인플루엔자는 대부분의 사람은 확실하게 안정을 취하면 치료된다. 그러나 폐와 심장 등에 병이 있는 사람이나 임산부, 어린 아이, 노인은 증상이 심해지는 경우가 있다. 따라서 (51) 인플루엔자는 쉽게 생각해서는 안 된다.

인플루엔자인지 그렇지 않은지를 구분하는 방법으로서 일본에서는 '간이검사'라는 방법이 행해지고 있다. 콧속의 콧물을 채취하여 그곳에 어느 정도 바이러스가 있는지, 특수한 약품을 섞어서 조사하는 방법이다. 단, 이 방법은 발병하고 바로라면 검사를 빠져나가 버리는 경우도 있다. 고열이나 기침이 나와도, 콧속의 콧물에 아직 바이러스가 증가하지 않는 경우가 있는 것이다. 한번 간이검사를 하여 인플루엔자가 아니라고 해도, 만약 그 후에 몸 상태가 나빠진다면 병원에 가서 진찰 받을 필요가 있다.

타미플루나 리렌자 등의 약은 충분하다. 그러나 감염되었을 때에 증상 (52)이 악화되는 것을 방지하는 백신은 (53) 충분하지 않다. 그래서, 백신을 놓는 순서를 정하는 의논이 이루어지고 있다. 지금 생각되고 있는 것은 의사와 간호사 등 의료에 종사하는 사람, 임산부, 중한 병이 있는 사람, 초등학생 미만의 영유아 등. 충분하지 않은 분량의 백신은 외국에서 수입하려고 고려되고 있다.

인플루엔자는 입이나 코에서 나오는 침이나 콧물을 통하여 감염되는 일이 많다. (54)따라서 기침이나 재채기가 나오게 되면, 남에게 옮기지 않도록 하기 위해 마스크를 쓰는 일이 중요하다. 또한 바이러스가 섞인 침이 손에 묻으면 그 손이 여러 곳을 만지고 점점 퍼져 갈 가능성이 있다. 그 때문에 꼼꼼하게 손 씻기를 한다는 기본적인 일이 대단히 중요한 것이다.

단어 新型しんがた 신형 | 日本中にほんじゅう 일본 전체 | 広ひろがる 퍼지다 | 特徴とくちょう 특징 | 咳せき 기침 | 高熱こうねつ 고열 | 節々ふしぶし 마디마디 | 痛いたい 아프다 | 以外いがいに 의외로 | 下痢げり 설사 | 病状びょうじょう 증상 | 出でる 나다 | ほとんど 대부분 | 安静あんせい 안정 | 治なおる 낫다 | 肺はい 폐 | 心臓しんぞう 심장 | 病気びょうき 병 | 妊婦にんぷ 임산부 | お年寄としより 노인 | 重おもい 무겁다 | 見分みわける 구분하다 | 簡易検査かんいけんさ 간이검사 | 行おこなう 행하다 | 鼻はな 코 | 奥おく 속 | 鼻水はなみず 콧물 | 特殊とくしゅ 특수함 | 混まぜる 섞다 | 調しらべる 조사하다 | 発症はっしょう 증세가 나타남 | すり抜ぬける 빠져나가다, 면하다 | 熱ねつ 열 | 増ふえる 증가하다 | 具合ぐあいが悪わるい 몸 상태가 좋지 않다 | 必要ひつよう 필요 | 足た

りる 충분하다 | 感染かんせん 감염 | 悪化あっか 악화 | 防ふせぐ 막다 | ワクチン 백신 | 順番じゅんばん 순서 | 話はなし合あい 의논 | 医師いし 의사 | 看護師かんごし 간호사 | 医療いりょう 의료 | 携たずさわる 종사하다 | 未満みまん 미만 | 幼おさない 어리다 | 輸入ゆにゅう 수입 | つば 침 | 通とおして 통하여 | くしゃみ 재채기 | 移うつる 옮기다 | 大事だいじ 중요함 | 混まじる 섞이다 | つく 붙다 | 触さわる 닿다 | どんどん 점점 | 可能性かのうせい 가능성 | 手洗てあらい 손 씻기 | 基本的きほんてき 기본적

50 1. 몸이 부드러워진다.　　　2. 몸이 즐거워진다.
　　3. 몸이 나른해진다.　　　4. 몸이 슬퍼진다.
단어 優やさしい 상냥하다 | 楽たのしい 즐겁다 | だるい 나른하다 | 悲かなしい 슬프다
해설 신형 인플루엔자의 특징을 열거하는 것이므로 앞서 제시한 증상 외에 '몸'과 관련하여 의미가 통하는 증상을 찾으면 되겠다.
정답 3

51 1. 인플엔자는 쉽게 생각해도 좋을지도 모른다.
　　2. 인플엔자는 쉽게 생각해서는 안 된다.
　　3. 인플엔자는 쉽게 여겨지고 있을지도 모른다.
　　4. 인플엔자는 쉽게 생각하고 있었을 것이다.
단어 安易あんいに 안이하게, 쉽게 | ～かもしれない ～일지도 모른다
해설 대부분의 사람은 안정을 취하면 크게 염려할 것이 없다고 전제하고 '그러나' 증상이 더 악화될 수 있는 사람들을 열거하고 '그렇기 때문에'라고 했으므로 주의를 요하는 문장이 와야 한다.
정답 2

52 1. 은　　2. 을　　3. 에게　　4. 이
해설 문맥에 약이 충분히 확보된 것을 전제하고 '그러나' 감염된 경우 '증상이 악화되는 것을~'이라고 말하고 있으므로 자동사 '悪化あっかする(악화되다)' 앞에는 조사는 'が'가 와야 한다.
정답 4

53 1. 충분한 것일까?
　　2. 충분하지 않을 리가 없다.
　　3. 충분했었다.
　　4. 충분하지 않다.
단어 ～はずがない ～일 리가 없다
해설 앞 문장에 이어 생각하면 '~은 충분하다. 그러나 증상이 악화되는 것을 방지하는 백신은 충분하지 않다'가 되어야 한다.
정답 4

54 1. 그래서　　　　　　2. 왜냐하면
　　3. 그러나　　　　　　4. 어째서
해설 인플루엔자의 감염 경로를 말하고 이어 그에 대한 대비책을 서술하고 있으므로 '앞에 말한 것을 이유로, 그 귀결을 말하는' 경우에 사용하는 접속사니까가 정답이다.
정답 1

문제10 다음 (1)에서 (5)의 글을 읽고, 뒤의 문제에 대한 대답으로 가장 알맞은 것을 1·2·3·4에서 하나 고르세요.

(1)

> 어느 현의 교원비리사건이 어느 정도 뉴스가 된 일도 있어서, 교원의 권위는 완전히 실추되어 버렸다.
> 일본 학교에서는 심하게 화를 내는 아이나 학교에 대해서 자기중심적이며 불합리한 요구를 하는 부모조차 이미 '손님'이다. 그 중에 급식을 배급하는 것도 교사의 역할이 되고 교실이나 교정의 청소 등은 업자에게 맡기게 되는 건 아닌지 염려하고 있다.
> 일본에서는 '신불 참배'라고 하면 훨씬 전부터 학교 선생님을 때리는 것도 의미하여 손윗사람을 존경하는 문화는 없는 것이나 마찬가지이다.
>
> (주1) 汚職 : 직권이나 지위를 남용해서 뇌물을 받는 등의 부정 행위를 하는 것
> (주2) 権威 : 사람에게 승인과 복종의 의무를 요구하는 정신적·도덕적·사회적 또는 법적 위력

단어 教員きょういん 교원 | 汚職おしょく 공무원의 직권을 이용하여 부정행위를 함 | 事件じけん 사건 | 権威けんい 권위 | すっかり 완전히 | 失墜しっつい 실추 | 不始末ふしまつ 허술함, 부주의 | 報道ほうどう 보도 | 直接ちょくせつ 직접 | 携たずさわる 종사하다 | キレる 엄청 화나다, 뚜껑 열리다 | モンスターペアレント 학교에 대해서 자기중심적이며 불합리한 요구를 하는 부모 | もはや 이미 | 給食きゅうしょく 급식 | 配くばる 나누어 주다 | 教師きょうし 교사 | 役割やくわり 역할 | 校庭こうてい 교정 | 業者任ぎょうしゃまかせ 업자에게 맡김 | 危惧きぐ 위구(염려) | 目上めうえ 윗사람 | 尊敬そんけい 존경 | 等ひとしい 같다, 다름없다

55 이 필자가 염려하고 있는 것이란 어떤 것인가?
　　1. 교원 비리사건을 계기로 해서 비슷한 사건이 연속적으로 일어나고 있는 것
　　2. 바야흐로 교원의 권위라는 것이 완전히 땅에 떨어진 것이 되어 버린 것
　　3. 일본의 학교에서는 학생이나 보호자를 손님이라고 부르지 않으면 안 된다는 것
　　4. 학교에 있어서 급식을 차려주는 것은 교사, 청소는 업자에게 맡기는 것과 같은 상황이 되는 것
단어 きっかけ 계기 | 立たて続つづけ 연속 | 今いまや 바야흐로, 이제는 | 地ちに落おちる 땅에 떨어지다 | 保護者ほごしゃ 보호자 | 配膳はいぜん 요리나 밥상을 손님 앞에 차려서 내놓음.
해설 '머지않아 급식을 배급하는 것도 교사의 역할이 되고, 교실이나 교정의 청소 등은 업자에게 맡기게 되는 건 아닌지 염려하고 있다'고 했다.
정답 4

(2)

> 　19세기 말에서 20세기 초의 근대 일본은 제국주의가 한창인 시대였다. 서양근대문명이 단숨에 유입되면서 기존의 사회가 해체되고 개인주의가 석권한다. 가치관이 다양화하는 것처럼 보이지만, 세상은 확대 일변도로. 인간은 마모되고 국가가 관리하게 되었다. 그것이 1945년 8월 15일까지 계속된다.
> 　종전으로 되돌아가면 좋았겠지만, 그 후도 일본은 친미적 경향에 편승하여 무비판적으로 흉내내며 계속 따라가기만 하게 되었다.
> 　그리고 오늘날, 제국주의는 '글로벌화', 인간소외는 '니트 문제'로 대신하여, 일상생활은 큰 그림자로 뒤덮이고 있다.
>
> (주1) 帝国主義 : 군사상·경제상, 타국 또는 후진 민족을 정복하고 대국가를 건설하려고 하는 경향
> (주2) 席巻 : 압도적인 기세로 자신의 세력범위를 장악하는 것
> (주3) 磨耗 : 닳아서 줄어드는 것

단어 初頭しょとう 최초의 시기, 첫머리 | 帝国主義ていこくしゅぎ 제국주의 | 華はなやかなりし(=華はなやかかりし) ~가 한창이던 | 近代きんだい 근대 | 文明ぶんめい 문명 | 一気いっきに 단숨에 | 流入りゅうにゅう 유입 | 既存きそん 기존 | 解体かいたい 해체 | 個人主義こじんしゅぎ 개인주의 | 席巻せっけん 석권 | 価値観かちかん 가치관 | 多様化たようか 다양화 | 既存きそん 확대 | 一辺倒いっぺんとう 일변도, 한쪽으로 치우침 | 磨耗まもう 마모 | 管理かんり 관리 | 倣ならう 모방하다, 따르다 | 疎外そがい 소외 | 日常生活にちじょうせいかつ 일상생활 | 影かげ 그림자 | 覆おおう 덮다 | ニート 교육을 받지 않고 노동이나 취업훈련도 하지 않는 젊은이를 가리키는 조어로, Not in Employment Education or Training의 약자) | 取とって代かわる 대신하다

56 필자는 19세기 말부터 20세기 초에 걸쳐서 세상은 어떻게 되어갔다고 말하고 있는가?
　　1. 가치관이 다양화하고 개인주의가 세상을 석권해 사람들이 자유에 흥겨워하는 세상이 되었다
　　2. 확대 일변도가 되어 인간이 마모되고 국가가 관리하는 듯한 세상이 되었다.
　　3. 서양근대문명이 한 번에 유출되어 왔지만, 일본 독자의 문화를 관철하는 세상이 되었다
　　4. 정해진 직업에 종사하지 않는 젊은이가 넘쳐나 '니트'가 문제시되는 세상이 되었다.

단어 興きょうじる 흥겨워하다, 재미있어하다 | 独自どくじ 독자 | 貫つらぬき通とおす 관철시키다 | 職業しょくぎょう 직업 | 就つく 취직하다 | あふれる 넘치다 | 問題視もんだいし 문제시

해설 변화의 결과를 나타내므로 '가치관이 다양화하는 것처럼 보이지만, 세상은 확대 일변도로 인간은 마모되고 국가가 관리하게 되었다.'고 했다.

정답 2

---

(3)

> 　화산의 분화에는 '파괴' 이미지가 강하다. 하지만 치유력이라고 해도 좋을 자연의 회복력과 끝없는 인간의 생존력을 동시에 실감하게 해 주었던 것이, 1991년 6월에 발생한 필리핀 피나투보 화산의 대분화이다. 20세기 최대급이라고 일컬어지는 분화는 산정상의 일부를 날려버리고, 직경 2킬로미터의 칼데라가 형성되었다. 화구에서 15킬로미터 권내의 산록은 천문학적인 양의 화산재와 분출물로 완전히 뒤덮여, 건기에는 '빙하지대'로 착각하게 되는 광경으로 변모했다.
>
> (주1) 治癒力 : 병이나 상처가 나아가는 힘
> (주2) 山麓 : 산의 기슭이나 산기슭

단어 火山かざん 화산 | 噴火ふんか 분화 | 破壊はかい 파괴 | 治癒力ちゆりょく 치유력 | 自然しぜん 자연 | 回復力かいふくりょく 회복력 | そこ知しれぬ=底知そこしれない(깊이를) 알 수 없는·한없는 | 同時どうじ 동시 | 実感じっかん 실감 | ピナトウボ火山 피나투보 화산 | 最大級さいだいきゅう 최대급 | 山頂さんちょう 산꼭대기 | 吹ふき飛とばす 불어 날려 버리다 | 直径ちょっけい 직경 | カルデラ 칼데라 | 形成けいせい 형성 | 火口かこう 화구 | 圏内けんない 권내 | 山麓さんろく 산록 | 天文学的てんもんがくてき 천문학적 | 量りょう 양 | 火山灰かざんばい 화산재 | 噴出物ふんしゅつぶつ 분출물 | 埋うずめる 묻어서 보이지 않게 하다, 메우다 | 동사 ます형 + 尽つくす 다~하여 버리다 | 乾期かんき 건기 | 氷河ひょうが 빙하 | 地帯ちたい 지대 | 見間違みまちがう=見間違みまちがえる 잘못 보다 | 光景こうけい 광경

57 필자는 화산의 분화에는 어떤 이미지가 강하다고 말하고 있는가?
　　1. 화산의 분화에는 '자연의 회복력'이라는 이미지가 강하다.
　　2. 화산의 분화에는 '파괴'의 이미지가 강하다.
　　3. 화산의 분화에는 '인간의 생존력'이라는 이미지가 강하다.
　　4. 화산의 분화에는 '빙하지대'의 이미지가 강하다.

해설 서두의 관련어를 연관시키면 바로 풀 수 있는 문제이다. '화산의 분화에는 '파괴' 이미지가 강하다.'라고 했다.

정답 2

---

(4)

> 　제29회 하계올림픽도 여름방학도 지나 9월의 소리를 듣고 문득 바다 저쪽을 보면 평화와는 거리가 먼 나라들이 얼마나 많은 것인지.
> 　바로 2개월 전, 주요국가 정상이 떠들썩하게 모여서 무언가 억지 미소를 짓고 있던 동안에도, 지구온난화나 식량위기에 대한 국제적인 대응 이전의, 영토와 자원과 민족과 종교를 둘러싼 싸움이 대륙 곳곳에서 계속되고 있었던가 하고, 지금 새삼스럽게 생각이 미친다. 29회 하계올림픽 개회식이 화려하게 거행되고 있었던, 바로 그 때에도 분리 독립을 향한 그루지아의 남오세티아주에 러시아군이 침공하

여 갑자기 역사가 5,60년 되감긴 듯한 기시감에 휩싸였다.

(주1) 賑々しい : 매우 복적되는, 한층 번잡함
(주2) 既視感 : 그때까지 경험한 적이 없는데 일찍이 경험한 듯한 느낌이 드는 것

단어 過すぎる 지나다 | ふと 문득 | 目めをやる 보다(시선을 그쪽으로 향하다) | 平和へいわ 평화 | 程遠ほどとおい 좀 거리가 있다 | 国々くにぐに 나라들 | つい 바로 | 主要国しゅようこく 주요국 | 首脳しゅのう 수뇌, 정상 | 賑々にぎにぎしい 매우 북적거리다 | 集あつまる 모이다 | 何なにやら 무엇인가 | つくり笑顔えがお 만들어진 미소, 위선적 미소 | 振ふり向むく 뒤돌아보다 | 地球ちきゅう 지구 | 温暖化おんだんか 온난화 | 食糧しょくりょう 식량 | 危機きき 위기 | 国際的こくさいてき 국제적 | 取とり組くみ 맞붙음, 대전 | 領土りょうど 영토 | 資源しげん 자원 | 民族みんぞく 민족 | 宗教しゅうきょう 종교 | ～をめぐる ～을 둘러싸다 | 争あらそい 싸움 | 大陸たいりく 대륙 | 至いたるところ 도처에 | 続つづく 계속되다 | 改あらためて 새삼스럽게 | 思おもい至いたる 생각이 미치다 | 開会式かいかいしき 개회식 | 華々はなばなしい 화려하다 | まさに 바로 | 分離独立ぶんりどくりつ 분리 독립 | 目指めざす 목표로 하다 | 侵攻しんこう 침공 | いきなり 갑자기 | 歴史れきし 역사 | 巻まき戻もどす 되감다 | 既視感きしかん ＝ デジャ・ビュ 기시감 (한 번도 경험한 적이 없는데 이미 어디선가 경험한 적이 있는 듯이 느끼는 것) | 襲おそう 뒤덮다

58 밑줄 친 부분은 어떤 것을 의미하고 있는가?
1. 전 세계에는 영토나 자원, 민족과 종교를 둘러싼 싸움이 계속되고 있는 나라가 많이 있다는 것
2. 자국의 평화에 대해 생각하지 않는 사람들이 일본에는 지나치게 많다는 것
3. 지구온난화와 식량 위기에 대한 국제적인 대응에 대해 좀처럼 방법이 정해지지 않는 것
4. 제29회 하계올림픽 개회식이 평화롭게 아무 일 없이 끝나게 될지 어떨지 모른다는 것

단어 自国じこく 자국 | 筋立すじたて 줄거리

해설 평화와는 거리가 먼 사실을 묻고 있으므로 뒤에 이어지는 '영토와 자원과 민족과 종교를 둘러싼 싸움이 대륙 곳곳에서 계속되고 있었다.'가 그에 대한 구체적인 내용이다. 밑줄 친 부분에 대한 해석은 보통 다음에 이어지는 문장에 제시되기 마련이다.

정답 1

(5)

메모는 기억을 위한 하나의 단계이다. 메모했다고 해서 좀처럼 기억하지 못하는 것은 아니지만, 지금은 완전히 저하되어 있는 기억력을 지탱하기 위해서라도 평소부터 노트와 펜은 놓을 수 없다.

그리고 대본에 이르러서는 보시는 바와 같이. 낙서 상태. 날마다 펜의 색깔도 바뀌기 때문에 지저분한 대본이 된다.

이렇게 메모를 하고 있으면 필시 좋은 연극이 가능하다고 생각될 것 같지만, 그것은 관계없는 것 같다.

아마 뛰어난 사람은 몇 번인가 대본을 읽으면, 연이어 대본을 펼치지 않아도 머리에 대사가 새겨져 있겠지만, 보통 사람인 나는 그렇게 할 수는 없다. 몇 번이고 몇 번이고 읽는다.

단어 記憶きおく 기억 | 段階だんかい 단계·수단 | なかなか 좀처럼(부정어 동반의 경우) | 覚おぼえる 외우다 | すっかり 깨끗이 | 衰おとろえる 쇠퇴하다 | 支ささえる 지탱하다 | 普段ふだん 평소 | 放はなす 놓아주다, 자유롭게 해 주다 | 台本だいほん 대본 | 至いたる 다다르다 | ご覧らん 보심 | ～通とおり ～인 대로 | 落書らくがき 낙서 | 状態じょうたい 상태 | 変かわる 바뀌다 | 汚きたない 더럽다 | さぞかし 필시 | 芝居しばい 연극 | 関係かんけいない 관계없다 | どうやら 아무래도, 아마 | 才人さいじん 머리가 좋고, 학문·예능에 뛰어난 사람 | 開ひらく 펼치다 | 台詞せりふ 대사 | 刷すり込こむ 박아 넣다 | 凡人ぼんじん 범인, 평범한 사람 | ～わけにはいかない (그렇게 간단히) ～할 수는 없다

59 저자는 대본의 대사를 어떻게 해서 외우고 있다고 말하고 있는가?
1. 대사를 노트에 펜으로 베껴 써서 외우고 있다.
2. 기억력이 쇠퇴하여 전혀 외울 수 없다.
3. 몇 번이고 몇 번이고 읽어서 대사를 외우고 있다.
4. 여러 차례 읽는 것만으로 대부분을 외우고 있다.

해설 대본을 암기하는 방법을 묻고 있다. 마지막 문장에 '아마 뛰어난 사람은 몇 번인가 대본을 읽으면, 연이어 대본을 펼치지 않아도 머리에 대사가 새겨져 있겠지만, 보통 사람인 나는 그렇게 할 수는 없다. 몇 번이고 몇 번이고 읽는다.'고 했다.

정답 3

문제11 다음 (1)에서 (3)의 글을 읽고, 뒤의 문제에 대한 대답으로 가장 알맞은 것을 1·2·3·4에서 하나 고르세요.

(1)

'큐슈에서는 이제 쌀 재배를 못하게 될지도 모른다'
H현에서 50년 가까이 쌀 재배를 해 온 남성(68)이 7월 하순 ①이렇게 이야기하며 목덜미에 흐르는 땀을 수건으로 닦았다.

H현은 연간 약 15만 7400톤의 쌀을 수확한다. 일찍이 곡창지대라고 불리었던 S지구도 지금 그 기세는 없다.

이유는 '너무 더워서이다'. 옥외인데, 비닐하우스 안처럼 푹푹 찐다. 한낮의 기온은 30도를 가볍게 넘는다. 쌀 생육 과정에서 가장 중요하다고 하는 것이 출수기(벼이삭이 나오는 시기)의 날씨이다. 이삭이 나와 가루받이가 끝날 때까지의 약 20일 동안 냉하, 일조 시간 부족 등이 계속되면, 수확량, 품질을 좌우한다. 재배지역 등에 따른 차이는 있지만, 일반적으로 8월부터 9월 초순에 걸쳐서가 ②그 기간에

해당된다. 그 출수기의 기온이 S지구에서는 과거 30년간 모두 상승했다. 8월 상순에서 9월 하순에 걸쳐, 그 이상이 되면 쌀의 품질이 떨어진다고 하는 '26도 라인'을 상회하게 되었던 것이다.

앞의 남성은 그러한 고온에 의한 피해를 피하려고 작년에 모내기 시기를 1주일 정도 늦추어 보았다. 그러나 수확 가능했던 쌀은 수확 후의 검사에서 품질이 가장 좋은 일등미가 되지 못하고 이등미와 삼등미뿐이었다.

(주1) 穀倉地帯 : 곡물의 주요 산지

(주2) ムシムシする : 몹시 더운 모양

(주3) 軒並み : 어디나 모두

단어 米こめ 쌀 | 栽培さいばい 재배 | 郊外こうがい 교외 | 下旬げじゅん 하순 | 首筋くびすじ 목덜미 | 拭ぬぐう 닦다 | 収穫しゅうかく 수확 | かつて 이전에, 일찍이, 예전에 | 穀倉地帯こくそうちたい 곡창지대 | 地区ちく 지구 | 勢いきおい 기세 | 暑あつい 덥다 | 屋外おくがい 옥외 | ムシムシ 푹푹 찌는 무더위 | 日中にっちゅう 낮 동안 | 気温きおん 기온 | 軽かるい 가볍다 | 超こえる 넘다 | 生育せいいく 생육 | 過程かてい 과정 | 最もっとも 가장 | 出穂期しゅっすいき 출수기(벼이삭이 나오는 시기) | 天候てんこう 날씨 | 穂ほ 이삭 | 受粉じゅふん 수분, 가루받이 | 冷夏れいか 냉하 | 日照時間不足ひでりじかんぶそく 일조 시간 부족 | 品質ひんしつ 품질 | 左右さゆう 좌우 | 地域ちいき 지역 | 多少たしょう 다소 | 違ちがい 차이 | 上旬じょうじゅん 상순 | ~から~にかけて ~부터 ~에 걸쳐서 | 当あたる 해당되다 | 軒並きなみ 잇달아 늘어선 집, 모두 | 上昇じょうしょう 상승 | 下旬げじゅん 하순 | 下さがる 내려가다 | 上回うわまわる 상회하다, 웃돌다 | 前出ぜんしゅつ 앞에 나온 | 高温こうおん 고온 | 被害ひがい 피해 | 避さける 피하다 | 田植たうえ 모내기 | 遅おくらせる 늦추다 | 検査けんさ 검사 | 一等米いっとうまい 일등미(최고 우수한 쌀)

60 ①이렇게라고 되어 있는데, 무엇을 가리키고 있는 것인가?
1. 너무 더워서 쌀농사를 하는 일이 체력적으로 무리일지도 모른다는 것
2. 큐슈에서는 이제 쌀 재배를 못하게 될지도 모른다는 것
3. 쌀 출하가 금년에는 예년에 비해 늦어질지도 모른다는 것
4. 금년에는 품질검사 기준이 상당히 엄격한 것이 될지도 모른다는 것

단어 体力的たいりょくてき 체력적 | 出荷しゅっか 출하 | 基準きじゅん 기준 | 厳きびしい 엄하다

해설 지시어가 가리키는 말은 '큐슈에서는 이제 쌀 재배를 못하게 될지도 모른다.'이다.

정답 2

61 ②그 시기란 언제를 가리키고 있는 것인가?
1. 쌀 생육과정에서 가장 중요한 출수기
2. 낮 동안의 기온이 30도를 넘는 날이 계속되는 시기
3. 일조시간이 점점 짧아져 가는 시기
4. 매년, 쌀의 품질검사가 이루어지는 시기

단어 短みじかい 짧다 | 行おこなう 하다

해설 두 번째 단락의 서두는 '쌀 생육과정에서 가장 중요한 출수기'에 대해서 말하고 있다.

정답 1

62 남성은 쌀의 고온 피해를 피하기 위해 어떠한 방법을 궁리했는가?
1. 모심기의 시기를 20일 앞당긴다는 궁리를 했다.
2. 모심기의 시기를 1주일 동안 늦춘다는 궁리를 했다.
3. 수확 시기를 3주간 앞당긴다는 궁리를 했다.
4. 수확 시기를 2주간 늦춘다는 궁리를 했다.

단어 早はやめる 앞당기다 | 工夫くふう 연구, 궁리

해설 결과와 관계없이 시도해 본 내용을 묻고 있으므로, 마지막 단락의 '남성은 그러한 고온 피해를 피하려고 작년에 모내기시기를 1주일 정도 늦추어 보았다.'에 답이 있다.

정답 2

(2)

맹위를 떨치는 '신형 인플루엔자' 대책으로, 마스크나 항균 상품의 판매가 호조이지만, 더욱 한발 전진하여 '제균 기능'을 가진 공기청정기도 지금 인기라고 한다.

'보통 ①공기청정기에 요구하는 기능은 '꽃가루' '탈취' '담배 연기' 등의 제거가 일반적이지만, 금년에는 '제균(세균 제거)'이 압도적이다. 판매대수의 대부분도 '제균 계통'이 차지하고 있네요.'라는 '전기'의 판매 POP실장인 무라카미 씨. 예년과는 라인업이 다르기 때문에 단순한 비교는 곤란하다고 거절하면서도, 공기청정기로서는 전년대비 160~170% 정도의 판매대수라고 한다.

그 중에서도 진드기 사체나 바이러스, 곰팡이균 등을 분해·제거하는 '플라스마 클러스터' 기술을 탑재한 S사 제품이나 ②신형 인플루엔자용 신상품을 발표한 K사의 '바이러스 워셔 기능'을 탑재한 제품이 인기라서, K사 제품은 재고가 상당히 적어졌다고 한다. 제조사인 K사 전기도 '문의도 많고, 재고도 점점 적어졌군요.'라고 하니 반향이 큰 것 같다.

'보통은 3평 남짓한 크기에 1만 5천 엔부터이지만, ③제균 기능이 붙은 공기청정기는 3만 엔부터이다. 가격이 비싸지만, 어린 아이가 있는 가정에 인기네요'라는 LABI 시부야점의 점원. 보도가 가속화된 8월 말 주말에는 매장에서 담당자의 '설명대기'가 생겼었다고 하니까, 주목도의 정도를 알 수 있다.

(주1) 猛威 : 심한 기세가 있는 것

(주2) 販促 : 판매촉진의 약칭

(주3) 搭載 : 배·차·비행기 등에 자재를 쌓아 넣는 것으로 바뀌어 여기에서는 신상품으로 새로운 기능이 붙었다는 의미

(주4) 在庫 : 창고에 아직 상품이 있는 것

단어 猛威もうい 맹위 | 振ふるう 충분히 발휘하다 | 新型しんがた 신형 | 対策たいさく 대책 | 抗菌こうきん 항균 | 製品せいひん 제품 | 売うれ行ゆき 팔림새 | 好調こうちょう 호조 | 一歩いっぽ 일보 | 進すすむ 나아가다 | 除菌じょきん 제균(세균 제거) | 機能きのう 기능 | 空気清浄機くうきせいじょうき 공기청정기 | 通常つうじょう 통상, 보통 |

求もとめる 요구하다 | 花粉かふん 꽃가루 | 脱臭だっしゅう 탈취 | 煙けむり 연기 | 除去じょきょ 제거 | 一般的いっぱんてき 일반적 | 圧倒的あっとうてき 압도적 | 販売はんばい 판매 | 大半たいはん 대부분 | ~係けい 계통 | 占しめる 차지하다 | 電機でんき 전기 기계 | 販促はんそく 판촉 | 室長しつちょう 실장 | 例年れいねん 예년 | ラインナップ=ラインアップ 라인 업 | 単純たんじゅん 단순함 | 比較ひかく 비교 | 断ことわる 거절하다 | 명사+比ひ 대비, 비교 | アレル物質ぶっしつ 죽은 진드기나 그 부산물 | かび菌きん 곰팡이균 | 分解ぶんかい 분해 | プラズマクラスター 플라스마 클러스터 | 技術ぎじゅつ 기술 | 搭載とうさい 탑재 | 製品せいひん 제품 | ~向むけ ~용(용도) | 新商品しんしょうひん 신상품 | 発表はっぴょう 발표 | ウイルスウォッシャ 공기 중에 떠다니는 균이나 바이러스를 제거하는 기능 | 在庫ざいこ 재고 | 少すくない 적다 | 問とい合あわせ 문의 | 反響はんきょう 반향 | 畳じょう 장(다타미의 수를 세는 말) | 付つく 붙다 | 値段ねだん 가격 | 家庭かてい 가정 | 店頭てんとう 가게 앞 | スタッフ 스태프, 담당자 | 報道ほうどう 보도 | 加速かそく 가속 | 説明待せつめいまち 설명을 들으려고 대기하는 것 | 注目ちゅうもく 주목

63 ①공기청정기에 요구하는 기능으로서 금년에는 무엇이 가장 많다고 하는가?
1. 꽃가루
2. 탈취
3. 제균
4. 담배연기

해설 금년에는 '제균(세균 제거)'이 압도적이라고 했다.
정답 3

64 ②신형 인플루엔자용 상품을 발표한 K사의 이 상품의 재고상황은 어떻다고 하는가?
1. 예약이 그다지 들어오지 않아서 상당히 남아 있다.
2. 문의는 있지만 구입에까지 이르는 손님은 적다.
3. 반향은 크지만 아직도 재고는 많다.
4. 재고는 상당히 적어졌다.

단어 予約よやく 예약 | 余あまる 남다 | ~ものの ~이지만 | 購入こうにゅう 구입 | ~に至いたる ~에 이르다

해설 'K사 제품은 재고가 상당히 적어졌다'고 두 번에 걸쳐서 말하고 있다.
정답 4

65 ③제균 기능이 붙은 것은 가격이 오르지만, 이러한 상품은 어떤 층의 사람들에게 인기가 있다고 하는가?
1. 습기가 차기 쉽고 곰팡이가 피기 쉬운 가정
2. 어린 아이가 있는 가정
3. 알레르기를 갖고 있는 어린이가 있는 가정
4. 가전제품에 관심이 높은 가정

단어 湿気しっけが溜たまる 습기가 차다 | カビが生はえる 곰팡이가 피다 | アレルギー 알레르기

해설 '가격이 비싸지만, 어린 아이가 있는 가정에 인기네요'라고 했다.

정답 2

(3)

공항에서 차로 40분 정도. 시내에 들어서 샛길을 꺾어, 잠시 가면 자갈길이 된다. 그러면 조립식 건축물로 된 오두막이 몇 개인가 보이게 된다. 일찍이 그곳에 '강아지의 양부모 집'이라고 칭하는 유기견 인수 시설이 있었다.

'이 이상 슬픈 견공이 늘어나지 않도록 (중략) 함께 살 수 없게 된 애견을 인수하는 (중략) 민간시설이 생겨났다'

그런 광고가 2008년 여름, 시내를 중심으로 배포된 생활정보지 등에 게재되었다.

인수 금액은 개의 종류와 연령, 혈통서의 유무에 따라 다르지만, 어느 정도의 인수요금을 개를 넘겨주는 주인으로부터 모으고 있었다. 또한 그들 개를 원하는 새로운 주인으로부터도 2만 엔 정도를 받는다는 비즈니스 모델.

2009년 초봄에는 약 100마리의 개가 이 시설에서 목격되고 있지만, 이 시점에서 붕괴의 징조가 있었다. 돌보는 사람은 경영자의 아내와 두 명의 종업원뿐이었다고 보여지며, 소형 견은 포개져 있는 우리 안에 넣어진 채이며, 대형견은 조립식 건물 속에 가득 넣어져 있었던 것 같다.

3월 지역의 동물애호단체가 문제시하여, 이 시설에 관여했다. 멤버들이 직접 목격한 것은 다수의 사체였다. 우리 안에서 얼어붙은 골든 리트리버, 까마귀에게 먹힌 흔적이 있는 치와와, 늑골이 튀어나온 프렌치 불독……. 약 20마리를 화장했다고 한다.

(주1) ビジネスモデル : 비즈니스의 구조
(주2) 目撃 : 사건이나 일을 그 장소에서 실제로 확실히 보는 것
(주3) 死骸 : 사람이나 동물의 사후 육체

단어 空港くうこう 공항 | 側道そばみち 주요 도로에서 벗어난 길 | 折おれる 꺾어지다 | 砂利道じゃりみち 자갈길 | プレハブ 조립식 주택 | 小屋こや 오두막 | 里親さとおや 수양부모 | 称しょうする 칭하다 | 捨すて犬いぬ 유기견(버려진 개) | 引ひき取とり 인수, 떠맡음 | 施設しせつ 시설 | 悲かなしい 슬프다 | わん公こう 견공(개를 의인화 함) | 共ともに 함께 | 暮くらす 살다 | 愛犬あいけん 애견 | 民間みんかん 민간 | 広告こうこく 광고 | 初夏しょか 초여름 | 配くばる 배포하다 | フリーペーパー 생활 정보지 | 載のる 게재하다 | 犬種けんしゅ 개의 종류 | 年齢ねんれい 연령 | 血統書けっとうしょ 혈통서 | 有無うむ 유무 | 金額きんがく 금액 | 異ことなる 다르다 | 程度ていど 정도 | 料金りょうきん 요금 | 手放てばなす 내놓다, 넘겨주다 | 飼かい主ぬし 사육주 | 集あつめる 모으다 | 新あらた 새로움 | 春先はるさき 초봄 | 匹ひき 동물을 세는 단위 | 目撃もくげき 목격 | 時点じてん 시점 | 崩壊ほうかい 붕괴 | 兆きざし 징조 | 世話せわ 돌봄 | 経営者けいえいしゃ 경영 | 従業員じゅうぎょういん 종업원 | 小型犬こがたけん 소형견 | 積つみ上あげる 쌓아올리다 | ケージ 새장이나 우리 | 入いれる 넣다 | ~ぱなし ~한 채 그대로 둠 | 大型犬おおがたけん 대형견 | 詰つめ込こむ 가득 처넣다, 밀어 넣다 | 地元じもと 그 지역 | 動物どうぶつ 동물

| 愛護団体あいごだんたい 애호 단체 | 問題視もんだいし 문제시 | 立たち入いる 들어가다, 간섭하다 | 多数たすう 다수 | 死骸しがい 사체 | 凍こおりつく 얼어 붙다 | 形跡けいせき 흔적, 자취 | あばら 늑골 | 浮うき出でる 도드라지다 | 火葬かそう 화장

66 ①'강아지의 양부모 집'은 애초에는 어떤 선전으로 화제가 되었는가?
1. 정보지도 발행하는 애완동물 가게
2. 대형견만을 전문으로 판매하는 애완동물 가게
3. 함께 살지 못하게 된 애완견을 인수하는 민간시설
4. 개의 화장을 떠맡는 민간시설

단어 触ふれ込こみ 사전 선전(미리 말을 퍼뜨림) | 話題わだい 화제 | 発行はっこう 발행 | 専門せんもん 전문 | 販売はんばい 판매 | 引ひき受うける 떠맡다

해설 그런 광고가 의미하는 것은 바로 앞 문장 '이 이상 슬픈 견공이 늘어나지 않도록 (중략) 함께 살 수 없게 된 애견을 인수하는 (중략) 민간시설이 생겨났다.'이다.

정답 3

67 이 시설은 어떠한 ②비지니스 모델을 취하고 있었는가?
1. 무상으로 기를 수 없게 된 애완견을 인수하고, 새로운 주인에게 1만 엔 정도를 받는다.
2. 기를 수 없게 된 애완견 중에서도 소형견만을 인수하고, 새로운 주인에게서 2만 엔을 받는다.
3. 연령이나 혈통서의 유무에 관계없이 일정한 금액을 기를 수 없게 된 애완견 주인에게서 징수하고, 새로운 주인에게는 무상으로 개를 제공한다.
4. 어느 정도의 인수요금을 개를 내놓는 주인에게서 받고, 그들 개를 필요로 하는 새로운 주인에게서도 2만 엔 정도를 받는다.

단어 無償むしょう 무상 | 飼かう (동물 등을) 기르다 | のみ 만, 뿐 | 一定いってい 일정 | 徴収ちょうしゅう 징수 | 提供ていきょう 제공

해설 '비지니스 모델'이라는 어구에 대한 앞 문장인 '어느 정도의 인수요금을 개를 넘겨주는 주인으로부터 모으고 있었다. 또한 그들 개를 원하는 새로운 주인으로부터도 2만 엔 정도를 받는다.'가 정답이다.

정답 4

68 ③이 시점이라고 하는데 이것은 언제를 말하는 것인가?
1. 2008년 여름 생활정보지에 게재되었을 때
2. 이 시설을 막 설립했을 때
3. 시내를 중심으로 이 시설의 인기가 높아졌을 때
4. 2009년 초봄에 약 100마리의 개가 이 시설에서 목격되었을 때

단어 掲載けいさい 게재 | 設立せつりつ 설립 | 高たかまる 높아지다

해설 '2009년 초봄에는 약 100마리의 개가 이 시설에서 목격되었다.'고 하고 '이 시점'이라고 했으므로, 지시어의 내용은 바로 앞 문장 전체로 봐야 한다.

정답 4

문제12 다음 글은 '상담자'로부터의 상담과 그것에 대한 A와 B로부터의 회답이다. 3개의 글을 읽고 아래 문제에 대해 대답으로서 가장 알맞은 것을 1·2·3·4 중에서 하나 고르세요.

상담자

　현재 우리 딸은 초등학교 4학년입니다. 최근 어머니들 사이에서 화제의 중심이라고 하면, 아이들의 중학교 진학문제입니다. 중학교는 지역의 공립중학교로 진학시킬지, 그렇지 않으면 진학 학원에 다니게 해서 사립 중학교에 진학시킬지, 온통 그런 화제입니다. 제 남편은 유명한 중·고교 6년 일괄인 사립학교의 교원이지만, 왕따나 수업 붕괴 등 이제까지 공립학교에는 있고, 사립학교에는 없다고 여겨져 왔던 모든 문제가 사립학교에도 존재한다고 합니다. 독자적인 교육이념이나 교육 방침, 교육 계획에 의해 교육을 하는 사립학교의 실태가 겉으로 나오기 어렵다는 것은 확실히 이해할 수 있지만, 아직 뿌리 깊게 사립학교가 '집단 따돌림이나 폭력이 없는 환경에서의 질 높은 교과학습'을 받을 수 있는 장소라는 이미지가 있는 이상, 저도 딸에게는 보다 나은 환경에서 좋은 교육을 딸에게는 받게 하고 싶기 때문에 딸을 사립 중학교에 진학시켰으면 하는 생각은 적지 않게 있습니다. 여러분의 중학교 진학에 관한 의견을 들려 주세요.

단어 現在げんざい 현재 | 最近さいきん 최근 | 仲間なかま 동료 | 話題わだい 화제 | 進学しんがく 진학 | 地元じもと 그 지역 | 公立こうりつ 공립 | 塾じゅく 학원 | 持もちきる 온통 ~하다 | 夫おっと 남편 | 一貫いっかん 일관 | 私立校しりつこう 사립학교 | 教員きょういん 교원 | いじめ 집단 따돌림 | 授業じゅぎょう 수업 | 崩壊ほうかい 붕괴 | すべて 모두 | 存在そんざい 존재 | 独自どくじ 독자 | 理念りねん 이념 | 方針ほうしん 방침 | 実態じったい 실태 | 表おもて 겉, 표면 | 理解りかい 이해 | いまだ 지금까지 | 根強ねづよい 뿌리 깊다, 쉽사리 바뀌지 않다 | 暴力ぼうりょく 폭력 | 環境かんきょう 환경 | 質しつ 질 | 教科きょうか 교과 | 学習がくしゅう 학습 | 受うける 받다 | 少すくなからず 적잖이 | 聞きかせる 들려 주다

회답자A

　나는 아들을 사립 중학교에 보내고 있습니다. 이제는 사립학교에 간다는 것은 특이한 일은 아니게 되었습니다. 학생과 보호자인 부모에게는 학교를 선택할 자유가 있기 때문에, 딸과 우리는 사립학교에 다니는 것을 선택했습니다. 우리가 사립학교를 고른 가장 큰 이유는 대학 진학입니다. 아들은 중고교 일괄인 사립학교에 다니고 있는데, 중학생 시점부터 이미 대학입시를 의식한 교육 프로그램에 따라 수업이 짜여져 있습니다. 저도 대학입시를 경험했지만, 입시 1년 전이 되어서야 겨우 학교 측이 진지하게 대학입시에 몰두하기 시작하는 상황에서 상당히 힘들었던 기억이 있습니다. 아들에게는 그런 기분은 느끼게 하고 싶지 않다는 것과 사립학교에는 대학 진학의 모든 노하우를 가진 선생님이 있어 우선 입시대책에 대한 불안은 해소되고, 그런 선생

님 밑에는 대학입시에 관한 많은 정보가 모여 있습니다. 저는 사립학교로의 진학은 장래의 대학 진학이라는 것으로도 이어진다는 것을 생각하면, 사립학교로의 진학은 대단히 의미 있는 일이라고 생각합니다.

단어 今いまや 바야흐로 | 特異とくい 특이함 | 保護者ほごしゃ 보호자 | 選択せんたく 선택 | 自由じゆう 자유 | 最大さいだい 최대 | 進学しんがく 진학 | 時点じてん 시점 | すでに 이미 | 入試にゅうし 입시 | 意識いしき 의식 | 教育きょういく 교육 | 授業じゅぎょう 수업 | 組くむ 짜다, 조직하다 | 経験けいけん 경험 | ようやく 간신히 | 真剣しんけん 진지함 | 取とり組くむ 몰두하다, ~와 씨름하다 | 状況じょうきょう 상황 | 非常ひじょうに 상당히 | 苦労くろう 수고 | 思おもい出で 추억 | あらゆる 온갖 | 対策たいさく 대책 | 不安ふあん 불안 | 解消かいしょう 해소 | 情報じょうほう 정보 | 集あつまる 모이다 | 将来しょうらい 장래 | 繋つながる 이어지다 | 大変たいへん 대단함

회답자B

나는 아이들을 공립 중학교에 보내고 있습니다. 지역 사람들과의 연계라는 것은 아이들에게 있어서도, 부모인 나에게 있어서도 재산입니다. 공립학교에 다니게 해서 다행이었다고 생각하고 있습니다. 공립학교의 경우 보호자와 지역 사회가 협력하여 학교와 하나가 되어 아이들을 양육해 가는 노력을 합니다. 사립에 간다는 것은 그런 관계성을 단절하게도 되고, 그것은 너무나 아쉬운 일 같은 느낌이 들었던 것입니다. 그리고 다양한 가정에서 성장한 여러 아이들과 함께 배우고, 교류할 수 있는 점도, 아이들의 정신면에서의 성장에 있어서는 매우 중요한 일이라고도 생각했습니다. 가정환경이 각양각색이기 때문에, 때로는 아이들끼리의 충돌, 아이와 교사의 충돌도 나오겠지요. 그러한 서로간의 부딪침이 수업방해나 싸움을 일으키는 원인이 되는 경우도 있겠지요. 그러나 나는 아이를 그러한 문제가 있는 속에서도 힘차게 살아가는 방법을 익히게 하는 것도 좋지 않을까 하는 생각인 것입니다.

단어 地域ちいき 지역 | つながり 연계 | 財産ざいさん 재산 | 場合ばあい 경우 | 協力きょうりょく 협력 | 一丸いちがん 한 덩어리 | 育そだてる 양육하다 | 努力どりょく 노력 | 関係性かんけいせい 관계성 | 断たち切きる 끊다 | あまりにも 너무나도 | 惜おしい 아깝다 | 気きがする 느낌이 들다 | 様々さまざま 다양함 | 家庭かてい 가정 | 育そだつ 성장하다 | 学まなぶ 배우다 | 交流こうりゅう 교류 | 精神面せいしんめん 정신면 | 成長せいちょう 성장 | ~同士どうし ~끼리 | ぶつかる 부딪치다 | 教師きょうし 교사 | 妨害ぼうがい 방해 | 喧嘩けんか 싸움 | 引ひき起おこす 일으키다 | 原因げんいん 원인 | たくましい 늠름하다, 씩씩하다 | 生いき抜ぬく 꿋꿋하게 살다 | 術わざ 기술, 기법 | 身みにつける 익히다

69 질문자는 아직까지 사립학교에 대해 뿌리 깊게 남아 있는 이미지를 어떤 것이라고 말하고 있는가?
1. 집단 따돌림이나 폭력이 없는 환경에서의 질 높은 교과학습을 받을 수 있는 장소
2. 대학진학 때에 유리한 조건이 갖추어져 있는 최고의 장소
3. 학교와 보호자의 연계가 상당히 밀접해서 학생 한 사람 한 사람을 봐 주는 장소
4. 잦은 수업방해로 인해 수업이 이루어지지 않는 상황이 계속 반복되고 있는 장소

단어 条件じょうけん 조건 | 整ととのう 정비되다 | 最高さいこう 최고 | 密みつ 밀접함 | 度々たびたび 자주 | 成なり立たつ 성립하다 | 幾度いくどとなく 몇 번이나, 수도 없이 | 繰くり返かえす 반복하다

해설 상담자의 사립학교에 대한 생각은 '아직 뿌리 깊게 사립학교가 집단 따돌림이나 폭력이 없는 환경에서의 질 높은 교과학습을 받을 수 있는 장소라는 이미지가 있는 이상'에 잘 나타나 있다.

정답 1

70 '상담자'의 상담에 대한 A와 B의 답변에 대해 올바른 것은 어느 것인가?
1. A는 아들의 의견을 존중하여 사립학교에 진학시키고, B는 부모의 의견을 최우선으로 하여 자녀를 공립학교에 진학시켰다고 말하고 있다.
2. A는 자신이 고생한 경험에서 대학 진학을 중학교 시점부터 실시하는 사립학교를 추천하고, 한편 B는 지역사회와의 연계라는 점을 중시하여 공립학교를 권하고 있다.
3. A도 B도 중학교에서는 학습면뿐 아니라, 아이의 정신면에서의 성장도 소중하게 여겨야 한다고 말하고 있다.
4. A는 대학 진학에 있어서 그다지 적극적이 아닌 공립학교를 통렬하게 비판하고, B는 공립학교에 있어서의 문제점에는 일체 언급하지 않고, 장점만을 기술하고 있다.

단어 尊重そんちょう 존중 | 最優先さいゆうせん 최우선 | すすめる 권하다 | 重視じゅうし 중시 | 大事だいじ 소중함 | 積極的せっきょくてき 적극적 | 痛烈つうれつ 통렬함 | 批判ひはん 비판 | 一切いっさい 일체 | 触ふれる 언급하다 | 長所ちょうしょ 장점 | 述のべる 기술하다

해설 사립학교 진학에 관한 A, B 각각의 필자의 생각을 물었으므로 '～と思います'와 같은 문장 매듭을 주목할 필요가 있다. A는 '저는 사립학교로의 진학은 장래의 대학 진학이라는 것으로도 연결된다는 것을 생각하면 사립학교로의 진학은 대단히 의미 있는 일이라고 생각합니다.'라고 하였다. 한편 B는 공립학교에 보낸 것에 대해 만족하면서 비록 여러 가지 문제점이 있지만 '저는 아이를 그러한 문제가 있는 속에서도 힘차게 살아가는 방법을 익히게 하는 것도 좋지 않을까 하는 생각인 것입니다.'이라고 공립학교 진학에 긍정적이다.

정답 2

다음 글을 읽고, 아래 문제에 대한 대답으로 가장 알맞은 것을 1·2·3·4에서 하나 고르세요.

> 국내유일의 PHS 사업자가 된 W사가 전국 각지의 무선 기지국을 '지역 방재'에 활용하는 ①비즈니스를 가속시키고 있다.
>
> 이번 9월 상순부터 W사는 중부지방 4곳의 PHS 기지국에 M사와 공동 개발한 '강우량계측기'를 설치하고, 통신 네트워크를 이용하여 강우량 실측 데이터를 상시 접속·집계하여 침수 예측 등에 유용하게 사용할 수 있도록 2년간의 시험운용을 시작하고 있다.
>
> 새로운 점은 이제까지 재해 대책에서 주류였던 '예측 정밀도를 높여 대책을 구상하다'에서 실제로 게릴라 호우 등이 빈발하는 '요주의지점의 실측 데이터를 그대로 사용하여 대책의 실효성을 높인다'로 발상을 전환한 점. 상정할 수 있는 판매대상은 수해 대책으로 고민하는 지방자치단체이다.
>
> PHS는 하나의 대형 기지국에서 광역을 커버하는 휴대전화와 달리, 그물망처럼 둘러쳐진 소형 기지국에서 좁은 지역을 담당한다. 그렇기 때문에 가능한 비즈니스이며, 통신이 한 곳에 집중되어 기능을 상실하는 일은 없기 때문에, 비상시에는 통신수단의 확보에도 우위성이 있다.
>
> W사의 차세대 사업추진실 과장은 '②앞으로 5~10년에 약 2만 곳에 강우량계측기를 설치하고 싶다'라며 힘주었다. 단순 계산으로 연간 약 5만 엔 × 약 2만곳, 약 10억 엔의 매상 증가가 된다.
>
> 처음부터 W사는 동북지방의 과소 지역에서 PHS를 이용한 브로드밴드 환경 정비에 몰두하고 있고, 오키나와 현에서는 마을 전체에서 PHS의 인트라넷망을 구축하여 각 가정에 방재, 의료, 교육 등 지역의 생활정보를 송신하고 있다.
>
> 근년 가입자의 감소경향 등, PHS에 대한 역풍이 부는 속에서 기존의 자산을 활용하여 부수입을 벌어들이면서, 사회 인프라로서의 존재 의의도 호소하려는 계획인 것 같다.
>
> (주1) 練る : 몇 번이고 생각해서 한층 잘하는 것
> (주2) ゲリラ豪雨 : 2006년 무렵부터 널리 침투해 쓰이게 된 예측이 곤란한 집중호우를 가리키는 말
> (주3) 網の目 : 치밀하게 짜여진 것의 비유
> (주4) 過疎 : 어느 지역의 인구 등이 지나치게 적은 것
> (주5) 目論見 : 계획

단어 唯一ゆいいつ 유일 | 無線むせん 무선 | 基地局きちきょく 기지국 | 地域ちいき 지역 | 防災ぼうさい 방재 | 加速かそく 가속 | 共同きょうどう 공동 | 開発かいはつ 개발 | 雨量うりょう 강우량 | 計測器けいそくき 계측기 | 設置せっち 설치 | 通信つうしん 통신 | 実測じっそく 실측 | 常時じょうじ 상시, 항상 | 接続せつぞく 접속 | 集計しゅうけい 집계 | 浸水予測しんすいよそく 침수 예측 | 運用うんよう 운용 | 災害さいがい 재해 | 対策たいさく 대책 | 主流しゅりゅう 주류 | 精度せいど 정밀도 | 上あげる 올

리다 | 練ねる (기술, 계획 등을) 생각해 내다, 기르다 | 実際じっさいに 실제로 | 豪雨ごうう 호우 | 頻発ひんぱつ 빈발 | 要注意地点ようちゅういちてん 요주의지점 | 実測じっそく 실측 | 実効性じっこうせい 실효성 | 発想はっそう 발상 | 転換てんかん 전환 | 想定そうてい 상정 | 売り込み先さき 판매처 | 水害対策すいがいたいさく 수해 대책 | 悩なやむ 고민하다 | 地方自治体ちほうじちたい 지방자치단체 | 大型おおがた 대형 | 広域こういき 광역 | 網あみの目め 그물망 | 張はり巡めぐらす 온통 둘러치다 | 小型こがた 소형 | 集中しゅうちゅう 집중 | 非常時ひじょうじ 비상시 | 手段しゅだん 수단 | 確保かくほ 확보 | 優位性ゆういせい 우위성 | 次世代じせだい 차세대 | 推進室すいしんしつ 추진실 | 補佐ほさ 보좌 | 今後こんご 앞으로 | 力ちからを込こめる 힘을 쏟다 | 単純たんじゅん 단순 | 売うり上あげ増ぞう 매상 증가 | 過疎地域かそちいき 과소지역 | 整備せいび 정비 | 取とり組くむ 맞붙다, ~와 씨름하다 | イントラネット網もう 인트라넷망 | 構築こうちく 구축, 축조 | 医療いりょう 의료 | 配信はいしん 송신(인터넷을 이용하여 정보회사가 동영상이나 음악 방송 등을 송신하는 것) | 加入者かにゅうしゃ 가입자 | 減少げんしょう 감소 | 傾向けいこう 경향 | 逆風ぎゃくふう 역풍 | 吹ふく 불다 | 既存きぞん 기존 | 資産しさん 자산 | 副収入ふくしゅうにゅう 부수입 | 稼かせぐ 벌다 | 存在そんざい 존재 | 意義いぎ 의의 | 目論見もくろみ 계획, 의도

71 월컴은 어떤 ①비즈니스를 가속시키고 있는 것인가?
1. 강우량계측기를 판매하는 비즈니스
2. 재해 예측의 정밀도를 높여 대책을 강구하여 정보 제공하는 서비스
3. 전국 각지의 무선기지국을 '지역 방재'에 활용하는 비즈니스
4. 국내 유일의 PHS 판매회사로서 PHS를 보급시키는 비즈니스

단어 普及ふきゅう 보급
해설 '전국 각지의 무선기지국을 지역 방재'에 활용하는 비즈니스를 가속시키고 있다'고 했다
정답 3

72 ②앞으로 5~10년에 W사가 하고 싶은 일이란 무엇인가?
1. 강우량계측기의 시험운용을 시작하는 것
2. 약 2만 곳에 강우량계측기를 설치하는 것
3. 휴대전화처럼 하나의 대형기지국에서 광역을 커버하는 것
4. 동북지방과 오키나와 현에 강우량계측기의 설치하는 것

해설 '약 2만 곳에 강우량계측기를 설치하고 싶다'고 했다.
정답 2

73 PHS는 근래, 세상에서는 어떠한 것으로 간주되고 있는가?
1. 가입자의 감소 경향 등에 의해 PHS에 대한 역풍이 불고 있는 것
2. 휴대전화보다도 사용하기 쉽고 편리해서 많은 정보를 손에 넣을 수 있는 것
3. 지방자치단체보다도 도심부에 가까운 지역에서 PHS는 그

유용성을 발휘하고 있는 것

　4. 각종 재해 시에 신속하게 정보를 얻을 수 있는 뛰어난 것

단어 世よの中なか 세상 | 手てにする 손에 넣다 | 都心部とし
んぶ 도심부 | 有用性ゆうようせい 유용성 | 発揮はっき
발휘 | 素早すばやく 신속하게 | 優すぐれる 뛰어나다

해설 '근년, 가입자의 감소경향 등, PHS에 대한 역풍이 불고
있다.'고 했다.

정답 　1

문제14 **다음은 어느 미술관에 있는, 미술 관련의 도서가 소장되어**
있는 예술도서관의 이용 안내이다. 아래 질문에 대한 대답으
로 가장 알맞은 것을 1·2·3·4에서 하나 고르세요.

74 예술도서관 이용 중에는 어떻게 해 두지 않으면 안 되는가?

　　1. 귀중품을 갖고 다니면 안 된다.

　　2. 우산을 지참한 경우에는 우선을 갖고 다녀야 한다.

　　3. 반드시 휴대전화의 전원을 꺼두어야 한다.

　　4. 열람증을 눈에 띄기 쉬운 곳에 붙여 놓아야 한다.

단어 持参じさん 지참 | 電源でんげん 전원

해설 '이용 방법'을 보면서 보기를 하나씩 확인해 나가면 된다.

정답 　4

75 1회에 열람할 수 있는 책의 수 이상 열람하고 싶은 경우에는 어
떻게 하면 되는가?

　　1. 한 회당 100엔을 지불해야 한다.

　　2. 자유롭게 열람할 수 있기 때문에 신청 등의 필요는 없다.

　　3. 열람 중인 자료를 반납하고, 다시 신청해야 한다.

　　4. 열람증을 접수카운터에서 보여 주는 것만으로 충분하다.

해설 '회에 열람할 수 있는 폐가식 자료는 5권까지입니다. 추가
로 신청하시는 경우에는 앞서 열람중인 자료를 반납하고,
재차 신청해 주세요.'라고 했다.

정답 　3

예술 도서관 이용안내

위치

• 2층 레스토랑, 아쿠아 맞은편 국립공문서관측

• 2층 상설전시장 출구에서 오른쪽 안쪽

개실일

• 화요일 ～ 토요일

＊폐실일 : 일·월요일, 국경일, 미술관 휴관일, 연말연시
및 특별정리기간

개실시간

• 10:30 ～ 17:00

＊폐가 자료 열람 및 복사신청 접수는 16:30으로 마감이
됩니다.

입실 전에

• 코트나 가방 등은 열람실에는 가지고 들어올 수 없습니
다.

• 귀중품, 필기용구 이외에는 코인로커에 맡겨 주세요.

• 로커는 사용 시에 100엔이 필요하지만, 사용 후에 돌려줍니다.

• 우산은 우산꽂이를 이용해 주세요.

• 음식물 반입은 삼가 주세요.

이용 방법

• 접수카운터에서 '열람증'을 받고, 카운터에 비치된 용지
에 소정의 사항을 기입한 후에 이용해 주세요. 예술도서
관 이용 중에는 '열람증'을 눈에 띄기 쉬운 장소에 붙여
주세요. '열람증'은 귀가 시에 카운터로 반납해 주세요.

• 예술도서관의 자료는 관외로의 대출은 하고 있지 않습니
다. 복사 서비스는 이용하실 수 있습니다.

• 예술도서관 내에서의 휴대전화 등의 사용 및 음식이나
흡연은 삼가 주세요.

열람

• 열람실의 개가식 서가에 있는 도서, 카탈로그, 잡지는 자
유롭게 보실 수 있습니다.

• 예술도서관의 자료는 많은 것이 폐가식 서고에 들어 있
습니다. 폐가 자료를 이용하는 경우에는 검색용 단말로
희망하는 자료를 검색하여, 서명·(잡)지명·청구번호
등을 '도서 열람신청서'에 기입하고, 카운터로 가져다 주
세요.

• 1회에 열람할 수 있는 폐가식 자료는 5권까지입니다. 추
가로 신청하시는 경우에는 앞서 열람 중인 자료를 반납하
고, 다시 신청해 주세요.

• 특정 자료에 관해서는 보존상 등의 이유로 열람할 수 없
는 경우도 있습니다.

단어 アートライブラリ 예술도서관 | 位置いち 위치 | 常設じ
ょうせつ 상설 | 展示場てんじじょう 전시장 | 出口でぐち
출구 | 右手みぎて 오른쪽 | 開室かいしつ 개실 | 祝祭日
しゅくさいじつ 경축일, 국경일 | 及および 및 | 特別と
くべつ 특별 | 整理せいり 정리 | 閉架へいか 열람자가
읽고 싶은 책을 청구하여 서가에서 꺼내 받는 식 | 複写
ふくしゃ 복사 | 受付うけつけ 접수 | 締しめ切きり 마
감 | 入室にゅうしつ 입실 | 閲覧室えつらんしつ 열람실
| 貴重品きちょうひん 귀중품 | 筆記用具ひっきようぐ
필기용구 | 預あずける 맡기다 | 戻もどる 제자리로 돌
리다 | 傘立かさたて 우산꽂이 | 飲食物いんしょくぶつ
음식물 | 持もち込こむ 반입하다 | 遠慮えんりょ 삼가함
| 利用法법りょうほうほう 이용방법 | 受うけ取とる 받
다 | 備そなえ付つけ 비치 | 所定しょてい 소정 | 事項
じこう 사항 | 目めにつく 눈에 띄다 | 返却へんきゃく
반납 | 管外かんがい 관외 | 貸出かしだし 대출 | 複写
ふくしゃ 복사 | 喫煙きつえん 흡연 | 開架かいか 도서관
에서 이용자가 직접 서가에서 책을 꺼낼 수 있는 방법 |
ご覧らん 보심 | 検索用けんさくよう 검색용 | 端末たん
まつ 단말 | 希望きぼう 희망 | 書名しょめい 책 이름 |
誌名しめい 잡지 이름 | 請求せいきゅう 청구 | 申請書
しんせいしょ 신청서 | 再度さいど 재차, 다시 | 特定と
くてい 특정 | 保存上ほぞんじょう 보존상

청해

문제1

문제1에서는 먼저 문제를 들어 주세요. 그리고 나서 이야기를 듣고, 문제용지의 1에서 4 중에서 가장 알맞은 것을 하나 고르세요.

1番 ●_T094

男性と女性が話をしています。女性は男性にどうして もらいたいのですか。

F：ちょっと手伝ってもらいたいことがあるんだけ ど、今いいかしら。

M：ああ、ちょうど用事が済んだところなんだ。どう したの？

F：この荷物なんだけど、部長から本社に届けるように 頼まれたの。

M：これ、見るからに結構な重さがありそうだけど。

F：そうなのよ。かなりの重さがあってとても一人じゃ 無理なのよ。

M：本社まではどうやって行くの？

F：会社の車で行くから、駐車場に止めてある車まで一緒 に運んでもらいたいの。

M：そんなのお安い御用だよ。じゃあ、早速持っていこ う。

F：助かるわ、ありがとう。

女性は男性にどうしてもらいたいのですか。

남자와 여자가 이야기하고 있습니다. 여자는 남자가 어떻게 해주길 바라고 있습니까?

F：좀 도움 받고 싶은 게 있는데, 지금 괜찮아?

M：응, 마침 일이 끝났어. 무슨 일이야?

F：이 짐 말인데, 부장님에게 본사에 전해 달라고 부탁받았어.

M：이거, 보기에도 꽤 무게가 나갈 것 같은데.

F：맞아. 제법 무게가 있어서 아무래도 혼자서는 무리야.

M：본사까지는 어떻게 갈 거야?

F：회사 차로 가니까, 주차장에 세워져 있는 차까지 같이 옮겨 주었으면 좋겠어.

M：그런 건 아무 것도 아니야. 그럼, 얼른 들고 가자.

F：다행이네. 고마워.

여자는 남자가 어떻게 해주길 바라고 있습니까?
1. 주차장에 세워져 있는 차에 짐을 옮겨줬으면 한다.
2. 본사까지 짐을 옮겨 갔으면 한다.
3. 짐의 무게를 같이 재줬으면 한다.
4. 회사 차를 운전해줬으면 한다.

단어 手伝てつだう 전하다 ｜ 用事ようじ 용무 ｜ 済すむ 끝나다 ｜ 동사 た형＋ところ 막 ～했음(일이 방금 완료되었음) ｜ 荷物にもつ 짐 ｜ 届とどける 배달하다 ｜ 頼たのまれる 부탁

받다 ｜ 結構けっこう 꽤, 제법 ｜ 駐車場ちゅうしゃじょう 주차장 ｜ 助たすかる 살아나다, 도움이 되다 ｜ お安やすい 御用ごよう 손쉬운 일(기꺼이 응하겠음) ｜ はかる 무게를 달다

해설 남자에게 '회사 차로 가니까, 주차장에 세워져 있는 차까 지 같이 옮겨주었으면 좋겠어.'라고 했다.

정답 1

2番 ●_T095

男性店員と女性の客が話をしています。女性は後日、 承諾書に何を書いて持って来なければいけませんか。

F：すみません、ここの会員証を作りたいんですけど。

M：ありがとうございます。失礼ですがお客様、おいく つでいらっしゃいますでしょうか？

F：今19才です。

M：左様ですか。当店の会員証を未成年の方が作る場 合、親御さんの承諾が必要なんですよ。

F：何か専用の承諾書があるんですか？

M：こちらになるんですが。この紙に親御さんのサイン と印をしていただいて、ご面倒ではございますが もう一度こちらの方に持ってきていただけません でしょうか？

F：わかりました。また後日来ます。

M：申し訳ございません。ありがとうございます。

女性は後日、承諾書に何を書いて持って来なければ いけませんか。

남자점원과 여자 손님이 이야기하고 있습니다. 여자는 다음 날 승낙 서에 무엇을 써서 갖고 와야 합니까?

F：실례합니다. 여기 회원증을 만들고 싶은데요.

M：감사합니다. 실례지만, 손님 연령이 어떻게 되시는지요?

F：지금 19살입니다.

M：그렇습니까? 저희 가게의 회원증을 미성년자가 만들 경 우, 부모님의 승낙이 필요합니다.

F：뭔가 정해진 양식의 승낙서가 있습니까?

M：이것입니다만, 이 종이에 부모님의 사인과 도장을 받아서, 수고스러우시겠지만 다시 한 번 이쪽으로 갖고 오시겠습니 까?

F：알겠습니다. 다음 날 다시 오겠습니다.

M：죄송합니다. 감사합니다.

여자는 다음 날, 승낙서에 무엇을 써서 갖고 와야 합니까?

단어 後日ごじつ 후일, 다음 날 ｜ 承諾書しょうだくしょ 승낙서 ｜ 持もつ 들다, 가지다 ｜ 会員証かいいんしょう 회원증 ｜ 失礼しつれい 실례 ｜ 当店とうてん 자신의 가게(겸사말) ｜ 未成年みせいねん 미성년 ｜ 親御おやご 부모님 ｜ 必要ひつ よう 필요 ｜ 印いん 도장 ｜ 面倒めんどう 귀찮음 ｜ 申もう

し訳わけない 죄송하다
*左様(さよう)です 그렇습니다 「そうです」의 격식 차린 말투로 「さようでございます」라고도 한다.

해설 남자는 '저희 가게의 회원증을 미성년자가 만들 경우, 부모님의 승낙이 필요하다.'고 하여, 부모님의 '사인과 도장'을 받아오라고 했다.

정답 2

3番 _T096

男おとこの人ひとと女おんなの人ひとがジョギングについて話はなしをしています。男性だんせいは最近さいきん、何なんのために走はしりこんでいるのですか。

M：最近さいきん、健康けんこうづくりのために仕事しごとが終おわった後あと、ジョギングしているんだ。

F：へえ、どうりで最近さいきん痩やせたような気きがしていたのよね。

M：だろ？いや、実じつは来月らいげつあるマラソン大会たいかいに出でようと思おもって最近さいきん走はしりこんでいるんだ。

F：私わたしもダイエットのために走はしりたいんだけど、なかなか重おもい腰こしが上あがらなくて。

M：僕ぼくも最初さいしょはダイエットのために走はしってたんだけど、何なにか大おおきな目標もくひょうを立たてないと続つづかないと思おもってさ。

F：走はしるとストレス発散はっさんにもなるし、いいわよね。

M：体からだも心こころもすっきりするからおすすめだよ。

男性だんせいは最近さいきん、何なんのために走はしりこんでいるのですか。

남자와 여자가 조깅에 관하여 이야기하고 있습니다. 남자는 최근, 무엇을 위해 열심히 달리고 있습니까?

M：최근 건강 유지를 위해 업무가 끝난 다음, 조깅을 하고 있어.

F：에~, 어쩐지 요즘 살이 빠진 것 같았어.

M：그치? 아니, 실은 다음 달에 있는 마라톤 대회에 나가려고 요즘 계속 달리고 있는 거야.

F：나도 다이어트를 위해 달리고 싶은데, 좀처럼 행동으로 옮기기가 어려워서.

M：나도 처음에는 다이어트를 위해서 뛰었었는데, 뭔가 큰 목표를 세우지 않으면 계속할 수 없을 것 같아서.

F：달리면 스트레스 발산도 되고, 좋지?

M：몸도 마음도 상쾌해지니까 추천하고 싶어.

남자는 최근, 무엇을 위해 달리고 있습니까?
1. 건강 유지를 위해
2. 다이어트를 위해
3. 스트레스 발산을 위해
4. 마라톤 대회에 출장하기 위해

단어 走はしり込こむ 달리기 연습을 충분히 하다 ┃ 健康けんこ

う 건강 ┃ ～づくり ～만들기 ┃ 気きがする 생각이 들다 ┃ マラソン大会たいかい 마라톤 대회 ┃ 最近さいきん 최근 ┃ なかなか 좀처럼(부정 동반의 경우) ┃ 重おもい腰こしが上あがらない 좀처럼 행동으로 옮기는 것이 어렵다 ┃ 目標もくひょう 목표 ┃ 続つづく 계속되다 ┃ 発散はっさん 발산 ┃ すっきり 상쾌함 ┃ おすすめ 추천, 권유

해설 남자는 조깅하는 이유로 '실은 다음 달에 있는 마라톤 대회에 나가려고 요즘 계속 달리고 있는 거야'라고 했다.

정답 4

4番 ◉ _T097

会社かいしゃの同僚どうりょうである男女だんじょが話はなしをしています。女性じょせいが子供こどもにさせようとしている習ならい事ごとは何なんですか。

F：子供こどもに何なにか習ならい事ごとをさせようと思おもってるんだけど。

M：僕ぼくもそういえば、小ちいさいころは色々いろいろやらされたな。ピアノに水泳すいえいにそろばんに習字しゅうじ。

F：また色々いろいろやってたのね。私わたしはバレーとピアノ。

M：ほお、やっぱり女おんなの子こって感かんじの習ならい事ごとだね。

F：まあ、私わたしが知しっての通とおり字じが下手へただって言いうのもあって、子供こどもには習字しゅうじは習ならわせようかなとは思おもっているの。

M：そうだね。僕ぼくも小ちいさいころに習ならったとはいえ、今いまも習字しゅうじを習ならったことは字じを書かくときに役立やくだってるから、習ならわせたほうがいいかもね。

F：あとはうちの子こ、男おとこの子こだし、スポーツもさせたいんだけど。

M：色々いろいろあるけど、野球やきゅうなんてどう？君きみは確たしか野球やきゅうは見みるの好すきだったよね。

F：そうそう。私わたし野球やきゅう好すきだし、野球やきゅうさせてみようかしら。

女性じょせいが子供こどもにさせようとしている習ならい事ごとは何なんですか。

회사의 동료인 남녀가 이야기를 하고 있습니다. 여자가 아이에게 시키려는 학습은 무엇입니까?

F：아이에게 뭔가 배우게 하려고 하는데.

M：나도 그러고 보니, 어릴 적에는 여러 가지 해야 했지. 피아노에 수영에 주산에 서예.

F：또 여러 가지 했었지. 나는 발레와 피아노.

M：오, 역시 여자아이라는 느낌의 예체능 교육이군.

F：뭐, 내가 알다시피 글씨가 서투른 점도 있고 해서, 아이에게는 서예는 배우게 해야겠다고 생각하고 있어.

M：그렇군. 나도 어렸을 때 배웠다고는 해도 지금도 서예를 배운 것은 글씨를 쓸 때에 도움이 되고 있으니까, 배우게 하는 게 좋을지도 모르지.

F：그리고 우리 아이, 남자 아이이고 해서, 스포츠도 시키고 싶은데.

M : 여러 가지 있지만, 야구 같은 것은 어때? 너는 아마도 야구는 보는 것을 좋아했었지?

F : 그래 맞아. 나도 야구를 좋아하고 하니, 야구를 시켜 볼까?

여자가 아이에게 시키려 하고 있는 특기 학습은 무엇입니까?

단어 同僚どうりょう 동료 | 習ならい事ごと 예능, 기술 등의 교육 | 水泳すいえい 수영 | そろばん 주산 | 習字しゅうじ 습자, 서예 | 下手へた 서투름 | 役立やくだつ 도움이 되다 | 確たしか 아마

해설 여자가 아이에게 시키려는 내용이므로 '내가 알다시피 글씨가 서투른 점도 있고 해서, 아이에게는 서예는 배우게 해야겠다고 생각하고 있는걸.'에서 '서예와' 스포츠를 시키고 싶다는 말에 남자가 권한 야구에 대해 '나도 야구를 좋아하고 하니, 야구를 시켜볼까?'라고 했으므로 서예와 축구가 정답이다.

정답 3

5番 _T098

おとこ ひと おんな ひと はなし
男の人と女の人が話をしています。2人はパーティー
ふたり かいじょう
会場までどのようにして行くことにしましたか。

M : 明日あしたのパーティーなんだけど、君きみも行いくよね?

F : もちろんよ。あんな格式こうしき高たかいパーティーに招待しょうたいされるなんてそうあることじゃないし。

M : 会場かいじょうまではどうやっていこうと思おもってる?

F : そうね、きっとお酒さけも出でるだろうから、タクシーで行いこうと思おもってるけど。あなたは?

M : 僕ぼくも最初さいしょは車くるまで行いこうと思おもってたんだけど、お酒さけが出でるだろうし、飲のまないわけにもいかないだろうから、タクシーで行いこうと思おもうんだ。

F : 最初さいしょは会場かいじょうの最寄もよりの駅えきまで電車でんしゃで行いこうとも考かんがえたんだけど、ドレスだし、ヒールのあるサンダルだし、電車でんしゃに乗のる前まえに、歩あるくのも疲つかれちゃうな、と思おもって。

M : 確たしかに。じゃあ、僕ぼくが君きみの家いえまで歩あるいていくから、君きみの家いえからタクシーで会場かいじょうまで行いこうか。

F : そうしてもらえると助たすかるわ。じゃあ、明日あしたはそういうことでよろしくね。

ふたり かいじょう
2人はパーティー会場までどのようにして行くことに
しましたか。

남자와 여자가 이야기를 하고 있습니다. 두 사람은 파티 회장까지 어떻게 가기로 했습니까?

M : 내일 파티 말인데, 너도 갈 거지?

F : 물론이지. 그런 격조 있는 파티에 초대받는 일은 그렇게 흔한 일은 아니잖아?

M : 파티 회장까지는 어떻게 갈 거야?

F : 글쎄, 분명 술도 나올 테니까 택시로 가려고 하는데. 너는?

M : 나도 처음에는 차로 가려고 했는데, 술이 나올 것이고, 안 마실 수는 없을 것 같아서, 택시로 가려고 해.

F : 처음에는 파티 회장에서 가장 가까운 역까지 전철로 가려고도 생각했었지만, 드레스에 힐이 있는 샌들이어서, 전철을 타기도 전에 걷는 것도 지쳐 버릴 것 같아서.

M : 맞아. 그럼, 내가 너희 집까지 걸어 갈 테니까, 너희 집에서 택시로 파티 장소까지 갈까?

F : 그렇게 해 준다면 고맙지! 그럼, 내일은 그렇게 하는 것으로 부탁해.

두 사람은 파티 회장까지 어떻게 가기로 했습니까?

1. 함께 차로 가기로 했다.
2. 함께 택시로 가기로 했다.
3. 함께 전철을 타고 가기로 했다.
4. 함께 걸어서 가기로 했다.

단어 パーティー会場かいじょう 파티 회장(장소) | 格式かくしき 격식 | 招待しょうたい 초대 | 出でる 나오다 | 最初さいしょ 최초, 처음 | 最寄もより 가장 가까운, 부근 | 疲つかれる 피로하다 | 歩あるく 걷다 | 確たしかに 틀림없이 | 助たすかる 도움이 되다

해설 택시로 파티에 가는 것이 좋겠다는 판단은 두 사람의 공통된 생각이며, 남자가 '내가 너희 집까지 걸어 갈 테니까, 너희 집에서 택시로 파티 장소까지 갈까?'라는 제안에 여자가 동의했다.

정답 2

문제2

문제2에서는 먼저 질문을 들어 주세요. 그 후 문제용지의 선택지를 읽어주세요. 읽을 시간이 있습니다. 그리고 나서 이야기를 듣고 문제용지의 1에서 4 중에서 가장 알맞은 것을 하나 고르세요.

1番 _T099

おとこ ひと おんな ひと えいご はなし
男の人と女の人が英語について話をしています。男の
ひと えいかいわ じゅく かよ
人はどうして英会話の塾に通おうとしているのですか。

F : どうしたの? そんな深刻しんこくそうな顔かおして、何なに見みてるの?

M : ああ、これ? 英会話えいかいわの塾じゅくのパンフレットだよ。この辺あたりにある英会話えいかいわの塾じゅくのパンフレット全部ぜんぶ持もってきて、どこが一番いちばん自分じぶんに合あうかとか、値段ねだんとか、色々いろいろ見比みくらべてるんだよ。

F : またなんで英会話えいかいわの塾じゅくなんて行いこうとしてるわけ?

M : いや、そろそろ本格的ほんかくてきに就活しゅうかつしないといけない時期じきだろ? やっぱ、今いまはどこの会社かいしゃも外国語能力がいこくごのうりょくのある人材じんざいを優先ゆうせんして採とるって聞きくからさ。もし面接めんせつで突然とつぜん英語えいごで話はなしかけられても、動揺どうようしないように普段ふだんからずっと英語えいごが口くちから出でてくるように練

習しとこうかと思って。

F : それで、英会話の塾ね。確かに英語が話せたら就職には何かと有利よね。

M : 完璧とまではいかなくても、ある程度対応できるぐらいの英語力はあったほうがいいよね。

F : 海外旅行行くのは好きだけど、いつも困るのは言語。言葉が通じたらきっともっと旅行も、その国も楽しめると思うんだけど。

M : 僕は海外ドラマが好きでよく見るけど、あれを字幕なしで見れたら、もっとダイレクトに面白さが伝わってきて面白いんだろうな…って思うよ。

男の人はどうして英会話の塾に通おうとしているのですか。

남자와 여자가 영어에 관해서 이야기를 하고 있습니다. 남자는 왜 영어회화 학원에 다니려고 합니까?

F : 무슨 일이야? 그런 심각한 얼굴을 하고, 뭘 보고 있는 거야?

M : 아, 이거? 영어회화 학원 팸플릿이야. 이 주변에 있는 영어회화 학원의 팸플릿 전부 가져 와서, 어디가 가장 나에게 맞을지 금액 같은 걸 여러가 비교하고 있어.

F : 또 왜 영어회화 학원 같은데 다니려고 하는 거야?

M : 아니, 슬슬 본격적으로 취직활동을 해야 하는 시기잖아? 역시, 지금은 어느 회사든 외국어 능력이 있는 인재를 우선으로 채용한다고 들어서. 만약 면접에서 갑자기 영어로 물어도 동요하지 않도록 평소부터 술술 영어가 입에서 나오도록 연습해 둘까 하고.

F : 그래서 영어회화 학원이군. 확실히 영어를 할 수 있다면 취직에는 어쨌든 유리하지.

M : 완벽하게는 못하더라도, 어느 정도 대응할 수 있는 정도의 영어 실력은 있는 게 좋지.

F : 해외여행 가는 것은 좋아하지만, 항상 곤란한 것은 언어. 말이 통하면 분명 더욱 여행도, 그 나라도 즐길 수 있을 것 같아.

M : 나도 해외 드라마를 좋아해서 자주 보는데, 그것을 자막 없이 볼 수 있다면, 좀 더 직접적으로 재미가 전해져서 재미있을 텐데…라고 생각해.

남자는 왜 영어회화 학원에 다니려고 합니까?

1. 외국의 기업에 취직하고 싶다고 생각하고 있으니까
2. 취직 면접에서 영어로 말을 걸었을 때 동요하고 싶지 않으니까
3. 해외 여행에 갔을 때, 그 나라의 사람들과 교류를 즐기기 위해
4. 해외 드라마를 좋아해서 나오는 등장 인물을 동경하고 있기 때문

단어 塾じゅく 학원 | 通かよう 통학, 통근하다 | 深刻しんこく 심각함 | 辺あたり 부근 | 見比みくらべる 보고 비교하다 | 本格的ほんかくてき 본격적 | 就活しゅうかつ 취직활동

(就職活動의 줄임말) | 時期じき 시기 | 能力のうりょく 능력 | 人材じんざい 인재 | 優先ゆうせん 우선 | 採とる 채용하다 | 面接めんせつ 면접 | 突然とつぜん 돌연, 갑자기 | 話はなしかける 말을 걸다 | 動揺どうよう 동요 | 普段ふだん 평소 | すっと 지체없이 나아가는 모양, 척 | 有利ゆうり 유리 | 完璧かんぺき 완벽 | 対応たいおう 대응 | 困こまる 곤란하다 | 通つうじる 통하다 | 楽たのしむ 즐기다 | 字幕じまく 자막 | なし 없음 | 伝つたわる 전해지다

해설 왜 영어회화를 배우려는지에 대한 남자의 생각은 '아니, 슬슬 본격적으로 취직활동을 해야 하는 시기잖아? 역시, 지금은 어느 회사든 외국어 능력이 있는 인재를 우선으로 채용한다고 들어서. 만약 면접에서 갑자기 영어로 물어도 동요하지 않도록 평소부터 술술 영어가 입에서 나오도록 연습해 둘까 하고.'에서 정답을 찾을 수 있다.

정답 2

2番 🔊 _T100

男の人と女の人が話をしています。男性は女性にどうすることをすすめていますか。

F : 最近目の調子が悪いのよね。

M : どうしたの？最近忙しいって言ってたし、仕事のしすぎじゃないの？

F : そうね、それもあると思うんだけど、なんかここ数日充血もひどくって。

M : 確かに右目が赤いよ。それ病院に行ったほうがいいんじゃない？

F : 薬局ですすめられた目薬で何とか治らないものかと思って、充血し出してからはずっとその目薬を差してるんだけど、どうにもよくならなくて。

M : 目は大事だし、薬局なんかで買う目薬をつけ続けるより、きちんと病院でお医者さんに診てもらって、先生の処方してくれる目薬をつけたほうが治りも早そうだけど。

F : そうね。もうこんな状態が4日ぐらい続いてるし、今日は会社を少し早めに切り上げて病院に行ってみるわ。

M : そうしなよ。なんか心配だから、また病院に行ったら連絡してよ。

F : わかったわ。心配してくれてありがとう。

男性は女性にどうすることをすすめていますか。

남자와 여자가 이야기를 하고 있습니다. 남자는 여자에게 어떻게 하도록 권유하고 있습니까?

F : 최근 눈 상태가 좋지 않아.

M : 무슨 일 있어? 요즘 바쁘다고 했었지, 일을 너무 많이 하

는 거 아냐?

F : 맞아, 그것도 있긴 하지만, 왠지 요 며칠 충혈도 심하고 해서.

M : 확실히 오른쪽 눈이 빨갛군. 그거 병원에 가는 게 좋지 않을까?

F : 약국에서 권해 준 안약으로 그럭저럭 낫지 않을까 해서, 충혈이 시작되고 나서는 줄곧 그 안약을 넣고 있는데 아무래도 좋아지지 않아서.

M : 눈은 소중하고 하니까, 약국 등에서 사는 안약을 계속 넣는 것보다 정확하게 병원에서 의사 선생님에게 진찰받고, 선생님이 처방해 주는 안약을 넣는 게 치료도 빠를 것 같은데.

F : 그래 맞아. 이미 이런 상태가 4일 정도 계속되고 있고 하니, 오늘은 회사를 조금 일찍 마무리하고 병원에 가 볼게.

M : 그렇게 해. 왠지 걱정되니까, 또 병원에 가거든 연락해 줘.

F : 알았어. 걱정해 줘서 고마워.

남성은 여성에게 어떻게 할 것을 권유하고 있습니까?

1. 일을 쉴 것
2. 약국에 갈 것
3. 약을 살 것
4. 병원에 갈 것

단어 勧すすめる 권유하다 | 最近さいきん 최근 | 調子ちょうしが悪わるい 상태가 좋지 않다 | 仕事しごと 일 | 数日すうじつ 수일 | 充血じゅうけつ 충혈 | ひどい 심하다 | 右目みぎめ 오른쪽 눈 | 薬局やっきょく 약국 | 治なおる 치료되다 | 동사 ます형 + 出だす ~하기 시작하다 | 大事だいじ 소중함 | 目薬めぐすりをさす 안약을 넣다 | 診みる 진찰하다 | 処方しょほう 처방 | 目薬めぐすりをつける 안약을 넣다 | 治なおり 치료 | 状態じょうたい 상태 | 続つづく 계속되다 | 早はやめに 일찍감치 | 切きり上あげる 일단락 짓다 | 連絡れんらく 연락

해설 남자는 일관되게 여자가 병원에 가길 권하고 있다. '눈은 소중하고 하니까, 약국 등에서 사는 안약을 계속 넣는 것보다 정확하게 병원에서 의사선생님에게 진찰받고, 선생님이 처방해 주는 안약을 넣는 게 치료도 빠를 것 같은데'에서 정답을 찾을 수 있다.

정답 4

3番　　　　　　　🔘_T101

おとこ ひと おんな ひと はなし
男の人と女の人が話をしています。女の人は日本の靴
や くつ か で き
屋さんでどうして靴を買うことが出来なかったと言っていましたか。

M : 君きみが今いまはいてるハイヒール、デザインが素敵すてきだね。

F : そう？ありがとう。私わたしもすごく気きに入いってるの。デザインも色いろもいいんだけど、何なにより脚あしがきれいに見みえるからね。

M : 女性じょせいは気きを使つかうところがたくさんあって大変たいへんだな。尊敬そんけいしちゃうよ。で、その靴くつはどこで買かったの？

F : 実じつはね、これ、この間あいだフランスに旅行りょこうに行いってきたときに、たまたま入はいったセレクトショップで見みつけたの。

M : へえ、それでなんだか日本にほんではあまり見みかけないようなデザインだったんだ。

F : 前まえに日本にほんの靴屋くつやさんでも似にたようなものを見みかけたことがあったんだけど、私わたしすごく足あしが大おおきいから、その靴くつで私わたしの足あしに合あうサイズって言いうのがなかったの。その靴くつもすごくデザインや色いろは気きに入いっていたんだけどね。

M : 海外かいがいって靴くつは結構けっこう大おおきいサイズまであるって聞きくもんね。

F : そうなの。海外かいがいって大おおきいサイズが結構そろってるから、この靴くつも驚おどろくぐらいすんなり入はいっちゃって。迷まよわず即購入そくこうにゅうってわけよ。

M : サイズも合あって、なおかつ気きに入いったのが見みつかってよかったね。

おんな ひと にほん くつや くつ か
女の人は日本の靴屋さんでどうして靴を買うことが出
で き い
来なかったと言っていましたか。

남자와 여자가 이야기를 하고 있습니다. 여자는 일본의 구두 가게에서 왜 구두를 살 수 없었다고 말했습니까?

M : 네가 지금 신고 있는 하이힐, 디자인이 멋진데!

F : 그래? 고마워. 나도 상당히 마음에 들어. 디자인도 색깔도 좋지만, 무엇보다 다리가 예쁘게 보여서 말이야.

M : 여성은 신경 쓰는 부분이 많이 있어서 힘들겠다. 존경해야겠어. 그래, 그 구두는 어디에서 샀는데?

F : 사실은 말이지, 이거, 지난번 프랑스에 여행 갔을 때, 우연히 들렀던 셀렉트 숍에서 찾았어.

M : 그래? 그래서 왠지 일본에서는 그다지 눈에 띄지 않는 디자인이었구나.

F : 전에 일본 구두점에서도 비슷한 것을 발견한 적이 있었는데, 나는 발이 상당히 크기 때문에 그 구두로 내 발에 맞는 사이즈가 없었어. 그 구두도 상당히 디자인과 색깔은 마음에 들었던 말이야.

M : 해외에서 구두는 상당히 큰 사이즈까지 있다고 듣기는 했는데.

F : 그래. 해외는 큰 사이즈가 꽤 갖추어져 있어서, 이 구두도 놀랄 정도로 쑥 들어갔지. 망설이지 않고 즉시 구입한 이유야..

M : 사이즈도 맞고, 게다가 마음에 든 것을 찾게 되어 잘됐네.

여자는 일본의 구두 가게에서 왜 구두를 살 수 없었다고 말했습니까?

1. 자신의 마음에 든 디자인이 없었으니까
2. 다리가 예쁘게 보일 듯한 디자인은 아니니까
3. 자신에게 맞는 사이즈가 없었으니까
4. 너무나 기발한 디자인이었으니까

단어　素敵すてき 멋짐｜気きに入いる 마음에 들다｜脚あし 다리｜気きを使つかう 신경 쓰다｜大変たいへん 힘듦｜尊敬そんけい 존경｜この間あいだ 지난번｜旅行りょこう 여행｜たまたま ① 우연히, 때마침 ② 간혹, 이따금｜入はいる 들어가다｜セレクトショップ 셀렉트 숍, 주인이 자기 개성을 살려서 구색을 갖춘 특색 있는 상점. 주로 의류, 잡화, 가구 등을 취급함｜見みつける 발견하다｜見みかける 눈에 띄다｜似にる 닮다｜合あう 맞다｜海外かいがい 해외｜結構けっこう 꽤, 상당히｜揃そろう 갖추다｜驚おどろく 놀라다｜すんなり 매끈하게, 쉽게｜迷まよう 망설이다｜即そく 바로｜購入こうにゅう 구입｜なおかつ 게다가

해설　여자가 일본에서 구두를 살 수 없는 이유로 '전에 일본 구두점에서도 비슷한 것을 발견한 적이 있었는데, 나는 발이 상당히 크기 때문에 그 구두로 내 발에 맞는 사이즈가 없었어.'에서 정답을 찾을 수 있다.

정답　3

4番

 _T102

男おとこの人ひとと女おんなの人ひとが話はなしをしています。男性だんせいは弁当べんとうを持もってくることはどういうことに繋つながるといっていますか。

F：今日きょうは朝あさばたばたしてて、お弁当べんとう作つくる時間じかんがなかったわ。

M：それにしても君きみは偉えらいよな、会社かいしゃからあまり近ちかくもないところに住すんでるのにほぼ毎日まいにちお弁当べんとう作つくって持もってきてさ。会社かいしゃから目めと鼻はなの先さきに住すんでる僕ぼくのほうが、毎日まいにち遅刻ちこくしそうなのに。

F：慣なれよ、慣なれ。料理りょうりが趣味しゅみみたいなところもあるし。

M：本当ほんとうは弁当べんとうでも作つくって持もってきた方ほうが、昼飯代ひるめしだいも安やすくついて節約せつやくになると分わかってはいるんだけどな。

F：そうよ。毎日毎日まいにちまいにち買かって食たべてたんじゃ、お金かねが続つづかないわよ。

M：そうだよな。僕ぼくも明日あしたから頑張がんばって早はやく起おきて弁当べんとうの真似事まねごとみたいなことでもしてみようかな。

F：まずは何なんでも一度いちどやってみないとわからないものね。とりあえず、作つくってみようって言いうやる気きが大事だいじよ。知しりたいことがあったら何なんでも教おしえてあげるから、遠慮えんりょなく聞きいてよ。

M：ありがとう。近ちかくにいい先生せんせいがいて助たすかるよ。

男性だんせいは弁当べんとうを持もってくることはどういうことに繋つながるといっていますか。

남자와 여자가 이야기를 하고 있습니다. 남성은 도시락을 갖고 오는 것은 어떤 일과 연결되어 있다고 말합니까?

F：오늘은 아침에 분주해서 도시락을 만들 시간이 없었어.

M：그래도 너는 훌륭하다. 회사에서 그렇게 가깝지도 않은 곳에 살고 있는데 거의 매일 도시락을 만들어서 갖고 오고 말이야. 회사에서 엎드리면 코 닿을 데에 살고 있는 내가 매일 지각할 것 같은데 말이야.

F：습관이야 습관. 요리가 취미인 점도 있고.

M：사실은 도시락이라도 만들어 갖고 오는 게 점심 값도 싸게 들어서 절약이 된다고 알고는 있기는 하지만.

F：그래 맞아. 매일매일 사 먹으면 돈이 부족해지잖아!

M：그래! 나도 내일부터 분발해서 일찍 일어나 도시락 흉내라도 내 볼까?

F：우선은 뭐든지 한 번 해 보지 않으면 모르는 거지. 우선 만들어 보려는 의욕이 중요하지. 알고 싶은 것이 있으면 뭐든지 가르쳐 줄 테니까 사양하지 말고 물어 봐.

M：고마워. 근처에 좋은 선생님이 있어서 다행이다.

남성은 도시락을 갖고 오는 것은 어떤 일과 연결되어 있다고 말합니까?

1. 아침에 잘 수 있는 시간이 줄어드는 것
2. 점심을 사러 가는 시간의 삭감
3. 취미를 늘리는 일
4. 점심식사 비용의 절약

단어　繋つながる 연결되다, 관계되다｜ばたばた 분주히 뛰어다님｜作つくる 만들다｜偉えらい 훌륭하다｜近ちかい 가깝다｜持もつ 들다, 가지다｜目めと鼻はなの先さき 엎어지면 코 닿을 데(몹시 가까움)｜遅刻ちこく 지각｜慣なれ 습관, 익숙해짐｜趣味しゅみ 취미｜昼飯代ひるめしだい 점심값｜つく (어떤) 가격이 되다｜節約せつやく 절약｜続つづく 계속되다, 뒤를 대다(お金かねが続つづかない 돈이 모자라다)｜真似事まねごと 흉내｜やる気き 의욕｜遠慮えんりょ 사양함

해설　도시락에 대한 남성의 생각은 '사실은 도시락이라도 만들어 갖고 오는 게 점심 값도 싸게 들어서 절약이 된다고 알고는 있기는 하지만.'에서 정답을 찾을 수 있다.

정답　4

5番

 _T103

男性だんせいと女性じょせいがタバコについて話はなしをしています。どうして男性だんせいはタバコをやめることにしたのですか。

M：君きみはタバコ吸すわないんだっけ？

F：ええ、いままで一度いちども吸すったことがないわ。そういえば、あなたは吸すってて気きがするけど、最近さいきん吸すってる姿すがたを見みないわね。

M：いや、それがさ、3ヶ月げつ前まえから禁煙きんえん中ちゅうなんだよ。

F：へえ、禁煙きんえん。あんなに吸すってたあなたが禁煙きんえん。しかもその禁煙きんえんが3ヶ月げつも続つづいてるって言いうところが偉えらいわね。

M：いや、実じつはさ、タバコが与あたえる人体じんたいへの影響えいきょうをこと

細かく説明するテレビ番組をたまたま見てたんだけど、それがまあ内容がリアルでさ。あの番組を見て、タバコを吸い続けようなんて気になる人、絶対いないよ。

F：そんなに衝撃的な内容だったの？

M：ああ、そうだよ。それにその番組、本物の医者が出てきて分かりやすく医学的な見地からタバコの危険性について話してくれるんだけど、その医者も1人ならまだしも、5人ぐらい出てきて脅しにかかるからさ。

F：まあ、タバコは体にいいものじゃないから、そのテレビ番組がタバコをやめる、いいきっかけになったんじゃない？

どうして男性はタバコをやめることにしたのですか。

남성과 여성이 담배에 대해 이야기를 하고 있습니다. 어째서 남성은 담배를 끊기로 한 것입니까?

M：너는 담배를 피우지 않지?

F：응, 지금까지 한 번도 피운 적이 없어. 그러고 보니 당신은 피웠었던 것 같은데, 최근 피우는 모습을 못 봤네.

M：야, 그게 말이야, 3개월 전부터 금연 중이거든.

F：에? 금연. 그렇게 피웠던 네가 금연? 게다가 그 금연이 3개월이나 계속되고 있다는 점이 놀랍네!

M：아니, 사실은 말이야, 담배가 미치는 인체에 대한 영향을 상세하게 설명하는 텔레비전 방송을 우연히 봤는데, 그게 정말 내용이 사실적이어서 말이지. 그 방송을 보고 담배를 계속 피우려는 마음이 들 사람은 절대 없을 거야.

F：그렇게 충격적인 내용이었어?

M：아, 그래. 게다가 그 방송 진짜 의사가 나와서 알기 쉽게 의학적인 견지에서 담배의 위험성에 대해 얘기해 주는데, 그 의사도 한 사람이라면 그런대로 괜찮은데 다섯 명 정도 나와서 으름장을 놓으니까 말이야.

F：뭐, 담배는 몸에 좋은 것은 아니니까, 그 텔레비전 방송이 담배를 끊을 좋은 계기가 된 것 아닌가?

어째서 남성은 담배를 끊기로 한 것입니까?
1. 아이가 태어나서 아이에게의 영향을 생각해서
2. 금연하도록 아내가 말했으니까
3. 담배가 인체에 미치는 영향을 설명하는 프로그램을 봤으니까
4. 의사에게 담배를 그만두도록 권유받았으니까

단어 やめる 그만두다, 끊다 ｜ たばこを吸う 담배를 피우다 ｜ 姿すがた 모습 ｜ 禁煙中きんえんちゅう 금연 중 ｜ 実じつは 사실은 ｜ 与あたえる 주다, (영향) 미치다 ｜ 人体じんたい 인체 ｜ 影響えいきょう 영향 ｜ 事細ことこまかい 상세하다 ｜ 番組ばんぐみ 방송 ｜ リアル 사실적 ｜ 絶対ぜったい 절대 ｜ 衝撃的しょうげきてき 충격적 ｜ 本物ほんもの 진짜 ｜ 医学的いがくてき 의학적 ｜ 見地けんち 견지 ｜ 危険性きけんせい 위험성 ｜ まだしも 그런대로 괜찮음 ｜ 脅おどし 위협 ｜ きっかけ 계기, 기회

해설 남성은 '담배가 미치는 인체에 대한 영향을 상세하게 설명하는 텔레비전 방송을 우연히 봤는데, 그게 정말 내용이 사실적이어서 말이지. 그 방송을 보고 담배를 계속 피우려는 마음이 들 사람은 절대 없지.'에서 정답을 찾을 수 있다.

정답 3

6番 ●_T104

男性の上司と女性の部下が話をしています。なぜ男性はショックを受けたと言っているのですか。

M：君って僕より6つ下だったっけ？

F：はい、そうですよ。それがどうかしました？

M：いやあ、僕のいとこが7つ下なんだけど、この間会って色々話したんだけど、ジェネレーションギャップっていうのかな…芸能人の話だとか、音楽の話だとか、何にもかみ合わなくてね。ちょっとショックだったよ。

F：そりゃそうですよ。先輩が中学生のとき、まだそのいとこの子は小学1年生とかですよ。話が合うはずがないじゃないですか。

M：そっか。いや、君とはほとんど仕事の話しかしないから、あんまり年の差とか感じることがなかったもんだからさ。

F：確かにそうですね。仕事の話に限って言えば、年齢は関係ないですもんね。でも、やっぱり経験値では劣りますけど。

M：それはどうしようもないことだから仕方ないよ。それにしてもショックだったなあ。なんか自分がすごくおじさんに思えたよ。

F：今度機会があれば私でよければ何でも教えますから、聞いてください。

なぜ男性はショックを受けたと言っているのですか。

남성 상사와 여성인 부하가 이야기를 하고 있습니다. 왜 남성은 충격을 받았다고 말하고 있습니까?

M：자네는 나보다 여섯 살 아래였지?

F：네, 그렇습니다. 그게 무슨 문제가 됩니까?

M：아니야, 내 사촌이 일곱 살 아래인데, 지난번 만나서 여러 가지 이야기했는데, 세대 차이라고나 할까? 연예인 이야기라든지 음악 이야기라든지, 어느 하나 서로 맞는 게 없어서. 조금 충격이었어.

F：그야 그렇지요. 선배가 중학생일 때, 아직 그 사촌 동생은 초등학교 1학년이었을 거에요. 이야기가 통할 리가 없잖아요.

M：그런가! 아니, 자네와는 대부분 업무 이야기 밖에 하지 않으니까 그다지 나이 차라든가 느끼는 일이 없었으니까.

F : 정말 그러네요. 업무 이야기에 한해서 말하면 연령은 관계 없으니까요. 하지만 역시 경험의 정도에서는 뒤떨어지지만 말이죠.

M : 그것은 어쩔 수 없는 일이니까 할 수 없지. 그렇다 해도 충격이었어. 왠지 내가 엄청 아저씨로 생각되었지.

F : 다음에 기회가 있으면 저라도 괜찮으시다면 뭔든지 가르쳐 드릴 테니까 질문하세요.

왜 남성은 충격을 받았다고 말하고 있습니까?
1. 7살 아래 사촌과 이야기가 통하지 않아서
2. 6살 아래 여성과 이야기가 통하지 않아서
3. 일을 하기에는 젊은 쪽이 좋다고 하니까
4. 부하들에게 아저씨라는 말을 들으니까

단어 上司じょうし 상사 | 部下ぶか 부하 | ショックを受うける 충격을 받다 | いとこ 사촌 | ジェネレーションギャップ 세대 차이 | 芸能人げいのうじん 연예인 | 音楽おんがく 음악 | かみ合あう (의견, 생각 등이) 서로 맞다 | 先輩せんぱい 선배 | ～はずがない ～(일) 리가 없다 | 仕事しごと 업무, 일 | 年としの差さ 나이 차 | 感かんじる 느끼다 | 限かぎる 한하다 | 年齢ねんれい 연령 | 経験値けいけんち 경험의 정도 | 劣おとる 뒤떨어지다 | 仕方しかたない 방법이 없다 | 今度こんど 다음 | 機械きかい 기회 | 教おしえる 가르치다 | 聞きく 질문하다

해설 이 문제는 질문에 부합하는 관련어를 잡는 것이 특히 중요하다. '내 사촌이 일곱 살 아래인데, 지난번 만나서 여러 가지 이야기했는데, 세대차이라고나 할까?' 연예인 이야기라든지, 음악 이야기라든지, 어느 하나 서로 맞는 게 없어서. 조금 충격이었어.'에서 정답을 찾을 수 있다.

정답 1

문제3

문제3에서는 문제용지에 아무것도 인쇄되어 있지 않습니다. 이 문제는 전체적으로 어떤 내용인지를 묻는 문제입니다. 이야기 전에 질문은 없습니다. 먼저 이야기를 들어 주세요. 그리고 나서 질문과 선택지를 듣고 1에서 4 중에서 가장 알맞은 것을 하나 고르세요.

1番 _T105

あるファーストフード店の店員が話をしています。

F : ついに本日、弊社から新しいハンバーガーを発売させていただく運びとなりました。先行発売した代々木の店舗では約200人のお客様に並んでいただき、すでにご好評いただいているのですが、中でも黄色い独特のバンズにハマる人が多いのだそうです。特徴は、少し黄色みがかった色合いと、フワフワなのにしっかりとした食感、そしてほのかな甘さにありまして、店頭では「バンズのみください」という注文もあるほど人気となっております。この人気のバンズですが、実は他のメニューとはつ

くり方が大きく異なるんです。普通は生地をこねたり伸ばしたりする作業は機械で行うのですが、今回の商品の場合、一つ一つ、手でのばして結んで焼いているんです。チキンタツタのバンズは形がちょっといびつですよね。あれは、手で結んだ形が残ったものなんです。バンズの不均等さは、手作りの証なんですよ。

店員は、何について話をしていますか。
1. 新商品の売り上げについて
2. 新商品に使われた材料について
3. 新商品のバンズについて
4. 新商品を作るための機械について

어느 패스트푸드점의 점원이 이야기를 하고 있습니다.

F : 드디어 오늘, 회사에서 새로운 햄버거를 발매하는 시간이 되었습니다. 앞서 발매한 요요기의 점포에서는 약 200명의 손님이 줄을 서 주셔서 이미 호평 받고 있지만 그 중에서도 노란 독특한 번즈(햄버거 빵)에 매료되는 사람이 많다고 합니다. 특징은 약간 노란 빛을 띤 색조와 푹신푹신하면서도 똑 떨어지는 식감, 그리고 은은한 달콤함이 있어서 가게 앞에서는 '번즈만 주세요'라는 주문도 있을 정도로 인기가 되고 있습니다. 이렇게 인기 있는 번즈이지만, 사실은 다른 메뉴와는 만드는 법이 크게 다릅니다. 보통은 반죽을 하거나 펴는 작업은 기계에서 하지만, 이번 상품의 경우, 하나 하나 손으로 펴서 만들어 구운 것입니다. 치킨타츠타의 번즈는 모양이 조금 찌그러져 있지요. 그것은 손으로 완성된 형태가 남아 있는 것입니다. 번즈의 불균등함은 손으로 만든 것이라는 증거이지요.

점원은 무엇에 대해 이야기를 하고 있습니까?
1. 신상품의 매상에 대해
2. 신상품에 사용된 재료에 대해
3. 신상품인 번즈에 대해
4. 신상품을 만들기 위한 기계에 대해

단어 ある 어느, 어떤 | 弊社へいしゃ 폐사(자신의 회사를 낮추어 표현한 말) | 運はこび 진행, 단계, 순서 | 先行せんこう 선행, 앞섬 | 発売はつばい 발매 | 店舗てんぽ 점포 | お客様きゃくさま 손님 | 並ならぶ 줄서다 | すでに 이미 | 好評こうひょう 호평 | 独特どくとく 독특 | バンズ 번즈(빵)-햄버거나 핫도그 빵을 가리키는 말 | 特徴とくちょう 특징 | 黄色きいろい 노랗다 | ～がかる ～의 빛을 띠게 되다 | 色合いろあい 색조 | フワフワ 푹신푹신 | 食感しょっかん 식감 | ほのか 아련함, 은은함 | 甘あまさ 달콤함 | 店頭てんとう 가게 앞 | 作つくり方かた 만드는 법 | 異ことなる 다르다 | 普通ふつう 보통 | 生地きじ 빵이나 면, 파이껍질로 하기 위해 밀가루를 반죽한 것 | 捏こねる 반죽하다, 개다 | 伸のばす 펴다 | 作業さぎょう 작업 | 機械きかい 기계 | 行おこなう 행하다 | 商品しょうひん 상품 | 場

合ばあい 경우 | 結むすぶ 묶다, 완결하다 | 焼やく 굽다 | 形かたち 모양 | チキンタツタ 치킨타츠타(햄버거의 종류) | いびつ 비뚤어진, 찌그러진 모양 | 残のこる 남다 | 不均等ふきんとうさ 불균등함 | 手作てづくり 수제, 손으로 만듦 | 証あかし 증거

해설 새로운 햄버거 판매에 대한 이야기를 시작으로 구체적인 내용으로 들어가 주로 손님들에게 인기를 끌었던 '번즈'에 관한 이야기가 많은 부분을 차지하고 있다.

정답 3

2番　　　　　　　　　　　🔘 _T106

テレビではアナウンサーがいまや日本人の国民食ともいえるラーメンについて話をしています。

M：「他店との差別化」。特にラーメン店にとって、それは重要な命題の一つです。そこで、ある作戦に出た新店が誕生しました。
新宿区役所に程近い、路地を少し入ったところ。店内は白を基調とした明るい雰囲気で、ラーメン店というよりもカフェのような感じです。こちらのイチオシメニューは「スペシャルラーメン(こってり)」。動物系白湯と魚介系清湯を合わせたダブルスープで、とろみのある優しい口当たり。このラーメンですが、トッピングにお茶漬けに用いられる「ぶぶあられ」と「すがたあられ」が施されています。ラーメンが運ばれてきた瞬間に「ん？」と目にインパクトを与えると共に、スープや麺と共にすすれば、サクっとした食感もプラスされるんですね。
この店舗の差別化の方向性は「食感」というベクトルのようです。ラーメンに思い入れを付加するという店主の熱い思いが伝わってくるようですね。

ラーメン店の何についての話ですか。
1. 最近のラーメン店の内装
2. ラーメンのスープの作り方
3. ラーメン店各店舗における差別化
4. ラーメン屋を経営する店主たちの思い

텔레비전에서는 아나운서가 이제는 일본인의 국민음식이라고도 할 수 있는 라면에 대해 이야기를 하고 있습니다.

M：'다른 가게와의 차별화'. 특히 라면 가게에 있어서 그것은 중요한 명제의 하나입니다. 그래서 어떤 작전에 나선 새로운 가게가 탄생했습니다.
신주쿠 구청과 멀지 않은 골목을 조금 들어간 곳. 가게 안은 흰색을 기조로 한 밝은 분위기로 라면 가게라기보다 카페 같은 느낌이다. 이곳의 최고의 추천 메뉴는 '스페셜 라면(진한 맛)'. 동물성 백탕과 어패류 청탕을 합한 더블 스프로 약간의 걸쭉함이 있는 부드러운 식감. 이 라면인데, 토핑에 오챠즈케에 사용되는 '부부 아라레'와 '스가타 아라레'가 첨가되어 있습니다. 라면이 나온 순간에 '응?'하며 눈에 임팩트를 줌과 동시에 스프와 면과 함께 후루룩 먹으면 아삭한 식감도 더해지지요.
이 점포의 차별화의 방향성은 '식감'이라는 벡터인 것 같습니다. 라면에 생각을 부가한다고 하는 점주의 열정이 전해져 오는 것 같습니다.

라면 가게의 무엇에 대한 이야기입니까?
1. 요즘 라면 가게의 실내 장식
2. 라면 스프 만드는 법
3. 라면 가게 각 점포에 있어서의 차별화
4. 라면 가게를 경영하는 점주들의 생각

단어 他店たてん 다른 가게 | 差別化さべつか 차별화 | 特とくに 특히 | 重要じゅうよう 중요함 | 命題めいだい 명제 | 作戦さくせん 작전 | 新店しんみせ 새로 시작한 가게 | 区役所くやくしょ 구청 | 程近ほどちかい 그리 멀지 않다 | 路地ろじ 골목 | 基調きちょう 기조 | 明あかるい 밝다 | 雰囲気ふんいき 분위기 | 一押いちおし 가장 추천할 것, 최고의 추천 | こってり 맛과 색이 진함 | 動物どうぶつ 동물 | 動物系白湯どうぶつけいばいたん 동물성 백탕 | 魚介系清湯ぎょかいけいちんたん 어패류 청탕 | 合あわせる 합하다 | とろみ 약간의 걸쭉함 | 優やさしい 부드럽다 | 口当くちあたり 입에 닿는 맛, 식감 | 用もちいる 사용하다 | ぶぶあられ 떡을 튀겨낸 과자 | すがたあられ 작게 여러 모양을 내어 만든 떡을 튀긴 과자 | 施ほどこす (장식·가공 등을) 가하다 | 運はこぶ 나르다 | 瞬間しゅんかんに 순간 | インパクト 임팩트(물리적, 심리적 충격이나 인상) | 与あたえる 부여하다 | ～と共ともに ～와 함께 | すする 후루룩거리며 먹다, 홀짝홀짝 마시다 | サクッと 야채를 씹을 때의 경쾌한 소리 | 食感しょっかん 식감 | 店舗てんぽ 점포 | 差別化さべつか 차별화 | 方向性ほうこうせい 방향성 | ベクトル 벡터 | 思おもい入いれ 깊이 생각함 | 付加ふか 부가 | 店主てんしゅ 점주 | 熱あつい 뜨겁다 | 伝つたわる 전해지다

해설 다른 라면 가게와의 차별성이 있어야 생존하는 치열함 속에 차별화 전략을 내세우고 있는 어떤 가게의 메뉴에 대해 각각의 특색을 말하고 있다. 전체를 듣고 알 수 있는 이 문장의 주제어는 '맛의 차별화'이다.

정답 3

3番　　　　　　　　　　　🔘 _T107

ある医師があることについて話をしています。

F：最近皮膚科に「手荒れ患者」が増えているんですよ。インフルエンザ対策として推奨されている「手洗い」がその原因だと思います。
例年、夏の手荒れは主婦や美容師などの環境要因か

ら悩む人ばかりでしたが、今年は昨年にはほとんど見られなかったような人が来院しています。特に手荒れが顕著なのは保育園や幼稚園に通う子供たち。手洗いを1日に何度もするだけでなく、手洗いの際に泡で遊んだ末に流しきれていなかったり、子供には強いハンドソープで手洗いをすることで荒れてしまうといった事例もあります。一方で、オフィスに常備されたアルコールで手荒れするサラリーマンやOLも多いのです。強いアルコール分がしみたり、乾燥することで手荒れを招いているケースもあるんです。そもそも手洗いの本来の目的は「手についたウイルスを洗い流すこと」。感染者が咳をした口を手で押えた時、ウイルスが手につき、その手で触ったドアノブやつり革を通じて別の人に感染することもある。ウイルスがついた手で口や鼻、目などの粘膜をさわるとインフルエンザに感染するので手洗いは重要なのですが、間違った方法では手荒れに悩まされてしまいます。

医師は何について話をしていますか。
1. インフルエンザの危険性について
2. 保育園や幼稚園での手洗い推進運動について
3. サラリーマンやOLのアルコール依存症について
4. 手荒れ患者の急増の理由について

어느 의사가 어떤 일에 대해 이야기를 하고 있습니다.

F : 최근 피부과에 '손 습진(주부 습진) 환자'가 늘어나고 있습니다. 인플루엔자 대책으로 권장되고 있는 '손 씻기'가 그 원인인 것 같습니다.

예년, 여름의 손 습진은 주부나 미용사 등 환경 요인으로 고민하는 사람들뿐이었는데, 올해에는 작년에는 거의 볼 수 없었던 사람이 병원을 찾고 있습니다. 특히 손 습진이 현저한 것은 보육원이나 유치원에 다니는 아이들. 손 씻기를 하루에 몇 번이나 할 뿐만 아니라, 손을 씻을 때에 거품으로 놀고 난 뒤에 깨끗하게 씻어내지 않거나, 아이에게는 강한 손 전용비누로 손 씻기를 함으로 해서 거칠어져 버린 사례도 있습니다. 한편, 사무실에 상비된 알코올로 인해 손 습진이 생기는 샐러리맨이나 여직원도 많습니다. 강한 알코올 성분이 스며들거나, 건조함으로 인해 손 습진을 초래하고 있는 경우도 있습니다. 원래 손 씻기의 본래 목적은 '손에 붙은 바이러스를 씻어 내는 것'. 감염자가 기침을 한 입을 손으로 막았을 때, 바이러스가 손에 붙어 그 손으로 접촉한 문의 손잡이나 대중교통의 손잡이를 통하여 다른 사람에게 감염되는 경우도 있다. 바이러스가 묻은 손으로 입이나 코, 눈 등의 점막을 만지면 인플루엔자에 감염되기 때문에 손 씻기는 중요한 일이지만, 잘못된 방법으로는 손 습진으로 고민하게 됩니다.

의사는 무엇에 대해 이야기를 하고 있습니까?
1. 인플루엔자의 위험성에 대해
2. 보육원이나 유치원에서의 손 씻기 추진 운동에 대해
3. 샐러리맨이나 여사무원의 알코올 의존증에 대해
4. 손 습진 환자의 급증 이유에 대해

단어 皮膚科ひふか 피부과 | 手荒てあれ 손 습진, 주부 습진 | 増ふえる 늘어나다 | 対策たいさく 대책 | 推奨すいしょう 권장 | 原因げんいん 원인 | 手洗てあらい 손 씻기 | 主婦しゅふ 주부 | 美容師びようし 미용사 | 環境かんきょう 환경 | 要因よういん 요인 | 悩なやむ 고민하다 | 来院らいいん 내원(병원을 찾음) | 顕著けんちょ 현저함 | 保育園ほいくえん 보육원 | 幼稚園ようちえん 유치원 | 通かよう 통학하다 | 際さいに ~때에 | 泡あわ 거품 | 동사 た형+末すえ ~한 끝에 | 流ながす 물로 씻어내다 | 荒あれる 거칠어지다 | 事例じれい 사례 | 一方いっぽう 한편 | 常備じょうび 상비 | アルコール分ぶん 식품이나 음료 등에 남아 있는 알코올 비율 | しみる 스며들다 | 乾燥かんそう 건조 | 招まねく 초래하다 | そもそも 처음, 시작 | 本来ほんらい 본래 | 洗あらい流ながす 씻어내다 | 感染者かんせんしゃ 감염자 | 咳せき 기침 | 押おさえる 누르다 | 触さわる 닿다 | ドアノブ=ドアハンドル(door handle) 손잡이 | つり革かわ 전철이나 버스 등의 손잡이 | 通つうじる 통하다 | 粘膜ねんまく 점막 | 重要じゅうよう 중요함 | 間違まちがう 잘못되다 | 方法ほうほう 방법 | 悩なやむ 고민하다

해설 어떤 내용을 서술하는 설명문 형식의 문제에서는 문장 서두를 주의 깊게 들어야 전체의 문맥 파악이 쉬워진다. 서두에 '최근 피부과에 손 습진(주부습진) 환자가 늘어나고 있습니다.'에서 정답을 찾을 수 있다.

정답 4

4番 _T108

テレビでアナウンサーがある街の芸術祭について話をしています。

M : 日本有数の豪雪地帯であり、近年では過疎化に悩まされてきた越後一帯が、現代アートの力で活力を取り戻しつつあります。同地域で3年に1度催されている「大地の芸術祭」は、760平方キロメートルの広大なエリアに現代アートを展示するイベントです。今年で4回目を迎えたこの現代アートの祭典は、のどかな里山にどのような影響をもたらしたのでしょうか？
関係者の話では「前回（2006年）は約35万人の集客がありましたし、宿泊施設や飲食店などの売上がアップしたほか、雇用も生まれており、少なからず経済効果はあると思います。また、開催期間は毎回2カ月ほどですが、イベント終了後もその

まま残される作品が年々増えています。現在は約160点の恒久展示作品が越後妻有の里山の中に存在し、期間外にもこの地域を訪れる観光客、アートファンは増えているようですね」とのこと。

2000年のスタート以来、現代アートの名所として着々と知名度を上げつつある越後妻有。地域の魅力を掘り起こそうという目的にふさわしく、すでに使われなくなった施設の再利用なども進められています。

過疎化の進む街で行われた芸術祭は街の何に貢献しましたか。
1. 現代アートの名所として知名度を上げること
2. 宿泊施設の数の増加
3. 飲食店におけるメニューの増加
4. 街の交通機関の充実

텔레비전에서 아나운서가 어느 거리의 예술제에 대해 이야기를 하고 있습니다.

M : 일본 유수의 강설량이 많은 지대이며, 근년에는 과소화로 고민해 온 에치고 일대가 현대 예술의 힘으로 활력을 되찾고 있습니다. 이 지역에서 3년에 한 번 개최되고 있는 '대지의 예술제'는 760평방킬로미터의 광대한 지역에 현대예술을 전시하는 이벤트입니다. 올해로 4년째를 맞이한 이 현대예술의 제전은 한가로운 시골에 어떤 영향을 가져다주었을까요?
관계자의 말에 의하면 '전회(2006년)에는 약 35만 명의 관객이 찾아왔고, 숙박시설이나 음식점 등의 매상이 오른 것 외에 고용도 생겨나고, 상당히 경제효과는 있다고 생각합니다. 또한 개최 기간은 매회 2개월 정도이지만, 이벤트 종료 후에도 그대로 남겨진 작품이 해마다 늘어나고 있습니다. 현재는 약 160점의 항구전시작품이 에치고츠마리의 마을 안에 존재하며, 기간 외에도 이 지역을 찾아오는 관광객, 예술 팬은 늘어나고 있는 것 같네요'라고 한다.
2000년 시작 이래, 현대예술의 명소로 한걸음씩 지명도를 올리고 있는 에치고츠마리. 지역의 매력을 발굴해 내려는 목적에 어울리게 이미 사용되지 않게 된 시설의 재이용 등도 추진되고 있습니다.

과소화가 진행되는 마을에서 이루어진 예술제는 마을의 무엇에 공헌했습니까?
1. 현대예술의 명소로서 지명도를 올리는 일
2. 숙박시설 수의 증가
3. 음식점에서의 메뉴 증가
4. 마을의 교통기관의 충실

단어 芸術祭げいじゅつさい 예술제 | 有数ゆうすう 유수 | 豪雪地帯ごうせつちたい 강설량이 많은 지대 | 過疎かそ 과소(인구가 다른 지역으로 이동해 줄어듦) | 一帯いったい 일대 | 現代げんだい 현대 | 活力かつりょく 활력 | 取とり戻もどす 되찾다, 회복하다 | 〜つつある 〜하고 있다 |

同地域どうちいき 같은 지역 | 催もよおす 개최하다 | 大地だいち 대지 | 広大こうだい 광대함 | 展示てんじ 전시 | 迎むかえる 맞이하다 | 祭典さいてん 제전 | のどか 한가로움 | 里山さとやま 시골마을 | 影響えいきょう 영향 | もたらす 가져오다 | 関係者かんけいしゃ 관계자 | 集客しゅうきゃく 집객(찾아온 사람) | 宿泊しゅくはく 숙박 | 施設しせつ 시설 | 飲食店いんしょくてん 음식점 | 売上うりあげ 매상 | 雇用こよう 고용 | 生うまれる 생겨나다 | 少すくなからず 적잖이, 많이 | 経済効果けいざいこうか 경제효과 | 開催かいさい 개최 | 終了後しゅうりょうご 종료 후 | 残のこす 남기다 | 作品さくひん 작품 | 恒久こうきゅう 항구 | 存在そんざい 존재 | 訪おとずれる 방문하다 | 観光客かんこうきゃく 관광객 | 名所めいしょ 명소 | 着々ちゃくちゃく 착착, 한걸음씩 | 知名度ちめいど 지명도 | 魅力みりょく 매력 | 掘ほり起おこす 발굴하다, 개발하다 | ふさわしい 어울리다 | 再利用さいりよう 재이용 | 進すすめる 진행하다

해설 특히「貢献」이라는 단어와 연관되는 부분을 들어야 한다. 서두에 '근년에는 과소화로 고민해 온 에치고츠마리 일대가 현대예술의 힘으로 활력을 되찾고 있습니다.'라고 하고 '현대예술의 힘'에 의해 파생된 현상들의 구체적인 내용이 이어지고 있다.

정답 1

5番 🎧_T109

テレビでアナウンサーが鹿児島県でのある日の様子について話をしています。

F : 県指定無形民俗文化財「川内大綱引」は22日夜、薩摩川内市太平橋通りで熱戦が繰り広げられました。伝統の大綱は365メートル、重さ5トン。消防団員や高校生ら1700人が一日がかりで練り上げました。
「大綱練り」は午前8時前、会場近くの神田通りで始まりました。410年目を記念して例年より30本多い330本の小綱（細綱）を、3束に仕分け。参加者が横一列に並び、掛け声に合わせて足で転がしながら、長さ400メートルの中綱3本を作ります。大綱は中綱3本を練り上げて作ります。丸太に三つの溝がついた「シンコ」という伝統の工具を使う手作業です。
勝負の途中で大綱が切れないよう、練り上げ作業では消防車が出動。中綱にホースから水がかけられ、強度を増す工夫もされています。最後に大綱の両端に「ワサ」と呼ばれる大きな輪を作り、夏のような暑さの中、約6時間かけて完成させました。

川内大綱引実行委員会の委員長は「連休中なので人手不足を心配したが、例年の1.5倍もの人が協力してくれて本当にありがたい」と話していました。

アナウンサーは何について話していますか。

1. 鹿兒島県の伝統行事で使用するものを準備する様子
2. 鹿兒島県の消防団員が集まって行われた技術大会の様子
3. 鹿兒島県の高校生が伝統芸能に触れ合う様子
4. 鹿兒島県の連休中の人々の様子

텔레비전에서 아나운서가 가고시마 현에서의 어느 날의 모습에 대해 이야기를 하고 있습니다.

F : 현이 지정한 무형 민속 문화재 '센다이 오오즈나히키'는 22일 밤, 사츠마센다이시 타이헤이바시 거리에서 열전이 펼쳐졌습니다. 전통의 오오즈나는 365미터, 무게 5톤. 소방대원이나 고교생들 1700명이 하루 걸려 엮어냈습니다.
'오오즈나(대형밧줄) 엮기'는 오전 8시 전, 회장 근처의 칸다 거리에서 시작되었습니다. 410년째를 기념하여 예년보다 30개 많은 330개의 작은 밧줄을 세 다발로 구분. 참가자가 가로 일렬로 줄서고, 구호에 맞추어 발로 굴리면서 길이 400미터의 중간 밧줄 3개를 만듭니다.
대형밧줄은 중간밧줄 3개를 엮어서 만듭니다. 통나무에 세 개의 홈이 파인 '싱코'라는 전통의 공구를 사용하는 수작업입니다.
승부 도중에 오오즈나가 잘리지 않도록 마무리 작업에서는 소방차가 출동. 중형밧줄에 호스에서 물이 뿌려져 강도를 더하는 방안도 마련되어 있습니다. 마지막으로 오오즈나의 양 끝에 '와샤'라고 불리는 커다란 고리를 만들고, 여름 같은 더위 속에서 약 6시간에 걸쳐 완성시켰습니다.
센다이오오츠나히키 실행위원회의위원장은 '연휴중이어서 일손 부족을 걱정했지만, 예년의 1.5배나 되는 사람이 협력해 주어 정말로 감사하다'고 했습니다.

아나운서는 무엇에 대해 이야기를 하고 있습니까?
1. 가고시마 현의 전통 행사에서 사용하는 것을 준비하는 모습
2. 가고시마 현의 소방대원이 모여서 행해진 기술 대회의 모습
3. 가고시마 현의 고교생이 전통 예능과 접하는 모습
4. 가고시마 현의 연휴 중의 사람들의 모습

단어 指定してい 지정 | 無形むけい 무형 | 民俗みんぞく 민속 | 文化財ぶんかざい 문화재 | 川内大綱引せんだいおおづなひき 가고시마현 센다이 지역에서 9월에 열리는 축제 | 通とおり 거리, 대로 | 国道こくどう 국도 | 熱戦ねっせん 열전 | 繰くり広ひろげる 벌이다, 전개하다 | 伝統でんとう 전통 | 重おもさ 무게 | 消防団員しょうぼうだんいん 소방대원 | 一日いちにち 하루 | ~がかり 그만큼의 사람 수나 날짜를 필요로 함 | 練ねり上あげる 잘 손질하여 마무르다 | 練ねり 반죽 | 会場かいじょう 회장, 장소 | 始はじまる 시작되다 | 記念きねん 기념 | 例年れいねん 예년 | 仕分しわけ 구분 | 参加者さんかしゃ 참가자 | 横一列よこいちれつ 가로 일렬 | 並ならぶ 줄서다 | 掛かけ声ごえ 맞춤소

리, 구호 | 合あわせる 맞추다 | 転ころがす 굴리다 | 作つくる 만들다 | 丸太まるた 통나무 | 手作業てさぎょう 수작업 | 溝みぞがつく 홈이 파이다 | 工具こうぐ 공구 | 勝負しょうぶ 승부 | 途中とちゅう 도중 | 切きれる 잘리다 | 作業さぎょう 작업 | 出動しゅつどう 출동 | 水みずをかける 물을 뿌리다 | 強度きょうど 강도 | 増ます 더하다 | 工夫くふう 연구 | 両端りょうたん 양 끝 | 輪差わさ 끈을 고리 모양으로 묶은 것 | 輪わ 고리 | 暑あつさ 더위 | 完成かんせい 완성 | 実行じっこう 실행 | 委員会いいんかい 위원회 | 連休中れんきゅうちゅう 연휴 중 | 人手不足ひとでぶそく 일손 부족 | 協力きょうりょく 협력

해설 내용은 가고시마 현이 무형 민속 문화재로 지정한 전통행사를 준비하는 모습이 구체적으로 묘사되어 있다.

정답 1

문제4

문제4에서는 문제용지에 아무것도 인쇄되어 있지 않습니다. 먼저 문장을 들어 주세요. 다음에 그것에 대한 대답을 듣고 1에서 3 중에서 가장 알맞은 것을 하나 고르세요.

1番   _T110

F : コーヒーでも入れましょうか?
M : 1. カバンに入れても大丈夫ですよ。
2. 私がさっき買ってきましたよ。
3. ちょうど飲みたかったところなんだよ。

F : 커피라도 끓일까요?
M : 1. 가방에 넣어도 괜찮습니다.
2. 내가 조금 전에 사 왔습니다.
3. 마침 마시고 싶었던 참입니다.

단어 コーヒーを入いれる 커피를 끓이다(내다) | さっき 조금 전 | ちょうど 마침, 바로

해설 상대의 커피 대접 의사에 대한 긍정의 반응이다. 완곡하게 일단 사양할 경우에는 'いいえ、どうぞ、おかまいなく(아닙니다, 괜찮습니다)'라고 한다.

정답 3

2番   _T111

F : これはもう捨てていいの?
M : 1. ゴミ箱なら君の後ろにあるよ。
2. だめだよ、まだ使えるのにもったいないよ。
3. ゴミ袋になりそうなものはないみたいね。

F : 이것은 이제 버려도 괜찮니?
M : 1. 쓰레기통이라면 네 뒤에 있어.
2. 안 돼, 아직 사용할 수 있는데 아까워.
3. 쓰레기봉지가 될 만한 것은 없는 것 같네.

단어 捨すてる 버리다 | ゴミ箱ばこ 쓰레기통 | 後うしろ 뒤 | 使つかう 사용하다 | もったいない 아깝다 | ゴミ袋ぶくろ 쓰레기 봉지

해설 '~ていい' '~てもいい(~해도 돼?)'와 같은 허락에 대한 금지 표현이다. 금지 표현은 '~てはいけない(~하면 안 된다)' 'だめだ(안 된다, 못쓴다)'이다.

정답 2

3番　🔘_T112

M : いつも会社までは歩いて行っているの?
F : 1. そうよ、健康のことを考えて歩いて行っているわ。
　　2. いいえ、歩くのは夕方から夜にかけてよ。
　　3. ええ、タクシーの方が便利ですからね。

M : 항상 회사까지는 걸어다니고 있어?
F : 1. 그래, 건강을 생각해서 걸어다니고 있어.
　　2. 아니야, 걷는 것은 저녁 때부터 밤에 걸쳐서야.
　　3. 응, 택시 쪽이 편리하니까.

단어 健康けんこう 건강 | 歩あるく 걷다 | 考かんがえる 생각하다 | 夕方ゆうがた 저녁 때 | 便利べんり 편리함

해설 확인 질문에 관한 경우, 긍정 혹은 부정적인 반응에 이어지는 내용이 앞의 반응과 일치하여야 한다. '걸어다니는 사실'에 대한 긍정과 '걸어다니는 이유'는 건강을 위해서이다.

정답 1

4番　🔘_T113

F1: そろそろ、おいとまさせていただこうかしら。
F2: 1. ええ、私ならいつでも一緒に行けますよ。
　　2. あら、もう帰っちゃうの?
　　3. そうね、留守番してもらおうかしら。

F1: 이제 슬슬 가야 할 것 같네.
F2: 1. 네, 나라면 언제라도 함께 갈 수 있어요.
　　2. 어머, 벌써 돌아가는 거야?
　　3. 그러네, 집 지켜 줄래?

단어 お暇いとま する 돌아가겠습니다(방문한 곳에서 자리를 뜰 때 하는 인사인 失礼しつれいします의 겸양표현) | 一緒いっしょに 함께 | 留守番るすばん 집 지키기

해설 방문했던 사람이 돌아가려고 하는 상황에서 주고받는 인사 표현 및 반응을 알아두어야 한다. 이런 경우 인사치레로 'もう少しゆっくりして行ってもいいじゃありませんか(좀 더 있다 가셔도 괜찮지 않습니까?)' 등이 사용된다.

정답 2

5番　🔘_T114

F : 背中にしみがついているわよ。
M : 1. 今日は洗濯物がよく乾きそうだね。
　　2. 本当に? どこで汚しちゃったのかな。
　　3. 明日取りに行こうと思っているんだ。

F : 등에 얼룩이 묻어 있네.
M : 1. 오늘은 빨래가 잘 마를 것 같은데.
　　2. 정말? 어디에서 더럽혀진 것일까?
　　3. 내일 가지러 가려고 생각하고 있어.

단어 背中せなか 등 | 染しみがつく 얼룩이 지다 | 洗濯物せんたくもの 빨래 | 乾かわく 마르다 | 汚よごす 더럽히다

해설 '얼룩이 묻었다'는 지적이므로 이 말의 의미 파악 여부가 정답을 고르는 열쇠가 되는 타입의 문제이다. 관련어는 「汚よごす(더럽히다)」이다.

정답 2

6番　🔘_T115

M : 仕事辞めたんだって?
F : 1. そうよ、明日から行こうと思っているの。
　　2. ええ、休みをもらって旅行に行くつもりよ。
　　3. ええ、上司とどうもそりが合わなくて。

M : 일을 그만두었다면서?
F : 1. 그래, 내일부터 가려고 생각하고 있어.
　　2. 예, 휴가를 받아서 여행갈 생각이야.
　　3. 응, 상사와 도저히 뜻이 맞지 않아서 말이야.

단어 仕事しごと 일 | 辞やめる 그만두다 | 休やすみ 휴가 | 上司じょうし 상사 | そりが合あわない (두 사람이) 뜻이 맞지 않다

해설 일을 그만두었다는 사실, 즉 '사직'에 대한 사실 확인에 대한 반응은 '상사와의 뜻이 맞지 않음'이 관련 이유로 가장 적당하다.

정답 3

7番　🔘_T116

F : ちょっとめまいがするから、横になってもいいかしら。
M : 1. もちろんいいけど。大丈夫かい?
　　2. 病院には行ったんだけどよくならないんだ。
　　3. 結局、あれから薬は飲まずに済んだよ。

F : 잠시 현기증이 나는데, 누워 있어도 괜찮을까?
M : 1. 물론 괜찮고말고, 괜찮아?
　　2. 병원에는 갔는데 좋아지지 않네.
　　3. 결국, 그 후 약은 먹지 않고 나았어.

단어 目眩めまいがする 현기증이 나다 | 横よこになる 눕다 | 大丈夫だいじょうぶ 문제 없음 | 病院びょういん 병원 | 結局けっきょく 결국 | 飲のまずに=飲のまないで 먹지 않고 | 済すむ 끝나다, 해결되다

해설 잠시 누워도 되는지 상대에게 '양해'를 구하는 것에 대해 허락하는 반응이다.

정답 1

8番　🔘_T117

M：今日はやたら欠席が目立つね。

F：1. まだ1回しか欠席したことないはずよ。

　　2. みんな学園祭の準備でサボっているのよ。

　　3. 出席したかったんだけど予定が合わなくて。

M：오늘은 무단결석이 눈에 띄네.

F：1. 아직 한 번 밖에 결석한 적이 없을 걸요.

　　2. 모두 학교축제 준비로 빠진 거예요.

　　3. 출석하고 싶었는데 예정이 맞지 않아서.

단어 やたら 함부로, 무턱대고 ｜ 欠席けっせき 결석 ｜ 目立めだつ 눈에 띄다 ｜ 学園祭がくえんさい 학교축제 ｜ サボる 학교를 빠지다 ｜ 予定よてい 예정 ｜ 合あう 맞다

해설 무단결석이 많은 것에 대한 '지적'에 대한 반응은 두드러지게 결석생이 많은 원인을 설명하는 '모두 학교축제 준비로 빠진 거예요.'가 타당하다

정답 2

9番 ◉_T118

M：ポスターの位置はこの辺でいい？

F：1. 右のほうに置いた気がしたんだけど。

　　2. 上に乗せたら邪魔にならなくていいんじゃない？

　　3. もう少し下のほうが見やすくていいんじゃないかしら。

M：포스터의 위치는 이쯤이면 됐어?

F：1. 오른쪽으로 놓은 느낌이 들었는데.

　　2. 위에 얹으면 방해가 되지 않아서 괜찮지 않을까?

　　3. 조금 더 아래쪽이 보기 쉬워서 괜찮지 않을까.

단어 位置いち 위치 ｜ 辺へん 부근 ｜ 置おく 놓다 ｜ 気きがする 느낌이 들다 ｜ 乗のせる 태우다, 싣다 ｜ 邪魔じゃまになる 방해가 되다 ｜ 見みやすい 보기 쉽다

해설 포스터 위치의 적절성에 대한 동의 확인 문제로, 위치와 관련하여 자신의 생각을 말한 '조금 더 아래쪽이 보기 쉬워서 괜찮지 않을까.'이다.

정답 3

10番 ◉_T119

F：社長はまだこちらにいらっしゃいますか？

M：1. はい、お話させていただいたことは何度かございます。

　　2. いえ、つい先ほど本社のほうに戻られました。

　　3. 海外から戻られたばかりで疲れているようでした。

F：사장님은 아직 여기에 계십니까?

M：1. 네, 말씀 드린 적은 몇 번인가 있습니다.

　　2. 아니에요, 바로 조금 전 본사로 돌아가셨습니다.

　　3. 해외에서 돌아오신 지 얼마 안 되어 피곤하신 것 같았습니다.

단어 社長しゃちょう 사장 ｜ つい 바로, 조금 ｜ 先さきほど 조금

전 (さっきの 공손한 말) ｜ 戻もどる 돌아가다, 돌아오다 ｜ 疲つかれる 피로하다

해설 사실 확인 문제이다. 경어표현에 유의하며 'いらっしゃる'의 다양한 의미, 예를 들면 'いる 있다, 行いく 가다, 来くる 오다' 중 어디에 해당하는 물음인가를 파악하는 것이 정답 선택에 있어 중요하다.

정답 2

11番 ◉_T120

F：ちゃんと私の説明聞いてた？

M：1. ごめん、ぼうっとしてて聞き逃しちゃった。

　　2. ああ、実は昨日友人たちと行ったんだ。

　　3. すばらしい音色にうっとりしちゃったよ。

F：내 설명 잘 들었어?

M：1. 미안해, 멍하게 있다가 못 듣고 말았어.

　　2. 아, 사실은 어제 친구들과 갔었어.

　　3. 멋진 음색에 황홀했었어.

단어 説明せつめい 설명 ｜ 聞きく 듣다 ｜ ぼうっと 멍한 모양 ｜ 聞きき逃のがす 깜빡 듣지 못하다 ｜ 素晴すばらしい 훌륭하다 ｜ 音色ねいろ 음색 ｜ うっとり 마음이 사로잡힌 모양

해설 '자신의 말을 정확히 들었는가?'에 대한 확인 문제이므로 듣는 것과 관련된 표현과 반응을 특히 주목하자. 참고로 건성으로 듣는 것이나 행위를 나타내는 말로 '上うわの空そらで聞きく(건성으로 듣다)'가 있다.

정답 1

12番 ◉_T121

M：明日はスーツで行ったほうがいいのかな？

F：1. それが一番無難だと思うわ。

　　2. クリーニングに出しておいたのよ。

　　3. 取引先の社長だと聞いたわ。

M：내일은 정장 차림으로 가는 게 좋을까?

F：1. 그게 가장 무난할 것 같아.

　　2. 세탁소에 맡겨 두었어.

　　3. 거래처 사장이라고 들었어.

단어 スーツ 정장 ｜ 無難ぶなん 무난함 ｜ 取引先とりひきさき 거래처

해설 '정장 차림을 하고 가는 것'에 대한 상대의 의향을 물었으므로 그에 동의하는 '그게 가장 무난할 것 같아.'가 정답이다.

정답 1

문제5에서는 긴 이야기를 듣습니다. 이 문제에는 연습은 없습니다. 메모를 해도 됩니다.

1번·2번

문제용지에 아무것도 인쇄되어 있지 않습니다. 먼저 이야기를 들어 주세요. 그 다음에 질문과 선택지를 듣고 1에서 4 중에서 가장 알맞은 것을 하나 고르세요.

1番 　　　　　　　🔘 _T122

男の人と女の人がガン闘病記について話をしています。

F1： 今、日本人の3人に1人が死亡する原因になっているのが「ガン」なんですって。

F2： そうなのね。この前、癌をテーマにしたドキュメンタリー番組を見て、びっくりしたわ。

M ： へえ、確かに会社でも若い人は特に進行性が早いからって、がん検診が必ず年に一度はあるんだよね。

F1： そうなの。最近はガンが原因でなくなる若い人が多いって言うのも、いたたまれないのよね。

F2： 若いときに癌で死ぬって、かわいそうよね。

M ： そういえば最近書店なんかに行くと、若い人の「ガン闘病記」をよく見かけるんだ。

F1： ガン患者が増えていく中で、ガン患者の不安や疑問に答える貴重な情報源として闘病記はとても役に立っているそうよ。

F2： そうね。昔から「病は気から」とも言われてるしね。心の状態によって、発病や回復に大きく影響しているそうよ。

M ： なるほどね。ガンになることで自分と向き合ったり、家族のことや生きることを真剣に考えるようになる患者のありのままの姿や思いに、心を動かされるって言うのも人気の秘密かもね。

F1： そうね。その人の嘘偽りのない思いが描かれた闘病記は、同じ病に悩む人だけじゃなくて、ガンでない人にも大きな感動を与えていると言えそうね。

ガン闘病記はどういうものとして役に立っていますか。

1. 家族関係で悩む人々の情報源として役に立っている。
2. 若者の様々な悩みを解決するものとして役に立っている。

남자와 여자가 암 투병기에 대해 이야기를 하고 있습니다.

F1： 지금 일본인 3명 중 1명이 사망하는 요인이 되고 있는 것이 '암'이라고 하네.

F2： 그래, 지난번, 암을 테마로 한 다큐멘터리 방송을 보고 깜짝 놀랐어.

M ： 정말! 확실히 회사에서도 젊은 사람은 특히 진행성이 빠르다고 해서, 암 검진이 반드시 1년에 한 번은 있는 거지.

F1： 그래. 최근에는 암이 원인으로 죽는 젊은 사람이 많다는 것도 참으로 못 견딜 일이지.

F2： 젊을 때 암으로 죽는다는 것은 불쌍하잖아.

M ： 그러고 보니 최근 서점 같은 곳에 가면, 젊은 사람의 '암 투병기'를 보게 되지.

F1： 암 환자가 늘어나고 있는 가운데, 암 환자의 불안이나 의문에 답하는 귀중한 정보원으로서 투병기는 매우 도움이 되고 있다고 해.

F2： 그래, 옛날부터 '병은 마음에서부터'라고도 하잖아. 마음 상태에 따라 발병과 회복에 크게 영향을 준다고 해.

M ： 그렇구나. 암에 걸리고 나서 자신과 마주하거나, 가족의 일과 살아가는 것을 진지하게 생각하게 되는 환자의 있는 그대로의 모습이나 생각에 감동받게 되는 것도 인기의 비밀일지도 모르지.

F ： 그래. 그 사람의 거짓 없는 생각이 묘사된 투병기는 같은 병으로 고민하는 사람뿐만이 아니라, 암이 아닌 사람에게도 커다란 감동을 주고 있다고 할 수 있겠지.

암 투병기는 어떠한 형태로 도움이 되고 있습니까?

1. 가족 관계에서 고민하는 사람들의 정보원으로서 도움이 되고 있다.
2. 젊은이의 다양한 고민을 해결하는 것으로서 도움이 되고 있다.
3. 암 환자의 귀중한 정보원으로서 도움이 되고 있다.
4. 마음의 병으로 고민하는 사람들의 정보원으로서 도움이 되고 있다.

단어 闘病とうびょう 투병 | 死亡しぼう 사망 | 原因げんいん 원인 | 確たしかに 확실히, 아마 | 若わかい 젊다 | 進行性しんこうせい 진행성 | 検診けんしん 검진 | 必かならず 반드시 | いたたまれない 그 이상 참을 수 없다 | 書店しょてん 서점 | 見みかける 발견하다 | 患者かんじゃ 환자 | 疑問ぎもん 의문 | 貴重きちょう 귀중함 | 情報源じょうほうげん 정보원 | 役やくに立たつ 도움이 되다 | 向むき合あう 마주보다 | 生いきる 살다 | 真剣しんけん 진지함 | 姿すがた 모습 | 可か愛わいそう 불쌍함 | 病やまい 병 | 状じょう態たい 상태 | 回かい復ふく 회복 | 心こころを動うごかす 감동하다 | 秘密ひみつ 비밀 | 嘘偽うそいつわり 거짓 (うその 강조) | 描えがく 묘사하다 | 悩なやむ 고민하다 | 感動かんどう 감동 | 与あたえる 주다

해설 암 투병기가 암환자에게 어떤 도움이 되고 있는가에 대한 대답은 '암 환자가 늘어나고 있는 가운데, 암 환자의 불안

이나 의문에 답하는 귀중한 정보원으로서 투병기는 매우 도움이 되고 있다고 해요.'이다. 여기에서 정답을 찾을 수 있다.

정답 3

2番 _T123

女性と二人の男性たちがスポーツ選手のドーピング問題について話をしています。

M1: スポーツ選手の間に広がるドーピングが問題視されていますね。

F : 昨日のニュースで聞いたんですけど、陸上の選手が薬物使用を告白したそうですね。どうして、ドーピングが問題になっているんですか。

M1: そうですね。何よりもフェアプレーの精神に反するるからじゃないでしょうか。それによって健全なスポーツの発展を妨げることになるからでしょうね。

M2: でも日本では、2005年のドーピング検査を見ると2001件の検査のうち、陽性反応が出たのは全体の0.15%なんです。

M1: 確か国際大会では１～２％と言われているだけに、桁違いの低さですね。

M2: 日本独自の「恥の文化」が薬物に頼ってまで勝つのは潔くないと選手たちに思わせているんじゃないでしょうか。

F : そうかも知れませんね。

M1: しかし、色々社会に歪みが生じて「恥の文化」が失われようとしていますよね？

M2: そうですね。今のうちにアンチドーピングに関する教育を行わなければいけませんね。

F : 一挙にハイリスク国になる可能性もありそうですね。

日本のドーピング検査において、陽性反応が出た数についてどのように言っていますか。

1. 国際大会での数とほぼ同じ
2. 国際大会での数とは桁違いの低さ
3. 国際大会での数の２倍以上
4. 国際大会での数の0.15%

여성과 두 명의 남성들이 스포츠 선수의 도핑문제에 대해 이야기를 하고 있습니다.

M1: 스포츠 선수 사이에 번지는 도핑이 문제시되고 있네요.

F : 어제 뉴스에서 들었는데, 육상 선수가 약물사용을 고백했다고 하더군요. 왜 도핑이 문제가 되고 있는 거죠?

M1: 글쎄요. 무엇보다도 페어플레이 정신에 반하는 거 아닌가

요? 그것에 의해 건전한 스포츠정신의 발전을 방해하기 때문이겠죠.

M2: 하지만 일본에서는 2005년의 도핑검사를 보면 2001건의 검사 중, 양성반응이 나온 사람은 전체의 0.15%입니다.

M1: 아마 국제대회에서는 1~2%라고 하는 만큼, (그에 비하면)현격히 낮네요.

M2: 일본 특유의 '부끄러움의 문화'가 약물에 의존해서까지 이기는 것은 깨끗하지 않다고 선수들에게 인식되고 있는 것은 아닐까요?

F : 그럴지도 모르겠네요.

M1: 그러나 여러 가지로 사회가 비뚤어져서 '부끄러움의 문화'가 상실되려 하고 있지요?

M2: 그래요. 지금 안티도핑에 관한 교육을 하지 않으면 안 되겠네요.

F : 단번에 고위험 국가가 될 가능성도 있을 것 같네요.

일본의 도핑 검사에 있어서, 양성반응이 나온 숫자에 대해 어떻게 말하고 있습니까?

1. 국제대회에서의 수와 거의 같다.
2. 국제대회에서의 수와는 현격한 차이로 낮음.
3. 국제대회에서의 수의 2배 이상.
4. 국제대회에서의 수의 0.15%.

단어 広ひろがる 번지다 | 問題視もんだいし 문제시 | 検査けんさ 검사 | 陽性ようせい 양성 | 反応はんのう 반응 | 国際大会こくさいたいかい 국제대회 | 桁違けたちがい 현격한 차이 | 低ひくさ 낮음 | 独自どくじ 독자, 독특 | 恥はじ 부끄러움, 창피 | 薬物やくぶつ 약물 | 頼たよる 의지하다 | 勝かつ 이기다 | 潔いさぎよい 더러움이 없다, 깨끗하다 | 歪ゆがみ 비뚤어짐 | 生しょうじる 생기다 | 失うしなう 잃다 | 教育きょういく 교육 | 行おこなう 행하다 | 一挙いっきょに 일거에, 단번에 | 可能性かのうせい 가능성

해설 약물검사 후의 양성반응이 나온 숫자에 대한 두 사람의 소감을 묻고 있다. 숫자로 보면 '국제대회에서는 1~2%라고 하는 만큼, (그에 비하면) 현격히 낮네요.'가 정답이다.

정답 2

3번

먼저 이야기를 들어 주세요. 그리고 나서 2개의 질문을 듣고, 각각의 문제용지의 1에서 4 중에서 가장 알맞은 것을 하나 고르세요.

3番 _T124

女性たちが住宅模型の説明を聞きながら、マンション購入について話をしています。

M: こちらの模型をご紹介します。これは中高年のための家の模型です。中高年の住まいは、できるだけコンパクトに、モダンに、シンプルに、環境とのうまい折り合い、個性を大切にする必要があり、安全を充分に考慮して設計しました。また、お互いの気配がわかるように周囲の環境も考慮していますし、快

適な毎日を手に入れられるように明るく、温かく、楽しく暮らせる雰囲気の家を設計しました。

F1：二人で暮らしやすそうな家ですね。実はね、今、子供たちも家を出てそれぞれ独立したから、夫婦2人だけで住むマンションを買おうと思ってるの。

F2：そう。私たちも実は今、そういう話をしているところなの。

F1：あら、奇遇ね。でも広さのこととか、費用のこととか、細かいことは何も決まってなくて。

F2：そうね。今の模型は環境もいいし、安全で快適なので、気に入ったわ。でも、あまり広いと冷暖房費が負担になるし、掃除も大変そうね。2人で住むなら2LDKぐらいでいいんじゃない？

F1：それぐらいあれば十分かもね。

F2：あと寝室はあえて一緒のほうがいいと思うわ。

F1：えっ、どうして？私、別にしようと思っていたのに。

F2：だって今後は健康面に不安が出てくるでしょ？急な発作に見舞われても、同じ部屋にいたらパートナーが気づいてくれるはずじゃない？

F1：確かに。少しの時間の差が、生死や予後を左右するとも言うものね。

質問1 寝室はどのようにした方がいいと言っていますか。

質問2 二人がマンションを買うとき考慮していないのはどれですか。

여성들이 주택모형 설명을 들으면서, 맨션 구입에 대해 이야기를 하고 있습니다.

M : 이쪽 모형을 소개해 드리겠습니다. 이것은 중, 노년층을 위한 집의 모형입니다. 중노년의 거주지는 콤팩트하게, 모던하게, 단순하게, 환경과의 멋진 조화, 개성을 중요시할 필요가 있으며, 안전을 충분히 고려하여 설계했습니다. 또한 서로의 기색을 알 수 있도록 주의의 환경도 고려했으며, 쾌적한 매일을 보낼 수 있도록 밝고 따뜻하고, 즐겁게 생활할 수 있는 분위기의 집을 설계했습니다.

F1 : 둘이서 생활하기 좋아 보이는 집이네요. 사실은, 지금 아이들도 집을 떠나 제각기 독립했기 때문에, 부부 둘이서만 사는 맨션을 사려고 생각하고 있어.

F2 : 그래, 우리들도 사실은 지금 그런 이야기를 하고 있는 중인데.

F1 : 어머, 기이한 만남이네. 하지만 넓이라든가, 비용 등 상세한 것은 아무것도 정해지지 않아서.

F2 : 그렇군. 지금의 모형은 환경도 좋고, 안전하고 쾌적해서 마음에 들어. 하지만 너무 넓으면 냉난방비가 부담이 되고, 청소도 힘들 것 같아. 둘이서 살 거라면 2LDK 정도면 괜찮지 않을까?

F1 : 그 정도 되면 충분할지도 모르지.

F2 : 그리고 침실은 일부러도 함께 하는 게 좋을 것 같아.

F1 : 어머, 왜? 나는 따로 하려고 생각했는데.

F2 : 왜냐면 앞으로는 건강 면에 불안함이 생기겠지? 갑자기 발작을 일으켜도, 같은 방에 있으면 상대가 알아차려 줄 거잖아?

F1 : 그래 맞아. 약간의 시간차가 생사와 예후를 좌우한다고도 하니까.

질문1. 침실은 어떻게 하는 게 좋다고 말하고 있습니까?

1. 일부러 부부 함께 하는 게 좋다.
2. 아이들과 함께 하는 게 좋다.
3. 부부가 따로따로 하는 게 좋다.
4. 자신들이 좋을 대로 하는 게 좋다.

해설 부부의 침실 사용에 관한 생각은 처음에는 달랐으나 '왜냐면 앞으로는 건강면에 불안함이 생기겠지? 갑자기 발작을 일으켜도, 같은 방에 있으면 상대가 알아차려 줄 거잖아?'와 같은 만일의 경우에 대처하는 의미로 부부가 함께 쓰는 것에 동의하였다고 본다.

정답 1

질문2. 두 사람이 맨션을 살 때 고려하지 않는 것은 무엇입니까?

1. 면적에 관한 것
2. 비용에 관한 것
3. 방 배치에 관한 것
4. 신축 유무

해설 개별 항목에 관한 것이므로 간단 메모가 반드시 필요하다. '하지만 넓이라든가, 비용 등 상세한 것은 아무것도 정해지지 않아서' 라든가 후반부의 '부부의 침실 배치 문제' 등이 거론되었다.

정답 4

단어 模型もけい 모형 ㅣ 折おり合あい 조화 ㅣ 気配けはい 기색, 기운 ㅣ 考慮こうりょ 고려 ㅣ 快適かいてき 쾌적함 ㅣ 購入こうにゅう 구입 ㅣ 独立どくりつ 독립 ㅣ 夫婦ふうふ 부부 ㅣ 住すむ 살다 ㅣ 奇遇きぐう 기이하게 만남 ㅣ 広ひろさ 넓이 ㅣ 費用ひよう 비용 ㅣ 細こまかい 자세하다 ㅣ 決きまる 정해지다 ㅣ 冷暖房れいだんぼう 냉난방 ㅣ 費ひ 비용 ㅣ 負担ふたん 부담 ㅣ 掃除そうじ 청소 ㅣ 大変たいへん 힘듦, 고생스러움 ㅣ 十分じゅうぶん 충분함 ㅣ 寝室しんしつ 침실 ㅣ あえて 굳이, 억지로 ㅣ 別べつに 따로 ㅣ 今後こんご 앞으로 ㅣ 健康面けんこうめん 건강 면 ㅣ 急きゅうな 갑작스러움 ㅣ 発作ほっさ 발작 ㅣ 見舞みまう 닥쳐오다, 덮치다 ㅣ 気づく 알아차리다 ㅣ 生死せいし 생사 ㅣ 予後よご 예후(병환의 경과에 대한 예상, 병 후의 경과) ㅣ 左右さゆう 좌우 ㅣ 間取まどり 방 배치

Memo

Memo

일본어 능력 시험 탄탄 내공 훈련 N2

지은이 강성광
초판 1쇄 인쇄 2012년 5월 7일
초판 1쇄 발행 2012년 5월 14일

발행인 박효상
편집책임 조진주
편집 모희진, 이종만, 박운희
디자인책임 손정수
디자인 윤영선
마케팅책임 이종선
마케팅 이태호, 이전희

기획 진행 임수진
교정 김희선, 정선영
조판 글사랑

출판등록 제10-1835호
발행처 사람in
주소 121-839 서울시 마포구 서교동 378-16 4F
전화 02) 338-3555
팩스 02) 338-3545
e-mail saramin@netsgo.com
Homepage www.saramin.com

:: 책값은 뒤표지에 있습니다.
:: 잘못된 책은 구입한 서점에서 바꿔 드립니다.

사람이 중심이 되는 세상, 세상과 소통하는 책 **사람in**